CISNES
SELVAGENS

JUNG CHANG

CISNES SELVAGENS
Três filhas da China

Tradução
Marcos Santarrita

8ª reimpressão

Copyright da introdução © 2003 by Globalflair Ltd.
Copyright © 1991, 2003 by Globalflair Ltd.
Proibida a venda em Portugal

Título original
Wild swans — Three daughters of China

Capa
Jeff Fisher

Preparação
Stella Weiss

Revisão
Renato Potenza Rodrigues
Vivian Miwa Matsushita

Dados Internacionais de Catalogação na Publicação (CIP)
(Câmara Brasileira do Livro, SP, Brasil)

Chang, Jung. 1952-
   Cisnes selvagens: três filhas da China / Jung Chang ;
tradução Marcos Santarrita. — São Paulo : Companhia das
Letras, 2006.

   Título original: Wild swans: three daughters of China.
   ISBN 978-85-359-0862-6

   1. Chang, Jung, 1952 — Biografia I. Título.

06-4060   CDD-920.720951

Índice para catálogo sistemático:
l. Mulheres chinesas : Biografia 920.720951

Todos os direitos desta edição reservados à
EDITORA SCHWARCZ S.A.
Rua Bandeira Paulista, 702, cj. 32
04532-002 — São Paulo — SP
Telefone: (11) 3707-3500
www.companhiadasletras.com.br
www.blogdacompanhia.com.br

*A minha avó e meu pai,
que não viveram para ver este livro*

SUMÁRIO

Nota da autora *10*
Introdução à edição de 2003 *11*

1. "Lírios dourados de oito centímetros" — CONCUBINA DE UM GENERAL-CAUDILHO (1909-1933) *30*
2. "Até mesmo a simples água fria é doce" — MINHA AVÓ SE CASA COM UM MÉDICO MANCHU (1933-1938) *58*
3. "Todos dizem que Manchukuo é uma terra muito feliz" — A VIDA SOB OS JAPONESES (1938-1945) *82*
4. "Escravos sem país próprio" — GOVERNADOS POR DIFERENTES SENHORES (1944-1947) *99*
5. "Filha à venda por dez quilos de arroz" — NA BATALHA POR UMA NOVA CHINA (1947-1948) *122*
6. "Para falar de amor" — UM CASAMENTO REVOLUCIONÁRIO (1948-1949) *148*
7. "Cruzando os cinco passos da montanha" — A LONGA MARCHA DE MINHA MÃE (1949-1950) *179*
8. "A volta a casa coberto de seda bordada" — PARA A FAMÍLIA E OS BANDIDOS (1949-1951) *192*
9. "Quando um homem obtém poder, até suas galinhas e cachorros sobem aos céus" — VIVENDO COM UM HOMEM INCORRUPTÍVEL (1951-1953) *215*
10. "O sofrimento fará de você uma melhor comunista" — MINHA MÃE CAI SOB SUSPEITA (1953-1956) *240*
11. "Depois da campanha antidireitista, ninguém abre a boca" — A CHINA SILENCIADA (1956-1958) *255*
12. "A mulher capaz consegue preparar uma refeição sem alimentos" — FOME (1958-1962) *275*
13. "Queridinha de ouro puro" — NUM CASULO PRIVILEGIADO (1958-1965) *301*

14. "Papai está perto, mamãe está perto, mas ninguém está tão perto quanto o presidente Mao" — O CULTO A MAO (1964-1965) *321*
15. "Destrua primeiro, que a construção vem por si" — COMEÇA A REVOLUÇÃO CULTURAL (1965-1966) *343*
16. "Subam aos céus, e varem a terra" — OS GUARDAS VERMELHOS DE MAO (junho-agosto de 1966) *355*
17. "Quer que nossos filhos se tornem 'negros'?" — O DILEMA DE MEUS PAIS (agosto-outubro de 1966) *374*
18. "Notícia mais que gigantesca e maravilhosa" — PEREGRINAÇÃO A PEQUIM (outubro-dezembro de 1966) *388*
19. "Onde há vontade de condenar, há prova" — O TORMENTO DE MEUS PAIS (dezembro de 1966 e 1967) *407*
20. "Eu não vendo minha alma" — MEU PAI PRESO (1967-1968) *429*
21. "Dar carvão na neve" — MEUS IRMÃOS E MEUS AMIGOS (1967-1968) *455*
22. "Reforma do pensamento pelo trabalho" — NO SOPÉ DOS HIMALAIAS (janeiro-junho de 1969) *477*
23. "Quanto mais livros você lê, mais burro fica" — EU TRABALHO COMO CAMPONESA E MÉDICA DESCALÇA (junho de 1969-1971) *512*
24. "Por favor, aceite minhas desculpas, que chegam com uma vida de atraso" — MEUS PAIS NOS CAMPOS (1969-1972) *541*
25. "A fragrância da brisa fresca" — UMA NOVA VIDA COM O MANUAL DOS ELETRICISTAS E SEIS CRISES (1972-1973) *560*
26. "Sentir peido de estrangeiro e achar cheiroso" — APRENDENDO INGLÊS NA ESTEIRA DE MAO (1972-1974) *577*
27. "Se isto é o paraíso, como será então o inferno?" — A MORTE DE MEU PAI (1974-1976) *598*
28. LUTANDO PARA CRIAR ASAS (1976-1978) *622*

Epílogo *636*
Árvore genealógica *639*
Cronologia *640*
Agradecimentos *645*
Sobre a autora *647*

NOTA DA AUTORA

Meu nome, Jung, se pronuncia "Iung".
Os nomes de membros da minha família e de figuras públicas são verdadeiros, e escritos do modo geralmente conhecido.
Outros nomes pessoais foram alterados.
Dois símbolos fonéticos difíceis: X e Q se pronunciam, respectivamente, *ch* e *tch*.
Para descrever com precisão suas funções, traduzi os nomes de algumas organizações chinesas de modo diferente das versões oficiais. Uso "Departamento de Assuntos Públicos", em vez de "Departamento de Propaganda", como tradução para *xuan-chuan-bu*, e "Direção da Revolução Cultural" em vez de "Grupo da Revolução Cultural", para *zhing-yang-wen-ge*.

INTRODUÇÃO À EDIÇÃO DE 2003

Cisnes selvagens foi publicado pela primeira vez em 1991. Esse acontecimento mudou minha vida, porque finalmente me tornei escritora.

Eu sempre sonhara em ser escritora. Mas na China, na época em que cresci, a idéia de escrever para ser publicada parecia fora de questão. O país estava sob a tirania de Mao, e a maioria dos escritores sofria de maneira terrível com incessantes perseguições políticas. Muitos foram denunciados, alguns foram para campos de trabalho forçado e outros foram impelidos ao suicídio. Em 1966-7, no Grande Expurgo de Mao, erroneamente chamado de Revolução Cultural, a maioria dos livros que as pessoas tinham em casa foi queimada. Meu pai, que fora um alto funcionário comunista mas caíra em desgraça, viu-se forçado a incinerar sua adorada coleção, o que muito contribuiu para levá-lo à insanidade. Até escrever para si mesmo era extremamente perigoso. Tive de rasgar meu primeiro poema, que escrevi no meu 16º aniversário, em 25 de março de 1968, e me livrar dele jogando-o no vaso sanitário porque os perseguidores de meu pai tinham vindo revistar nosso apartamento.

Mas eu tinha ânsia de escrever, e continuei escrevendo com minha caneta imaginária. Nos anos seguintes, trabalhei como camponesa e eletricista. Enquanto espalhava esterco nos arrozais e verificava a distribuição de força no alto de postes, burilava mentalmente longos trechos ou memorizava poemas breves.

Vim para a Grã-Bretanha em setembro de 1978. Mao morrera dois anos antes, e a China começava a emergir do asfixiante isolamento que ele impusera ao país. Pela primeira vez desde a fundação da China comunista, bolsas de estudo no exterior foram concedidas por critérios acadêmicos, e não políticos. Pude sair do país depois de fazer os exames, e talvez eu tenha sido a primeira pessoa da província de Sichuan, que não tem saída para o mar e que na época abrigava cerca de 90 milhões de pessoas, a estudar no Ocidente desde 1949. Com essa sorte inacreditável, finalmente eu tinha liberdade para escrever, e escrever o que eu quisesse.

E no entanto foi nesse momento que perdi a paixão. De fato, a última coisa que eu queria era escrever. Para mim, isso teria significado voltar-me para meu íntimo, atentar para uma vida e um período nos quais eu detestava pensar. Eu estava tentando esquecer a China. Fui instantaneamente arrebatada pelo lugar onde chegara, que me parecia outro planeta, e só queria passar cada minuto embebendo-me daquele novo mundo.

Tudo em Londres era inebriante. A primeira carta que escrevi a minha mãe foi um floreado piegas sobre algumas jardineiras de janela e jardins nas frentes das casas no caminho para Maida Vale 42, uma propriedade da embaixada chinesa onde eu estava alojada. Era uma época em que as flores ainda esperavam para voltar a ornamentar a maioria das casas chinesas. Em 1964, Mao tachara de "feudal" e "burguês" o cultivo de flores e grama, e ordenara: "Livrem-se da maioria dos jardineiros". Criança, tive de juntar-me aos outros na remoção do gramado de nossa escola, e vi os vasos de flores desaparecerem dos prédios. Entristeci-me ao extremo, e não só lutava para esconder meus sentimentos mas também me culpava por ter instintos que contrariavam as instruções de Mao, uma reação que me fora incutida por lavagem cerebral, como a todas as outras crianças na China. Embora na época em que parti fosse possível expressar amor pelas flores sem ser condenado, a China ainda era um lugar desolador, onde praticamente não se viam plantas nas casas nem floristas nas ruas. A maioria dos parques era um deserto brutalizado.

Foi, assim, com um prazer indescritível que fiz uma longa caminhada pela vastidão do Hyde Park no primeiro dia em que tive permissão para sair. Ali, sob aqueles castanheiros magníficos, cada folhinha de grama e cada pétala de flor me deixaram louca de alegria. Um dia arrisquei-me a uma séria repreenda, ou coisa pior, e propus ao supervisor político do grupo ao qual eu pertencia que transferíssemos nossas sessões de doutrinação aos sábados, chamadas de "estudos políticos", para os gramados dos célebres Kew Gardens.

Na época ainda eram compulsórias as sessões semanais de doutrinação, que na China me matavam de tédio, e em Londres nós, do Continente, ainda estávamos sob um controle equivalente ao de uma prisão. Éramos proibidos de ir a qualquer lugar sem permissão ou desacompanhados. Desobedecer ordens poderia significar ser mandado de volta para a China em desgraça, para uma vida arruinada. Sufocando na tantalizante liberdade londrina, fiquei obcecada por inventar jeitos de afrouxar ou transgredir as regras. E consegui algumas vezes, como ir a Kew Gardens, pois o supervisor político também ansiava por isso, embora morresse de medo de problemas com a embaixada. Assim, um grupo de homens e mulheres jovens usando os folgados trajes azuis em estilo Mao sentou-se, desajeitados mas felizes, ao pé de um jardim de rosas esplendidamente colorido.

E não houve problemas. Tive sorte, pois essa foi justo a época em que drásticas transformações precipitavam-se sobre a China. Em fins de 1978 ocorreu o momento crítico em que o país rejeitou a essência do maoísmo. No ano seguinte, pude continuar a desafiar os limites da restrição, com riscos mas sem repercussões. Um lugar que eu visava em especial era o *pub* inglês, já que tínhamos sido especificamente proibidos de freqüentar tal lugar. A tradução chinesa para "pub", *jiu-ba*, naquele tempo sugeria algo indecente, com mulheres nuas rodopiando. A curiosidade me espicaçava. Um dia, saí às escondidas e disparei para o *pub* defronte à nossa faculdade. Empurrei a porta e me esgueirei lá para dentro. Não vi nada de sensacional, apenas alguns velhos sentados, tomando cerveja. Fiquei muito decepcionada.

É bem possível que eu tenha sido a primeira entre os estudantes da China continental no exterior a ter saído sem acompanhante. Um funcionário da faculdade que eu freqüentava — a atual Thames Valley University — convidou-me para ir com ele a Greenwich. Seguindo nossas regras, perguntei-lhe se eu poderia "levar um amigo". Ele me interpretou mal, e replicou: "Você está segura comigo". Apesar de embaraçada, não pude explicar. Tínhamos ordens para não contar a ninguém que o regulamento nos obrigava a termos um acompanhante; cabia-nos inventar nossas próprias desculpas. Mas eu não queria mentir e, além disso, desejava desesperadamente sair sem alguém me vigiando. Assim, implorei ao adido encarregado dos estudantes que me deixasse ir; pois do contrário o inglês pensaria que nós, chineses, não confiávamos nele, ou mesmo que desconfiávamos de suas intenções, o que seria ruim para a amizade anglo-chinesa e para a reputação de nossa pátria socialista. Depois dessa baboseira o adido disse sim, e me mandou ser discreta. Tenho o palpite de que o que importou mesmo foi o fato de ele também não gostar muito daquele sistema. Na verdade, ele próprio me insinuara isso confidenciando comigo uma noite, quando nos encontrávamos sozinhos no prédio. Ele amara uma moça duas décadas antes, e justamente quando estavam para casar-se ela foi criticada como "direitista" em uma campanha política. Prosseguir nos planos do casamento teria significado o fim da carreira dele, cujas perspectivas eram excelentes. Ela insistiu para que desfizessem o compromisso. Depois de muito afligir-se ele concordou, e ascendeu na carreira até ser um bem-sucedido diplomata. Mas nunca a esqueceu, nem se perdoou. Contou-me isso em lágrimas.

Não pareceu estranho um alto funcionário da embaixada que mal me conhecia abrir-me seu coração. Naqueles anos as pessoas sentiam-se tão oprimidas com as tragédias de suas vidas que era comum desabafarem subitamente quando detectavam uma alma irmã. A liberalização na China estava abrindo as comportas da memória nas pessoas. Também possibilitou ao adido arriscar a concessão de uma inédita permissão para que eu saísse sozinha de meu alojamento.

Até hoje me lembro com detalhes daquele passeio a Greenwich. Não foi nada de excepcional: sair de carro, caminhar e tirar fotografia no Meridiano com um pé em cada hemisfério. Mas eu estava atordoada de tensão. O tempo todo procurava pessoas que pareciam chinesas, e em um segundo tentava avaliar, por suas roupas, se eram continentais; quando eu decidia que eram, o que acontecia com uma freqüência irracional, pois na época havia pouquíssimos chineses continentais no Ocidente, virava a cabeça para evitá-los, ao mesmo tempo me esforçando para comportar-me com a maior naturalidade possível com meu companheiro. Eu tinha medo de que alguém me visse e me delatasse à embaixada, pois nesse caso eu estaria liquidada, e o bondoso adido também correria perigo. Um exótico piquenique com sanduíches de queijo em um vasto e sereno gramado foi o momento de maior nervosismo daquele dia, pois me vi presa a um lugar sem ter onde me esconder.

O medo não me impediu de tentar outras aventuras — não porque adorasse os calafrios do perigo, mas simplesmente porque eu não conseguia resistir. Conforme as regras foram relaxando, fui saindo sozinha mais vezes, e logo fiz amizade com pessoas de diferentes posições sociais. Para a maioria delas eu dizia ser da Coréia do Sul e não da China. Além da natureza semiclandestina de minhas atividades, eu não queria que a curiosidade das pessoas se dirigisse para meu país de origem, que naquele tempo exercia tanto fascínio quanto o espaço sideral, graças a seu hermético isolamento. Eu queria mesclar-me aos outros com discrição, como uma pessoa normal em Londres. Tive êxito — e minha primeira e mais forte impressão foi que a Grã-Bretanha era uma sociedade maravilhosamente sem classes. Nasci na elite comunista e vi como a China de Mao era obcecada por classe e hierarquia. Cada um era enquadrado numa categoria rígida. Em todos os formulários, depois de "data de nascimento" e "sexo" vinha a inevitável coluna "origem familiar". Isso determinava a carreira, as relações e a vida da pessoa. Enquanto muitos da elite tendiam a ser esnobes, os que nasciam em uma família "ruim" estavam destinados a uma vida miserável. O resultado dessa horrível realidade era que todos vivíamos obcecados com quem veio de que família, e com freqüência essa pergunta surgia logo na primeira conversa. Conhecendo pessoas em Londres, porém, não senti essa pressão. Todos pareciam ser extraordinariamente iguais e não dar a mínima para a origem familiar.

Minha opinião modificou-se um pouco com o passar dos anos. Mas não acho que era só idealização. Apesar de sua tradição de diferenças de classe, as pessoas na Grã-Bretanha têm dignidade, e os desfavorecidos não são maltratados nem oprimidos como os que sofreram sob o jugo de Mao. E a justiça social, e a importância que a nação dá a esse conceito, é algo a que a China atual ainda não consegue começar a comparar-se.

Foi, pois, com a razão e a emoção que me apaixonei pela Grã-Bretanha. Meu primeiro ano aqui foi um turbilhão de extrema excitação. Visitei cada museu e galeria indicados no mapa turístico, assisti a espetáculos e mais espetáculos de ingressos quase grátis para estudantes. Achava ótimo percorrer Londres a pé durante horas para economizar o dinheiro da condução, pois cada prédio e cada rua eram interessantes. Espiei pelas portas de inferninhos e passei os olhos nas mercadorias das *sex shops* do Soho. Minha primeira discoteca foi um delírio. Até um cinema comum parecia-me a caverna de Aladim, com sua parca iluminação, sua velha tapeçaria vermelha e os detalhes dourados aqui e ali sugerindo mistérios e tesouros. Fiz perguntas que depois descobri serem bizarras, e aprendi sobre pessoas de diferentes culturas. O último tabu a quebrar era ter namorados estrangeiros, o que tive de fazer em segredo, ainda receando uma catástrofe. Uma história que eu trouxera comigo da China, e na qual acreditava piamente, era que qualquer um que tentasse namorar um estrangeiro seria drogado e despachado de volta para a China num saco de juta. Quando eu me via em qualquer lugar próximo, por pouco que fosse, a Portland Place, onde se situa minha embaixada, minhas pernas viravam geléia, e se estivesse num carro eu afundava no banco até minha cabeça desaparecer abaixo da janela. Foi também quando usei maquiagem pela primeira vez na vida — julguei que isso funcionaria como disfarce para a embaixada (que na verdade não estava empenhada nesse tipo de vigilância que eu imaginava na época). Generosamente besuntada de batom escarlate ou púrpura e sombra verde-dourada, meu rosto ficava quase irreconhecível até para mim mesma.

Também era divertido brincar com maquiagem — enquanto mergulhava num doutorado em lingüística. Recebi uma oferta de bolsa de estudos da Universidade de York; mesmo antes de eu ter posto os olhos na cidade, ela já exercia sobre mim um incrível fascínio, com sua lendária catedral, York Minster, as muralhas da cidade (que me disseram ser o que mais se assemelhava às Muralhas da China) e a Guerra das Rosas. Na época, as bolsas de estudo no exterior tinham de tramitar pelas vias do governo chinês, e não podiam ser aceitas por indivíduos. Contudo, mais um caminho abriu-se para mim com um sinal verde para aceitar a oferta, graças a pessoas como o simpático adido da embaixada e à crescente abertura na China. Em conseqüência, quando obtive meu grau em 1982, tornei-me a primeira pessoa da China comunista a ter um doutorado de uma universidade britânica.

Aprendi muito mais do que teorias lingüísticas (boa parte das quais, confesso envergonhada, desde então me fugiram da memória). Recordo o dia em que fui conversar sobre o projeto de minha tese com meu supervisor, professor Le Page, que só com sua presença sensível já começara a dissipar a perpétua ansiedade e o pânico que me acompanhavam. Seus modos um pouco irônicos e sua comedida autoridade me tranqüilizavam a todo momento, como a Inglaterra, mostrando-me que eu viera para um lugar justo e não tinha nada que recear. Sentindo-me totalmente descontraída, tagarelei sobre minhas opiniões acerca das teorias lingüísticas que eu deveria estudar. Ele ouviu, e no final me pediu: "Pode me mostrar sua tese?". Fiquei perplexa: "Mas ainda não a comecei!". "Mas você tem todas as conclusões", replicou.

Essa única observação desfez um nó atado em meu cérebro por uma "educação" totalitária. Na China, tínhamos sido treinados para não tirar conclusões com base em fatos, e sim começar com teorias marxistas, ou pensamentos de Mao, ou a linha do Partido, e negar, até mesmo condenar, os fatos que não se amoldassem a eles. Matutei sobre o novo enfoque enquanto caminhava de volta para meu quarto, em um canto do belo lago no campus onde algumas aves haviam feito uma colônia embaixo da minha janela, e me acordavam toda manhã com sua cantoria. Agora estavam voando pelo céu, uma imagem apropriada à minha sensação de ter encontrado o modo certo de pensar. Manter a mente aberta: tão simples, e ainda assim eu demorara tanto a descobrir.

Foi numa noite em York que me ocorreu a idéia de escrever um livro sobre minha vida passada. Um professor que acabara de visitar a China convidou-me para uma palestra. Ele mostrou slides de uma escola que vira, onde os alunos estavam tendo aulas em um dia gélido de inverno, em salas de aula sem aquecimento e com janelas totalmente quebradas. "Eles não sentem frio?", perguntara o bondoso professor. "Não, não sentem", respondeu a escola.

Depois da exibição dos slides houve uma recepção, e uma mulher, talvez com dificuldade de arranjar alguma coisa para me dizer, comentou: "Você deve sentir muito calor aqui". Esse comentário inocente magoou-me tanto que saí da sala abruptamente e chorei pela primeira vez desde que chegara à Grã-Bretanha. Não era um sentimento de ter sido insultada, mas um devastador pesar pelo povo de minha terra natal. Não éramos tratados por nosso governo como seres humanos dignos, e portanto alguns estrangeiros não nos viam como o mesmo tipo de humanos que eles eram. Pensei na velha observação de que as vidas de chineses não valiam nada, e no espanto de um inglês pelo fato de seu criado chinês achar insuportável uma dor de dente. Enfureci-me mais uma vez com os muitos comentários admirados de ocidentais que haviam visitado a China de Mao, para quem os chineses eram um povo extraordinário que parecia gostar de ser criticado, denunciado, "reformado" em campos de trabalhos forçados — coisas que aos ocidentais pareciam um grande mistério.

Remoendo esses pensamentos, recordei minha vida na China, minha família e todas as pessoas que eu conhecia, e naquele momento desejei de todo coração contar ao mundo nossas histórias e como os chineses se sentiam de verdade.

Mas passaram-se anos antes de eu escrever *Cisnes selvagens*. Em meu subconsciente eu resistia à idéia de escrever. Era incapaz de escavar as profundezas da memória. Na violenta Revolução Cultural, entre 1966 e 1976, minha família sofreu pavorosamente. Meu pai e minha avó tiveram mortes atrozes. Eu não queria reviver os anos que minha avó passou doente e sem tratamento, a prisão de meu pai, minha mãe ajoelhando em cacos de vidro. As poucas linhas que escrevi foram superficiais e sem vida. Não fiquei satisfeita com elas.

Em 1988, porém, minha mãe veio a Londres para me visitar. Era sua primeira viagem ao exterior. Eu queria que ela se divertisse a valer, e passava muito tempo levando-a para passear. Depois de algum tempo, notei que ela não estava aproveitando. Alguma coisa a incomodava; ela estava inquieta. Um dia, ela se recusou a sair para fazer compras e sentou-se à minha mesa de jantar negra na qual fulgurava um buquê de narcisos dourados. Envolvendo com as mãos uma caneca de chá de jasmim, disse-me que o que ela mais queria era falar comigo.

Minha mãe falou todos os dias durante meses. Pela primeira vez em nossas vidas, ela me contou sobre si mesma e sobre minha avó. Minha avó, fiquei sabendo, fora concubina de um poderoso general, e minha mãe juntara-se aos comunistas clandestinos quando tinha quinze anos. Ambas tiveram vidas memoráveis em uma China agitada por guerras, invasões estrangeiras, revoluções e por fim uma tirania totalitária. Naquele tumulto generalizado, elas viveram romances pungentes. Ouvi sobre as provações sofridas por minha mãe, sobre as vezes em que ela escapou da morte por um triz e sobre seu amor por meu pai e os conflitos emocionais com ele. Também vim a saber sobre os agonizantes detalhes do enfaixamento de minha avó: como seus pés haviam sido esmagados sob uma grande pedra aos dois anos de idade para atender aos padrões de beleza da época.

O turismo tornou-se o pano de fundo de nossas conversas. Durante nossa viagem à ilha de Skye, na Escócia, e ao lago Lugano, na Suíça, minha mãe falou nos aviões, carros, barcos, durante caminhadas e noite adentro. Quando eu saía para trabalhar, ela ficava em casa e falava para um gravador. Quando partiu da Grã-Bretanha, deixou sessenta horas de gravações. Ali, fora do confinamento social e político da China, ela pôde fazer algo que a vida inteira não lhe fora possível: abrir sua mente e seu coração.

Ouvindo minha mãe, assombrei-me com sua ânsia de ser compreendida por mim. Também me dei conta de que ela gostaria muito que eu escrevesse. Ela parecia saber que escrever era o que meu coração queria, e estava me incentivando a realizar meus sonhos. Isso ela fez não com exigências, coisa que não era do seu feitio, mas abastecendo-me com histórias — e me mostrando como enfrentar o passado. Apesar de sua vida ter sido de sofrimento e angústia, suas histórias nunca foram insuportáveis nem deprimentes. Tinham alicerces numa força moral que era o tempo todo alentadora.

Foi minha mãe quem finalmente me inspirou a escrever *Cisnes selvagens*, a história de minha avó, de minha mãe e minha através da turbulência da China no século XX. Por dois anos, chorei muito e revirei na cama não poucas noites insones. Não teria perseverado não fosse o fato de na época ter encontrado um amor que preencheu minha vida e me protegeu com uma profunda tranqüilidade. Jon Halliday, meu cavaleiro sem armadura, pois sua força interior sob o mais brando dos exteriores basta para conquistar, é o tesouro mais inestimável que obtive de minha terra adotiva, a Grã-Bretanha. Ele estava ali, e tudo daria certo — tudo, inclusive escrever *Cisnes selvagens*.

Jon foi meu grande apoio na criação do livro. Só aos 21 anos eu começara um aprendizado formal da língua inglesa, e num ambiente totalmente isolado do mundo exterior. Os únicos estrangeiros com quem eu conversara antes de ir para a Grã-Bretanha haviam sido alguns marinheiros no porto chinês de Zhanjiang, uma ex-colônia francesa no Sul do país, aonde meus colegas e eu fomos mandados para praticar nosso inglês por uma quinzena. Quando cheguei a Londres, apesar de conseguir ler muito — *1984* foi um dos primeiros livros que devorei, sempre maravilhada pela adequação entre a descrição de Orwell e a China de Mao — eu não dominava o uso do inglês. Meus livros didáticos na China haviam sido escritos por pessoas que também nunca haviam tido contato com estrangeiros, e o conteúdo compunha-se sobretudo de traduções diretas de textos chineses. A lição "Greetings" [cumprimentos], por exemplo, ensinava o equivalente exato das expressões que usávamos na China, que eram, literalmente: "Aonde você vai?" e "Você comeu?". E era assim que eu cumprimentava as pessoas nos meus primeiros tempos na Grã-Bretanha.

Eu precisava da ajuda de Jon para escrever um livro em inglês — e um bom livro, como eu desejava que fosse. Ele próprio escritor e historiador, Jon foi indispensável para o êxito de *Cisnes selvagens*. Eu dependi totalmente de seu tino e de seu olho infalível — de seus belos, grandes e doces olhos. Também é impossível exagerar o que aprendi com ele sobre escrever.

Fui, portanto, abençoada com o apoio das duas pessoas mais importantes em minha vida, minha mãe e meu marido, quando escrevi *Cisnes selvagens*. Pouco antes de o livro ser publicado, minha mãe escreveu-me, dizendo que o livro poderia não ter sucesso e que as pessoas poderiam não lhe dar muita atenção, mas que eu não deveria me abater; eu a tornara uma mulher contente, pois ter escrito o livro nos aproximara. Só isso, ela afirmou, já era suficiente para ela. Minha mãe tinha razão. Eu adquirira um novo grau de respeito e amor por ela. Mas justamente por agora conhecê-la melhor eu podia ver que sua declarada indiferença ao reconhecimento era um esforço para tentar proteger-me de um potencial sofrimento. Fiquei muito comovida.

Minha mãe, por não me pressionar, mas me compreender, poupou-me a ansiedade quanto ao tipo de recepção que *Cisnes selvagens* poderia ter. Eu torci para que os leitores gostassem do livro, mas não fiquei obcecada com esse sonho. Jon foi muito animador. "É um grande livro", ele disse, e eu confiei nele, como fizera ao tomar todas as decisões relacionadas ao texto e como faço em tudo o mais em minha vida.

Cisnes selvagens revelou-se um sucesso. Um grande número de pessoas expressou-me sua apreciação, pessoalmente ou por carta, nos últimos doze anos, transformando minha vida em uma série de contínuas ondas de satisfação. Minha mãe, que ainda vive em Chengdu, na China, recebe visitas de pessoas das mais diversas nacionalidades, de diplomatas a mochileiros, de empresários a turistas. Foi convidada para ir a países tão distintos como Holanda e Tailândia, Hungria e Brasil — sem falar na Grã-Bretanha. No Japão, mulheres pararam-na em plena rua para dizer palavras carinhosas sob arranha-céus e cerejeiras em flor, e uma ocasião uma bandeja de prata nos foi mandada de uma mesa do outro lado do salão de um restaurante com um finíssimo lenço de quimono — para que ela o autografasse. Em mais de um aeroporto, pessoas ajudaram-na com a bagagem antes de expressar admiração por ela. Ela encontrou compreensão não apenas em sua filha, mas em milhões de leitores do mundo inteiro.

A nota triste nesse final quase perfeitamente feliz é que *Cisnes selvagens* teve sua publicação proibida na China. O regime parece considerar o livro uma ameaça ao poder do Partido Comunista. *Cisnes selvagens* é uma história pessoal, mas reflete a história da China no século XX, na qual o Partido não faz boa figura. Para justificar seu domínio o Partido ditou uma versão oficial da história, mas *Cisnes selvagens* não se amolda a ela. Em particular, *Cisnes selvagens* mostra que Mao governou mal o povo chinês, de maneira criminosa, ao invés de ter sido um bom e grande líder, como decreta Pequim. Hoje em dia a imagem de Mao ainda é exibida na Praça da Paz Celestial, no coração da capital, e na vasta extensão de cimento jaz seu corpo, como objeto de veneração. A atual liderança ainda sustenta o mito de Mao — porque se projeta como sua herdeira e dele reivindica sua legitimidade.

É por isso que a publicação de *Cisnes selvagens* está proibida na China. E também qualquer menção ao livro e a mim na mídia. Embora ao longo dos anos muitos jornalistas chineses tenham me entrevistado ou escrito sobre *Cisnes selvagens*, todas as reportagens, exceto duas, foram censuradas, pois poucos editores ousam transgredir a proibição. A proscrição é particularmente intimidante porque a severíssima e secretíssima injunção contra o livro foi co-assinada pelo Ministério do Exterior, o que para um livro é coisa muito rara, se não única. Isso amedronta as pessoas, pois elas sentem que se envolver com *Cisnes selvagens* poderia trazer-lhes sérios problemas — mas também as fascina e, em conseqüência, muita gente, incluindo quem trabalha para os censores do Estado, tem procurado ler o livro.

Na China de hoje a vida é muitíssimo melhor do que a maioria das pessoas se lembra — um fato que nunca deixa de me alegrar imensamente. Mas embora haja um alto grau de liberdade pessoal, a nação está longe do auge de liberdade que já usufruiu. A imprensa e as publicações vivem sob um controle muito mais rígido que na era pré-comunista. Antes de ser decretada a proibição a *Cisnes selvagens*, em 1994, um editor chinês submetera um texto aos censores contendo alguns cortes, como minhas reflexões sobre Mao. Uma vez que comentários desse tipo são, na verdade, relativamente poucos, concordei com os cortes, sob a condição, aceita pelo editor, de que ficasse indicado na página que "as próximas XXX palavras foram cortadas". Esse expediente fora usado pela censura antes dos comunistas. Mas não funciona com o presente governo. A versão com os cortes acabou aparecendo — mas apenas numa edição pirata. Nem mesmo os piratas ousaram publicar uma versão integral.

Disseram-me que existe uma outra edição pirata, com um texto sem cortes. Provavelmente é uma fotocópia da edição em língua chinesa publicada em Taiwan — e em Hong Kong, onde a publicação não foi afetada pela passagem da região ao controle da China em 1997. Muitas cópias foram levadas para a China (é raro a alfândega revistar a bagagem dos viajantes). Eu mesma levei cópias para lá sem problemas, mas as que enviei pelo correio nunca chegaram. Um grande diretor de cinema chinês por quem tenho enorme admiração tentou fazer uma versão do livro para o cinema, mas em vão, pois disseram-lhe que isso não era permitido e que se tentasse fazê-la no exterior seus outros filmes e sua equipe seriam prejudicados. Como resultado do estrangulamento pelo regime, a maioria das pessoas na China nunca ouviu falar em *Cisnes selvagens*.

Mas o livro tem seu grau de fama no país, pois é grande a comunicação com o mundo exterior. Chega a ser objeto de exploração por vigaristas espertos. Um deles, ao que parece, é um impostor pé-de-chinelo em minha cidade natal, Chengdu. De acordo com o que noticiou um jornal local em 6 de maio de 2000, ele rondava os principais hotéis e locais turísticos e, falando um inglês fluente e um pouco de francês, alemão e japonês, embromava turistas estrangeiros dizendo-se grande amigo meu. Levava-os para comer em restaurantes, deixando os turistas com uma bela conta para pagar, uma porcentagem da qual o estabelecimento lhe repassava depois.

Também têm havido gestos comoventes. Certa vez, depois de Jon e eu termos jantado em um restaurante em Pequim, Jon ia pagar a conta quando lhe disseram que ela já fora paga, por um jovem morador da região que disse ter aprendido sobre seu próprio país "no livro de sua esposa".

Embora *Cisnes selvagens* esteja proibido, as pessoas não são perseguidas se o lerem ou conversarem, em particular, sobre ele. Posso viajar para a China livremente, sem vigilância perceptível. Claramente, embora o livro seja considerado uma ameaça, eu mesma não sou, pois não faço comícios, discursos nem militância clandestina. Com a proibição de cobertura da mídia contra mim, sou um mero indivíduo sem voz pública. O regime hoje em dia exerce a repressão com um enfoque muito preciso: tem por alvo apenas as ameaças, que se resumem em qualquer coisa que possa ter influência pública e um potencial de conduzir a uma oposição organizada. Essa abordagem é um grande avanço em relação ao jugo de Mao, sob o qual milhões de pessoas inocentes foram vitimadas por nada. Mas também significa que o Partido está decidido a manter seu monopólio do poder, e que

1,3 bilhão de chineses terão de continuar a viver à mercê de um punhado de homens secretamente selecionados. E o mundo, por sua vez, tem de depender da pura sorte de os líderes de uma grande potência nuclear não serem perversos.

Escrever *Cisnes selvagens* aprofundou os sentimentos que tenho pela China. Tendo exorcizado o passado, não quero mais "esquecer tudo aquilo". Inquieto-me quando me afasto do país por algum tempo. O lugar, tão velho e no entanto tão vigorosamente jovem, que passou por tantas tragédias e ainda assim continua otimista, está entranhado em mim. Volto para lá uma ou duas vezes por ano. Não é um lar de descanso, e muitas vezes regresso a Londres sentindo-me exausta. Exaltação e empolgação esgotam, tanto quanto exasperação e indignação, e tudo isso persegue cada passo que dou ali. O que me viciou nessas viagens foi o fato de eu ir para lá a fim de pesquisar para uma biografia de Mao, que Jon e eu estamos escrevendo em co-autoria nestes últimos dez anos, e que será publicada em 2004.

Decidi escrever sobre Mao porque tinha uma curiosidade irresistível sobre esse homem, que dominou minha vida na China e que devastou as vidas de meus conterrâneos, um quarto da população mundial. Ele foi tão perverso quanto Hitler ou Stalin, e causou tantos danos à humanidade quanto estes dois. E no entanto o mundo conhece espantosamente pouco sobre ele. Enquanto os dois déspotas europeus foram condenados no mundo todo logo depois de morrerem, Mao conseguiu a incrível façanha de ter seu nome apenas um pouco arranhado — muito, muito pouco em comparação com seus crimes — depois de morto há quase três décadas. Jon e eu nos deleitamos com o desafio de desvendar o labirinto de mitos sobre Mao.

O regime chinês, como seria de esperar, pôs numerosos obstáculos em meu caminho, mas poucos são insuperáveis, e a maioria só fez aumentar a diversão, transformando os dois autores em um par de detetives. Várias pessoas importantes em Pequim foram advertidas para não falar comigo. Mas aparentemente não é uma proibição rigorosa como a de escrever sobre *Cisnes selvagens* ou publicar meu livro, e sim um conselho: "Veja lá o que você vai dizer". Assim, embora alguns tenham optado por evitar problemas e não falar comigo, a maioria falou. Há muitos pesos que as pessoas anseiam por tirar do coração, e além disso os chineses têm um senso de dever para com a história profundamente arraigado. A própria advertência acabou ajudando: tornou-se uma espécie de propaganda em favor do prestígio da biografia, com a mensagem central de que a obra não seguiria a linha do Partido, o que foi um incentivo colossal para que alguns falassem. Em última análise, o que facilitou meu caminho foi ter escrito *Cisnes selvagens*. A maioria das pessoas com quem falo leu o livro ou ouviu falar dele, e parece concordar que é honesto. Parecem acreditar que a biografia de Mao também dirá a verdade.

Cisnes selvagens também abriu-me as portas de estadistas internacionais e fontes inexploradas no mundo todo. Nessas pesquisas, sou lembrada a todo o momento de minha inacreditável boa sorte por ter Jon como co-autor, pois não só ele fala muitas línguas, mas também é uma enciclopédia ambulante de política internacional, da qual Mao foi parte. Nos últimos dez anos Jon e eu temos passado momentos fabulosos viajando a muitas partes do mundo em busca de informações sobre Mao — e trabalhando, dia após dia, ano após ano, decididos a levar todo o tempo que for necessário, a não pegar atalhos, para produzirmos um livro do qual possamos nos orgulhar.

Todos os dias, quando estou em minha casa londrina em Notting Hill, sento-me para escrever. Jon está no andar de baixo, em seu escritório, e de vez em quando abre a porta, talvez para um chá. A esse som, minha mente começa um devaneio breve e agradável sobre nosso próximo encontro, a troca de descobertas à hora do almoço ou a saída à noite com amigos. Da janela de guilhotina à direita de minha mesa vejo um plátano imenso que domina o céu com seus ramos em cascata. O céu está deslumbrante no dia claro com chuvaradas rápidas, quando o sol sorri por trás de finas nuvens brumosas, exibindo seu brilho mais sutil. Sob a árvore há um poste de luz negro, dos que obrigatoriamente figuram em todos os filmes sobre Londres. Na rua adiante, também clássicos, ônibus vermelhos de dois andares passam majestosos. Pedestres seguem em passadas largas debaixo de guarda-chuvas. Uma cena londrina das mais comuns. E no entanto nunca me canso de a contemplar, assim como nunca sinto tédio ao escrever. Têm havido momentos de frustração nestes anos de trabalho árduo, e ocasiões em que exclamei para mim mesma e a amigos "Não agüento mais!". Mas estou no sétimo céu.

Jung Chang
Londres, 2003

CISNES
SELVAGENS

1. "Lírios dourados de oito centímetros"
CONCUBINA DE UM GENERAL-CAUDILHO (1909-1933)

AOS QUINZE ANOS, MINHA AVÓ tornou-se concubina de um general-caudilho, o chefe de polícia de um precário governo nacional da China. O ano era 1924, e a China estava tomada pelo caos. Grande parte dela, inclusive a Manchúria, onde vivia minha avó, era governada por caudilhos. A ligação foi acertada pelo pai dela, um funcionário da polícia na cidade provincial de Yixian, no sudoeste da Manchúria, a uns cento e cinqüenta quilômetros da Grande Muralha e trezentos e oitenta a nordeste de Pequim.

Como a maioria das cidadezinhas da China, Yixian fora construída como uma fortaleza. Era cercada por muros erguidos durante a dinastia Tang (618-907 d.C.), de nove metros e setenta e cinco de altura e três metros e sessenta de espessura, encimados por ameias e pontilhados por dezesseis fortes a intervalos regulares, e largos o suficiente para se cavalgar com facilidade em seu topo. Quatro portas davam para o interior da cidade, uma em cada ponto cardeal, com portões externos de proteção, e as fortificações eram cercadas por um profundo fosso.

O traço mais conspícuo da cidade era uma torre de campanário alta, ricamente decorada, de pedra parda escura, construída no século VI, quando o budismo fora introduzido na área. Toda noite o sino tocava, para marcar a hora, e a torre também funcionava como alarme de incêndio e inundação. Yixian era a sede de um próspero mercado. As planícies em volta produziam algodão, milho, sorgo, soja, gergelim, peras, maçãs e uvas. Nas áreas de capim e nas colinas a oeste, os agricultores punham a pastar carneiros e bois.

Meu bisavô, Yang Ru-shan, nasceu em 1894, quando toda a China era governada por um imperador que vivia em Pequim. A família imperial era manchu, dos manchus que, em 1644, ha-

30

viam conquistado a China a partir da Manchúria, a base deles. Os Yang eram han, chineses étnicos, e tinham se aventurado ao norte da Grande Muralha em busca de oportunidades.

Meu bisavô era filho único, o que o fazia de suprema importância para a família. Só um filho podia perpetuar o nome da família — sem ele, ela chegaria ao fim, o que, para os chineses, equivalia à maior traição possível aos ancestrais. Mandaram-no para uma boa escola. O objetivo era que passasse nos exames para tornar-se mandarim, um funcionário, aspiração da maioria dos homens chineses da época. Ser funcionário dava poder, e o poder dava dinheiro. Sem poder ou dinheiro, nenhum chinês podia sentir-se a salvo das depredações do oficialismo ou da violência cega. Jamais houvera um sistema legal eficiente. A justiça era arbitrária, e a crueldade, institucionalizada e caprichosa. Um funcionário com poder *era* a lei. Tornar-se mandarim era a única forma de o filho de uma família não nobre escapar desse círculo de injustiça e medo. O pai de Yang decidira que o filho não o seguiria na empresa da família, de fabricação de feltro, e sacrificou-se a si e à família para pagar a educação do filho. As mulheres aceitavam costura para os marinheiros e fabricantes de roupas locais, mourejando até tarde da noite. Para economizar dinheiro, deixavam a chama dos candeeiros de óleo no mínimo absoluto, causando danos permanentes aos olhos. As juntas dos dedos inchavam com as longas horas de trabalho.

Seguindo o costume, meu bisavô casou-se cedo, aos catorze anos, com uma mulher seis anos mais velha. Considerava-se um dos deveres da esposa ajudar a criar o marido.

A história dessa esposa, minha bisavó, foi típica de milhões de mulheres de seu tempo. Vinha de uma família de tanoeiros chamada Wu. Como a família não era intelectual nem tinha nenhum cargo oficial, e como ela era menina, não recebera nome algum. Sendo a segunda filha, era simplesmente chamada "Menina Número Dois" (*Er-ya-tou*). O pai morrera quando ela era bebê, e ela fora criada por um tio. Um dia, quando tinha seis anos, o tio jantava com um amigo cuja esposa estava grávida. No jantar, os dois homens concordaram que se o bebê fosse homem seria casado com a sobrinha de seis anos. Os dois jovens nunca se viram antes do casamento. Na verdade, apaixonar-se era considerado quase uma vergonha, uma desgraça para a família. Não porque fosse tabu — afinal, havia uma venerável tradição de amor romântico na China — mas porque se esperava que os jovens não se expusessem a situações em que acontecesse uma coisa dessas, em parte porque era imoral se encontrarem, e em parte porque o casamento era visto acima de tudo como uma obrigação, um acordo entre duas famílias. Com sorte, a pessoa podia apaixonar-se depois de casada.

Aos catorze anos, e tendo vivido uma vida protegida, meu bisavô era pouco mais que um menino na época do casamento. Na primeira noite, não quis entrar no quarto nupcial. Foi para a cama da mãe e teve de ser levado para a noiva depois de adormecer. Mas, embora fosse uma criança mimada e ainda precisasse de ajuda para vestir-se, sabia "plantar crianças", segundo a esposa. Minha avó nasceu um ano depois do casamento, no quinto dia da quinta lua, no início do verão de 1909. Estava em melhor posição que a mãe, pois lhe deram um nome de fato: Yu-fang. *Yu*, que significa "jade", era o nome de sua geração, dado aos rebentos de uma mesma geração, e *fang* quer dizer "flores de cheiro".

O mundo em que ela nasceu era de total imprevisibilidade. O Império Manchu, que dominara a China por mais de duzentos e sessenta anos, oscilava. Em 1894-95 o Japão atacou a China na Manchúria, com os chineses sofrendo devastadoras derrotas e perda de território. Em 1900, a revolta nacionalista dos boxers foi sufocada por oito exércitos estrangeiros, que deixaram tropas na China, algumas na Manchúria e outras ao longo da Grande Muralha. A vitória japonesa tornou o Japão a força externa dominante na Manchúria. Em 1911, o imperador da China, Pu Yi, de cinco anos, foi derrubado e estabeleceu-se uma República, tendo por breve tempo a carismática figura de Sun Yat-sen como chefe.

O novo governo republicano logo caiu, e o país dividiu-se em feudos. A Manchúria era particularmente hostil à República, já que a dinastia se originara lá. As potências estrangeiras, sobretudo o Japão, intensificaram suas tentativas de entrar na área.

Debaixo dessas pressões, as velhas instituições desmoronaram, resultando num vazio de poder, moralidade e autoridade. Muita gente tentava subir subornando potentados locais com presentes caros como ouro, prata e jóias. Meu bisavô não era rico o bastante para comprar uma posição lucrativa numa cidade grande, e quando tinha trinta anos ainda não chegara acima de funcionário da delegacia de polícia de sua Yixian natal, um sertão provincial. Mas tinha planos. E um bem valioso — a filha.

Minha avó era uma beldade. Tinha um rosto oval, faces róseas e pele acetinada. Os cabelos longos e brilhantes eram entretecidos numa grossa trança que lhe chegava à cintura. Sabia ser recatada quando a ocasião exigia, ou seja, na maior parte do tempo, mas por baixo da aparência impassível estuava de energia reprimida. Era *mignon*, cerca de um metro e sessenta, com um corpo esguio e ombros arredondados, considerados o ideal.

Mas seu grande tesouro eram os pés enfaixados, chamados na China de "lírios dourados de oito centímetros" (*san-tsun-gin-lian*). Isso queria dizer que ela andava "parecendo um tenro broto de salgueiro na brisa da primavera", como diziam tradicionalmente os *connaisseurs* de mulheres chinesas. Supunha-se que a visão de uma mulher oscilando sobre pés enfaixados tivesse um efeito erótico sobre os homens, em parte porque sua vulnerabilidade provocava um sentimento de proteção no observador.

Os pés de minha avó foram enfaixados quando ela completara dois anos. A mãe, que tinha ela própria os pés enfaixados, primeiro enrolou um pedaço de pano branco de uns seis metros de comprimento em torno dos pés dela, dobrando todos os dedos, com exceção do dedão, para dentro, sob as solas. Depois colocou uma grande pedra em cima para esmagar o arco. Minha avó gritava de dor e pedia-lhe que parasse. A mãe teve de amarrar-lhe um pano na boca, para amordaçá-la. Minha avó desmaiou várias vezes de dor.

O processo durava vários anos. Mesmo depois de quebrados todos os ossos, os pés tinham de ser enfaixados dia e noite com pano grosso, porque assim que eram soltos tentavam recuperar-se. Durante anos minha avó viveu com dores constantes e excruciantes. Quando implorava à mãe que desamarrasse as faixas, a mãe chorava e dizia-lhe que os pés desatados arruinariam toda a sua vida, e que fazia aquilo para a futura felicidade dela.

Naquele tempo, quando uma mulher se casava, a primeira coisa que a família do noivo fazia era examinar seus pés. Achava-se que os grandes, ou seja, normais, traziam vergonha à casa do marido. A sogra erguia a bainha da saia comprida da noiva, e se os pés tivessem mais de doze centímetros ela soltava a saia num demonstrativo gesto de desprezo e afastava-se pisando forte, deixando a moça entregue aos olhares críticos dos convidados das bodas, que olhavam os pés dela e murmuravam seu desdém insultante. Às vezes a mãe se apiedava da filha e retirava a faixa; mas quando a criança crescia, e tinha de enfrentar o desprezo da família do marido e a desaprovação da sociedade, culpava a mãe por ter sido fraca demais.

A prática do enfaixamento fora introduzida originalmente cerca de mil anos atrás, supostamente por uma concubina do imperador. Não apenas se considerava erótica a visão de uma mulher cambaleando sobre pés minúsculos, mas os homens se excitavam com eles, sempre ocultos sob sapatos de seda bordada. As mulheres não podiam retirar as faixas nem quando já estavam adultas, pois os pés recomeçariam a crescer. A faixa só podia ser afrouxada temporariamente à noite na cama, quando elas calçavam sapatos de sola mole. Os homens raramente viam nus os pés enfaixados, em geral cobertos de carne podre e malcheirosos quando se retiravam as faixas. Lembro-me de, quando criança, ver minha avó em sofrimento constante. Quando voltávamos das compras, a primeira coisa que ela fazia era mergulhar os pés numa bacia de água quente, suspirando de alívio. Depois punha-se a cortar os pedaços de pele morta, A dor vinha não apenas dos ossos quebrados, mas também das unhas, que se enterravam nas plantas dos pés.

Na verdade, os pés de minha avó foram enfaixados no momento em que essa prática estava desaparecendo para sempre.

Quando a irmã dela nasceu, em 1917, isso já fora praticamente abandonado, e ela escapou do tormento.

Contudo, quando minha avó era criança, a atitude predominante numa cidadezinha como Yixian ainda era de que os pés enfaixados eram essenciais para um bom casamento — mas não passavam de um bom começo. Os planos do pai dela eram de treiná-la como uma perfeita dama ou uma cortesã de alta classe. Desprezando a sabedoria aceita da época — de que era virtuoso uma mulher de baixa classe ser analfabeta — mandou-a para uma escola feminina que se instalara na cidade em 1905. Ela também aprendeu a jogar xadrez chinês, *mah-jong* e *go*. Estudou desenho e bordado. Seu desenho favorito eram patos mandarim (que simbolizam o amor, porque sempre nadam aos pares), e bordava-os nos minúsculos sapatos que fazia para si. Para coroar sua lista de prendas, contratou-se um tutor para ensinar-lhe a tocar *qin*, um instrumento musical semelhante à cítara.

Minha avó era considerada a beldade da cidade. O pessoal local dizia que ela se destacava "como um grou no meio de galinhas". Em 1924 ela tinha quinze anos, e o pai se preocupava com o tempo passando sobre seu único bem de fato — e sua única oportunidade de uma vida confortável. Naquele ano, o general Xue Zhi-heng, inspetor-geral da Polícia Metropolitana do governo caudilho de Pequim, foi fazer-lhes uma visita.

Xue Zhi-heng nasceu em 1876, no município de Lulong, cerca de cento e cinqüenta quilômetros a leste de Pequim, e pouco ao sul da Grande Muralha, onde a imensa planície da China encontra as montanhas. Era o mais velho dos quatro filhos de um mestre-escola rural.

Era bonitão e tinha uma presença forte, que impressionava a todos que o conheciam. Vários adivinhos cegos que apalparam o rosto dele previram que ia ascender a uma posição poderosa. Era um calígrafo talentoso, um talento tido em alta conta, e em 1908 um caudilho chamado Wang Huaiqing, em visita a Lulong, notou a bela caligrafia numa placa sobre o portão do templo principal e pediu para conhecer o homem que a fizera. O general Wang gostou de Xue, que estava com trinta e dois anos, e convidou-o a tornar-se seu ajudante-de-campo.

Ele revelou-se extremamente eficiente, e logo foi promovido a oficial intendente. Isso significava extensas viagens, e ele começou a adquirir lojas de alimentos em torno de Lulong e no outro lado da Grande Muralha, na Manchúria. Sua rápida ascensão recebeu um impulso quando ajudou o general Wang a sufocar um levante na Mongólia Interior. Quase de uma hora para outra, tinha acumulado uma fortuna, e projetou e construiu para si uma mansão de oitenta e um cômodos em Lulong.

Na década seguinte ao fim do império, nenhum governo estabeleceu autoridade sobre o país todo. Caudilhos poderosos logo estavam lutando pelo controle do governo central em Pequim. A facção de Xue, chefiada por um caudilho chamado Wu Pei-fu, dominou o governo nominal em Pequim no início da década de 1920. Em 1922, Xue tornou-se inspetor-geral da Polícia Metropolitana e um dos chefes do Departamento de Obras Públicas em Pequim. Comandava vinte regiões dos dois lados da Grande Muralha, e mais de 10 mil membros da polícia montada e a pé. O trabalho na polícia dava-lhe poder; o nas obras públicas dava-lhe patronato.

As alianças eram instáveis. Em maio de 1923, a facção do general Xue decidiu livrar-se do presidente, Li Yuan-hong, que ela mesma instalara no cargo apenas um ano antes. Em conluio com um general chamado Feng Yu-xiang, um caudilho cristão que se tornou lendário ao batizar seus soldados *en masse* com uma mangueira de incêndio, Xue mobilizou seus 10 mil soldados e cercou os prédios principais do governo em Pequim, exigindo o pagamento atrasado que o governo falido devia a seus homens. O verdadeiro objetivo era humilhar o presidente Li e obrigá-lo a deixar o cargo. Li recusou-se a renunciar, e Xue mandou seus homens desligarem a água e a eletricidade do palácio presidencial. Após alguns dias, as condições dentro do prédio se tornaram insuportáveis, e na noite de 13 de junho o presidente Li abandonou sua malcheirosa residência e fugiu da capital para a cidade portuária de Tianjin, cem quilômetros ao sudeste.

Na China, a autoridade de um cargo público estava não apenas na pessoa do detentor, mas nos timbres oficiais. Nenhum documento era válido, mesmo quando assinado pelo presidente, se não trouxesse o seu timbre. Sabendo que ninguém podia assumir a Presidência sem ele, o presidente Li deixou o timbre com uma de suas concubinas, que convalescia num hospital de Pequim dirigido por missionários franceses.

Quando o presidente Li se aproximava de Tianjin, seu trem foi detido pela polícia armada, que lhe ordenou que entregasse os timbres. A princípio ele se recusou a dizer onde os escondera, mas após várias horas cedeu. Às três horas da manhã o general Xue foi ao hospital francês pegar os timbres com a concubina. Quando apareceu ao lado dela, a concubina a princípio se recusou até a olhar para ele. "Como posso entregar os timbres do presidente a um simples policial?", disse, altiva. Mas o general Xue, resplendente em uniforme completo, parecia tão intimidante que ela logo pôs mansamente os timbres nas mãos dele.

Nos quatro meses seguintes, Xue usou sua polícia para assegurar que o homem que sua facção queria na Presidência, Tsao Kun, ganharia o que se anunciava como uma das primeiras eleições da China. Os oitocentos e quatro membros do Parlamento tiveram de ser subornados. Xue e o general Feng puseram guardas no prédio do Parlamento e informaram que haveria uma bela recompensa para quem votasse do modo certo, o que trouxe muitos deputados correndo de volta das províncias. Quando tudo estava pronto para a eleição, havia quinhentos e cinqüenta e cinco membros do Parlamento em Pequim. Quatro dias antes da eleição, após muitas barganhas, cada um deles recebeu 5 mil yuans, uma soma mais ou menos substancial. A 5 de outubro de 1923, Tsao Kun foi eleito presidente da China com quatrocentos e oitenta votos. Xue foi recompensado com a promoção ao generalato pleno. Também foram promovidas dezessete "consultoras especiais" — todas amantes ou concubinas favoritas de vários caudilhos e generais. Esse episódio entrou na história da China como um exemplo notório de como se pode manipular uma eleição. As pessoas ainda o citam para afirmar que a democracia não dará certo na China.

No início do verão do ano seguinte, o general Xue visitou Yixian. Embora não fosse uma grande cidade, era estrategicamente importante. Era ali que o poder do governo de Pequim começava a acabar. Adiante, o poder estava nas mãos do grande caudilho do Nordeste, Chang Tso-lin, conhecido como o Velho Marechal. Oficialmente, o general Xue se achava em viagem de inspeção, mas ele também tinha alguns interesses especiais na área. Em Yixian, era dono dos principais depósitos de grãos e das maiores lojas, incluindo a de penhores, que funcionava como banco e emitia seu próprio dinheiro, que circulava na cidade e na área em torno.

Para meu bisavô, aquela era uma oportunidade única, o mais perto que ele algum dia chegaria de um verdadeiro VIP. Manobrou para lhe darem a tarefa de escoltar o general Xue, e disse à esposa que ia casar a filha com ele. Não pediu a concordância da esposa; simplesmente informou-a. Além de ser este o costume da época, meu bisavô desprezava a esposa. Ela chorou, mas não disse nada. Ele lhe ordenou que não murmurasse uma palavra com a filha. Não se cogitava de consultá-la. O casamento era uma transação, não uma questão de sentimentos. Ela seria informada quando o casamento estivesse acertado.

Meu bisavô sabia que a abordagem ao general Xue tinha de ser indireta. Uma oferta explícita da mão da filha baixaria o preço dela, e também havia a possibilidade de recusa. O general Xue tinha de ter uma oportunidade de ver o que lhe ofereciam. Naquele tempo as mulheres respeitáveis não podiam ser apresentadas a homens estranhos, de modo que Yang tinha de criar uma oportunidade para o general Xue ver sua filha. O encontro tinha de ser acidental.

Em Yixian, havia um magnífico templo budista de novecentos anos, feito de madeiras preciosas e com uns trinta metros de altura. Ficava dentro de um recinto elegante, com filas de ciprestes, que cobria uma área de quase dois mil metros quadrados.

Dentro havia uma estátua de madeira do Buda, de nove metros de altura, e o interior do templo era coberto com delicados murais descrevendo a sua vida. Era um lugar óbvio para Yang levar o importante convidado. E os templos incluíam-se entre os poucos lugares a que mulheres de boas famílias podiam ir sozinhas.

Mandaram minha avó ir ao templo num determinado dia. A fim de mostrar sua reverência a Buda, ela tomou banhos perfumados e passou longas horas meditando diante do incenso que ardia num pequeno santuário. Para orar no templo, devia achar-se em estado de máxima tranqüilidade e livre de toda emoção inquietante. Ela partiu numa carruagem alugada, acompanhada de uma criada. Usava uma jaqueta azul-ovo-de-pata, as bordas debruadas com fio de ouro para destacar as linhas simples, com botões em forma de borboleta correndo o lado esquerdo. Também usava uma saia de pregas cor-de-rosa, toda bordada com flores minúsculas. Trazia os cabelos compridos enrolados numa trança única. Entremostrando-se no alto da cabeça, uma peônia de seda verde-escura, da espécie mais rara. Não usava maquilagem, mas estava ricamente perfumada, como se considerava adequado para visitar um templo. Uma vez lá dentro, ela se ajoelhou diante da estátua gigantesca de Buda. Fez várias reverências à imagem de madeira e depois ficou ajoelhada diante dela, as mãos juntas em prece.

Enquanto ela rezava, seu pai chegou com o general Xue. Os dois ficaram olhando do corredor escuro. Meu bisavô planejara bem. A posição em que minha avó se ajoelhava revelava não apenas suas calças de seda, debruadas de ouro como a túnica, mas também os pés minúsculos nos sapatos de cetim bordado.

Quando acabou de rezar, minha avó fez três reverências a Buda. Ao se levantar, perdeu ligeiramente o equilíbrio, o que era fácil com os pés enfaixados. Estendeu o braço de donzela para apoiar-se. O general Xue e o pai dela acabavam de mexer-se para adiantar-se. Ela enrubesceu e baixou a cabeça, depois virou-se e começou a afastar-se, que era o certo. O pai adiantou-se e apresentou-a ao general. Ela fez uma reverência, mantendo sempre a cabeça baixa.

Como cabia a um homem de sua posição, o general não disse muita coisa sobre o encontro a Yang, que não passava de um subordinado, mas meu bisavô pôde ver que ele ficara fascinado. O próximo passo era maquinar um encontro mais direto. Uns dois dias depois, Yang, arriscando a falência, alugou o melhor teatro na cidade e encenou uma ópera local, chamando o general Xue como convidado de honra. Como a maioria dos teatros chineses, aquele fora construído em torno de um espaço retangular a céu aberto, com estruturas de madeira em três lados; o quarto formava o palco, completamente vazio: não tinha cortinas nem cenários. A área da platéia parecia mais um café do que um teatro ocidental. Os homens sentaram-se às mesas no retângulo aberto, comendo, bebendo e falando alto durante toda a representação. Ao lado, elevado, ficava o círculo feminino, onde as damas se sentavam recatadamente a mesas menores, enquanto as criadas ficavam atrás, de pé. Minha bisavó arrumara tudo de modo a sua filha ficar num lugar onde o general Xue pudesse vê-la facilmente.

Dessa vez ela estava muito mais embonecada que no templo. Usava um vestido de cetim muito bordado, e tinha jóias nos cabelos. Também mostrava sua vivacidade e energia naturais, rindo e conversando com as amigas. O general Xue mal olhou para o palco.

Após o espetáculo houve um jogo tradicional chinês chamado charada da lanterna. Isso se dava em dois salões separados, um para homens e outro para mulheres. Em cada salão havia dezenas de elaboradas lanternas, das quais pendiam charadas em versos. A pessoa que adivinhasse a maior parte das respostas ganhava um prêmio. Entre os homens, o general Xue foi o vencedor, claro. Entre as mulheres, minha avó.

Yang já dera ao general Xue uma boa oportunidade de apreciar a beleza e inteligência de sua filha. A qualificação final era o talento artístico. Duas noites depois ele convidou o general a jantar em sua casa. Estava uma noite límpida e cálida, com uma lua cheia — cenário clássico para ouvir o *qin*. Após o jantar, os dois homens sentaram-se na varanda e minha avó foi convidada a tocar no pátio. Sentada sob uma treliça, o cheiro dos lilases no ar, seu desempenho encantou o general Xue. Depois ele diria que a arte dela naquela noite ao luar conquistara seu coração. Quando minha mãe nasceu, ele lhe deu o nome de Bao Qin, que significa "Cítara Preciosa".

Antes que a noite acabasse, ele já se declarara — não a minha avó, claro, mas ao pai dela. Não propunha casamento, só que minha avó se tornasse sua concubina. Mas Yang não esperara nada mais. A família Xue já teria arranjado muito antes um casamento socialmente adequado para o general. De qualquer modo, os Yang eram humildes demais para oferecer uma esposa. Mas esperava-se que um homem como o general Xue tomasse concubinas. As esposas não eram para o prazer — para isso havia as concubinas. Estas podiam conquistar um poder considerável, mas seu status social era bastante diferente do de uma esposa. A concubina era uma espécie de amante institucionalizada, adquirida e descartada à vontade.

A primeira vez que minha avó soube de sua ligação iminente foi quando a mãe lhe deu a notícia, poucos dias antes do acontecimento. Minha avó baixou a cabeça e chorou. Detestava a idéia de ser concubina, e era impensável opor-se aos pais. Questionar uma decisão paterna era considerado "não filial" — e não ser filial equivalia a traição. Mesmo que se recusasse a consentir com os desejos do pai, não seria levada a sério; seu ato seria interpretado como uma indicação de que queria continuar com os pais. A única maneira de dizer não e ser levada a sério seria suicidar-se. Minha avó mordeu o lábio e não disse nada. Na verdade, nada havia a dizer. Até mesmo dizer sim seria considerado indigno de uma dama, pois achariam que ela estava ansiosa para deixar os pais.

Vendo sua infelicidade, a mãe passou a dizer-lhe que aquela era a melhor união possível. O marido falara-lhe do poder do general Xue: "Em Pequim se diz: 'Quando ele bate o pé, toda a cidade treme'". Na verdade, minha avó tinha caído pelo porte bonitão e marcial do general. E ficara lisonjeada com as palavras de admiração que ele dissera sobre ela a seu pai, e que eram agora enfeitadas e bordadas. Nenhum dos homens de Yixian era tão im-

41

pressionante quanto o general-caudilho. Aos quinze anos, ela não tinha idéia do que realmente significava ser concubina, e achava que podia conquistar o amor do general e viver uma vida feliz.

O general Xue dissera que ela podia ficar em Yixian, numa casa que ele ia comprar especialmente para ela. Isso significava que continuaria próxima de sua família — o mais importante, contudo, é que não teria de morar na residência dele, nem submeter-se à autoridade da esposa e das outras concubinas, que teriam precedência sobre ela. Na casa de um potentado como o general Xue, as mulheres eram na prática suas prisioneiras, vivendo num estado de permanentes bate-bocas e fuxicos, em grande parte provocados pela insegurança. A única segurança que tinham era o favor do marido. A oferta de uma casa própria do general Xue significava muito para minha avó, como também a promessa de solenizar a ligação com uma cerimônia de casamento completa. Ela e sua família teriam ganho um prestígio considerável. E havia uma consideração final muito importante para ela: agora que o pai estava satisfeito, esperava que ele tratasse melhor a sua mãe.

A sra. Yang sofria de epilepsia, o que a fazia sentir-se inútil em relação ao marido. Era sempre submissa a ele, e ele a tratava como lixo, não mostrando a mínima preocupação com sua saúde. Durante anos, culpara-a por não produzir um filho. Minha bisavó teve uma série de abortos depois que minha avó nasceu, até a vinda de uma segunda criança em 1917 — mas também dessa vez foi uma menina.

Meu bisavô era obcecado com a idéia de ter bastante dinheiro para poder adquirir concubinas. O "casamento" permitia-lhe realizar esse desejo, pois o general Xue despejara presentes de noivado sobre a família, e o principal beneficiado fora meu bisavô. Os presentes eram magníficos, de acordo com a posição do general.

No dia do casamento, uma liteira envolta em pesadas sedas e cetins bordados de vermelho vivo apareceu na casa dos Yang. À frente vinha um desfile trazendo faixas, placas e lanternas de seda com desenhos de uma fênix de ouro, o maior símbolo para uma mulher. A cerimônia de casamento teve lugar ao anoitecer, como era a tradição, as lanternas vermelhas fulgindo no crepúsculo. Uma orquestra de tambores, címbalos e agudos instrumentos de sopro tocava música alegre. A barulheira era tida como essencial para um bom casamento, do mesmo modo como o silêncio seria visto como uma sugestão de que havia alguma coisa vergonhosa no acontecimento. Minha avó vestia-se esplendidamente, com bordados coloridos, um véu de seda vermelho cobrindo-lhe a cabeça e o rosto. Foi levada na liteira para sua nova casa por oito homens. Dentro da liteira estava abafado e fazia um calor de fervura, e ela puxou discretamente a cortina alguns centímetros. Espiando por baixo do véu, ficou deliciada ao ver como as pessoas na rua olhavam o seu séquito. Aquilo era muito diferente do que teria uma concubina — uma liteira coberta com algodão comum na simples cor índigo, carregada por duas ou, no máximo, quatro pessoas, e sem séquito nem música. Levaram-na em torno da cidade, passando pelos quatro portões, como exigia um ritual completo, com os caros presentes de núpcias exibidos em carroças e grandes cestas de vime que vinham atrás dela. Depois de ser exibida à cidade, chegou a seu novo lar, uma casa grande, elegante. Minha avó ficou satisfeita. A pompa e a cerimônia fizeram-na sentir que conquistara prestígio e estima. Nunca houvera em Yixian nada assim, que alguém lembrasse.

Quando ela chegou à casa, o general Xue, de uniforme militar completo, estava à espera, cercado pelos dignitários locais. Velas vermelhas e deslumbrantes lamparinas iluminavam o centro da casa, a sala de estar, onde se prostraram em reverência cerimonial às tabuinhas do Céu e da Terra. Depois disso, fizeram a mesma reverência um ao outro, e então minha avó entrou sozinha na câmara nupcial, de acordo com o costume, enquanto o general Xue saía para um pródigo banquete com os homens.

O general Xue não deixou a casa durante três dias. Minha avó estava feliz. Achava que o amava, e ele mostrava-lhe uma espécie de afeto relutante. Mas quase não falava com ela sobre assuntos sérios, seguindo o ditado tradicional: "As mulheres têm cabelos compridos e inteligência curta". Um chinês devia permanecer reticente e grandioso, mesmo com a família. Por isso ela ficava calada, apenas massageando os dedos dos pés dele antes de se levantarem de manhã, e tocando o *qin* para ele à noite. Após uma semana, ele comunicou-lhe de repente que ia embora. Não disse para onde — e ela sabia que não seria boa idéia perguntar. Seu dever era esperar por ele até a sua volta. Teve de esperar seis anos.

Em setembro de 1924, estourou a luta entre as duas principais facções de caudilhos no norte da China. O general Xue foi promovido a subcomandante da guarnição de Pequim, mas em poucas semanas seu velho aliado general Feng, o caudilho cristão, mudou de lado. A 3 de novembro, Tsao Kun, que o general Xue e o general Feng haviam ajudado a instalar como presidente no ano anterior, foi obrigado a renunciar. No mesmo dia a guarnição de Pequim foi dispensada, e dois dias depois o Departamento de Polícia de Pequim foi desmantelado. O general Xue teve de abandonar a capital às pressas. Retirou-se para uma casa sua em Tianjin, na concessão francesa, que tinha imunidade extraterritorial. Era o mesmo lugar para o qual o presidente Li fugira no ano anterior, quando Xue o expulsara do palácio presidencial.

Enquanto isso, minha avó viu-se colhida na renovação da luta. O controle do nordeste era vital no combate entre os exércitos dos caudilhos, e as cidades ao longo da ferrovia, sobretudo entroncamentos como Yixian, eram alvos particulares. Pouco depois de o general Xue partir, a luta chegou às muralhas da cidade, com batalhas campais diante dos portões. Os saques eram generalizados. Uma empresa italiana de armas dirigiu-se aos caudilhos sem dinheiro anunciando que aceitava "cidades saqueáveis" como garantia. O estupro era um simples lugar-comum. Como muitas outras mulheres, minha avó teve de enegrecer o rosto com fuligem para fazer-se parecer feia e imunda. Felizmente, dessa vez Yixian sobreviveu quase incólume. A luta acabou deslocando-se para o sul e a vida voltou ao normal.

Para minha avó, "normal" significava encontrar maneiras de matar o tempo em sua grande casa. A casa era construída no estilo típico do norte da China, em torno de três lados de um quadrângulo, o lado sul do pátio sendo um muro de mais de dois metros de altura, com um portão redondo que abria para um pátio externo, por sua vez guardado por um portão duplo com uma aldrava de bronze redonda.

Essas casas eram construídas para enfrentar os extremos de um clima brutalmente áspero, que saltava de invernos congelantes para verões escorchantes, praticamente sem primaveras nem outonos entre si. No verão, a temperatura subia acima dos trinta e cinco graus, mas no inverno caía para menos de seis graus e meio, com ventos uivantes que vinham rugindo da Sibéria pelas planícies. A poeira entrava nos olhos e na pele a maior parte do ano, e as pessoas muitas vezes tinham de usar máscaras que lhes cobriam todo o rosto e a cabeça. No pátio interno das casas, todas as janelas dos aposentos principais davam para o sul, para deixar entrar tanto sol quanto possível, enquanto as paredes do lado norte recebiam o impacto do vento e da poeira. O lado norte da casa continha uma sala de estar e o quarto de minha avó; o piso das alas dos dois lados era ladrilhado, e as janelas de madeira cobertas de papel. O telhado em ponta era feito de lisas telhas negras.

A casa era luxuosa pelos padrões locais — e muito superior à dos pais dela — mas minha avó sentia-se sozinha e infeliz. Tinha vários criados, inclusive um porteiro, um cozinheiro e duas criadas. A tarefa deles era não só servir, mas também atuar como guardas e espiões. O porteiro tinha instruções de não deixar minha avó sair sozinha em nenhuma circunstância. Antes de partir, o general Xue contara uma história de advertência à minha avó sobre uma de suas outras concubinas. Ele descobrira que ela vinha tendo um caso com um criado, e mandara amarrá-la na cama e enfiara-lhe um pano na boca. Depois pingaram álcool puro no pano, sufocando-a lentamente até a morte. "Evidentemente, eu não podia dar a ela o prazer de uma morte rápida. Mulher que trai o marido faz a coisa mais vil possível", dissera. Quando se tratava de infidelidade, um homem como o general Xue odiava a mulher muito mais que o homem. "Com o homem, só fiz mandar fuzilá-lo", acrescentou casualmente. Minha avó jamais soube se a história toda era ou não verdadeira, mas aos quinze anos ficou devidamente petrificada.

A partir daquele instante, passou a viver em pavor constante. Como mal podia sair, teve de criar um mundo para si dentro de suas quatro paredes. Mas mesmo ali não era a verdadeira senhora de sua casa, e tinha de passar muito tempo agradando aos criados, para que eles não inventassem histórias contra ela — o que era tão comum que se considerava quase inevitável. Dava-lhes muitos presentes, e também organizava partidas de *mah-jong*, porque os vencedores sempre tinham de dar generosas gorjetas aos criados.

Jamais lhe faltava dinheiro. O general Xue mandava-lhe uma pensão regular, entregue todo mês pelo gerente de sua casa de penhores, que também arcava com as perdas que ela acumulava nos torneios de *mah-jong*.

Dar festas de *mah-jong* fazia parte normal da vida das concubinas em toda a China. Como fumar ópio, encontrado por toda parte e visto como um meio de manter satisfeitas pessoas como ela — dopadas e dependentes. Muitas concubinas acabavam viciadas ao buscar esse caminho para enfrentar a solidão. O general Xue estimulou minha avó a contrair o hábito, mas ela o ignorou.

Na prática, a única oportunidade em que ela podia sair de casa era quando ia à ópera. Fora isso, era obrigada a permanecer sentada em casa o dia todo, dia após dia. Lia muito, sobretudo peças e romances, e cuidava de suas flores preferidas, bálsamo, hibiscos, quatro-horas e rosas-de-sharon, em vasos no pátio, onde também cultivava árvores anãs. Sua outra consolação naquela gaiola dourada era um gato.

Ela podia visitar os pais, mas mesmo isso era malvisto, e não podia passar a noite com eles. Embora fossem as únicas pessoas com quem podia conversar, achava a visita a eles uma provação. O pai fora promovido a subchefe da polícia local, devido à sua ligação com o general Xue, e adquirira terra e propriedade. Toda vez que ela abria a boca sobre sua infelicidade, o pai começava a pregar-lhe sermões, dizendo-lhe que a mulher virtuosa devia suprimir as emoções e não desejar nada além do seu dever para com o marido. Estava direito sentir saudades do marido, era virtuoso, mas a mulher não devia queixar-se. Na verdade, uma boa mulher não devia ter opinião alguma, e se tivesse, certamente não devia ter o despudor de falar sobre ela. Ele citava o provérbio chinês que diz: "Se você se casou com um frango, obedeça ao frango; se se casou com um cão, obedeça ao cão".

Passaram-se seis anos. No início, chegaram algumas cartas, depois foi o silêncio total. Incapaz de dissipar seu nervosismo e frustração sexual, incapaz até de andar de um lado para outro com passo largo por causa dos pés enfaixados, minha avó se viu reduzida a mover-se com passinhos miúdos pela casa. A princípio, esperou por alguma mensagem, repassando vezes sem conta, na mente, sua breve vida com o general. Até a submissão física e psicológica era lembrada com nostalgia. Ela sentia muita saudade dele, embora soubesse que era apenas uma de suas muitas concubinas, provavelmente espalhadas por toda a China, e nunca tivesse esperado passar o resto da vida com ele. Mesmo assim, ansiava por ele, pois representava sua única oportunidade de viver uma espécie de vida.

Mas à medida que as semanas foram se transformando em meses, e os meses em anos, seu anseio foi-se amortecendo. Compreendeu que para ele era apenas um brinquedo, a ser retomado apenas quando lhe fosse conveniente. Sua inquietação agora não tinha objeto no qual se concentrar. Fora canalizada para uma camisa-de-força. Quando, às vezes, a inquietação apertava, ela se sentia tão agitada que não sabia o que fazer da vida. Às vezes caía no chão inconsciente. Iria ter esses desmaios pelo resto da vida.

Aí, um dia, seis anos depois de sair casualmente pela porta, o "marido" reapareceu. O encontro foi muito diferente do que ela sonhara no início da separação. Então ela tinha fantasiado que ia se entregar total e apaixonadamente a ele, mas agora a única coisa que sentia dentro de si era um contido senso de dever. Também estava destroçada de ansiedade com a possibilidade de haver ofendido algum dos criados, ou de eles inventarem histórias para insinuar-se nas boas graças do general e arruinar sua vida. Mas tudo transcorreu tranqüilamente. O general, já com mais de cinqüenta anos, parecia ter amadurecido, não era nem de longe tão majestoso quanto antes. Como ela esperava, ele não disse uma palavra sobre onde andara, por que partira tão de repente, por que voltara, e ela não perguntou. Além de não querer ser censurada por mostrar-se curiosa, não estava ligando.

Na verdade, todo aquele tempo o general não andara longe. Estivera vivendo a vida tranqüila de um rico dignitário aposentado, dividindo o tempo entre sua casa em Tianjin e sua mansão rural perto de Lulong. O mundo em que ele prosperara tornava-se uma coisa do passado. Os caudilhos e seu sistema de feudos haviam desmoronado, e a maior parte da China era agora controlada por uma única força, o Kuomintang, ou Nacionalistas, chefiados por Chang Kai-chek. Para assinalar o rompimento com o passado caótico, e tentar dar a aparência de um novo começo e de estabilidade, o Kuomintang mudara a capital de Pequim ("Capital do Norte") para Nanjing ("Capital do Sul"). Em 1928, o governante da Manchúria, Chang Tso-lin, o Velho Marechal, foi assassinado pelos japoneses, que se tornavam cada vez mais ativos na área. O filho do Velho Marechal, Chang Hsueh-liang (conhecido como o Jovem Marechal), juntara-se ao Kuomintang e integrara formalmente a Manchúria ao resto da China — embora o domínio do Kuomintang jamais se estabelecesse de fato na Manchúria.

A visita do general Xue à minha avó não durou muito. Como da primeira vez, após uns poucos dias ele anunciou de repente que ia partir. Na noite da véspera da partida, pediu à minha avó que fosse morar com ele em Lulong. O coração dela quase parou. Se ele lhe ordenasse que fosse, isso equivaleria a uma condenação perpétua sob o mesmo teto com a esposa e as outras concubinas dele. Ela foi tomada por uma onda de pânico. Enquanto massageava os pés dele, pediu-lhe baixinho que a deixasse ficar em Yixian. Disse-lhe que ele fora muito bondoso em prometer a seus pais que não ia tirá-la deles, e lembrou-lhe delicadamente que sua mãe não estava bem de saúde: acabara de ter uma terceira criança, o esperadíssimo filho. Disse-lhe que gostaria de mostrar piedade filial, claro que ao mesmo tempo servindo-o a ele, seu marido e senhor, sempre que ele agraciasse Yixian com sua presença. No dia seguinte ela arrumou as coisas dele e ele partiu, sozinho. Ao partir, como ao chegar, cobriu minha avó de jóias — ouro, prata, jade, pérolas e esmeraldas. Como muitos homens da sua espécie, achava que esse era o caminho para o coração de uma mulher. Para mulheres como minha avó, as jóias eram seu único seguro.

Pouco tempo depois, minha avó percebeu que estava grávida. No décimo sétimo dia da terceira lua, na primavera de 1931, ela deu à luz uma menina — minha mãe. Escreveu ao general Xue para informá-lo, e ele respondeu mandando chamar a menina de Bao Qin e levá-la a Lulong assim que as duas estivessem suficientemente fortes para a viagem.

Minha avó estava em êxtase com a maternidade. Sentia que agora sua vida tinha um objetivo, e despejou todo o seu amor e energia em minha mãe. Passou-se um ano de felicidade. O general Xue escreveu muitas vezes pedindo-lhe que fosse a Lulong, mas toda vez ela conseguia contê-lo. Aí, um dia, no meio do verão de 1932, chegou um telegrama dizendo que o general Xue estava gravemente doente e lhe ordenava que levasse a filha para vê-lo logo. O tom deixava claro que dessa vez ela não deveria recusar.

Lulong ficava a uns trezentos quilômetros de distância, e para minha avó, que jamais viajara, a viagem foi uma grande empresa. Também era extremamente difícil viajar com os pés enfaixados; quase impossível carregar bagagem, sobretudo com uma criança pequena nos braços. Minha avó decidiu levar consigo sua irmã de catorze anos, Yu-lan, que ela chamava de "Lan".

A viagem foi uma aventura. A região tinha sido convulsionada mais uma vez. Em setembro de 1931 o Japão, que vinha expandindo constantemente seu poder ali, lançara uma invasão em grande escala da Manchúria, e tropas japonesas tinham ocupado Yixian a 6 de janeiro de 1932. Dois meses depois, os japoneses proclamaram a fundação de um novo Estado, que chamaram de Manchukuo ("País Manchu"), cobrindo a maior parte do norte

49

da China (uma área do tamanho da França e da Alemanha juntas). Os japoneses diziam que Manchukuo era independente, mas na verdade era um títere de Tóquio. Como seu chefe, tinham instalado Pu Yi, que em criança fora o último imperador da China. A princípio ele foi chamado de executivo-chefe; depois, em 1934, fizeram-no imperador de Manchukuo. Tudo isso nada significava para minha avó, que tinha muito pouco contato com o mundo externo. A população em geral era fatalista sobre quem a governava, já que não tinha escolha na questão. Para muitos, Pu Yi era o governante natural, um imperador manchu e verdadeiro Filho do Céu. Vinte anos após a revolução republicana, ainda não havia um Estado unificado para substituir o governo do imperador, nem, na Manchúria, o povo tinha muita idéia de ser cidadão de uma coisa chamada "China".

Num quente dia de verão em 1932, minha avó, sua irmã e minha mãe tomaram o trem de Yixian para o sul, saindo da Manchúria pela cidade de Shanhaiguan, onde a Grande Muralha desce da montanha para o mar. Enquanto o trem resfolegava pela planície costeira, elas viam a paisagem mudando: em vez da terra nua, amarelo-amarronzada das planícies da Manchúria, ali a terra era mais escura e a vegetação mais densa, quase luxuriante em comparação com o nordeste. Logo depois de passar pela Grande Muralha, o trem virou para o interior, e cerca de uma hora depois parou numa cidadezinha chamada Changli, onde elas desembarcaram num prédio de telhado verde que parecia uma estação ferroviária da Sibéria.

Minha avó contratou uma carruagem e foi para o norte por uma estrada esburacada, empoeirada, até a mansão do general Xue, que ficava a uns trinta quilômetros de distância, pouco adiante dos muros de uma cidadezinha chamada Yanheying, outrora um grande acampamento militar freqüentemente visitado pelos imperadores manchu e sua corte. Disso ficara para a estrada o nome de "Caminho Imperial". Era ladeada de choupos, as folhas verde-claras brilhando à luz do sol. Além deles, viam-se pomares de pereiras, que floresciam no solo arenoso. Mas minha avó dificilmente apreciou o cenário, pois estava coberta de poeira e exausta após a viagem pela péssima estrada. Acima de tudo, preocupava-se com o que a aguardava na outra ponta.

Quando viu a mansão pela primeira vez, sentiu-se esmagada pela sua grandiosidade. O imenso portão frontal era guardado por homens armados, em rígida posição de sentido ao lado de enormes estátuas de leões deitados. Havia uma fila de oito estátuas de pedra para amarrar cavalos: quatro eram de elefantes, e quatro de macacos. Esses dois animais eram escolhidos pelo som de seus nomes, que davam sorte: em chinês, as palavras "elefante" e "alto posto" têm o mesmo som (*xiang*), e o mesmo acontece com "macaco" e "aristocracia" (*hou*). Quando a carroça passou pelo portão externo para um pátio interno, minha avó viu apenas uma imensa parede branca à sua frente; depois, a um lado, um segundo portão. Era uma construção chinesa clássica, uma parede de ocultação para que os estranhos não vissem o interior da propriedade, também tornando impossível a assaltantes atirarem ou atacarem diretamente pelo portão frontal.

Assim que elas passaram pelo portão interno, uma criada materializou-se ao lado de minha mãe e tomou peremptoriamente a criança dela. Outra fez com que subisse os degraus da casa e a conduziu até a sala de estar da esposa do general Xue.

Assim que entrou na sala, minha avó caiu de joelhos e fez uma reverência, dizendo: "Meus cumprimentos, minha senhora", como mandava a etiqueta. A irmã de minha mãe não pôde entrar na sala e teve de ficar do lado de fora, como uma criada. Não era nada pessoal: os parentes de uma concubina não eram tratados como parte da família. Depois de minha avó ficar prostrada por bastante tempo, a esposa do general disse-lhe que podia levantar-se, usando um tipo de tratamento que estabelecia imediatamente a posição de minha avó na hierarquia da casa como uma mera subamante, mais próxima de um tipo superior de criada que de uma esposa.

A esposa do general mandou-a sentar-se. Minha avó teve de tomar uma decisão numa fração de segundo. Numa casa tradicional chinesa, o lugar onde alguém se senta reflete automaticamente sua posição social. A esposa do general Xue estava sentada no extremo norte da sala, como cabia a uma pessoa de sua posição. Junto a ela, separada por uma mesa lateral, via-se outra cadeira, também voltada para o sul: era o assento do general. Em cada lado da sala havia uma fila de cadeiras para pessoas de diferentes status. Minha avó recuou e sentou-se numa das cadeiras mais próximas da porta, para demonstrar humildade. A esposa pediu-lhe então que se aproximasse — só um pouco. Tinha de mostrar certa generosidade.

Quando minha avó se sentou, a esposa lhe disse que a filha dela seria criada dali em diante como sua (da esposa) própria filha, e chamaria de "mãe" a ela, e não à minha avó; minha avó deveria tratar a criança como a jovem senhora da casa, e comportar-se de acordo.

Uma criada foi chamada para acompanhar minha avó. Ela sentia o coração desabando, mas engoliu os soluços, só se soltando quando chegou ao quarto. Ainda tinha os olhos vermelhos quando a levaram para conhecer a concubina número dois do general Xue, sua favorita, que dirigia a casa. Era bonita, com um rosto delicado, e para surpresa de minha avó mostrou-se muito simpática, mas minha avó se conteve de abrir o choro na frente dela. Naquele ambiente novo e estranho, sentiu intuitivamente que a melhor política era a cautela.

Mais tarde, nesse mesmo dia, levaram-na para ver o "marido". Deixaram-na levar minha mãe consigo. O general jazia num *kang*, a espécie de cama usada em todo o norte da China, uma superfície grande, chata e retangular, com cerca de oitenta centímetros de altura, aquecida por baixo com um fogão de tijolos. Duas concubinas ou criadas ajoelhavam-se em volta do general prostrado, massageando suas pernas e a barriga. O general Xue tinha os olhos fechados, e parecia terrivelmente pálido. Minha avó curvou-se sobre a borda da cama, chamando-o baixinho. Ele abriu os olhos e conseguiu esboçar de leve um sorriso. Minha avó pôs minha mãe na cama e disse: "Aqui está Bao Qin". Com o que pareceu um grande esforço, o general Xue alisou debilmente a cabeça de minha mãe e disse: "Bao Qin puxou a você; é muito bonita". Depois fechou os olhos.

Minha avó o chamou, mas os olhos dele continuaram fechados. Ela via que ele estava muito doente, talvez agonizante. Pegou minha mãe na cama e abraçou-a com força. Mas só teve um segundo para aconchegá-la a si, antes que a esposa do general, que estivera rondando em volta, lhe puxasse a manga, impaciente. Uma vez do lado de fora, a esposa avisou à minha avó que não perturbasse o senhor com muita freqüência, ou melhor, nunca. Na verdade, devia permanecer em seu quarto, a menos que fosse chamada.

Minha avó ficou aterrorizada. Como concubina, todo o seu futuro e o da sua filha estavam ameaçados, talvez mesmo em perigo mortal. Ela não tinha direitos. Se o general morresse, ficaria à mercê da esposa dele, que tinha poder de vida e morte sobre ela. Podia fazer o que quisesse — vendê-la a um rico, ou mesmo a um bordel, o que era muito comum. Aí minha avó jamais voltaria a ver a filha. Sabia que ela e a filha tinham de ir embora o mais rápido possível.

Quando voltou a seu quarto, fez um tremendo esforço para acalmar-se e começou a planejar sua fuga. Mas quando tentava pensar, sentia como se a cabeça se inundasse de sangue. Tinha as pernas tão fracas que não podia andar sem se amparar nos móveis. Desmoronou e tornou a chorar — em parte de raiva, por não ver saída. O pior de tudo era a idéia de que o general podia morrer a qualquer momento, deixando-a encurralada para sempre.

Aos poucos, conseguiu controlar os nervos e forçar-se a pensar com clareza. Começou a olhar a casa em volta sistematicamente. Dividia-se em muitos pátios diferentes, dentro de um grande conjunto, cercado por altos muros. Até o jardim era projetado mais com vistas à segurança que à estética. Havia uns poucos ciprestes, chorões e ameixas de inverno, mas nenhuma árvore junto aos muros. Para assegurar-se duplamente de que nenhum assassino ali encontrasse a menor proteção, não havia nem mesmo arbustos grandes. Os dois portões que davam para fora do jardim tinham cadeados, e o portão da frente era guardado por homens armados.

Minha avó não podia jamais deixar os recintos murados. Permitiam-lhe visitar o general todo dia, mas apenas numa espécie de excursão organizada com as outras mulheres, quando ela desfilava pela cama dele e murmurava: "Meus cumprimentos, meu senhor".

Enquanto isso, começou a ter uma idéia mais clara das outras personalidades da casa. Além da esposa do general, a mulher que parecia mais importante era a concubina número dois. Minha avó descobriu que ela havia instruído as criadas para tratá-la bem, o que tornava sua situação muito mais fácil. Numa casa como aquela, a atitude dos criados era decidida pelo status daqueles a quem eles tinham de servir. Eles bajulavam os que estavam em favor, e perseguiam os que haviam caído em desgraça.

A concubina número dois tinha uma filha um pouco mais velha que minha mãe. Isso era mais um laço entre as duas mulheres, além de ser um motivo para o favor da concubina junto ao general Xue, que não tinha outros filhos além de minha mãe.

Após um mês, durante o qual as duas concubinas se tornaram muito amigas, minha avó foi ver a esposa do general e disse-lhe que precisava ir para casa pegar algumas roupas. A esposa deu permissão, mas quando minha avó perguntou se podia levar a filha para se despedir dos avós, ela recusou. A linhagem dos Xue não podia deixar a casa.

E assim minha avó partiu pela estrada poeirenta para Changli. Depois que o cocheiro a deixou na estação ferroviária, ela se pôs a fazer perguntas às pessoas em volta. Encontrou dois cavaleiros dispostos a proporcionar-lhe o transporte que precisava. Ela esperou o anoitecer, e correu de volta a Lulong com eles e seus dois cavalos, por um atalho. Um dos homens a colocou na sela e foi na frente, puxando o animal pela rédea.

Quando chegou à mansão, ela foi a um portão dos fundos e fez o sinal combinado. Após uma espera que pareceu de horas, mas na verdade foi de apenas alguns minutos, o portão dos fundos se abriu e sua irmã apareceu ao luar, trazendo minha mãe nos braços. O portão tinha sido aberto pela segunda concubina amiga, que então o golpeou com um machado, para fazer parecer que tinha sido arrombado.

Minha avó mal teve tempo de dar um abraço rápido em minha mãe — além disso, não queria acordá-la, para que ela não fizesse barulho e alertasse os guardas. Ela e a irmã montaram nos dois cavalos, enquanto minha mãe era amarrada às costas de um dos cavaleiros, e sumiram na noite. Os cavaleiros tinham sido bem pagos, e corriam rápido. Ao amanhecer estavam em Changli e, antes que pudessem dar o alarme, tomaram o trem em direção ao norte. Quando este afinal parou em Yixian ao anoitecer, minha avó saltou e permaneceu deitada ali no chão por muito tempo, incapaz de se mover.

Estava em relativa segurança, a trezentos quilômetros de Lulong e efetivamente fora do alcance da família Xue. Não podia levar minha mãe para casa, por temor dos criados, e por isso perguntou a uma velha colega de escola se podia esconder a filha. A amiga morava na casa do sogro, um médico manchu chamado dr. Xia, muito conhecido como um homem bondoso, que jamais abandonaria ninguém nem trairia um amigo.

A família Xue não se importaria com minha avó, uma mera concubina, o suficiente para persegui-la. Mas com a minha mãe, descendente carnal, a história era outra. Minha avó mandou um telegrama a Lulong dizendo que minha mãe adoecera no trem e morrera. Seguiu-se uma espera agônica, durante a qual o estado de espírito de minha avó oscilou desenfreadamente. Às vezes convencia-se de que a família acreditara em sua história. Mas depois se atormentava com a idéia de que talvez não fosse assim, e que estavam mandando capangas para arrastá-la a ela, ou à sua filha, de volta. Por fim, consolava-se com a idéia de que a família Xue estava demasiado preocupada com a morte iminente do patriarca para gastar energia preocupando-se com ela, e que provavelmente era vantajoso para as mulheres não ter sua filha por perto.

Assim que percebeu que a família Xue iria deixá-la em paz, minha avó voltou a instalar-se tranqüilamente em sua casa de Yixian com minha mãe. Não se preocupou nem com os criados, pois sabia que o "marido" não ia voltar. O silêncio de Lulong durou cerca de um ano, até um dia de outono de 1933, quando chegou um telegrama comunicando que o general Xue havia morrido, e que ela era esperada imediatamente para o funeral.

O general morrera em Tianjin em setembro. O corpo fora levado de volta a Lulong num caixão laqueado coberto de seda vermelha bordada. Acompanhavam-no dois outros caixões, um igualmente laqueado e coberto da mesma seda vermelha que o seu, o outro de madeira simples sem cobertura. O primeiro caixão continha o corpo de uma de suas concubinas, que tomara ópio para acompanhá-lo na morte. Isso era tido como o máximo da lealdade conjugal. Mais tarde, uma placa inscrita pelo famoso caudilho Wu Pei-fu foi posta em homenagem a ela na mansão do general Xue. O segundo caixão continha os restos de outra concubina, que morrera de tifo dois anos antes. O corpo fora exumado a fim de ser sepultado junto com o general Xue, como era o costume. Seu caixão era de madeira simples porque, tendo morrido de uma doença horrível, ela era considerada portadora de má sorte. Haviam colocado mercúrio e carvão em cada um dos caixões, para impedir o apodrecimento dos corpos, e os cadáveres traziam pérolas na boca.

O general Xue e as duas concubinas foram enterrados juntos no mesmo túmulo: sua esposa e as outras concubinas um dia seriam enterradas junto com eles. Num funeral, o dever de segurar uma bandeira especial para chamar o espírito do morto tinha de ser cumprido pelo filho do morto. Como o general não tinha filho, a esposa adotou o sobrinho dele, de dez anos, para ele poder cumprir a tarefa. O menino também encenou outro ritual — ajoelhar-se junto ao caixão e gritar: "Cuidado com os pregos!". Dizia a tradição que, se não se fizesse isso, a pessoa morta seria ferida pelos pregos do caixão.

O lugar do túmulo tinha sido escolhido pelo próprio general Xue, segundo os princípios da geomancia. Era num lugar bonito e tranqüilo, dando para montanhas distantes ao norte, enquanto a frente, voltada para o sul, dava para um riacho que corria entre os eucaliptos. Essa localização manifestava o desejo de ter coisas atrás para se encostar — montanhas — e o reflexo do sol glorioso, simbolizando crescente prosperidade, à frente.

Mas minha avó jamais viu o local: ela ignorou a convocação e não compareceu ao funeral. A primeira coisa que aconteceu foi o gerente da loja de penhores deixar de aparecer com a pensão dela. Cerca de uma semana depois, os pais receberam uma carta da esposa do general Xue. As últimas palavras do general Xue tinham sido para dar liberdade à minha avó. Isso, na época, era uma atitude excepcionalmente liberal, e ela mal podia acreditar em sua boa sorte.

Aos vinte e dois anos, ela estava livre.

2. "Até mesmo a simples água fria é doce"
MINHA AVÓ SE CASA COM UM MÉDICO MANCHU
(1933-1938)

A CARTA DA ESPOSA DO GENERAL Xue também pedia aos pais de minha avó que a aceitassem de volta. Embora o objetivo fosse envolto na maneira indireta tradicional, minha avó sabia que lhe estavam ordenando que saísse da casa.

O pai recebeu-a, mas com muita relutância. A essa altura abandonara toda pretensão de ser um homem de família. A partir do momento em que acertara a ligação com o general Xue, subira no mundo. Além de ser promovido a subchefe da polícia de Yixian e entrar na categoria dos bem relacionados, tornara-se relativamente rico, comprara algumas terras e passara a fumar ópio.

Nem bem tinha sido promovido, adotou uma concubina, uma mulher mongol que lhe fora presenteada pelo seu chefe imediato. Dar uma concubina de presente a um colega em ascensão era uma prática comum, e o chefe de polícia local tinha prazer em fazer um favor a um protegido do general Xue. Mas meu bisavô logo começou a procurar outra concubina; era bom para alguém em sua posição ter tantas quanto possível — elas mostravam o status de um homem. Não precisou procurar longe: a concubina tinha uma irmã.

Quando minha avó voltou para a casa dos pais, a estrutura era bastante diferente de quando ela partira uma década antes. Em vez de apenas sua mãe infeliz, espezinhada, havia agora três esposas. Uma das concubinas tivera uma filha, da mesma idade da minha mãe. A irmã de minha avó, Lan, continuava solteira na avançada idade de dezesseis anos, o que irritava Yang.

Minha avó saiu de um caldeirão de intrigas para entrar em outro. O pai estava ressentido com ela e com sua mãe. Da esposa, simplesmente por ela estar ali, e tornara-se ainda mais desagradável com ela agora que tinha duas concubinas, às quais favorecia em detrimento dela. Fazia suas refeições com as concubinas, deixando a esposa comer sozinha. Com minha avó, ele estava ressentido por ter voltado para casa depois que ele criara um novo mundo para si.

Ele também achava que ela trazia má sorte (*ke*), pois perdera o marido. Naquele tempo, a mulher cujo marido morria era supersticiosamente tida como responsável pela morte dele. Meu bisavô via a filha como portadora de má sorte, uma ameaça à sua boa fortuna, e queria-a fora de casa.

As duas concubinas incitavam-no. Antes do retorno de minha avó, elas faziam em grande parte o que queriam. Minha bisavó era uma pessoa delicada, e mesmo fraca. Embora, teoricamente, desfrutasse de uma posição superior à das concubinas, na prática vivia à mercê dos caprichos delas. Em 1930, dera à luz um filho homem, Yu-lin. Isso privou as concubinas de perspectivas futuras, pois, com a morte de meu bisavô, todos os seus bens iriam para o filho. Elas tinham faniquitos se Yang demonstrava qualquer afeição pelo filho. Desde o momento em que Yu-lin nasceu, elas intensificaram a guerra psicológica contra minha bisavó, ignorando-a em sua própria casa. Só falavam com ela para chatear e se queixar, e se olhavam para ela era com frias caras de pedra. E minha bisavó não encontrava nenhum apoio por parte do marido, cujo desprezo não se apaziguara com o fato de ela ter-lhe dado um filho. Pelo contrário, ele encontrara novos meios de culpá-la.

Minha avó tinha um caráter mais forte do que sua mãe, e a infelicidade da década anterior a endurecera. Até mesmo o pai tinha um pouco de medo dela. Minha avó dizia a si mesma que os dias de subserviência ao pai haviam acabado, e que ia lutar por si e por sua mãe. Enquanto esteve em casa, as concubinas tiveram de se conter, chegando até a mostrar um sorriso sabujo de vez em quando.

Essa foi a atmosfera em que minha mãe viveu durante o período de formação, dos dois aos quatro anos. Embora protegida pelo escudo do amor materno, sentia a tensão que impregnava a casa.

Minha avó era agora uma bela jovem na quadra dos vinte anos. Era também muito prendada, e vários homens pediram sua mão a meu bisavô. Mas, como fora uma concubina, os únicos que se ofereciam para tomá-la como esposa mesmo eram pobres e não tinham a menor chance com o sr. Yang.

Minha avó estava farta dos despeitos e das vinganças mesquinhas do mundo das concubinas, no qual a única opção era entre ser vítima ou algoz. Não havia meio-termo. Minha avó queria apenas que a deixassem sozinha para criar a filha em paz.

O pai vivia importunando-a para que tornasse a casar-se, às vezes fazendo indiretas cruéis, outras dizendo-lhe sem rodeios que deixasse de depender dele. Mas ela não tinha para onde ir. Não tinha lugar para morar, nem permissão para arranjar um emprego. Após algum tempo, não podendo agüentar a pressão, sofreu um colapso nervoso.

Chamaram um médico. Era o dr. Xia, em cuja casa minha avó se escondera três anos antes, após a fuga da mansão do general Xue.

Embora ela tivesse sido amiga de sua nora, o dr. Xia jamais vira minha avó — de acordo com a rígida segregação sexual então prevalecente. Quando ele entrou pela primeira vez no quarto dela, ficou tão impressionado com sua beleza que recuou para fora e murmurou à criada que não se sentia bem. Acabou recuperando a compostura e sentou-se e conversou bastante com minha avó. Era o primeiro homem que ela conhecia ao qual podia dizer o que sentia de fato, e despejou suas mágoas e esperanças em cima dele — embora com comedimento, como cumpria a uma mulher falando com um homem que não era seu marido. O médico foi gentil e simpático, e minha avó jamais se sentira tão compreendida. Em pouco tempo, os dois se apaixonaram, e o dr. Xia se declarou. Além disso, disse à minha avó que a queria como esposa legítima, e desejava criar minha mãe como sua filha. Minha avó aceitou, com lágrimas de alegria. O pai dela também ficou contente, embora se apressasse a observar ao dr.

Xia que não tinha condições de dar qualquer dote. O dr. Xia respondeu-lhe que isso não tinha a menor importância.

O dr. Xia tinha acumulado uma considerável clientela exercendo a medicina tradicional em Yixian, e desfrutava de excelente reputação profissional. Não era um han, como a maioria dos chineses, mas sim manchu, descendente dos habitantes originais da Manchúria. Em certa época membros de sua família tinham sido médicos da corte dos imperadores manchus, e celebrados por seus serviços.

O dr. Xia era bastante conhecido não só como um ótimo médico, mas também como um homem muito bom, que muitas vezes tratava a gente pobre de graça. Era muito grande, com mais de um metro e oitenta e cinco, mas andava com elegância, apesar do tamanho. Sempre usava túnica longa e jaqueta tradicionais. Tinha olhos castanhos delicados, uma barbicha e um comprido bigode caído. O rosto e toda a sua postura transpiravam calma.

O médico já era um homem velho quando propôs casamento à minha avó. Estava com sessenta e cinco anos e era viúvo, com três filhos e uma filha adultos, todos casados. Os três filhos moravam com o pai. O mais velho cuidava da casa e das terras da família, o segundo seguira a profissão do pai, e o terceiro, casado com a colega de minha avó, era professor. Os filhos juntos tinham oito filhos, um dos quais era casado e tinha também um filho.

O dr. Xia chamou os filhos a seu gabinete e falou-lhes de seus planos. Eles lançaram olhares disfarçados de descrença uns aos outros. Fez-se um pesado silêncio. Então o mais velho falou: "Suponho, pai, que o senhor quer dizer que ela vai ser uma concubina". O dr. Xia respondeu que ia tomar minha avó como esposa legítima. Isso tinha tremendas implicações, pois ela seria madrasta deles, e também seria tratada como um membro da velha geração, com status venerável, em igualdade com o marido. Numa casa tradicional chinesa, a nova geração tinha de ser subserviente à velha, com decoro adequado para assinalar as posições relativas de cada um, mas o dr. Xia era adepto do sistema de etiqueta manchu, ainda mais complicado. Todos os dias, pela manhã e à noite, as novas gerações teriam de prestar seus respeitos às gerações mais velhas, os homens ajoelhando-se e as mulheres fazendo uma prostração. Nas festas, os homens tinham de fazer uma reverência completa. O fato de minha avó ter sido concubina, além da diferença de idade, significava que eles teriam de prestar obediência a uma pessoa de status inferior e muito mais jovem que eles próprios, era demais para os filhos.

Eles se reuniram com o resto da família e levaram-se uns aos outros a um estado de indignação. Até a nora, que era antiga colega de minha avó, ficou revoltada, uma vez que o casamento do sogro ia obrigá-la a uma relação inteiramente nova com alguém que fora sua colega de classe. Ela não poderia comer à mesma mesa com a velha amiga, e nem mesmo sentar-se com ela; teria de servi-la de pé, e até mesmo fazer reverência.

Cada um dos membros da família — filhos, noras, netos, até o bisneto — foi, um por um, pedir ao sr. Xia que "levasse em conta os sentimentos" de sua "própria carne e osso". Caíram de joelhos, prostraram-se numa reverência completa, choraram e gritaram.

Pediram ao dr. Xia que levasse em conta o fato de que era um manchu, e que segundo o antigo costume manchu um homem de sua posição não podia se casar com uma han. O dr. Xia respondeu que essa regra fora abolida muito tempo antes. Os filhos disseram que, se ele fosse um bom manchu, devia observá-la mesmo assim. E falaram da diferença de idade. O dr. Xia tinha mais de duas vezes a idade de minha avó. Um membro da família desencavou um antigo ditado: "A jovem esposa de um marido velho na verdade é mulher de outro homem".

O que mais magoou o dr. Xia foi a chantagem emocional — sobretudo o argumento de que tomar uma ex-concubina como esposa legítima comprometeria a posição dos filhos na sociedade. Ele sabia que os filhos *iam* perder prestígio, e sentia-se culpado por isso. Mas achava que tinha de pôr a felicidade de minha avó em primeiro lugar. Se a tomasse como concubina, ela iria não só perder prestígio, como se tornaria escrava de toda a família. Só o seu amor não seria bastante para protegê-la se ela não fosse sua esposa legítima.

O dr. Xia implorou à família que satisfizesse o desejo de um velho. Mas eles — e a sociedade — adotaram a atitude de que um desejo irresponsável não deve ser satisfeito. Alguns insinuaram que ele estava senil. Outros disseram-lhe: "O senhor já tem filhos, netos e até um bisneto, uma grande e próspera família. Que mais quer? Por que tem de se *casar* com ela?".

As discussões eram intermináveis. Cada vez mais parentes e amigos apareciam em cena, todos convidados pelos filhos. Declaravam unânimes que o casamento era uma idéia insana. Depois voltaram seu veneno contra a minha avó. "Casar de novo quando o corpo e os ossos do finado marido ainda nem esfriaram!" "Essa mulher tem tudo planejado: se recusa a aceitar o status de concubina para se tornar esposa legítima. Se ela ama mesmo o senhor, por que não se satisfaz em ser sua concubina?" Atribuíam motivos à minha avó: tramava fazer o dr. Xia casar-se com ela, e depois assumiria a família para maltratar os filhos e netos dele.

Também insinuavam que ela tramava pôr as mãos no dinheiro do dr. Xia. Por trás de toda aquela conversa sobre correção, moralidade e o bem do próprio dr. Xia, havia um cálculo mudo envolvendo os bens dele. Os parentes temiam que minha avó pusesse as mãos na riqueza do dr. Xia, já que ela se tornaria automaticamente a administradora da casa, como sua esposa.

O dr. Xia era um homem rico. Tinha mais de oitenta hectares de terra agrícola espalhados pelo município de Yixian, e até algumas terras ao sul da Grande Muralha. Sua grande casa na cidade era construída de tijolos cinza elegantemente contornados de tinta branca. Os tetos eram caiados e os quartos empapelados, de modo a ocultar os caibros e juntas, o que se considerava um importante indício de prosperidade. Também tinha uma florescente clientela médica e uma botica.

Quando a família percebeu que não estava conseguindo nada, decidiu atuar diretamente sobre minha avó. Um dia a nora que fora sua colega fez-lhe uma visita. Após o chá e a conversa fiada social de hábito, a amiga chegou à sua missão. Minha avó caiu em lágrimas e tomou a mão dela com a intimidade de sempre. Que faria ela se estivesse em sua posição, perguntou. Como não recebesse resposta, insistiu: "Você sabe o que é ser uma concubina? Você não gostaria de ser uma, gostaria? Você sabe, tem uma expressão de Confúcio: '*Jiang-xin-bi-xin* — Imagine que meu coração fosse o seu'!". Apelar aos melhores instintos de alguém com um preceito do sábio às vezes funcionava melhor que um não direto.

A amiga voltou à família se sentindo muito culpada, e comunicou seu fracasso. Deu a entender que não tinha mais ânimo de pressionar minha avó. Encontrou um aliado no dr. Degui, o segundo filho do dr. Xia, que praticava medicina com o pai e era mais chegado a ele que os irmãos. Disse que achava que deviam deixar o casamento se realizar. O terceiro filho também começou a fraquejar quando ouviu a esposa descrever a angústia de minha avó.

Os mais indignados foram o mais velho e sua esposa. Quando viu que os dois outros filhos fraquejavam, a esposa do filho mais velho disse ao marido: "É claro que eles não ligam. Têm outros trabalhos. Essa mulher não pode tomá-los deles. Mas que é que você tem? É só o administrador da propriedade do velho — e tudo isso vai para *ela* e a filha dela! Que vai ser da pobre de mim e de nossos pobres filhos? Não temos nada em que nos apoiar. Talvez devêssemos morrer todos! Talvez seja isso o que seu pai queira mesmo! Talvez eu devesse me matar e deixar todos eles felizes!". Tudo isso acompanhado de lamentos e inundações de lágrimas. O marido respondeu, agitado: "Me dê apenas até amanhã".

Quando o dr. Xia acordou na manhã seguinte, encontrou toda a família, com exceção de De-gui, quinze pessoas ao todo, ajoelhada diante de seu quarto. Assim que ele surgiu, o filho mais velho gritou: "Reverência!" e todos se prostraram em uníssono. Então, com a voz tremendo de emoção, o filho declamou: "Pai, seus filhos e toda a sua família ainda vão estar aqui em reverência ao senhor até morrer, se o senhor não começar a pensar em nós, sua família — e, acima de tudo, no senhor mesmo, que está velho".

O dr. Xia ficou tão furioso que todo o seu corpo tremeu. Pediu aos filhos que se levantassem, mas antes que alguém pudesse mexer-se o filho mais velho tornou a falar: "Não, senhor, pai, não vamos nos levantar — a não ser que o senhor cancele o casamento!". O dr. Xia tentou argumentar com ele, mas o filho continuou com a insolência, numa voz trêmula. Por fim, o dr. Xia disse: "Eu sei o que vocês estão pensando. Não vou ficar neste mundo mais muito tempo. Se estão preocupados sobre o modo como sua futura madrasta vai se conduzir, eu não tenho a menor dúvida de que ela tratará todos vocês muito bem. Sei que é uma pessoa boa. Sem dúvida podem ver que não posso dar nenhuma outra garantia, fora o caráter dela...".

À menção da palavra "caráter", o filho mais velho deu um sonoro bufido: "Como pode falar em 'caráter' numa concubina! Nenhuma mulher de bem se tornaria uma concubina, para começar!". Então passou a insultar minha avó. Diante disso, o dr. Xia não pôde controlar-se. Ergueu a bengala e pôs-se a espancar o filho.

Durante toda a sua vida, o dr. Xia tinha sido um exemplo de contenção e calma. Toda a família, ainda de joelhos, ficou pasma. O bisneto se pôs a gritar histericamente. O filho mais velho ficou desorientado, mas só por um segundo; depois tornou a erguer a voz, não apenas pela dor física, mas também pelo orgulho ferido por apanhar na frente da família. O dr. Xia parou, sem fôlego por causa da raiva e do esforço. Imediatamente o filho começou a gritar mais insultos contra minha avó. O pai gritou-lhe que se calasse, e bateu-lhe com tanta força que a bengala se partiu em duas.

O filho refletiu sobre sua humilhação e dor por alguns segundos. Depois sacou um revólver e olhou o dr. Xia em pleno rosto. "Um súdito leal usa sua morte para protestar junto ao imperador. Um filho filial deve fazer o mesmo com o pai. Tudo que tenho para protestar contra o senhor é a minha morte!" Ouviu-se um tiro. O filho oscilou, depois emborcou no chão. Disparara contra seu próprio abdômen.

Uma carroça levou-o às pressas para um hospital próximo, onde ele morreu no dia seguinte. Provavelmente não pretendia matar-se, só fazer um gesto dramático para tornar a pressão sobre o pai irresistível.

A morte do filho deixou o dr. Xia arrasado. Embora externamente parecesse calmo como sempre, as pessoas que o conheciam viam que aquela tranqüilidade fora marcada por uma profunda tristeza. Daí em diante ele se tornou sujeito a crises de melancolia, muito em dissonância com sua anterior imperturbabilidade.

Yixian ferveu de indignação, boatos e acusações. Fizeram o dr. Xia e sobretudo minha avó sentir-se responsáveis pela morte. O dr. Xia quis mostrar que não podiam detê-lo. Logo após o funeral do filho, marcou a data do casamento. Avisou aos filhos que deviam prestar o devido respeito à sua nova mãe, e enviou convite às pessoas eminentes da cidade. O costume mandava que elas comparecessem e dessem presentes. Também disse à minha avó que se preparasse para uma grande cerimônia. Ela ficara assustada pelas acusações e os imprevisíveis efeitos delas sobre o dr. Xia, e tentava desesperadamente convencer-se de que não tinha culpa. Mas, acima de tudo, sentia-se impávida. Concordou com um cerimonial completo. No dia do casamento, deixou a casa de seu pai numa carruagem enfeitada, acompanhada por um desfile de músicos. Como era costume dos manchus, sua família alugara a carruagem para levá-la até a metade do caminho de sua nova casa, e o noivo mandou outra para levá-la na segunda metade. No ponto de entrega, seu irmão de cinco anos, Yu-lin, ficou de pé junto à porta da carruagem dobrado ao meio, simbolizando a idéia de que a carregava nas costas para a carruagem do dr. Xia. Repetiu o ato quando chegou à casa do médico. A mulher não podia simplesmente entrar andando na casa do homem; isso implicaria uma severa perda de status. Tinha de ser levada, para denotar a exigida relutância.

Duas damas de honra conduziram minha avó ao quarto onde se realizaria a cerimônia do casamento. O dr. Xia estava de pé diante de uma mesa coberta de pesada seda vermelha bordada sobre a qual se viam tabuinhas do Céu, da Terra, do Imperador, dos Ancestrais e do Mestre. Usava um chapéu enfeitado como uma coroa, com uma plumagem parecendo uma cauda atrás, e uma túnica comprida e bordada, com mangas boca-de-sino, um traje manchu tradicional, conveniente para cavalgar e atirar com arco, derivado do passado nômade dos manchus. Ele se ajoelhou e curvou-se cinco vezes para as tabuinhas, e depois entrou sozinho no quarto.

Em seguida minha avó, ainda acompanhada de duas auxiliares, curvou-se cinco vezes, tocando de cada vez o cabelo com a mão direita, num gesto semelhante a uma saudação. Não podia prostrar-se, devido ao volume do complicado enfeite na cabeça. Depois seguiu o dr. Xia para dentro do quarto de núpcias, onde retirou a cobertura vermelha da cabeça. As duas damas de honra presentearam cada um dos dois com uma vasilha vazia em forma de cabaça, que eles trocaram entre si, e depois as auxiliares saíram. O dr. Xia e minha avó ficaram sentados juntos em silêncio por algum tempo, e em seguida ele saiu para cumprimentar os parentes e convidados. Minha avó teve de permanecer sentada durante várias horas, imóvel e sozinha, no *kang*, de frente para a janela onde se via um imenso recorte de papel vermelho dizendo "dupla felicidade". Chamava-se a isso "receber a felicidade sentada", simbolizando a ausência de inquietação que se julgava fosse uma qualidade essencial a uma mulher. Depois que todos os convidados partiram, um parente jovem, e homem, do dr. Xia entrou e puxou-a pela manga três vezes. Só então ela podia descer do *kang*. Com a ajuda das duas auxiliares, trocou o pesado traje bordado por uma camisola vermelha simples e calças vermelhas. Tirou o enorme enfeite de cabeça com todas as jóias estralejantes e penteou os cabelos em duas tranças sobre as orelhas.

Assim, em 1935, minha mãe, agora com quatro anos, e minha avó, com vinte e seis, mudaram-se para a confortável casa do dr. Xia. Na verdade, era mais do que uma casa, pois, além desta, havia também o consultório e a botica, que dava para a rua. Ali o dr. Xia vendia mezinhas tradicionais chinesas, ervas e extratos animais, manipulados numa oficina por três aprendizes.

A fachada da casa era encimada por beirais vermelho e ouro muito enfeitados. No centro, via-se uma placa retangular indicando a residência Xia em caracteres dourados. Atrás da loja, ficava um pequeno pátio, com vários quartos abrindo para ele, onde se alojavam os criados e cozinheiros. Adiante o conjunto se abria para pátios ainda menores, onde vivia a família. Mais atrás havia um grande jardim, com ciprestes e ameixas de inverno. Não havia mato nos pátios — o clima era rude demais. Apenas trechos de terra dura, nua, parda, que virava poeira no verão e lama na breve primavera em que a neve se derretia. O dr. Xia adorava pássaros e tinha um jardim deles, e todo entardecer, fosse qual fosse o tempo, fazia *qigong*, uma forma de exercícios chineses lentos e graciosos, muitas vezes chamado de *t'ai chi*, ouvindo os cantos e chilreios dos pássaros.

Após a morte do filho, o dr. Xia teve de suportar a constante censura silenciosa da família. Nunca falou à minha avó da dor que isso lhe causava. Para o homem chinês, a impavidez era obrigatória. Minha avó sabia o que ele passava, claro, e sofria com ele, em silêncio. Era muito amorosa com ele, e satisfazia às necessidades dele de todo coração.

Também fazia boa cara para a família, embora geralmente a tratassem com desdém por baixo de um verniz de respeito formal. Até a nora que freqüentara a escola com ela tentava evitá-la. O conhecimento de que era tida como responsável pela morte do filho mais velho pesava sobre minha avó.

Todo o seu estilo de vida teve de mudar para o dos manchus. Ela dormia num quarto com minha mãe, e o dr. Xia num outro separado. Toda manhã bem cedo, muito antes de se levantar, seus nervos começavam a ficar tensos e embolados, prevendo a aproximação dos membros da família. Tinha de lavar-se rapidamente e cumprimentar cada um com um rígido conjunto de saudações. Além disso, precisava pentear os cabelos de uma maneira muito complicada, a fim de poder sustentar um imenso enfeite de cabeça, sob o qual tinha de usar uma cabeleira postiça. Tudo que recebia era uma seqüência de gélidos "Bons dias", praticamente as únicas palavras que a família algum dia lhe disse. Enquanto os via curvando-se e fazendo rapapés, sabia que tinham ódio no coração. O ritual irritava mais ainda pela insinceridade.

Nas festas e outras ocasiões importantes, toda a família tinha de prostrar-se e fazer-lhe reverências, e ela saltava de sua cadeira e ficava a um lado, mostrando que deixara a cadeira vazia, símbolo da falecida mãe deles, para agradecer a demonstração de respeito. Os costumes manchus conspiravam para mantê-la separada do dr. Xia. Eles não deviam nem comer juntos, e uma das noras sempre ficava atrás de minha avó para servi-la. Mas a mulher exibia uma cara tão gélida que minha avó achava difícil acabar a refeição, quanto mais apreciá-la.

Uma vez, pouco depois de mudarem-se para a casa do dr. Xia, minha mãe acabava de ajeitar-se no que parecia um lugar bom, confortável e quente do *kang* quando viu o rosto do dr. Xia se fechar de repente, e ele correu e puxou-a brutalmente de seu lugar. Segundo o costume manchu, o assento dele era sagrado.

A mudança para a casa do dr. Xia trouxe à minha avó, pela primeira vez, um verdadeiro grau de liberdade — mas também de encurralamento. Para minha mãe, não era menos ambivalente. O dr. Xia era extremamente bondoso com ela, e educou-a como se fosse sua própria filha. Ela o chamava de "pai", e ele deu-lhe seu nome, Xia, que ela usa até hoje — e um novo nome próprio, De-hong, composto de dois caracteres: *Hong*, que quer dizer "cisne selvagem", e *De*, o nome da geração, que quer dizer "virtude".

A família do dr. Xia não se atrevia a insultar minha avó diretamente — isso equivaleria a trair a própria "mãe". Mas a filha dela era outra coisa. As primeiras lembranças de minha mãe, além dos carinhos de minha avó, são de perseguições dos membros mais jovens da família do dr. Xia. Ela tentava não chorar, e esconder da mãe os machucados e ferimentos, mas minha avó sabia o que se passava. Ela nunca disse nada ao dr. Xia, pois não queria perturbá-lo nem criar-lhe mais problemas com os filhos. Mas minha mãe sofria. Muitas vezes pediu para que a levassem de volta à casa dos avós, ou à casa que o general Xue tinha comprado, onde todos a tratavam como uma princesa. Mas logo percebeu que tinha de parar de pedir para "ir para casa", pois isso só trazia lágrimas aos olhos da sua mãe.

* * *

Os amigos mais íntimos de minha mãe eram seus bichos de estimação. Ela tinha uma coruja, um mainá que sabia dizer algumas frases simples, um falcão, um gato, camundongos brancos e alguns gafanhotos e grilos que guardava dentro de um frasco. Além da mãe, seu único amigo íntimo humano era o cocheiro do dr. Xia, o "Velhão Li". Era um homem duro e de pele curtida, das montanhas de Hinggan, no extremo norte, onde se encontravam as fronteiras da China, Mongólia e da União Soviética. Tinha a pele muito escura, cabelo duro, lábios grossos e nariz arrebitado, traços muito incomuns entre os chineses. Na verdade, não parecia chinês de modo algum. Era alto, magro e seco. O pai criara-o como caçador e peleteiro, escavando raízes de ginseng e caçando ursos, raposas e gamos. Durante algum tempo tinham se dado muito bem vendendo as peles, mas acabaram sendo expulsos do ramo pelos bandidos, o pior dos quais trabalhava para o Velho Marechal, Chang Tso-lin. O Velhão Li se referia a ele como "aquele bandido bastardo". Mais tarde, quando disseram à minha mãe que o Velho Marechal tinha sido um decidido patriota antijaponês, ela se lembrava do Velhão Li imitando o "herói" do nordeste.

O Velhão Li cuidava dos bichos de estimação de minha mãe, e levava-a a expedições consigo. Naquele inverno, ensinou-lhe a esquiar. Na primavera, quando a neve e o gelo derretiam, eles ficavam vendo as pessoas cumprirem o importante ritual anual de "varrer os túmulos" e plantar flores nas covas dos ancestrais. No verão, iam pescar e colher cogumelos, e no outono iam para os arredores da cidade atirar em lebres.

Nas longas noites da Manchúria, quando o vento uivava pelas planícies e o gelo congelava o interior das janelas, o Velhão Li sentava minha mãe no joelho no quente *kang* e contava-lhe histórias fabulosas sobre as montanhas do norte. As imagens que ela levava para a cama eram altas árvores misteriosas, flores exóticas, pássaros coloridos de canto melodioso, e raízes de ginseng que na verdade eram meninas — depois que a pessoa as desenterrava, tinha de amarrá-las com um cordão vermelho, pois de outra forma elas fugiam.

O Velhão Li também falava à minha mãe do folclore animal. Os tigres, que infestavam as montanhas do norte da Manchúria, eram bondosos e não faziam mal aos seres humanos se não se sentissem ameaçados. Ele adorava os tigres. Mas os ursos eram outra coisa: eram ferozes e devia-se evitá-los a todo custo. Se por acaso se encontrasse um deles, devia-se ficar parado até ele baixar a cabeça. O urso tem um tufo de pêlos na testa, que cai sobre os olhos e o deixa cego quando ele baixa a cabeça. Com um lobo, não se deve dar as costas e correr, porque jamais se vai correr mais do que ele. Deve-se ficar parado e enfrentá-lo de frente, com um ar de quem não tem medo. Depois, deve-se andar para trás muitíssimo devagar. Muitos anos depois, os conselhos do Velhão Li iriam salvar a vida de minha mãe.

Um dia, quando tinha cinco anos, minha mãe estava no jardim, conversando com seus bichinhos, quando os netos do dr. Xia caíram sobre ela, em bando. Puseram-se a empurrá-la e xingá-la, e depois passaram a bater nela e a empurrá-la com mais violência. Acuaram-na num canto do jardim onde havia uma cisterna seca e empurraram-na dentro. A cisterna era muito funda, e ela bateu com força nos detritos do fundo. Alguém acabou ouvindo seus gritos e chamou o Velhão Li, que veio correndo com uma escada; o cozinheiro segurou-a firme enquanto Li entrava. A essa altura, minha avó tinha chegado, frenética de preocupação. Após alguns minutos, o Velhão Li ressurgiu trazendo minha mãe, meio desmaiada e coberta de cortes e machucados. Ele a pôs nos braços de minha avó. Minha mãe foi levada para dentro, onde o dr. Xia a examinou. Tinha um quadril quebrado. Durante muitos anos, o quadril às vezes se deslocava, e o acidente deixou-a para sempre com um leve manquejar.

Quando o dr. Xia lhe perguntou o que acontecera, ela respondeu que fora empurrada pelo "[Neto] Número Seis". Minha avó, sempre atenta aos humores do marido, tentou fazê-la calar, porque o Número Seis era o favorito dele. Quando o dr. Xia deixou o quarto, minha avó disse à minha mãe que não voltasse a fazer queixas do Número Seis, para não aborrecer o dr. Xia. Por algum tempo, minha mãe ficou confinada em casa por causa do quadril. As outras crianças a repudiaram completamente.

Imediatamente após isso, o dr. Xia passou a sair por vários dias seguidos. Ia à capital da província, Jinzhou, uns quarenta quilômetros ao sul, em busca de emprego. A atmosfera na família era insuportável, e o acidente de minha mãe, que podia facilmente ter sido fatal, convencera-o de que era essencial uma mudança.

Não foi uma decisão de pouca monta. Na China, era considerado uma grande honra ter várias gerações da família vivendo sob um mesmo teto. Havia até ruas com nomes como "Cinco Gerações Sob um Teto", para comemorar tais famílias. O esfacelamento de uma família extensa era visto como uma tragédia a ser evitada a todo custo, mas o dr. Xia tentou animar minha mãe, dizendo que ficaria feliz em ter menos responsabilidade.

Minha avó sentiu-se imensamente aliviada, embora tentasse não mostrar isso. Na verdade, vinha pressionando delicadamente o dr. Xia a mudar-se, sobretudo depois do que acontecera à minha mãe. Estava farta da família extensa, sempre glacialmente presente, gelidamente desejando a sua infelicidade, e na qual não tinha nem intimidade nem companhia.

O dr. Xia dividiu suas propriedades entre os membros da família. As únicas coisas que guardou para si foram os presentes que tinham sido dados a seus ancestrais pelos imperadores manchus. À viúva do filho mais velho, deu todas as suas terras. O segundo filho herdou a botica, e a casa foi deixada para o filho mais novo. Providenciou para que o Velhão Li e os outros criados fossem bem cuidados. Quando perguntou à minha avó se se importaria de ser pobre, ela respondeu que ficaria feliz em ter apenas a filha e ele: "Para quem tem amor, até simples água fria é doce".

Num gélido dia de dezembro em 1936, a família reuniu-se no portão da frente para despedir-se deles. Todos tinham os olhos enxutos, com exceção de De-gui, o único filho que apoiara o casamento. O Velhão Li levou-os na carroça puxada a cavalo até a estação, onde minha mãe se despediu dele em lágrimas. Mas ficou excitada quando tomaram o trem. Era a primeira vez que se via num trem desde que tinha um ano, e estava emocionada, dando pulinhos para olhar pela janela.

Jinzhou era uma cidade grande, com uma população de quase 100 mil habitantes, capital de uma das nove províncias da Manchúria. Fica a cerca de quinze quilômetros do mar, onde a Manchúria se aproxima da Grande Muralha. Como Yixian, era uma cidade murada, mas crescia rapidamente e já se espalhara muito além dos muros. Ostentava várias fábricas têxteis e duas refinarias de petróleo; era um importante entroncamento ferroviário, e tinha até seu próprio aeroporto.

Os japoneses tinham-na ocupado em princípios de janeiro de 1932, após pesados combates. Jinzhou ficava numa localização altamente estratégica, e desempenhara um papel fundamental na tomada da Manchúria, tornando-se uma grande disputa diplomática entre os Estados Unidos e o Japão, e um episódio-chave na longa cadeia de acontecimentos que iria levar a Pearl Harbor dez anos depois.

Quando os japoneses iniciaram seu ataque à Manchúria em setembro de 1931, o Jovem Marechal, Chang Hsueh-liang, foi obrigado a abandonar-lhes sua capital, Mukden. Transferiu-se para Jinzhou com cerca de 200 mil soldados e lá estabeleceu seu quartel-general. Contra a cidade, os japoneses realizaram aquele que seria um dos primeiros bombardeios aéreos da história. E, quando afinal entraram em Jinzhou, as tropas japonesas entregaram-se a uma devastação.

Foi nessa cidade que o dr. Xia, então com sessenta e seis anos, teve de recomeçar do nada. Só podia alugar uma cabana de taipa de três metros por dois e meio, num bairro miserável da cidade, uma área baixa perto de um rio, sob um dique. A maioria dos donos de barracos locais era pobre demais para pagar um teto de verdade: eles punham folhas de zinco sobre as quatro paredes, e as fixavam com pesadas pedras, a fim de que não fossem levadas pelo vento nos freqüentes vendavais. A área ficava bem na periferia da cidade — do outro lado do rio viam-se os campos de sorgo. Quando eles chegaram, em dezembro, a terra estava congelada — e também o rio, que tinha uns trinta metros de largura naquele ponto. Na primavera, com o degelo, o terreno em torno do barraco transformou-se num lodaçal, e o fedor de esgoto, contido durante o inverno porque congelava imediatamente, instalou-se permanentemente em suas narinas. No verão, a área era infestada de mosquitos, e as enchentes uma preocupação constante, pois o rio subia muito acima do nível das casas, e as margens eram malconservadas.

A arrasadora impressão de minha mãe era de frio quase insuportável. Toda atividade, e não só o sono, tinha de ser feita no *kang*, que ocupava o maior espaço do barraco, além de um pequeno fogão num canto. Os três tinham de dormir juntos no *kang*. Não havia eletricidade nem água corrente. A privada era um barraco de taipa com um poço comunal.

Bem diante da casa havia um templo de cores vivas, dedicado ao Deus do Fogo. As pessoas que lá iam rezar amarravam os cavalos na frente da casa dos Xia. Quando o tempo esquentava um pouco, o dr. Xia levava minha mãe para passeios pela beira do rio e recitava-lhe poesias clássicas, contra um pano de fundo de magníficos crepúsculos. Minha avó não os acompanhava: não era costume maridos e mulheres darem passeios juntos e, de qualquer modo, seus pés enfaixados jamais permitiriam que passeios se tornassem um prazer para ela.

Estavam à beira da fome. Em Yixian, a família abastecia-se de alimentos das terras do dr. Xia, o que significava que sempre tinham um pouco de arroz, mesmo depois de os japoneses tirarem sua parte. Agora a renda se reduzira severamente — e os japoneses se apoderavam de uma proporção muito maior da comida disponível. Grande parte do que se produzia localmente era exportada a força para o Japão, e o grande exército japonês na Manchúria ficava com a maior parte do arroz e trigo restantes para si. A população local conseguia de vez em quando obter algum milho ou sorgo, mas mesmo estes eram escassos. A principal refeição era mingau de bolota de carvalho, que tinha um gosto e um cheiro revoltantes.

Minha avó jamais sofrera tanta pobreza, mas essa foi a época mais feliz de sua vida. O dr. Xia amava-a, e ela tinha a filha consigo o tempo todo. Não era mais obrigada a passar por nenhum dos tediosos rituais manchus, e o minúsculo barraco de taipa vivia cheio de risos. Ela e o dr. Xia às vezes passavam as longas noites jogando baralho. As regras eram que se o dr. Xia perdesse, minha avó lhe daria três beijos, e se ela perdesse, o dr. Xia lhe daria três beijos.

Minha avó tinha muitas amigas no bairro, o que era novidade para ela. Como esposa de um médico, era respeitada, mesmo não sendo rica. Após anos de humilhação e tratamento como escrava, estava agora realmente cercada de liberdade.

De vez em quando, ela e as amigas faziam uma antiga representação teatral manchu para si mesmas, tocando pandeiros enquanto cantavam e dançavam. As melodias que tocavam consistiam de notas e ritmos simples e repetitivos, e as mulheres compunham as letras enquanto cantavam. As casadas cantavam sobre sua vida sexual, e as virgens faziam perguntas sobre o sexo. Em sua maioria analfabetas, as mulheres usavam isso como um meio de aprender sobre as realidades da vida. Através do canto, também falavam umas com as outras sobre suas vidas e seus maridos, e circulavam seus mexericos.

Minha avó adorava essas reuniões, e muitas vezes ensaiava para elas em casa. Sentava-se no *kang* sacudindo o pandeiro com a mão esquerda e cantando no ritmo, compondo os versos ao mesmo tempo. Muitas vezes o dr. Xia sugeria versos. Minha mãe era nova demais para ser levada às reuniões, mas podia ver minha avó ensaiando. Ficava fascinada e queria saber particularmente que palavras o dr. Xia tinha sugerido. Sabia que deviam ser muito divertidas, porque ele e sua mãe riam muito. Mas quando a mãe as repetia para ela, ela "caía em nuvens e nevoeiro". Não tinha idéia do que queriam dizer.

Mas a vida era difícil. Todo dia era uma batalha apenas sobreviver. Arroz e trigo só se encontravam no mercado negro, e por isso minha avó começou a vender algumas das jóias que o general Xue lhe dera. Não comia quase nada, dizendo que já comera, ou que não estava com fome e comeria depois. Quando o dr. Xia descobriu que ela estava vendendo as jóias, insistiu em que parasse: "Eu sou um velho", disse. "Um dia vou morrer, e você vai depender dessas jóias para sobreviver."

O dr. Xia trabalhava como médico assalariado ligado à botica de outro homem, o que não lhe dava muita oportunidade de demonstrar sua habilidade. Mas trabalhava muito, e aos poucos sua fama começou a crescer. Em breve foi convidado a fazer a primeira visita à casa de um paciente. Quando voltou, naquela noite, trazia uma trouxa de pano. Piscou os olhos para minha mãe e para a esposa e pediu-lhes que adivinhassem o que havia dentro da trouxa. Minha mãe tinha os olhos pregados na trouxa fumegante, e antes que pudesse gritar "pão quente!", já estava abrindo o embrulho. Enquanto devorava os rolinhos, ergueu a cabeça e encontrou os olhos reluzentes do dr. Xia. Mais de cinqüenta anos depois, ainda se lembra de seu ar de felicidade, e mesmo hoje diz que não se lembra de comida tão deliciosa quanto aqueles simples pães de trigo.

As visitas domiciliares eram importantes para os médicos, porque as famílias pagavam ao médico que as fazia, e não ao seu patrão. Quando os pacientes ficavam satisfeitos, ou eram ricos, os médicos muitas vezes recebiam belas recompensas. Pacientes agradecidos também davam aos médicos valiosos presentes no Ano-Novo e em outras ocasiões especiais. Após um certo número de visitas em casa, as circunstâncias do dr. Xia começaram a melhorar.

Sua fama começou a se espalhar, também. Um dia a esposa do governador da província entrou em coma, e ele chamou o dr. Xia, que conseguiu devolver a consciência à mulher. Isso foi considerado quase como trazer uma pessoa de volta da cova. O governador mandou fazer uma placa na qual escreveu de seu próprio punho: "Dr. Xia, que dá vida a pessoas e à sociedade". Ordenou que a placa fosse conduzida por toda a cidade, num desfile.

Em breve o governador procurou o dr. Xia para um tipo diferente de ajuda. Ele tinha uma esposa e doze concubinas, mas nenhuma lhe dera um filho. Soubera que o dr. Xia era particularmente hábil em questões de fertilidade. O dr. Xia receitou poções para o governador e as treze consortes, várias das quais ficaram grávidas. Na verdade, o problema era do governador, mas o diplomático dr. Xia tratou da esposa e das concubinas também. O governador ficou eufórico, e escreveu uma placa ainda maior para o dr. Xia: "A reencarnação de Kuanyin" (a deusa budista da fertilidade e da bondade). A nova placa foi levada à casa do dr. Xia com um desfile ainda maior que o primeiro. Depois disso, vinha gente ver o dr. Xia até de Harbin, seiscentos quilômetros ao norte. Ele se tornou conhecido como um dos "quatro famosos médicos" de Manchukuo.

No fim de 1937, um ano depois de chegarem a Jinzhou, o dr. Xia teve condições de mudar-se para uma casa maior bem defronte do antigo portão norte da cidade. Era muito superior ao barraco na beira do rio. Em vez de taipa, era feita de tijolo de verdade. Em vez de um só aposento, tinha nada menos que três quartos de dormir. O dr. Xia pôde retomar sua prática profissional, usando a sala de visita como consultório.

A casa ocupava o lado sul de um grande pátio partilhado por duas outras famílias, mas só a casa do dr. Xia tinha uma porta que abria diretamente para ele. As outras duas davam para a rua e tinham paredes inteiriças do lado do pátio, sem sequer uma janela voltada para ele. Quando os outros queriam entrar no pátio, tinham de dar a volta e passar por um portão na rua. O lado norte do pátio era uma parede inteiriça. No pátio havia ciprestes e azinheiros chineses, nos quais as três famílias penduravam cordas de secar roupa. Havia também algumas rosas-de-sharon, bastante resistentes para sobreviver aos duros invernos. No verão, minha mãe punha para fora suas flores sazonais favoritas: glórias matinais debruadas de branco, crisântemos, dálias e bálsamo-de-jardim.

Minha avó e o dr. Xia não tiveram filhos juntos. Ele defendia uma teoria de que um homem com mais de sessenta e cinco anos não devia ejacular, para conservar o esperma, considerado a essência do homem. Anos depois minha avó contou à minha mãe, um tanto misteriosamente, que através do *qigong* o dr. Xia desenvolvera uma técnica que lhe possibilitava ter orgasmo sem ejaculação. Para um homem de sua idade, gozava de extraordinária saúde. Jamais adoecia, e tomava um chuveiro frio todo dia, mesmo em temperaturas de doze graus negativos. Jamais tocava em álcool ou tabaco, seguindo as prescrições da seita quase religiosa a que pertencia, a *Zai-li-hui* (Sociedade da Razão).

Embora fosse médico, o dr. Xia não era chegado a tomar remédios, insistindo em que o caminho para a boa saúde era um corpo sadio. Opunha-se terminantemente a qualquer tratamento, que, em sua opinião, curava apenas uma parte do corpo, causando danos a outra, e não usava remédios fortes, por causa dos efeitos colaterais que pudessem ter. Minha mãe e minha avó muitas vezes tinham de tomar remédios sem ele saber. Quando caíam doentes, ele sempre lhes trazia outro médico, que era um médico tradicional chinês, mas também um feiticeiro, crente em que alguns males eram causados por maus espíritos, que tinham de ser aplacados e exorcizados por técnicas religiosas especiais.

Minha mãe era feliz. Pela primeira vez em sua vida, sentia calor humano em toda a sua volta. Não mais sentia tensão, como durante os dois anos em casa dos avós, e não havia as perseguições que sofrera um ano inteiro dos netos do dr. Xia.

Ficava particularmente excitada com as festas que se realizavam quase todo mês. Não havia o conceito da semana de trabalho entre os chineses comuns. Só as repartições públicas, as escolas e as fábricas japonesas tinham um dia de folga no domingo. Para as outras pessoas, só as festas ofereciam uma interrupção da rotina diária.

No vigésimo terceiro dia da décima segunda lua, sete dias antes do Ano-Novo chinês, começava a Festa do Inverno. Segundo a lenda, esse era o dia em que o Deus da Cozinha, que vivia acima do fogão com a esposa, sob a forma de estampas, subia ao Céu para informar sobre a família ao Imperador Celeste. Uma boa informação traria à família comida abundante na cozinha no ano seguinte. Assim, nesse dia, toda a família se prostrava diante das estampas do Senhor e Senhora Deuses da Cozinha, antes de lhes atearem fogo para indicar sua ascensão ao Céu. Minha avó sempre pedia à minha mãe que passasse um pouco de mel nos lábios deles. Também queimava miniaturas de cavalos e criados que fazia com pés de sorgo, para que o casal real tivesse ajuda extra para fazê-los mais felizes, e com isso mais inclinados a dizer muitas coisas boas sobre os Xia ao Imperador Celeste.

Passavam-se os dias seguintes preparando-se todo tipo de comida. Cortava-se a carne em formas especiais, e moíam-se o arroz e a soja, cuja farinha servia para fazer bolinhos, pães e bolinhas de massa para sopa. Guardava-se a comida no porão à espera do Ano-Novo. Com a temperatura de até seis graus abaixo de zero, o porão era uma geladeira natural. À meia-noite da véspera do Ano-Novo, estourava uma grande explosão de fogos de artifício, para grande excitação de minha mãe. Ela acompanhava a mãe e o dr. Xia para fora de casa e prostrava-se para o lado de onde se supunha que viria o Deus da Sorte. Ao longo de toda a rua, as pessoas faziam o mesmo. Depois cumprimentavam-se umas às outras com as palavras "Boa sorte".

No Ano-Novo chinês, as pessoas se presenteiam umas às outras. Quando o amanhecer iluminava o papel branco nas janelas voltadas para o leste, minha mãe saltava da cama e corria a enfiar-se em seus novos luxos: nova jaqueta, novas calças, novas meias e novos sapatos. Depois, ela e a mãe convidavam os vizinhos e amigos, e ela prostrava-se para todos os adultos. Por cada batida da cabeça no chão, ganhava um "embrulho vermelho" com dinheiro dentro. Esses trocados lhe bastavam para o ano inteiro.

Nos quinze dias seguintes, os adultos saíam fazendo rondas de visitas e desejando-se boa sorte uns aos outros. Boa sorte, ou seja, dinheiro, era uma obsessão para a maioria dos chineses comuns. As pessoas eram pobres, e na casa Xia, como em muitas outras, a única vez em que havia comida razoavelmente abundante era em dias de festa.

As festividades culminavam no décimo quinto dia com um desfile de carnaval, seguido por um espetáculo de lanternas após o escurecer. O desfile centrava-se numa visita de inspeção do Deus do Fogo. Ele era carregado pelo bairro, para avisar às pessoas sobre os perigos do fogo; com a maioria das casas feitas de madeira e o clima seco e ventoso, o fogo era um constante risco e causa de terror, e a estátua do deus no templo recebia oferendas o ano todo. A procissão começava no templo do Deus do Fogo, em frente ao barraco de taipa onde os Xia tinham vivido quando chegaram a Jinzhou. Uma réplica da estátua, um gigante de cabelos, barba e sobrancelhas ruivos, coberto com um manto, era transportada numa liteira aberta carregada por oito jovens. Seguiam-na dragões e leões em contorções, cada um composto por vários homens, e por carros alegóricos, homens em pernas de pau e dançarinos de *yangge* que agitavam as pontas de uma comprida faixa de seda colorida enrolada na cintura. Fogos de artifício, tambores e címbalos faziam um barulho infernal. Minha mãe pulava atrás do desfile. Quase todas as casas exibiam comidas tentadoras ao longo do percurso, como oferendas à divindade, mas ela notava que a divindade passava ondulando de uma maneira meio rápida, sem tocar em nada daquilo. "Boa vontade para os deuses, oferendas para as barrigas humanas!", dizia-lhe sua mãe. Naqueles tempos de escassez, minha mãe ansiava pelas festas, quando podia satisfazer a barriga. Era bastante indiferente às ocasiões que tinham associações mais poéticas que gastronômicas, e esperava impaciente que a mãe solucionasse as adivinhações espetadas nas esplêndidas lanternas penduradas na porta da frente das casas durante a Festa das Lanternas, ou que fizesse o circuito dos crisântemos nos jardins durante o nono dia da nona lua.

Na Feira do Templo do Deus da Cidade, um ano, minha avó mostrou-lhe uma fila de esculturas de barro no templo, todas reenfeitadas e repintadas para a ocasião. Havia cenas do Inferno, mostrando as pessoas sendo punidas por seus pecados. Minha avó indicou uma figura de barro cuja língua era puxada para fora pelo menos um palmo, e cortada por dois demônios de cabelos espetados como porcos-espinhos e olhos saltados como rãs. O homem torturado tinha sido um mentiroso na vida anterior, disse — e aquilo era o que aconteceria à minha mãe se ela contasse mentiras.

Havia uns doze grupos de estátuas, dispostos em meio à multidão ruidosa e às tendas de comidas de dar água na boca, cada um ilustrando uma lição moral. Minha avó, muito animada, mostrou à minha mãe uma cena horrível após outra, mas quando chegaram a um determinado grupo de figuras ela se esquivou sem explicação. Somente alguns anos depois minha mãe descobriu que mostrava uma mulher sendo serrada na metade por dois homens. A mulher era uma viúva que tornara a casar-se, e estava sendo cortada em duas pelos dois maridos porque fora propriedade dos dois. Naquele tempo muitas viúvas se assustavam com essa perspectiva e permaneciam fiéis aos maridos mortos, por mais sofrimento que isso implicasse. Algumas chegavam a matar-se se fossem obrigadas pela família a tornar a casar-se. Minha mãe percebeu que a decisão de minha avó, de casar-se com o dr. Xia, não havia sido fácil.

3. "Todos dizem que Manchukuo é uma terra muito feliz"

A VIDA SOB OS JAPONESES (1938-1945)

NO INÍCIO DE 1938, minha mãe tinha quase sete anos. Era muito inteligente e estudiosa. Os pais achavam que ela devia entrar na escola assim que começasse o novo ano escolar, imediatamente após o Ano-Novo chinês.

A educação era rigidamente controlada pelos japoneses, sobretudo os cursos de história e ética. Japonês, e não chinês, era a língua oficial nas escolas. Acima da quarta série da escola primária, o ensino era inteiramente em japonês, e a maioria dos professores também.

Em 11 de setembro de 1939, quando minha mãe estava no segundo ano da escola primária, o imperador de Manchukuo, Pu Yi, e sua esposa foram a Jinzhou em visita oficial. Minha mãe foi escolhida para oferecer flores à imperatriz, na chegada. Uma grande multidão se pôs num estrado alegremente enfeitado, todos segurando bandeirolas de papel amarelo com as cores de Manchukuo. Deram à minha mãe um enorme buquê de flores, e ela estava toda cheia de si, parada junto à banda de música e a um grupo de personagens importantes encasacados. Tinha ao lado um menino mais ou menos da mesma idade dela, com um buquê para oferecer a Pu Yi. Quando o casal real apareceu, a banda atacou o hino nacional de Manchukuo. Todos se puseram em posição de sentido. Minha mãe adiantou-se e fez uma reverência, equilibrando o buquê com habilidade. A imperatriz usava um vestido branco e luvas finas e compridas até os cotovelos. Minha mãe achou-a extremamente bonita. Conseguiu dar uma olhada rápida em Pu Yi, que usava uniforme militar. Achou que, por trás dos óculos grossos, ele tinha uns "olhinhos de porco".

Além de ser a aluna estrela, um dos motivos de minha mãe ser escolhida para oferecer flores à imperatriz era que sempre punha "manchu" no lugar da nacionalidade nos formulários de matrícula, como o dr. Xia, e supunha-se que Manchukuo fosse o Estado independente dos manchus. Pu Yi era particularmente útil aos japoneses, porque para muita gente, se chegavam a pensar nisso, ainda continuávamos sob o imperador manchu. O dr. Xia considerava-se um súdito leal, e minha mãe era da mesma opinião. Tradicionalmente, uma maneira importante de a mulher manifestar seu amor ao marido era concordar com ele em tudo, e isso ocorria naturalmente com minha avó. Estava tão contente com o dr. Xia que não queria voltar a mente nem de leve para a discordância.

Na escola, ensinavam à minha mãe que seu país era Manchukuo, e que entre os países vizinhos havia duas repúblicas da China — uma hostil, chefiada por Chang Kai-chek; a outra amiga, chefiada por Wang Jing-wei (governante-títere do Japão de parte da China). Não lhe ensinaram nenhum conceito de uma "China" da qual a Manchúria fazia parte.

Os alunos eram educados para ser súditos obedientes de Manchukuo. Uma das primeiras músicas que minha mãe aprendeu foi:

Meninos vermelhos e meninas verdes andam pelas ruas,
Todos dizem que Manchukuo é uma terra muito feliz;
Você está feliz, eu estou feliz,
Todos vivem em paz e trabalham com prazer e sem preocupações.

Os professores diziam que Manchukuo era um paraíso na terra. Mas mesmo em sua idade minha mãe via que se o lugar podia ser chamado de paraíso, era só para os japoneses. As crianças japonesas freqüentavam escolas separadas, bem equipadas e bem aquecidas, com pisos reluzentes e janelas limpas. As escolas para as crianças locais ficavam em templos arruinados e casas caindo aos pedaços, doadas por patrocinadores privados. Não havia aquecimento. No inverno, toda a classe muitas vezes tinha de correr em torno da quadra no meio de uma aula, ou entrar num coletivo bater de pés no chão para espantar o frio.

Não apenas os professores eram quase todos japoneses, como também usavam métodos japoneses, batendo nas crianças como coisa natural. O menor engano ou descumprimento das regras e da etiqueta prescritas, como uma menina ter o cabelo um centímetro abaixo do lóbulo da orelha, era punido com bofetadas. Meninas e meninos recebiam tapas na cara, fortes, e os meninos muitas vezes tomavam cacetadas na cabeça com um porrete de madeira. Outro castigo era ficar ajoelhado na neve durante horas.

Quando as crianças locais passavam por um japonês na rua, tinham de curvar-se e dar passagem, mesmo que o japonês fosse mais novo que elas. As crianças japonesas muitas vezes detinham crianças locais na rua e as esbofeteavam, sem motivo algum. Os alunos tinham de fazer uma elaborada mesura aos professores toda vez que os encontravam. Minha mãe brincava com as amigas dizendo que um professor japonês passando era como um vendaval açoitando um matagal — a gente via o mato curvando-se à passagem do vento.

Muitos adultos também se curvavam para os japoneses, por receio de ofendê-los, mas a presença japonesa não importunou muito os Xia a princípio. Os cargos dos escalões médios e baixos eram ocupados por gente da terra, chineses manchus e han, como meu avô, que manteve seu cargo de subchefe de polícia de Yixian. Em 1940, havia cerca de 15 mil japoneses em Jinzhou. As pessoas que moravam na casa vizinha à dos Xia eram japonesas, e minha avó era amiga delas. O marido era um funcionário público. Toda manhã, a esposa postava-se no portão com os três filhos e fazia uma profunda curvatura para ele, quando ele entrava no riquixá para ir trabalhar. Depois disso, ela começava seu próprio trabalho, amassando pó de carvão e fazendo bolas para usar como combustível. Por motivos que minha avó e minha mãe jamais entenderam, sempre usava luvas brancas, que ficavam imundas num minuto.

A japonesa sempre visitava minha avó. Era solitária, pois o marido quase nunca ficava em casa. Trazia um pouco de saquê e minha avó preparava alguns tira-gostos, como legumes em conserva de molho de soja. Minha avó falava um pouco de japonês, e a japonesa um pouco de chinês. As duas trauteavam cantigas uma para a outra e, quando se emocionavam, choravam juntas. Muitas vezes também se ajudavam nos respectivos jardins. A vizinha japonesa tinha ferramentas de jardinagem muito práticas, que minha avó admirava muito, e minha mãe era convidada a brincar no jardim dela.

Mas os Xia não podiam deixar de saber o que os japoneses estavam fazendo. Nas vastas extensões do norte da Manchúria aldeias eram incendiadas e a população sobrevivente arrebanhada como gado em "aldeias estratégicas". Mais de 5 milhões de pessoas, cerca de um sexto da população, perderam seus lares, e dezenas de milhares morreram. Vigiados por guardas japoneses, trabalhadores braçais eram explorados até a morte nas minas, cuja produção era exportada para o Japão — pois a Manchúria era particularmente rica em recursos naturais. Muitos eram privados de sal a fim de que não tivessem forças para fugir.

O dr. Xia argumentou durante muito tempo que o imperador não sabia das perversidades cometidas, porque era um virtual prisioneiro dos japoneses. Mas quando Pu Yi mudou a maneira de referir-se ao Japão, passando de "país vizinho nosso amigo" para "país irmão mais velho", e finalmente "país pai", o dr. Xia esmurrou a mesa e chamou-o de "aquele covarde presumido". Mesmo então, dizia não saber o grau de responsabilidade do imperador pelas atrocidades, até que dois acontecimentos traumáticos mudaram o mundo dos Xia.

Um dia, no final de 1941, o dr. Xia estava em seu consultório, quando um homem a quem nunca vira entrou na sala. Vestia farrapos, e tinha o corpo emaciado quase dobrado em dois. O homem explicou que era um cule da ferrovia e vinha sentindo agônicas dores estomacais. Trabalhava carregando pesados fardos do amanhecer ao anoitecer, trezentos e sessenta e cinco dias por ano. Não sabia como podia continuar, mas se deixasse o emprego não poderia sustentar a esposa e o filho recém-nascido.

O dr. Xia disse-lhe que seu estômago não conseguia digerir a comida grosseira que ele comia. A 1º de junho de 1939, o governo tinha anunciado que dali em diante o arroz era reservado aos japoneses e a um pequeno número de colaboradores. A maioria da população tinha de subsistir com uma dieta de bolota de carvalho e sorgo, de difícil digestão. O dr. Xia deu ao homem alguns remédios, de graça, e pediu à minha mãe que lhe desse um saquinho de arroz que ela comprara ilegalmente no mercado negro.

Não muito depois, o dr. Xia soube que o homem tinha morrido num campo de trabalho forçado. Após deixar o consultório, comera o arroz, voltara a trabalhar e vomitara no pátio da ferrovia. Um guarda japonês vira arroz no vômito e mandara prendê-lo como "criminoso econômico" e levá-lo para um campo. Em seu estado de fraqueza, ele sobrevivera só alguns dias. Quando a esposa soube do que lhe acontecera, afogou-se com seu bebê.

O incidente mergulhou o dr. Xia e minha avó em profundo pesar. Sentiram-se responsáveis pela morte do homem. Muitas vezes o dr. Xia dizia: "O arroz mata tanto quanto alimenta! Um saquinho, três vidas!". Passou a chamar Pu Yi de "tirano".

Pouco depois disso, a tragédia se abateu mais perto de casa. O filho mais novo do dr. Xia trabalhava como professor em Yixian. Como em toda escola em Manchukuo, havia um grande retrato de Pu Yi no gabinete do diretor japonês, que todos tinham de saudar quando entravam na sala. Um dia o filho do dr. Xia esqueceu de curvar-se para Pu Yi. O diretor gritou-lhe que se curvasse imediatamente e deu-lhe um tapa tão forte no rosto que o derrubou. O filho do dr. Xia ficou furioso: "Tenho de viver curvado o dia todo? Não posso ficar ereto nem por um momento? Acabei de cumprir meu dever na reunião da manhã...". O diretor tornou a esbofeteá-lo e ladrou: "Este é o seu imperador! Vocês manchus precisam aprender etiqueta elementar!". O filho do dr. Xia gritou-lhe de volta: "Grande coisa! E só um pedaço de papel!". Nesse momento dois outros professores, ambos da terra, passaram e conseguiram impedi-lo de dizer alguma coisa mais incriminadora. Ele recuperou o autocontrole e acabou forçando-se a fazer uma espécie de curvatura ao retrato.

Naquela noite um amigo foi à sua casa e informou-lhe que estavam dizendo que ele fora marcado como "criminoso do pensamento" — um crime punível com prisão e possivelmente morte. Ele fugiu, e a família jamais voltou a ouvir falar dele. Provavelmente foi capturado e morreu na prisão, ou talvez num campo de trabalho. O dr. Xia jamais se recuperou do golpe, que o transformou em decidido inimigo de Manchukuo e de Pu Yi.

A história não ficou por aí. Devido ao "crime" de seu irmão, valentões locais passaram a perseguir De-gui, único filho sobrevivente do dr. Xia, exigindo pagamento de proteção e dizendo que ele não cumprira seu dever como irmão mais velho. Ele pagou, mas os bandidos simplesmente exigiram mais. Ele acabou tendo de vender a botica e deixar Yixian por Mukden, onde abriu nova loja.

A essa altura, o dr. Xia tinha cada vez mais sucesso. Tratava tanto de japoneses quanto de gente da terra. Às vezes, depois de tratar um alto funcionário japonês ou um colaborador, dizia: "Eu queria estar morto", mas as opiniões pessoais jamais afetaram sua atitude profissional. "Um paciente é um ser humano", dizia. "É só nisso que o médico deve pensar. Não deve se importar com o tipo de ser humano que ele é."

Enquanto isso, minha avó tinha trazido a mãe dela para Jinzhou. Quando saíra de casa para casar-se com o dr. Xia, sua mãe ficara sozinha em casa com o marido, que a desprezava, e as duas concubinas mongólicas, que a odiavam. Ela começou a desconfiar que as concubinas queriam envenenar a ela e a seu filho pequeno, Yu-lin. Sempre usava pauzinhos de comer de prata, pois os chineses acreditam que a prata fica preta em contato com veneno, e jamais tocava a comida, nem deixava Yu-lin tocar, enquanto não a testava em seu cachorro. Um dia, poucos meses depois de minha avó ter saído da casa, o cachorro caíra morto. Pela primeira vez em sua vida, ela teve uma grande briga com o marido; e com o apoio da sogra, a sra. Yang, mudara-se com Yu-lin para uma casa alugada. A velha sra. Yang ficou tão desgostosa com o filho que saiu de casa com eles, e jamais voltou a ver o filho — a não ser em seu leito de morte.

Nos primeiros três anos, o sr. Yang mandou-lhes com relutância uma pensão mensal, mas no início de 1939 parou, e o dr.

Xia e minha avó tiveram de sustentar os três. Naquele tempo não se cogitava de pensão alimentícia, pois não havia nem mesmo um sistema legal propriamente dito, de modo que a esposa ficava inteiramente à mercê do marido. Quando a velha sra. Yang morreu em 1942, minha bisavó e Yu-lin mudaram-se para Jinzhou, e foram morar na casa do dr. Xia. Ela se considerava, a si e ao filho, cidadãos de segunda classe, vivendo de caridade. Passava o tempo lavando a roupa da casa e numa faxina obsessiva, nervosamente obsequiosa para com a filha e o dr. Xia. Era budista, e todo dia pedia em suas preces a Buda que não a reencarnasse como mulher. "Que eu me torne um cachorro ou gato, mas não uma mulher", era seu murmúrio constante, enquanto se arrastava pela casa, transpirando desculpas em cada passo.

Minha avó tinha trazido também sua irmã, Lan, a quem muito amava, para Jinzhou. Lan se casara com um homem em Yixian que se revelara homossexual. Ele a oferecera a um tio rico, para o qual ele trabalhava e que era dono de uma grande fábrica de óleo vegetal. O tio tinha estuprado várias mulheres da família, incluindo a jovem neta. Como era o chefe da família, tendo imenso poder sobre todos os membros, Lan não se atrevera a resistir-lhe. Mas quando o marido a ofereceu ao sócio da empresa do tio, ela recusou-se. Minha avó teve de pagar ao marido para liberá-la (*xiu*), já que as mulheres não podiam pedir o divórcio. Minha avó levou-a para Jinzhou, onde ela tornou a casar-se, com um homem chamado Pei-o.

Pei-o era guarda de prisão, e o casal muitas vezes visitava minha avó. As histórias que ele contava deixavam minha avó de cabelo em pé. A prisão estava abarrotada de prisioneiros políticos. Pei-o muitas vezes contava que eles eram muito corajosos, e xingavam os japoneses mesmo quando estavam sendo torturados. A tortura era prática estabelecida, e os prisioneiros não recebiam tratamento médico. Deixava-se que os ferimentos apodrecessem.

O dr. Xia se ofereceu para ir tratar dos prisioneiros. Numa de suas primeiras visitas, foi apresentado por Pei-o a um amigo dele chamado Dong, um carrasco, que operava o garrote. O prisioneiro era amarrado a uma cadeira com uma corda em torno do pescoço. A corda era então lentamente apertada. A morte era excruciantemente lenta.

O dr. Xia sabia pelo cunhado que Dong tinha problemas de consciência, e sempre que devia garrotear alguém tinha de se embebedar antes. Convidou-o à sua casa e sugeriu que talvez ele pudesse deixar de apertar a corda até o fim. Dong disse que ia ver o que podia fazer. Geralmente havia um guarda japonês ou colaborador de confiança presente, mas às vezes, quando a vítima não era suficientemente importante, os japoneses não se davam o trabalho de aparecer. Outras vezes, saíam antes que o prisioneiro estivesse de fato morto. Nessas ocasiões, insinuou Dong, ele podia parar o garrote antes que o prisioneiro morresse.

Depois de garroteados, os corpos dos prisioneiros eram postos em frágeis caixões de madeira e levados numa carroça para um pedaço de terra inculta nos arredores da cidade, chamado Morro Sul, onde eram despejados num buraco raso. O lugar estava infestado de cães selvagens, que viviam dos cadáveres. Meninas recém-nascidas mortas pelas famílias, uma prática comum na época, também eram muitas vezes jogadas no buraco.

O dr. Xia iniciou uma relação com o velho carroceiro, e dava-lhe dinheiro de tempos em tempos. De vez em quando, o carroceiro aparecia no consultório e punha-se a tagarelar sobre a vida, de uma maneira incoerente, mas acabava falando do cemitério: "Eu disse às almas mortas que não era minha culpa que elas tivessem acabado lá em cima. Disse que, da minha parte, eu queria o bem delas. 'Voltem no ano que vem pra seu aniversário, almas mortas. Mas enquanto isso, se desejam voar em busca de corpos melhores pra se reencarnar, sigam na direção para onde estão voltadas. É um bom caminho pra vocês'". Dong e o carroceiro jamais falavam um com o outro sobre o que andavam fazendo, e o dr. Xia jamais soube quanta gente eles haviam salvo. Depois da guerra, os "cadáveres" resgatados se juntaram e levantaram dinheiro para Dong comprar uma casa e um pedaço de terra. O carroceiro tinha morrido.

Um homem cuja vida ajudaram a salvar era um primo distante de minha avó chamado Han-chen, que fora uma figura importante no movimento de resistência. Como Jinzhou era o principal entroncamento ferroviário ao norte da Grande Muralha, tornou-se o ponto de concentração dos japoneses para o ataque à China propriamente dita, que começou em julho de 1937. As medidas de segurança eram extremamente rígidas, a organização de Han-chen acabou sendo infiltrada por um espião, e todo o grupo terminou na prisão. Foram todos torturados. Primeiro forçavam-lhes água com pimenta pelo nariz abaixo; em seguida, eram espancados no rosto com um sapato com pregos afiados saindo das solas. Depois a maioria era executada. Por longo tempo os Xia pensaram que Han-chen estava morto, até que um dia Pei-o lhes disse que ele continuava vivo — mas ia ser executado. O dr. Xia entrou imediatamente em contato com Dong.

Na noite da execução, o dr. Xia e minha avó foram para o Morro Sul com uma carruagem. Pararam atrás de um grupo de árvores e ficaram à espera. Ouviam os cães selvagem remexendo em torno do buraco, de onde saía o cheiro repugnante de carne em decomposição. Finalmente a carroça apareceu. Na escuridão, eles puderam ver vagamente o velho carroceiro descer e despejar alguns corpos dos caixões de madeira. Esperaram que se afastasse e se aproximaram do buraco. Após tatearem entre os cadáveres, encontraram Han-chen, mas não podiam dizer se estava vivo ou morto. Acabaram percebendo que ainda respirava. Tinha sido tão brutalmente torturado que não conseguia andar, e por isso, com grande esforço, eles o carregaram para a carruagem e o levaram para casa.

Esconderam-no num quarto minúsculo no canto mais interno da casa. A única porta do cômodo dava para o quarto de minha mãe, para o qual o único acesso era através do quarto dos pais dela. Ninguém jamais entrava no quarto por acaso. Como a casa era a única que tinha acesso direto ao pátio, Han-chen podia exercitar-se ali em segurança, contanto que alguém ficasse de vigia.

Havia o risco de uma batida da polícia ou dos comitês de bairro locais. No início da ocupação, os japoneses tinham apertado o sistema de controle de bairro existente. Nomeavam os mais eminentes chefes dessas unidades, e esses chefões de bairro coletavam impostos e mantinham uma vigilância vinte e quatro horas por dia sobre "elementos proscritos". Era uma forma de gangsterismo institucionalizado, no qual "proteção" e delação eram as chaves do poder. Os japoneses também ofereciam largas recompensas por delações. A polícia de Manchukuo era uma ameaça menor que os civis comuns. Na verdade, muitos da polícia eram bastante antijaponeses. Uma de suas principais tarefas era conferir os documentos das pessoas, e costumavam realizar freqüentes revistas de casa em casa. Mas anunciavam sua chegada gritando: "Verificação de documentos! Verificação de documentos!", para que qualquer um que quisesse esconder-se tivesse bastante tempo. Sempre que Han-chen ou minha avó ouviam esse grito, ela o escondia num monte de sorgo seco empilhado no quarto de trás para servir de combustível. A polícia entrava em casa, sentava-se e tomava uma xícara de chá, dizendo à minha avó, meio se desculpando: "Tudo isso é só formalidade, a senhora sabe...".

Nessa época minha mãe tinha onze anos. Embora os pais não lhe dissessem o que se passava, ela sabia que não devia falar que Han-chen estava em casa. Aprendera a ser discreta desde a infância.

Aos poucos, minha avó foi trazendo Han-chen de volta à saúde, e após três meses ele estava suficientemente bom para ir embora. Foi um adeus emotivo. "Irmã mais velha e cunhado mais velho", ele disse, "jamais vou esquecer que devo minha vida a vocês. Assim que tiver uma oportunidade, pago minha grande dívida com vocês dois." Três anos depois, voltou e cumpriu sua palavra.

Como parte de sua educação, minha mãe e suas colegas tinham de ver noticiários cinematográficos do avanço dos japoneses na guerra. Longe de se envergonharem de sua brutalidade, os japoneses a exibiam como um meio de incutir o medo. Os filmes mostravam soldados japoneses cortando pessoas pela metade e prisioneiros amarrados a postes sendo despedaçados por cães. Os japoneses vigiavam as meninas de onze, doze anos, para assegurar-se de que elas não fechavam os olhos nem tentavam enfiar um lenço na boca para abafar os gritos. Minha mãe teve pesadelos durante vários anos por causa disso.

Em 1942, com seu exército espalhado por toda a China, Sudeste Asiático e oceano Pacífico, os japoneses se viram com escassez de mão-de-obra. Toda a classe de minha mãe foi convocada para trabalhar numa fábrica têxtil, assim como as crianças japonesas. As meninas da terra tinham de caminhar seis quilômetros na ida e na volta todo dia; as crianças japonesas iam de caminhão. As da terra ganhavam uma papa rala feita de milho mofado, com bichos mortos flutuando dentro; as japonesas recebiam refeições embaladas de carne, legumes e frutas.

As meninas japonesas tinham trabalhos fáceis, como limpar janelas. Mas as da terra tinham de operar complexos teares, altamente exigentes e perigosos mesmo para adultos. Sua tarefa principal era amarrar fios partidos com as bobinas funcionando a toda velocidade. Se não localizassem o fio partido, eram brutalmente espancadas pelo supervisor japonês.

As meninas viviam aterrorizadas. A combinação de nervosismo, frio, fome e cansaço levava a muitos acidentes. Mais de metade das colegas de minha mãe sofreu ferimentos. Um dia ela viu uma lançadeira saltar de uma máquina e arrancar o olho da menina a seu lado. Durante todo o percurso até o hospital, o supervisor japonês brigava com a menina por não ter tido suficiente cuidado.

Após o período na fábrica, minha mãe passou para o ginásio. Os tempos tinham mudado desde a juventude de minha avó, e as meninas não eram mais confinadas às quatro paredes de casa. Era socialmente aceitável que as mulheres tivessem educação ginasial. Contudo, meninos e meninas recebiam educação diferente. Para as meninas, o objetivo era torná-las "esposas graciosas e boas mães", como dizia o lema da escola. Elas aprendiam o que os japoneses chamavam "o caminho da mulher" — cuidar da casa, cozinhar e costurar, a cerimônia do chá, arranjo de flores, bordado, desenho e apreciação de arte. O ensinamento mais importante que se transmitia era como agradar ao marido. Isso incluía saber vestir-se, pentear os cabelos, curvar-se, e acima de tudo obedecer sem discutir. Como dizia minha avó, minha mãe parecia ter "ossos rebeldes", e não aprendeu nenhuma dessas habilidades, nem mesmo cozinhar.

Algumas provas assumiam a forma de tarefas práticas, como preparar um determinado prato ou arranjar flores. A banca examinadora compunha-se de autoridades locais, japonesas e chinesas, e além de avaliar as provas, elas também avaliavam as meninas. Fotos das alunas usando bonitos aventais que elas próprias tinham desenhado eram pregadas no quadro de avisos com suas tarefas. As autoridades japonesas muitas vezes escolhiam noivas entre as meninas, uma vez que se estimulava o casamento entre homens japoneses e mulheres da terra. Algumas jovens também eram escolhidas para ir para o Japão casar-se com homens que não conheciam. Com muita freqüência, as meninas — ou antes, suas famílias — queriam. No fim da ocupação, uma das amigas de minha mãe foi escolhida para ir para o Japão, mas perdeu o navio e ainda estava em Jinzhou quando os japoneses se renderam. Minha mãe olhava-a de lado.

Em contraste com os mandarins chineses que os antecederam, e que desprezavam a atividade física, os japoneses gostavam de esportes, que minha mãe adorava. Ela se recuperara do problema no quadril e era uma boa corredora. Certa vez foi escolhida para disputar uma corrida importante. Treinou durante semanas, e estava preparadíssima para o grande dia, mas poucos dias antes o treinador, que era chinês, chamou-a de lado e pediu-lhe que não vencesse. Disse que não podia explicar o motivo. Minha mãe compreendeu. Sabia que os japoneses não gostavam de ser vencidos pelos chineses em nada. Havia outra menina da terra na corrida, e o treinador pediu a minha mãe que lhe passasse o mesmo conselho, mas não dissesse que vinha dele.

No dia da corrida, minha mãe não acabou nem entre as seis primeiras. As amigas viam que ela não tentava. Mas a outra menina não conseguiu se segurar, e chegou em primeiro lugar.

Os japoneses logo se vingaram. Toda manhã havia uma reunião, presidida pelo diretor, apelidado de "Jumento", porque seu nome, quando lido à maneira chinesa (*Mao-li*), soava como a palavra para jumento (*Mao-lü*). Ele ladrava ordens em tom rouco, gutural, para as quatro reverências aos quatro pontos designados. Primeiro: "Adoração a distância da capital imperial!", na direção de Tóquio. Depois: "Adoração a distância da capital nacional!", na direção de Hsinking, capital de Manchukuo. Depois: "Adoração devota ao Celeste Imperador!" — o imperador do Japão. Finalmente: "Adoração devota ao retrato imperial!" — desta vez para o retrato de Pu Yi. Após isso vinha uma reverência mais leve aos professores.

Nessa manhã em particular, após a conclusão das curvaturas, a menina que havia ganho a corrida no dia anterior foi subitamente arrastada de sua fila por "Jumento", que afirmou que a curvatura dela para Pu Yi fora de menos de noventa graus. Ele a esbofeteou, deu-lhe pontapés e anunciou que ela ia ser expulsa. Foi uma catástrofe para ela e sua família.

Os pais apressaram-se a casá-la com um funcionário público subalterno. Após a derrota, o marido dela foi chamado de colaborador e em conseqüência o único emprego que a esposa pôde arranjar foi numa fábrica de produtos químicos. Não havia controle de poluição, e quando minha mãe retornou a Jinzhou em 1984 e a localizou, ela estava quase cega por causa dos produtos químicos. Encarava as ironias de sua vida de uma maneira meio troncha: por ter vencido os japoneses numa corrida, acabara sendo tratada como uma espécie de colaboradora. Mesmo assim, dizia que não se arrependia de ter vencido a corrida.

Era difícil para as pessoas de Manchukuo fazerem muita idéia do que acontecia no resto do mundo, ou de como ia indo o Japão na guerra. A luta era muito distante, as notícias severamente censuradas, e o rádio nada transmitia além de propaganda. Mas sentiam que o Japão estava em apuros por vários sinais, sobretudo a piora da situação dos alimentos.

A primeira notícia de fato chegou no verão de 1943, quando os jornais informaram que um dos aliados do Japão, a Itália, se rendera. Em meados de 1944 alguns funcionários japoneses servindo em departamentos do governo em Manchukuo foram convocados. Então, a 29 de julho de 1944, aviões B-29 americanos apareceram nos céus de Jinzhou pela primeira vez, embora não bombardeassem a cidade. Os japoneses ordenaram que toda casa cavasse abrigos antiaéreos, e havia um treinamento antiaéreo todo dia na escola. Um dia uma menina da classe de minha mãe pegou um extintor de incêndio e esguichou-o num professor japonês a quem detestava em particular. Antes, isso teria provocado uma séria punição, mas naquela altura não aconteceu nada. A maré estava virando.

Houvera uma prolongada campanha para se pegar moscas e ratos. As alunas tinham de cortar a cauda dos ratos, colocá-las em envelopes e entregá-las à polícia. As moscas deviam ser postas em frascos. A polícia contava cada cauda de rato e cada mosca morta. Um dia, em 1944, quando minha mãe entregou um frasco cheio de moscas até a boca, o policial de Manchukuo lhe disse: "Não dá pra uma refeição". Quando viu a expressão de surpresa no rosto dela, disse: "Então não sabe? Os japas gostam de moscas mortas. Fritam e comem". Minha mãe pôde ver pelo brilho cínico nos olhos dele que o homem não mais encarava os japoneses como terríveis.

Minha mãe ficou excitada e em grande expectativa, mas durante o outono de 1944 surgiu uma nuvem escura: sua casa não parecia mais tão alegre quanto antes. Sentiu que havia discórdia entre os pais.

A décima quinta noite da oitava lua do ano chinês era a Festa do Meio do Outono, a festa da união familiar. Nessa noite, minha avó punha uma mesa com melões, bolos redondos e pães do lado de fora, ao luar, de acordo com o costume. O motivo pelo qual essa data era a festa da união familiar é que a palavra chinesa para "união" (*yuan*) é a mesma que para "redondo" ou "intacto"; supunha-se que a lua cheia de outono tivesse uma aparência especial, esplêndida, redonda, nessa época. Todos os alimentos comidos nesse dia tinham de ser redondos também.

Àquele sedoso luar, minha avó contava histórias sobre a lua à minha mãe: a sombra maior nela era um gigantesco pé de cássia que um certo senhor, Wu Gang, passava a vida tentando abater. Mas a árvore era encantada e ele estava condenado ao repetido fracasso. Minha mãe olhava para o céu lá em cima e ficava ouvindo, fascinada. Achava a lua cheia de uma beleza mesmerizante, mas nessa noite não pôde descrevê-la, porque fora proibida por minha avó de dizer a palavra "redondo", uma vez que a família do dr. Xia se havia desfeito. O dr. Xia pareceu abatido o dia todo, e por vários dias antes e depois da festa. Minha avó perdeu até o dom de contar histórias.

Na noite da festa de 1944, minha avó e minha mãe se sentavam sob um caramanchão coberto de melões de inverno e feijão, olhando pelas aberturas na folhagem o vasto céu sem nuvens. Minha mãe começou a dizer: "A lua está particularmente redonda esta noite", mas minha avó interrompeu-a bruscamente, e depois explodiu de repente em lágrimas. Correu para dentro de casa, e minha mãe a ouviu soluçando e gritando: "Vá pra seu filho e seus netos! Me deixe com minha filha e siga seu caminho!". Depois, em arquejos entre os soluços, disse: "Foi culpa minha — ou sua — que seu filho se matasse? Por que temos de carregar esse fardo ano após ano? Não sou eu que impeço você de ver seus filhos. Foram eles que se recusaram a vir ver você...". Desde que tinham deixado Yixian, só De-gui, o segundo filho do dr. Xia, os visitara. Minha mãe não ouviu um som do dr. Xia.

Daí em diante, minha mãe sentiu que havia alguma coisa errada. O dr. Xia foi ficando cada vez mais taciturno, e ela o evitava instintivamente. De vez em quando, minha avó se punha a chorar, e a murmurar para si mesma que ela e o dr. Xia não poderiam jamais ser inteiramente felizes, com o pesado preço que tinham pago pelo seu amor. Abraçava minha mãe com força e dizia-lhe que ela era seu único bem na vida.

Minha mãe se achava num estado de espírito atipicamente melancólico quando o inverno baixou sobre Jinzhou. Nem mesmo o aparecimento de uma segunda revoada de bombardeiros americanos B-29 no céu límpido e frio de dezembro conseguiu levantar seu ânimo.

Os japoneses estavam ficando cada vez mais nervosos. Um dia uma das colegas de minha mãe conseguiu um livro de um escritor chinês proibido. Buscando um lugar tranqüilo para ler, foi para o campo, onde encontrou uma caverna que julgou ser um abrigo antiaéreo vazio. Tateando no escuro, tocou o que parecia ser um interruptor de luz. Desencadeou-se um barulho agudo. O que ela tocara fora um alarme. Dera com um depósito de armamentos. As pernas da menina viraram geléia. Ela tentou correr, mas só chegou a uns duzentos metros, antes que soldados japoneses a pegassem e levassem.

Dois dias depois toda a escola foi tocada para um terreno baldio, coberto de neve, diante do portão oeste, numa curva do rio Xiaoling. Moradores locais também tinham sido convocados pelos inspetores de quarteirão. Disseram às crianças que elas iam testemunhar "a punição de uma pessoa má, que desobedece ao Grande Japão". De repente, minha mãe viu a colega ser arrastada por guardas japoneses para um lugar bem à sua frente. A menina estava acorrentada e mal podia andar. Fora torturada, e tinha o rosto tão inchado que minha mãe quase não a reconheceu. Então os soldados japoneses ergueram os fuzis e apontaram para a menina, que parecia tentar dizer alguma coisa, mas nenhum som saiu. Ouviu-se um estralar de balas, e o corpo da menina desabou, o sangue começando a pingar na neve. "Jumento", o diretor japonês, vasculhava as fileiras de suas alunas. Com um tremendo esforço, minha mãe tentou esconder suas emoções. Forçou-se a olhar o corpo da amiga, que agora jazia numa reluzente mancha rubra sobre a neve branca, e ordenou-se ser corajosa, e jamais esquecer o que os japoneses tinham feito.

Ouviu alguém tentando conter os soluços. Era a srta. Tanaka, uma jovem professora japonesa de quem ela gostava. Num instante, "Jumento" estava em cima da srta. Tanaka, esbofeteando-a e chutando-a. Ela caiu no chão e tentou rolar para longe das botas dele, mas ele continuou chutando-a com ferocidade. Berrava que ela traíra a raça japonesa. "Jumento" acabou parando, olhou para as alunas e ladrou a ordem de marcharem.

Minha mãe deu uma última olhada ao corpo retorcido de sua professora e ao cadáver de sua amiga, e forçou-se a conter seu ódio.

4. "Escravos sem país próprio"
GOVERNADOS POR DIFERENTES SENHORES
(1944-1947)

EM MAIO DE 1945, espalhou-se em Jinzhou a notícia de que a Alemanha tinha se rendido e acabara a guerra na Europa. Os aviões americanos voavam sobre a área com muito mais freqüência: os B-29 bombardeavam outras cidades da Manchúria, embora Jinzhou não fosse atacada. A sensação de que o Japão em breve seria derrotado tomou conta da cidade.

Em 8 de agosto, ordenaram à escola de minha mãe que fosse a um santuário rezar pela vitória do Japão. No dia seguinte, tropas soviéticas e mongólicas entraram em Manchukuo. Chegou a notícia de que os americanos tinham jogado duas bombas atômicas sobre o Japão: os da terra aplaudiram a notícia. Os dias seguintes foram pontilhados por alarmes de ataque aéreo, e a escola deixou de funcionar. Minha mãe ficou em casa ajudando a cavar um abrigo antiaéreo.

No dia 13 de agosto, os Xia souberam que o Japão estava pedindo a paz. Dois dias depois, um vizinho chinês que trabalhava no governo entrou correndo em casa para dizer que iam fazer um anúncio importante no rádio. O dr. Xia deixou o trabalho e veio sentar-se com minha avó no pátio. O locutor disse que o imperador japonês tinha se rendido. Imediatamente depois chegou a notícia de que Pu Yi abdicara como imperador de Manchukuo. As pessoas lotaram as ruas, em estado de grande excitação. Minha mãe foi à sua escola ver o que se passava por lá. O lugar parecia morto, a não ser por um leve barulho que vinha de um dos gabinetes. Ela esgueirou-se para dar uma olhada: pela janela, viu os professores japoneses amontoados chorando.

Ela mal pregou os olhos naquela noite, e estava de pé com a primeira luz do amanhecer. Quando abriu a porta da frente pela manhã, viu uma pequena multidão na rua. Os corpos de uma japonesa e duas crianças jaziam na rua. Um funcionário japonês fizera *hara-kiri*; sua família fora linchada.

Uma manhã, poucos dias depois da rendição, os vizinhos japoneses dos Xia foram encontrados mortos. Alguns diziam que haviam se envenenado. Por toda Jinzhou os japoneses se suicidavam ou eram linchados. Casas japonesas eram saqueadas, e minha mãe notou que uma de suas vizinhas pobres de repente tinha um monte de artigos valiosos para vender. Colegiais vingavam-se de seus professores japoneses e os espancavam ferozmente. Alguns japoneses deixaram seus bebês na soleira da porta de famílias da terra, na esperança de que fossem salvos. Várias japonesas foram estupradas; muitas rasparam a cabeça para tentar fazer-se passar por homens.

Minha mãe se preocupava com a srta. Tanaka, a única professora na escola que nunca esbofeteava as alunas, e a única entre os japoneses que mostrara angústia quando a colega de escola de minha mãe fora executada. Perguntou aos pais se podia escondê-la em casa. Minha avó pareceu ansiosa, mas não disse nada. O dr. Xia apenas assentiu com a cabeça.

Minha mãe pegou umas roupas emprestadas com sua tia Lan, que era mais ou menos da altura da professora, e foi buscar a srta. Tanaka, refugiada em seu apartamento. As roupas assentaram-lhe bem. Ela era mais alta que a japonesa média, e podia facilmente passar por chinesa. Se alguém perguntasse, diriam que era prima de minha mãe. Os chineses têm tantos primos que ninguém pode manter a conta. Ela se mudou para o quarto dos fundos, onde outrora se refugiara Han-chen.

No vazio deixado pela rendição japonesa e pelo colapso do regime de Manchukuo, as vítimas não foram só japonesas. A cidade ficou um caos. À noite, ouviam-se tiros e freqüentes gritos de socorro. Os membros homens da casa, inclusive Yu-lin, o irmão de quinze anos de minha avó, e os aprendizes do dr. Xia, revezavam-se dando guarda no telhado toda noite, armados de pedras, machados e cutelos. Ao contrário de minha avó, minha mãe não tinha medo algum. Minha avó se maravilhava: "Você tem o sangue de seu pai nas veias", dizia-lhe.

Os saques, estupros e matanças continuaram até oito dias depois da rendição japonesa, quando a população foi informada de que estava chegando um novo exército — o Exército Vermelho soviético. A 23 de agosto, os inspetores de quarteirão mandaram os moradores irem à estação ferroviária no dia seguinte dar boas-vindas aos russos. O dr. Xia e minha avó ficaram em casa, mas minha mãe se juntou à grande e alegre multidão que agitava bandeirinhas de papel vermelhas triangulares. Quando o trem encostou, a multidão começou a agitar as bandeirinhas e a gritar *"Wula"* (aproximação chinesa de *Ura*, palavra russa para "Hurra"). Minha mãe imaginara os soldados soviéticos como heróis vitoriosos de barbas imponentes, cavalgando grandes cavalos. O que viu foi um grupo de jovens mal-amanhados e pálidos. Fora o vislumbre ocasional de alguma figura misteriosa num carro de passagem, eram os primeiros brancos que minha mãe via na vida.

Cerca de mil soldados soviéticos foram estacionados em Jinzhou, e, quando chegaram, as pessoas se sentiram agradecidas a eles por ajudar a expulsar os japoneses. Mas os russos trouxeram novos problemas. As escolas haviam sido fechadas quando os japoneses se renderam, e minha mãe estava tendo aulas particulares. Um dia, ao voltar da casa da professora, viu um caminhão parado à beira da estrada: alguns soldados russos, parados ao lado dele, manuseavam peças de tecidos. Sob os japoneses, os tecidos eram severamente racionados. Ela se aproximou para dar uma olhada; o pano era da fábrica onde trabalhara quando estava na escola primária. Os russos trocavam-no por relógios de pulso, relógios de parede e bugigangas. Minha mãe se lembrou de que havia um velho relógio de parede enfiado no fundo de um baú em casa. Correu e pegou-o. Ficou meio decepcionada quando viu que estava quebrado, mas os soldados russos ficaram felicíssimos e deram-lhe um rolo de belo tecido branco com um delicado estampado rosa. Ao jantar, a família balançava a cabeça sem acreditar nos estranhos estrangeiros tão ávidos por velhos relógios quebrados e badulaques.

Os russos não apenas distribuíam produtos das fábricas, mas desmontavam fábricas inteiras, incluindo as duas refinarias de petróleo de Jinzhou, e mandavam os equipamentos para a União Soviética. Diziam que eram "reparações", mas para os da terra o que isso significou foi que a indústria ficou estropiada.

Soldados russos entravam nas casas das pessoas e simplesmente pegavam qualquer coisa que queriam — relógios e roupas em particular. Histórias de soldados russos estuprando mulheres da terra varreram Jinzhou como um incêndio. Muitas mulheres se esconderam por receio de seus "libertadores". Muito em breve, a cidade fervilhava de raiva e ansiedade.

A residência dos Xia ficava fora dos muros da cidade, e era muito mal protegida. Uma amiga de minha mãe propôs emprestar-lhes uma casa dentro dos portões da cidade, cercada por altas muralhas de pedra. A família mudou-se imediatamente, levando consigo a professora japonesa de minha mãe. A mudança significou que minha mãe tinha de andar muito mais — cerca de trinta minutos na ida e outros trinta na volta — para a casa de sua professora. O dr. Xia insistia em levá-la e pegá-la de volta à tarde. Minha mãe não queria que ele fosse tão longe, por isso andava parte do caminho de volta sozinha, e ele ia encontrá-la. Um dia, um jipe cheio de sorridentes soldados russos parou com uma derrapada perto dela e um russo saltou e se pôs a correr em sua direção. Ela correu o mais rápido que pôde, com os russos pisando forte atrás. Após algumas centenas de metros, ela avistou o padrasto ao longe, brandindo a bengala. Os russos vinham perto, e minha mãe entrou por um jardim-de-infância deserto que conhecia bem, e que parecia um labirinto. Ficou lá escondida por mais de uma hora, e depois esgueirou-se pela porta dos fundos e voltou para casa em segurança. O dr. Xia tinha visto os russos perseguindo minha mãe até dentro da casa; para seu imenso alívio, eles logo tornaram a sair, obviamente confundidos pelo labirinto.

Pouco mais de uma semana depois da chegada dos russos, o chefe do comitê de seu quarteirão disse a ela que fosse a um comício na noite seguinte. Quando ela chegou lá, viu vários homens chineses malvestidos — e algumas mulheres — fazendo discursos em que diziam que tinham combatido oito anos para derrotar os japoneses, para que as pessoas simples pudessem ser os senhores da China. Eram comunistas — comunistas chineses. Tinham entrado na cidade no dia anterior, sem fanfarra nem aviso. As comunistas do comício usavam roupas informes exatamente iguais às dos homens. Minha mãe pensou consigo mesma: Como podem vocês dizer que derrotaram os japoneses? Não têm nem armas nem roupas decentes. Para ela, os comunistas pareciam mais pobres e escanifrados que os mendigos.

Estava decepcionada, porque os imaginara grandes, bonitos e sobre-humanos. Seu tio Pei-o, o guarda da prisão, e Dong, o carrasco, tinham-lhe dito que os comunistas eram os prisioneiros mais corajosos: "Têm os ossos mais duros", dizia o tio muitas vezes. "Eles cantavam, gritavam slogans e xingavam os japoneses até o último minuto antes de serem estrangulados", dizia Dong.

Os comunistas pregaram avisos exortando a população a manter a ordem, e começaram a prender colaboradores e pessoas que haviam trabalhado para as forças de segurança japonesas. Entre os presos estava Yang, o pai de minha avó, ainda subchefe de polícia de Yixian. Ele foi preso em sua própria cadeia, e seu superior, o chefe de polícia, foi executado. Os comunistas logo restauraram a ordem e repuseram a economia nos eixos. O fornecimento de comida, que era caótico, melhorou acentuadamente. O dr. Xia pôde recomeçar a visitar os pacientes, e a escola de minha mãe foi reaberta. Os comunistas foram hospedados em casas de pessoas locais. Pareciam honestos e despretensiosos, e batiam papo com as famílias: "Não temos gente educada em número suficiente", diziam a uma amiga de minha mãe. "Junte-se a nós e pode tornar-se uma diretora municipal."

Precisavam de recrutas. Na época da rendição japonesa, tanto os comunistas quanto o Kuomintang tinham tentado ocupar o máximo de território possível, mas o Kuomintang tinha um exército muito maior e mais bem equipado. Ambos manobravam por posições, preparando-se para o reinício da guerra civil que fora parcialmente suspensa durante os oito anos anteriores para combater os japoneses. A Manchúria era o campo de batalha crucial, por causa de seus recursos econômicos. Como estavam perto, os comunistas tinham posto suas forças lá primeiro, praticamente sem auxílio algum dos russos. Mas os americanos estavam ajudando Chang Kai-chek a estabelecer-se na área, transportando dezenas de milhares de soldados do Kuomintang para o norte da China. A certa altura, os americanos tentaram desembarcar alguns deles em Huludao, porto a cerca de cinqüenta quilômetros de Jinzhou, mas tiveram de retirar-se sob o fogo dos comunistas chineses. As tropas do Kuomintang foram obrigadas a desembarcar ao sul da Grande Muralha e prosseguir sozinhas de trem. Os Estados Unidos deram-lhes cobertura aérea. No todo, mais de 50 mil fuzileiros americanos desembarcaram no norte da China, ocupando Pequim e Tianjin.

Os russos reconheceram formalmente o Kuomintang de Chang Kai-chek como o governo da China. A 11 de novembro, o Exército Vermelho soviético deixou a área de Jinzhou e recuou para o norte da Manchúria, como parte do compromisso de Stalin de retirar-se da área dentro de três meses após a vitória. Isso deixou os comunistas chineses sozinhos no controle da cidade. Uma noite, em fins de novembro, minha mãe voltava da escola para casa, quando viu um grande número de soldados pegando suas armas e equipamentos às pressas e dirigindo-se para o portão sul. Ela sabia que houvera pesados combates no campo em redor e imaginou que os comunistas deviam estar indo embora.

Essa retirada se coadunava com a estratégia do líder comunista Mao Tsé-tung de não tentar segurar cidades, onde o Kuomintang teria vantagem militar, mas retirar-se para áreas rurais. "Cercar as cidades com nosso campo e acabar tomando as cidades" era a diretiva de Mao para a nova fase.

No dia seguinte à retirada dos comunistas chineses de Jinzhou, um novo exército entrou na cidade — o quarto em outros tantos meses. Esse exército tinha uniformes limpos e novas e reluzentes armas americanas. Era o Kuomintang. As pessoas correram de suas casas e juntaram-se nas estreitas ruas de terra, aplaudindo e gritando. Minha mãe abriu caminho espremendo-se até a frente da multidão. De repente, descobriu que agitava os braços e aplaudia aos berros. Aqueles soldados realmente pareciam o exército que havia batido os japoneses, pensava consigo mesma. Correu para casa num estado de grande excitação, para contar aos pais sobre os novos soldados elegantes.

Havia uma atmosfera de festa em Jinzhou. As pessoas competiam entre si para ver quem convidava os soldados a ficar em suas casas. Um oficial foi morar com os Xia. Conduzia-se com extremo respeito, e toda a família gostava dele. Minha avó e o dr. Xia achavam que o Kuomintang ia manter a lei e a ordem, e assegurar finalmente a paz.

Mas a boa vontade que o povo sentira para com o Kuomintang logo se transformou em amarga decepção. A maioria dos oficiais vinha de outras partes da China, e falava de cima com as pessoas da terra, dirigindo-se a elas como *Wang-guo-nu* ("Escravos sem um país próprio") e dando-lhes lições sobre como deviam ser agradecidas ao Kuomintang por libertá-las dos japoneses. Uma noite, houve uma festa na escola de minha mãe para os estudantes e os oficiais do Kuomintang. A filha de três anos de um funcionário recitou um discurso que começava: "Nós, o Kuomintang, combatemos os japoneses durante oito anos e agora salvamos vocês, que eram escravos do Japão...". Minha mãe e suas amigas se levantaram e saíram.

Minha mãe também estava desgostosa com a maneira como o Kuomintang se apressava a pegar concubinas. No início de 1946, Jinzhou enchia-se de soldados. A escola de minha mãe era a única feminina da cidade, e oficiais e funcionários baixavam lá aos bandos em busca de concubinas ou, de vez em quando, esposas. Algumas das moças se casaram de bom grado, enquanto outras não podiam dizer não a suas famílias, que achavam que o casamento com um oficial lhes proporcionaria um bom começo na vida.

Aos quinze anos, minha mãe tinha excelentes perspectivas de casamento. Tornara-se uma jovem muito atraente e popular, e era a aluna-modelo de sua escola. Vários oficiais já se haviam declarado, mas ela disse aos pais que não queria nenhum deles. Um, que era chefe de estado-maior de um general, ameaçou mandar uma liteira buscá-la, depois que suas barras de ouro foram recusadas. Minha mãe escutava atrás da porta quando ele fez sua proposta aos pais. Ela irrompeu na sala e disse na cara dele que se mataria na liteira. Felizmente, não muito depois a unidade dele recebeu ordens de deixar a cidade.

Minha mãe decidira escolher ela própria seu marido. Estava desiludida com o tratamento dado às mulheres, e odiava todo o sistema de concubinato. Os pais apoiavam-na, mas eram assediados por oficiais, e tinham de usar de uma diplomacia complicada e devastadora para os nervos, a fim de encontrar meios de dizer não sem desencadear represálias.

Uma das professoras de minha mãe era uma jovem chamada srta. Liu, que gostava muito dela. Na China, se as pessoas gostam da gente, muitas vezes tentam tornar-nos membros honorários de sua família. Nessa época, embora não fossem tão segregadas quanto no tempo de minha avó, não havia muitas oportunidades para rapazes e moças se misturarem, e assim a apresentação ao irmão ou irmã de um amigo era uma maneira comum para as pessoas que não gostavam da idéia de casamentos arranjados se conhecerem. A srta. Liu apresentou minha mãe a seu irmão. Mas primeiro o sr. e a sra. Liu tiveram de aprovar o relacionamento.

No início de 1946, na véspera do Ano-Novo chinês, minha mãe foi convidada à casa dos Liu, que era bastante imponente. O sr. Liu era um dos maiores donos de loja de Jinzhou. O filho, que tinha cerca de dezenove anos, parecia ser um homem do mundo; usava um terno verde-escuro, com um lenço saindo do bolso de cima, o que era tremendamente sofisticado e audacioso para uma cidade provinciana como Jinzhou. Estava matriculado na universidade em Pequim, onde estudava língua e literatura russas. Minha mãe ficou muito impressionada com ele, e a família dele a aprovou. Em breve mandaram uma casamenteira ao dr. Xia para pedir a mão dela, sem, é claro, dizer-lhe uma palavra.

O dr. Xia era mais liberal que a maioria dos homens de sua época, e perguntou à minha mãe o que ela achava da questão. Ela concordou em ser "amiga" do jovem sr. Liu. Naquela época, se um rapaz e uma moça eram vistos conversando em público, eles tinham de estar noivos, no mínimo. Minha mãe ansiava por ter um pouco de diversão e liberdade, e poder fazer amizade com homens sem se comprometer com casamento. O dr. Xia e minha avó, conhecendo-a, foram cautelosos com os Liu, e recusaram todos os presentes costumeiros. Na tradição chinesa, a família da mulher muitas vezes não concordava imediatamente com uma proposta de casamento, pois pareceria ávida demais. Se eles aceitassem os presentes, isso indicaria implicitamente consentimento. O dr. Xia e minha avó receavam um mal-entendido.

Minha mãe saiu com o jovem Liu por algum tempo. Estava meio cativada pela educação dele, e todos os parentes, amigos e vizinhos dela diziam que tinha encontrado um bom par. O dr. Xia e minha avó os achavam um belo casal, e em privado tinham se decidido por ele como genro. Mas minha mãe achava-o raso. Notou que ele nunca ia a Pequim, mas deixava-se ficar em casa vivendo uma vida de diletante. Um dia descobriu que ele não tinha lido nem *O sonho do quarto vermelho*, famoso clássico chinês do século XVIII, conhecido de todo literato chinês. Quando ela demonstrou sua decepção, o jovem Liu respondeu despreocupadamente que os clássicos chineses não eram o seu forte, e que na verdade gostava mais de literatura estrangeira. Para tentar reafirmar sua superioridade, acrescentou: "Ora, você já leu *Madame Bovary*? Esse é meu favorito de todos os tempos. Considero-o a maior obra de Maupassant".

Minha mãe tinha lido *Madame Bovary* — e sabia que era de Flaubert, não de Maupassant. Essa leviandade vaidosa desligou-a de Liu em grande estilo, mas ela se absteve de confrontá-lo ali e então — fazer isso seria considerado "megerice".

Liu adorava jogar, sobretudo *mah-jong*, que matava minha mãe de tédio. Uma noite, no meio de um jogo, uma criada entrou e perguntou: "Que criada o amo Liu gostaria que o servisse na cama?". De um modo bastante casual, Liu respondeu: "Fulana". Minha mãe tremeu de raiva, mas Liu apenas ergueu a sobrancelha como se surpreso com a reação dela. Depois disse, de um modo altivo: "É um costume perfeitamente comum no Japão. Todo mundo faz isso. Chama-se *si-quin* ('cama com serviço')". Tentava fazer minha mãe sentir-se provinciana e ciumenta, o que era tradicionalmente encarado na China como um dos piores vícios numa mulher, e motivo de o marido repudiar a esposa. Mais uma vez minha mãe nada disse, embora fervesse de raiva por dentro.

Minha mãe concluiu que não podia ser feliz com um marido que encarava o flerte e o sexo extramarital como aspectos essenciais do "ser homem". Queria alguém que a amasse, que não fosse querer magoá-la fazendo esse tipo de coisa. Naquela noite decidiu encerrar o relacionamento.

Poucos dias depois, o sr. Liu pai morreu de repente. Naquele tempo, um funeral espetacular era muito importante, sobretudo se o morto tinha sido chefe da família. Um funeral que não cumprisse as expectativas dos parentes e da sociedade traria desaprovação para a família. Os Liu queriam uma cerimônia elaborada, não apenas um préstito da casa ao cemitério. Trouxeram monges para ler o sutra budista do "baixar a cabeça" em presença de toda a família. Imediatamente depois, os membros da família caíram em prantos. Daí até o dia do enterro, no quadragésimo nono dia após a morte, o som de choro e lamento devia ser ouvido sem parar do amanhecer à meia-noite, acompanhado da queima de dinheiro artificial para o falecido usar no outro mundo. Muitas famílias não estavam à altura dessa maratona, e contratavam profissionais para fazer o serviço em seu lugar. Os Liu eram demasiado filiais para fazer isso, e fizeram tudo sozinhos, com a ajuda de parentes, dos quais havia muitos.

No quadragésimo segundo dia após a morte, puseram o corpo do sr. Liu num caixão de sândalo belamente lavrado, que foi colocado numa essa no pátio. Em cada uma das últimas sete noites antes do enterro, supunha-se que o morto subia a uma alta montanha no outro mundo e olhava toda a sua família lá embaixo; só se sentiria feliz se visse que todos os membros da família estavam presentes e bem cuidados. De outro modo, acreditava-se, jamais teria repouso. A família quis que minha mãe estivesse lá, como futura nora.

Ela recusou-se. Sentia pena pelo velho sr. Liu, que fora bondoso com ela, mas se fosse, jamais poderia livrar-se de casar com o filho dele. Sucessivos mensageiros da família Liu foram à casa dos Xia.

O dr. Xia disse à minha mãe que o rompimento da relação naquele momento equivalia a decepcionar o sr. Liu pai, e que isso era desonroso. Embora não fizesse objeção a que minha mãe rompesse com o sr. Liu normalmente, achava que, nas circunstâncias, os desejos dela deviam submeter-se a um imperativo maior. Minha avó também disse que ela devia ir. Além disso, falou: "Quem já ouviu falar de uma moça recusar um homem porque ele errou o nome de um escritor estrangeiro, ou porque tem casos? Todos os jovens ricos gostam de se divertir e fazer suas travessuras. Além do mais, você não precisa se preocupar com concubinas e criadas. Você tem um caráter forte; pode manter seu marido sob controle".

Não era essa a idéia de minha mãe da vida que queria, e ela o disse. No fundo, minha avó concordou. Mas tinha medo de manter minha mãe em casa, por causa das persistentes propostas dos oficiais do Kuomintang. "A gente pode dizer não a um, mas não a todos eles", disse à minha mãe. "Se você não se casar com Zhang, vai ter de aceitar Lee. Pense bem: Liu não é muito melhor que os outros? Se você se casar com ele, nenhum oficial vai poder importuná-la mais. Eu me preocupo noite e dia com o que pode acontecer a você. Não vou poder descansar enquanto você não deixar a casa." Mas minha mãe respondeu que preferia morrer a casar-se com alguém que não pudesse lhe dar felicidade — e amor.

Os Liu ficaram furiosos com minha mãe, e também o dr. Xia e minha avó. Durante dias, discutiram, imploraram, bajularam, berraram e choraram, mas não adiantou. Finalmente, pela primeira vez desde que tinha se zangado com ela em criança por sentar-se em seu lugar no *kang*, o dr. Xia teve um ataque de fúria com minha mãe. "O que você está fazendo é cobrir de vergonha o nome Xia. Eu não quero uma filha como você!" Minha mãe levantou-se e disparou de volta as palavras: "Tudo bem, então, não vai ter uma filha como eu. Vou-me embora". Saiu da sala pisando forte, arrumou suas coisas e saiu de casa.

No tempo de minha avó, sair de casa desse jeito estava fora de questão. Não havia empregos para mulheres, a não ser como criadas, e mesmo estas tinham de ter referências. Mas tudo mudara. Em 1946, as mulheres podiam viver por conta própria e arranjar emprego, como o ensino ou a medicina, embora o trabalho ainda fosse visto como o último recurso pela maioria das famílias. Na escola de minha mãe havia um departamento para formar professoras que oferecia casa, comida e ensino de graça para moças que houvessem completado três anos lá. Além de um exame, a única condição era que as formadas tinham de ser professoras. A maioria das alunas do departamento era ou de famílias pobres que não podiam pagar uma educação ou de pessoas que achavam que não tinham possibilidade de entrar na universidade, e por isso não queriam fazer o ginásio normal. Só depois de 1945 as mulheres podiam pensar em entrar numa universidade; sob os japoneses, não podiam ir além do ginásio, onde lhes ensinavam sobretudo a administrar uma família.

Até então, minha mãe jamais pensara em entrar nesse departamento, geralmente visto com desdém como apenas o segundo melhor. Sempre pensara em si mesma como material para a universidade. O departamento ficou meio surpreso quando ela se candidatou, mas ela os convenceu de seu sério desejo de entrar no magistério. Ainda não concluíra os três anos obrigatórios na escola, mas era conhecida como uma aluna exemplar. O departamento aceitou-a com prazer, após submetê-la a um exame no qual ela passou com pouca dificuldade. Foi morar na escola. Não demorou muito a que minha avó corresse a pedir-lhe que voltasse para casa. Minha mãe ficou feliz com a reconciliação; prometeu que iria vê-la com freqüência. Mas insistiu em manter sua cama na escola; decidira não depender mais de ninguém, por mais que a amassem. Para ela, o departamento era ideal. Garantia-lhe um emprego após a formatura, enquanto os formados pelas universidades muitas vezes não arranjavam nenhum. Outra vantagem é que era gratuito — e o dr. Xia já começara a sentir os efeitos da má gestão da economia.

O pessoal do Kuomintang que assumira o controle das fábricas — as que não haviam sido desmontadas pelos russos — revelou-se incapaz de operá-las com eficiência. Algumas fábricas estavam funcionando, mas bem abaixo da capacidade plena, e eles embolsavam a maior parte da renda para si mesmos.

Arrivistas do Kuomintang mudavam-se para as casas elegantes que os japoneses tinham vagado. A casa vizinha à antiga residência do dr. Xia, onde morara o funcionário japonês, estava agora ocupada por um funcionário e uma de suas recém-adquiridas concubinas. O prefeito de Jinzhou, um certo sr. Han, era uma nulidade local. De repente ficou rico — com a venda de propriedades confiscadas a japoneses e colaboradores. Adquiriu várias concubinas, e o pessoal da terra passou a chamar o governo municipal de "a família Han", já que inchava com seus parentes e amigos.

Quando o Kuomintang tomou Yixian, libertaram meu bisavô, Yang, da prisão — ele pagou para sair. O pessoal da terra acreditava, com bons motivos, que as autoridades do Kuomintang arrancavam fortunas dos ex-colaboradores. Yang tentou proteger-se casando a filha restante, que tivera com uma de suas concubinas, com um oficial do Kuomintang. Mas esse homem era apenas um capitão, sem poder bastante para dar-lhe verdadeira proteção. A propriedade de Yang foi confiscada e ele reduzido a viver como mendigo — "agachado junto a esgotos abertos", como diziam os da terra. Quando soube disso, a esposa ordenou aos filhos que não lhe dessem dinheiro algum nem fizessem nada para ajudá-lo.

Em 1947, pouco mais de um ano após sair da prisão, ele apareceu com um bócio canceroso no pescoço. Percebeu que ia morrer e mandou um recado para Jinzhou pedindo para ver os filhos. Minha bisavó negou, mas ele continuou mandando recados pedindo-lhes que fossem. No fim, a esposa cedeu. Minha avó, Lan e Yu-lin foram a Yixian de trem. Fazia dez anos que minha avó não via o pai, e ele era apenas uma sombra do que fora. Lágrimas escorreram-lhe pelas faces quando viu os filhos. Eles achavam difícil perdoar-lhe o modo como tratara sua mãe — e a eles mesmos — e falaram com ele usando formas meio distantes de tratamento. Ele pediu a Yu-lin que o chamasse de pai, mas Yu-lin recusou-se. O rosto destroçado de Yang era uma máscara de desespero. Minha avó pediu ao irmão que o chamasse de pai, só uma vez. Finalmente ele o fez, por entre dentes cerrados. O pai tomou-lhe a mão e disse: "Tente ser um erudito, ou tenha um pequeno negócio. Nunca tente ser um funcionário. Isso o arruinará, como me arruinou". Foram suas últimas palavras à família.

Morreu com apenas uma de suas concubinas ao lado. Estava tão pobre que não pôde ter nem um caixão. Seu cadáver foi posto numa velha mala caindo aos pedaços e enterrado sem cerimônia. Nenhum membro da família esteve presente.

A corrupção estava tão disseminada que Chang Kai-chek criou uma organização especial para combatê-la. Chamava-se "Esquadrão Anti-Tigre", porque o povo comparava os funcionários corruptos a tigres terríveis, e convidou os cidadãos a apresentar queixas. Mas logo se tornou visível que isso era um meio de os realmente poderosos extorquirem dinheiro dos ricos. "Caçar tigres" era coisa lucrativa.

Muito pior que isso era o saque ostensivo. O dr. Xia era visitado de vez em quando por soldados que o saudavam meticulosamente e depois diziam, numa voz exageradamente servil: "Excelentíssimo dr. Xia, alguns de nossos colegas estão muito necessitados de dinheiro. Será que o senhor podia nos emprestar um pouco?". Não era sensato recusar. Qualquer um que contrariasse o Kuomintang provavelmente acabava sendo acusado de comunista, o que em geral significava prisão, e freqüentemente tortura. Os soldados também entravam cambaleando no consultório e exigiam tratamento e medicamento sem pagar um tostão. O dr. Xia não se incomodava particularmente de dar-lhes tratamento médico de graça — encarava como dever do médico tratar todo mundo —, mas às vezes os soldados confiscavam os medicamentos e os vendiam no mercado negro.

À medida que a guerra civil se intensificava, aumentava o número de soldados em Jinzhou. As tropas do comando central, diretamente subordinadas a Chang Kai-chek, eram relativamente disciplinadas, mas as outras não recebiam soldos do governo central e tinham de "viver com o que a terra tivesse para dar".

No departamento de formação de professoras, minha mãe fez estreita amizade com uma moça de dezessete anos, bonita e esperta, chamada Bai. Minha mãe admirava-a e tinha-a como modelo. Quando falou a Bai de sua decepção com o Kuomintang, ela mandou-a ver "a floresta, não as árvores": toda força tinha de ter alguns defeitos, disse. Bai era apaixonadamente pró-Kuomintang, tanto que entrara num de seus serviços de espionagem. Num curso de treinamento, deixaram claro que se esperava que ela delatasse as colegas. Ela recusou-se. Poucas noites depois, as colegas do curso ouviram um tiro no quarto dela. Quando abriram a porta, viram-na caída na cama, arquejando, o rosto de uma palidez mortal. Havia sangue no travesseiro. Ela morreu sem conseguir dizer uma palavra. Os jornais publicaram a história como o que se chamava um "crime cor de pêssego", querendo dizer um crime passional. Diziam que ela fora assassinada por um amante ciumento. Mas ninguém acreditou nisso. Bai agia de uma maneira muito recatada no que se referia a homens. Minha mãe soube que ela tinha sido morta porque quisera deixar a organização.

A tragédia não ficou por aí. A mãe de Bai trabalhava como criada residente em casa de uma família rica que tinha uma lojinha de ouro. Ficou desolada com a morte da filha única, e indignada com as torpes insinuações nos jornais de que a filha tinha tido vários amantes, que brigavam por ela e acabaram matando-a. O bem mais sagrado de uma mulher era a sua castidade, que se esperava que ela defendesse até a morte. Vários dias após a morte de Bai, a mãe enforcou-se. Seu patrão foi visitado por arruaceiros que o responsabilizaram pela morte dela. Era um bom pretexto para extorquir dinheiro, e não demorou muito para o homem perder sua loja de ouro.

Um dia, ouviu-se uma batida na porta dos Xia, e um homem beirando os quarenta anos, vestindo um uniforme do Kuomintang, entrou e fez uma mesura para minha avó, chamando-a de "irmã mais velha" e ao dr. Xia de "cunhado mais velho". Eles levaram alguns instantes para perceber que aquele homem vestido com elegância, saudável e bem alimentado era Han-chen, que tinha sido torturado e salvo do garrote, e que eles tinham escondido em sua velha casa durante três meses, trazendo-o de volta à vida. Com ele, também de uniforme, vinha um jovem alto e esbelto, que parecia mais um colegial que um soldado. Han-chen apresentou-o como Zhu-ge. Minha mãe gostou imediatamente dele.

Desde que se haviam visto pela última vez, Han-chen tornara-se um alto oficial no serviço de informação do Kuomintang, e dirigia um de seus setores para toda Jinzhou. Quando saiu, ele disse: "Irmã mais velha, sua família me devolveu a vida. Se precisarem de alguma coisa, qualquer coisa, só precisam dizer, que será feito".

Han-chen e Zhu-ge faziam visitas freqüentes, e Han-chen logo arranjou emprego no aparelho de informações para Dong, o ex-carrasco que lhe salvara a vida, e o cunhado de minha avó, Pei-o, o ex-guarda de prisão.

Zhu-ge tornou-se muito amigo da família. Estudava ciência na universidade em Tianjin e fugira para juntar-se ao Kuomintang quando a cidade caíra em mãos japonesas. Numa de suas visitas, minha mãe apresentou-o à srta. Tanaka, que morava com os Xia. Eles se acertaram, se casaram e foram viver em quartos alugados. Um dia, Zhu-ge limpava sua arma quando tocou acidentalmente o gatilho e disparou. A bala varou a soalho e matou o filho caçula do senhorio, que estava na cama embaixo. A família não se atreveu a apresentar acusação contra Zhu-ge, porque tinha medo dos homens do serviço de espionagem, que podiam acusar quem quisessem de ser comunista. A palavra deles era a lei, e tinham poder de vida e morte. A mãe de Zhu-ge deu à família uma grande soma de dinheiro, como compensação. Zhu-ge ficou arrasado, mas a família não se atreveu nem a demonstrar alguma raiva contra ele. Ao contrário, mostrou exagerada gratidão, por receio de que ele, antecipando a raiva deles, lhe fizesse mal. Ele achou difícil suportar isso, e logo se mudou.

O marido de Lan, tio Pei-o, prosperou no serviço de informação, e ficou tão contente com seus novos patrões que mudou de nome e passou a chamar-se "Xiao-chek" ("Lealdade a Chang Kai-chek"). Fazia parte de um grupo de três homens comandados por Zhu-ge. Inicialmente, o trabalho deles era expurgar qualquer um que tivesse sido pró-japonês, mas muito breve isso resvalou para descobrir estudantes que mostrassem simpatias pró-comunistas. Por algum tempo, Lealdade Pei-o fez o que lhe pediam, mas sua consciência logo passou a incomodá-lo; não queria ser responsável por mandar pessoas para a prisão nem escolher vítimas para extorsão. Pediu transferência e deram-lhe um serviço como vigia num dos pontos de controle da cidade. Os comunistas tinham deixado a cidade de Jinzhou, mas não para muito longe. Travavam constantes combates com o Kuomintang no campo em volta. As autoridades de Jinzhou tentavam manter um rígido controle dos bens mais vitais, para impedir os comunistas de obtê-los.

Fazer parte do serviço de informação dava poder a Lealdade, o que lhe trouxe dinheiro. Aos poucos, ele foi mudando. Passou a fumar ópio, a beber muito, a jogar e a freqüentar bordéis, e em breve pegou uma doença venérea. Minha avó ofereceu-lhe dinheiro para tentar fazer com que ele se comportasse, mas ele continuou como sempre. Contudo, via que a comida se tornava cada vez mais escassa para os Xia, e muitas vezes convidava-os para boas refeições em sua casa. O dr. Xia não deixava minha mãe ir. "São ganhos mal adquiridos, e não queremos tocar neles", dizia. Mas a idéia de uma comida decente era às vezes uma tentação demasiado forte para minha avó, e de vez em quando ela se esgueirava até a casa de Pei-o com Yu-lin e minha mãe, para uma refeição completa.

Quando o Kuomintang chegou a Jinzhou, Yu-lin tinha quinze anos. Estudava medicina com o dr. Xia, que achava que ele tinha um futuro promissor como médico. A essa altura minha avó tinha assumido a posição de chefe da família, já que a mãe, a irmã e o irmão dependiam do marido dela para viver, e ela achou que era hora de Yu-lin casar-se. Logo se decidiram por uma mulher três anos mais velha que ele e de família pobre, o que significava que seria trabalhadora e capaz. Minha mãe foi com minha avó ver a noiva em perspectiva; quando ela entrou para fazer uma reverência aos visitantes na sala de estar, usava um vestido de veludo verde, que tivera de tomar emprestado para a ocasião. Os dois casaram-se num cartório em 1946, a noiva usando um véu de seda branca em estilo ocidental. Yu-lin tinha dezesseis anos, e a noiva dezenove.

Minha mãe pediu a Han-chen que arranjasse um emprego para Yu-lin. Um dos bens vitais era o sal, e as autoridades tinham proibido a sua venda para o campo. Evidentemente, elas mesmas operavam um mercado negro de sal. Han-chen arranjou para Yu-lin um emprego como guarda do sal, e várias vezes ele quase se envolveu em escaramuças com guerrilheiros comunistas e outras facções do Kuomintang que tentavam tomar o produto. Muita gente era morta nos combates. Yu-lin achou o trabalho apavorante e sentia-se atormentado pela consciência. Dentro de poucos meses, saiu.

A essa altura, o Kuomintang ia perdendo aos poucos o controle do campo, e achava cada vez mais difícil obter recrutas. Os jovens cada vez menos se dispunham a virar "cinza de bomba" (*po-hui*). A guerra civil tornara-se muito mais sangrenta, com perdas enormes, e aumentava o perigo de ser recrutado ou simplesmente metido à força no exército. O único modo de manter Yu-lin fora do uniforme era comprar-lhe alguma forma de seguro, e por isso minha avó pediu a Han-chen que lhe arranjasse um emprego no serviço de informação. Para sua surpresa, ele recusou, dizendo que aquele não era lugar para um jovem decente.

Minha avó não percebia que Han-chen estava em profundo desespero com seu trabalho. Como Lealdade Pei-o, tinha se viciado em ópio, bebia muito e freqüentava prostitutas. Definhava a olhos vistos. Han-chen sempre fora um homem autodisciplinado, com um forte senso de moralidade, e não combinava com ele proceder daquela maneira. Minha avó pensava que o antigo remédio do casamento podia dar-lhe uma sacudida, mas quando lhe falou disso ele respondeu que não podia tomar uma esposa, porque não queria viver. Minha avó ficou chocada, e insistiu em que ele lhe dissesse o motivo, mas Han-chen apenas se pôs a chorar e disse com amargura que não tinha liberdade para contar, e que de qualquer modo ela não podia ajudar.

Han-chen se juntara ao Kuomintang porque odiava os japoneses. Mas tudo saíra diferente do que ele previra. Estar metido no serviço de informação significava que dificilmente poderia deixar de ter sangue inocente — de seus irmãos chineses — nas mãos. Mas não podia sair. O que acontecera com a amiga de colégio de minha mãe, Bai, era o que acontecia a qualquer um que tentasse sair. Han-chen na certa achava que a única saída era matar-se, mas o suicídio era um gesto tradicional de protesto, e podia trazer problemas para sua família. Ele deve ter chegado à conclusão que a única coisa que podia fazer era ter uma morte "natural", motivo pelo qual estava chegando a extremos de abuso contra o corpo e recusava qualquer tratamento.

Na véspera do Ano-Novo chinês de 1947, ele voltou à casa de sua família em Yixian para passar o período de festas com o irmão e o velho pai. Como se sentisse que era o último encontro deles, foi ficando. Caiu gravemente doente, e morreu no verão. Tinha dito à minha avó que a única coisa que lamentava ao morrer era não poder cumprir o dever filial e fazer um grande funeral para seu pai.

Mas não morreu sem cumprir seu dever com minha avó e a família dela. Embora se recusasse a aceitar Yu-lin no serviço de informação, comprou-lhe uma carteira de identidade que dizia que ele era agente daquele órgão do Kuomintang. Yu-lin jamais fez qualquer trabalho para o serviço de informação, mas sua condição de agente protegeu-o contra o recrutamento, e ele pôde ficar e ajudar o dr. Xia na botica.

Um dos professores na escola de minha mãe era um jovem chamado Kang, que ensinava literatura chinesa. Era muito inteligente e culto, e minha mãe tinha um tremendo respeito por ele. Kang contou à minha mãe e a algumas outras moças que estivera envolvido em atividades anti-Kuomintang no sudoeste da China, e que sua namorada fora morta por uma granada de mão durante uma manifestação. Suas aulas eram visivelmente pró-comunistas, e causaram forte impressão em minha mãe.

Uma manhã, no início de 1947, minha mãe foi detida no portão da escola pelo velho porteiro. Ele entregou-lhe um bilhete e disse-lhe que Kang fora embora. O que minha mãe não sabia era que Kang tinha sido avisado, pois alguns dos agentes do serviço de informação do Kuomintang trabalhavam secretamente para os comunistas. Na época, minha mãe não sabia muita coisa sobre os comunistas, nem que Kang era um deles. Só sabia que o professor que ela mais admirava tivera de fugir porque ia ser preso.

O bilhete era de Kang, e continha apenas uma palavra: "Silêncio". Minha mãe viu dois possíveis sentidos nessa palavra. Podia referir-se a um verso de um poema que Kang escrevera em memória de sua namorada: "Silêncio — no qual nossa força se acumula", caso em que podia ser um apelo para que não perdesse a coragem. Mas o bilhete também podia ser um aviso para que não fizesse nada impetuoso. Minha mãe já tinha criado fama de ser destemida, e tinha apoio entre os estudantes.

Quando ela menos esperava, chegou uma nova diretora. Era uma deputada do Congresso Nacional do Kuomintang, supostamente com ligações com os serviços secretos. Trouxe consigo vários homens do serviço de informações, incluindo um chamado Yao-han, que se tornou o supervisor político, com a tarefa especial de vigiar os estudantes. O supervisor de ensino era o secretário distrital do Kuomintang.

O amigo mais íntimo de minha mãe nessa época era um primo distante chamado Hu. O pai dele tinha uma cadeia de lojas de departamentos em Jinzhou, Mukden e Harbin, e também uma esposa e duas concubinas. A esposa dera-lhe um filho, o primo Hu, e as concubinas não. A mãe de Hu, portanto, tornara-se objeto de intensos ciúmes da parte delas. Uma noite, quando o marido se achava fora de casa, as concubinas drogaram a comida dela e a de um jovem criado, depois puseram os dois na mesma cama. Quando o sr. Hu voltou e encontrou a esposa, aparentemente morta de bêbeda, na cama com o criado, ficou furioso; trancou a esposa num minúsculo quarto num canto distante da casa e proibiu o filho de tornar a vê-la. Tinha uma insidiosa desconfiança de que aquilo tudo podia ser uma trama das concubinas, e por isso não repudiou a esposa nem a expulsou de casa, o que seria a vergonha última (tanto para ele quanto para ela). Receava que as concubinas maltratassem seu filho, e mandou-o para um internato em Jinzhou. Foi ali que minha mãe o conheceu, quando ela tinha sete anos e ele doze. A mãe dele logo enlouqueceu no confinamento solitário.

O primo Hu tornou-se um rapaz sensível, trancado dentro de si. Jamais superou o que acontecera, e de vez em quando falava sobre isso à minha mãe. A história fazia minha mãe refletir nas vidas frustradas das mulheres de sua família e nas numerosas tragédias que tinham acontecido a tantas outras mães, filhas, esposas e concubinas. A falta de poder das mulheres, o barbarismo dos costumes seculares, envoltos na "tradição" e mesmo na "moralidade", deixavam-na furiosa. Embora tivesse havido mudanças, estas eram sepultadas pelo preconceito ainda esmagador. Minha mãe impacientava-se por alguma coisa mais radical.

Na escola, soube que uma força política tinha prometido abertamente a mudança — os comunistas. A informação veio de uma amiga íntima, uma moça de dezoito anos chamada Shu, que rompera com a família e morava na escola porque o pai tentara obrigá-la a um casamento arranjado com um menino de doze anos. Um dia Shu deu adeus à mãe: ela e o homem a quem amava em segredo iam fugir para juntar-se aos comunistas. "Eles são nossa única esperança" tinham sido suas palavras de despedida.

Foi por essa época que minha mãe se tornou muito íntima do primo Hu, que percebera estar apaixonado por ela quando descobriu que tinha muitos ciúmes do jovem sr. Liu, a quem encarava como um almofadinha. Ficou feliz quando ela rompeu com Liu, e vinha visitá-la quase todo dia.

Uma noite, em março de 1947, foram juntos ao cinema. Havia dois tipos de ingresso: um para uma cadeira; o outro, muito mais barato, para ficar em pé. O primo Hu comprou uma cadeira para minha mãe, mas ficou de pé ele próprio, dizendo que não tinha dinheiro suficiente. Minha mãe achou aquilo um tanto estranho, e por isso lançava uma olhada disfarçada para ele de vez em quando. Lá pela metade do filme, viu uma jovem elegantemente vestida aproximar-se, resvalar por ele devagar, e então, por uma fração de segundo, as mãos dos dois se tocaram. Ela levantou-se imediatamente e insistiu em sair. Do lado de fora, exigiu uma explicação. A princípio o primo Hu tentou negar que houvesse acontecido alguma coisa; quando minha mãe deixou claro que não ia engolir aquilo, ele prometeu explicar depois. Disse que havia coisas que ela não podia entender, porque era jovem demais. Quando chegaram em casa, ela recusou-se a deixá-lo entrar. Nos dias seguintes, ele procurou-a repetidas vezes, mas ela não queria vê-lo.

Após algum tempo, ela se dispôs a aceitar um pedido de desculpas e uma reconciliação, e ficava olhando o portão, para ver se ele estava ali. Uma noite, a neve caindo pesada, viu-o entrar no pátio em companhia de outro homem. Não se dirigiu à parte da casa onde ela estava, mas foi direto para onde morava um hóspede dos Xia, um homem chamado Yu-wu. Após um breve tempo Hu reapareceu e dirigiu-se a passos rápidos para o quarto dela. Com um tom urgente na voz, disse a ela que tinha de deixar Jinzhou imediatamente, pois a polícia estava à sua procura. Quando ela lhe perguntou o motivo, ele respondeu simplesmente: "Eu sou comunista", e desapareceu na noite nevada.

Ocorreu à minha mãe que o incidente no cinema devia ter sido uma missão clandestina do primo Hu. Ficou desolada, pois não havia tempo para se reconciliar com ele. Compreendeu que o hóspede, Yu-wu, devia ser também um comunista na clandestinidade. O motivo pelo qual haviam trazido o primo Hu aos aposentos de Yu-wu era para escondê-lo ali. Os dois não conheciam a identidade um do outro até aquela noite. Compreenderam que estava fora de questão o primo Hu ficar ali, pois seu relacionamento com minha mãe era demasiado conhecido, e se o Kuomintang fosse à casa à procura dele, Yu-wu também seria descoberto. Naquela mesma noite o primo Hu tentou chegar à área controlada pelos comunistas, que ficava uns trinta quilômetros além dos limites da cidade. Algum tempo depois, quando se abriam os primeiros botões da primavera, Yu-wu recebeu notícias de que Hu fora capturado ao tentar deixar a cidade. Seu acompanhante tinha sido morto a tiros. Uma informação posterior dizia que Hu fora executado.

Minha mãe havia algum tempo vinha se tornando cada vez mais anti-Kuomintang. A única alternativa que conhecia eram os comunistas, e sentia-se particularmente atraída pelas promessas deles de pôr fim às injustiças contra as mulheres. Até então, aos quinze anos de idade, não se sentira preparada para comprometer-se inteiramente. A notícia da morte do primo Hu fez com que se decidisse. Decidiu juntar-se aos comunistas.

5. "Filha à venda por dez quilos de arroz"
NA BATALHA POR UMA NOVA CHINA (1947-1948)

YU-WU APARECERA NA CASA alguns meses antes, trazendo uma apresentação de um amigo mútuo. Os Xia acabavam de mudar-se de sua casa emprestada para uma casa grande dentro das muralhas, perto do portão norte. Chegara usando um uniforme de oficial do Kuomintang, acompanhado por uma mulher que apresentara como esposa e um bebê. Na verdade, a mulher não era esposa, mas auxiliar. O bebê era dela, e o marido se achava longe, no exército regular comunista. Aos poucos, essa "família" foi se tornando uma família de fato. Mais tarde eles tiveram dois filhos juntos, e os esposos originais dos dois tornaram a casar-se.

Yu-wu juntara-se ao Partido Comunista em 1938. Fora enviado a Jinzhou pelo quartel-general comunista do tempo da guerra, Yan'an, pouco depois da rendição japonesa, e era responsável pela coleta e repasse de informação às forças comunistas fora da cidade. Operava sob a identidade de chefe do departamento militar do Kuomintang para um dos distritos de Jinzhou, um cargo que os comunistas haviam comprado para ele. Naquele tempo, postos no Kuomintang, mesmo no seu serviço de informação, estavam praticamente à venda a quem pagasse mais. Algumas pessoas compravam cargos para proteger suas famílias do recrutamento e das perseguições dos valentões, outras para poderem extorquir dinheiro. Devido à sua importância estratégica, havia muitos oficiais em Jinzhou, o que facilitava a infiltração do sistema pelos comunistas.

Yu-wu fazia seu papel com perfeição. Oferecia muitos jogos e jantares, em parte para estabelecer relações, em parte para tecer uma teia de proteção em torno de si. Misturados com as constantes idas e vindas havia um fluxo interminável de "primos" e "amigos". Eram sempre pessoas diferentes, mas ninguém fazia perguntas.

Yu-wu tinha outro nível de disfarces para esses visitantes freqüentes. O consultório do dr. Xia estava sempre aberto, e os "amigos" de Yu-wu podiam simplesmente entrar da rua sem chamar a atenção, e depois passar do consultório para o pátio interno. O dr. Xia tolerava as ruidosas festas dele sem se aborrecer, embora sua seita, a Sociedade da Razão, proibisse o jogo e a bebida. Minha mãe ficava intrigada, mas atribuía a coisa à natureza tolerante do padrasto. Só anos depois, quando tornou a pensar no assunto, teve certeza de que o dr. Xia conhecia, ou adivinhava, a verdadeira identidade de Yu-wu.

Quando minha mãe soube que seu primo Hu tinha sido morto pelo Kuomintang, perguntou a Yu-wu como se fazia para trabalhar para os comunistas. Ele a recusou, alegando que ela era muito jovem.

Minha mãe se tornara muito destacada em sua escola, e esperava que os comunistas a procurassem. Eles o fizeram, mas não tiveram pressa, investigando-a. Na verdade, antes de partir para a área controlada pelos comunistas, a amiga Shu tinha falado a seu contato sobre minha mãe. Algum tempo depois, quando ela andava pela rua, outra amiga que, sem ela saber, trabalhava secretamente para os comunistas, disse-lhe sem mais nem menos que fosse um certo dia a um túnel ferroviário entre as estações sul e norte de Jinzhou. Lá, disse, um homem bem-apessoado, de vinte e tantos anos e com um sotaque de Xangai, faria contato com ela. Esse homem, cujo nome depois ela descobriu ser Liang, tornou-se seu controlador.

A primeira tarefa de minha mãe foi distribuir literatura como *Sobre o governo de coalizão*, de Mao Tsé-tung, e panfletos sobre reforma agrária e outras políticas comunistas. Essas coisas tinham de ser contrabandeadas para dentro da cidade, em geral escondidas em grandes feixes de talos de sorgo, que eram usados como lenha. Os panfletos eram então reembalados, muitas vezes dentro de grandes pimentões.

Às vezes a esposa de Yu-wu comprava os pimentões e ficava de vigia na rua quando os auxiliares de minha mãe vinham pegar a literatura. Ela também ajudava a esconder os panfletos na cinza de vários fogões, montes de remédios chineses ou pilhas de lenha. Os estudantes tinham de ler essa literatura em segredo, embora os romances esquerdistas pudessem ser lidos mais ou menos abertamente; entre os favoritos, estava *A mãe*, de Gorki.

Um dia, um exemplar de um dos panfletos que minha mãe vinha distribuindo, *Sobre a nova democracia*, de Mao, foi parar nas mãos de uma colega meio distraída, que o pôs na pasta e o esqueceu lá. Quando foi à feira, abriu a pasta para pegar dinheiro e o panfleto caiu. Dois homens do serviço de informação estavam por ali e o identificaram pela capa fina amarela. A garota foi presa e interrogada. Morreu sob tortura.

Muita gente tinha morrido nas mãos do serviço de informação do Kuomintang, e minha mãe sabia que se arriscava à tortura se fosse apanhada. Esse incidente, longe de perturbá-la, só a tornou mais ousada. Seu moral também subiu enormemente pelo fato de agora sentir-se parte do movimento comunista.

A Manchúria era o campo de batalha chave na guerra civil, e o que acontecia em Jinzhou se tornava cada vez mais crítico para o resultado de toda a luta pela China. Não havia *front* fixo, no sentido de uma única frente de batalha. Os comunistas tinham a parte norte da Manchúria e grande parte das áreas rurais; o Kuomintang tinha as cidades principais, com exceção de Harbin, no norte, mais os portos marítimos e a maioria das estradas de ferro. No fim de 1947, pela primeira vez, os exércitos comunistas na área superaram em números os de seus adversários; naquele ano, tinham posto mais de 300 mil homens do Kuomintang fora de ação. Muitos camponeses juntavam-se ao exército comunista, ou trocavam seu apoio por trás das linhas comunistas. O principal motivo individual era que os comunistas tinham feito uma reforma agrária, e os camponeses sentiam que apoiá-los era o modo de manter suas terras.

No fim de 1947, os comunistas controlavam grande parte da área em torno de Jinzhou. Os camponeses relutavam em entrar na cidade para vender seus produtos, porque tinham de passar por barreiras do Kuomintang onde eram importunados: cobravam taxas exorbitantes, ou simplesmente confiscavam suas mercadorias. O preço do grão na cidade subia às alturas dia a dia, o que era agravado pela manipulação de comerciantes gananciosos e autoridades corruptas.

Quando o Kuomintang chegou, emitiu uma nova moeda conhecida como "dinheiro legal". Mas se mostrou incapaz de conter a inflação. O dr. Xia sempre se preocupara com o que aconteceria com minha avó e minha mãe quando ele morresse — e já beirava os oitenta anos. Vinha aplicando suas economias na nova moeda, porque confiava no governo. Após algum tempo, o dinheiro legal foi substituído por outra moeda, o guanjin, que logo valia tão pouco que quando minha mãe queria pagar as mensalidades escolares tinha de alugar um riquixá para levar a imensa pilha de notas (para "salvar prestígio", Chang Kai-chek se recusava a imprimir qualquer nota maior do que 10 mil yuans). Todas as economias do dr. Xia se perderam.

A situação econômica foi piorando constantemente durante o inverno de 1947-48. Os protestos contra a escassez de alimentos e o aumento de preços se multiplicaram. Jinzhou era a principal base de suprimento para os grandes exércitos do Kuomintang mais ao norte, e em meados de dezembro de 1947 uma multidão de 20 mil pessoas atacou dois depósitos de grãos abarrotados.

Um comércio prosperava: o tráfico de meninas para bordéis e escravas para os ricos. A cidade vivia cheia de mendigos oferecendo as filhas em troca de comida. Durante dias, diante de sua escola, minha mãe viu uma mulher emaciada e de ar desesperado, coberta de trapos, arriada no chão gelado. A seu lado tinha uma menina de uns dez anos com uma expressão de embotada infelicidade no rosto. Da parte de trás de sua gola saía um pedaço de pau, e nele um aviso escrito em má caligrafia dizia: "Filha à venda por dez quilos de arroz".

Entre os que não conseguiam equilibrar o orçamento estavam os professores. Vinham pedindo aumento de salário, ao que o governo respondia elevando as taxas escolares. Isso tinha pouco efeito, porque os pais não podiam pagar mais. Um professor da escola de minha mãe morreu de envenenamento alimentar, depois de comer um pedaço de carne que pegara na rua. Ele sabia que a carne estava podre, mas tinha tanta fome que achou que devia arriscar.

A essa altura minha mãe se tornara presidente do sindicato dos estudantes. Seu controlador no partido, Liang, dera-lhe instruções para tentar conquistar os professores, além dos estudantes, e ela passou a organizar uma campanha para que as pessoas doassem dinheiro para o corpo docente. Ela e algumas outras moças iam aos cinemas e teatros, e antes do início da sessão pediam donativos. Também faziam espetáculos de canto e dança e bazares beneficentes, mas as rendas eram magras — as pessoas eram ou pobres ou mesquinhas demais.

Um dia ela encontrou uma amiga que era bisneta de um comandante de brigada e casada com um capitão do Kuomintang. A amiga lhe disse que haveria um banquete naquela noite para cerca de cinqüenta oficiais e suas esposas num restaurante elegante da cidade. Naquele tempo havia muitas diversões para os oficiais do Kuomintang. Minha mãe correu à sua escola e entrou em contato com tanta gente quanto possível. Disse para se reunirem às cinco da tarde diante do monumento mais destacado da cidade, a torre do tambor de pedra, do século XI. Quando chegou lá, à frente de um considerável contingente, mais de cem moças esperavam suas ordens. Ela contou-lhes seu plano. Por volta das seis horas, viu um grande número de oficiais chegando em carruagens e riquixás. As mulheres elegantíssimas, usando seda e cetim, e tilintando de jóias.

Quando minha mãe julgou que os convidados estariam bem adiantados nos comes e bebes, entrou com algumas moças no restaurante. A decadência do Kuomintang era tal que a segurança se mostrava incrivelmente relapsa. Minha mãe subiu numa cadeira, o vestido simples de algodão azul-escuro tornando-a a imagem mesma da austeridade entre as sedas ricamente bordadas e as jóias. Fez um breve discurso falando da miséria dos professores e concluiu com as palavras: "Todos sabemos que vocês são pessoas generosas. Devem ficar muito felizes por ter a oportunidade de abrir os bolsos e mostrar essa generosidade".

Os oficiais viram-se num aperto. Nenhum deles queria parecer mesquinho. Na verdade, tinham mais ou menos de tentar exibir-se. E, claro, queriam ver-se livres das intrusas que não eram bem-vindas. As moças percorreram as mesas abarrotadas e anotaram a contribuição de cada oficial. Depois, logo cedo na manhã seguinte, foram às casas dos oficiais pegar as doações. Os professores ficaram imensamente agradecidos às moças, que lhes entregaram o dinheiro imediatamente, para ser usado antes de perder o valor, o que se daria em poucas horas.

Não houve retaliação contra minha mãe, talvez porque os convidados do jantar se sentissem envergonhados por ser surpreendidos daquele jeito, e não quisessem atrair mais aborrecimentos para si — embora, é claro, toda a cidade logo ficasse sabendo. Minha mãe conseguira virar as regras do jogo contra eles. Ficara horrorizada com a extravagância casual da elite do Kuomintang, enquanto as pessoas morriam de fome nas ruas — e isso a tornou ainda mais comprometida com os comunistas.

Enquanto a comida era o problema dentro da cidade, a roupa estava em desesperada escassez do lado de fora, pois o Kuomintang impusera uma proibição à venda de tecidos às áreas rurais. Como vigia nos portões, a principal tarefa de Lealdade Pei-o era deter os tecidos contrabandeados para fora e vendidos aos comunistas. Os contrabandistas eram uma mistura de operadores do mercado negro, homens a serviço de oficiais do Kuomintang e clandestinos comunistas.

O procedimento habitual era Lealdade e seus colegas deterem as carroças e confiscarem o tecido, depois soltarem o contrabandista, esperando que ele voltasse com outro carregamento, que eles também confiscariam. Às vezes, tinham um acordo de porcentagem com os contrabandistas. Com acordo ou não, os guardas de qualquer modo vendiam o tecido às áreas controladas pelos comunistas. Lealdade e seus colegas engordaram.

Uma noite, uma carroça suja, estranha, aproximou-se do portão onde Lealdade estava de guarda. Ele fez seu número habitual, futucando o monte de tecido no fundo e rodeando a carroça, na esperança de intimidar o carroceiro e amaciá-lo para um acordo vantajoso. Enquanto avaliava o tamanho da carga e a provável resistência do homem, esperava também atraí-lo para uma conversa e descobrir quem era seu patrão. Lealdade não tinha pressa, porque era um carregamento grande, mais do que ele poderia fazer deixar a cidade antes do amanhecer.

Subiu ao lado do carroceiro e ordenou-lhe que fizesse a curva e levasse o carregamento de volta à cidade. O carroceiro, acostumado a receber ordens arbitrárias, fez o que lhe mandavam.

Minha avó estava na cama, dormindo um sono profundo, quando foi acordada por batidas na porta, por volta de uma da manhã. Ao abrir a porta, viu Lealdade ali parado. Ele disse que queria deixar o carregamento na casa por aquela noite. Minha avó teve de concordar, porque a tradição chinesa tornava praticamente impossível dizer não a um parente. A obrigação para com a própria família e os parentes sempre vinha antes do julgamento moral da pessoa. O dr. Xia franziu o cenho, mas nada disse.

Muito antes do amanhecer, Lealdade apareceu com duas carroças; transferiu o carregamento para elas e foi embora, quando o dia começava a despontar no céu. Menos de meia hora depois, policiais armados apareceram e isolaram a casa com cordas. O carroceiro, que trabalhava para outro sistema de informação, comunicara aos patrões. Naturalmente, eles queriam seu carregamento de volta.

O dr. Xia e minha avó ficaram bastante embaraçados, mas pelo menos a mercadoria havia desaparecido. Para minha mãe, porém, a batida foi quase uma catástrofe. Tinha alguns panfletos comunistas escondidos em casa, e assim que a polícia apareceu, ela pegou-os e correu para a privada, onde os enfiou dentro das calças acolchoadas, fechadas nos tornozelos para manter o calor, e pôs um grosso casaco de inverno. Depois saiu tão despreocupada quanto podia, fingindo que ia para a escola. Os policiais detiveram-na e disseram que iam revistá-la. Ela gritou que ia se queixar ao seu "tio" Zhu-ge da maneira como a tinham tratado.

Até aquele instante os policiais não faziam idéia das ligações da família com os órgãos de informação. Nem de quem confiscara os tecidos. A administração de Jinzhou estava em absoluta confusão, devido ao enorme número de diferentes unidades do

Kuomintang estacionadas na cidade, e porque qualquer um com uma arma e alguma espécie de proteção desfrutava de poder arbitrário. Quando Lealdade e seus homens tinham confiscado aquela carga, o carroceiro não lhes perguntara para quem eles trabalhavam.

Assim que minha mãe falou no nome de Zhu-ge, mudou a atitude do policial. Zhu-ge era amigo de seu chefe. A um sinal, os subordinados baixaram as armas e abandonaram suas maneiras de insolente desafio. O oficial curvou-se rigidamente e murmurou profusos pedidos de desculpas por ter perturbado uma augusta família. Os soldadinhos pareceram ainda mais decepcionados que seu comandante — sem saque não havia dinheiro, e falta de dinheiro significava falta de comida. Saíram mal-humorados, arrastando os pés.

Na época havia uma nova universidade, a Universidade do Exílio no Nordeste, em Jinzhou, formada em torno de estudantes e professores que haviam fugido do norte da Manchúria ocupado pelos comunistas. Os comunistas ali foram severos na aplicação de sua política: muitos proprietários de terra haviam sido mortos. Nas cidades, mesmo pequenos donos de fábricas e lojas eram denunciados e sua propriedade confiscada. A maioria dos intelectuais vinha de famílias relativamente ricas, e muitos tinham visto suas famílias sofrerem sob o domínio comunista, ou tinham sido eles mesmos denunciados.

Havia uma faculdade de medicina na Universidade do Exílio, e minha mãe queria entrar nela. Sempre ambicionara ser médica. Isso se devia em parte à influência do dr. Xia, e em parte ao fato de a profissão médica oferecer à mulher a melhor oportunidade de independência. Liang endossou a idéia com entusiasmo. O Partido tinha planos para ela. Minha mãe se matriculou na faculdade em regime de tempo parcial, em fevereiro de 1948.

A Universidade do Exílio era um campo de batalha onde o Kuomintang e os comunistas competiam ferozmente por influência. O Kuomintang via como estava indo mal na Manchúria, e encorajava ativamente os estudantes e intelectuais a fugir mais para o sul. Os comunistas não queriam perder essa gente educada. Modificaram seu programa de reforma agrária e emitiram uma ordem dizendo que os capitalistas urbanos fossem bem tratados e os intelectuais de famílias ricas protegidos. Armada com essas políticas moderadas, a clandestinidade de Jinzhou passou a convencer estudantes e professores a ficar. Essa tornou-se a principal atividade de minha mãe.

Apesar da mudança política dos comunistas, alguns estudantes e professores concluíram que era mais seguro fugir. Um navio cheio de estudantes partiu para a cidade de Tianjin, quase quatrocentos quilômetros a sudoeste, em fins de junho. Quando lá chegaram, descobriram que não havia comida nem lugar para ficar. O Kuomintang local exortou-os a entrar no exército. "Resistam por sua terra", disseram-lhes. Não fora para isso que eles haviam deixado a Manchúria. Alguns ativistas comunistas que haviam viajado com eles encorajaram-nos a assumir uma posição, e a 5 de julho os estudantes fizeram uma manifestação no centro de Tianjin, pedindo comida e acomodações. As tropas abriram fogo, e dezenas de estudantes saíram feridos, alguns seriamente, e vários morreram.

Quando a notícia chegou a Jinzhou, Liang instruiu minha mãe a organizar apoio aos estudantes que tinham ido para Tianjin. Ela convocou uma assembléia dos dirigentes dos sindicatos estudantis de todos os sete ginásios e escolas técnicas, que votaram a formação da Federação de Sindicatos Estudantis de Jinzhou. Minha mãe foi eleita para a presidência. Decidiram mandar um telegrama de solidariedade aos estudantes em Tianjin e fazer uma marcha ao quartel-general do general Chiou, o comandante da lei marcial, para apresentar uma petição.

Os amigos de minha mãe, ansiosos, esperavam instruções na escola. Era um dia cinzento e chuvoso, e o chão virara lama pegajosa. A noite caiu e não havia sinal de minha mãe nem dos outros seis líderes estudantis. Depois chegou a notícia de que a polícia tinha invadido a reunião e levado a turma toda. Tinham sido denunciados por Yao-han, o supervisor político na escola de minha mãe.

Foram levados para o quartel-general da lei marcial. Após algum tempo, o general Chiou entrou na sala. Postou-se diante deles, atrás de uma mesa, e falou-lhes num tom de voz paciente e paternalista, aparentemente mais magoado que com raiva. Disse que eles eram jovens e sujeitos a fazer coisas impensadas. Mas que sabiam de política? Perceberiam que estavam sendo usados pelos comunistas? Deviam ficar com seus livros. Disse que os libertaria se assinassem uma confissão admitindo seus erros e identificando os comunistas por trás deles. E parou, para observar o efeito de suas palavras.

Minha mãe achou insuportáveis o discurso e toda a atitude dele. Adiantou-se e disse em voz alta: "Diga-nos, comandante, que erro cometemos?". O general irritou-se: "Vocês foram usados por bandidos comunistas para causar problemas. Isso não é erro bastante?". Minha mãe gritou de volta: "Que bandidos comunistas? Nossos amigos morreram em Tianjin porque tinham fugido dos comunistas, a conselho dos senhores. Eles merecem ser fuzilados pelos senhores? Nós fizemos alguma coisa que não seja razoável?". Após algumas trocas de palavras ferozes, o general esmurrou a mesa e berrou chamando os guardas. "Mostrem a ela como é", disse, e depois, voltando-se para minha mãe: "Você precisa compreender onde está!". Antes que os soldados pudessem pegá-la, ela saltou para a frente e esmurrou a mesa: "Seja lá onde eu esteja, não fiz nada errado!".

Quando menos esperava, foi agarrada pelos braços e arrastada para longe da mesa. Em seguida, empurraram-na por um corredor e algumas escadas abaixo até uma sala escura. No outro lado, podia distinguir um homem em trapos. Ele parecia sentado num banco e encostado numa coluna. A cabeça caída para um lado. Então minha mãe percebeu que o corpo dele estava amarrado à coluna e as pernas ao banco. Dois homens empurravam tijolos debaixo de seus calcanhares. Cada novo tijolo arrancava um gemido fundo e abafado. Minha mãe sentiu a cabeça encher-se de sangue e julgou ouvir um estalar de ossos. De repente, estava olhando outra sala. Seu guia, um oficial, chamou sua atenção para um homem quase junto de onde eles estavam. Pendia pelos pulsos de um caibro no teto e estava nu da cintura para baixo. Seus cabelos caíam desgrenhados, de modo que ela não pôde ver o rosto. No chão via-se um braseiro, com um homem sentado ao lado fumando alheiamente. Sob os olhos de minha mãe, ele pegou uma barra de ferro do fogo; a ponta tinha o tamanho de um punho de homem, e estava em brasa. Com um sorriso, ele enterrou-o no peito do homem pendurado do caibro. Minha mãe ouviu um grito agudo de dor e um horrível chiado, viu a fumaça saindo da ferida e sentiu o forte cheiro de carne queimada. Mas não gritou nem desmaiou. O horror despertara nela uma raiva poderosa e apaixonada, que lhe deu enorme força e venceu todo medo.

O oficial perguntou-lhe se agora escreveria uma confissão. Minha mãe se recusou, repetindo que não conhecia comunista algum por trás dela. Meteram-na num quartinho que continha uma cama e alguns lençóis. Ali ficou vários e longos dias, ouvindo os gritos das pessoas torturadas em celas próximas, e recusando-se repetidas vezes a dar nomes.

Então, um dia, levaram-na a um pátio nos fundos do prédio, coberto de mato e lixo, e mandaram-na encostar-se num muro. Ao lado dela, escorava-se um homem que fora obviamente torturado e mal se mantinha de pé. Vários soldados tomaram posição indolentemente. Um homem vendou os olhos dela. Mesmo não podendo ver, ela fechou os olhos. Estava disposta a morrer, orgulhosa porque dava a vida por uma grande causa.

Ouviu tiros, mas não sentiu nada. Após mais ou menos um minuto, removeram-lhe a venda e ela olhou em volta, piscando os olhos. O homem junto a ela jazia no chão. O oficial que a levara para as masmorras aproximou-se, sorrindo. Ergueu uma sobrancelha em surpresa, pelo fato de a garota de dezessete anos não estar um trapo balbuciante. Minha mãe disse-lhe calmamente que nada tinha a confessar.

Levaram-na de volta à sua cela. Ninguém a incomodou mais, nem a torturou. Após mais alguns dias, foi libertada. Durante a semana anterior, o movimento clandestino comunista andara atarefado mexendo os pauzinhos. Minha avó fora todo dia ao quartel-general da lei marcial, chorando, implorando e ameaçando suicídio. O dr. Xia visitara seus clientes mais poderosos, levando caros presentes. As ligações da família com o serviço de informação também tinham sido mobilizadas. Muita gente dera referências sobre minha mãe por escrito, dizendo que ela não era comunista, apenas jovem e impetuosa.

O que acontecera a ela não a atemorizara nem um pouco. Assim que saiu da prisão, pôs-se a organizar um serviço em memória dos estudantes mortos em Tianjin, que as autoridades permitiram. Havia muita revolta em Jinzhou com o que acontecera aos jovens, que tinham partido, afinal, por conselho do governo. Ao mesmo tempo, as escolas apressaram-se a anunciar o fim antecipado do período escolar, eliminando as provas, na esperança de que os estudantes voltassem para casa e se desmobilizassem.

Nesse ponto a clandestinidade aconselhou seus membros a partir para as áreas controladas pelos comunistas. Os que não queriam ou não podiam ir receberam ordens para suspender seu trabalho clandestino. O Kuomintang estava reprimindo com ferocidade, e muitos ativistas eram presos e executados. Liang ia embora, e pediu a minha mãe que fosse também, mas minha avó não deixou. Disse que ela não era suspeita de comunismo, mas se partisse com os comunistas, seria. E as pessoas que haviam garantido sua idoneidade? Se partisse agora, todos estariam em apuros.

Por isso ela ficou. Mas ansiava por ação. Voltou-se para Yu-wu, a única pessoa restante na cidade que ela sabia que trabalhava para os comunistas. Yu-wu não conhecia Liang nem os outros contatos dela. Os dois pertenciam a sistemas clandestinos diferentes, que operavam completamente em separado, para que se alguém fosse apanhado e não agüentasse a tortura só pudesse revelar um número limitado de nomes.

Jinzhou era o centro de abastecimento e logístico para todos os exércitos do Kuomintang no nordeste. Eles tinham mais de meio milhão de homens, dispostos ao longo de estradas de ferro vulneráveis e concentrados numas poucas áreas, cada vez menores, em torno das cidades principais. No verão de 1948, havia cerca de 200 mil soldados do Kuomintang em Jinzhou, sob vários comandos diferentes. Chang Kai-chek vinha batendo boca com muitos de seus altos generais, trocando os comandos, o que criava séria desmoralização. As diferentes forças eram mal coordenadas e muitas vezes desconfiavam umas das outras. O grosso das tropas da China propriamente dita não via razão para lutar na Manchúria, e as da terra desprezavam as do sul da Grande Muralha. Muitos, incluindo os altos conselheiros americanos de Chang Kai-chek, achavam que ele devia abandonar completamente a Manchúria. A chave para qualquer retirada, "voluntária" ou forçada, por mar ou estrada de ferro, era a retenção de Jinzhou. A cidade ficava apenas cento e cinqüenta quilômetros ao norte da Grande Muralha, bastante próxima da China propriamente dita, onde a posição do Kuomintang ainda parecia ter relativa segurança, e era facilmente reforçável por mar — Huludao ficava apenas uns quarenta e cinco quilômetros ao sul, ligada por uma ferrovia aparentemente segura.

Na primavera de 1948, o Kuomintang começara a construir um novo sistema de defesa em torno de Jinzhou, feito de blocos de cimento com estruturas de aço. Os comunistas, pensavam, não tinham tanques, só pouca artilharia, e nenhuma experiência de ataque a posições maciçamente fortificadas. A idéia era cercar a cidade com fortalezas auto-suficientes, cada uma das quais operaria como uma unidade independente, mesmo sitiada. As fortalezas deviam ser ligadas por trincheiras de dois metros de largura e dois de profundidade, protegidas por uma cerca contínua de arame farpado. O comandante supremo na Manchúria, general Wei Li-huang, fez uma visita de inspeção e declarou o sistema inexpugnável.

Mas o projeto jamais foi concluído, em parte devido à falta de materiais e ao planejamento medíocre, mas sobretudo devido à corrupção. O encarregado dos trabalhos de construção desviou os materiais e vendeu-os no mercado negro; os operários não ganhavam o bastante para comer. Em setembro, quando as forças comunistas começaram a isolar a cidade, só um terço do sistema estava concluído, a maior parte fortes de cimento pequenos e sem ligação. Outras partes tinham sido montadas às pressas, com barro tirado da muralha da cidade velha. O sul da cidade não tinha fortificação alguma.

Era vital para os comunistas ter informação sobre esse sistema e a disposição das tropas do Kuomintang. Os comunistas estavam concentrando forças enormes — cerca de um quarto de milhão de homens — para uma batalha decisiva. O comandante-chefe de todos os exércitos comunistas, Zhu De, telegrafou ao comandante local, Lin Piao: "Tome Jinzhou... e toda a situação chinesa está em nossas mãos". Pediram ao grupo de Yu-wu que fornecesse informação atualizada antes do ataque. Ele precisava urgentemente de novos auxiliares, e quando minha mãe o procurou pedindo trabalho, ele e seus superiores adoraram.

Os comunistas tinham mandado alguns oficiais para dentro da cidade, disfarçados, para fazer o reconhecimento, mas um homem vagando sozinho pelos arredores iria chamar imediatamente a atenção. Um casal de namorados seria muito menos conspícuo. A essa altura, o governo do Kuomintang tornara inteiramente aceitável que rapazes e moças fossem vistos juntos em público. Como os oficiais de reconhecimento eram homens, minha mãe seria ideal como uma "namorada".

Yu-wu mandou-a estar num determinado local numa determinada hora. Ela devia usar um vestido azul-claro e uma flor de seda vermelha nos cabelos. O oficial comunista estaria com um exemplar do jornal do Kuomintang, o *Diário Central*, dobrado em triângulo, e se identificaria enxugando três vezes o suor no lado esquerdo do rosto, e depois três vezes no direito.

No dia marcado, minha mãe foi a um pequeno templo um pouco além da velha muralha norte da cidade, mas dentro do perímetro de defesa. Um homem trazendo o jornal em triângulo aproximou-se e fez os sinais certos. Minha mãe tocou a face esquerda três vezes com a mão direita, depois três vezes a face direita com a mão esquerda. Depois tomou o braço dele, e afastaram-se.

Minha mãe não entendia bem o que ele fazia, e não perguntou. A maior parte do tempo andaram em silêncio, só falando quando passavam por alguém. A missão transcorreu sem incidente.

Haveria outras, pelos arredores da cidade e na estrada de ferro, a vital artéria de comunicações.

Uma coisa era obter a informação, outra fazê-la sair da cidade. Em fins de julho, as barreiras foram firmemente fechadas, e qualquer um que tentasse entrar ou sair era minuciosamente revistado. Yu-wu consultou minha mãe, em cuja habilidade e coragem passara a confiar. Os veículos de altos oficiais podiam ir e vir sem ser revistados, e minha mãe se lembrou de um contato que podia usar. Uma de suas colegas de escola era neta de um comandante local do exército, o general Ji, e o irmão da jovem era coronel na brigada do avô.

Os Ji eram uma família de Jinzhou, de considerável influência. Ocupavam toda uma rua, apelidada "rua Ji", onde tinham um grande conjunto, com um extenso e bem cuidado jardim. Minha mãe muitas vezes passeara no jardim com a amiga, e tinha muita amizade com o irmão dela, Hui-ge.

Hui-ge era um jovem bonitão de vinte e tantos anos, com um diploma universitário de engenharia. Ao contrário de muitos rapazes de famílias ricas e poderosas, não era um janota. Minha mãe gostava dele, e o sentimento era mútuo. Ele começou a fazer visitas sociais aos Xia e a convidar minha mãe para chás. Minha avó gostava muito dele; o rapaz era extremamente cortês, e ela o considerava muitíssimo aceitável.

Em breve Hui-ge passou a convidar minha mãe para saírem sozinhos. A princípio a irmã dele o acompanhava, fingindo-se de acompanhante, mas logo desaparecia com alguma desculpa esfarrapada. Ela elogiava o irmão para minha mãe, acrescentando que ele era o favorito do avô. Também devia ter falado de minha mãe ao irmão, porque esta descobriu que ele sabia muita coisa sobre ela, incluindo o fato de que fora presa por suas atividades radicais. Os dois descobriram que tinham muito em comum. Hui-ge era muito franco sobre o Kuomintang. Uma ou duas vezes ele tocou em seu uniforme de coronel e suspirou dizendo esperar que a guerra acabasse logo, para poder voltar à sua engenharia. Disse à minha mãe que achava que os dias do Kuomintang estavam contados, e ela teve a sensação de que ele revelava seus pensamentos mais íntimos.

Minha mãe tinha certeza de que ele gostava dela, mas perguntava-se se poderia haver motivos políticos por trás dos atos dele. Deduziu que ele tentava passar uma mensagem a ela e, através dela, aos comunistas. A mensagem tinha de ser: eu não gosto do Kuomintang, e estou disposto a ajudar vocês.

Tornaram-se conspiradores tácitos. Um dia minha mãe sugeriu que ele devia render-se aos comunistas com alguns soldados (o que era uma ocorrência bastante comum). Ele respondeu que era apenas um oficial de estado-maior e não comandava nenhuma tropa. Minha mãe pediu-lhe que tentasse convencer o avô a mudar de lado, mas ele respondeu com um ar triste que o velho provavelmente mandaria fuzilá-lo se ele sequer sugerisse isso.

Minha mãe mantinha Yu-wu informado, e ele mandou-a cultivar Hui-ge. Em breve Yu-wu mandou-a pedir a Hui-ge que a levasse para um passeio de jipe fora da cidade. Eles saíram nesses passeios três ou quatro vezes, e toda vez, quando chegavam a uma primitiva latrina de barro, ela dizia que precisava usá-la. Saltava e escondia uma mensagem num buraco da parede do toalete, enquanto ele esperava no jipe. Hui-ge jamais fez perguntas. Suas conversas passaram a concentrar-se cada vez mais nas preocupações com a família e consigo mesmo. De uma maneira circular, insinuou que os comunistas poderiam executá-lo: "Receio que em breve vou ser uma alma desencarnada diante do portão oeste!". (Supunha-se que o Céu do Oeste era o destino dos mortos, porque era o lugar da paz eterna. Por isso o terreiro de execução em Jinzhou, como na maior parte da China, ficava diante do portão oeste.) Quando ele dizia isso, olhava inquiridoramente dentro dos olhos de minha mãe, claramente pedindo uma contradição.

Minha mãe tinha certeza de que, devido ao que ele fizera por eles, os comunistas o poupariam. Embora tudo tivesse sido implícito, ela dizia confiantemente: "Não tenha idéias tão tristes!" ou "Tenho certeza de que isso não acontecerá com você!".

* * *

A posição do Kuomintang continuou a deteriorar-se por todo o fim do verão — e não apenas devido a ações militares. A corrupção causava devastações. A inflação subira à cifra inimaginável de mais de 100 mil por cento no fim de 1947 — e chegaria a 2,8 milhões por cento no fim de 1948, nas áreas do Kuomintang. O preço do sorgo, principal grão existente, aumentava setenta vezes da noite para o dia em Jinzhou. Para a população civil, a situação se tornava mais desesperada a cada dia, à medida que cada vez mais comida ia para o exército, grande parte dela vendida por comandantes locais no mercado negro.

O alto comando do Kuomintang dividia-se em questão de estratégia. Chang Kai-chek recomendava abandonar Mukden, a maior cidade da Manchúria, e concentrar-se na manutenção de Jinzhou, mas não podia impor uma estratégia a seus altos generais. Parecia depositar toda a sua esperança numa maior intervenção americana. O derrotismo impregnava seu estado-maior.

Em setembro, o Kuomintang só mantinha três redutos na Manchúria — Mukden, Changchun (a velha capital da Manchúria, Hsinking) e os quatrocentos e cinqüenta quilômetros de estrada de ferro que as ligavam. Os comunistas cercavam todas as três grandes cidades simultaneamente, e o Kuomintang não sabia de onde viria o ataque principal. Na verdade, seria em Jinzhou, a mais ao sul das três e também a mais estratégica, pois assim que caísse as outras duas deixariam de receber suprimentos. Os comunistas podiam movimentar grande número de tropas sem ser detectados, mas o Kuomintang dependia da estrada de ferro, que vivia sob ataque constante, e, em menor escala, do transporte aéreo.

O ataque a Jinzhou começou a 12 de setembro de 1948. Um diplomata americano, John F. Melby, voando para Mukden, registrou em seu diário a 23 de setembro: "No norte, ao longo do corredor para a Manchúria, a artilharia reduzia sistematicamente a detritos o aeroporto de Chinchow [Jinzhou]". No dia seguinte, 24 de setembro, os comunistas aproximaram-se mais.

Vinte e quatro horas depois Chang Kai-chek ordenou ao general Wei Li-huang que deixasse Mukden com quinze divisões e socorresse Jinzhou. Mas o general Wei vacilou, e a 26 de setembro os comunistas haviam praticamente isolado Jinzhou.

A 1º de outubro o cerco a Jinzhou estava completo. Yixian, cidade natal de minha avó, uns quarenta quilômetros ao norte, caiu naquele dia. Chang Kai-chek, que jamais visitara o nordeste, voou a Mukden para assumir pessoalmente o comando. Ordenou que se lançassem mais sete divisões na batalha de Jinzhou, mas só conseguiu fazer o general Wei deixar Mukden a 9 de outubro, duas semanas após a ordem original — e mesmo assim só com onze divisões. A 6 de outubro, Chang Kai-chek voou para Huludao e ordenou às tropas de lá que fossem aliviar Jinzhou. Algumas obedeceram, mas aos pedaços, e logo foram isoladas e destruídas.

Os comunistas se preparavam para transformar o ataque a Jinzhou num sítio. Yu-wu procurou minha mãe e pediu-lhe que realizasse uma missão crítica: contrabandear detonadores para um dos depósitos de munição — o que abastecia a divisão de Hui-ge. A munição era guardada num pátio grande, de muros encimados por arame farpado tido como eletrificado. Todos que entravam e saíam eram revistados. Os soldados que viviam dentro do conjunto passavam a maior parte do tempo jogando e bebendo. Às vezes introduziam-se prostitutas e os oficiais organizavam um baile numa boate improvisada. Minha mãe disse a Hui-ge que desejava ir dar uma olhada na dança, e ele concordou sem fazer perguntas.

Os detonadores foram entregues à minha mãe no dia seguinte, por um homem que ela jamais vira. Ela os pôs na bolsa e foi de jipe para o arsenal com Hui-ge. Não os revistaram. Quando entraram, ela pediu a Hui-ge que lhe mostrasse o lugar, deixando a bolsa no jipe, como fora instruída. Assim que desaparecessem de vista, agentes clandestinos deviam retirar os detonadores. Minha mãe andava deliberadamente, sem pressa, para dar mais tempo aos homens. Hui-ge teve prazer em aquiescer.

Naquela noite, a cidade foi abalada por uma gigantesca explosão. As detonações se sucediam numa reação em cadeia, e a dinamite e as granadas iluminaram o céu com uma espetacular exibição de fogos de artifício. A rua onde ficava o arsenal ficou em chamas. Janelas despedaçaram-se num raio de cinqüenta metros. Na manhã seguinte, Hui-ge convidou minha mãe à mansão dos Ji. Tinha os olhos cavos e não se barbeara. Obviamente, não pregara os olhos. Cumprimentou-a um pouco mais reservadamente que de hábito.

Após um pesado silêncio, perguntou-lhe se soubera das notícias. A expressão dela deve ter confirmado seus piores receios — que ele ajudara a sabotar sua própria divisão. Ele disse que haveria uma investigação. "Me pergunto se a explosão vai arrancar minha cabeça de cima dos ombros", suspirou, "ou me trazer uma recompensa." Minha mãe, que sentia pena dele, disse tranqüilizadoramente: "Tenho certeza de que você está acima de suspeitas". Com isso, Hui-ge levantou-se e saudou-a de uma maneira formal. "Obrigado por sua promessa!", disse.

A essa altura, a artilharia comunista começara a destroçar a cidade. Quando minha mãe ouviu pela primeira vez o assobio das granadas voando, ficou um pouco assustada. Mas depois, quando o bombardeio se tornou mais pesado, acostumou-se. Virou uma trovoada permanente. Uma espécie de indiferença fatalista amorteceu o medo de muita gente. O sítio também quebrou o rígido ritual manchu do dr. Xia; pela primeira vez toda a família comia junta, homens e mulheres, patrões e empregados. Antes, comiam em nada menos de oito grupos, todos recebendo comidas diferentes. Um dia, quando se sentavam em torno da mesa preparando-se para jantar, uma granada entrou pela janela acima do *kang* onde brincava o filho de Yu-lin, de um ano, e foi parar com um baque debaixo da mesa do jantar. Felizmente, como muitas granadas, não explodiu.

Assim que começou o sítio, não mais se obtinham alimentos, mesmo no mercado negro. Cem milhões de dólares do Kuomintang mal davam para comprar meio quilo de sorgo. Como a maioria das famílias que podiam, minha avó armazenara um pouco de sorgo e soja, e o marido da irmã dela, Lealdade Pei-o, usava suas ligações para arranjar alguns suprimentos extras. Durante o sítio, o jumento da família foi morto por um fragmento de granada, e eles o comeram.

A 8 de outubro, os comunistas puseram quase um quarto de milhão de soldados em posições de ataque. O bombardeio tornou-se muito mais intenso. E também muito preciso. O alto comandante do Kuomintang, general Fan Han-jie, disse que as bombas pareciam segui-lo aonde quer ele que fosse. Muitas posições de artilharia foram destruídas, e as fortalezas do incompleto sistema de defesa sofreram sob fogo pesado, assim como a estrada de ferro e as ligações rodoviárias. As linhas telefônicas e telegráficas foram cortadas, e o sistema de eletricidade entrou em colapso.

A 13 de outubro as defesas externas caíram. Mais de 100 mil soldados do Kuomintang retiraram-se em debandada para o centro da cidade. Nessa noite um bando de uma dúzia de soldados desgrenhados invadiu a casa dos Xia e exigiu comida. Não comiam havia dois dias. O dr. Xia cumprimentou-os cortesmente, e a esposa de Yu-lin se pôs imediatamente a cozinhar uma enorme panela de macarrão de sorgo. Quando ficou pronto, ela o pôs na mesa da cozinha e voltou à sala vizinha para chamar os soldados. Quando tornou a voltar-se, uma granada caiu na panela e explodiu, espalhando macarrão por toda a cozinha. Ela se enfiou debaixo de uma mesa estreita diante do *kang*. Um soldado estava à sua frente, mas ela o agarrou pela perna e puxou-o. Minha avó ficou aterrorizada. "E se ele tivesse se virado e puxado o gatilho?", sibilou, assim que o homem ficou longe do alcance do ouvido.

Até o final do sítio, o bombardeio foi de uma precisão espantosa; poucas casas comuns foram atingidas, mas a população sofreu com os terríveis incêndios produzidos, e não havia água para apagar as chamas. O céu ficou completamente obscurecido pela fumaça grossa, negra, e era impossível ver mais que uns poucos metros à frente, mesmo durante o dia. O barulho da artilharia era ensurdecedor. Minha mãe ouvia pessoas gemendo, mas jamais sabia onde estavam ou o que se passava.

A 14 de outubro, começou a ofensiva final. Novecentas peças de artilharia bombardeavam a cidade sem parar. A maior

141

parte da família escondia-se num abrigo antiaéreo improvisado que cavara junta, mas o dr. Xia recusava-se a deixar a casa. Sentava-se calmamente no *kang*, no canto de seu quarto, junto à janela, e rezava em silêncio a Buda. A certa altura, catorze gatinhos correram para dentro do quarto. Ele ficou feliz: "Um lugar onde um gato tenta se esconder é um lugar de sorte", disse. Nem uma única bala entrou em seu quarto — e todos os gatinhos sobreviveram. A única outra pessoa que não ia para o abrigo era minha bisavó, que simplesmente se enroscava debaixo da mesa de carvalho perto do *kang*, em seu quarto. Quando a batalha acabou, as grossas colchas e cobertores em cima da mesa pareciam uma peneira.

No meio de um bombardeio, o filho de Yu-lin, que estava embaixo no abrigo, quis fazer xixi. A mãe levou-o para fora, e poucos segundos depois o lado do abrigo onde ela estivera sentada desabou. Minha mãe e minha avó tiveram de sair e se abrigar em casa. Minha mãe agachou-se junto ao *kang* na cozinha, mas logo fragmentos de granada começaram a bater no lado de tijolos do *kang* e a casa se pôs a tremer. Ela correu para o quintal. O céu estava negro de fumaça. Balas cruzavam os ares e ricocheteavam por toda parte, espatifando-se contra as paredes; o som parecia de uma chuva grossa pipocando, misturada com gritos e berros.

Nas primeiras horas do dia seguinte, um grupo de soldados do Kuomintang irrompeu pela casa adentro, arrastando consigo uns vinte civis aterrorizados, de todas as idades — os moradores dos três pátios vizinhos. Os soldados estavam quase histéricos. Tinham vindo de um posto de artilharia num templo do outro lado da rua, que acabava de ser bombardeado com precisão absoluta, e gritavam com os civis que um deles devia ter dado a sua posição. Não paravam de berrar que queriam saber quem dera o sinal. Como ninguém falasse, agarraram minha mãe e empurraram-na contra a parede, acusando-a. Minha avó ficou apavorada, e correu a desenterrar algumas peças de ouro e meteu-as nas mãos dos soldados. Ela e o dr. Xia caíram de joelhos e imploraram para que soltassem minha mãe. A esposa de Yu-lin disse que essa foi a única vez em que viu o dr. Xia realmente assustado. Ele implorava com os soldados: "É a minha filhinha. Por favor, acreditem que não foi ela quem fez isso...".

Os soldados aceitaram o ouro e soltaram minha mãe, mas obrigaram todos a entrar num quarto, a ponta de baioneta, e trancaram-nos — para não mandarem mais sinais, disseram. Era uma escuridão de breu dentro do quarto, e muito assustador. Mas logo minha mãe notou que o bombardeio diminuía. O barulho do lado de fora mudou. De mistura com o assobio das balas, ouviam-se sons de granadas de mão explodindo e o choque de baionetas. Vozes berravam: "Deponham as armas, que pouparemos suas vidas!" — e ouviam-se berros de gelar o sangue e gritos de raiva e dor. Depois os tiros e gritos foram se aproximando cada vez mais da casa, e minha mãe ouviu o som de botas batendo nos paralelepípedos, quando os soldados do Kuomintang fugiram pela rua abaixo.

O barulho acabou diminuindo um pouco e os Xia ouviram batidas do lado de fora do portão. O dr. Xia foi cautelosamente até a porta do quarto e abriu-a: os soldados do Kuomintang tinham ido embora. Então ele foi ao portão lateral da casa e perguntou quem era. Uma voz respondeu: "Somos o exército do povo. Viemos libertar vocês". O dr. Xia abriu o portão e vários homens de uniformes folgados entraram rapidamente. Na escuridão, minha mãe viu que usavam toalhas brancas enroladas em torno da manga esquerda, como braçadeiras, e mantinham os fuzis apontados, com as baionetas caladas. "Não tenham medo", disseram. "Não vamos fazer mal a vocês. Somos o exército *de vocês*, o exército do povo." Disseram que queriam revistar a casa em busca de soldados do Kuomintang. Não era um pedido, embora eles pusessem a coisa de modo polido. Os soldados não viraram a casa de pernas para o ar, não pediram comida nem roubaram nada. Após a revista partiram, despedindo-se cortesmente da família.

Só quando os soldados entraram na casa foi que ocorreu a eles que os comunistas tinham de fato tomado a cidade. Minha mãe ficou felicíssima. Dessa vez não se sentiu decepcionada com os uniformes empoeirados e rasgados dos soldados comunistas.

Todo mundo que estivera abrigado na casa dos Xia ansiava por voltar para suas casas e ver se tinham sido danificadas ou saqueadas. Uma casa fora de fato arrasada, e uma mulher grávida que lá ficara morrera.

Pouco depois que os vizinhos saíram, ouviu-se outra batida na porta: meia dúzia de soldados aterrorizados do Kuomintang ali estavam. Fizeram reverências ao dr. Xia e à minha mãe e pediram trajes civis. O dr. Xia teve pena deles e deu-lhes algumas roupas velhas, que eles vestiram apressados por cima dos uniformes, e partiram.

À primeira luz da manhã a esposa de Yu-lin abriu o portão da frente. Vários cadáveres jaziam bem em frente. Ela soltou um berro de terror e correu de volta para casa. Minha mãe ouviu-a berrar e saiu para dar uma olhada. Jaziam cadáveres por toda a rua, muitos deles sem cabeças ou membros, outros com os intestinos esparramados para fora. Alguns não passavam de uma posta sangrenta. Pedaços de carne e braços e pernas pendiam dos postes de telégrafo. Os esgotos a céu aberto estavam entupidos de água sangrenta, carne humana e detritos.

A batalha por Jinzhou tinha sido hercúlea. O ataque final durara trinta e uma horas, e sob muitos aspectos foi a virada da guerra civil. Vinte mil soldados do Kuomintang foram mortos, e 80 mil capturados. Nada menos que dezoito generais caíram prisioneiros, entre eles o supremo comandante das forças do Kuomintang em Jinzhou, o general Fan Han-jie, que tentara escapar disfarçado de civil. Quando os prisioneiros apinhavam as ruas a caminho de campos temporários, minha mãe viu uma amiga com seu marido oficial do Kuomintang, os dois envoltos em cobertores contra o frio da manhã.

Era política comunista não executar qualquer um que depusesse as armas, e tratar bem os prisioneiros. Isso ajudava a conquistar os soldados comuns, a maioria dos quais vinha de famílias camponesas. Os comunistas não tinham campos de prisioneiros. Mantinham apenas oficiais de média e alta patentes, e dispersavam o resto imediatamente. Organizavam assembléias de "desabafo" entre os soldados, nas quais eles eram encorajados a falar de suas duras vidas como camponeses sem terra. A revolução, diziam os comunistas, era apenas para dar terras a eles. Ofereciam aos soldados uma opção: ou iam para casa, caso em que recebiam a passagem, ou podiam ficar com os comunistas e ajudar a varrer o Kuomintang, para que ninguém voltasse a tomar suas terras. A maioria permanecia por vontade própria e juntava-se ao exército comunista. Alguns, naturalmente, não podiam chegar às suas casas com uma guerra em andamento. Mao aprendera com a guerra chinesa antiga que a maneira mais eficaz de conquistar o povo era conquistar seus corações e mentes. A política em relação aos prisioneiros revelou-se um enorme sucesso. Particularmente depois de Jinzhou, um número cada vez maior de soldados do Kuomintang simplesmente se deixava capturar. Mais de 1,75 milhão de soldados do Kuomintang renderam-se e passaram-se para os comunistas durante a guerra civil. No último ano, as baixas em combate representaram menos de vinte por cento de todos os soldados que o Kuomintang perdeu.

Um dos altos comandantes que foram presos tinha consigo a sua filha, em adiantado estado de gravidez. Ele perguntou ao oficial comandante comunista se podia ficar com ela em Jinzhou. O oficial comunista disse que não era conveniente um pai ajudar a filha a ter um bebê, e que ia enviar uma "camarada" para ajudá-la. O oficial do Kuomintang achou que ele só dizia aquilo para fazê-lo seguir. Mais tarde, soube que a filha fora muito bem tratada, e a "camarada" na verdade era a esposa do oficial comunista. A política em relação aos prisioneiros era uma complicada combinação de cálculo político e consideração humanitária, e esse foi um dos fatores cruciais na vitória dos comunistas. Seu objetivo não era apenas esmagar o exército adversário, mas, se possível, provocar sua desintegração. O Kuomintang foi derrotado tanto pela desmoralização quanto pelo poder de fogo.

A primeira prioridade após a batalha foi a limpeza, a maior parte feita pelos soldados comunistas. O pessoal da terra também estava ávido para ajudar, pois queria se livrar o mais rápido possível dos cadáveres e detritos em torno de suas casas. Durante dias, viram-se longos comboios de carroças carregadas de cadáveres e filas de pessoas com cestos nos ombros serpeando para fora da cidade. Quando se pôde circular de novo, minha mãe descobriu que muita gente conhecida tinha morrido; alguns de impactos diretos, outros sepultados sob o entulho quando as casas desabaram.

Na manhã seguinte ao fim do sítio, os comunistas puseram avisos pedindo ao povo da cidade que retomasse a vida normal o mais rápido possível. O dr. Xia pendurou uma tabuleta alegremente enfeitada para mostrar que sua botica estava aberta — e mais tarde foi informado pela administração comunista de que fora o primeiro médico da cidade a fazer isso. A maioria das lojas reabriu a 20 de outubro, embora as ruas ainda não estivessem livres dos cadáveres. Dois dias depois, as escolas reabriram e os escritórios começaram a funcionar no horário normal.

O problema mais importante era a comida. O novo governo exortou os camponeses a vender seus produtos na cidade, e encorajou-os a fazer isso cobrando duas vezes os preços que eles tinham no campo. O preço do sorgo caiu rapidamente, de 200 milhões de dólares do Kuomintang o quilo para 4,4 mil. Um trabalhador comum logo podia comprar dois quilos de sorgo com o que ganhava num dia. O medo da fome diminuiu. Os comunistas distribuíram grão, sal e carvão dos estoques aos pobres. O Kuomintang jamais fizera nada assim, e o povo ficou imensamente impressionado.

Outra coisa que conquistou a boa vontade das pessoas da terra foi a disciplina dos soldados comunistas. Não apenas não houve saques nem estupros, como muitos se esforçavam por mostrar um comportamento exemplar, que contrastava bastante com o das tropas do Kuomintang.

A cidade permaneceu em estado de alerta. Aviões americanos sobrevoavam-na ameaçadoramente. A 23 de outubro, forças consideráveis do Kuomintang tentaram sem sucesso retomar Jinzhou com um movimento de pinças, partindo de Huludao e do nordeste. Com a perda de Jinzhou, os imensos exércitos em torno de Mukden e Changchun renderam-se rapidamente, e a 2 de novembro toda a Manchúria estava nas mãos dos comunistas.

Os comunistas mostraram-se extremamente eficientes na restauração da ordem e na promoção da retomada das atividades econômicas. Os bancos de Jinzhou reabriram as portas a 3 de dezembro, e o fornecimento de eletricidade foi reiniciado no dia seguinte. A 29 de dezembro, um aviso anunciava um novo sistema de administração de rua, com comitês de moradores em lugar dos velhos comitês de quarteirão. Seria a instituição-chave no sistema de administração e controle comunista. No dia seguinte, a água encanada voltou, e no dia 31 foi reaberta a estrada de ferro.

Os comunistas conseguiram até acabar com a inflação, estabelecendo uma taxa favorável para converter o dinheiro sem valor do Kuomintang em moeda "Grande Muralha" comunista.

A partir do momento em que chegaram as forças comunistas, minha mãe ansiava por lançar-se ao trabalho pela revolução. Sentia-se parte da causa comunista. Após alguns dias de espera impaciente, foi procurada por um representante do Partido que lhe marcou um encontro com o homem encarregado do trabalho da juventude em Jinzhou, o camarada Wang Yu.

6. "Para falar de amor"
UM CASAMENTO REVOLUCIONÁRIO (1948-1949)

MINHA MÃE SAIU PARA VER o camarada Wang na manhã de um suave dia de outono, a melhor época do ano em Jinzhou. O calor do verão se fora e o ar começara a esfriar, mas ainda estava quente o suficiente para o uso de roupas de verão. Estavam deliciosamente ausentes o vento e a poeira que infernizam a cidade durante grande parte do ano.

Ela usava um vestido solto tradicional e um lenço de seda branco. Cortara o cabelo curto recentemente, de acordo com a nova moda revolucionária. Quando entrou no pátio da nova sede do governo provincial, viu um homem de pé embaixo de uma árvore, de costas para ela, escovando os dentes junto a um canteiro de flores. Esperou que ele acabasse, e quando ele ergueu a cabeça, ela viu que beirava os trinta anos, e tinha um rosto bem moreno e olhos grandes, cheios de esperança. Viu que, sob o uniforme frouxo, era magro, e achou que parecia um pouco mais baixo que ela. Tinha alguma coisa de sonhador. Ela achou que ele parecia um poeta. "Camarada Wang, eu sou Xia De-hong, da associação dos estudantes", disse. "Estou aqui para relatar nosso trabalho."

"Wang" era o *nom de guerre* do homem que ia tornar-se meu pai. Ele entrara em Jinzhou com os comunistas poucos dias antes. Desde 1945, era comandante com os guerrilheiros da área. Agora era chefe do secretariado e membro do Comitê do Partido Comunista que governava Jinzhou, e logo seria nomeado diretor do Departamento de Assuntos Públicos da cidade, que cuidava da educação, campanha de alfabetização, saúde, imprensa, diversões, esportes, juventude e sondagem da opinião pública. Era um posto importante.

Ele nascera em 1921, em Yibin, na província de Sichuan, no Sudoeste, a quase 2 mil quilômetros de Jinzhou. Yibin, que então tinha uma população de cerca de 30 mil habitantes, fica no ponto onde o rio Min se junta ao rio da Areia Dourada para formar o Yang-tse, o mais longo rio da China. A região em torno de Yibin é uma das áreas mais férteis de Sichuan, que é conhecida como o "Celeiro do Céu", e o clima temperado e nublado de Yibin a torna o lugar ideal para o cultivo do chá. Grande parte do chá preto hoje consumido na Grã-Bretanha vem de lá.

Meu pai era o sétimo de nove filhos. O pai dele trabalhara desde os doze anos como aprendiz para um fabricante de tecidos. Quando ficou adulto, ele e o irmão, que trabalhava na mesma fábrica, decidiram abrir sua própria firma. Dentro de poucos anos, estavam prosperando, e puderam comprar uma casa grande.

Mas o antigo patrão teve inveja de seu sucesso, e entrou com um processo contra eles na justiça, acusando-os de roubar dinheiro dele para abrir seu negócio. O caso durou sete anos, e os irmãos foram obrigados a gastar todos os seus bens tentando inocentar-se. Todo mundo ligado ao tribunal extorquia dinheiro deles, e a ganância das autoridades era insaciável. Meu avô foi jogado na prisão. A única maneira de seu irmão conseguir tirá-lo de lá foi fazer o ex-patrão retirar o processo. Para isso teve de levantar mil peças de prata. Isso os destruiu, e meu tio-avô morreu logo depois, aos trinta e quatro anos, de consumição e exaustão.

Meu avô se viu cuidando de duas famílias, com quinze dependentes. Recomeçou seu negócio, e em fins da década de 1920 começava a prosperar. Mas era a época da luta generalizada entre os caudilhos, todos os quais cobravam impostos. Isso, combinado com os efeitos da Grande Depressão, tornava extremamente difícil dirigir uma fábrica têxtil. Em 1933, meu avô morreu de excesso de trabalho e tensão, aos quarenta e cinco anos. A firma foi vendida para pagar suas dívidas, e a família espalhou-se. Alguns tornaram-se soldados, que era considerado o último recurso; com todas as lutas que havia, era fácil um soldado acabar morto. Outros irmãos e primos arranjaram biscates, e as moças casaram-se o melhor que puderam. Uma das primas de meu pai, que tinha quinze anos e à qual ele era muito apegado, teve de casar-se com um viciado em ópio muitos anos mais velho. Quando a liteira chegou para levá-la, meu pai correu atrás dela, sem saber que jamais ia voltar a vê-la.

Meu pai adorava os livros, e começou a aprender a ler prosa clássica aos três anos, o que era muito excepcional. No ano seguinte à morte de meu avô, teve de deixar a escola. Tinha só treze anos, e odiou ser obrigado a abandonar os estudos. Teve de arranjar um emprego, e assim, no ano seguinte, partiu de Yibin e desceu o Yang-tse até Chongqin, uma cidade muito maior. Arranjou emprego como aprendiz num armazém de secos e molhados, trabalhando doze horas por dia. Uma de suas tarefas era carregar o enorme cachimbo d'água do patrão, enquanto ele percorria a cidade reclinado numa cadeira de bambu transportada nos ombros de dois homens. O único objetivo disso era o patrão ostentar o fato de que podia pagar a um criado para carregar seu cachimbo d'água, que podia facilmente ser posto na cadeira. Ele não jantava, e ia dormir toda noite com cãibras no estômago vazio; vivia obcecado pela fome.

Sua irmã mais velha também morava em Chongqin. Casara-se com um professor primário, e a mãe fora morar com eles depois que o marido morrera. Um dia meu pai estava com tanta fome que entrou na cozinha deles e comeu uma batata-doce fria. Quando a irmã descobriu, caiu em cima dele e gritou: "Já é difícil para mim sustentar nossa mãe. Não posso alimentar um irmão também". Meu pai ficou tão magoado que saiu correndo da casa e jamais voltou.

Pediu ao patrão que lhe desse jantar. O homem não apenas recusou, como começou a ofendê-lo. Furioso, meu pai foi-se embora e voltou a Yibin, onde viveu fazendo biscates como aprendiz numa loja após outra. Enfrentava sofrimento não apenas em sua vida, mas em toda a sua volta. Todo dia, quando se dirigia ao trabalho, passava por um homem vendendo pãezinhos. O homem, que andava arrastando os pés com muita dificuldade, curvado, era cego. Para chamar a atenção dos passantes, cantava uma música muito triste. Toda vez que ouvia essa música, meu pai dizia a si mesmo que a sociedade tinha de mudar.

Começou a buscar uma saída. Sempre se lembrou da primeira vez que ouviu a palavra "comunismo": quando tinha sete anos, em 1928. Brincava perto de casa, quando viu que uma grande multidão se formara num cruzamento próximo. Foi se espremendo até a frente: viu um jovem sentado de pernas cruzadas no chão. Tinha as mãos amarradas às costas; de pé atrás dele, via-se um homem robusto com um enorme montante. O jovem, estranhamente, pôde falar por algum tempo sobre seus ideais e sobre uma coisa chamada comunismo. Depois o carrasco baixou a espada sobre a sua nuca. Meu pai gritou e cobriu os olhos. Ficou abalado até a alma, mas também imensamente impressionado com a coragem e a calma do homem diante da morte.

Na segunda metade da década de 1930, mesmo naquele fim de mundo atrasado que era Yibin, os comunistas começavam a organizar um considerável movimento clandestino. Sua principal plataforma era a resistência aos japoneses. Chang Kai-chek adotara uma política de não-resistência diante da tomada, pelos japoneses, da Manchúria e de áreas cada vez maiores da China propriamente dita, e concentrara-se em aniquilar os comunistas. Estes lançaram um slogan: "Chineses não combatem chineses", e pressionaram Chang Kai-chek para concentrar-se na luta contra o Japão. Em dezembro de 1936, Chang foi seqüestrado por dois de seus próprios generais, um deles o Jovem Marechal, Chang Hsueh-liang, da Manchúria. Foi salvo, em parte, pelos comunistas, que ajudaram a libertá-lo em troca de um acordo sobre uma frente unida contra o Japão. Chang Kai-chek teve de consentir, embora mornamente, pois sabia que isso permitiria aos comunistas sobreviver e desenvolver-se. "Os japoneses são uma doença da pele", dizia, "os comunistas são uma doença do coração." Embora os comunistas e o Kuomintang supostamente fossem aliados, os comunistas ainda tinham de trabalhar na clandestinidade em muitas áreas.

Em 1937, os japoneses iniciaram sua invasão total à China propriamente dita. Meu pai, como muitos outros, sentiu-se horrorizado e desesperado com o que acontecia a seu país. Por essa época começou a trabalhar numa livraria que vendia publicações esquerdistas. Devorava um livro após outro à noite, na loja, onde trabalhava como uma espécie de vigia noturno.

Complementava seus ganhos na livraria com um emprego em um cinema, como "explicador". Muitos dos filmes eram americanos e mudos. Sua tarefa era ficar ao lado da tela e explicar o que acontecia, já que os filmes não eram dublados nem legendados. Também se juntou a um grupo teatral antijaponês, e como era um jovem esbelto e de feições delicadas, fazia papéis femininos.

Meu pai adorava o grupo teatral. Foi por meio dos amigos que fez ali que entrou em contato com a clandestinidade comunista. A posição comunista de combater os japoneses e criar uma sociedade justa incendiou sua imaginação e ele entrou no Partido em 1938, aos dezessete anos. Era uma época em que o Kuomintang se mostrava extremamente vigilante sobre as atividades comunistas em Sichuan. Nanjing, a capital, caíra para os japoneses em dezembro de 1937, e Chang Kai-chek mudara posteriormente seu governo para Chongqin. A mudança precipitou uma enxurrada de atividade policial em Sichuan, e o grupo teatral de meu pai foi desfeito à força. Alguns de seus amigos foram presos. Outros tiveram de fugir. Meu pai sentiu-se frustrado por nada poder fazer pelo seu país.

Poucos anos antes, forças comunistas haviam passado por remotas partes de Sichuan, em sua Longa Marcha de 9 mil quilômetros, que acabara levando-os à cidadezinha de Yan'an, no nordeste. As pessoas do grupo teatral falavam muito de Yan'an como um lugar de *camaraderie*, sem corrupção e eficiente — o sonho de meu pai. No início de 1940, ele partiu em sua própria longa marcha para Yan'an. Primeiro foi para Chongqin, onde um de seus cunhados, oficial no exército de Chang Kai-chek, escreveu uma carta para ajudá-lo a atravessar as áreas ocupadas pelo Kuomintang e passar pelo bloqueio que Chang Kai-chek lançara em torno de Yan'an. A viagem custou-lhe quase quatro meses. Quando ele chegou, já era abril de 1940.

Yan'an ficava no planalto da Terra Amarela, numa parte remota e inculta do noroeste da China. Dominada por um pagode de nove níveis, grande parte da cidade consistia de cavernas abertas nos rochedos amarelos. Meu pai ia fazer dessas cavernas seu lar por mais de cinco anos. Mao Tsé-tung e suas depauperadíssimas forças haviam chegado ali em épocas diferentes entre 1935 e 1936, ao fim da Longa Marcha, e posteriormente a fizera capital de sua república. Yan'an era cercada de território hostil; sua principal vantagem era a distância, que a tornava difícil de atacar.

Após um curto período na escola do Partido, meu pai pediu para entrar numa de suas mais prestigiosas instituições, a Academia de Estudos Marxista-Leninistas. O exame de admissão era muito severo, mas ele tirou o primeiro lugar, como resultado de suas leituras noite adentro no sótão da livraria em Yibin. Os colegas candidatos ficaram espantados. A maioria deles vinha de cidades grandes como Xangai, e olhava-o de cima como meio caipirão. Meu pai se tornou o mais jovem pesquisador da Academia.

Ele adorava Yan'an. Achava as pessoas ali cheias de entusiasmo, otimismo e propósito. Os líderes do Partido viviam simplesmente, como todos os demais, em marcante contraste com as autoridades do Kuomintang. Yan'an não era nenhuma democracia, mas em comparação com o lugar de onde ele vinha, parecia um paraíso de igualdade.

Em 1942, Mao iniciou uma campanha pedindo críticas sobre o modo como tudo era organizado em Yan'an. Um grupo de jovens pesquisadores da Academia, liderados por Wang Shi-wei e incluindo meu pai, pregou cartazes murais criticando os líderes e exigindo mais liberdade e o direito de maior expressão individual. A ação deles causou uma tempestade em Yan'an, e o próprio Mao foi ler os murais.

Mao não gostou do que viu, e transformou sua campanha numa caça às bruxas. Wang Shi-wei foi acusado de trotskista e espião. Ai Si-qi, principal expoente do marxismo na China e um dos líderes da Academia, declarou que meu pai, como a pessoa mais jovem da Academia, tinha "cometido um engano muito ingênuo". Antes o tinha elogiado como "uma mente brilhante e aguçada". Meu pai e seus amigos foram submetidos a críticas ferrenhas e obrigados a fazer autocrítica em intensivas assembléias durante meses. Disseram-lhes que tinham provocado o caos em Yan'an, e enfraquecido a disciplina e unidade do Partido, o que poderia prejudicar a grande causa de salvar a China dos japoneses — e da pobreza e injustiça. Repetidas vezes, os líderes do Partido incutiam neles a necessidade de completa submissão ao Partido, pelo bem da causa.

Fecharam a Academia, e mandaram meu pai ensinar história chinesa antiga a camponeses semi-analfabetos feitos funcionários, na Escola Central do Partido. Mas a provação transformara-o num convertido. Como tantos outros jovens, investira sua vida e sua fé em Yan'an. Não podia deixar-se decepcionar facilmente. Encarou aquele duro tratamento como não apenas justificado, mas até mesmo uma experiência nobre — uma purificação espiritual para a missão de salvar a China. Acreditava que o único meio de fazer isso era com medidas disciplinadas, talvez drásticas, incluindo imenso sacrifício pessoal e total subordinação do ego.

Havia também atividades menos exigentes. Ele percorria a área em volta recolhendo poesia popular, e aprendeu a dançar com graça e elegância em salões de dança ao estilo ocidental, muito populares em Yan'an — muitos dos líderes comunistas, incluindo o futuro primeiro-ministro, Chu En-lai, gostavam. Aos pés das áridas e poeirentas colinas corria o serpeante rio Yan, amarelo-escuro e rico em aluvião, uma das dezenas que se juntam ao majestoso rio Amarelo, e ali meu pai muitas vezes ia nadar; adorava nadar de costas olhando o simples e sólido pagode.

A vida em Yan'an era dura, mas emocionante. Em 1942, Chang Kai-chek apertou o bloqueio. O abastecimento de alimentos, roupas e outras necessidades tornou-se drasticamente escasso. Mao convocou todos a pegar enxadas e rocas e a produzir eles mesmos os bens essenciais. Meu pai tornou-se um excelente fiador.

Ele ficou em Yan'an durante toda a guerra. Apesar do bloqueio, os comunistas fortaleceram seu controle sobre grandes áreas, sobretudo no norte da China, por trás das linhas japonesas. Mao tinha calculado bem: os comunistas conquistaram espaço vital para respirar. No fim da guerra, tinham algum tipo de controle sobre 95 milhões de pessoas, cerca de vinte por cento da população, em dezoito "áreas-base". Igualmente importante, adquiriram experiência para um governo e uma economia em condições difíceis. Isso os punha em boa posição: sua capacidade de organização e seu sistema de controle foram sempre fenomenais.

A 9 de agosto de 1945, as tropas soviéticas varreram o norte da China. Dois dias depois, os comunistas chineses ofereceram-lhes cooperação militar contra os japoneses, mas foram repelidos: Stalin apoiava Chang Kai-chek. Naquele mesmo dia, os comunistas chineses começaram a ordenar que unidades armadas e conselheiros políticos entrassem na Manchúria, que todos compreendiam ia ser de importância crucial.

Um mês após a rendição dos japoneses, meu pai recebeu ordens para deixar Yan'an e dirigir-se a um lugar chamado Chaoyang, no sudoeste da Manchúria, cerca de mil quilômetros a leste, perto da fronteira com a Mongólia Interior.

Em dezembro, após passar dois meses caminhando, meu pai e seu pequeno grupo chegaram a Chaoyang. A maior parte do território era de colinas e montanhas incultas, quase tão pobres quanto Yan'an. A área fazia parte de Manchukuo até três meses antes. Um pequeno grupo de comunistas locais proclamara seu próprio "governo". O movimento clandestino do Kuomintang então fez o mesmo. Forças comunistas lançaram-se de Jinzhou, a cerca de oitenta quilômetros, prenderam o governador do Kuomintang e executaram-no — por "conspirar para derrubar o governo comunista".

O grupo de meu pai assumiu, com a autoridade de Yan'an, e dentro de um mês começou a funcionar uma administração propriamente dita para toda a área de Chaoyang, que tinha uma população de uns 100 mil habitantes. Meu pai tornou-se o subchefe. Um dos primeiros atos do novo governo foi pregar cartazes anunciando suas políticas: libertação de todos os prisioneiros; fechamento de todas as lojas de penhores — os bens empenhados podiam ser recuperados sem quitação; os bordéis seriam fechados e as prostitutas receberiam dos patrões seis meses de salário; todos os depósitos de grãos deveriam ser abertos e os grãos distribuídos aos mais necessitados; toda propriedade pertencente a japoneses e colaboradores seria confiscada; e a indústria e o comércio pertencentes a chineses, protegidos.

Essas políticas foram imensamente populares. Beneficiavam os pobres, que compunham a vasta maioria da população. Chaoyang jamais tivera um governo nem moderadamente bom; fora saqueada por diferentes exércitos no período dos caudilhos, e depois ocupada e dessangrada pelos japoneses por mais de uma década.

Poucas semanas depois de meu pai iniciar seu novo trabalho, Mao emitiu uma ordem a suas forças para que se retirassem de todas as grandes cidades vulneráveis e grandes rotas de comunicação, e recuassem para o campo — "deixar a estrada principal e tomar a terra de ambos os lados" e "cercar a cidade a partir dos campos". A unidade de meu pai retirou-se de Chaoyang para as montanhas. Era uma área quase despida de vegetação, a não ser pelo mato bravo, uma ou outra aveleira e pés de frutas silvestres. A temperatura caía à noite a mais ou menos trinta e cinco graus negativos, com ventos gelados. Qualquer um que fosse surpreendido à noite sem abrigo morria congelado. Comida, praticamente não havia. Depois da emoção de ver a derrota do Japão e a súbita expansão comunista em grandes áreas do noroeste, a aparente vitória destes se transformava em cinzas em poucas semanas. Amontoados em cavernas e cabanas de camponeses pobres, meu pai e seus homens achavam-se num estado de espírito sombrio.

Os comunistas e o Kuomintang manobravam para obter vantagens na preparação para a retomada da guerra civil em grande escala. Chang Kai-chek transferira sua capital de volta a Nanjing, e com ajuda americana transportara um grande número de soldados para o norte da China, emitindo ordens secretas para que ocupassem todos os lugares estratégicos o mais rápido possível. Os americanos enviaram um importante general, George Marshall, à China para tentar convencer Chang a formar um governo de coalizão, tendo os comunistas como parceiros menores. Assinou-se uma trégua a 10 de janeiro de 1946, a vigorar a partir de 13 de janeiro. No dia 14, o Kuomintang entrou em Chaoyang e imediatamente começou a estabelecer uma forte polícia armada local e uma rede de informações, além de armar esquadrões de latifundiários locais. Juntos, montaram uma força de mais de 4 mil homens para aniquilar os comunistas da área. Em fevereiro, meu pai e sua unidade estavam em fuga, retirando-se para um terreno cada vez mais inóspito. A maior parte do tempo, tinham de esconder-se com os camponeses mais pobres. Em abril, não havia mais para onde fugir, e tiveram de dividir-se em grupos menores. A guerra de guerrilha era a única forma de sobreviver. Meu pai acabou instalando sua base num lugar chamado Aldeia das Seis Casas, numa região montanhosa onde nasce o rio Xiaoling, cerca de cem quilômetros a oeste de Jinzhou.

Os guerrilheiros tinham muito poucas armas; precisavam obter a maioria delas da polícia local ou "tomar de empréstimo" às forças dos latifundiários. As outras fontes principais eram ex-membros do exército de Manchukuo e da polícia, aos quais os comunistas faziam apelos particulares, por causa de suas armas e experiência em combate. Na área de meu pai, o principal empenho da política dos comunistas era reduzir o aluguel e os juros dos empréstimos que os camponeses tinham de pagar aos donos da terra. Também confiscavam grãos e roupas dos latifundiários e distribuíam-nos aos camponeses pobres.

A princípio o progresso foi lento, mas em julho, quando o sorgo chegou ao ponto de ser colhido e estava suficientemente alto para escondê-las, as diferentes unidades de guerrilha puderam ir juntas para um encontro na Aldeia das Seis Casas, embaixo de uma árvore enorme que montava guarda ao templo. Meu pai abriu os trabalhos referindo-se à história do Robin Hood chinês, *À beira d'água*. "Este aqui é o nosso 'Salão da Justiça'. Estamos aqui para debater como 'livrar o povo do mal e manter a justiça em nome do Céu'."

A essa altura, os guerrilheiros de meu pai combatiam sobretudo para oeste, e as áreas que tomaram incluíam muitas aldeias habitadas por mongóis. Em novembro de 1946, quando se aproximava o inverno, o Kuomintang acelerou seus ataques. Um dia meu pai quase foi capturado numa emboscada. Após uma feroz fuzilaria, escapou por pouco. Saiu com as roupas em frangalhos e o pênis balançando fora das calças, para diversão de seus camaradas.

Raramente dormiam no mesmo lugar duas noites seguidas, e muitas vezes tinham de mudar-se várias vezes por noite. Jamais podiam tirar a roupa para dormir, e sua vida era uma sucessão ininterrupta de emboscadas, cercos e furos de cercos. Havia várias mulheres na unidade, e meu pai decidiu transferi-las, com os feridos e incapacitados, para uma área mais segura ao sul, perto da Grande Muralha. Isso implicava uma longa e arriscada viagem por áreas dominadas pelo Kuomintang. Qualquer ruído poderia ser fatal, por isso meu pai ordenou que os bebês fossem deixados para trás com camponeses locais. Uma mulher não conseguiu abandonar o filho, e no fim meu pai lhe disse que tinha de escolher entre deixar o bebê para trás ou ir à corte marcial. Ela deixou o bebê.

Nos meses seguintes, a unidade de meu pai deslocou-se para leste, rumo a Jinzhou e à estratégica estrada de ferro que ligava a Manchúria à China propriamente dita. Lutaram nos morros a oeste de Jinzhou antes da chegada do exército regular comunista. O Kuomintang lançou várias e mal-sucedidas "campanhas de aniquilamento" contra eles. As ações da unidade começaram a ter impacto. Meu pai, com vinte e cinco anos, era tão conhecido que havia um prêmio por sua cabeça e cartazes de "Procura-se" espalhados por toda a área de Jinzhou. Minha mãe viu esses cartazes, e começou a ouvir falar muito dele e seus guerrilheiros, por seus parentes do serviço de informação do Kuomintang.

Quando a unidade de meu pai foi forçada a retirar-se, as forças do Kuomintang retornaram e tomaram de volta dos camponeses a comida e a roupa que os comunistas haviam confiscado dos latifundiários. Em muitos casos, torturaram-se camponeses, e alguns foram mortos, sobretudo os que tinham devorado a comida — o que muitas vezes faziam, pois estavam morrendo de fome — e não puderam devolvê-la.

Na Aldeia das Seis Casas, o homem que era dono da maior parte da terra, um certo Jin Ting-quan, fora também o chefe de polícia, e estuprara brutalmente muitas mulheres locais. Fugira com o Kuomintang, e meu pai presidira a assembléia que abrira sua casa e seu depósito de grãos. Quando Jin voltou com o Kuomintang, os camponeses foram obrigados a rastejar diante dele e devolver todos os bens que os comunistas lhes tinham dado. Todos que haviam avançado sobre a comida foram torturados, e suas casas arrasadas. Um homem que se recusou a prostrar-se e devolver a comida foi queimado vivo.

Na primavera de 1947, a maré começou a virar, e em março o grupo de meu pai conseguiu retomar a cidade de Chaoyang. Em breve, toda a área em volta estava nas mãos deles. Para comemorar sua vitória, deu-se um banquete, seguido de diversão. Meu pai era brilhante na invenção de charadas com os nomes das pessoas, o que fazia dele um grande sucesso entre os camaradas.

Os comunistas fizeram uma reforma agrária, confiscando terras que até então pertenciam a um pequeno número de latifundiários e redistribuindo-as igualmente entre os camponeses. Na Aldeia das Seis Casas, os camponeses a princípio se recusaram a aceitar a terra de Jin Ting-quan, mesmo ele já estando preso. Embora estivesse sob guarda, curvavam-se e faziam rapapés diante dele. Meu pai visitou muitas famílias camponesas e aos poucos foi descobrindo a horrível verdade sobre Jin. O governo de Chaoyang condenou Jin à morte por fuzilamento, mas a família do homem que tinha sido queimado vivo, com o apoio das de outras vítimas, decidiu matá-lo do mesmo jeito. Quando as chamas começaram a lamber seu corpo, Jin trincou os dentes e não emitiu nem um gemido até o momento em que o fogo cercou seu coração. As autoridades comunistas enviadas para efetuar a execução não impediram os aldeões de fazerem isso. Embora os comunistas se opusessem à tortura em teoria e em princípio, disseram às autoridades que não deviam intervir se os camponeses quisessem extravasar sua ira em atos passionais de vingança.

Pessoas como Jin não eram só latifundiários comuns, mas tinham tido poder absoluto e arbitrário, a que se entregavam com gosto, sobre as vidas da população local. Eram chamados de *e-ba* ("déspotas ferozes").

Em algumas áreas, as execuções estenderam-se aos donos de terra comuns, chamados de "pedras" — obstáculos à revolução. A política para as "pedras" era: "Na dúvida, matem". Meu pai achava isso errado e disse a seus subordinados, e ao povo em assembléias públicas, que só aqueles que inquestionavelmente tinham sangue nas mãos deviam ser sentenciados à morte. Em seus relatórios aos superiores, repetidas vezes disse que o Partido devia ter cuidado com vidas humanas, e que o excesso de execuções só iria prejudicar a revolução. Em parte porque muita gente como meu pai falava o que pensava, em fevereiro de 1948 a liderança comunista emitiu urgentes instruções para deter os excessos de violência.

O tempo todo, as principais forças do exército comunista chegavam mais perto. No início de 1948, os guerrilheiros de meu pai se juntaram ao exército regular. Encarregaram-no de um sistema de coleta de informações cobrindo a área de Jinzhou-Huludao; sua tarefa era acompanhar a disposição das forças do Kuomintang e controlar a situação de seus alimentos. Grande parte da informação vinha de agentes dentro do Kuomintang, incluindo Yu-wu. Por esses relatórios, ele soube pela primeira vez da existência de minha mãe.

O homem magro e de ar sonhador que minha mãe viu escovando os dentes no pátio, naquela manhã de outubro, era conhecido entre seus irmãos guerrilheiros pela meticulosidade. Escovava os dentes todo dia, o que era uma novidade para os outros guerrilheiros e os camponeses nas aldeias pelas quais passara combatendo. Ao contrário de todos os demais, que simplesmente assoavam o nariz no chão, usava um lenço, que lavava sempre que possível. Jamais mergulhava a toalha de rosto na bacia como os outros soldados, pois havia muitas doenças de olhos. Também era conhecido como estudioso e livresco, e sempre trazia consigo alguns volumes de poesia clássica.

Quando vira os primeiros cartazes de "Procura-se", e ouvira os parentes falarem daquele "bandido" perigoso, minha mãe sabia que eles o admiravam tanto quanto o temiam. Agora sentia-se bastante decepcionada porque o lendário guerrilheiro não parecia um guerreiro de modo algum.

Meu pai também sabia da coragem dela, e, mais incomum, o fato de que ela, uma moça de dezessete anos, dava ordens a homens. Uma mulher admirável e emancipada, pensou, embora a tivesse imaginado como um dragão feroz. Para seu prazer, achou-a bonita e feminina, e até meio namoradeira. Ela falava macio e era persuasiva, e também, coisa rara na China, exata. Essa era uma qualidade extremamente importante para ele, que odiava a maneira tradicional de falar, floreada, irresponsável e vaga.

Ela notou que ele ria muito, e tinha brilhantes dentes brancos, ao contrário da maioria dos guerrilheiros, de dentes muitas vezes pardos e podres. Também se sentiu atraída pela conversa dele. Pareceu-lhe culto e experiente — decididamente não o tipo de homem que confunde Flaubert com Maupassant.

Quando minha mãe lhe disse que ali estava para fazer um relatório do trabalho de seu sindicato estudantil, ele perguntou que livros eles liam. Minha mãe forneceu-lhe uma lista e perguntou-lhe se ele podia fazer algumas conferências sobre filosofia e história marxistas. Ele concordou e perguntou-lhe quantas pessoas havia na escola. Ela lhe deu prontamente o número exato. Então ele perguntou qual proporção deles apoiava os comunistas; de novo ela mencionou uma estimativa cuidadosa.

Poucos dias depois ele apareceu para iniciar seu ciclo de conferências. Também orientou os alunos na leitura das obras de Mao e explicou algumas teorias básicas do líder. Era um excelente orador, e as moças, inclusive minha mãe, foram conquistadas.

Um dia, ele disse às estudantes que o Partido estava organizando uma viagem para Harbin, capital temporária dos comunistas, no norte da Manchúria. Harbin fora em grande parte construída pelos russos, e era conhecida como "a Paris do Oriente", por causa de seus largos bulevares, prédios enfeitados, lojas elegantes e cafés em estilo europeu. A viagem era apresentada como uma excursão turística, mas o verdadeiro motivo era que o Partido estava preocupado, porque o Kuomintang ia tentar retomar

Jinzhou, e queria tirar professores e estudantes pró-comunistas, além da elite profissional, como os médicos, caso a cidade fosse reocupada — mas não queria disparar alarmes dizendo isso. Minha mãe e várias amigas suas estavam entre as cento e setenta pessoas escolhidas para ir.

Em fins de novembro, minha mãe partiu de trem para o norte, num estado de grande excitação. Foi numa Harbin coberta de neve, com seus prédios românticos e sua atmosfera russa de demorada meditação e poesia, que meus pais se apaixonaram. Ele escreveu alguns belos poemas para ela ali. Não apenas tinham um estilo clássico muito elegante, o que já era um feito considerável, como ela descobriu que ele era um bom calígrafo, o que o elevou ainda mais em sua estima.

Na véspera do Ano-Novo, ele convidou minha mãe e uma amiga dela a seus aposentos. Estava vivendo num velho hotel russo, que parecia saído de um conto de fadas, com um teto de cores vívidas, torreões cheios de enfeites e delicados ornamentos de gesso em torno das janelas e na varanda. Quando minha mãe entrou, viu uma garrafa em cima de uma mesa rococó; tinha letras estrangeiras no rótulo — champanhe. Meu pai na verdade jamais bebera champanhe antes; só lera a respeito em livros estrangeiros.

A essa altura era bastante sabido entre as colegas estudantes de minha mãe que os dois estavam apaixonados. Ela, sendo líder estudantil, muitas vezes ia fazer longos relatórios a ele, e notaram que só voltava nas primeiras horas da manhã. Ele tinha várias outras admiradoras, incluindo a amiga que estava com minha mãe naquela noite, mas ela podia ver pelo jeito de ele olhar para minha mãe, suas observações provocadoras e a maneira como os dois aproveitavam toda oportunidade para estar fisicamente juntos, que ele estava apaixonado por ela. Quando a amiga saiu, perto da meia-noite, sabia que minha mãe ia ficar. Meu pai encontrou um bilhete embaixo da garrafa de champanhe vazia: "Ai de mim! Não terei mais motivo para beber champanhe! Espero que a garrafa esteja sempre cheia para vocês!".

Naquela noite, meu pai perguntou à minha mãe se tinha compromisso com outro. Ela falou-lhe de suas relações anteriores, e disse que o único homem a quem realmente amara fora seu primo Hu, mas ele fora executado pelo Kuomintang. Então, de acordo com o novo código moral comunista, que, em radical rompimento com o passado, afirmava que homens e mulheres deviam ser iguais, ele lhe falou de suas relações anteriores. Disse que estivera apaixonado por uma mulher em Yibin, mas isso acabara quando partira para Yan'an. Tinha tido algumas namoradas em Yan'an, e em seus dias de guerrilha, mas a guerra tornava impossível sequer pensar em casamento. Uma de suas ex-namoradas iria casar-se com Chen Boda, o diretor da seção de meu pai na Academia em Yan'an, que depois teria enorme poder como secretário de Mao.

Após ouvirem as histórias francas das vidas passadas um do outro, ele disse que ia escrever ao Comitê Municipal do Partido em Jinzhou pedindo permissão para "falar de amor" (*tan-nian-ai*) com minha mãe, com vistas a um casamento. Era o procedimento obrigatório. Minha mãe supunha que era um pouco como pedir permissão ao chefe da família, e de fato era exatamente isto: o Partido Comunista era o novo patriarca. Naquela noite, após a conversa, minha mãe recebeu seu primeiro presente de meu pai, um romance romântico russo intitulado *É só amor*.

No dia seguinte, ela escreveu para casa dizendo que conhecera um homem do qual gostara muito. A reação imediata de sua mãe e do dr. Xia não foi de entusiasmo, mas de preocupação, porque meu pai era uma autoridade, e as autoridades sempre tinham tido má fama entre os chineses comuns. Além de seus outros vícios, o poder arbitrário delas significava que não se esperava que tratassem as mulheres com decência. A suposição imediata de minha avó foi de que meu pai já era casado e queria minha mãe como concubina. Afinal, já passara bastante da idade de casar, para um homem da Manchúria.

Após cerca de um mês, julgou-se seguro o grupo de Harbin retornar a Jinzhou. O Partido disse a meu pai que ele tinha permissão para "falar de amor" com minha mãe. Dois outros homens também haviam se candidatado, mas seus pedidos chegaram tarde demais. Um deles fora Liang, que tinha sido controlador dela na clandestinidade. Em sua decepção, ele pediu para ser transferido de Jinzhou. Nem ele nem o outro tinham dito uma palavra sobre suas intenções à minha mãe.

Meu pai voltou e soube que fora nomeado diretor do Departamento de Assuntos Públicos de Jinzhou. Poucos dias depois, minha mãe levou-o à sua casa para apresentá-lo à família. Assim que ele passou pela porta, minha avó deu-lhe as costas, e quando ele tentou saudá-la, ela recusou-se a responder-lhe. Meu pai era escuro e muitíssimo magro — resultado das provações por que passara nos dias da guerrilha, e minha avó estava convencida de que ele tinha muito mais de quarenta anos, e por conseguinte era impossível já não estar casado. O dr. Xia tratou-o com polidez, mas formal.

Meu pai não se demorou muito. Quando saiu, minha avó estava banhada em lágrimas. Nenhuma autoridade podia prestar, exclamava. Mas o dr. Xia já compreendera, pelo conhecimento de meu pai e as explicações de minha mãe, que os comunistas exerciam tal controle sobre o seu pessoal que uma autoridade como meu pai não poderia trapacear. Minha avó só ficou meio tranqüilizada: "Mas ele é de Sichuan. Como poderiam os comunistas descobrir, se ele vem de tão longe?".

Manteve sua barragem de dúvidas e críticas, mas o resto da família gostou de meu pai. O dr. Xia se deu muito bem com ele, e os dois conversavam durante horas. Yu-lin e sua esposa também gostavam muito dele. A esposa de Yu-lin vinha de uma família muito pobre. Sua mãe fora forçada a um casamento infeliz, depois que o avô a apostara num jogo de baralho e perdera. O irmão fora apanhado numa batida pelos japoneses e tivera de cumprir três anos de trabalhos forçados, que destruíram seu corpo.

A partir do dia em que se casou com Yu-lin, tinha de levantar-se às três horas da manhã todo dia, para começar a preparar as várias refeições exigidas pela complicada tradição manchu. Minha avó dirigia a casa e, embora em teoria fossem membros da mesma geração, a esposa de Yu-lin sentia que era a inferior, porque ela e Yu-lin dependiam dos Xia. Meu pai foi a primeira pessoa que fez questão de tratá-la como igual, o que na China se considerava um rompimento com o passado, e várias vezes deu ao casal ingressos para o cinema, o que para eles era um grande presente. Ele foi a primeira autoridade que eles conheceram que não se dava ares, e a esposa de Yu-lin sem dúvida achava que os comunistas eram um grande progresso.

Menos de dois meses depois de retornar de Harbin, minha mãe e meu pai entraram com sua solicitação. O casamento era tradicionalmente um contrato entre famílias, e jamais houvera registro civil ou certidão de casamento. Agora, para os que se haviam "juntado à revolução", o Partido funcionava como o chefe da família. Os critérios desse chefe eram "28-7-regimento-1" — o que significava que o homem tinha de ter pelo menos vinte e oito anos, ser membro do Partido por pelo menos sete, e com uma patente equivalente à de comandante de regimento; o "1" se referia à única qualificação que a mulher tinha de ter, ter trabalhado para o Partido por um mínimo de um ano. Meu pai tinha vinte e oito anos segundo a maneira chinesa de contar a idade (um ano de idade ao nascer), era membro do Partido havia mais de dez anos e tinha uma posição equivalente à de subcomandante de divisão. Embora minha mãe não fosse membro do Partido, seu trabalho para o movimento clandestino foi aceito como satisfazendo o critério "1", e desde que voltara de Harbin vinha trabalhando em tempo integral para uma organização chamada Federação das Mulheres, que cuidava de questões femininas: supervisionava a libertação de concubinas e o fechamento de bordéis, mobilizava mulheres para fabricar sapatos para o exército, organizava a educação e o emprego delas, informava-as de seus direitos e ajudava a assegurar que as mulheres não estavam se casando contra sua vontade.

A Federação das Mulheres era agora a "unidade de trabalho" (*dan-wei*) de minha mãe, uma instituição inteiramente sob o controle do Partido, à qual todo mundo das áreas urbanas tinha de pertencer e que regulava praticamente cada aspecto da vida do empregado, como um exército. Minha mãe devia morar nas instalações da Federação, e obter sua permissão para casar-se. A Federação deixou isso aos cuidados da unidade de trabalho de meu pai, já que ele era uma autoridade superior. O Comitê Municipal do Partido em Jinzhou deu rapidamente sua permissão por escrito, mas devido à posição de meu pai, também tinha de vir uma liberação do Comitê do Partido para a província de Liaoning ocidental. Supondo que não houvesse problemas, meus pais marcaram a data do casamento para 4 de maio, décimo oitavo aniversário de minha mãe.

Nesse dia, minha mãe enrolou seu colchão e suas roupas e preparou-se para mudar-se para os aposentos de meu pai. Usava seu vestido branco favorito e um lenço de seda branca. Minha avó ficou horrorizada. Era inaudito a noiva caminhar até a casa do noivo. O homem tinha de arranjar uma liteira para transportá-la. Para a mulher, andar era um sinal de que ela não valia nada e o homem na verdade não a queria. "Quem está ligando para isso hoje?", disse minha mãe, enrolando o colchão. Mas minha avó ficou mais consternada com a idéia de que a filha não ia ter um magnífico casamento tradicional. Desde o momento que uma menina nascia, a mãe começava a separar coisas para o seu dote. Seguindo o costume, o *trousseau* de minha mãe continha uma dúzia de colchas e travesseiros forrados de cetim, com patos mandarim bordados, além de cortinas e uma sanefa enfeitada para a cama de quatro colunas. Mas minha mãe encarava uma cerimônia tradicional como ultrapassada e redundante. Ela e meu pai queriam ver-se livres de rituais desse tipo, que julgavam nada ter com seus sentimentos. O amor era a única coisa que importava para os dois revolucionários.

Minha mãe foi andando, levando seu colchão, para os aposentos de meu pai. Como todas as autoridades, ele morava no prédio onde trabalhava, o Comitê Municipal do Partido; os empregados eram instalados em filas de bangalôs com portas corrediças, situados em torno de um grande pátio. Quando anoiteceu, e eles estavam prontos para ir para a cama, minha mãe se ajoelhava para tirar os chinelos de meu pai, quando se ouviu uma batida na porta. Um homem, ali parado, entregou a meu pai uma mensagem do Comitê Provincial do Partido. Dizia que eles não podiam se casar ainda. Só o franzir de lábios de minha mãe mostrou sua insatisfação. Ela simplesmente curvou a cabeça, recolhendo em silêncio o colchão, e foi-se embora com um simples "Até logo". Não houve lágrimas, cenas, e nem mesmo qualquer raiva visível. O momento ficou indelevelmente gravado na mente de meu pai. Quando eu era criança, ele dizia: "Sua mãe foi tão graciosa!". Depois, brincando: "Como os tempos mudaram! Você não se parece com sua mãe! Não faria uma coisa dessas — se ajoelhar para tirar os sapatos de um homem!".

O que causara a demora era que o Comitê Provincial tinha suspeitas de minha mãe, devido às suas ligações de família. Interrogaram-na minuciosamente sobre como a família viera a ter relações com o serviço de informação do Kuomintang. Disseram-lhe para ser absolutamente sincera. Era como prestar depoimento num tribunal.

Ela também teve de explicar como cada um dos oficiais do Kuomintang tinham pedido sua mão, e porque era tão amiga de membros da Liga Juvenil do Kuomintang. Observou que seus amigos eram os mais antijaponeses e as pessoas de maior consciência social; e que quando o Kuomintang chegara a Jinzhou em 1946, eles o tinham visto como o governo da China. Ela própria bem poderia ter se juntado a eles, mas aos catorze anos era jovem demais. Na verdade, a maioria de seus amigos logo se passara para os comunistas.

O Partido dividiu-se: o Comitê Municipal era de opinião que os amigos de minha mãe tinham agido por motivos patrióticos; mas alguns dos líderes provinciais os tratavam com uma suspeita condicional. Pediram à minha mãe que "traçasse uma linha" entre ela e os amigos. "Traçar uma linha" entre pessoas era um mecanismo-chave introduzido pelos comunistas para aumentar a distância entre os que estavam "dentro" e os que estavam "fora". Nada, nem mesmo as relações pessoais, era deixado ao acaso, ou solto. Se queria casar-se, tinha de deixar de ver os amigos.

Mas o mais doloroso para minha mãe foi o que aconteceu com Hui-ge, o jovem coronel do Kuomintang. Assim que acabou o sítio, após a euforia inicial dela com a vitória dos comunistas, seu maior impulso fora ver se ele estava bem. Saíra correndo pelas ruas ensangüentadas até a mansão dos Ji. Nada havia lá — nem rua, nem casas, só um gigantesco monte de escombros. Hui-ge desaparecera.

Na primavera, quando se preparava para casar-se, descobriu que ele estava vivo, prisioneiro — e em Jinzhou. Na época do sítio conseguira escapar para o sul e acabara em Tianjin: quando os comunistas tomaram aquela cidade, em janeiro de 1940, foi capturado e trazido de volta.

Hui-ge não era encarado como um prisioneiro de guerra comum. Como sua família tinha influência em Jinzhou, foi enquadrado na categoria das "serpentes em seus velhos covis", ou seja, poderosas figuras locais estabelecidas. Eram especialmente perigosos para os comunistas porque contavam com a lealdade da população local, e suas tendências anticomunistas representavam uma ameaça para o novo regime.

Minha mãe confiava em que Hui-ge seria bem tratado, depois que soubessem o que ele tinha feito, e pôs-se imediatamente a interceder em seu favor. Como era o procedimento, teve de falar primeiro com o chefe imediato de sua unidade, a Federação das Mulheres, que encaminhou o apelo a uma autoridade superior. Minha mãe não sabia quem tinha a palavra final. Foi a Yu-wu, que conhecia, e na verdade tinha instruído, o contato dela com Hui-ge, e pediu-lhe que desse garantias pelo coronel. Yu-wu escreveu um comunicado descrevendo o que Hui-ge tinha feito, mas acrescentou que talvez tivesse agido por amor à minha mãe, e talvez nem soubesse que ajudava aos comunistas, por estar cego pelo amor.

Minha mãe procurou outro líder clandestino que sabia o que o coronel tinha feito. Também ele se recusou a dizer que Hui-ge ajudara aos comunistas. Na verdade, não estava disposto a falar do papel do coronel em fazer as informações chegarem aos comunistas, para poder ficar com todo o crédito. Minha mãe disse que ela e o coronel não eram namorados, mas não pôde apresentar prova alguma. Citou os pedidos e promessas velados trocados entre os dois, mas isso foi encarado apenas como prova de que o coronel tentava comprar "segurança", coisa com a qual o Partido era particularmente cauteloso.

Tudo isso se passava na época em que minha mãe e meu pai se preparavam para casar-se, e lançou uma sombra escura sobre o relacionamento deles. Contudo, meu pai simpatizava com o dilema de minha mãe, e achava que Hui-ge devia ser tratado com justiça. Não deixou o fato de minha avó ter favorecido o coronel como futuro genro influenciar seu julgamento.

Duas semanas depois, chegou finalmente a permissão para tocarem o casamento. Minha mãe estava numa assembléia da Federação das Mulheres quando alguém entrou e enfiou uma nota em sua mão. Era do chefe do Partido na cidade, Lin Xiao-xia, sobrinho do general que comandara as forças comunistas na Manchúria, Lin Piao. Estava em versos, e dizia simplesmente: "As autoridades provinciais deram o sinal verde. Você não vai querer ficar presa numa assembléia. Venha logo e se case!".

Minha mãe tentou aparentar calma quando se adiantou e entregou a nota à mulher que presidia a assembléia, que balançou a cabeça autorizando-a a sair. Ela foi correndo até o quartel-general de meu pai, ainda usando o "terno Lenin" azul, um uniforme dos funcionários públicos, com um jaquetão enfiado nas calças frouxas. Quando abriu a porta, viu Lin Xiao-xia e os outros líderes do Partido com seus guarda-costas, que acabavam de chegar. Meu pai disse que tinham mandado uma carruagem buscar o dr. Xia. Lin perguntou: "E sua sogra?". Meu pai não respondeu: "Isso não está certo", disse Lin, e mandou que uma carruagem fosse buscá-la. Minha mãe ficou muito magoada, mas atribuiu a ação de meu pai à sua antipatia pelas ligações de minha avó com o serviço de informação do Kuomintang. Contudo, ela pensava, aquilo era culpa de sua mãe? Não lhe ocorreu que a atitude de meu pai podia ser uma reação à maneira como minha avó o tinha tratado.

Não houve nenhum tipo de cerimônia nupcial, só uma pequena reunião. O dr. Xia veio parabenizar o casal. Todos se sentaram por algum tempo para comer caranguejos frescos, que o Comitê Provincial oferecera como presente especial. Os comunistas tentavam instituir uma visão frugal dos casamentos, que tradicionalmente eram ocasiões de grandes despesas, muito desproporcionais ao que as pessoas podiam gastar. Não era incomum famílias irem à falência para realizar um casamento pródigo. Meus pais tiveram tâmaras e amendoins, que eram servidos nos casamentos em Yan'an, e frutas secas chamadas *longan*, que tradicionalmente simbolizam uma união feliz e filhos. Após um breve tempo, o dr. Xia e a maioria dos convidados se foram. Um grupo da Federação das Mulheres apareceu depois, após o fim da reunião.

O dr. Xia e minha avó não tinham tido a menor idéia do casamento, nem o cocheiro da primeira carruagem lhes dissera. Minha avó só soube que a filha ia casar-se quando chegou a segunda carruagem. Quando ela subiu às pressas a trilha de acesso a casa e foi vista pela janela, as mulheres da Federação puseram-se a cochichar e saíram correndo pela porta dos fundos. Meu pai também saiu. Minha mãe ficou à beira das lágrimas. Sabia que as mulheres de seu grupo desprezavam minha avó não só por suas ligações com o Kuomintang, mas também porque fora concubina. Longe de emancipadas nessas questões, muitas comunistas incultas, de origem camponesa, mantinham-se firmes em seus costumes tradicionais. Para elas, nenhuma boa moça teria se tornado concubina — mesmo os comunistas tendo estipulado que a concubina gozava do mesmo status da esposa, e podia dissolver o "casamento" unilateralmente. Aquelas mulheres da Federação eram as mesmas que se esperava que implementassem as políticas de emancipação do Partido.

Minha mãe disfarçou, dizendo à minha avó que o noivo tivera de voltar ao trabalho: "Não é costume comunista dar às pessoas folga para o casamento. Na verdade, eu mesma vou voltar ao trabalho". Minha avó achou que a maneira casual como os comunistas tratavam uma coisa séria como o casamento era absolutamente extraordinária, mas eles tinham quebrado tantas regras relativas aos valores tradicionais que talvez aquela fosse apenas mais uma.

Na época, uma das tarefas de minha mãe era ensinar a ler e escrever às mulheres na fábrica de tecidos onde havia trabalhado sob os japoneses, e informá-las da igualdade das mulheres com os homens. A fábrica ainda era de propriedade privada, e um dos capatazes ainda batia nas empregadas sempre que cismava. Minha mãe tomou medidas para que fosse demitido, e ajudou as trabalhadoras a elegerem sua própria capataz. Mas qualquer crédito que tivesse obtido por isso foi obscurecido pelo descontentamento da Federação com outro assunto.

Uma das grandes tarefas da Federação das Mulheres era fabricar sapatos de algodão para o exército. Minha mãe não sabia fazer sapatos, e por isso pôs a mãe e as tias para fazê-los. Elas tinham sido criadas fazendo enfeitados sapatos bordados, e minha mãe toda orgulhosa apresentou à Federação das Mulheres um grande número de sapatos lindamente feitos, excedendo em muito a sua cota. Para sua surpresa, em vez de ser elogiada por sua engenhosidade, repreenderam-na como a uma criança. As camponesas da Federação não podiam conceber que houvesse uma mulher na face da terra que não soubesse fazer sapatos. Era como dizer que alguém não sabia comer. Ela foi criticada nas assembléias da Federação por sua "decadência burguesa".

Minha mãe não se dava bem com algumas de suas chefes na Federação das Mulheres. Eram camponesas mais velhas, conservadoras, que tinham mourejado durante anos com as guerrilhas, e ressentiam-se das moças bonitas e educadas da cidade como minha mãe, que atraíam imediatamente os homens comunistas. Minha mãe pedira para entrar no Partido, mas elas disseram que ela não era digna.

Toda vez que ela voltava para casa, via-se criticada. Era acusada de "demasiado ligada à família", o que era condenado como um "hábito burguês", e tinha de ver cada vez menos sua mãe.

Na época, havia uma regra tácita de que nenhum revolucionário podia passar a noite fora do escritório, a não ser nos sábados. O lugar determinado para minha mãe dormir era na Federação das Mulheres, que ficava separada dos alojamentos de meu pai por um baixo muro de barro. À noite ela saltava o muro e atravessava correndo um jardinzinho até o quarto dele, voltando ao seu antes do amanhecer. Logo foi descoberta, e com meu pai foi criticada em assembléias do Partido. Os comunistas tinham entrado numa reorganização radical não só das instituições, mas da vida das pessoas, sobretudo daquelas que se haviam "unido à revolução". A idéia era de que tudo que fosse pessoal era político; na verdade, dali em diante não se esperava que nada fosse encarado como "pessoal" ou privado. A mesquinhez era endossada com o rótulo de "política", e as assembléias tornaram-se o fórum através do qual os comunistas canalizavam tudo que é tipo de animosidade.

Meu pai teve de fazer uma autocrítica verbal, e minha mãe uma escrita. Disseram que ela tinha "posto o amor em primeiro lugar", quando a revolução é que devia ter a prioridade. Ela se sentiu muito injustiçada. Que mal poderia fazer à revolução se passasse a noite com o marido? Podia entender a razão dessa regra nos dias da guerrilha, mas não agora. Não queria escrever uma autocrítica, e disse isso a meu pai. Para sua consternação, ele a advertiu dizendo: "A revolução não foi ganha. A guerra continua. Nós violamos as regras, e devemos admitir os erros. Uma revolução precisa de uma disciplina de aço. Você tem de obedecer ao Partido, mesmo que não o entenda nem concorde com ele".

Pouco depois disso, a tragédia se abateu de repente. Um poeta chamado Bian, que estivera na delegação a Harbin e se tornara um grande amigo de minha mãe, tentou matar-se. Bian era seguidor da escola de poesia Lua Nova, que tinha como um de seus destacados expoentes Hu Shi, que se tornara embaixador do Kuomintang nos Estados Unidos. A escola concentrava-se na estética e na forma, e era particularmente influenciada por Keats. Bian juntara-se aos comunistas durante a guerra, mas depois descobrira que sua poesia era vista como em desarmonia com a revolução, que queria propaganda, não auto-expressão. Ele aceitou isso com uma parte de sua mente, mas também ficou muito dividido e deprimido. Passou a achar que jamais poderia voltar a escrever, e no entanto, dizia, não podia viver sem sua poesia.

Sua tentativa de suicídio chocou o Partido. Ficava mal para sua imagem as pessoas pensarem que alguém se sentisse tão desiludido com a Libertação que tentasse matar-se. Bian trabalhava em Jinzhou na escola para funcionários do Partido, muitos dos quais eram analfabetos. A organização do Partido na escola fez uma investigação e chegou à conclusão de que Bian tentara matar-se por um amor não correspondido — por minha mãe. Em suas assembléias de críticas, a Federação das Mulheres sugeriu que minha mãe alimentara as esperanças de Bian e depois lhe dera o fora por um peixe maior, meu pai. Ela ficou furiosa, e exigiu ver a prova da acusação. Claro, nenhuma foi apresentada.

Nesse caso, meu pai ficou do lado de minha mãe. Sabia que na viagem a Harbin, quando se supunha que minha mãe tinha encontros com Bian, ela estava apaixonada por ele, não pelo poeta. Tinha visto Bian lendo seus poemas para minha mãe e sabia que ela o admirava, e achava que não houvera nada de errado nisso. Mas nem ele nem ela puderam deter a enxurrada de fofocas. As mulheres da Federação eram particularmente virulentas.

No auge da campanha de fuxicos, minha mãe soube que seu apelo por Hui-ge fora rejeitado. Ficou fora de si de angústia. Tinha feito uma promessa a ele, e agora sentia que de algum modo o enganara. Visitava-o regularmente na prisão, levando-lhe notícias de seus esforços para fazer com que o caso dele fosse revisto, e achava inconcebível que os comunistas não o poupassem. Tinha sido genuinamente otimista e tentara animá-lo. Mas dessa vez, quando viu o rosto dela, de olhos vermelhos e distorcido pelo esforço de esconder o desespero, ele soube que não havia esperança. Os dois choraram juntos, sentados em plena vista dos guardas e com uma mesa entre si, na qual tinham de colocar as mãos. Hui-ge tomou as mãos de minha mãe; ela não as retirou.

Meu pai foi informado das visitas de minha mãe à prisão. A princípio, nada disse. Simpatizava com a provação dela. Mas aos poucos foi ficando furioso. O escândalo sobre a tentativa de suicídio de Bian estava no auge, e agora diziam que sua esposa tinha tido uma relação com um coronel do Kuomintang — e eles ainda deviam estar em sua lua-de-mel! Ficou furioso, mas seus sentimentos pessoais não foram o fator decisivo para que aceitasse a atitude do Partido em relação ao coronel. Disse à minha mãe que se o Kuomintang voltasse, pessoas como Hui-ge seriam as primeiras a ajudar a levá-lo de volta ao poder. Disse que os comunistas não podiam correr o risco: "Nossa revolução é uma questão de vida e morte". Quando minha mãe tentou contar-lhe como Hui-ge tinha ajudado os comunistas, ele respondeu que suas visitas à prisão não tinham feito nenhum bem ao coronel, sobretudo o terem-se dado as mãos. Desde o tempo de Confúcio, homens e mulheres tinham de estar casados, ou pelo menos ser namorados, para se tocar em público, e mesmo nessas circunstâncias isso era extremamente raro. O fato de minha mãe e Hui-ge terem sido vistos de mãos dadas era tomado como prova de que tinham estado apaixonados, e que o serviço de Hui-ge aos comunistas não fora motivado pelas razões "certas". Minha mãe achou difícil discordar dele, mas isso não a fez sentir-se menos triste.

Sua sensação de ver-se presa em dilemas impossíveis foi acentuada pelo que acontecia com vários de seus parentes e muitas pessoas próximas a ela. Quando os comunistas chegaram, tinham anunciado que todos que houvessem trabalhado para os serviços de informação do Kuomintang tinham de apresentar-se imediatamente a eles. O tio dela, Yu-lin, jamais trabalhara no serviço de informação, mas tinha uma carteira dele, e achou que devia apresentar-se às novas autoridades. Sua esposa e minha avó tentaram dissuadi-lo, mas ele achou melhor falar a verdade. Estava numa situação difícil. Se não se apresentasse e os comunistas descobrissem os fatos a seu respeito, o que era altamente provável, em vista de sua formidável organização, ele estaria em sérios apuros. Mas, apresentando-se, ele próprio lhes dera motivos para desconfiar dele.

O veredicto do Partido foi: "Tem uma mancha política no passado. Nenhuma punição, mas só pode ser empregado sob controle". Esse veredicto, como todos os demais, não foi dado por um tribunal, mas em conseqüência dele, durante três décadas, a vida de Yu-lin ia depender do clima político e de seus chefes no Partido. Naquele tempo Jinzhou tinha um Comitê Municipal do Partido relativamente relaxado, e permitiram-lhe continuar ajudando na botica do dr. Xia.

O cunhado de minha avó, Lealdade Pei-o, foi exilado para o campo, para fazer trabalhos braçais. Como não tinha sangue nas mãos, deram-lhe uma sentença chamada "sob vigilância". Em vez de ser preso, isso significava permanecer sob guarda (com a mesma eficácia) na sociedade. A família preferiu ir para o campo com ele, mas antes de poderem partir Lealdade teve de se internar num hospital. Pegara doença venérea. Os comunistas tinham lançado uma grande campanha para acabar com essas doenças, e quem as tivesse era obrigado a submeter-se a tratamento.

Seu trabalho "sob vigilância" durou três anos. Era quase como trabalho forçado sob condicional. As pessoas sob vigilância gozavam de certa liberdade, mas tinham de se apresentar à polícia em intervalos regulares, com um detalhado relato de tudo que tinham feito, ou mesmo pensado, desde a última apresentação, e eram abertamente vigiadas pela polícia.

Quando acabavam seu tempo de vigilância formal, juntavam-se a pessoas como Yu-lin, numa categoria mais frouxa de vigilância "discreta". Uma forma comum disso era o "sanduíche" — ser mantido sob estreita vigilância por dois vizinhos especificamente nomeados para essa tarefa, muitas vezes chamada de "dois vermelhos ensanduichando um preto". Claro, outros vizinhos, através dos comitês de moradores, também tinham o direito — e eram estimulados a informar e delatar o "preto" não confiável. A "justiça do povo" era hermética, e um instrumento central de controle, porque alistava tantos cidadãos em ativo conluio com o Estado.

Zhu-ge, o oficial do serviço de informação com ar de intelectual que se casara com a srta. Tanaka, a professora japonesa de minha mãe, foi condenado a trabalhos forçados perpétuos e exilado para uma área de fronteira remota (junto com muitos ex-funcionários do Kuomintang, foi libertado na anistia de 1959). Sua esposa foi mandada de volta para o Japão. Como na União Soviética, quase todos os condenados a detenção não foram para a prisão, mas para campos de trabalho forçado, muitas vezes trabalhando em serviços perigosos ou áreas altamente poluídas.

Algumas importantes figuras do Kuomintang, incluindo homens do serviço de informação, ficaram impunes. O supervisor acadêmico da escola de minha mãe tinha sido secretário distrital do Kuomintang, mas havia prova de que ajudara a salvar a vida de muitos comunistas e simpatizantes dos comunistas, incluindo minha mãe, e por isso ele foi poupado.

A diretora e duas professoras que tinham trabalhado para o serviço de informação conseguiram esconder-se, e acabaram fugindo para Taiwan. O mesmo fez Yao-han, o supervisor político responsável pela prisão de minha mãe.

Os comunistas também pouparam figuras eminentes como o "último imperador", Pu Yi, e altos generais — porque eram "úteis". A política declarada de Mao era: "Matamos pequenos Chang Kai-cheks. Não matamos grandes Chang Kai-cheks". Manter vivas pessoas como Pu Yi, ele argumentava, seria "bem recebido no exterior". Ninguém podia queixar-se abertamente dessa política, mas ela era causa de muito descontentamento.

Foi uma época de grande ansiedade para a família de minha mãe. O tio dela, Yu-lin, e a tia, Lan, cuja sorte estava inexoravelmente ligada à do marido, Lealdade, ficaram num estado de aguda incerteza quanto ao futuro, e sofriam uma espécie de ostracismo. Mas a Federação das Mulheres ordenou à minha mãe que escrevesse uma autocrítica atrás da outra, pois sua mágoa indicava que ela tinha "um fraco pelo Kuomintang".

Também era alfinetada por visitar um prisioneiro, Hui-ge, sem primeiro pedir permissão à Federação. Ninguém lhe dissera que devia fazer isso. A Federação dizia que não a tinham impedido porque davam descontos para alguém que era "novata na revolução"; esperavam para ver quanto tempo levaria para ela alcançar seu próprio senso de disciplina e pedir instruções ao Partido. "Mas quais são as coisas para as quais tenho de pedir instruções?", ela perguntou. "Qualquer coisa", foi a resposta. A necessidade de obter autorização para uma "coisa qualquer" não especificada iria tornar-se um elemento fundamental no governo comunista chinês. Também significou que as pessoas aprenderam a não empreender qualquer ação por iniciativa própria.

Minha mãe foi ostracizada dentro da Federação, que era todo o seu mundo. Havia murmúrios de que ela fora usada por Hui-ge para ajudá-lo a preparar-se para um retorno. "Em que confusão ela se meteu", exclamavam as mulheres, "só porque tinha 'costumes frouxos'. Vejam só todos esses envolvimentos com homens! E que tipo de homens!" Minha mãe sentia-se cercada de dedos acusadores, e as pessoas que deviam ser suas camaradas num novo movimento glorioso e libertador questionavam seu caráter e seu compromisso, pelo qual ela arriscara a vida. Foi criticada até por ter deixado a Federação das Mulheres para casar-se — um pecado qualificado de "pôr o amor em primeiro lugar". Minha mãe disse que o chefe municipal lhe pedira para ir. A isso a presidenta respondeu: "Mas cabia a você mostrar sua atitude correta pondo a assembléia em primeiro lugar".

Mal tendo dezoito anos, recém-casada, e cheia de esperança de uma nova vida, minha mãe sentia-se miseravelmente confusa e isolada. Sempre confiara em seu forte senso de certo e errado, mas isso agora parecia estar em conflito com as opiniões de sua "causa" e, muitas vezes, com o julgamento de seu marido, a quem amava. Começou a duvidar de si mesma pela primeira vez.

Não culpava o Partido, nem a revolução. Tampouco podia culpar as mulheres da Federação, porque eram camaradas e pareciam ser a voz do Partido. Seu ressentimento voltou-se contra meu pai. Sentia que a lealdade dele não era primeiro para com ela, e que sempre parecia ficar do lado dos camaradas contra ela. Entendia que talvez fosse difícil para ele manifestar seu apoio em público, mas queria-o em privado — e não o obtinha. Desde o início do casamento, houve uma diferença fundamental entre meus pais. A dedicação de meu pai ao comunismo era absoluta: achava que devia falar em privado, mesmo para sua esposa, a mesma linguagem que falava em público. Minha mãe era muito mais flexível; seu compromisso era temperado pela razão e a emoção. Ela dava um espaço para o privado; meu pai, não.

Minha mãe estava achando Jinzhou insuportável. Disse a meu pai que queria ir embora, imediatamente. Ele concordou, apesar de estar para receber uma promoção. Pediu uma transferência ao Comitê Municipal do Partido, dando como motivo que gostaria de voltar para sua cidade natal. O comitê ficou surpreso, uma vez que ele acabara de dizer-lhes que aquilo era exatamente o que não queria. Durante toda a história chinesa, tinha sido uma regra as autoridades serem lotadas longe de suas cidades natais, para evitar problemas de nepotismo.

No verão de 1949, os comunistas avançavam para o sul, com um ímpeto irresistível: tinham capturado a capital de Chang Kai-chek, Nanjing, e parecia certo que logo alcançariam Sichuan. A experiência deles na Manchúria mostrava-lhes que precisavam desesperadamente de administradores que fossem da terra — e leais.

O Partido endossou a transferência de meu pai. Dois meses depois de casarem-se — e menos de um ano após a Libertação — estavam sendo expulsos da cidade de minha mãe pela fofoca e o despeito. A felicidade de minha mãe com a Libertação transformara-se em ansiosa melancolia. Sob o Kuomintang, pudera descarregar sua tensão na ação — e fora fácil sentir que estava fazendo o que era direito, e isso lhe dava coragem. Agora apenas se sentia errada o tempo todo. Quando tentava discutir isso com meu pai, ele dizia-lhe que se tornar comunista era um processo agônico. Era assim que tinha de ser.

7. "Cruzando os cinco passos da montanha"
A LONGA MARCHA DE MINHA MÃE (1949-1950)

POUCO ANTES DE MEUS PAIS deixarem Jinzhou, concederam à minha mãe a condição de membro provisório do Partido, graças ao subprefeito que supervisionava a Federação das Mulheres, que argumentou que ela precisava disso, porque estava indo para um lugar novo. A decisão significava que ela podia tornar-se membro pleno dentro de um ano, se julgassem que se mostrara digna.

Meus pais deviam juntar-se a um grupo de mais de cem pessoas que viajavam para o sudoeste, a maioria para Sichuan. O grosso do grupo era composto de homens, autoridades comunistas do sudoeste. As poucas mulheres eram manchus que se haviam casado com sichuaneses. Para a viagem, foram organizados em unidades e receberam uniformes verdes. A guerra civil ainda lavrava em seu caminho.

A 27 de julho de 1949, minha avó, o dr. Xia e os amigos mais íntimos de minha mãe, a maioria sob suspeita dos comunistas, foram à estação despedir-se deles. Na plataforma, enquanto se diziam adeus, minha mãe sentia-se dilacerada por sentimentos contraditórios. Com uma parte do coração, sentia-se como um pássaro que vai arrombar a gaiola e voar para o céu. Com a outra, perguntava-se quando — ou se — algum dia voltaria a ver aquelas pessoas que amava, sobretudo a mãe. A viagem era pejada de perigo, e Sichuan ainda estava nas mãos do Kuomintang. Ficava também a 1,5 mil quilômetros de distância, inconcebivelmente longe, e ela não fazia idéia se poderia voltar a Jinzhou. Sentia um desejo esmagador de chorar, mas continha as lágrimas, porque não queria deixar a mãe mais triste do que já estava. Quando a plataforma desapareceu de vista, meu pai tentou confortá-la. Disse-lhe que devia ser forte, e que como uma jovem estudante "juntando-se à revolução" precisava "cruzar os cinco passos da montanha" — o que significava adotar uma atitude inteiramente nova em relação a família, profissão, amor, estilo de vida e trabalho manual, abraçando a provação e o trauma. A teoria do Partido era de que as pessoas educadas como ela precisavam deixar de ser "burguesas" e se aproximar mais dos camponeses, que compunham mais de oitenta por cento da população. Minha mãe já ouvira essas teorias uma centena de vezes. Aceitava a necessidade de a pessoa transformar-se por uma nova China; na verdade, acabara de escrever um poema sobre o desafio da "tempestade de areia" em seu futuro. Mas também queria mais ternura e compreensão pessoal, e ressentia-se do fato de não obtê-las de meu pai.

Quando o trem chegou a Tianjin, quase quatrocentos quilômetros a sudoeste, tiveram de parar, porque a linha acabava ali. Meu pai disse que gostaria de levá-la a percorrer a cidade. Tianjin era um enorme porto onde os Estados Unidos, Japão e vários Estados europeus até recentemente tinham "concessões", enclaves extraterritoriais (o general Xue morrera na concessão francesa em Tianjin, embora minha mãe não soubesse disso). Havia bairros inteiros construídos em diferentes estilos estrangeiros, com prédios grandiosos: palácios franceses da virada do século; leves *palazzi* italianos; mansões austro-húngaras em rococó tardio. Era um extraordinário exemplo da ostentação de oito países diferentes, todos tentando impressionar uns aos outros e aos chineses. Além das sedes de bancos japoneses — atarracadas, pesadas e cinzentas — conhecidos na Manchúria, e dos prédios dos bancos russos, com telhados verdes e delicadas paredes rosa e amarelo, era a primeira vez que minha mãe via prédios daqueles. Meu pai lera muita literatura estrangeira, e as descrições dos edifícios europeus sempre o tinham fascinado. Aquela era a primeira vez que os via com os próprios olhos. Minha mãe via que ele se esforçava muito para passar-lhe seu entusiasmo, mas ela continuava deprimida quando passeavam pelas ruas, ladeadas por árvores chinesas de forte perfume. Já sentia saudade da mãe, e não conseguia livrar-se da raiva contra meu pai por não dizer nada simpático, e por sua rigidez, embora soubesse que ele estava tentando, desajeitadamente, ajudá-la a sair de sua tristeza.

A estrada de ferro interrompida foi apenas o começo. Tiveram de continuar a viagem a pé, e o caminho estava pontilhado de forças de latifundiários locais, bandidos e unidades de soldados do Kuomintang deixadas para trás com o avanço dos comunistas. Havia apenas três fuzis em todo o grupo, um dos quais com meu pai, mas a cada etapa ao longo do caminho as autoridades locais mandavam um esquadrão de soldados como escolta, em geral com umas duas metralhadoras.

Todos os dias, tinham de percorrer grandes distâncias a pé, muitas vezes por caminhos acidentados, levando nas costas os sacos de dormir e outros pertences. Os que tinham feito a guerrilha estavam acostumados a isso, mas após um dia minha mãe tinha as solas dos pés cobertas de bolhas. Não havia como parar para um descanso. Os colegas a aconselhavam a mergulhar os pés na água no fim do dia, e drenar o fluido das bolhas com uma agulha e um fio de cabelo. Isso trazia alívio na hora, mas no dia seguinte era dilacerantemente doloroso quando ela recomeçava a andar. Toda manhã ela cerrava os dentes e seguia em frente.

Por grande parte do caminho, não havia estradas. A marcha era horrível, sobretudo quando chovia: a terra tornava-se uma massa de lama escorregadia, e minha mãe caiu mais vezes do que pôde contar. No fim do dia, estava coberta de lama. Quando chegavam ao destino para passar a noite, ela desabava no chão e simplesmente ficava ali, incapaz de mexer-se.

Um dia tiveram de andar mais de cinqüenta quilômetros sob chuva pesada. A temperatura era de mais de trinta e dois graus, e minha mãe ficou encharcada até os ossos de chuva e suor. Tiveram de subir uma montanha — não particularmente alta, pouco mais de novecentos e dez metros, mas minha mãe estava exausta. Sentia o saco de dormir pesando sobre ela como uma pedra enorme. Tinha os olhos inundados do suor que escorria pela testa. Quando abria a boca, arquejando em busca de ar, sentia que não lhe chegava o bastante aos pulmões para respirar. Milhares de estrelas dançavam diante de seus olhos, e ela mal podia arrastar um pé à frente do outro. Quando chegou ao topo, achou que sua infelicidade acabara, mas a descida era quase igualmente difícil. As batatas das pernas pareciam ter virado geléia. Era uma região agreste, e a trilha íngreme e estreita corria à beira de um penhasco, com um precipício de dezenas de metros. As pernas tremiam, e ela tinha certeza de que ia cair no abismo. Muitas vezes teve de agarrar-se em árvores para não tombar do penhasco.

Após cruzarem a montanha, havia vários rios profundos e com fortes correntezas no caminho. O nível da água chegava-lhe à cintura, e ela achava quase impossível tomar pé. No meio de um rio, tropeçou, caiu e quase foi levada, quando um homem se curvou e pegou-a. Ela quase cedeu e chorou, sobretudo porque naquele mesmo instante avistou uma amiga cujo marido a transportava para o outro lado do rio. Embora o marido fosse um alto funcionário, e tivesse direito ao uso de um carro, abrira mão desse privilégio para andar com a esposa.

Meu pai não estava transportando minha mãe. Estava sendo levado de jipe, com seu guarda-costas. Sua patente dava-lhe direito a transporte — jipe ou cavalo, o que houvesse. Minha mãe sempre esperara que ele lhe desse carona, ou pelo menos levasse seu saco de dormir no jipe, mas ele jamais propôs isso. Na noite após quase afogar-se no rio, ela decidiu pôr tudo em pratos limpos com ele. Tivera um dia terrível. E o que era mais, não parava de vomitar. Não poderia ele deixá-la viajar no jipe de vez em quando? Ele disse que não, porque isso seria tomado como favoritismo, já que minha mãe não tinha direito a carro. Achava que tinha de combater a secular tradição chinesa do nepotismo. Além disso, esperava-se que minha mãe sofresse provações. Quando ela disse que sua amiga estava sendo transportada pelo marido, meu pai respondeu que aquilo era completamente diferente: a amiga era uma veterana comunista. Na década de 1930, comandara uma unidade de guerrilha com Kim Il Sung, que depois se tornou presidente da Coréia do Norte, combatendo os japoneses sob horríveis condições no nordeste. Entre a longa lista de

182

sofrimentos de sua carreira revolucionária estava a perda do primeiro marido, que fora executado por ordens de Stalin. Minha mãe não podia comparar-se com aquela mulher, disse meu pai. Era apenas uma jovem estudante. Se outras pessoas achassem que estava sendo mimada, ela estaria em apuros. "É para seu próprio bem", acrescentou, lembrando-lhe que estava pendente o seu pedido de status de membro pleno do Partido. "Você tem uma opção: pode entrar no carro ou entrar no Partido, mas não nos dois."

Tinha uma certa razão. A revolução era basicamente uma revolução camponesa, e os camponeses tinham uma vida incansavelmente dura. Eram particularmente sensíveis sobre outras pessoas que gozavam ou buscavam conforto. Quem tomasse parte numa revolução devia enrijecer-se a ponto de tornar-se imune às provações. Ele fizera isso em Yan'an e na guerrilha.

Minha mãe entendeu a teoria, mas isso não a impediu de pensar no fato de que ele não demonstrava nenhuma simpatia quando ela vivia nauseada e exausta o tempo todo, mourejando na estrada, levando o saco de dormir, suando, vomitando, as pernas parecendo chumbo.

Uma noite não agüentou mais, e explodiu em lágrimas pela primeira vez. O grupo geralmente passava a noite em lugares como depósitos ou salas de aula vazios. Nessa noite, dormiam todos num templo, juntos no chão. Meu pai deitava-se ao lado dela. Quando ela começou a chorar, virou-se de costas para ele e escondeu o rosto com a manga, tentando abafar os soluços. Meu pai acordou imediatamente e apressou-se a tapar a sua boca com a mão. Em meio às lágrimas, ela ouviu-o sussurrando em seu ouvido: "Não chore alto! Se as pessoas ouvirem você, vai ser criticada". Ser criticada era coisa séria. Significava que os camaradas iam dizer que não era digna de "participar da revolução", e até mesmo covarde. Ela sentiu-o empurrando às pressas um lenço em sua mão, para abafar os soluços.

No dia seguinte, o chefe da unidade de minha mãe, o homem que a salvara de afogar-se, chamou-a a um lado e disse-lhe que recebera queixas do seu choro. As pessoas diziam que ela se comportara como "uma dama grã-fina das classes exploradoras". Ele não deixava de simpatizar com ela, mas tinha de pensar no que os outros diziam. Era vergonhoso chorar depois de caminhar alguns passos, disse. Ela não estava se conduzindo como uma verdadeira revolucionária. Dali em diante, embora muitas vezes tivesse vontade, minha mãe não chorou nem uma vez.

Mourejava em frente. A área mais perigosa que tinham de atravessar era a província de Shandong, que os comunistas haviam tomado apenas uns dois meses antes. Numa ocasião, atravessavam um vale profundo quando começaram a chover balas sobre eles. Minha mãe protegeu-se atrás de uma rocha. A fuzilaria continuou por uns dez minutos, e quando cessou descobriram que um membro de seu grupo tinha sido morto quando tentava surpreender os atacantes, que eram bandidos afinal, por trás. Vários outros ficaram feridos. Enterraram o cadáver ao lado da estrada. Meu pai e outras autoridades cederam seus cavalos aos feridos.

Após quarenta dias de marcha e outras escaramuças, chegaram à cidade de Nanjing, cerca de mil quilômetros ao sul de Jinzhou, que fora a capital do governo do Kuomintang. É conhecida como "a fornalha da China", e em meados de setembro o clima ainda estava quente. O grupo foi abrigado num quartel. O colchão de bambu na cama de minha mãe tinha uma silhueta humana escura impressa pelo suor dos que haviam dormido ali antes. O grupo teve de fazer treinamento militar naquele calor infernal, aprendendo a enrolar o colchão, as perneiras e a mochila em ritmo acelerado, e treinar marcha forçada carregando suas coisas. Como parte do exército, tinham de observar severa disciplina. Usavam uniformes cáqui e ásperas camisas e roupas de baixo de algodão. Os uniformes tinham de estar abotoados até o pescoço, e jamais podiam desabotoar a gola. Minha mãe tinha dificuldade de respirar, e como todos os outros, uma imensa mancha de suor cobria as suas costas. Também usavam um quepe de algodão de dupla espessura, que tinha de ser enterrado na cabeça de modo a esconder todo o cabelo. Isso fazia minha mãe perspirar profusamente, e a borda do quepe vivia permanentemente encharcada de suor.

De vez em quando, permitiam-lhes sair, e a primeira coisa que ela fez foi devorar vários picolés. Muitas das pessoas do grupo jamais tinham estado numa cidade grande, além da breve parada em Tianjin. Ficaram tremendamente excitadas com os picolés, e compraram alguns para levar para os camaradas no quartel, embrulhando-os cuidadosamente em suas toalhas brancas de mão e guardando-os nas mochilas. Ficaram espantadas quando chegaram e descobriram que só restava água.

Em Nanjing, tiveram de assistir a aulas políticas, algumas delas dadas por Deng Xiaoping, futuro líder da China, e pelo general Chen Yi, futuro ministro das Relações Exteriores. Minha mãe e seus colegas sentavam-se no gramado da Universidade Central, à sombra, enquanto os oradores ficavam ao sol ardente por duas ou três horas seguidas. Apesar do calor, mesmerizavam a platéia.

Um dia, minha mãe e sua unidade tiveram de correr vários quilômetros em ritmo acelerado, com todo o equipamento, até o túmulo do patriarca da República, Sun Yat-sen. Quando voltaram, ela sentiu uma dor na barriga. Ia haver uma apresentação da Ópera de Pequim naquela noite em outra parte da cidade, com uma das estrelas mais famosas da China no papel principal. Minha mãe herdara a paixão da mãe dela pela Ópera de Pequim, e esperava com ansiedade essa apresentação.

Nessa noite, marchou em fila com os camaradas para a ópera, que ficava a uns oito quilômetros. Meu pai foi em seu carro. No caminho, minha mãe voltou a sentir dores no abdômen e pensou em retornar, mas decidiu que não. No meio do espetáculo, a dor tornou-se insuportável. Ela foi até onde meu pai se sentava e pediu-lhe que a levasse para casa em seu carro. Não lhe falou da dor. Ele voltou a cabeça em busca de seu motorista e viu-o grudado na poltrona, boquiaberto. Tornou a voltar-se para minha mãe e disse: "Como posso interromper o prazer dele porque minha esposa quer ir embora?". Minha mãe perdeu a vontade de explicar seu sofrimento e deu-lhe as costas bruscamente.

Fez a pé todo o caminho de volta ao quartel, com a dor alucinante. Tudo girava diante de seus olhos. Via escuridão e estrelas brilhantes, e sentia-se como se pisasse em lã de algodão. Não podia ver o caminho e perdeu a noção de quanto tempo se passara. Pareceu uma eternidade. Ao chegar, o quartel estava deserto. Todos, com exceção dos guardas, haviam ido à ópera. Ela conseguiu arrastar-se até a cama, e à luz de uma lâmpada viu que tinha as calças empapadas de sangue. Desmaiou assim que pôs a cabeça na cama. Perdeu seu primeiro filho. E não havia ninguém por perto.

Pouco depois chegou meu pai. Estando de carro, chegou antes da maioria dos outros. Encontrou minha mãe esparramada na cama. A princípio, julgou-a apenas exausta, mas aí viu o sangue e percebeu que ela estava inconsciente. Correu a buscar um médico, que achou que ela devia ter sofrido um aborto. Este, um médico do exército, não tinha idéia do que fazer, por isso telefonou para um hospital da cidade e pediu que mandassem uma ambulância. O hospital concordou — mas só se pagassem em dólares de prata pela ambulância e a operação de emergência. Mesmo não tendo dinheiro próprio, meu pai concordou sem hesitar. Estar "na revolução" garantia automaticamente um seguro-saúde.

Minha mãe estivera muito perto de morrer. Teve de receber transfusão de sangue e fazer curetagem do útero. Quando abriu os olhos, após a operação, viu meu pai sentado à beira da cama. A primeira coisa que disse foi: "Quero o divórcio". Meu pai se desculpou profusamente. Não tinha idéia de que ela estava grávida — nem ela tampouco, na verdade. Ela sabia que a regra não viera, mas achara que isso provavelmente se devia ao esforço interminável da marcha. Meu pai disse que não sabia o que era um aborto. Prometeu ser muito mais atencioso dali para a frente, e repetiu inúmeras vezes que a amava e ia corrigir-se.

Enquanto minha mãe estivera em coma, ele lavara suas roupas encharcadas de sangue, o que era incomum para um homem chinês. Minha mãe acabou concordando em não pedir o divórcio, mas disse que queria voltar para a Manchúria e continuar seus estudos de medicina. Disse a meu pai que jamais ia poder satisfazer à revolução, por mais que se esforçasse com afinco; só recebia críticas. "É melhor eu sair", disse. "Não deve!", disse meu pai, ansioso. "Isso será interpretado como querendo dizer que você teme as provações. Será encarada como uma desertora, e não terá futuro. Mesmo que a faculdade lhe aceitasse, você jamais iria conseguir um bom emprego. Sofreria discriminação pelo resto da vida." Minha mãe ainda não sabia que era proibido sair do sistema, porque isso, caracteristicamente, não estava escrito. Mas captou o tom de extrema urgência na voz dele. Uma vez que se estava "com a revolução", jamais se podia sair.

Minha mãe estava no hospital quando, a 1º de outubro, foi avisada, com os colegas, para esperar um programa de rádio especial, que viria pelos alto-falantes espalhados por todo o hospital. Reuniram-se e ouviram Mao proclamar a fundação da República Popular, do alto do Portal da Paz Celestial em Pequim. Minha mãe chorou como uma criança. A China com a qual sonhara, pela qual combatera e esperara, ali estava afinal, o país ao qual podia dedicar-se de corpo e alma. Enquanto ouvia a voz de Mao anunciando que "o povo chinês se levantou", censurava-se por ter vacilado. Seu sofrimento era trivial em comparação com a grande causa da salvação da China. Sentiu um intenso orgulho e transbordava de sentimento nacionalista, e jurou que ficaria para sempre com a revolução. Quando acabou a curta proclamação de Mao, ela e os camaradas explodiram em aplausos e jogaram os quepes para cima — um gesto que os comunistas chineses tinham aprendido com os russos. Então, depois de enxugar as lágrimas, fizeram um pequeno banquete para comemorar.

Poucos dias depois do aborto, meus pais tiraram a primeira fotografia formal juntos. Mostra os dois em uniformes do exército, fitando pensativos e um tanto esperançosos a câmera. A foto foi feita para comemorar a entrada deles na ex-capital do Kuomintang. Minha mãe mandou imediatamente uma cópia para a mãe dela.

A 3 de outubro, a unidade de meu pai foi deslocada. As forças comunistas aproximavam-se de Sichuan. Minha mãe teve de continuar no hospital por mais um mês, e depois deram-lhe algum tempo para recuperar-se numa mansão magnífica, que pertencera ao principal financista do Kuomintang, o cunhado de Chang Kai-chek, H. H. Kung. Um dia disseram à sua unidade que eles iam ser extras num documentário sobre a libertação de Nanjing. Deram-lhes trajes civis e vestiram-nos como cidadãos comuns dando boas-vindas aos comunistas. Essa reconstituição, que não era inexata, foi exibida em toda a China como "documentário" — uma prática comum.

Minha mãe continuou ali por quase dois meses mais. De vez em quando, recebia um telegrama e um maço de cartas de meu pai. Ele escrevia todos os dias, e mandava as cartas sempre que encontrava uma agência dos correios aberta. Em todas, dizia-lhe o quanto a amava, prometia-lhe corrigir-se, e insistia em que ela não devia voltar a Jinzhou nem "desertar da revolução".

Lá pelo fim de dezembro, disseram à minha mãe que havia lugar para ela num vapor, com algumas pessoas que haviam sido deixadas para trás devido a doenças. Deviam reunir-se no porto ao anoitecer — os bombardeios do Kuomintang tornavam muito perigoso fazer isso durante o dia. Uma neblina fria envolvia o cais. As poucas luzes haviam sido apagadas como precaução contra os ataques aéreos. Um forte vento norte soprava neve por cima do rio. Minha mãe teve de esperar horas no cais, batendo desesperada os pés dormentes, envoltos apenas em sapatos de algodão-padrão conhecidos como "sapatos da libertação", alguns dos quais tinham pintados nas solas lemas como "Vencer Chang Kai-chek" e "Proteger Nossa Terra".

O vapor levou-os para oeste pelo Yang-tse. Nos primeiros trezentos quilômetros, até Anqing, só viajava à noite, ancorando durante o dia entre juncos na margem norte do rio, para esconder-se dos aviões do Kuomintang. O navio levava um contingente de soldados, que instalaram metralhadoras no convés, e uma grande quantidade de equipamentos e munições militares. Havia escaramuças de vez em quando com forças do Kuomintang e bandos de latifundiários. Certa vez, quando entravam nos juncos para ancorar e passar o dia, enfrentaram fogo cerrado, e alguns soldados do Kuomintang tentaram abordar o navio. Minha mãe e as outras mulheres esconderam-se sob o convés, enquanto os guardas os repeliam. O navio afastou-se e foi ancorar mais adiante.

Quando chegaram às Gargantas do Yang-tse, onde começa Sichuan e o rio se torna muito mais estreito, tiveram de passar para dois barcos menores que tinham vindo de Chongqing. A carga militar e alguns guardas foram transferidos para um dos barcos, e o resto do grupo tomou o segundo.

As Gargantas do Yang-tse eram conhecidas como "Portões do Inferno". Uma tarde, o luminoso sol de inverno desapareceu de repente. Minha mãe correu ao convés para ver o que acontecera. De ambos os lados erguiam-se penhascos a prumo sobre o rio, curvando-se sobre o barco como se fossem esmagá-lo. Os rochedos eram cobertos de densa vegetação, e tão altos que quase escureciam o céu. Cada penhasco parecia mais alto que o anterior, e era como se uma espada poderosa se houvesse abatido do céu, fendendo-os.

O pequeno barco lutou durante dias contra a corrente, redemoinhos, corredeiras e rochas submersas. Às vezes a força da correnteza jogava-o para trás, e parecia que ia emborcar a cada instante. Muitas vezes minha mãe achou que iam ser arremessados contra um rochedo, mas toda vez o timoneiro conseguia desviar-se no último segundo.

Os comunistas só haviam tomado a maior parte de Sichuan no último mês. A região ainda se achava infestada de tropas do Kuomintang, encalhadas ali quando Chang Kai-chek abandonara a resistência no continente e fugira para Taiwan. O pior momento foi quando um bando desses soldados do Kuomintang bombardeou o primeiro barco, que levava a munição. Uma salva atingiu-o em cheio. Minha mãe estava de pé no convés quando o barco explodiu uns cem metros à frente. Foi como se todo o rio explodisse em chamas de repente. Pedaços incandescentes de madeira voaram sobre o barco de minha mãe, e parecia que não haveria como evitar uma colisão com o destroço flutuante em chamas. Mas no momento mesmo em que a colisão parecia inevitável, ele passou ao lado, deixando de bater por apenas alguns centímetros. Ninguém demonstrou nenhum sinal de medo, nem de alegria. Todos pareciam mortalmente dormentes. A maioria dos guardas do primeiro barco morreu.

Minha mãe entrava num mundo de clima e natureza inteiramente novos. Os precipícios ao longo das gargantas eram cobertos de gigantescos juncos, que tornavam a fantástica atmosfera ainda mais exótica. Macacos saltavam de galho em galho na folhagem luxuriante. As intermináveis, magníficas e abruptas montanhas eram uma novidade deslumbrante após as planícies chãs em torno de Jinzhou.

Às vezes o barco ancorava ao pé de um estreito lance de degraus de pedra negra, que pareciam subir interminavelmente a encosta da montanha, com o pico escondido nas nuvens. Muitas vezes havia uma aldeola no alto da montanha. Devido à densa neblina permanente, os habitantes tinham de acender candeias de óleo de colza mesmo durante o dia. Fazia frio, com ventos úmidos soprando das montanhas e do rio. Para minha mãe, os camponeses locais pareciam horrivelmente escuros, ossudos e miúdos, com muitos traços acentuados e olhos muito maiores e redondos que as pessoas com as quais estava acostumada. Usavam uma espécie de turbante feito de um pano comprido enrolado em torno da testa. Como o branco é a cor do luto na China, ela pensou a princípio que estavam enlutados.

Em meados de janeiro, chegaram a Chongqing, que tinha sido capital do Kuomintang durante a guerra contra o Japão, e onde minha mãe teve de passar para um barco menor para a etapa seguinte até a cidade de Luzhou, cerca de cento e cinqüenta quilômetros rio acima. Ali, recebeu uma mensagem de meu pai de que uma sampana fora mandada ao seu encontro, e que ela podia ir para Yibin imediatamente. Foi a primeira notícia que ela teve de que ele chegara vivo a seu destino. A essa altura, seu ressentimento contra ele se havia evaporado. Fazia quatro meses que o vira, e sentia saudades dele. Imaginara a emoção que ele devia ter sentido ao longo do caminho, vendo tantos locais descritos pelos poetas antigos, e sentiu um calor de simpatia no conhecimento seguro de que ele teria composto poemas para ela na viagem.

Conseguiu partir naquela mesma noite. Na manhã seguinte, quando acordou, sentiu o calor do sol varando o leve nevoeiro. As colinas ao longo do rio eram verdes e delicadas, e ela pôde deitar-se, relaxar e ouvir a água chapinhando na proa da sampana. Chegou a Yibin naquela tarde, véspera do Ano-Novo chinês. Sua primeira vista da cidade foi como uma aparição — a delicada imagem de uma cidade flutuando nas nuvens. Quando o barco se aproximou do cais, ela procurou meu pai. Acabou conseguindo distinguir a indefinida imagem dele: parado, o capote do exército desabotoado, o guarda-costas atrás. A margem do rio era larga e coberta de areia e paralelepípedos. Ela via a cidade erguendo-se até o topo da colina. Algumas das casas eram construídas sobre estreitas colunas de madeira, e pareciam oscilar ao vento, como se fossem cair a qualquer momento.

O barco encostou num cais do promontório na ponta da cidade. Um barqueiro pôs uma prancha de madeira e o guarda-costas de meu pai subiu e pegou o colchão de minha mãe. Ela desceu a prancha, e meu pai estendeu os braços para ajudá-la a saltar. Não era correto abraçar-se em público, embora minha mãe visse que ele estava tão emocionado quanto ela e se sentia muito feliz.

8. "A volta a casa coberto de seda bordada"
PARA A FAMÍLIA E OS BANDIDOS (1949-1951)

DURANTE TODA A VIAGEM, minha mãe imaginava como seria Yibin. Teria eletricidade? Seriam as montanhas tão altas quanto as do Yang-tse? Haveria cinemas? Enquanto subia a colina com meu pai, sentia-se excitada por ter vindo para um belo lugar. Yibin fica numa colina que dá para um promontório na confluência de dois rios, um claro, outro barrento. Ela podia ver luzes elétricas nas filas de cabanas. As paredes eram feitas de barro e bambu, e aos olhos dela as telhas finas e curvas nos telhados pareciam delicadas, quase como rendas, comparadas com as pesadas, para enfrentar ventos e neve, da Manchúria. Ao longe, por entre a neblina, via casinhas de bambu e barro em meio a montanhas verde-escuro cobertas de pés de cânfora, metassequóia e chá. Sentia-se leve afinal, não apenas porque o guarda-costas de meu pai trazia seu colchão. Depois de passar por dezenas de cidades e aldeias devastadas, sentia prazer em ver que não havia nenhum dano de guerra. A guarnição do Kuomintang, de 7 mil homens, se rendera sem luta.

Meu pai morava numa mansão elegante, que fora tomada pelo novo governo e transformada numa combinação de escritórios e alojamentos, e minha mãe foi morar com ele. Tinha um jardim cheio de plantas que ela jamais vira: mamoeiros e bananeiras, em terras cobertas de musgo verde. Peixinhos dourados nadavam num tanque, e havia até uma tartaruga. O quarto de meu pai tinha um sofá-cama duplo, a coisa mais macia na qual ela já dormira, só tendo antes conhecido *kangs* de tijolos. Mesmo no inverno, só se precisava de uma colcha em Yibin. Não havia frio mordente nem poeira por toda parte como na Manchúria. Não era preciso usar uma gaze no rosto para poder respirar. Não se cobria a cisterna com tampa; uma vara de bambu projetava-se para fora, com um balde amarrado na outra ponta para tirar água. As pessoas lavavam as roupas em lajes de pedra lisas ligeiramente inclinadas, e usavam escovas de fibra de palmeira para limpá-las. Essas operações teriam sido impossíveis na Manchúria, onde as roupas ficariam imediatamente cobertas de poeira ou duras de gelo. Pela primeira vez na vida, minha mãe pôde comer arroz e legumes frescos todo dia.

As semanas seguintes foram a verdadeira lua-de-mel de meus pais. Pela primeira vez, minha mãe pôde viver com meu pai sem ser acusada de "pôr o amor em primeiro lugar". O clima geral era de descontração; os comunistas estavam eufóricos com suas arrasadoras vitórias, e os colegas de meu pai não insistiam em que os casais casados só ficassem juntos nas noites de sábado.

Yibin caíra menos de dois meses antes, a 11 de dezembro de 1949. Meu pai chegara seis dias depois, e fora nomeado chefe do município, que tinha uma população de mais de 1 milhão de pessoas, cerca de 100 mil das quais viviam na cidade de Yibin. Ele chegara de barco com um grupo de mais de cem estudantes que se haviam "juntado à revolução" em Nanjing. Quando o barco subiu o Yang-tse, parou primeiro na usina de força de Yibin, na margem defronte à cidade, que tinha sido um bastião do movimento clandestino. Várias centenas de operários saíram para saudar o grupo de meu pai no cais, agitando bandeirinhas vermelhas de papel com cinco estrelas — a nova bandeira da China comunista — e gritando slogans de boas-vindas. As bandeiras tinham as estrelas no lugar errado — os comunistas locais não sabiam o lugar certo. Meu pai desceu com outro oficial para conversar com os operários, que ficaram felizes por ouvi-lo falar no dialeto de Yibin. Em vez do quepe comum de todos os demais, ele usava um quepe de oito quinas, do tipo usado pelo exército comunista na década de 1920 e início da de 1930, que pareceu aos locais incomum e um tanto elegante.

Depois o barco os levou através do rio até a cidade. Meu pai estivera dez anos fora. Gostava muito de sua família, sobretudo da irmã mais nova, a quem escrevera entusiasticamente de Yan'an sobre sua nova vida e dizendo-lhe querer que ela se juntasse a ele algum dia. As cartas pararam de chegar quando o Kuomintang apertou o bloqueio, e a primeira notícia que a família tivera em muitos anos fora quando recebera a foto dele com minha mãe feita em Nanjing. Nos sete anos anteriores, nem mesmo sabiam se ele estava vivo. Sentiam saudades, choravam ao se lembrar dele e rezavam a Buda pelo seu retorno a salvo. Com a foto, ele mandara um bilhete dizendo que em breve estaria em Yibin, e que mudara de nome. Em Yan'an, como muitos outros, adotara um *nom de guerre*, Wang Yu. Yu significa "tão desprendido que parece tolo". Assim que voltou, meu pai restaurou seu sobrenome verdadeiro, Chang, mas incorporou o *nom de guerre* e passou a chamar-se Chang Shou-yu, significando "Mantenha-se *Yu*".

Dez anos antes, meu pai partira como um aprendiz pobre, faminto e explorado; agora voltava, com menos de trinta anos, como um homem poderoso. Era o sonho tradicional chinês, que entrara no idioma como *yi-jin-huan-xiang*, "voltar para casa coberto de seda bordada". A família sentiu um tremendo orgulho dele, e todos ansiavam para ver como estava após dez anos, já que tinham ouvido de tudo sobre os comunistas. E evidentemente a mãe dele, sobretudo, queria saber de sua nova esposa.

Meu pai falava e ria alto e com vontade. Era a imagem da excitação incontida, quase infantil. Não mudara afinal, pensou a mãe com um suspiro de alívio e felicidade. Em sua reserva tradicional e profundamente enraizada, a família mostrava sua alegria nos olhos ávidos, cheios de lágrimas. Só a irmã caçula estava mais animada. Falava vividamente, brincando com as longas tranças, que de vez em quando jogava para trás por cima dos ombros, quando inclinava a cabeça para enfatizar o que dizia. Meu pai sorria reconhecendo o gesto tradicional de alegria feminina de Sichuan. Quase o esquecera em seus dez anos de austeridade no norte.

Havia muita coisa para pôr em dia. A mãe de meu pai estava no meio de sua história do que acontecera à família desde que ele partira, quando disse que uma coisa a preocupava: o que ia acontecer com sua filha mais velha, que cuidara dela em Chongqin. O marido dessa filha morrera e deixara-lhe algumas terras, que ela explorava com a ajuda de trabalhadores contratados. Voavam boatos sobre a reforma agrária dos comunistas, e a família receava que ela fosse classificada como latifundiária, e a terra confiscada. As mulheres tornaram-se emocionais, as preocupações transformando-se em recriminações: "Que vai ser dela? Como vai viver? Como podem os comunistas fazer uma coisa dessas?".

Meu pai ficou magoado e exasperado. Explodiu: "Esperei tanto por este dia, para partilhar nossa vitória com vocês. Toda injustiça vai ser coisa do passado. É hora de ser positivo, de rejubilar-se. Mas vocês são tão desconfiadas, tão críticas. Só querem ver defeito...". Ao que explodiu em lágrimas como um garotinho. As mulheres todas choraram também. Para ele, eram lágrimas de decepção e frustração. Para elas, os sentimentos devem ter sido mais complexos; entre eles, dúvida e incerteza.

A mãe de meu pai morava na velha casa da família, um pouco fora da cidade, que lhe fora deixada pelo marido ao morrer. Era uma casa de campo modestamente luxuosa — baixa, feita de madeira e tijolo, e isolada da rua por um muro. Tinha um grande jardim na frente, e no fundo um campo de ameixas-de-inverno, que exalavam um perfume delicioso, e densas moitas de bambu, que lhe davam uma atmosfera de jardim encantado. Tudo era impecável. Todas as janelas reluziam, e não se via um grão de poeira em parte alguma. Os móveis eram feitos de uma bela e brilhante madeira padauk, que é de um vermelho-escuro, às vezes quase chegando ao negro. Minha mãe se apaixonou pela casa na primeira visita, no dia seguinte ao de sua chegada a Yibin.

Aquela era uma ocasião importante. Na tradição chinesa, a pessoa que tinha mais poder sobre uma mulher casada era sempre a sogra, à qual ela devia completa obediência, e que a tiranizava. Quando ela, por sua vez, se tornasse sogra, atazanaria a nora do mesmo jeito. Liberar as noras era uma importante política comunista, e abundavam os rumores de que as noras comunistas eram dragões arrogantes, dispostas a mandar nas sogras. Todo mundo estava em suspense, esperando para ver como ia se comportar minha mãe.

Meu pai tinha uma família muito grande, e todos se reuniram na casa naquele dia. Quando minha mãe se aproximou do portão da frente, ouviu as pessoas sussurrando: "Aí vem ela, aí vem ela!". Os adultos impunham silêncio às crianças, que pulavam tentando ter um vislumbre da estranha nora comunista do extremo norte.

Quando minha mãe entrou na sala de visitas com meu pai, a sogra se sentava no extremo oposto, numa cadeira de padauk quadrada, lavrada. De ambos os lados da sala, acentuando a formalidade, viam-se duas filas simétricas de cadeiras de padauk quadradas, perfeitamente lavradas. De duas em duas cadeiras, uma mesinha com um vaso ou outro enfeite. Andando pelo meio, minha mãe viu que a sogra tinha um rosto muito calmo, de pômulos altos (que meu pai herdara), olhos pequenos, queixo pontiagudo e lábios finos, parecendo meio cerrados, quase como se ela meditasse. Minha mãe dirigiu-se vagarosamente para ela com meu pai, e parou diante da cadeira. Depois ajoelhou-se e fez três prostrações. Era o correto a fazer segundo o tradicional ritual, mas todos se perguntavam se a jovem comunista iria passar por tudo aquilo. A sala explodiu em suspiros de alívio. As primas e irmãs de meu pai sussurravam para a mãe dele, que estava deliciada: "Que nora adorável! Tão delicada, tão bonita, e tão respeitosa! Mãe, a senhora realmente tem sorte!".

Minha mãe se sentiu muito orgulhosa de sua pequena conquista. Ela e meu pai tinham passado algum tempo debatendo o que fazer. Os comunistas tinham dito que iam se livrar das prostrações, que consideravam um insulto à dignidade humana, mas minha mãe quis abrir uma exceção, só essa. Meu pai concordou. Não queria magoar a mãe, nem ofender a esposa — não depois do aborto; e além disso, essa prostração era diferente. Era para marcar um ponto para os comunistas. Mas ele mesmo não ia prostrar-se, embora esperassem isso dele.

Todas as mulheres da família de meu pai eram budistas, e uma de suas irmãs, Jun-ying, solteira, particularmente devota. Ela levou minha mãe a prostrar-se diante da estátua de Buda, dos santuários da família erguidos no Ano-Novo chinês, e até mesmo das macegas de ameixas-de-inverno e bambus no quintal. Tia Jun-ying acreditava que toda flor e toda árvore tinham um espírito. Pedia à minha mãe que fizesse uma dúzia de prostrações aos bambus, para pedir-lhes que não florescessem, o que para os chineses prenunciava tragédia. Minha mãe achava muita graça de tudo isso. Lembrava sua infância e dava-lhe uma chance de entregar-se ao seu senso brincalhão. Meu pai não aprovava, mas ela o amolecia dizendo que era apenas teatro para ajudar a imagem dos comunistas. O Kuomintang tinha dito que os comunistas iam varrer todos os costumes tradicionais, e ela dizia que era importante as pessoas verem que isso não acontecia.

A família de meu pai era muito boa com minha mãe. Apesar da formalidade inicial, minha avó era na verdade muito descontraída. Raramente emitia julgamentos, e jamais se mostrava crítica. Tia Jun-ying tinha a cara redonda marcada pela varíola, mas seus olhos eram tão suaves que todos notavam sua bondade e, ao seu lado, sentiam-se seguros e à vontade. Minha mãe não podia deixar de comparar os novos parentes com sua própria mãe. Eles não exsudavam a energia e vivacidade dela, mas sua calma e serenidade faziam minha mãe se sentir inteiramente à vontade. Tia Jun-ying fazia a deliciosa comida temperada de Sichuan, muito diferente da comida meio insossa do norte. Os pratos tinham nomes exóticos que minha mãe adorava: "tigre luta com dragão", "galinha concubina imperial", "pato ao molho quente", "galinho dourado canta ao amanhecer". Minha mãe ia muitas vezes a casa, e comia com a família, olhando o pomar de ameixas-de-inverno, amêndoas e pêssegos lá fora, que formavam um mar de flores cor-de-rosa e brancas no início da primavera. Encontrava entre as mulheres da família Chang uma atmosfera simpática e acolhedora, e sentia-se muito amada por elas.

Deram à minha mãe um emprego no Departamento de Assuntos Públicos do governo do município de Yibin. Ela passava muito pouco tempo no escritório. A primeira prioridade era alimentar a população — e isso começava a ser difícil.

O sudoeste era o último reduto da liderança do Kuomintang, e 250 mil soldados achavam-se encalhados em Sichuan quando

Chang Kai-chek fugiu da província para Taiwan, em dezembro de 1949. Sichuan era, além disso, um dos poucos lugares onde os comunistas não haviam ocupado os campos antes de tomar as cidades. Unidades do Kuomintang, desorganizadas mas muitas vezes bem armadas, ainda controlavam grande parte da área rural no sul de Sichuan, e a maior parte do abastecimento de alimentos estava nas mãos de latifundiários pró-Kuomintang. Os comunistas precisavam urgentemente conseguir comida para alimentar as cidades, além de suas próprias forças e o grande número de soldados do Kuomintang que se haviam rendido.

A princípio, mandaram pessoas tentar comprar alimentos. Muitos dos grandes latifundiários tinham tradicionalmente seus exércitos particulares, que agora se juntavam com os bandos dos soldados do Kuomintang. Poucos dias depois da chegada de minha mãe a Yibin, essas forças lançaram um levante geral no sul de Sichuan. Yibin corria o risco de passar fome.

Os comunistas passaram a enviar equipes armadas, compostas de oficiais escoltados por guardas do exército, para coletar alimentos. Quase todo mundo foi mobilizado. Os escritórios do governo ficaram vazios. De todo o governo municipal de Yibin, só duas mulheres foram deixadas para trás: uma era recepcionista e a outra tinha um bebê recém-nascido.

Minha mãe saiu em várias dessas expedições, que duravam muitos dias seguidos. Havia treze pessoas em sua equipe: sete civis e seis soldados. O equipamento de minha mãe consistia de um colchão, uma mochila de arroz e uma pesada sombrinha feita de tela pintada com óleo de tung, e tinha de levar tudo nas costas. A equipe caminhava dias e dias por regiões agrestes e pelo que os chineses chamam de "trilhas tripa de carneiro" — traiçoeiras trilhas nas montanhas, serpeando à beira de profundos precipícios e ravinas. Quando chegavam a uma aldeia, iam aos barracos mais miseráveis e tentavam estabelecer uma relação com os camponeses muito pobres, dizendo-lhes que os comunistas iam dar a pessoas como eles sua própria terra e uma vida feliz, e depois perguntando-lhes que latifundiários tinham arroz estocado. A maioria dos camponeses herdara um medo e uma suspeita tradicionais de qualquer autoridade. Muitos só muito vagamente tinham ouvido falar dos comunistas, e tudo que tinham ouvido era ruim; mas minha mãe, tendo trocado rapidamente seu sotaque nortista por um sotaque local, era muito bem-falante e persuasiva. Explicar a nova política revelou-se o seu forte. Se a equipe conseguia obter informação sobre os latifundiários, tentava convencê-los a vender em pontos de coleta designados, onde seriam pagos contra-entrega. Alguns tinham medo e entregavam sem muita confusão. Outros informavam o paradeiro da equipe a um dos bandos armados. Minha mãe e seus camaradas foram alvejados muitas vezes, e passavam toda a noite em alerta, às vezes tendo de mudar-se de um lugar para outro a fim de evitar ataques.

A princípio ficavam com camponeses pobres. Mas quando os bandidos descobriam que alguém os tinha ajudado, matavam a família inteira. Após vários massacres, a equipe decidiu que não podia pôr em perigo a vida de pessoas inocentes. Por isso dormiam ao ar livre, ou em templos abandonados.

Em sua terceira expedição, minha mãe começou a vomitar e a ter ataques de tontura. Estava grávida de novo. Voltou para Yibin exausta e desesperada por um descanso, mas sua equipe teve de partir imediatamente em outra expedição. Não ficara claro o que uma mulher grávida podia fazer, e ela se viu dividida entre ir ou não. Queria ir, e o clima da época era muito de auto-sacrifício; considerava-se vergonhoso alguém se queixar de qualquer coisa. Mas ela estava assustada pela lembrança do aborto apenas cinco meses antes, e pela idéia de sofrer outro no meio do agreste, onde não havia médicos nem transporte. Além disso, as expedições envolviam batalhas quase diárias com os bandidos, e era importante poder correr — e depressa. Até andar a deixava tonta.

Contudo, decidiu ir. Ia outra jovem que também estava grávida. Uma tarde, a equipe instalou-se para almoçar num pátio deserto. Presumiram que o dono da casa tinha fugido, provavelmente deles. Os muros de barro, que chegavam à altura dos ombros e contornavam o pátio coberto de mato, haviam desmoronado em vários pontos. O portão de madeira, aberto, rangia à brisa da primavera. O cozinheiro deles preparava o arroz da equipe numa cozinha abandonada, quando apareceu um homem de meia-idade. Parecia camponês: usava sandálias de palha e calças frouxas, com um grande pedaço de pano, parecendo um avental, enfiado num lado da faixa de algodão da cintura, e tinha um turbante branco sujo na cabeça. Disse-lhes que um bando de homens pertencentes a um notório grupo de bandidos conhecidos como a Brigada do Montante dirigia-se para ali, e estavam especialmente interessados em capturar minha mãe e a outra mulher da equipe, porque sabiam que elas eram esposas de altas autoridades comunistas.

Esse homem não era um camponês comum. Sob o Kuomintang, tinha sido o potentado da sede do município, que dominava vários outros vilarejos, inclusive aquele. A Brigada do Montante tentara obter sua cooperação, como fazia com todos os antigos homens e latifundiários do Kuomintang. Ele se juntara à Brigada, mas queria manter abertas as suas opções, e estava avisando aos comunistas para comprar segurança. Disse-lhes que a melhor saída era fugir.

A equipe saltou e correu imediatamente. Mas minha mãe e a outra mulher não podiam se deslocar muito depressa, por isso o potentado levou-as por uma brecha no muro e ajudou-as a esconder-se num monte de feno próximo. O cozinheiro demorou-se na cozinha, embrulhando o arroz cozido e jogando água fria no *wok*,* para esfriá-lo e poder levá-lo consigo. Arroz e *wok* eram preciosos demais para ser abandonados; era difícil obter um *wok* de ferro, sobretudo em tempo de guerra. Dois dos soldados ficaram na cozinha ajudando-o e tentando apressá-lo. Finalmente o cozinheiro pegou o arroz e o *wok* e os três saíram correndo pela porta dos fundos. Mas os bandidos já entravam pela porta da frente, e alcançaram-nos após alguns metros. Caíram sobre eles e os esfaquearam até a morte. O bando não tinha muitas armas de fogo nem munição para atirar no resto da equi-

---

* Recipiente em forma de bacia, usado para preparar comida, sobretudo arroz. (N. T.)

pe, que eles podiam ver não muito longe. Não descobriram minha mãe e a outra mulher no monte de feno.

Não muito depois o bando foi capturado, junto com o caudilho. Ele era ao mesmo tempo o chefe do bando e uma das "serpentes em suas velhas tocas", o que o tornava candidato à execução. Mas tinha avisado a equipe e salvo a vida das duas mulheres. Na época, as sentenças de morte tinham de ser endossadas por um conselho de revisão composto por três homens. Acontece que o presidente do tribunal era meu pai. O segundo membro era o marido da outra grávida, e o terceiro o chefe de polícia local.

O tribunal dividiu-se em dois a um. O marido da outra mulher votou que poupassem a vida do caudilho. Meu pai e o chefe de polícia votaram que se mantivesse a pena de morte. Minha mãe solicitou ao tribunal que deixasse o homem viver, mas meu pai se manteve inflexível. Era exatamente com isso que o homem contava, ele disse à minha mãe: escolhera aquela equipe em particular pois sabia que dela faziam parte as esposas de duas autoridades importantes. "Ele tem muito sangue nas mãos", disse meu pai. O marido da outra mulher discordou veementemente. "Mas", reagiu meu pai, esmurrando a mesa, "não podemos ser clementes, precisamente *porque* nossas esposas estão envolvidas. Se deixássemos sentimentos pessoais influenciarem, qual seria a diferença entre a nova China e a velha?" O caudilho foi executado.

Minha mãe não perdoou meu pai por isso. Achava que o homem não devia morrer, pois tinha salvo muitas vidas, e meu pai, em particular, lhe "devia" uma vida. Da maneira como via o caso, que era como a maioria dos chineses veria, a conduta de meu pai significava que ele não lhe dava valor, ao contrário do marido da outra mulher.

Nem bem o julgamento acabou, minha mãe foi mandada de novo para o campo. Ainda se sentia muito mal da gravidez, vomitando muito e o tempo todo exausta. Sentia fortes dores na barriga desde a extenuante corrida até o monte de feno. O marido da outra mulher decidiu que não ia deixá-la ir de novo. "Protegerei minha esposa grávida", disse. "E também quaisquer esposas que estejam grávidas. Nenhuma mulher grávida deve passar tais perigos." Mas enfrentou uma feroz oposição da chefe de minha mãe, a sra. Mi, uma camponesa que tinha sido guerrilheira. Era inconcebível uma camponesa tirar folga por estar grávida. Trabalhava até o momento do parto, e havia inúmeras histórias de mulheres que cortavam o cordão umbilical com a foice e continuavam trabalhando. A sra. Mi tivera seu filho no campo de batalha, e fora obrigada a abandoná-lo ali mesmo — o choro de um bebê teria posto em perigo toda a unidade. Após perder seu bebê, parecia querer que outras sofressem um destino semelhante. Insistiu em mandar minha mãe de novo, apresentando uma argumentação muito eficiente. Na época, nenhum membro do Partido tinha permissão de casar-se, a não ser funcionários relativamente velhos (os que se qualificavam como "28-7-regimento-1"). Assim, qualquer mulher que estivesse grávida praticamente tinha de ser um membro da elite. E se elas não fossem para o campo, como podia o Partido esperar o mesmo de outras pessoas? Meu pai concordou com ela, e disse à minha mãe que devia ir.

Minha mãe aceitou isso, apesar de seus temores de outro aborto. Estava disposta a morrer, mas esperara que meu pai se opusesse à sua ida — e o dissesse; dessa forma, teria sentido que ele punha sua segurança em primeiro lugar. Mas via que a primeira lealdade dele era para a revolução, e ficou amargamente decepcionada.

Passou várias e dolorosas semanas andando pelas colinas e montanhas. As escaramuças intensificavam-se. Quase todo dia chegavam notícias de membros de outras equipes torturados e assassinados por bandidos. Eles eram particularmente sádicos com as mulheres. Um dia, o cadáver de uma das sobrinhas de meu pai foi jogado diante do portão da cidade: tinha sido estuprada e esfaqueada, a vagina uma posta sangrenta. Outra jovem foi apanhada pela Brigada do Montante numa escaramuça. O bando foi cercado por comunistas armados, por isso amarrou a mulher e mandou-a gritar a seus camaradas que os deixassem fugir. Ela, ao contrário, gritou: "Vão em frente, não se preocupem comigo!". Toda vez que gritava, um dos bandidos cortava uma tira de sua carne com uma faca. Ela morreu horrivelmente mutilada. Após vários desses incidentes, decidiram não mandar mais mulheres em expedições para coleta de alimentos.

Enquanto isso, em Jinzhou, minha avó vivia preocupada com a filha. Assim que recebeu carta dizendo que ela chegara a Yibin, decidiu ir ver se estava bem. Em março de 1950, partiu em sua própria longa marcha através da China.

Nada sabia do resto do imenso país, e achava que Sichuan era não só montanhosa e isolada, mas também carente das necessidades diárias da vida. Seu primeiro instinto foi levar consigo um grande suprimento de produtos básicos. Mas o país ainda se achava em estado de levante, e os combates continuavam ao longo da rota que ela pretendia tomar; compreendeu que ia ter de carregar sua própria bagagem, e na certa caminhar boa parte do caminho, o que era extremamente difícil com os pés enfaixados. Acabou decidindo-se por uma pequena trouxa, que ela mesma podia levar.

Seus pés tinham crescido desde que se casara com o dr. Xia. Por tradição, os manchus não praticavam o enfaixamento dos pés, e por isso minha avó tirara as faixas e os pés tinham crescido aos poucos. Esse processo era quase tão doloroso quanto o enfaixamento original. Os ossos esmagados não se refizeram, claro, e portanto os pés não retornaram à forma original, mas continuaram aleijados e murchos. Minha avó queria que parecessem normais, e enfiava lã de algodão nos sapatos.

Antes da partida de minha avó, Lin Xiao-xia, o homem que a mandara buscar para o casamento de meus pais, deu-lhe um documento dizendo que ela era mãe de uma revolucionária; com isso, organizações do Partido ao longo do caminho lhe forneceriam alimento, acomodações e dinheiro. Ela seguiu quase o mesmo percurso de meus pais, tomando o trem parte do caminho, às vezes viajando em caminhões, e caminhando quando não havia outro transporte. Certa vez, estava num caminhão com algumas mulheres e crianças, todas pertencentes a famílias de comunistas. O caminhão parou para algumas das crianças fazerem xixi. Assim que parou, balas estilhaçaram as tábuas de madeira do lado. Minha avó abaixou-se no fundo, enquanto as balas zuniam centímetros acima de sua cabeça. Os guardas responderam tiros de metralhadora e conseguiram silenciar os atacantes, que eram desgarrados do Kuomintang. Minha avó saiu ilesa, mas várias das crianças e alguns dos guardas foram mortos.

Quando chegou a Wuhan, uma grande cidade no centro da China, situada pouco depois da metade do caminho, disseram-lhe que a etapa seguinte, subindo de barco o Yang-tse, era insegura, por causa dos bandidos. Ela teve de esperar um mês, até tudo se acalmar — mesmo assim, seu barco foi atacado várias vezes da margem. O barco, meio velho, tinha um convés chato, aberto, por isso os guardas ergueram dos dois lados uma murada de sacos de areia de cerca de um metro de altura, com aberturas para as metralhadoras. Parecia uma fortaleza flutuante. Sempre que o atacavam, o capitão punha toda força avante e tentava atravessar depressa a fuzilaria, enquanto os guardas respondiam ao fogo por trás das barricadas. Minha avó ia para baixo do convés e esperava que acabasse o tiroteio.

Passou para um barco menor em Yichang e atravessou as Gargantas do Yang-tse, e em maio estava perto de Yibin, sentada num barco coberto com palhas de coqueiro, a navegar suavemente entre ondas cristalinas, o ar cheirando a flor de laranjeira.

O barco era impelido rio acima por doze remadores. Enquanto remavam, eles cantavam árias tradicionais da ópera de Sichuan e improvisavam músicas com os nomes das aldeias pelas quais passavam, as lendas das colinas e os espíritos das touceiras de bambu. Também cantavam sobre o que sentiam. Minha avó se divertiu muito com as músicas que, com um brilho nos olhos, cantavam a fim de conquistar as passageiras. Não entendia a maioria das expressões que usavam, porque eram em dialeto de Sichuan, mas via que tinham insinuações sexuais pelo modo como as passageiras davam risadas, traindo ao mesmo tempo prazer e embaraço. Ouvira falar do caráter de Sichuan, que se dizia quente e apimentado como sua comida. Minha avó estava num estado de espírito alegre. Não sabia que minha mãe várias vezes escapara da morte por um triz, nem minha mãe dissera coisa alguma sobre o aborto.

Era meados de maio quando ela chegou. A viagem levara mais de dois meses. Minha mãe, que vinha se sentindo doente e infeliz, ficou em êxtase por tornar a vê-la. Meu pai nem tanto. Em Yibin fora a primeira vez que se vira a sós com minha mãe, numa situação ainda semi-instável. Mal acabara de livrar-se da sogra, e lá estava ela de novo, quando esperava que estivesse a milhares de quilômetros. Sabia muito bem que não era páreo para os laços entre mãe e filha.

Minha mãe fervia de ressentimento contra ele. Desde que a ameaça dos bandidos se tornara mais aguda, reinstalara-se o estilo de vida quase militar. E como ficavam tanto tempo fora, minha mãe raramente passava a noite com meu pai. Ele vivia viajando pela região, investigando as condições nas áreas rurais, ouvindo as queixas dos camponeses e lidando com todo tipo de problema, em particular o abastecimento de comida. Mesmo quando estava em Yibin, trabalhava até tarde da noite no escritório. Meus pais viam-se cada vez menos, e estavam se afastando.

A chegada de minha avó reabriu velhas feridas. Deram-lhe um quarto no pátio onde meus pais moravam. Na época, todos os funcionários dependiam de um sistema abrangente de pensão chamado *gong-ji-zhi*. Não recebiam salário, mas o Estado provia-lhes habitação, alimento, roupas, artigos para necessidades do dia-a-dia e mais uma quantia para pequenos gastos — como no exército. Todos tinham de comer em cantinas, onde a comida era pouca e nada atraente. Não se podia cozinhar em casa, mesmo que se tivesse dinheiro de outra origem.

Quando minha avó chegou, começou a vender algumas de suas jóias para comprar comida na feira; estava sobretudo decidida a cozinhar para minha mãe, pois se considerava, tradicionalmente, vital que as mulheres grávidas comessem bem. Mas logo começaram a chover queixas, vindas da sra. Mi, de que minha mãe era "burguesa" — obtinha tratamento privilegiado e usava combustível precioso, que, como a comida, tinha de ser coletado no campo. Também a criticava por ser "mimada"; ter a mãe ali era ruim para sua reeducação. Meu pai fez uma autocrítica à sua organização no Partido e ordenou à minha avó que parasse de cozinhar em casa. Minha mãe se ressentiu disso, e também minha avó. "Não pode ficar do meu lado uma vez que seja?", perguntou minha mãe, com amargor. "O bebê que tenho aqui é tão seu quanto meu, e precisa de alimentação!" Meu pai acabou cedendo um pouco: minha avó podia cozinhar em casa duas vezes por semana, não mais. Mesmo isso já era uma violação das regras, disse.

Acontece que minha avó violava uma regra mais importante. Só funcionários de certa hierarquia tinham direito a ter os pais hospedados consigo, e minha mãe não se achava entre eles. Como os funcionários não recebiam salários, o Estado era responsável pela manutenção de seus dependentes, e queria manter o número reduzido. Mesmo meu pai tendo um posto bastante elevado, deixara que sua mãe continuasse sendo sustentada por tia Jun-ying. Minha mãe observou que a mãe dela não seria um fardo para o Estado, porque tinha jóias suficientes para sustentar-se, e fora convidada a ficar com tia Jun-ying. A sra. Mi disse que minha avó não podia ficar ali de modo algum e tinha de voltar para a Manchúria. Meu pai concordou.

Minha mãe argumentou veementemente, mas ele disse que regra era regra — e não ia lutar para dobrar a regra. Na antiga China, um dos maiores vícios era que qualquer um com poder estava acima das regras, e um importante componente da revolução comunista era que as autoridades, como todos os demais, estavam sujeitas às regras. Minha mãe caiu em prantos. Temia sofrer outro aborto. Não poderia meu pai pensar em sua segurança e deixar a mãe ficar até o parto? Ele continuou dizendo não. "A corrupção sempre começa com coisinhas como essa. Esse é o tipo de coisa que corroerá nossa revolução." Minha mãe não conseguiu encontrar argumento para conquistá-lo. Achava que ele não tinha sentimentos. Não colocava os interesses dela em primeiro lugar. Não a amava.

Minha avó teve de ir embora, e minha mãe jamais perdoaria meu pai por isso. Minha avó estivera com a filha pouco mais de um mês, depois de passar quase dois viajando de um lado a outro da China, com risco de vida. Ela temia que minha mãe tivesse outro aborto, e não confiava nos serviços médicos de Yibin. Antes de partir, foi visitar tia Jun-ying e prostrou-se solenemente diante dela, dizendo que deixava minha mãe aos seus cuidados. Minha tia também estava triste. Preocupava-se com minha mãe, e queria que minha avó ficasse para o parto. Foi pedir ao irmão, mas ele se manteve inflexível.

De coração pesado, e em meio a lágrimas amargas, minha avó foi para o cais capengando com minha mãe, para tomar o pequeno barco e descer o Yang-tse, no início da longa e incerta jornada de volta à Manchúria. Minha mãe ficou de pé na beira do rio, acenando enquanto o barco desaparecia na neblina, e imaginando se algum dia voltaria a ver a mãe.

Era julho de 1950. O ano de minha mãe na condição de membro provisório do Partido ia acabar, e sua célula a atormentava intensamente. A célula tinha apenas três membros: minha mãe, o guarda-costas de meu pai e a chefe de minha mãe, a sra. Mi. Havia tão poucos membros do Partido em Yibin que os três tinham sido reunidos meio incongruentemente. Os outros dois, que eram membros plenos, inclinavam-se a recusar o pedido de minha mãe, mas não davam um não direto. Apenas continuavam atormentando-a e obrigando-a a fazer intermináveis autocríticas.

Para cada autocrítica, havia muitas críticas. Os dois camaradas de minha mãe insistiam em que ela se comportara de maneira "burguesa". Diziam que não quisera ir para o campo ajudar a coletar alimentos; quando ela observou que tinha ido, de acordo com os desejos do Partido, eles responderam: "Ah, mas na verdade não queria ir". Depois acusaram-na de ter desfrutado de comida privilegiada — cozinhada, além do mais, por sua mãe em casa — e de sucumbir mais a doenças que a maioria das mulheres grávidas. A sra. Mi também a criticou porque sua mãe fizera roupas para o bebê. "Quem já ouviu falar de um bebê usando roupas novas?", perguntou. "Que desperdício burguês! Por que ela não embrulha o bebê em roupas velhas como todo mundo?" O fato de minha mãe demonstrar tristeza por minha avó ter de ir embora foi entendido como prova definitiva de que ela "punha a família em primeiro lugar", ou seja, como uma ofensa grave.

O verão de 1950 foi o mais quente na memória dos vivos, com elevada umidade e temperaturas de trinta e oito graus. Minha mãe lavava-se todo dia, e foi atacada também por isso. Os camponeses, sobretudo no norte, de onde vinha a sra. Mi, raramente se lavavam, por causa da escassez de água. Nas guerrilhas, homens e mulheres competiam para ver quem tinha mais "insetos revolucionários" (piolhos). A higiene era tida como não proletária. Quando o verão sufocante se tornou um frio outono, o guarda-costas de meu pai lançou outra acusação: minha mãe "comportava-se como a grande dama de uma autoridade do Kuomintang", porque usava a água quente deixada por meu pai. Na época, para economizar combustível, havia uma regra de que só as autoridades acima de certa patente tinham direito a banhar-se com água quente. Meu pai enquadrava-se nesse grupo, mas minha mãe não. Ela fora seriamente aconselhada pelas mulheres da família de meu pai a não tocar em água fria quando se aproximasse a hora do parto. Após a crítica do guarda-costas, meu pai não a deixava usar sua água. Minha mãe tinha vontade de gritar com ele, por não ficar do lado dela contra as intermináveis intrusões nos mais irrelevantes recessos de sua vida.

A intrusão total do Partido na vida das pessoas era o objetivo mesmo do processo conhecido como "reforma do pensamento". Mao queria não apenas disciplina externa, mas a submissão total de todos os pensamentos, grandes ou pequenos. Toda semana, realizava-se uma assembléia para "exame do pensamento" dos que estavam "na revolução". Todos tinham de criticar-se por pensamentos incorretos e sujeitar-se às críticas dos outros. As assembléias tendiam a ser dominadas pelos hipócritas e mesquinhos, que as usavam para dar vazão à sua inveja e frustração; os de origem camponesa usavam-nas para atacar os de origem "burguesa". A idéia era que as pessoas deviam ser reformadas para parecer mais com os camponeses, porque a revolução comunista era em essência uma revolução camponesa. Esse processo era atraente para os sentimentos de culpa dos educados; tinham vivido melhor que os camponeses, e a autocrítica canalizava isso.

As assembléias eram um importante instrumento de controle comunista. Não davam às pessoas tempo livre, e eliminavam a esfera privada. Justificava-se a mesquinhez que as dominava dizendo-se que fuçar detalhes privados era uma maneira de assegurar uma completa limpeza espiritual. Na verdade, a mesquinhez era uma característica fundamental de uma revolução em que se celebravam a intrusão e a ignorância, e incorporava-se a inveja no sistema de controle. A célula de minha mãe atormentou-a semana após semana, mês após mês, obrigando-a a apresentar intermináveis autocríticas.

Ela tinha de consentir com esse agônico processo. A vida para um revolucionário não tinha sentido se ele fosse rejeitado pelo Partido. Era como a excomunhão para um católico. Além disso, era o procedimento padrão. Meu pai tinha passado por tudo aquilo e o aceitara como parte do "juntar-se à revolução". Na verdade, ainda estava passando. O Partido jamais escondera o fato de que se tratava de um processo doloroso. Ele disse à minha mãe que sua angústia era normal.

No fim de tudo isso, os dois camaradas de minha mãe votaram contra sua integração plena no Partido. Ela caiu em profunda depressão. Tinha-se dedicado à revolução, e não podia aceitar a idéia de que a revolução não a queria; era sobretudo mortificante pensar que não podia entrar por motivos inteiramente mesquinhos e irrelevantes, decididos por duas pessoas cuja maneira de pensar parecia a anos-luz do que ela concebia como a ideologia do Partido. Era mantida fora de uma organização progressista por pessoas retrógradas, e no entanto a revolução parecia dizer-lhe que era ela quem estava errada. No fundo da mente havia outro ponto, mais prático, que ela não confessava nem a si mesma: era vital entrar para o Partido, porque se não entrasse, seria estigmatizada e forçada ao ostracismo.

Com esses pensamentos revolvendo-se na cabeça, minha mãe sentiu que o mundo estava contra ela. Temia ver as pessoas e passava o máximo possível do tempo sozinha, chorando. Até isso tinha de esconder, pois seria considerado falta de fé na revolução. Descobriu que não podia culpar o Partido, que lhe parecia ter razão, e por isso culpava meu pai, primeiro por engravidá-la, e depois por não defendê-la quando era atacada e rejeitada. Muitas vezes ficou vagando ao longo do cais, fitando as águas barrentas do Yang-tse, e pensando em suicidar-se para puni-lo, imaginando como ele ficaria cheio de remorso quando descobrisse que ela se matara.

A recomendação de sua célula tinha de ser aprovada por uma autoridade superior, que consistia de três intelectuais de espírito aberto. Eles acharam que minha mãe fora tratada injustamente, mas as regras do Partido tornavam-lhes difícil derrubar a recomendação da célula. Por isso foram adiando. O que era relativamente fácil, porque era raro eles estarem no mesmo lugar ao mesmo tempo. Como meu pai e os outros funcionários homens, em geral andavam em diferentes partes da região buscando alimentos e combatendo bandidos. Sabendo que Yibin se achava quase indefesa, e levados ao desespero pelo fato de que todas as suas rotas de fuga — tanto para Taiwan quanto para a Indochina e a Birmânia, através de Yunnan — haviam sido cortadas, um considerável exército de desgarrados do Kuomintang, latifundiários e bandidos sitiou a cidade, e por algum tempo pareceu que ela ia cair. Meu pai correu de volta do campo assim que soube do ataque.

Os campos começavam logo além dos muros da cidade, e havia vegetação a poucos metros dos portões. Usando isso como cobertura, os atacantes conseguiram chegar aos muros e começaram a martelar o portão norte com enormes aríetes. Na vanguarda vinha a Brigada do Montante, consistindo em grande parte de camponeses desarmados que, tendo bebido "água santa", se julgavam imunes às balas. Os soldados do Kuomintang vinham atrás. A princípio, o comandante do exército comunista tentou dirigir o fogo para o Kuomintang, não para os camponeses, que esperava fazer recuar de medo.

Mesmo estando grávida de sete meses, minha mãe juntou-se às outras mulheres para levar comida e água aos defensores nos muros, e transportar os feridos para a retaguarda. Graças ao treinamento que tivera na escola, era boa em primeiros socorros. Também era corajosa. Após cerca de uma semana, os atacantes abandonaram o sítio e os comunistas contra-atacaram, varrendo para sempre praticamente toda resistência armada na área.

Logo em seguida, teve início a reforma agrária na área de Yibin. Os comunistas haviam aprovado no verão anterior uma lei nesse sentido, que era a chave de seu programa para transformar a China. O conceito básico, que eles chamavam de "a terra voltando para casa", era redistribuir todas as terras agrícolas, assim como os animais de tração e as casas, de modo que todo camponês possuísse um pedaço de terra mais ou menos igual. Permitia-se aos latifundiários ficar com um trato, nas mesmas bases de todos os demais. Meu pai era uma das pessoas que administravam o programa. Minha mãe foi dispensada de ir às aldeias por estar grávida.

Yibin era uma região rica. Um ditado local dizia que com um ano de trabalho os camponeses podiam viver dois folgadamente. Mas décadas de guerra incessante haviam devastado a terra. Além disso, pesados impostos foram lançados para financiar a luta e os oito anos de guerra contra o Japão. As depredações haviam aumentado quando Chang Kai-chek mudara sua capital do tempo da guerra para Sichuan e funcionários e aventureiros corruptos haviam caído sobre a província. Para completar, em 1949 o Kuomintang fez de Sichuan seu reduto final e, pouco antes de os comunistas chegarem, cobrara impostos exorbitantes. Tudo isso, além dos latifundiários gananciosos, combinara-se para produzir uma apavorante pobreza na rica província. Oitenta por cento dos camponeses não tinham o suficiente para alimentar suas famílias. Se as safras quebravam, muitos se viam reduzidos a ervas e folhas de batata-doce, antes dadas aos porcos. A fome era generalizada, e a expectativa de vida de apenas quarenta anos. A pobreza numa terra tão rica era um dos motivos pelos quais meu pai fora atraído para o comunismo, para começar.

Em Yibin, a campanha da reforma agrária não foi muito violenta, em parte porque os ferozes latifundiários se haviam envolvido nas rebeliões dos primeiros nove meses do domínio comunista e já tinham sido mortos em combate ou executados. Mas houve alguma violência. Num caso, um membro do Partido estuprou as mulheres da família de um latifundiário e depois mutilou-as cortando-lhes os seios. Meu pai ordenou que esse homem fosse executado.

Uma quadrilha de bandidos tinha capturado um jovem comunista, formado na universidade, quando ele se achava no campo em busca de comida. O chefe dos bandidos ordenou que ele fosse cortado ao meio. Depois esse chefe foi capturado e espancado até a morte pelo líder da equipe da reforma agrária, que tinha sido amigo do homem massacrado. O líder da equipe então arrancou o coração do chefe e comeu-o, para demonstrar sua vingança. Meu pai ordenou que o líder da equipe fosse demitido do cargo, mas não fuzilado. Argumentou que embora ele houvesse praticado uma forma de brutalidade, não fora contra uma pessoa inocente, mas um assassino, e cruel ainda por cima.

A reforma agrária levou um ano para ser concluída. Na maioria dos casos, o pior que os latifundiários sofreram foi a perda da maior parte de suas terras e casas. Os chamados latifundiários de espírito aberto, os que não se haviam juntado à rebelião, ou que tinham de fato ajudado os comunistas na clandestinidade, foram bem tratados. Meus pais tinham amigos cujas famílias eram de latifundiários locais, e jantavam em suas grandiosas mansões antes que fossem confiscadas e divididas entre os camponeses.

Meu pai estava completamente envolvido em seu trabalho, e não se achava na cidade quando minha mãe deu à luz seu primeiro bebê, uma menina, a 8 de novembro. Como o dr. Xia dera à minha mãe o nome De-hong, que incorpora o caractere de "cisne selvagem" (*Hong*) com um nome de geração (*De*), meu pai chamou minha irmã de Xiao-hong, que significa "ser parecida" (*Xiao*) com minha mãe. Sete dias após o nascimento de minha irmã, tia Jun-ying mandou trazer minha mãe do hospital para a casa Chang, numa liteira de bambu carregada por dois homens. Quando meu pai voltou algumas semanas depois, disse à minha mãe que, como comunista, não devia ter se deixado carregar por outros seres humanos. Ela disse que fizera isso porque, segundo a sabedoria tradicional, as mulheres não deviam andar por algum tempo após o parto. A isso meu pai respondeu: e a camponesa que tem de continuar trabalhando nos campos imediatamente após parir?

Minha mãe ainda se achava em profunda depressão, sem saber se podia continuar no Partido ou não. Incapaz de despejar sua raiva sobre meu pai ou o Partido, culpava a filha bebê por sua infelicidade. Quatro dias depois de saírem do hospital, minha irmã chorou a noite toda. Minha mãe estava no fim da resistência, e gritou com ela e bateu-lhe com força. Tia Jun-ying, que dormia no quarto ao lado, entrou correndo e disse: "Você está exausta. Deixe que eu cuido dela". Daí em diante, minha tia cuidou de minha irmã. Quando minha mãe voltou para sua casa poucas semanas depois, minha irmã ficou com tia Jun-ying na casa da família.

Até hoje minha mãe lembra com dor e remorso a noite em que bateu em minha irmã. Quando ia visitá-la, Xiao-hong escondia-se, e — numa trágica inversão do que lhe acontecera em criança na mansão do general Xue — ela não deixava a menina chamá-la de "mãe".

Minha mãe arranjou uma ama-de-leite para minha irmã. Pelo sistema de pensão, o Estado pagava uma ama-de-leite para todo bebê recém-nascido na família de um funcionário, e também oferecia exames médicos gerais para as amas-de-leite, que eram tratadas como funcionárias públicas. Não eram criadas, e não tinham de lavar fraldas. O Estado podia pagar a elas, já que, segundo as regras do Partido que regiam as pessoas "na revolução", os únicos que tinham permissão de casar eram funcionários mais graduados, que produziam relativamente poucos bebês.

A ama-de-leite tinha quase vinte anos, e seu bebê nascera morto. Ela se casara numa família latifundiária que perdera a renda obtida da terra. Não queria trabalhar como camponesa, mas ficar com o marido, que ensinava e morava na cidade de Yibin. Por meio de amigos comuns, entrara em contato com minha tia e fora morar na casa da família Chang com o marido.

Aos poucos, minha mãe foi saindo da depressão. Após o parto, deram-lhe trinta dias de folga regulamentar, que ela passou com a sogra e tia Jun-ying. Quando voltou ao trabalho, passou para um novo serviço na Liga da Juventude Comunista da cidade de Yibin, relacionado com uma completa reorganização da região. A região de Yibin, que cobria uma área de 12,7 mil quilômetros quadrados e tinha uma população de mais de 2 milhões de habitantes, foi redividida em nove municípios rurais e uma cidade, Yibin. Meu pai tornou-se membro do comitê de quatro autoridades que governava toda a região e chefe do seu Departamento de Assuntos Públicos.

Essa reorganização transferiu a sra. Mi e trouxe uma nova chefe para minha mãe: a diretora do Departamento de Assuntos Públicos para a cidade de Yibin, que controlava a Liga da Juventude. Na China comunista, apesar das regras formais, a personalidade do chefe imediato de alguém era mais importante que no Ocidente. A atitude do chefe é a do Partido. Ter um chefe simpático muda a vida da gente.

A nova chefe de minha mãe era uma mulher chamada Zhang Xi-ting. Ela e o marido tinham estado numa unidade do exército que fazia parte da força enviada para tomar o Tibete em 1950. Sichuan era o trampolim para o Tibete, considerado os confins do mundo pelos chineses han. O casal pedira para ser dispensado e fora enviado para Yibin. O marido chamava-se Liu Jie-ting. Mudara o nome para Jie-ting ("Ligado a Ting") para mostrar o quanto admirava a esposa. O casal ficou conhecido como "os dois Ting".

Na primavera, minha mãe foi promovida a chefe da Liga da Juventude, um cargo importante para uma mulher que não fizera nem vinte anos ainda. Recuperara o equilíbrio e muito de sua antiga vivacidade. Nessa atmosfera eu fui concebida, em junho de 1951.

9. "Quando um homem obtém poder, até suas galinhas e cachorros sobem aos céus"
VIVENDO COM UM HOMEM INCORRUPTÍVEL
(1951-1953)

MINHA MÃE ESTAVA AGORA numa nova célula do Partido, composta por ela mesma, a sra. Ting e uma terceira mulher que estivera na clandestinidade em Yibin, e com quem minha mãe se deu muito bem. As intermináveis intrusões e exigências de autocríticas cessaram imediatamente. Sua nova célula apressou-se a elegê-la membro pleno do Partido, o que ocorreu em julho.

Sua nova chefe, a sra. Ting, não era nenhuma beleza, mas sua figura esbelta, a boca sensual, o rosto sardento, os olhos vivazes, o espírito aguçado, tudo transpirava energia e mostrava que era uma personagem. Minha mãe gostou dela de pronto.

Em vez de ficar perseguindo-a como a sra. Mi, a sra. Ting deixava minha mãe fazer o que queria, como ler romances; antes, ler um livro sem uma capa marxista traria uma chuva de críticas de que a pessoa era uma "intelectual burguesa". A sra. Ting deixava minha mãe ir ao cinema sozinha, o que era um grande privilégio, pois na época os que estavam "com a revolução" só podiam ver filmes soviéticos — e mesmo assim só em grupos organizados — enquanto os cinemas de propriedade privada ainda mostravam velhos filmes americanos, como os de Carlitos. Outra coisa que significava muito para minha mãe era que podia tomar um banho todo dia.

Um dia minha mãe foi à feira com a sra. Ting e comprou dois metros de fino algodão rosa estampado com flores, da Polônia. Tinha visto o tecido antes, mas não se atrevera a comprá-lo, temendo ser acusada de frívola. Pouco depois de chegar a Yibin, tivera de entregar seu uniforme do exército e voltar ao "terno Lenin". Sob esse terno, usava uma áspera camisa de algodão informe e incolor. Nenhuma regra dizia ser obrigatório o uso desse traje, mas quem não fizesse o mesmo que todo mundo sofria críticas. Minha mãe vinha ansiando por usar um pouco de cor. Ela e a sra. Ting correram à casa dos Chang com o tecido num estado de grande excitação. Rapidinho, quatro belas blusas estavam prontas, duas para cada uma. No dia seguinte, usaram-nas sob seus jaquetões Lenin. Minha mãe pôs a gola para fora e passou o dia inteiro se sentindo muitíssimo excitada e nervosa. A sra. Ting foi mais ousada ainda; não apenas pôs a gola para fora do uniforme, como enrolou as mangas, de modo que uma larga faixa cor-de-rosa aparecia em cada braço.

Minha mãe ficou perplexa, quase aterrorizada, com esse desafio. Como era de esperar, houve muitos olhares de desaprovação. Mas a sra. Ting manteve o queixo erguido: "Quem está ligando?", perguntou à minha mãe, que ficou tremendamente aliviada; com a sanção da chefe, podia ignorar qualquer crítica, verbal ou muda.

Um dos motivos pelos quais a sra. Ting não tinha medo de dobrar um pouco as regras era que tinha um marido poderoso, menos escrupuloso em usar o poder. Homem de nariz aquilino, queixo pontudo e ligeiramente corcunda, da idade de meu pai, o sr. Ting era chefe do Departamento de Organização do Partido para a região de Yibin, uma posição muito importante, pois esse departamento cuidava das promoções, degradações e punições. Também mantinha as fichas dos membros do Partido. Além disso, o sr. Ting, como meu pai, era membro do comitê que governava a cidade.

Na Liga da Juventude, minha mãe trabalhava com pessoas de sua idade. Eram mais bem-educadas, mais despreocupadas e mais dispostas a ver o lado humorístico das coisas que as funcionárias camponesas mais velhas e farisaicas do Partido com as quais ela trabalhara antes. As novas colegas gostavam de dançar, iam juntas a piqueniques e gostavam de falar de livros e idéias.

Ter um trabalho responsável também significava que minha mãe era tratada com mais respeito, que aumentou à medida que as pessoas perceberam que ela era extremamente capaz, além de dinâmica. À medida que ela criava mais confiança e dependia menos de meu pai, ia se sentindo menos decepcionada com ele.

Além disso, acostumava-se às atitudes dele; deixara de esperar que ele sempre a pusesse em primeiro lugar, e estava muito mais em paz com o mundo.

Outro bônus da promoção de minha mãe era que a qualificava para trazer a mãe dela para Yibin permanentemente. No fim de agosto de 1951, após uma viagem exaustiva, chegaram minha avó e o dr. Xia; o sistema de transporte voltara a funcionar direito e eles tinham feito toda a viagem de trem e navio regulares. Como dependentes de um funcionário do governo, deram-lhes alojamentos pagos pelo governo, uma casa de três cômodos num conjunto para hóspedes. Recebiam uma ração de produtos básicos, como arroz e combustível, que lhes era entregue pelo administrador do conjunto, e também uma pequena pensão para comprar outros alimentos. Minha irmã e sua ama-de-leite foram morar com eles, e minha mãe passava lá a maior parte do pouco tempo disponível que tinha, saboreando a deliciosa comida da mãe.

Sentia-se feliz por ter a mãe — e o dr. Xia, a quem amava — consigo. Estava particularmente alegre por eles terem saído de Jinzhou, pois irrompera recentemente a guerra na Coréia, nas portas da Manchúria; a certa altura, em fins de 1950, tropas americanas tinham se postado nas margens do rio Yalu, na fronteira entre a Coréia e a China, e aviões americanos haviam bombardeado e metralhado cidadezinhas da Manchúria.

Uma das coisas que minha mãe queria saber era o que acontecera com Hui-ge, o jovem coronel. Ficou arrasada ao descobrir que ele fora executado por um pelotão de fuzilamento, na curva do rio defronte ao portão oeste de Jinzhou.

Para os chineses, uma das coisas mais terríveis que podiam acontecer era não ter um enterro adequado. Acreditavam que só quando o corpo era coberto e enterrado fundo o morto podia encontrar a paz. Era um sentimento religioso, mas também tinha um lado prático: se o corpo não fosse enterrado, seria despedaçado por cães selvagens e roído até os ossos pelos pássaros. No passado, os corpos de pessoas executadas eram tradicionalmente expostos durante três dias como uma lição para a população; só depois disso eram recolhidos e tinham uma espécie de enterro. Agora os comunistas haviam emitido uma ordem de que a família devia enterrar imediatamente o parente executado; se não pudesse fazê-lo, a tarefa era executada por coveiros contratados pelo governo.

Minha avó fora pessoalmente ao local da execução. O corpo de Hui-ge ficara caído no chão, crivado de balas, numa fila de cadáveres. Fora fuzilado juntamente com outras quinze pessoas. O sangue deles tingira a neve de vermelho-escuro. Não restava ninguém da família na cidade, por isso ela contratara papa-defuntos profissionais para dar-lhe um enterro decente. Ela mesma levara um pedaço de seda vermelha para embrulhar o corpo dele. Minha mãe perguntou se havia aparecido alguém conhecido. Tinha, sim. Minha avó encontrara uma conhecida que recolhia os corpos do marido e do irmão. Os dois tinham sido chefes distritais do Kuomintang.

Minha mãe também ficou horrorizada ao saber que minha avó tinha sido denunciada — pela própria cunhada, a esposa de Yu-lin. Ela há muito se sentia oprimida por minha avó, pois tinha de fazer o trabalho pesado da casa, enquanto minha avó a dirigia como senhora. Os comunistas haviam exortado todos a dizer o que pensavam da "opressão e exploração", e por isso os ressentimentos da sra. Yu-lin receberam um enquadramento político. Quando minha avó recolheu o corpo de Hui-ge, a sra. Yu-lin denunciou-a por simpatia com um criminoso. O quarteirão se reuniu para uma "assembléia de luta", a fim de "ajudar" minha avó a compreender suas "faltas". Minha avó teve de comparecer, mas decidiu sabiamente nada dizer e parecer aceitar mansamente a crítica. Por dentro, fumegava contra a cunhada e os comunistas.

O episódio não ajudou as relações entre minha avó e meu pai. Quando ele descobriu o que ela fizera, ficou furioso, dizendo que minha avó tinha mais simpatia pelo Kuomintang do que pelos comunistas. Mas era óbvio que ele também sentia uma ponta de ciúme. Enquanto mal falava com meu pai, minha avó gostava muito de Hui-ge e pensara nele como um bom casamento para minha mãe.

Minha mãe se viu dividida — entre a mãe e o marido; e entre seus sentimentos pessoais, a dor pela morte de Hui-ge, e seus sentimentos políticos, o compromisso com os comunistas.

A execução do coronel fez parte de uma campanha para "eliminar os contra-revolucionários". A meta era acabar com todos os que apoiavam o Kuomintang e tinham poder de influência, e foi provocada pela Guerra da Coréia, iniciada em junho de 1950. Quando tropas americanas chegaram até a fronteira da Manchúria, Mao receara que os Estados Unidos atacassem a China, ou lançassem o exército de Chang Kai-chek contra o continente, ou as duas coisas juntas. Mandou meio milhão de homens para a Coréia, para lutar do lado dos norte-coreanos contra os americanos.

Embora o exército de Chang Kai-chek jamais deixasse Taiwan, os Estados Unidos organizaram uma invasão no sudoeste da China por forças do Kuomintang na Birmânia; também eram freqüentes os ataques a áreas costeiras, muitos agentes desembarcaram, e aumentaram os atos de sabotagem. Grande número de soldados do Kuomintang e bandidos continuavam à solta, e houve consideráveis rebeliões em partes do interior. Os comunistas receavam que seguidores do Kuomintang tentassem derrubar a ordem recém-estabelecida, e que se Chang Kai-chek conseguisse articular seu retorno, seus seguidores se levantariam como uma quinta-coluna. Também queriam mostrar ao povo que tinham vindo para ficar, e livrar-se dos adversários era uma maneira de incutir o conceito de estabilidade na população, que tradicionalmente ansiava por ela. Contudo, as opiniões se dividiam sobre o grau de implacabilidade necessária. O novo governo decidiu não ser timorato. Como disse uma autoridade: "Se não os matarmos, eles voltam e nos matam".

Minha mãe não se convenceu com a argumentação, mas decidiu que não havia muito sentido em tentar conversar com meu pai a respeito. Na verdade, raramente o via, pois ele passava grande parte do tempo fora, no campo, resolvendo problemas. Esperava-se que os funcionários trabalhassem das oito da manhã às onze da noite, sete dias por semana, e um deles, ou os dois, sempre voltava tão tarde para casa que mal tinham tempo para conversar um com o outro. A filha bebê não vivia com eles, e ambos comiam na cantina, de modo que nada havia que se pudesse chamar de vida doméstica.

Assim que se concluiu a reforma agrária, meu pai tornou a partir, para supervisionar a construção da primeira estrada propriamente dita da região. Antes, a única ligação entre Yibin e o mundo externo era o rio. O governo decidiu construir uma estrada ao sul da província de Yunnan. Em apenas um ano, sem usar qualquer máquina, construíram-se mais de cem quilômetros através de uma área bastante montanhosa, com numerosos rios. A força de trabalho era composta de camponeses, que trabalhavam em troca de comida.

Durante a escavação, os camponeses acharam o esqueleto de um dinossauro, que ficou ligeiramente danificado. Meu pai fez uma autocrítica e providenciou para que fosse escavado com cuidado e enviado para um museu em Pequim. Também enviou soldados para guardarem alguns túmulos que datavam de 200 d.C., dos quais os camponeses vinham tirando tijolos para melhorar seus chiqueiros.

Um dia, dois camponeses foram mortos por um deslizamento de rocha. Meu pai varou a noite, por caminhos de montanha, até a cena do acidente. Era a primeira vez na vida que os camponeses locais punham os olhos num funcionário da patente de meu pai, e ficaram comovidos por verem que ele se preocupava com o seu bem-estar. Antes, supunha-se que todos os funcionários queriam apenas forrar os bolsos. Depois do que o meu pai fez, os habitantes locais passaram a achar os comunistas maravilhosos.

Enquanto isso, uma das principais tarefas de minha mãe era galvanizar apoio para o novo governo, sobretudo entre operários de fábricas. Desde o início de 1951, ela vinha visitando fábricas, fazendo discursos, ouvindo queixas e classificando problemas. Seu trabalho incluía explicar aos jovens operários o que era o comunismo e encorajá-los a entrar na Liga da Juventude e no Partido. Viveu longos períodos em algumas fábricas: esperava-se que os comunistas "vivessem e trabalhassem entre os operários e camponeses", como fazia meu pai, e conhecessem as necessidades deles.

Uma fábrica nos arredores da cidade fazia isolantes de louça. As condições de vida ali, como em todas as outras fábricas, eram pavorosas, com dezenas de mulheres dormindo numa enorme barraca feita de palha e bambu. A alimentação era miseravelmente inadequada: os trabalhadores só tinham carne umas duas vezes por mês, embora realizassem um trabalho exaustivo. Muitas das mulheres tinham de ficar dentro de água fria durante oito horas seguidas, lavando os isolantes de louça. A tuberculose, causada pela má nutrição e a falta de higiene, era comum. Jamais se lavavam direito as tigelas e os pauzinhos de comer, sempre misturados.

Em março, minha mãe começou a escarrar um pouco de sangue. Soube logo que estava tuberculosa, mas continuou trabalhando. Sentia-se feliz porque ninguém se intrometia em sua vida. Acreditava no que fazia, e estava excitada com os resultados de seu trabalho: as condições na fábrica melhoravam, as jovens trabalhadoras gostavam dela, e muitas se aliaram à causa comunista graças a ela. Minha mãe acreditava genuinamente que a revolução precisava de sua dedicação e auto-sacrifício, e trabalhava direto, o dia todo, sete dias por semana. Mas após trabalhar sem interrupção durante meses, tornou-se claro que estava extremamente doente. Haviam surgido quatro cavidades em seus pulmões. No verão, também estava grávida de mim.

Um dia, em fins de novembro, minha mãe desmaiou na fábrica. Levaram-na às pressas para um pequeno hospital da cidade, originalmente estabelecido por missionários estrangeiros. Ali, foi tratada por católicos chineses. Ainda havia um padre e algumas freiras ocidentais, usando hábitos religiosos. A sra. Ting encorajou minha avó a levar-lhe alimentos, e minha mãe comia muito — uma galinha inteira, dez ovos e meio quilo de carne às vezes. Em conseqüência disso, eu fiquei gigantesca na barriga dela.

O hospital tinha uma pequena quantidade de remédio americano para tuberculose. A sra. Ting arremeteu e pegou tudo para minha mãe. Quando meu pai descobriu, pediu à sra. Ting que devolvesse pelo menos a metade, mas ela respondeu-lhe secamente: "Que sentido tem isso? Já não é o bastante para uma pessoa. Se não acredita em mim, vá perguntar ao médico. Além disso, sua esposa trabalha sob minhas ordens e sou eu que tomo as decisões sobre ela". Minha mãe ficou imensamente agradecida à sra. Ting por defendê-la contra meu pai. Ele não insistiu. Estava obviamente dividido entre a preocupação com a saúde de minha mãe e seus princípios, segundo os quais o interesse de sua esposa não podia passar à frente do das pessoas comuns, e de que ao menos um pouco do remédio devia ser guardado para outros.

Por causa de meu enorme tamanho, e pelo fato de eu crescer para cima, as cavidades nos pulmões dela foram comprimidas e começaram a fechar-se. Os médicos disseram-lhe que isso se devia ao tamanho do bebê, mas ela achava que o crédito provavelmente ia para o remédio americano que conseguira tomar graças à sra. Ting. Minha mãe ficou três meses no hospital, até fevereiro de 1952, quando estava grávida de oito meses. Um dia, pediram-lhe de repente que saísse, "para sua própria segurança". Um amigo disse-lhe discretamente que haviam encontrado algumas armas na residência de um padre estrangeiro em Pequim, e todos os padres e freiras estrangeiros tinham caído sob extrema suspeita.

Ela não quis sair. O hospital ficava num belo jardim, com lindos lírios d'água, e ela achava a assistência muito profissional, o ambiente limpo e, o que era raro na China da época, extremamente apaziguante. Mas não teve escolha, e acabou transferida para o Hospital Popular Número Um. O diretor desse hospital jamais fizera um parto antes. Fora médico do exército do Kuomintang até sua unidade amotinar-se e passar para o lado dos comunistas. Sua preocupação era que, se minha mãe morresse de parto, ele ficaria em sérios apuros, devido às suas origens e porque meu pai era um alto funcionário.

Perto da data em que eu iria nascer, o diretor sugeriu a meu pai que minha mãe fosse transferida para um hospital de uma cidade maior, onde houvesse melhores instalações e obstetras especializados. Receava que, quando eu saísse, a súbita remoção da pressão fizesse as cavidades no pulmão de minha mãe reabrirem-se e provocasse uma hemorragia. Mas meu pai recusou; disse que sua esposa tinha de ser tratada como todos os demais, pois os comunistas tinham se comprometido a combater os privilégios. Quando minha mãe soube disso, pensou com amargura que ele sempre parecia agir contra o interesse dela e que pouco estava ligando se ela vivia ou morria.

Eu nasci a 25 de março de 1952. Devido à complexidade do caso, convocou-se um segundo médico, de outro hospital. Vários outros médicos estavam presentes, juntamente com uma equipe para operar equipamentos especiais de respiração assistida e transfusão de sangue, e a sra. Ting. Os homens chineses tradicionalmente não assistem a partos, mas o diretor pediu a meu pai que ficasse diante da sala, porque se tratava de um caso especial — e para proteger-se caso alguma coisa saísse errada. Foi um parto muito difícil. Quando minha cabeça apontou, meus ombros, incomumente largos, ficaram presos. E eu era gorda demais. As enfermeiras puxaram minha cabeça com as mãos, e eu saí espremida, azul e roxa, e meio estrangulada. Os médicos me puseram primeiro em água morna, depois em água fria, e me ergueram pelos pés e me deram fortes palmadas. Acabei por começar a chorar, e muito alto. Todos riram de alívio. Eu pesava pouco mais de cinco quilos. Os pulmões de minha mãe não foram danificados.

Uma médica me pegou e me mostrou a meu pai, cujas primeiras palavras foram: "Oh, Deus, essa criança tem os olhos esbugalhados!". Minha mãe ficou muito irritada com essa observação. Tia Jun-ying disse: "Não, simplesmente tem belos olhos grandes!".

Como sempre em toda ocasião e circunstância na China, havia um prato especial para a mulher que acabava de dar à luz: ovos mexidos em calda de açúcar mascavo, e bolos de arroz fermentado. Minha avó preparou tudo no hospital, que, como todos hospitais, possuía cozinhas para que os pacientes e suas famílias pudessem preparar sua própria comida, e estava com tudo pronto assim que minha mãe pôde comer.

Quando a notícia de meu nascimento chegou ao dr. Xia, ele disse: "Ah, nasceu outro cisne selvagem". Recebi o nome de Er-hong, que significa "Segundo Cisne Selvagem".

A escolha do meu nome foi praticamente o último ato da longa vida do dr. Xia. Quatro dias depois de eu nascer, ele morreu, aos oitenta e dois anos. Recostava-se na cama tomando um copo de leite. Minha avó saiu do quarto por um instante e, quando voltou para buscar o copo, viu que o leite se derramara e o copo caíra no chão. Ele morrera de repente e sem dor.

Os funerais eram acontecimentos muito importantes na China. A gente simples muitas vezes ia à falência para realizar uma grande cerimônia — e minha avó amava o dr. Xia e queria deixá-lo orgulhoso. Insistiu particularmente em três coisas: primeiro, um bom caixão; segundo, que o caixão fosse carregado por pessoas e não levado numa carroça; e terceiro, que monges budistas cantassem os sutras dos mortos e músicos tocassem o *suona*, instrumento de sopro e som agudo, de madeira, tradicionalmente usado em funerais. Meu pai concordou com o primeiro e o segundo pedidos, mas vetou o terceiro. Os comunistas encaravam qualquer cerimônia extravagante como desperdício e "feudal". Por tradição, só pessoas de classe muito inferior eram enterradas discretamente. A barulheira era considerada importante num funeral, para torná-lo um acontecimento público: isso dava "prestígio", e também demonstrava respeito pelo morto. Meu pai insistiu em que não haveria *suona* nem monges. Minha avó teve uma briga feia com ele. Para ela, eram coisas essenciais que simplesmente tinha de ter. No meio da discussão, ela desmaiou de raiva e dor. Estava também tensa por ver-se inteiramente só no momento mais triste de sua vida. Não contara à filha o que acontecera, receando perturbá-la, e o fato de minha mãe estar no hospital significava que minha avó tinha de tratar diretamente com meu pai. Após o funeral, ela teve um colapso nervoso e precisou ser hospitalizada por quase dois meses.

O dr. Xia foi enterrado num cemitério no alto de uma colina, nos arredores de Yibin, dando para o Yang-tse. A cova ficava à sombra de pinheiros, ciprestes e pés de cânfora. Em seu pouco tempo em Yibin, ele conquistara o amor e o respeito de todos que o conheceram. Quando morreu, o administrador da casa de hóspedes onde morara arranjou tudo para minha avó e conduziu sua equipe no silencioso préstito fúnebre.

O dr. Xia tinha sido feliz na velhice. Adorava Yibin e apreciava todas as flores exóticas que brotavam no clima subtropical, tão diferente da Manchúria. Gozou até o fim de uma saúde extraordinariamente boa. Tinha uma boa vida em Yibin, com sua própria casa e pátio, de graça; ele e minha avó eram bem tratados, com alimentos em abundância entregues em casa. Era o sonho de todo chinês, numa sociedade sem qualquer segurança social, ser bem cuidado na velhice. Meus pais e o novo governo haviam feito isso, o que não era pouca coisa.

O dr. Xia se dera bem com todos, incluindo meu pai, que o respeitava imensamente como um homem de princípios. O dr. Xia considerava meu pai um homem muito culto. Dizia que tinha visto muitas autoridades antes, mas jamais uma como meu pai. A sabedoria popular dizia que "não há autoridade que não seja corrupta", mas meu pai jamais abusou de sua posição, nem mesmo para cuidar dos interesses da família.

Os dois conversavam durante horas. Compartilhavam muitos valores éticos, mas enquanto os de meu pai estavam envoltos nos trajes de uma ideologia, os do dr. Xia apoiavam-se numa base humanitária. Uma vez ele disse a meu pai: "Acho que os comunistas fizeram muitas coisas boas. Mas vocês mataram gente demais. Gente que não devia ter sido morta". "Como quem?", perguntou meu pai. "Os mestres da Sociedade da Razão", que era a seita quase religiosa a que pertencera o dr. Xia. Seus líderes tinham sido executados como parte da campanha para "eliminar contra-revolucionários". O novo regime suprimiu todas as sociedades secretas, porque exigiam lealdades, e eles não queriam lealdades divididas. "Não eram pessoas más, e vocês deviam ter permitido a existência da Sociedade", disse o dr. Xia. Fez-se uma longa pausa. Meu pai tentou defender os comunistas, dizendo que a luta contra o Kuomintang era um caso de vida ou morte. O dr. Xia via que meu pai não estava inteiramente convencido, mas achava que tinha de defender o Partido.

* * *

Quando minha avó deixou o hospital, foi morar com meus pais. Minha irmã e sua ama-de-leite a acompanharam. Eu dividia um quarto com minha ama-de-leite, que tivera seu bebê doze dias antes de eu nascer e pegara o emprego porque precisava desesperadamente de dinheiro. O marido dela, um trabalhador braçal, estava na cadeia por jogo e tráfico de ópio, ambos proscritos pelos comunistas. Yibin tinha sido um grande centro de comércio de ópio, com uma estimativa de 25 mil viciados, e a droga antes circulava como dinheiro. O tráfico de ópio era estreitamente ligado a bandidos e proporcionava parte substancial do orçamento do Kuomintang. Dois anos depois de chegarem a Yibin, os comunistas varreram o consumo da droga.

Não havia seguro social nem salário-desemprego para uma pessoa na posição de minha ama-de-leite. Mas quando ela veio trabalhar conosco, o Estado pagava o seu salário, que ela mandava para a sogra, para cuidar de seu bebê. Minha ama era uma mulherzinha minúscula, de pele fina, olhos incomumente redondos e cabelos longos e exuberantes, que trazia presos num coque. Era uma mulher muito bondosa, e me tratava como sua própria filha.

Tradicionalmente, encaravam-se os ombros quadrados como impróprios para as meninas, e por isso os meus eram amarrados com força para fazê-los crescer na forma caída exigida. Isso me fazia gritar tão alto que minha ama afrouxava meus braços e ombros, deixando-me acenar para as pessoas que chegavam em casa, e abraçá-las, o que eu gostava de fazer desde cedo. Minha mãe sempre atribuiu meu caráter aberto ao fato de ela estar feliz quando se achava grávida de mim.

Nós morávamos na velha mansão de latifundiário onde meu pai tinha seu escritório; havia um grande jardim com pimenteiras chinesas, touceiras de bananeiras e muitas flores cheirosas e plantas subtropicais, cuidadas por um jardineiro fornecido pelo governo. Meu pai cultivava seus próprios tomates e pimenta. Gostava de seu trabalho, mas tinha também como um de seus princípios o de que um funcionário comunista devia fazer trabalho físico, tradicionalmente desprezado pelos mandarins.

Meu pai era muito carinhoso comigo. Quando comecei a engatinhar, ele se deitava de barriga no chão para me servir de "montanha", e eu subia e descia nele.

Pouco depois que eu nasci, meu pai foi promovido a governador da região de Yibin, o número dois da área, abaixo apenas do primeiro secretário do Partido. (O Partido e o governo eram formalmente distintos, mas na verdade inseparáveis.)

Quando ele voltou a Yibin, a família e os velhos amigos esperavam que os ajudasse. Na China, esperava-se que qualquer pessoa em posição de poder cuidasse dos parentes. Havia um conhecido ditado: "Quando um homem obtém poder, até suas galinhas e cachorros sobem aos céus". Mas meu pai achava que o nepotismo e o favoritismo eram a ladeira escorregadia para a corrupção, raiz de todos os males da velha China. Também sabia que todos o olhavam para ver como os comunistas se comportariam, e que o que fazia influenciaria a visão que eles teriam do comunismo.

Sua severidade já o afastara da família. Um dos primos pedira-lhe uma recomendação para um emprego na bilheteria de um cinema local. Meu pai mandou-o seguir os canais competentes. Um tal comportamento era inaudito, e depois disso ninguém voltou a pedir-lhe favores. Então aconteceu uma coisa, pouco depois de ele ser nomeado governador. Um de seus irmãos mais velhos era um especialista em chá e trabalhava num escritório de comercialização do produto. A economia ia bem, no início da década de 1950, a produção crescia e a comissão do chá local quis promovê-lo a gerente. Todas as promoções acima de um certo nível tinham de ser autorizadas por meu pai. Quando a recomendação bateu em sua mesa, ele a vetou. A família ficou indignada, e também minha mãe. "Não é você quem o está promovendo, é a chefia dele!", ela explodiu. Meu pai disse que o irmão não tinha capacidade suficiente e não seria candidato à promoção se não fosse irmão do governador. Havia uma longa tradição de se antecipar aos desejos dos superiores, observou. A comissão do chá ficou indignada, porque o ato de meu pai implicava que a recomendação deles tinha outros motivos. Meu pai acabou ofendendo todo mundo, e o irmão jamais voltou a falar com ele.

Mas meu pai não se arrependeu. Fazia sua própria cruzada contra os velhos costumes, e insistia em tratar a todos segundo os mesmos critérios. Como não havia padrões objetivos para ser justo, ele confiava nos próprios instintos, esforçando-se para sê-lo. Não consultou os colegas, em parte por saber que nenhum deles jamais iria dizer-lhe que um parente seu não era merecedor.

Sua cruzada moral pessoal atingiu o auge em 1953, quando se instituiu um sistema de classificação para o funcionalismo público. Todos os funcionários e empregados do governo foram divididos em vinte e seis níveis. O salário do mais baixo, o nível 26, era um vigésimo do mais alto. Mas as verdadeiras diferenças estavam nos subsídios e gratificações. O sistema definia praticamente tudo: desde o tecido do capote de alguém — se era feito de lã cara ou algodão barato —, até o tamanho do seu apartamento, e o fato de ter ou não banheiro interno.

A classificação também determinava o acesso de cada funcionário às informações. Parte muito importante do sistema comunista chinês consistia em que toda informação era não apenas rigidamente controlada, mas muitíssimo compartimentada e racionada, não só para o grande público — a quem se informava muito pouco — mas também dentro do Partido.

Embora seu significado eventual não fosse visível, mesmo na época os funcionários públicos sentiam que o sistema de classificação ia ser crucial para suas vidas, e ficaram nervosos com a classificação que iam obter. Meu pai, que havia sido colocado no nível 11 pelas autoridades superiores, era o encarregado de examinar as classificações propostas para todos na região de Yibin. Entre estes estava o marido de sua irmã caçula, sua favorita. Ele rebaixou-o dois níveis. O departamento de minha mãe a recomendara para o nível 15; ele relegou-a ao nível 17.

Esse sistema de níveis não tem relação direta com a posição da pessoa no funcionalismo público. Indivíduos podiam ser promovidos sem necessariamente subir de nível. Em quase quatro décadas, minha mãe subiu apenas duas vezes, em 1962 e 1968; de cada vez subiu apenas um nível, e em 1990 ainda estava no nível 15. Com essa classificação, na década de 1980, ela não tinha direito a comprar uma passagem de avião nem uma "poltrona macia" num trem: elas só podem ser compradas por funcionários de nível 14 para cima. Assim, graças ao ato de meu pai em 1953, quase quarenta anos depois ela se achava um nível abaixo na escala para viajar com conforto em seu próprio país. Não podia ficar num quarto de hotel que tivesse banheiro privado, que era só para os de nível 13 para cima. Quando pediu para mudarem o medidor do consumo de eletricidade em seu apartamento para um de capacidade maior, a administração do quarteirão disse-lhe que só funcionários de nível 13 para cima tinham direito a um maior.

Os atos que enfureciam a família de meu pai eram profundamente apreciados pela população local, e sua reputação resistiu até hoje. Um dia, em 1952, o diretor da Escola Média Número Um disse a meu pai que estava tendo problemas para arranjar acomodações para os professores. "Nesse caso, fique com a casa de minha família — é grande demais para três pessoas apenas", respondeu meu pai na hora, apesar de as três pessoas serem sua mãe, sua irmã Jun-ying e um irmão retardado, e de todos adorarem a bela casa com seu jardim encantado. A escola exultou; a família nem tanto, embora arranjassem para eles uma casinha no centro da cidade. A mãe dele não ficou muito satisfeita, mas sendo uma mulher graciosa e compreensiva, não disse nada.

Nem todo funcionário era tão incorruptível quanto meu pai. Bem pouco depois de tomarem o poder, os comunistas viram-se diante de uma crise. Tinham atraído o apoio de milhões de pessoas prometendo governo limpo, mas alguns funcionários começaram a aceitar subornos ou a conceder favores às suas famílias e amigos. Outros davam banquetes extravagantes, o que é uma fraqueza tradicional chinesa, quase uma doença, e uma maneira ao mesmo tempo de receber e exibir-se — tudo às custas e em nome do Estado, numa época em que o governo se achava extremamente desprovido de fundos; tentava reconstruir a economia despedaçada e também travar uma guerra importante na Coréia, que devorava cinqüenta por cento do orçamento.

Algumas autoridades começaram a desviar dinheiro em grande escala. O regime ficou preocupado. Sentiu que a boa vontade que o levara ao poder e a disciplina e dedicação que lhe haviam valido o sucesso estavam se desgastando. Em fins de 1951, decidiu lançar um movimento contra a corrupção, o desperdício e a burocracia. Chamou-se "Campanha dos Três Anti". O governo executou alguns funcionários corruptos, prendeu muitos e demitiu muitos outros. Até mesmo alguns veteranos do exército comunista envolvidos em suborno ou desvio de verbas em grande escala foram executados, para dar o exemplo. Daí em diante, a corrupção foi severamente punida, e tornou-se rara entre funcionários durante as duas décadas seguintes.

Meu pai foi o encarregado da campanha em sua região. Não havia funcionários corruptos naquela área, mas ele sentiu que era importante demonstrar que os comunistas mantinham sua promessa de proporcionar um governo limpo. Todos os funcionários tiveram de fazer uma autocrítica sobre alguma infração, por menor que fosse: por exemplo, se tinham usado o telefone do escritório para chamadas pessoais, ou papel oficial para escrever uma carta particular. Os funcionários tornaram-se tão escrupulosos com o uso da propriedade do Estado que a maioria deles não usava nem a tinta do escritório para escrever coisas que não fossem comunicações oficiais. Quando passavam de assuntos oficiais para alguma coisa pessoal, mudavam de caneta.

Houve um zelo puritano na adesão a essas prescrições. Meu pai achava que, com essas minúcias, estavam criando uma nova atitude entre os chineses: a propriedade pública, pela primeira vez, iria ser estritamente separada da privada; os funcionários não mais tratariam o dinheiro do povo como seu, nem abusariam de seus cargos. A maioria das pessoas que trabalhavam com meu pai adotou essa posição, e acreditava genuinamente que seus penosos esforços estavam diretamente ligados à causa da criação de uma nova China.

A Campanha dos Três Anti visava as pessoas do Partido. Mas para um ato de corrupção são necessárias duas partes, e os corruptores muitas vezes estavam fora do Partido, sobretudo os "capitalistas", donos de fábricas e comerciantes, que mal tinham sido afetados até então. Os velhos hábitos achavam-se profundamente enraizados. Na primavera de 1952, pouco depois do lançamento da Campanha dos Três Anti, iniciou-se uma outra, a ela ligada. Chamou-se dos "Cinco Anti", e visava os capitalistas. Os cinco alvos eram o suborno, a evasão fiscal, a fraude, o roubo de propriedade do Estado e a obtenção de informação econômica por meio de corrupção. Descobriu-se que a maioria dos capitalistas cometera um ou mais desses crimes, e a punição em geral era a multa. Os comunistas usaram essa campanha para atrair e (o mais freqüente) atemorizar os capitalistas, mas de maneira a maximizar sua utilidade para a economia. Não se prenderam muitos deles.

Essas duas campanhas interligadas consolidaram mecanismos de controle, desenvolvidos originalmente nos primeiros dias do comunismo, únicos na China. O mais importante era a "campanha de massa" (*qiun-zhong yun-dong*), efetuada por órgãos conhecidos como "equipes de trabalho" (*gong-zuo-zu*).

As equipes de trabalho eram órgãos formados para isso, compostos sobretudo de empregados de repartições do governo e chefiados por altas autoridades do Partido. O governo central em Pequim mandava equipes às províncias para examinar as autoridades e funcionários públicos. Estes, por sua vez, formavam equipes que verificavam o nível seguinte, onde o processo se repetia, até chegar às bases. Normalmente, ninguém podia tornar-se membro de uma equipe de trabalho se não tivesse sido examinado naquela determinada campanha.

Enviavam-se equipes para todas as organizações onde se faria a campanha "para mobilizar as pessoas". Na maioria das noites, havia assembléias obrigatórias para estudar as instruções emitidas pelas altas autoridades. Membros da equipe conversavam, faziam palestras e tentavam convencer as pessoas a se levantar e denunciar suspeitos. As pessoas eram estimuladas a apresentar queixas anônimas em reservados oferecidos para isso. A equipe de trabalho examinava cada caso. Se a investigação confirmasse a acusação, ou revelasse bases para suspeitas, a equipe formulava um veredicto, que era enviado para aprovação pelo nível de autoridade seguinte.

Não havia um verdadeiro sistema de apelação, embora a pessoa que caísse sob suspeita pudesse pedir para ver as provas e geralmente tivesse permissão de apresentar algum tipo de defesa. As equipes de trabalho podiam impor uma gama de sentenças, incluindo a crítica pública, demissão do emprego e várias formas de vigilância; a sentença máxima que podiam aplicar era mandar a pessoa para o campo, para trabalhos braçais. Só os casos mais sérios iam para o sistema judicial formal, sob o controle do Partido. Para cada uma das campanhas, emitia-se do alto um conjunto de diretivas, e as equipes de trabalho tinham de observá-las estritamente. Mas quando se tratava de casos individuais, o julgamento — e até mesmo o temperamento — da equipe de trabalho também podia ser importante.

Em cada campanha, todos da categoria que fora designada como alvo por Pequim sofriam um certo grau de escrutínio, sobretudo dos companheiros de trabalho e dos vizinhos, mais do que da polícia. Essa foi uma invenção crucial de Mao — envolver toda a população no aparato de controle. Poucos transgressores, segundo os critérios do regime, podiam escapar aos olhos vigilantes do povo, sobretudo numa sociedade com uma secular mentalidade de porteiro. Mas a "eficiência" foi adquirida a um tremendo preço: como as campanhas funcionavam com base em critérios bastante vagos, e devido a vinganças pessoais, e até mesmo mexericos, muita gente inocente era condenada.

Tia Jun-ying trabalhava como tecelã para ajudar a sustentar a mãe, o irmão retardado e a si mesma. Toda noite, ficava no tear até as primeiras horas da madrugada, e a má iluminação prejudicou seriamente os seus olhos. Em 1952, poupara e tomara emprestado bastante dinheiro para comprar mais dois teares, e tinha duas amigas trabalhando consigo. Embora dividissem a renda, em teoria minha tia estava pagando-as, porque era a dona das máquinas. Na Campanha dos Cinco Anti, quem empregasse outras pessoas caía sob certa suspeita. Mesmo empresas muito pequenas como a da tia Jun-ying, na verdade cooperativas, sofriam investigação. Ela quis pedir às amigas que fossem embora, mas não queria que achassem que as estava despedindo. Mas aí as duas disseram-lhe que era melhor saírem. Receavam que se alguém as denunciasse, ela achasse que tinham sido elas.

Em meados de 1953, as campanhas dos Três e dos Cinco Anti haviam se esgotado; os capitalistas tinham sido advertidos e o Kuomintang erradicado. As assembléias de massa chegavam ao fim, à medida que as autoridades reconheciam que grande parte da informação que lhes chegava não era digna de confiança. Os casos estavam sendo examinados um a um.

Em maio de 1953, minha mãe foi para o hospital, para ter seu terceiro filho, que nasceu a 23 de maio; um menino chamado Jinming. Foi ao hospital dos missionários, onde estivera quando estava grávida de mim, mas os missionários já haviam sido expulsos, como ocorrera em toda a China. Minha mãe acabara de ser promovida a chefe do Departamento de Assuntos Públicos da cidade de Yibin, ainda trabalhando sob as ordens da sra. Ting, que fora elevada a secretária do Partido na cidade. Na época, minha avó também se achava no hospital com uma séria asma. E eu também, com uma infecção no umbigo; minha ama estava comigo no hospital. Dispensavam-nos um bom tratamento, gratuito, já que pertencíamos a uma família "da revolução". Os médicos tendiam a dar os poucos leitos do hospital a autoridades e suas famílias. Não havia serviço de saúde pública para a maioria da população: os camponeses, por exemplo, tinham de pagar.

Minha irmã e tia Jun-ying haviam ficado com amigos no campo, de modo que meu pai estava sozinho em casa. Um dia, a sra. Ting foi fazer um relatório sobre seu trabalho. Depois disse que estava com dor de cabeça e queria deitar-se. Meu pai a pôs numa das camas, e ao fazer isso ela o puxou para si e tentou beijá-lo e acariciá-lo. Meu pai recuou imediatamente. "Você deve estar muito exausta", disse, e deixou logo o quarto. Voltou poucos momentos depois, muito agitado. Trazia um copo d'água, que pôs na mesa-de-cabeceira. "Você deve saber que eu amo minha esposa", disse, e então, antes que a sra. Ting tivesse oportunidade de dizer qualquer coisa, foi até a porta e fechou-a atrás de si. Debaixo do copo d'água, deixara um pedacinho de papel com as palavras: "Moral comunista".

Poucos dias depois, minha mãe deixou o hospital. Quando ela e o filho cruzaram o limiar da casa, meu pai disse: "Vamos deixar Yibin assim que pudermos, para sempre". Minha mãe não podia imaginar o que dera nele. Ele contou-lhe o que acontecera, e disse que a sra. Ting vinha assediando-o havia algum tempo. Minha mãe ficou mais chocada que com raiva. "Mas por que você quer ir embora assim tão de repente?", perguntou. "Ela é uma mulher decidida", respondeu meu pai. "Receio que tente de novo. E é também uma mulher vingativa. O que receio é que tente prejudicar você. Isso seria fácil, porque você trabalha sob as ordens dela." "Ela é tão má assim?", perguntou minha mãe. "Ouvi uma conversa de que, quando ela estava na cadeia, sob o Kuomintang, seduziu um dos guardas, esse tipo de coisa. Mas algumas pessoas gostam de espalhar boatos. De qualquer modo, não me admira que tenha gostado de você", sorriu. "Mas você acha que ela se tornaria perigosa mesmo para mim? É minha melhor amiga."

"Você não entende — existe uma coisa chamada 'fúria por se ver envergonhado' (*nao-xiu-cheng-nu*). Eu sei como ela está se sentindo. Não tive muito tato. Devo tê-la envergonhado. Sinto muito. Receio que, no calor do momento, agi no impulso. Ela é uma mulher que se vingará."

Minha mãe bem imaginava como ele devia ter repelido abruptamente a sra. Ting. Mas não conseguia imaginar que a sra. Ting fosse maliciosa, nem podia ver que tragédia a sra. Ting podia fazer abater-se sobre eles. Por isso meu pai lhe falou sobre seu antecessor como governador de Yibin, o sr. Shu.

O sr. Shu tinha sido um camponês pobre que se juntara ao Exército Vermelho na Longa Marcha. Não gostava da sra. Ting, e criticara-a por ser namoradeira. Também fazia objeções à maneira como ela enrolava os cabelos em muitas trancinhas, que beiravam a indecência na época. Várias vezes lhe disse que devia cortar as tranças. Ela recusou-se, mandando-o cuidar de sua vida, o que apenas fez com que ele redobrasse as críticas, tornando-a ainda mais hostil a ele. A sra. Ting resolveu vingar-se, com a ajuda do marido.

Uma mulher que trabalhava na repartição do sr. Shu fora concubina de uma autoridade do Kuomintang que fugira para Taiwan. Tinham-na visto tentando experimentar seus encantos em cima do sr. Shu, que era casado, e correram mexericos de que os dois tinham um caso. A sra. Ting fez a tal mulher assinar uma declaração dizendo que o sr. Shu dera em cima dela e a obrigara a fazer sexo com ele. Mesmo ele sendo governador, a mulher chegara à conclusão que os Ting eram mais temíveis. O sr. Shu foi acusado de usar sua posição para ter relações com uma ex-concubina do Kuomintang, o que era indesculpável para um veterano comunista.

Uma técnica-padrão na China para derrubar uma pessoa era juntar várias acusações diferentes, para fazer o caso parecer mais substancial. Os Ting descobriram outro "crime" de que acusar o sr. Shu. Ele certa vez discordara de uma política baixada por Pequim e escrevera aos altos líderes do Partido manifestando suas opiniões. Segundo a lei do Partido, isso estava correto; além do mais, como veterano da Longa Marcha, ele gozava de posição privilegiada. Sua carta dizia que ele não ia aplicar a política enquanto não obtivesse resposta. Os Ting usaram isso para afirmar que ele se opunha ao Partido.

Juntando as duas acusações, o sr. Ting propôs expulsar o sr. Shu do Partido e demiti-lo. O sr. Shu negou vigorosamente as acusações. A primeira, disse, simplesmente não era verdade. Nunca assediara a mulher; só fora polido com ela. Quanto à segunda, nada fizera de errado e não pretendia opor-se ao Partido. O Comitê do Partido que governava a região compunha-se de quatro pessoas: o próprio sr. Shu, o sr. Ting, meu pai e o primeiro-secretário. O sr. Shu foi julgado pelos outros três. Meu pai defendeu-o. Tinha certeza de que o sr. Shu era inocente, e encarava a carta como perfeitamente legítima.

Quando votaram, meu pai perdeu, e o sr. Shu foi demitido. O primeiro-secretário do Partido apoiou o sr. Ting. Um dos motivos que apresentou foi que ele estivera no setor "errado" do Exército Vermelho. O sr. Shu tinha sido um alto oficial no que se chamava Quarta Frente de Sichuan, no início da década de 1930. Essa divisão juntara forças com o setor do Exército Vermelho liderado por Mao na Longa Marcha em 1935. Seu comandante, uma figura exuberante chamada Zhang Guo-tao, disputara com Mao a liderança do Exército Vermelho e perdera. Então deixara a Longa Marcha com suas tropas. No fim, após pesadas perdas, fora obrigado a tornar a juntar-se a Mao. Mas em 1938, depois que os comunistas chegaram a Yan'an, ele se passou para o Kuomintang. Por causa disso, qualquer um que houvesse estado na Quarta Frente trazia um estigma, e sua aliança com Mao era considerada suspeita. A questão era particularmente sensível, uma vez que muita gente da Quarta Frente tinha vindo de Sichuan.

Depois que os comunistas tomaram o poder, esse tipo de estigma tácito se aplicava a qualquer parte da revolução que Mao não tinha controlado diretamente, incluindo o movimento clandestino, que abrangia muitos dos comunistas mais bravos e dedicados — e mais bem-educados. Em Yibin, todos os ex-membros da clandestinidade se sentiam sob algum tipo de pressão. Entre as outras complicações, havia o fato de que muitas das pessoas da clandestinidade local eram de origem rica, e suas famílias haviam sofrido nas mãos dos comunistas. Além disso, como eram em geral mais bem-educados que os que haviam chegado com o exército comunista, sobretudo de origem camponesa e muitas vezes analfabetos, tornaram-se objeto de inveja.

Embora ele próprio um combatente guerrilheiro, meu pai estava instintivamente muito mais próximo do pessoal da clandestinidade. De qualquer modo, recusava-se a compactuar com o insidioso ostracismo, e defendia os ex-membros da clandestinidade. "É ridículo dividir os comunistas entre 'clandestinos' e 'abertos'", dizia muitas vezes. Na verdade, a maioria das pessoas que escolhia para trabalhar consigo tinha estado na clandestinidade, porque eram as mais capazes.

Meu pai achava inaceitável considerar suspeitos homens da Quarta Frente como o sr. Shu, e lutou para que o reabilitassem. Primeiro, aconselhou-o a deixar Yibin para evitar mais problemas, o que ele fez, sendo sua última refeição com minha família. Foi transferido para Chengdu, capital da província de Sichuan, onde lhe deram um trabalho burocrático no Departamento Provincial de Florestas. De lá, ele escreveu apelações ao Comitê Central em Pequim, dando meu pai como referência. Meu pai escreveu apoiando sua apelação. Muito depois, o sr. Shu foi inocentado da acusação de "opor-se ao Partido", mas a acusação secundária, de "ter casos extramaritais", permaneceu. A ex-concubina que apresentara a acusação não se atreveu a retirá-la, mas deu uma versão visivelmente frágil e incoerente dos supostos avanços, claramente destinada a dar a entender ao grupo de investigação que a acusação não era verdadeira. Deram ao sr. Shu um posto bem alto no Ministério de Florestas em Pequim, mas ele não conseguiu recuperar sua antiga posição.

O que meu pai queria fazer minha mãe entender era que os Ting não parariam diante de nada para acertar velhas contas. Deu mais exemplos e repetiu que tinham de partir imediatamente. No dia seguinte mesmo, ele viajou para Chengdu, um dia de viagem para o norte. Ali, foi diretamente ao governador da província, a quem conhecia bem, e pediu para ser transferido, dizendo que era muito difícil trabalhar em sua cidade natal e enfrentar as expectativas de seus muitos parentes. Guardou os verdadeiros motivos para si, uma vez que não tinha provas concretas sobre os Ting.

O governador, Lee Da-zhang, fora o homem que patrocinara originalmente o pedido da mulher de Mao, Jiang Qing, para entrar no Partido. Manifestou simpatia pela posição de meu pai e disse que ia ajudá-lo a conseguir uma transferência, mas não queria que se mudasse logo: todos os postos adequados em Chengdu estavam ocupados. Meu pai disse que não podia esperar, e aceitaria qualquer coisa. Após muito tentar dissuadi-lo, o governador acabou cedendo e disse-lhe que podia ficar com o cargo de diretor do Departamento de Artes e Educação.

Mas avisou: "Está muito abaixo de sua capacidade". Meu pai disse que não se importava, contanto que houvesse um trabalho a ser feito.

Meu pai estava tão preocupado que nem voltou a Yibin, mas mandou um recado à minha mãe dizendo que fosse juntar-se a ele o mais cedo possível. As mulheres da família não quiseram nem ouvir falar em transferi-la tão cedo após o parto, mas ele estava aterrorizado com o que a sra. Ting poderia fazer, e assim que acabou o tradicional mês de resguardo mandou seu guarda-costas pegar-nos em Yibin.

Decidiu-se que meu irmão, Jin-ming, ficaria lá, pois o achavam novinho demais para viajar. As amas dele e de minha irmã queriam ficar, para estar perto de suas famílias. A ama de Jin-ming gostava muito dele, e perguntou à minha mãe se podia ficar com ele. Minha mãe concordou. Tinha completa confiança nela.

Minha mãe, minha avó, minha irmã e eu, com minha ama e o guarda-costas, partimos de Yibin uma noite, antes do amanhecer, em fins de junho. Enfiamo-nos todos num jipe com nossa magra bagagem, apenas duas malas. Naquela época, autoridades como meu pai não tinham nenhuma propriedade — somente peças de vestuário básico. Rodamos por estradas de terra esburacadas até alcançarmos a cidade de Neijiang, pela manhã. Fazia um dia tórrido, e tivemos de esperar três horas pelo trem.

No momento em que o trem afinal entrou na estação, eu de repente decidi que precisava me aliviar, e minha ama me pegou para me levar até o fim da plataforma. Minha mãe receava que o trem partisse de repente e tentou detê-la. Minha ama, que nunca vira um trem e não fazia idéia do que era horário, contornou-a e perguntou, meio senhorialmente: "Não pode mandar o motorista esperar? Er-hong precisa fazer xixi". Achava que todo mundo, como ela, poria automaticamente minhas necessidades em primeiro lugar.

Devido a nossos status diferentes, tivemos de nos separar quando entramos no trem. Minha mãe ficou num vagão-leito de segunda classe com minha irmã, minha avó numa poltrona em outro vagão, e minha ama e eu no chamado "compartimento de mães e filhos", onde deram a ela um banco duro e a mim um berço. O guarda-costas foi na quarta classe, num banco duro.

Enquanto o trem avançava vagaroso, resfolegando, minha mãe olhava os campos de arroz e cana-de-açúcar. Os camponeses ocasionais andando pelas cristas lamacentas pareciam semi-adormecidos sob seus chapéus de palha de abas largas, os homens nus da cintura para cima. A rede de cursos d'água corria hesitante, obstruída por diques de terra que canalizavam a água para os numerosos campos de arroz.

Minha mãe ia pensativa. Pela segunda vez em quatro anos ela, o marido e a família tinham de levantar acampamento de um lugar a que se sentiam profundamente ligados. Primeiro de sua cidade natal, Jinzhou, e agora da de meu pai, Yibin. Parecia que a revolução não tinha trazido uma solução para seus problemas. Na verdade, causara novos. Pela primeira vez refletia vagamente sobre o fato de que, como era feita por seres humanos, a revolução carregava o fardo das falhas deles. Mas não lhe ocorreu que a revolução muito pouco fazia para sanar essas falhas, e na verdade se apoiava em algumas delas, freqüentemente as piores.

Quando o trem se aproximava de Chengdu, no fim da tarde, ela viu-se cada vez mais ansiosa com a nova vida ali. Ouvira falar muito de Chengdu, que fora a capital de um reino antigo e era conhecida como "a Cidade da Seda", por seu mais famoso produto. Também a chamavam de "Cidade dos Hibiscus", que diziam que soterravam a cidade sob suas pétalas após uma tempestade de verão. Minha mãe estava com vinte e dois anos. Na mesma idade, uns vinte anos antes, a mãe dela vivia como virtual prisioneira na Manchúria, numa casa pertencente a seu "marido" caudilho ausente, sob os olhos vigilantes dos criados dele; era brinquedo e propriedade de homens. Minha mãe, pelo menos, era um ser humano independente. Qualquer que fosse sua infelicidade, tinha certeza de que não se comparava com a situação de sua mãe como mulher na velha China. Disse a si mesma que muito tinha a agradecer à revolução comunista. Quando o trem encostou na estação de Chengdu, estava cheia de determinação de lançar-se novamente na grande causa.

10. "O sofrimento fará de você uma melhor comunista"

MINHA MÃE CAI SOB SUSPEITA (1953-1956)

Meu pai veio nos receber na estação. O ar estava parado e opressivo, e minha mãe e minha avó exaustas da sacolejada viagem de carro na noite anterior e do calor ardente que soprara dentro do trem durante toda a viagem. Fomos levados a uma casa de hóspedes pertencente ao governo provincial de Sichuan, que seria nosso alojamento temporário. A transferência de minha mãe se fizera tão depressa que não lhe haviam designado um posto, e não houvera tempo para fazer os arranjos adequados sobre um lugar para morarmos.

Chengdu era a capital de Sichuan, a mais populosa província da China, então com uns 65 milhões de habitantes. Era uma cidade grande, com uma população de mais de meio milhão, e fora fundada no século V a.C. Marco Polo a visitara no século XIII e ficara imensamente impressionado com sua prosperidade. A cidade assentava-se no mesmo plano de Pequim, com antigos palácios e grandes portais, todos no eixo norte—sul, que a dividia certinho em duas partes, leste e oeste. Em 1953, já havia transbordado o equilibrado plano original e dividia-se em três distritos administrativos — leste, oeste e subúrbios.

Poucas semanas depois de nossa chegada, deram um trabalho à minha mãe. Meu pai foi consultado a respeito, mas, na boa e velha tradição da China, ela não. Meu pai disse que qualquer coisa servia, contanto que ela não trabalhasse diretamente sob suas ordens, e assim a nomearam chefe do Departamento de Assuntos Públicos do Distrito Leste da cidade. Como a unidade de trabalho da pessoa era responsável por sua acomodação, deram-lhe aposentos que pertenciam a seu departamento, num pátio tradicional. Nós nos mudamos para esses aposentos, enquanto meu pai ficava na suíte de sua repartição.

Nossos aposentos ficavam no mesmo conjunto da administração do Distrito Leste. As repartições do governo se situavam em sua maioria em grandes mansões que haviam sido confiscadas de autoridades do Kuomintang e ricos latifundiários. Todos os funcionários do governo, mesmo altas autoridades, viviam em suas repartições. Não podiam cozinhar em casa, e todos comiam nas cantinas. Era também na cantina que todos obtinham, em garrafas térmicas, a água fervida.

Sábado era o único dia que os casais podiam passar juntos. Entre as autoridades, o eufemismo para fazer amor era "passar um sábado". Aos poucos, esse estilo de vida regulado foi afrouxando um pouco, e os casais podiam dispor de mais tempo juntos, mas quase todos ainda passavam a maior parte de seus dias nas repartições.

O departamento de minha mãe administrava um campo bastante vasto de atividades, incluindo educação primária, saúde, diversão e pesquisa de opinião pública. Aos vinte e dois anos, ela era encarregada de todas essas atividades para cerca de um quarto de milhão de pessoas. Vivia tão ocupada que nós mal a víamos. O governo queria estabelecer um monopólio (conhecido como "compra e comercialização unificadas") sobre o comércio de produtos básicos — grãos, algodão, óleo comestível e carne. A idéia era fazer com que os camponeses os vendessem apenas ao governo, que então os dividiria racionalmente para a população urbana e às partes do campo onde estivessem em escassez.

Quando o Partido Comunista Chinês lançava uma nova política, acompanhava-a de uma campanha de propaganda para ajudar a impô-la. Parte do trabalho de minha mãe consistia em convencer as pessoas de que a mudança era para melhor. A essência da mensagem dessa vez era que a China tinha uma população enorme e o problema de alimentá-la e vesti-la jamais fora resolvido; agora o governo queria providenciar para que as necessidades básicas fossem bem distribuídas, e ninguém morresse de fome enquanto outros acumulavam grãos e outros produtos essenciais. Minha mãe iniciou sua tarefa com entusiasmo, correndo de um lado para outro em sua bicicleta, falando em intermináveis assembléias todo dia, mesmo nos últimos dias de gravidez do quarto filho. Gostava de seu trabalho, e acreditava nele.

Só no último minuto foi para o hospital, ter o filho seguinte, um menino, nascido a 15 de setembro de 1954. De novo, foi um parto de risco. O médico preparava-se para ir para casa quando minha mãe o deteve. Sangrava anormalmente, e sabia que alguma coisa estava errada. Insistiu em que o médico ficasse e lhe fizesse um exame geral. Estava sem um pedaço da placenta. Encontrá-la era considerada uma operação importante, e por isso o médico mandou anestesiá-la e tornou a examinar o útero. Encontraram o fragmento, o que provavelmente salvou a vida dela.

Meu pai se achava no campo, tentando obter apoio para o programa do monopólio do Estado. Acabava de ser promovido ao nível 10 e a subdiretor do Departamento de Assuntos Públicos de toda Sichuan. Uma das principais funções do departamento era manter um constante acompanhamento da opinião pública. Que achava o povo de uma determinada política? Quais as suas queixas? Como os camponeses formavam a esmagadora maioria da população, ele estava sempre no campo pesquisando suas opiniões e sentimentos. Como minha mãe, acreditava ardentemente em seu trabalho, que era manter o Partido e o governo em contato com o povo.

No sétimo dia depois de minha mãe dar à luz, um dos colegas de meu pai mandou um carro ao hospital para levá-la para casa. Aceitava-se que, estando o marido ausente, a organização do Partido fosse responsável pelos cuidados à esposa. Minha mãe aceitou agradecidamente a carona, já que a "casa" ficava a meia hora de caminhada. Quando meu pai voltou, alguns dias depois, repreendeu o colega. As regras estipulavam que minha mãe só podia andar num carro oficial quando meu pai estivesse nele. Usar um carro quando ele não estava dentro era visto como nepotismo, disse. O colega de meu pai respondeu que tinha autorizado o carro porque minha mãe acabara de sofrer uma operação séria e ficara extremamente fraca. Mas regra é regra, disse meu pai. Minha mãe achou difícil aceitar novamente aquela rigidez puritana. Era a segunda vez que meu pai a atacava depois

242

de um parto difícil. Por que não estava ali para levá-la, perguntou, para que não tivessem de violar as regras? Ele disse que estava preso pelo trabalho, que era importante. Minha mãe entendia a dedicação dele — ela própria era dedicada. Mas também ficou amargamente decepcionada.

Dois dias depois de nascer, meu irmão, Xiao-hei, apresentou eczema. Minha mãe achou que era porque ela não tinha comido nenhuma azeitona cozida durante o verão, quando se achava demasiado ocupada no trabalho. Os chineses acreditam que a azeitona elimina o calor do corpo, que de outro modo aparece em bolhas. Durante vários meses, tiveram de amarrar as mãos de Xiao-hei nas grades do berço, para impedi-lo de se coçar. Quando tinha seis meses, levaram-no a um hospital de dermatologia. Nessa mesma época, minha avó teve de correr para Jinzhou, onde sua mãe se achava doente.

A ama de Xiao-hei era uma moça do campo de Yibin, de fartos cabelos negros e olhos namoradores. Tinha matado por acidente seu bebê — amamentava-o deitada, adormecera e sufocara-o. Ela procurara tia Jun-ying por intermédio de um conhecido da família e pedira a ela que lhe desse uma recomendação para a minha família. Queria ir para uma cidade grande e divertir-se. Minha tia deu-lhe a referência, apesar da oposição de algumas mulheres locais, que diziam que ela só queria ir para Chengdu para se livrar do marido. Jun-ying, apesar de solteira, estava longe de ter ciúmes dos prazeres dos outros, sobretudo prazer sexual; na verdade, sempre se deliciava com eles. Tinha grande compreensão e tolerância com as fraquezas humanas, e não fazia julgamentos.

Dentro de poucos meses, dizia-se que a ama estava tendo um caso com um agente funerário no conjunto. Meus pais consideravam essas coisas assuntos privados, e faziam vista grossa.

Quando meu irmão foi para o hospital, a ama-de-leite o acompanhou. Os comunistas tinham eliminado em grande parte as doenças venéreas, mas ainda havia alguns casos, e um dia a ama-de-leite foi surpreendida na cama com um desses pacientes. O hospital comunicou o fato à minha mãe e sugeriu que não era seguro a ama continuar amamentando Xiao-hei. Minha mãe pediu a ela que fosse embora. Depois disso, Xiao-hei foi cuidado por minha ama-de-leite e pela que cuidava de meu outro irmão, Jin-ming, que já viera de Yibin.

No fim de 1954, a ama de Jin-ming escrevera à minha mãe dizendo que gostaria de vir morar conosco, pois andava tendo problemas com o marido, que se tornara um beberrão e a espancava. Minha mãe não via Jin-ming havia um ano e meio, desde que ele tinha um mês. Mas a chegada dele foi terrivelmente angustiante. Durante um longo tempo, ele não a deixava tocá-lo, e a única pessoa a quem chamava de "mãe" era a ama.

Meu pai também achou difícil estabelecer um relacionamento íntimo com Jin-ming, mas era muito chegado a mim. Punha-se de quatro no chão e me deixava montar em suas costas. Em geral, enfiava algumas flores na gola para que eu as cheirasse. Quando esquecia, eu apontava o jardim e emitia sons de comando, indicando que trouxessem algumas flores imediatamente. Uma vez, não tendo ele se barbeado, eu franzi o rosto e me queixei: "Barba velha, barba velha!", no máximo de minha voz. Chamei-o de Barba Velha (*lao-hu-zi*) durante meses. Depois disso, ele me beijava com mais cuidado. Eu adorava entrar e sair engatinhando dos gabinetes e brincar com os funcionários. Perseguia-os e chamava-os de nomes especiais que inventava para eles, e recitava-lhes quadrinhas infantis. Antes dos três anos, era conhecida como a "Diplomatazinha".

Acho que minha popularidade na verdade se devia ao fato de que os funcionários gostavam de uma folga e um pouco de diversão, o que eu proporcionava com minha tagarelice infantil. Também era muito rechonchuda, e eles gostavam de me sentar no colo, me beliscar e apertar.

Quando tinha pouco mais de três anos, eu e meus irmãos fomos enviados a diferentes creches-internatos. Não entendia por que me tiravam de casa, e esperneei e arranquei a fita dos cabelos em protesto. Na creche, todo dia criava problemas deliberadamente com os professores e derramava o leite na carteira e, em seguida, jogava ao chão as pílulas de óleo de fígado de bacalhau. Tínhamos de fazer uma longa sesta após o almoço, durante a qual eu contava histórias apavorantes que inventava às outras crianças no grande dormitório. Logo me descobriram e castigaram, fazendo-me ficar sentada na soleira da porta.

O motivo de estarmos na creche era que não havia quem cuidasse de nós. Um dia, em julho de 1955, minha mãe e os oitocentos funcionários do Distrito Leste foram avisados que deviam permanecer nas dependências até posterior aviso. Iniciara-se uma nova campanha política — dessa vez para descobrir "contra-revolucionários ocultos". Todos tinham de ser completamente verificados.

Minha mãe e seus colegas aceitaram a ordem sem questionar. Já viviam uma vida controlada mesmo. Além disso, parecia natural que o Partido quisesse verificar seus membros, para assegurar-se de que a nova sociedade era estável. Como a maioria de seus camaradas, o desejo de minha mãe de dedicar-se à causa superava qualquer vontade de resmungar contra a severidade da medida.

Após uma semana, quase todos os seus colegas foram liberados e tiveram permissão para sair livremente. Minha mãe foi uma das poucas exceções. Disseram-lhe que algumas coisas em seu passado ainda não haviam sido esclarecidas. Ela teve de deixar seu dormitório e dormir num quarto em outra parte do prédio de escritórios. Antes disso, deram-lhe alguns dias em casa para fazer arranjos para a família, uma vez que, disseram-lhe, podia ficar confinada por um tempo bastante longo.

A nova campanha fora provocada pela reação de Mao ao comportamento de alguns escritores comunistas, notadamente o famoso Hu Feng. Eles não discordavam, necessariamente, de Mao em questões ideológicas, mas revelavam um elemento de independência e uma capacidade de pensar por si mesmos que ele achava inaceitáveis. Mao receava que qualquer pensamento independente levasse a uma obediência não tão completa a ele. Insistia em que a nova China tinha de agir e pensar como uma só pessoa, e essas medidas severas eram necessárias para manter o país unido, senão poderia desintegrar-se.

Isso assinalou o início do fim da expressão individual na China. Todos os meios de comunicação tinham sido tomados pelo Partido quando os comunistas chegaram ao poder. De agora em diante, eram as mentes de todo o país que ficavam sob um controle ainda mais rígido.

Mao afirmava que as pessoas por ele procuradas eram "espiões dos países imperialistas e do Kuomintang, trotskistas, ex-autoridades do Kuomintang e traidores entre os comunistas". Alegava que eles trabalhavam para um retorno do Kuomintang e dos "imperialistas americanos", que se recusavam a reconhecer Pequim e cercavam a China com um anel de hostilidade. Enquanto a campanha anterior para eliminar contra-revolucionários, na qual o amigo de minha mãe, Hui-ge, fora executado, era dirigida contra pessoas realmente do Kuomintang, os alvos agora eram pessoas do Partido, ou trabalhando no governo, que tinham ligações com o Kuomintang em suas origens.

A compilação de detalhados arquivos sobre as origens das pessoas tinha sido parte crucial do sistema de controle dos comunistas mesmo antes de eles chegarem ao poder. Os arquivos sobre membros eram mantidos pelo Departamento de Organização do Partido. O dossiê de qualquer um que trabalhasse para o Estado e não fosse do Partido era montado pelas pessoas de sua unidade de trabalho e mantido pela sua administração de pessoal. Todo ano, um relatório sobre cada empregado era escrito pelo seu chefe, e guardado em sua pasta. Não se permitia a ninguém ler o seu arquivo, e só pessoas especialmente autorizadas podiam ler os de outras.

Para ser visado por essa nova campanha, bastava alguém ter tido algum tipo de ligação com o Kuomintang no passado, por mais tênue e vaga que fosse. As investigações eram feitas por equipes de trabalho compostas de funcionários que se sabia não terem tido ligações com o Kuomintang. Minha mãe tornou-se uma suspeita de primeira. Nossas amas também, por causa das ligações de suas famílias.

Uma equipe de trabalho era responsável pela investigação de criados e empregados do governo provincial — motoristas, jardineiros, criadas, cozinheiros e caseiros. O marido de minha ama estava na cadeia por jogo e contrabando de ópio, o que fazia dela uma "indesejável". A ama de Jin-ming se casara com um membro de uma família de latifundiários, e seu marido fora uma autoridade menor do Kuomintang. Como as amas-de-leite não ocupavam posições de importância, o Partido não mexeu em seus casos com muito vigor. Mas elas tiveram de deixar de trabalhar para nossa família.

Minha mãe foi informada disso quando esteve brevemente em casa antes de sua detenção. Ao dar a notícia às duas amas, elas ficaram arrasadas. Amavam Jin-ming e a mim. Minha ama também se preocupava com a perda de sua renda se tivesse de voltar para Yibin, e por isso minha mãe escreveu ao governador de lá pedindo-lhe que lhe arranjasse um emprego, o que ele fez. Ela foi trabalhar numa fazenda de chá e pôde levar consigo a filha pequena.

A ama de Jin-ming não quis voltar para o marido. Arranjara um novo namorado, um caseiro de Chengdu, e queria casar-se com ele. Num dilúvio de lágrimas, pediu à minha mãe que a ajudasse a obter o divórcio para poder casar-se de novo. O divórcio era excessivamente difícil, mas ela sabia que uma palavra de meus pais, sobretudo meu pai, podia ajudar muito. Minha mãe gostava muito da ama e queria ajudá-la. Se ela conseguisse divorciar-se e casar-se com o caseiro, passaria automaticamente da categoria de "latifundiário" para a de classe operária — e aí não teria de deixar a nossa família, afinal. Minha mãe falou com meu pai, mas ele foi contra: "Como pode você arranjar um divórcio? As pessoas iriam dizer que os comunistas estavam destruindo famílias". "Mas e nossos filhos?", perguntou minha mãe. "Quem vai cuidar deles se as amas tiverem de ir embora?" Meu pai tinha uma resposta para isso também: "Mande-os para creches".

Quando minha mãe disse à ama de Jin-ming que teria de mandá-la embora, ela quase desmaiou. A primeira lembrança de

Jin-ming é da partida dela. Uma tarde, ao escurecer, alguém o levou à porta da frente. Sua ama lá estava, usando uma roupa de camponesa, um casaco simples com botões de algodão em forma de borboleta do lado, e segurando uma trouxa de algodão. Ele quis que ela o tomasse nos braços, mas a moça permaneceu um pouco fora de alcance enquanto ele estendia as mãos para ela. As lágrimas escorriam pelo rosto dela. Depois ela desceu os degraus em direção ao portão do outro lado do pátio. Alguém que ele não conhecia acompanhava-a. Ela já ia atravessar o portão, quando parou e se voltou. Ele gritou, berrou e espernenou, mas não o levaram para perto dela. Ela ficou um longo tempo emoldurada pelo arco do portão do pátio, olhando-o. Depois se voltou rapidamente e desapareceu. Jin-ming jamais tornou a vê-la.

Minha avó ainda estava na Manchúria. Minha bisavó acabara de morrer de tuberculose. Antes de ser "confinada ao quartel", minha mãe teve de mandar nós quatro para creches. Como tinha sido tão de repente, nenhuma das creches municipais pôde aceitar mais de um de nós, e por isso tivemos de ser divididos entre quatro instituições diferentes.

Quando minha mãe partia para a detenção, meu pai aconselhou-a: "Seja inteiramente honesta com o Partido, e confie completamente nele. Vai lhe dar o veredicto certo". Uma onda de aversão apoderou-se dela. Queria alguma coisa mais cálida e pessoal. Ainda ressentida com ele, apresentou-se num sufocante dia de verão para seu segundo período de detenção — dessa vez sob o seu próprio Partido.

Estar sob investigação não trazia em si o estigma da culpa. Significava apenas que havia coisas no passado da pessoa que precisavam ser esclarecidas. Mesmo assim, ela se ressentia por ver-se sujeita a uma experiência tão humilhante, após todos os seus sacrifícios e sua manifesta lealdade à causa comunista. Mas parte dela estava cheia de otimismo de que a nuvem escura da suspeita que pairava sobre ela havia quase sete anos seria finalmente varrida para sempre. Não tinha nada de que se envergonhar, nada a esconder. Era uma comunista dedicada e tinha certeza de que o Partido ia reconhecer isso.

Formou-se uma equipe especial de três pessoas para investigá-la. O chefe era um certo sr. Kuang, encarregado de Assuntos Públicos da cidade de Chengdu, o que significava que estava abaixo de meu pai e acima de minha mãe. Sua família conhecia bem a minha. Agora, embora ainda se mostrasse bondoso para com minha mãe, sua atitude era mais formal e reservada.

Como a outros detidos, deram a minha mãe várias "companheiras", que a seguiam por toda parte, até mesmo ao banheiro, e dormiam na mesma cama com ela. Disseram-lhe que era para sua proteção. Ela entendeu implicitamente que estava sendo "protegida" contra o suicídio, ou alguma tentativa de conluiar-se com mais alguém.

Várias mulheres revezaram-se como sua companheira. Uma delas foi liberada de seus deveres porque também entrara em detenção para ser investigada. Cada companheira tinha de apresentar um relatório sobre minha mãe todo dia. Eram todas pessoas que ela conhecia, porque trabalhavam em repartições distritais, embora não em seu departamento. Eram amistosas e, a não ser pela falta de liberdade, minha mãe foi bem tratada.

Os interrogadores, além das companheiras, conduziam as sessões como conversas amistosas, embora o tema dessas conversas fosse extremamente desagradável. A suposição não era exatamente de culpa, mas tampouco de inocência. E como não havia procedimentos legais estabelecidos, eram poucas as oportunidades de defesa contra as insinuações.

O arquivo de minha mãe continha relatórios detalhados sobre cada estágio de sua vida — como estudante trabalhando para a clandestinidade, na Federação das Mulheres em Jinzhou, e em seus empregos em Yibin. Tinham sido escritos por seus chefes nessas épocas. A primeira questão que surgiu foi sua libertação da prisão sob o Kuomintang em 1948. Como sua família conseguira tirá-la, considerando-se que sua falta fora tão séria? Não fora sequer torturada! Poderia a prisão ter sido uma montagem, destinada a estabelecer suas credenciais com os comunistas, para que pudesse insinuar-se numa posição de confiança como agente do Kuomintang?

Depois havia sua amizade com Hui-ge. Tornou-se óbvio que suas chefes na Federação das Mulheres em Jinzhou tinham posto comentários negativos em seu arquivo sobre isso. Como Hui-ge tentava conseguir segurança junto aos comunistas através dela, diziam, não estaria ela talvez tentando conseguir segurança idêntica junto ao Kuomintang caso eles vencessem?

A mesma pergunta era feita em relação a seus pretendentes do Kuomintang. Ela não os teria encorajado como uma segurança para si? E depois, de novo a mesma grave suspeita: algum deles a instruíra a introduzir-se discretamente no Partido Comunista e trabalhar para o Kuomintang?

Minha mãe foi posta na impossível posição de ter de provar sua inocência. Todas as pessoas sobre as quais lhe faziam perguntas ou tinham sido executadas ou se achavam em Taiwan, ou em algum outro lugar que ela não sabia. De qualquer modo, eram gente do Kuomintang — e as palavras deles não mereceriam confiança. Como posso convencer vocês?, ela se perguntava às vezes, exasperada, ao tornar a passar pelos mesmos incidentes repetidas vezes.

Também lhe perguntaram sobre as ligações de seus tios com o Kuomintang, e sobre seu relacionamento com cada uma das colegas que, adolescentes, tinham entrado na Liga da Juventude do Kuomintang, no período antes da tomada de Jinzhou pelos comunistas. As diretivas da campanha classificavam como "contra-revolucionário" quem quer que tivesse sido nomeado chefe de um setor da Liga da Juventude do Kuomintang após a rendição dos japoneses. Minha mãe tentou argumentar que a Manchúria era um caso especial: o Kuomintang era visto como representando a China, a pátria, após a ocupação japonesa. O próprio Mao tinha sido uma alta autoridade no Kuomintang, embora ela não mencionasse isso. Além do mais, suas amigas tinham se passado para os comunistas logo nos anos seguintes. Mas disseram-lhe que todos esses amigos dela eram agora tidos como contra-revolucionários. Minha mãe não pertencia a nenhuma categoria condenada, mas lhe fizeram a pergunta impossível: Por que você tinha tantas ligações com gente do Kuomintang?

Ela foi mantida em detenção durante seis meses. Nesse período, teve de assistir a várias assembléias de massa nas quais "agentes inimigos" eram exibidos, denunciados, algemados e levados para a prisão — em meio a trovejantes gritos de slogans e punhos erguidos de dezenas de milhares de pessoas. Também havia "contra-revolucionários" que tinham "confessado", e portanto recebido "punição indulgente" — o que significava não ir para a prisão. Entre estes estava uma amiga de minha mãe. Após a assembléia, ela se suicidou, porque, sob interrogatório, em desespero, fizera uma falsa confissão. Sete anos depois, o Partido reconheceu que ela sempre fora inocente.

Minha mãe era levada a essas assembléias para "receber uma lição". Mas, tendo um caráter forte, não ficou arrasada pelo medo, como tantos, nem confusa com a lógica e as armadilhas enganosas do interrogatório. Manteve a mente clara e escreveu fielmente a história de sua vida.

Passou longas noites acordada, incapaz de sufocar o ressentimento com o tratamento injusto. Ouvindo o zumbido dos mosquitos do lado de fora da rede sobre sua cama, no sufocante calor do verão, depois a chuva de outono tamborilando na janela, e o úmido silêncio do inverno, ruminava a injustiça das suspeitas contra ela — sobretudo as dúvidas sobre sua prisão pelo Kuomintang. Sentia orgulho da maneira como se conduzira então, e jamais sonhara que aquilo se tornaria motivo de afastarem-na da revolução.

Mas então começou a convencer-se de que não devia ter ressentimentos contra o Partido por ele tentar manter a pureza. Na China, as pessoas acostumavam-se a um certo grau de injustiça. Agora, pelo menos, era por uma causa digna. Também repetia para si mesma as palavras do Partido quando exigia sacrifício de seus membros: "Você está passando por um teste, e o sofrimento fará de você um melhor comunista".

Pensava na possibilidade de ser classificada como "contra-revolucionária". Se isso acontecesse, os filhos também seriam contaminados, e todas as nossas vidas estariam arruinadas. A única maneira de evitar isso seria divorciar-se de meu pai e "nos desconhecer" como mãe. À noite, meditando sobre essas perspectivas sombrias, aprendeu a não chorar. Não podia nem se contorcer, pois a "companheira" dormia na cama com ela, e por mais amiga que fosse, tinha de relatar todo fiapo de informação sobre seu comportamento. Lágrimas seriam interpretadas como significando que ela se sentia ferida pelo Partido ou perdia a confiança nele. As duas coisas eram inaceitáveis, e podiam ter um efeito negativo sobre o veredicto final.

Minha mãe cerrava os dentes e dizia a si mesma para ter fé no Partido. Mesmo assim, achava muito duro ver-se totalmente isolada da família, e sentia uma saudade terrível dos filhos. Meu pai não lhe escreveu nem a visitou uma vez que fosse — as cartas e encontros eram proibidos. O que ela mais precisava naquela época era um ombro onde descansar a cabeça, ou pelo menos uma palavra de amor.

Mas recebia telefonemas. Da outra ponta da linha vinham piadas e palavras de confiança que a animavam muito. O único telefone em todo o departamento ficava sobre a mesa da mulher encarregada dos documentos secretos. Quando havia um telefonema para minha mãe, suas "companheiras" ficavam na sala enquanto ela falava, mas como gostavam dela e queriam que recebesse algum conforto, davam mostras de não estar ouvindo. A mulher encarregada dos documentos secretos não fazia parte da equipe que a investigava, por isso não tinha direito de escutar nem de fazer relatório sobre ela. As companheiras de minha mãe davam um jeito de ela nunca ter problemas por causa desses telefonemas. Simplesmente comunicavam: "O diretor Chang ligou. Discutiram assuntos de família". Circulavam os comentários sobre o marido atencioso que era meu pai, tão preocupado com minha mãe, tão afetuoso. Uma das jovens companheiras de minha mãe disse-lhe que queria encontrar um marido tão bom quanto ele.

Ninguém sabia que a ligação não era de meu pai, mas de outra alta autoridade que se passara do Kuomintang para os comunistas durante a guerra contra o Japão. Tendo pertencido ao Kuomintang, caíra sob suspeita e fora preso pelos comunistas em 1947, embora acabasse sendo liberado. Ele citava essa experiência para tranqüilizar minha mãe, e na verdade continuou sendo amigo dela a vida toda. Meu pai não ligou nem uma vez nos seis longos meses. Sabia, pelos seus anos de comunista, que o Partido preferia que a pessoa sob investigação não tivesse contatos com o mundo externo, nem mesmo com o cônjuge. Na visão dele, confortar minha mãe implicaria uma espécie de desconfiança no Partido. Minha mãe jamais o perdoou por desertá-la numa hora em que ela precisava de amor e apoio, mais que de qualquer outra coisa. Mais uma vez, ele provou que punha o Partido em primeiro lugar.

Uma manhã de janeiro, quando fitava os tufos de capim açoitados pela sombria chuva, sob os jasmins da treliça com suas massas de brotos verdes entremeados, minha mãe foi chamada a ver o sr. Kuang, chefe da equipe de investigação. Ele lhe disse que ela ia poder voltar ao trabalho — e sair. Mas tinha de voltar toda noite. O Partido não chegara a uma conclusão final a seu respeito.

O que acontecera, ela compreendeu, era que a investigação tinha emperrado. A maioria das suspeitas não podia ser provada nem refutada. Embora isso fosse insatisfatório para ela, afastou o assunto da mente, em sua excitação com a idéia de ver os filhos pela primeira vez em seis meses.

Em nossas diferentes creches, nós também quase não víamos meu pai. Ele vivia constantemente fora, no campo. Nas raras ocasiões em que voltava a Chengdu, mandava que o guarda-costas nos levasse, a mim e à minha irmã, para casa aos sábados. Jamais mandava buscar os dois meninos, porque achava que não poderia cuidar deles, novinhos demais. A "casa" era a sua repartição. Quando chegávamos, ele sempre tinha de sair para alguma reunião, de modo que seu guarda-costas nos trancava no gabinete dele, onde nada havia a fazer, além de ver quem soprava bolas de sabão maiores. Uma vez eu fiquei tão entediada que bebi um bocado de água de sabão e adoeci por vários dias.

Quando disseram à minha mãe que podia sair, a primeira coisa que ela fez foi saltar em sua bicicleta e correr às nossas creches. Preocupava-se sobretudo com Jin-ming, com menos dois anos e meio, e a quem mal tivera tempo de conhecer. Mas, após ficarem parados, inúteis durante seis meses, os pneus de sua bicicleta estavam vazios, e ela mal transpusera o portão quando teve de parar e enchê-los. Jamais se sentira tão impaciente na vida, andando de um lado para outro na oficina, à espera de que o homem enchesse os pneus, de uma maneira que lhe parecia bastante lânguida.

Foi ver Jin-ming primeiro. Quando chegou, a professora olhou-a com frieza. Disse que Jin-ming era uma das pouquíssimas crianças deixadas ali nos fins de semana. Meu pai quase não fora vê-lo, e jamais o levara para casa. A princípio, Jin-ming pedia "Mãe Chen", disse a professora. "Não é a senhora, é?" Minha mãe admitiu que "Mãe Chen" era a ama-de-leite dele. Depois Jin-ming se escondia num quartinho quando chegava o momento de os outros pais virem pegar os filhos. "A senhora deve ser madrasta", disse acusadoramente a professora. Minha mãe não pôde explicar.

Quando trouxeram Jin-ming, ele permaneceu no outro extremo da sala e não se aproximou de minha mãe. Ficou ali calado, recusando-se ressentido a olhar para ela. Minha mãe ofereceu-lhe alguns pêssegos e pediu-lhe que se aproximasse e os comesse, enquanto ela os descascava. Mas Jin-ming não se mexeu. Ela teve de pôr os pêssegos no lenço e empurrá-los por cima da mesa. Ele esperava que ela recolhesse a mão para agarrar um pêssego e devorá-lo. Depois pegava outro. Num instante três pêssegos desapareceram. Pela primeira vez desde que fora detida, minha mãe sentiu as lágrimas rolando.

Lembro-me da noite em que ela foi me ver. Eu tinha quase quatro anos, e estava em minha cama de grades, que parecia uma jaula. Um lado da grade foi abaixado, para que ela pudesse sentar-se e segurar minha mão enquanto eu adormecia. Mas eu queria falar-lhe de minhas aventuras e travessuras. Temia que, tão logo eu caísse no sono, ela desaparecesse de novo, para sempre. Toda vez que ela achava que eu adormecera e tentava retirar a mão, eu a agarrava e me punha a chorar. Ela ficou até mais ou menos meia-noite. Gritei quando ela se preparou para sair, mas ela se afastou. Eu não sabia que o horário da "condicional" tinha acabado.

11. "Depois da campanha antidireitista, ninguém abre a boca"
A CHINA SILENCIADA (1956-1958)

COMO NÃO TÍNHAMOS MAIS AMAS, e minha mãe precisava apresentar-se toda noite ao responsável por sua "condicional", tivemos de continuar em nossas creches. De qualquer modo, ela não poderia ter cuidado de nós. Estava ocupada demais "na corrida para o socialismo" — como dizia uma música de propaganda — com o resto da sociedade chinesa.

Enquanto ela estivera detida, Mao acelerara sua tentativa de mudar a face da China. Em julho de 1955, ele pedira que se apressasse a coletivização da agricultura, e em novembro anunciou abruptamente que toda a indústria e o comércio, até então em mãos privadas, seriam nacionalizados.

Minha mãe mergulhou direto nesse movimento. Em teoria, o Estado seria dono das empresas em sociedade com os antigos proprietários, que retirariam cinco por cento do valor delas durante vinte anos. Como, oficialmente, não havia inflação, isso devia representar o pagamento total do valor. Os antigos donos permaneceriam como administradores e receberiam um salário relativamente alto, mas haveria um chefão do Partido acima deles.

Minha mãe foi encarregada de chefiar uma equipe de trabalho que supervisionava a nacionalização de mais de cem fábricas de alimentos, padarias e restaurantes em seu distrito. Embora ainda estivesse na "condicional", tivesse de apresentar-se toda noite, e não pudesse sequer dormir em sua própria cama, confiaram-lhe uma tarefa importante.

O Partido pregara-lhe um rótulo estigmatizante — *kong-zhi shi-yong*, que significava "empregada mas sob controle e vigilância". Isso não foi tornado público, mas era sabido por ela e pelas pessoas encarregadas de seu caso. Os membros de sua equipe de trabalho sabiam que ela estivera detida durante seis meses, mas não que continuava sob vigilância.

Quando minha mãe fora posta sob detenção, escrevera à minha avó pedindo-lhe que continuasse na Manchúria por enquanto. Inventara uma desculpa, pois não queria que a mãe soubesse de sua situação, o que a teria preocupado terrivelmente.

Minha avó ainda estava em Jinzhou quando teve início a campanha de nacionalização, e ali foi surpreendida por ela. Depois que deixara a cidade com o dr. Xia, em 1951, o consultório médico dele passara a ser dirigido pelo irmão dela, Yu-lin. Quando o dr. Xia morreu em 1952, ela se tornou a proprietária do estabelecimento. Agora o Estado planejava comprá-lo. Em toda empresa, formou-se um grupo, composto de membros da equipe de trabalho e representantes de empregados e da administração, para avaliar os bens, a fim de que o Estado pagasse um "preço justo". Muitas vezes sugeria-se uma cifra muito baixa — para agradar às autoridades. O valor atribuído à loja do dr. Xia era ridiculamente baixo, mas havia nisso uma vantagem para minha avó: significava que ela era classificada apenas como "pequena capitalista", o que lhe facilitava manter uma posição discreta. Ela não ficou satisfeita por ver-se quase expropriada, mas guardou sua opinião para si.

Como parte da campanha de nacionalização, o regime organizou desfiles com tambores e gongos — e intermináveis assembléias, algumas delas para os capitalistas. Minha mãe viu que todos eles se manifestavam dispostos a vender suas firmas, e até mesmo agradecidos. Muitos diziam que o que lhes acontecia era muito melhor do que tinham temido. Na União Soviética, segundo tinham sabido, as empresas haviam sido confiscadas e pronto. Ali na China os donos eram indenizados, e o que era melhor, o Estado não lhes ordenava, simplesmente, que entregassem suas empresas. Tinham de estar dispostos. Evidentemente, todos estavam.

Minha avó ficou confusa sobre como devia sentir-se — ressentida contra a causa em que sua filha se empenhava, ou feliz com sua sorte, como lhe diziam que devia ficar. A botica fora construída com o trabalho duro do dr. Xia, e seu sustento e o de sua filha tinham dependido dela. Relutava em abrir mão dela, assim sem mais.

Quatro anos antes, durante a Guerra da Coréia, o governo estimulara as pessoas a doarem seus bens para ajudar a comprar aviões de caça. Minha avó não quis abrir mão de suas jóias, dadas pelo general Xue e o dr. Xia, e que às vezes tinham sido sua única fonte de renda. Também tinham forte valor sentimental. Mas minha mãe juntou sua voz à do governo. Achava que jóias se ligavam a um passado superado, e partilhava da opinião do Partido, de que eram fruto da "exploração do povo" — e portanto deviam ser devolvidas a ele. Também mencionou a palavra de ordem sobre a proteção da China contra uma invasão dos "imperialistas americanos", o que não dizia muita coisa à minha avó. Seus argumentos decisivos foram: "Mãe, pra que a senhora quer essas coisas? Ninguém usa isso hoje. E a senhora não precisa depender delas para viver. Agora que temos o Partido Comunista, a China não vai mais ser pobre. Com o que a senhora precisa se preocupar? De qualquer forma, tem a mim. Eu cuido da senhora. Jamais vai precisar se preocupar de novo. Eu tenho de convencer outras pessoas a fazerem doações. Como posso pedir a elas, quando minha própria mãe não faz isso?". Minha avó rendeu-se. Faria qualquer coisa pela filha. Entregou todas as suas jóias, a não ser uns dois braceletes, um par de argolas de ouro e um anel de ouro, presentes de núpcias do dr. Xia. Obteve um recibo do governo, e muitos louvores por seu "zelo patriótico".

Mas jamais se sentiu feliz por perder suas jóias, embora ocultasse o que sentia. Além da ligação sentimental, havia uma consideração muito prática. Minha avó vivera em insegurança constante. Podia-se de fato confiar no Partido Comunista para cuidar da gente? Para sempre?

Agora, quatro anos depois, achava-se de novo na situação de ter de entregar ao Estado uma coisa que gostaria de manter, na verdade a última posse que tinha. Dessa vez, na verdade não tinha escolha. Mas também se mostrou positivamente cooperativa. Não queria decepcionar a filha, e não queria fazer com que ela ficasse mesmo ligeiramente embaraçada.

A nacionalização da loja foi um longo processo, e minha avó permaneceu na Manchúria enquanto o processo se arrastava. De qualquer modo, minha mãe não queria que ela voltasse para Sichuan enquanto ela própria não tivesse restaurado sua completa liberdade de movimentos e pudesse viver em seus próprios aposentos. Só no verão de 1956 minha mãe recuperou sua plena liberdade, tendo sido suspensas as restrições da "condicional". Contudo, mesmo então ainda não houve uma decisão definitiva sobre seu caso.

Esta só seria conhecida no fim daquele ano. O veredicto, emitido pelas autoridades do Partido em Chengdu, dizia na verdade que acreditavam em sua história, e que ela não tinha ligação política com o Kuomintang. Era uma decisão clara, que a exonerava por completo. Ela ficou tremendamente aliviada, pois sabia que seu caso poderia muito bem ter sido deixado em aberto, "por falta de provas satisfatórias", como muitos outros. Então carregaria um estigma pelo resto da vida. Agora o capítulo estava encerrado, pensava. Ficou muito agradecida ao chefe da equipe de investigação, o sr. Kuang. Em geral, as autoridades tendiam a errar para o lado do excesso de zelo, a fim de proteger-se. Foi preciso coragem da parte do sr. Kuang para decidir aceitar o que ela dizia.

Após um ano e meio de intensa ansiedade, minha mãe estava de novo liberada. Deu sorte. Como resultado da campanha, mais de 160 mil homens e mulheres foram rotulados de "contra-revolucionários", e tiveram suas vidas arruinadas por três décadas. Entre estes estavam alguns amigos de minha mãe em Jinzhou, que tinham sido militantes da Liga da Juventude do Kuomintang. Foram sumariamente rotulados de "contra-revolucionários", demitidos de seus empregos e mandados para os campos de trabalho.

A campanha para erradicar os últimos vestígios do passado Kuomintang empurrou para o primeiro plano as origens e ligações de famílias. Por toda a história chinesa, quando uma pessoa era condenada, às vezes todo o clã — homens, mulheres e crianças, até mesmo bebês recém-nascidos — era executado. A execução podia estender-se a primos em nono grau (*zhu-lian jiu-*

zu). O fato de alguém ser acusado de um crime podia pôr em perigo todo o quarteirão.

Até então os comunistas haviam incluído pessoas de origens "indesejáveis" em suas fileiras. Diversos filhos e filhas de seus inimigos chegaram a posições elevadas. Na verdade, muitos dos primeiros líderes comunistas vinham eles próprios de origens "ruins". Mas após 1955 as origens familiares foram se tornando cada vez mais importantes. À medida que passavam os anos, e Mao lançava uma caça às bruxas atrás da outra, o número de vítimas foi se avolumando, e cada vítima implicava muitas outras, inclusive, antes e acima de tudo, sua família imediata.

Apesar dessas tragédias pessoais, ou talvez em parte por causa do férreo controle, a China estava mais estável em 1956 do que em qualquer época nesse século. Ocupação estrangeira, guerra civil, morte devido à fome generalizada, bandidos, inflação — tudo parecia coisa do passado. A estabilidade, sonho dos chineses, sustentava a fé de pessoas como minha mãe em seus sofrimentos.

No verão de 1956, minha avó retornou a Chengdu. A primeira coisa que fez foi correr às creches e levar-nos de volta para a casa de minha mãe. Tinha uma antipatia visceral por creches. Dizia que não se podia cuidar direito de uma criança num grupo. Minha irmã e eu estávamos bem, mas assim que a avistamos, berramos e exigimos ir para casa. Os dois meninos eram outra coisa: a professora de Jin-ming queixava-se de que ele era terrivelmente retraído e não deixava nenhum adulto tocá-lo. Só pedia, tranqüila mas obstinadamente, por sua antiga ama. Minha avó caiu em prantos quando viu Xiao-hei. Ele parecia um boneco de pau, com um sorriso inexpressivo no rosto. Onde o pusessem, de pé ou sentado, ali ficava, imóvel. Não sabia pedir para ir ao banheiro, e parecia incapaz até de chorar. Minha avó tomou-o nos braços e ele se tornou imediatamente o seu favorito.

De novo no apartamento de minha mãe, minha avó deu vazão à sua cólera e incompreensão. Por entre as lágrimas, chamava meu pai e minha mãe de "pais sem coração". Não sabia que minha mãe não tinha escolha.

Como minha avó não podia cuidar de nós quatro, as duas mais velhas, minha irmã e eu, tínhamos de ir para a creche durante a semana. Toda segunda-feira de manhã, meu pai e seu guarda-costas nos punham nos ombros e nos levavam enquanto berrávamos, esperneávamos e arrancávamos os cabelos deles.

Isso prosseguiu durante algum tempo. Depois, subconscientemente, eu desenvolvi um meio de protestar. Comecei a ficar doente na creche, com febres altas que assustavam os médicos. Assim que voltava para casa, minha doença desaparecia como que por milagre. Acabaram permitindo que minha irmã e eu ficássemos em casa.

Para minha avó, todas as flores e árvores, as nuvens e a chuva, eram seres vivos dotados de coração, lágrimas e sentido moral. Estaríamos seguros se seguíssemos a velha regra chinesa para as crianças, *ting-hua* ("ouvir as palavras", ser obediente). De outro modo, tudo nos aconteceria. Quando chupávamos laranjas, minha avó nos advertia para não engolirmos os caroços. "Se não me escutarem, um dia não vão poder entrar em casa. Cada carocinho é um bebê laranjeira, que quer crescer, exatamente como vocês. Cresce caladinho dentro da barriga, para cima, para cima, e aí, um dia, *Ai-ya*! Lá está ela, saindo do topo da cabeça! Cria folhas, e dá mais laranjas, e fica mais alta que nossa porta..."

A idéia de uma laranjeira no topo da cabeça me fascinava tanto que um dia engoli deliberadamente um caroço — um, não mais. Não queria um pomar na cabeça: seria pesado demais. Durante o dia todo, apalpei ansiosa a cabeça a cada minuto, para ver se ainda estava inteira. Várias vezes quase perguntei à minha avó se ia poder chupar as laranjas de minha cabeça, mas me continha para que ela não soubesse que eu fora desobediente. Decidi fingir que tinha sido um acidente quando ela visse a árvore. Dormi muito mal nessa noite. Sentia uma coisa forçando o crânio.

Mas em geral as histórias de minha avó faziam com que adormecêssemos felizes. Ela sabia uma abundância delas, da ópera clássica. Também tínhamos um monte de livros sobre animais, pássaros, mitos e contos de fadas. Tínhamos histórias infantis estrangeiras, também, incluindo Hans Christian Andersen e as fábulas de Esopo. *Chapeuzinho Vermelho*, *Branca de Neve e os sete anões* e *A gata borralheira* estavam entre minhas companheiras de infância.

Além das histórias, eu adorava as quadrinhas infantis. Foram meus primeiros encontros com a poesia. Como a língua chinesa se baseia em tons, sua poesia tem um tom particularmente musical. Eu ficava mesmerizada com minha avó entoando os poemas clássicos, cujo sentido eu não entendia. Ela os lia no estilo tradicional, produzindo cantilenas, sons demorados, subindo e descendo em cadência. Um dia minha mãe a entreouviu recitando-nos um poema escrito por volta de 500 a.C. Minha mãe achou que era muito difícil para nós e tentou detê-la. Mas minha avó insistiu, dizendo que não precisávamos entender o sentido, só pegar o senso da musicalidade dos sons. Muitas vezes disse lamentar ter perdido sua cítara quando deixara Yixian vinte anos antes.

Meus dois irmãos não se interessavam tanto pelas histórias para dormir, nem em ouvir leituras. Mas minha irmã, que dividia um quarto comigo, era como eu: adorava essas histórias. E tinha uma memória extraordinária. Impressionara todo mundo recitando a longa balada "O pescador e o peixe dourado", de Puchkin, impecavelmente, aos três anos de idade.

A vida de minha família era tranqüila e amorosa. Quaisquer que fossem os ressentimentos de minha mãe contra meu pai, raramente brigava com ele, pelo menos diante das crianças. O amor de meu pai por nós raramente se mostrava em contato físico, agora que estávamos maiores. Não era costume o pai tomar os filhos nos braços, ou demonstrar afeição beijando-os e abraçando-os. Ele muitas vezes deixava os meninos montarem em suas costas, e dava-lhes tapinhas nos ombros e alisava-lhes os cabelos, o que raramente fazia a nós meninas. Quando passamos dos três anos, ele nos erguia cuidadosamente, com as mãos em nossas axilas, aderindo estritamente à tradição chinesa, que mandava evitar intimidade com as próprias filhas. Não entrava no quarto onde eu e minha irmã dormíamos sem nossa permissão.

Minha mãe não tinha tanto contato físico conosco quanto gostaria. Porque se enquadrava em outro conjunto de regras: as do estilo de vida puritano comunista. No início da década de 1950, esperava-se que o comunista se desse tão inteiramente à revolução e ao povo que qualquer demonstração de afeto pelos filhos era malvista, como um sinal de lealdade dividida. Cada hora além das de comer e dormir pertencia à revolução, e devia ser passada no trabalho. Qualquer coisa considerada como não tendo a ver com a revolução, como carregar o filho no colo, tinha de ser feita o mais rapidamente possível.

A princípio, minha mãe achou difícil acostumar-se com isso. "Pôr a família em primeiro lugar" era uma crítica constantemente feita a ela pelos colegas de Partido. Acabou treinada no hábito de trabalhar sem parar. Quando voltava para casa à noite, nós já havia muito tempo tínhamos ido dormir. Ela se sentava junto às nossas camas, olhando nossos rostos adormecidos e ouvindo nossa respiração pacífica. Era o momento mais feliz de seu dia.

Sempre que tinha tempo, fazia-nos carinho, arranhando-nos e fazendo-nos cócegas de leve, sobretudo nos cotovelos, o que dava um prazer intenso. Sentia-me no paraíso quando punha a cabeça no colo dela e ela fazia cócegas dentro de minhas orelhas. Futucar a orelha era uma forma tradicional de prazer para os chineses. Lembro-me de que via, em criança, profissionais carregando um estrado com uma cadeira de bambu numa das pontas e dezenas de pauzinhos com pontas fofas penduradas na outra.

A partir de 1956, os funcionários passaram a ter os domingos de folga. Meus pais nos levavam a jardins e parques de diversões onde brincávamos nos balanços e rodas-gigantes ou rolávamos pela encostas gramadas. Lembro-me de uma vez em que rolei de cabeça, perigosa mas emocionantemente, ladeira abaixo, pretendendo ir parar nos braços de meus pais, mas acabei em vez disso indo bater em dois pés de hibiscos, um após o outro.

Minha avó ainda se horrorizava pela maneira como meus pais viviam ausentes. "Que pais são esses?", suspirava, balançando a cabeça. Para compensar a ausência deles, dava-nos todo o seu coração e energia. Mas não podia dar conta de nós quatro sozinha, e por isso minha mãe convidou tia Jun-ying para vir morar conosco. Ela e minha avó se davam muito bem, e essa harmonia continuou quando a elas se juntou, em 1957, uma empregada que morava na casa. Isso coincidiu com nossa mudança para novos aposentos, num antigo vicariato cristão. Meu pai veio conosco, e assim, pela primeira vez, toda a família morava junta sob um mesmo teto.

A criada tinha dezoito anos. Quando chegou, usava um casaco e calças de algodão estampado com flores, que os habitantes da cidade, que usavam cores discretas, de acordo com o esnobismo urbano e o puritanismo comunista, teriam encarado como meio berrantes. As senhoras da cidade também modelavam suas roupas como as russas, mas nossa empregada usava trajes camponeses tradicionais, abotoados do lado, com botões forrados de algodão em vez dos novos de plástico. Em lugar de cinto, usava um cordão de algodão para segurar as calças. Muitas camponesas que vinham para a cidade mudavam de trajes para não parecer caipiras. Mas ela era inteiramente descontraída com suas roupas, o que mostrava a força de seu caráter. Tinha mãos grandes e redondas, e um sorriso tímido e sincero no rosto escuro, bronzeado pelo sol, com duas covinhas permanentes nas faces rosadas. Todos na família gostaram imediatamente dela. Comia conosco e fazia o trabalho de casa com minha avó e minha tia. Minha avó estava encantada por ter duas amigas íntimas e confidentes, já que minha mãe nunca estava ali.

Nossa criada vinha de uma família de latifundiários, e vivia desesperada para deixar o campo e a constante discriminação que lá sofria. Em 1957, tornara-se de novo possível empregar pessoas de origens familiares "ruins". Acabara a campanha de 1955, e o clima era em geral mais relaxado.

Os comunistas haviam instituído um sistema sob o qual todos tinham de registrar seu lugar de residência (*hu-kuo*). Só os registrados como habitantes urbanos tinham direito a rações alimentares. Nossa criada tinha registro do campo, por isso não tinha fonte de alimentos quando estava conosco. Um ano depois, minha mãe ajudou-a a mudar seu registro para Chengdu.

Minha família também lhe pagava salário. O sistema de pensões do Estado fora abolido em fins de 1956, quando meu pai também perdera o seu guarda-costas pessoal, substituído por um funcionário que fazia serviços para ele em seu escritório, como servir-lhe chá e arranjar carros. Meus pais agora ganhavam salários fixados de acordo com seus níveis no serviço público. Minha mãe era nível 17, e meu pai 10, o que significava que ele ganhava duas vezes mais que ela. Como os produtos básicos eram baratos, e não havia conceito de sociedade de consumo, a renda dos dois combinada era mais que adequada. Meu pai era membro de uma categoria especial conhecida como *gao-gan*, "altas autoridades", termo aplicado a pessoas de nível 13 ou superior, das quais havia cerca de duzentas em Sichuan. Havia menos de vinte pessoas de nível 10 ou superior em toda a província, que tinha então uma população de cerca de 72 milhões de habitantes.

Na primavera de 1956, Mao anunciou uma política conhecida como as Cem Flores, da expressão "que desabrochem cem flores" (*bai qi-fang*), que em teoria significava maior liberdade para as artes, literatura e pesquisa científica. O Partido queria atrair o apoio dos cidadãos educados da China, dos quais o país precisava, uma vez que entrava num estágio de industrialização "pós-recuperação".

O nível geral de educação do país sempre fora muito baixo. A população era imensa — mais de 600 milhões então — e a vasta maioria jamais desfrutara de nada parecido a um padrão de vida decente. O país sempre tivera uma ditadura que funcionava mantendo as pessoas ignorantes, e portanto obedientes. Havia também o problema da língua: a escrita chinesa é excessivamente difícil; baseia-se em dezenas de milhares de caracteres individuais sem relação com os sons, e todos têm traços complicados e precisam ser numerados separadamente. Centenas de milhões de pessoas eram completamente analfabetas.

Qualquer um com um mínimo de educação era qualificado como "intelectual". Sob os comunistas, que baseavam suas políticas em categorias de classe, os "intelectuais" tornaram-se uma categoria específica, se bem que vaga, que incluía enfermeiros, estudantes e atores, assim como engenheiros, técnicos, escritores, professores, médicos e cientistas.

Sob a política das Cem Flores, o país desfrutou de um ano de relativa descontração. Então, na primavera de 1957, o Partido convidou os intelectuais a criticar as autoridades de todos os escalões. Minha mãe achou que isso se destinava a fomentar uma maior liberalização. Após um discurso de Mao sobre o assunto, que foi transmitido aos poucos até chegar ao seu nível, ela ficou tão emocionada que não conseguia dormir à noite. Achava que a China ia realmente ter um partido moderno e democrático, um partido que acolheria as críticas para revitalizar-se. Sentiu-se orgulhosa de ser comunista.

Quando o nível de minha mãe foi informado do discurso de Mao convidando críticas às autoridades, nada se disse de outro discurso que ele fizera em fevereiro daquele ano, sobre a necessidade de atrair as serpentes para fora de suas tocas — de descobrir qualquer um que ousasse se opor a ele ou ao seu regime. Um ano antes, o líder soviético, Kruchov, tinha denunciado Stalin em seu "discurso secreto", e isso devastara Mao, que se identificava com Stalin. Ele ficara ainda mais abalado pelo levante húngaro naquele outono, a primeira tentativa bem-sucedida — embora de vida breve — de derrubar um regime comunista estabelecido. E o que era pior: Mao sabia que grande parte de seu próprio partido e da liderança partidária favorecia a moderação e a liberalização. Queria impedir um "levante húngaro-chinês". Na verdade, disse depois aos líderes húngaros que seu pedido de críticas fora uma armadilha, mantida até seus colegas sugerirem que parasse, a fim de assegurar-se de que assanhara cada um dos dissidentes potenciais.

Não se preocupava com os operários e camponeses, pois estava confiante em que eles eram gratos aos comunistas por lhes proporcionarem barriga cheia e vida estável. Também sentia um desprezo fundamental por eles — não acreditava que tivessem capacidade mental para contestar seu governo. Mas Mao sempre desconfiara dos intelectuais. Eles haviam desempenhado um grande papel na Hungria, e tinham maior tendência a pensar por si mesmos.

Sem saber das manobras secretas de Mao, funcionários e intelectuais igualmente se empenharam em pedir e fazer críticas. Segundo Mao, eles deviam "dizer o que quisessem, e por completo". Minha mãe repetiu isso, entusiasticamente, nas escolas, hospitais e grupos de diversão de que cuidava. Todos os tipos de opinião foram ventilados em seminários organizados e em jornais murais. Pessoas conhecidas davam o exemplo fazendo críticas nos jornais.

Minha mãe, como todo mundo, sofreu críticas. A principal, vinda das escolas, era que ela demonstrava favoritismo pelas escolas-"chave" (*zhongdian*). Na China, havia várias escolas e universidades oficialmente designadas nas quais o Estado concentrava seus limitados recursos. Estas recebiam melhores verbas e instalações, e selecionavam os alunos mais brilhantes, o que assegurava que tinham uma alta taxa de admissão nas instituições de educação superior, sobretudo nas universidades-"chave". Alguns professores das escolas comuns queixavam-se de que minha mãe vinha dando demasiada atenção às escolas-"chave", em detrimento deles.

Os professores também eram classificados em gradações. Os bons professores recebiam níveis honorários, que lhes davam direito a salários mais altos, melhor fornecimento de alimentos quando havia escassez, melhor habitação e entradas de cinema grátis. A maioria dos professores graduados que trabalhavam sob as ordens de minha mãe parecia ter origens familiares "indesejáveis", e alguns dos não graduados queixavam-se de que ela dava demasiada importância ao mérito profissional, mais que à "origem de classe". Minha mãe fez autocríticas sobre sua falta de imparcialidade em relação às escolas-"chave", mas insistiu em que não estava errada em usar o mérito profissional como um critério para promoção.

A uma das críticas, minha mãe fez ouvidos moucos, com desprezo. A diretora de uma escola primária juntara-se aos comunistas em 1945 — antes de minha mãe — e não gostava de receber ordens dela. Essa mulher atacou-a dizendo que ela só conseguira o cargo devido ao status de meu pai.

Houve outras queixas: os diretores queriam o direito de escolher seus professores, em vez de tê-los nomeados por uma autoridade superior. Os diretores de hospitais queriam poder comprar eles mesmos ervas e outros remédios, porque o fornecimento do Estado não satisfazia suas necessidades. Os médicos queriam maiores rações alimentares: consideravam seu trabalho tão exigente quanto os dos intérpretes de kung-fu numa ópera tradicional, mas a ração que recebiam era um quarto menor. Um funcionário subalterno queixava-se do desaparecimento no mercado de Chengdu de produtos tradicionais famosos como as "tesouras Pockmark Wong" e "escovas de barba Hu", substituídos por outros inferiores produzidos em massa. Minha mãe concordava com muitas dessas opiniões, mas nada podia fazer, pois envolviam políticas oficiais. Só podia comunicá-las às autoridades superiores.

A explosão de críticas, muitas vezes queixas pessoais ou sugestões de melhorias práticas, não políticas, deu-se por cerca de um mês no início do verão de 1957. No começo de junho, o discurso de Mao sobre "atrair as serpentes para fora de suas tocas", que ele fizera em fevereiro, foi retransmitido oralmente até o nível de minha mãe.

Nesse discurso, Mao dizia que os "direitistas" tinham se alvoroçado nos ataques ao Partido Comunista e ao sistema socialista da China. Disse que esses direitistas compunham entre um e dez por cento dos intelectuais — e deviam ser esmagados. Para simplificar, estabeleceu-se uma cifra de cinco por cento, na metade entre os dois extremos de Mao, como a cota para o número de direitistas que tinham de ser apanhados. Para satisfazê-la, minha mãe tinha de encontrar mais de cem direitistas nas organizações sob suas ordens.

Não andava muito satisfeita com algumas das críticas feitas a ela. Mas poucas podiam, mesmo de longe, ser consideradas "anticomunistas" ou "anti-socialistas". A julgar pelo que lera nos jornais, parecia ter havido alguns ataques ao monopólio do poder pelos comunistas e ao sistema socialista. Mas em suas escolas e hospitais não houvera nada disso. Onde diabos ia encontrar os direitistas?

Ademais, pensava, era injusto punir as pessoas que tinham dito o que pensavam após serem convidadas a isso, na verdade exortadas. Além do mais, Mao dera garantias explícitas de que não haveria represálias pelas críticas. Ela própria convocara entusiasticamente as pessoas a fazê-las.

Seu dilema era típico do que enfrentavam milhões de autoridades por toda a China. Em Chengdu, a Campanha Antidireitista teve um início lento e penoso. As autoridades provinciais decidiram tomar como exemplo um homem, um certo sr. Hau, que era secretário do Partido num instituto de pesquisa que contava com renomados cientistas de toda Sichuan. Esperava-se que ele apanhasse um número considerável de cientistas, mas ele informou que não havia nem um no seu instituto. "Como é possível?", perguntou-lhe seu chefe. Alguns cientistas haviam estudado no exterior, no Ocidente. "Têm de ter sido contaminados pela sociedade ocidental. Como pode você esperar que estejam satisfeitos sob o comunismo? Como não há direitistas entre eles?" O sr. Hau respondeu que o fato de eles estarem na China por opção provava que não se opunham aos comunistas, e chegou a dar garantia pessoal por eles. Foi várias vezes advertido a corrigir-se. No fim, foi declarado ele próprio direitista, expulso do Partido e demitido do cargo. Seu nível no serviço público foi drasticamente reduzido, o que significava corte no salário, e puseram-no para trabalhar varrendo o chão dos laboratórios no instituto que antes dirigia.

Minha mãe conhecia o sr. Hau, e admirava-o por defender seus princípios. Criou uma grande simpatia por ele, que dura até hoje. Passou muitas noites com ele, dando vazão às suas ansiedades. Mas via no destino dele o dela própria, se não preenchesse sua cota.

Todo dia, após as intermináveis assembléias habituais, minha mãe tinha de relatar às autoridades municipais do Partido o andamento da campanha. A pessoa encarregada da campanha em Chengdu era um certo sr. Ying, um homem magro, alto, arrogante. Minha mãe devia apresentar-lhe números mostrando quantos direitistas tinham sido apanhados. Não precisava haver nomes. Os números é que importavam.

Mas onde poderia ela encontrar os cento e tantos "direitistas anticomunistas, anti-socialistas"? Um de seus subchefes, um certo sr. Kong, encarregado da educação no Distrito Oriental, acabou anunciando que as diretoras de duas escolas haviam identificado algumas professoras em suas escolas. Uma era professora numa escola primária, cujo marido, oficial do Kuomintang, fora morto na guerra civil. Dissera alguma coisa no sentido de que "a China hoje está pior do que antes". Um dia, meteu-se numa briga com a diretora, que a criticou por indolência. Ela ficou furiosa e bateu na diretora. Duas outras professoras tentaram detê-la, uma dizendo-lhe que tivesse cuidado, porque a diretora estava grávida. Diziam que ela teria gritado que queria "livrar-se daquele bastardo comunista" (referindo-se ao bebê na barriga da mulher).

Em outro caso, informou-se que uma professora cujo marido tinha fugido para Taiwan com o Kuomintang mostrara a outras jovens professoras umas jóias que ele lhe dera, tentando fazê-las sentir inveja da época do Kuomintang. Essas jovens também contaram que ela lhes dissera ser uma pena os americanos não terem ganho a Guerra da Coréia e avançado sobre a China.

O sr. Kong disse que tinha investigado os fatos. Não cabia à minha mãe investigar. Qualquer cautela seria vista como uma tentativa de proteger os direitistas e contestar a integridade dos colegas.

Os diretores dos hospitais e o subchefe que dirigia o Departamento de Saúde não apontaram eles mesmos direitista algum, mas vários médicos foram rotulados de direitistas pelas autoridades superiores do município de Chengdu, por críticas feitas em assembléias anteriores organizadas pelas autoridades municipais.

Todos esses direitistas juntos eram menos de dez, muito abaixo da cota. A essa altura, o sr. Ying estava farto com a falta de zelo de minha mãe e seus colegas, e disse-lhe que o fato de não conseguir indicar direitistas mostrava que ela própria era "material direitista". Ser rotulado de direitista significava não apenas tornar-se um marginal político e perder o emprego, mas, o mais importante, os filhos e a família sofreriam discriminação, e seu futuro estaria em risco. As crianças seriam ostracizadas na escola e na rua onde moravam. O comitê de moradores espionaria a família para ver quem os visitava. Se o direitista era enviado para o campo, os camponeses davam os trabalhos mais difíceis a ele e à sua família. Mas ninguém sabia o impacto exato, e essa incerteza era em si uma poderosa causa de medo.

Esse era o dilema de minha mãe. Se fosse rotulada de direitista, teria de renunciar aos filhos ou arruinar o futuro deles. Meu pai seria obrigado a divorciar-se dela, ou também entraria na lista negra e em permanente suspeita. Mesmo que minha mãe se sacrificasse e se divorciasse dele, toda a família ainda seria marcada como suspeita, para sempre. Mas o preço da salvação de si mesma e de sua família era o bem-estar de mais de uma centena de pessoas inocentes e suas famílias.

Minha mãe não falou disso com meu pai. Que solução poderia ele apresentar? Ela estava ressentida porque a alta posição dele significava que não tinha de lidar com casos específicos. Eram as autoridades de nível inferior e médio, como o sr. Ying, minha mãe e seus subchefes, os diretores de escolas e de hospitais, que tinham de tomar essas agônicas decisões.

Uma das instituições no distrito de minha mãe era a Escola de Formação de Professores Número Dois de Chengdu. Os alunos nas escolas de formação de professores recebiam bolsas que cobriam suas mensalidades e manutenção, e essas instituições, naturalmente, atraíam pessoas de famílias pobres. Concluíra-se recentemente a primeira estrada de ferro ligando Sichuan, o "Celeiro do Céu", ao resto da China. Em conseqüência disso, muitos alimentos foram de repente transportados de Sichuan para outras partes do país, e os preços de muitos produtos duplicaram ou mesmo triplicaram quase da noite para o dia. Os estudantes da escola viram seu padrão de vida reduzido praticamente à metade, e fizeram uma manifestação exigindo verbas maiores. Esse ato foi comparado pelo sr. Ying aos do Círculo Petöfi no levante húngaro de 1956, e ele chamou os estudantes de "espíritos afins dos intelectuais húngaros". Ordenou que todo estudante que participara das manifestações fosse classificado como direitista. Na escola havia cerca de trezentos alunos, dos quais cento e trinta haviam participado da manifestação. Todos foram rotulados de direitistas pelo sr. Ying. Embora a escola não estivesse sob as ordens de minha mãe, que cuidava apenas das escolas primárias, ficava no distrito dela, e as autoridades municipais incluíram arbitrariamente os estudantes em sua cota.

Não perdoaram à minha mãe sua falta de iniciativa. O sr. Ying anotou o nome dela para posterior investigação como suspeita de direitismo. Mas antes de poder fazer alguma coisa, foi ele próprio condenado como direitista.

Em março de 1957, ele tinha ido a Pequim para uma conferência dos chefes de departamentos provinciais e municipais de Assuntos Públicos de toda a China. Nas discussões de grupo, os delegados foram estimulados a expressar suas queixas sobre o funcionamento das coisas em suas áreas. O sr. Ying fez alguns comentários bastante inócuos contra o primeiro-secretário do Comitê do Partido de Sichuan, Li Jing-quan, conhecido como o Comissário Li. Meu pai era o chefe da delegação de Sichuan na conferência, e por isso lhe coube escrever o relatório de rotina quando voltaram. Quando começou a Campanha Antidireitista, o Comissário Li decidiu que não gostara do que o sr. Ying tinha dito. Verificou com o subchefe da delegação, mas esse havia espertamente se refugiado no banheiro quando o sr. Ying iniciara suas críticas. No último estágio da campanha, o Comissário Li rotulou o sr. Ying como direitista. Quando soube disso, meu pai ficou desesperadamente perturbado, atormentando-se com a idéia de que era em parte responsável pela queda do sr. Ying. Minha mãe tentou convencê-lo de que não se tratava disso: "Não é culpa sua!", disse-lhe. Mas ele jamais deixou de se agoniar com isso.

Muitas autoridades usaram a campanha para acertos de contas pessoais. Alguns descobriram que uma maneira fácil de preencher suas cotas era entregar os inimigos. Outros agiam por pura vingança. Em Yibin, os Ting expurgaram muita gente jovem talentosa com a qual não se davam, ou da qual sentiam ciúmes. Quase todos os assessores de meu pai lá, escolhidos e promovidos por ele, foram condenados como direitistas. Um ex-auxiliar de quem meu pai gostava muito foi qualificado como de "extrema direita". Seu crime fora uma única observação dizendo que a dependência da China em relação à União Soviética não devia ser "absoluta". Na época, o Partido proclamava que devia. Ele foi condenado a três anos num dos *gulags* da China e trabalhou na construção de uma estrada numa área selvagem, montanhosa, onde morreram muitos de seus colegas prisioneiros.

A Campanha Antidireitista não afetou a sociedade em geral. Os camponeses e operários prosseguiram com suas vidas. Quando a campanha acabou, após um ano, pelo menos 550 mil pessoas tinham sido rotuladas como direitistas — estudantes, professores, artistas, cientistas e outros profissionais liberais. A maioria foi demitida do emprego e tornou-se trabalhador braçal em fábricas ou fazendas. Alguns foram mandados para trabalhos forçados nos *gulags*. Eles e suas famílias tornaram-se cidadãos de segunda classe. A lição foi brutal e clara: não se toleraria nenhum tipo de crítica. Daí em diante, as pessoas pararam de queixar-se e de dizer o que pensavam. Um ditado popular resumiu o clima do país: "Depois da Campanha dos Três Antis, ninguém quer ser encarregado de dinheiro; depois da Campanha Antidireitista, ninguém abre a boca".

Mas a tragédia de 1957 fez mais do que reduzir as pessoas ao silêncio. A capacidade de cair no abismo agora tornava-se imprevisível. O sistema de cotas, combinado com as vinganças pessoais, significava que qualquer um podia ser perseguido, por nada.

A linguagem refletia tal situação. Entre as categorias de direitistas havia "direitistas por sorteio" (*chou-qian you-pai*), pessoas que tiravam a sorte para decidir quem seria chamado de direitista, e "direitistas de banheiro" (*ce-suo you-pai*), pessoas que descobriam ter sido apontadas quando saíam para ir ao banheiro durante as muitas e arrastadas assembléias. Havia também direitistas dos quais se dizia que "têm veneno mas não o soltaram" (*you-du bu-fang*); eram pessoas rotuladas de direitistas sem terem dito nada contra ninguém. Quando um chefe não gostava de alguém, podia dizer: "Não parece direito", ou "O pai foi executado pelos comunistas, como pode ele não ter ressentimentos? Apenas não o diz abertamente". Um chefe de unidade bondoso às vezes fazia o contrário: "A quem vou entregar? Não posso fazer isso a ninguém. Acusem-me a mim". Esse era popularmente chamado de "direitista confesso" (*zi-ren you-pai*).

Para muita gente, 1957 foi um divisor de águas. Minha mãe ainda era dedicada à causa comunista, mas as dúvidas se insinuavam em sua prática. Ela falava dessas dúvidas com o amigo sr. Hau, o diretor expurgado do instituto de pesquisa, mas jamais as revelou a meu pai — não porque ele não tivesse dúvidas, mas porque se recusaria a discuti-las com ela. As regras do Partido, como as ordens militares, proibiam os membros de discutir as políticas do Partido entre si. A carta do Partido estipulava que todo membro devia obedecer incondicionalmente à sua organização partidária, que uma autoridade de nível inferior devia obedecer a uma de nível superior. Se alguém discordava de alguma coisa, só podia falar disso a uma autoridade superior, tida como a encarnação da organização do Partido. Essa disciplina regimental, na qual os comunistas insistiam desde os dias de Yan'an e mesmo antes, foi crucial para seu êxito. Era um formidável instrumento de poder, como precisava ser numa sociedade em que as relações pessoais passavam por cima de qualquer outra regra. Meu pai aderia totalmente a essa regra. Acreditava que não se poderia preservar e manter a revolução se ela fosse abertamente contestada. Numa revolução, a gente tinha de combater pelo seu lado mesmo não sendo este perfeito — contanto que acreditasse que era melhor que o outro lado. A unidade era o imperativo categórico.

Minha mãe via que, no que se referia à relação dele com o Partido, ela ficava de fora. Um dia, quando se aventurou a fazer alguns comentários críticos sobre a situação e não obteve resposta dele, disse ressentida: "Você é um bom comunista, mas um péssimo marido". Meu pai balançou a cabeça. Disse que sabia disso.

Catorze anos depois, meu pai contou aos filhos o que quase lhe acontecera em 1957. Desde seus primeiros dias em Yan'an, quando era um jovem de vinte anos, fora amigo íntimo de uma conhecidíssima escritora chamada Ding Ling. Em março de 1957, quando estava em Pequim chefiando a delegação de Sichuan numa conferência de Assuntos Públicos, ela mandou-lhe um recado convidando-o a visitá-la em Tianjin, perto de Pequim. Meu pai quis ir, mas decidiu que não porque tinha pressa de voltar para casa. Vários meses depois Ding Ling foi rotulada de direitista número um da China. "Se eu tivesse ido visitá-la", disse-nos meu pai, "também teria sido liqüidado."

12. "A mulher capaz consegue preparar uma refeição sem alimentos"
FOME (1958-1962)

NO OUTONO DE 1958, quando eu tinha seis anos, comecei a estudar numa escola primária que ficava uns vinte minutos a pé de minha casa, passando sobretudo por becos lamacentos calçados de pedra. Todo dia, na ida e na volta da escola, eu apurava os olhos sobre cada centímetro do chão, em busca de pregos quebrados, parafusos enferrujados e quaisquer outros objetos de metal enfiados na lama entre as pedras. Destinavam-se a alimentar os altos-fornos para produzir aço, que era minha grande ocupação. É, aos seis anos, eu estava metida na produção de aço, e tinha de concorrer com os colegas de escola para ver quem entregava mais ferro-velho. Em toda a minha volta, música edificante estrondava dos alto-falantes, e havia faixas, cartazes e imensos slogans pintados nas paredes proclamando: "Viva o Grande Salto para a Frente!" e "Vocês Todos, Produzam Aço!". Embora eu não entendesse inteiramente o motivo, sabia que o presidente Mao tinha ordenado ao país que produzisse muito aço. Em minha escola, tachos parecendo cadinhos haviam substituído alguns de nossos *woks* sobre os gigantescos fogões da cozinha. Despejávamos neles todo o nosso ferro-velho, incluindo os velhos *woks*, que haviam sido despedaçados. Os fogões eram mantidos sempre acesos — até o ferro derreter. Nossos professores se revezavam para alimentá-los vinte e quatro horas por dia, mexendo os pedaços de ferro nos tachos com uma colher enorme. Não tínhamos muitas aulas, pois os professores preocupavam-se apenas com os tachos. E também as crianças maiores, adolescentes. As outras eram organizadas para fazer a faxina nos apartamentos dos professores e servir de babá para os filhos deles.

Lembro-me de que certa vez fui a um hospital com outras crianças, para visitar uma de nossas professoras, que se queimara seriamente quando o ferro derretido salpicara em seus braços. Médicos e enfermeiros de bata branca corriam frenéticos de um lado para outro. Havia um forno nas instalações do hospital, e eles tinham de pôr achas de lenha o tempo todo, mesmo quando realizavam operações, e pela noite adentro.

Pouco depois que comecei a ir para a escola, minha família foi transferida do velho vicariato para um conjunto especial, que era o centro de governo da província. O conjunto abrangia várias ruas, com blocos de apartamentos e escritórios e várias mansões; um muro alto isolava-o do mundo externo. Dentro do portão principal, ficava o que tinha sido o Clube dos Pracinhas americanos durante a Segunda Guerra Mundial. Ernest Hemingway tinha estado ali em 1941. O prédio do clube era em estilo tradicional chinês, com as pontas do telhado de telhas amarelas reviradas para cima, e maciças colunas vermelho-escuras. Era agora o escritório do secretariado do governo de Sichuan.

Um grande forno fora construído no estacionamento onde os motoristas esperavam. À noite, o céu ficava iluminado, e a trezentos metros, em meu quarto, ouvia-se o barulho da multidão em volta dos fornos. Os *woks* de minha família foram parar naquele forno, junto com todos os utensílios de ferro fundido. Não sofremos com sua perda, pois não precisávamos mais deles. Não se permitia agora nenhuma cozinha particular, e todos tinham de comer na cantina. Os fornos eram insaciáveis. Foi-se a cama de meus pais, muito macia e confortável, com molas de ferro. Desapareceram também as grades de ferro das calçadas da cidade, e tudo mais que fosse de ferro. Durante meses, mal vi meus pais. Muitas vezes eles nem voltavam para casa, pois tinham de assegurar que a temperatura nos fornos de seus escritórios jamais caísse.

Foi nessa época que Mao deu plena expressão ao seu sonho meio cru de transformar a China numa potência moderna de primeira classe. Chamava o aço de "marechal" da indústria, e ordenou que a sua produção duplicasse em um ano — passando de 5,35 milhões de toneladas em 1957 para 10,7 milhões em 1958. Mas em vez de tentar expandir a indústria siderúrgica propriamente dita com trabalhadores qualificados, decidiu fazer toda a população participar. Havia uma cota de aço para toda unidade, e durante meses as pessoas paralisaram suas atividades normais para preenchê-la. O desenvolvimento econômico do país foi reduzido à questão simplista de quantas toneladas de aço se podiam produzir, e todo o país foi lançado nesse ato único. Estimou-se oficialmente que quase 100 milhões de camponeses foram retirados do trabalho agrícola para a produção de aço. Eram a força de trabalho que produzia grande parte dos alimentos do país. Montanhas foram despidas de árvores para combustível. Mas o resultado dessa produção em massa equivaleu apenas ao que o povo chamava de "bosta de boi" (*niu-shi-geda*), ou seja, um monte de merda inútil.

Essa situação absurda refletiu não apenas a ignorância de Mao quanto ao funcionamento da economia, mas também uma desconsideração quase metafísica pela realidade, o que embora pudesse ser interessante num poeta, num líder político com poder absoluto era trágico. Um de seus principais componentes era um enraizado desprezo pela vida humana. Não muito antes disso, ele dissera ao embaixador finlandês: "Mesmo que os Estados Unidos tivessem bombas atômicas mais potentes e as lançassem sobre a China, abrissem um buraco na terra ou a fizessem em pedaços, embora isso pudesse ser muito importante para o sistema solar, ainda seria algo insignificante para o universo como um todo".

O voluntarismo de Mao fora alimentado por sua recente experiência na Rússia. Cada vez mais desiludido com Kruchov após a denúncia que este fizera de Stalin em 1956, Mao foi a Moscou em fins de 1957 participar de uma conferência de cúpula comunista. Voltou convencido de que a Rússia e seus aliados estavam abandonando o socialismo e tornando-se "revisionistas". Via a China como o único bastião autêntico. Tinha de abrir a fogo um novo caminho. Megalomania e voluntarismo fundiam-se facilmente na cabeça de Mao.

A fixação dele com o aço, em grande parte, não foi questionada, como não o foram suas outras obsessões. Tomou-se de antipatia pelos pardais — eles devoram os grãos. Por isso, toda família foi mobilizada. Nós ficávamos sentados batendo furiosamente em qualquer objeto de metal, de címbalos a frigideiras, a fim de espantar os pardais das árvores, de modo que acabassem morrendo de exaustão. Até hoje posso ouvir com nitidez a barulheira feita por meus irmãos e por mim, e também por autoridades do governo, sentados debaixo de uma gigantesca árvore em nosso pátio.

Havia também metas econômicas fantásticas. Mao dizia que a produção industrial da China poderia ultrapassar a dos Estados Unidos e da Grã-Bretanha dentro de quinze anos. Para os chineses, esses países representavam o mundo capitalista. Superá-los seria visto como um triunfo contra seus inimigos. Evocou-se, assim, o orgulho das pessoas, inflando-se enormemente o entusiasmo delas. Elas haviam se sentido humilhadas com a recusa dos Estados Unidos e de outros grandes países do Ocidente a conceder reconhecimento diplomático, e estavam tão ávidas para mostrar ao mundo que podiam vencer sozinhas que não hesitavam em acreditar em milagres. Mao deu a inspiração. A energia da população estava ávida para encontrar uma saída. E ela estava ali. O espírito de vamos-lá superou a cautela, assim como a ignorância triunfou sobre a razão.

No início de 1958, pouco depois de voltar de Moscou, Mao visitou Chengdu por cerca de um mês. Estava aceso com a idéia de que a China podia fazer qualquer coisa, sobretudo tomar dos russos a liderança do socialismo. Foi em Chengdu que ele esboçou seu Grande Salto para a Frente. A cidade organizou um grande desfile para ele, mas os participantes não tinham a menor idéia de que Mao estava ali. Ele ficou escondido. Nesse desfile, criou-se um slogan: "A mulher capaz pode preparar uma refeição sem alimentos", uma inversão de um antigo e pragmático ditado chinês: "Por mais capaz que seja, uma mulher não pode preparar uma refeição sem alimentos". A retórica exagerada transformara-se em exigências concretas. Esperava-se que fantasias impossíveis se tornassem realidade.

A primavera naquele ano foi magnífica. Um dia, Mao foi dar um passeio num parque chamado Mansão do Marquês Zhuge

Liang, que datava do século III. O escritório do Distrito Leste era responsável pela segurança de uma área do parque, e minha mãe e seus colegas a patrulhavam, fazendo-se passar por turistas. Mao raramente se atinha a uma programação, e não deixava ninguém saber seus movimentos exatos, por isso minha mãe ficou sentada durante horas, tomando chá numa casa de chá e tentando manter-se alerta. Finalmente se inquietou e disse aos colegas que ia dar um passeio. Desviou-se para a área de segurança do Distrito Oeste, cujo pessoal não a conhecia, e foi imediatamente seguida. Quando o secretário do Partido do Distrito Oeste recebeu informações sobre uma "mulher suspeita" e foi conferir pessoalmente, deu uma risada: "Ora, é a velha camarada Xia do Distrito Leste!". Depois disso, minha mãe foi criticada pelo seu superior, o chefe distrital Guo, por "andar por aí sem disciplina".

Mao também visitou várias fazendas na planície de Chengdu. Até então, as cooperativas camponesas eram poucas. Foi ali que Mao ordenou que as fundissem em instituições maiores, mais tarde chamadas de "comunas populares".

Naquele verão, toda a China organizou-se nessas novas unidades, cada uma contendo entre 2 mil e 20 mil famílias. Uma das precursoras dessa campanha foi uma área chamada Xushui, na província de Hebei, no norte da China, que caiu nas graças de Mao. Em sua ansiedade por provar que merecia a atenção de Mao, o chefe local alegou que iam produzir dez vezes mais grãos que antes. Mao deu um largo sorriso e respondeu: "Que vão fazer com essa comida toda? Pensando bem, não faz mal ter comida demais. O Estado não a quer. Todos os demais já têm bastante por si próprios. Vocês podem fazer cinco refeições por dia!". Mao estava embriagado pelo eterno sonho do camponês chinês — excesso de alimentos. Após essas observações, os aldeões alimentaram ainda mais os desejos de seu Grande Líder, afirmando que iam produzir mais de meio milhão de quilos de batata por *mu* (um *mu* é um sexto de um acre), mais de 75 mil quilos de trigo por *mu* e repolhos pesando duzentos e cinqüenta quilos.

Foi uma época em que se disseminou o hábito de contar fantasias a si mesmo, e também aos outros. Os camponeses transferiam a colheita de vários tratos de terra para um único trato, a fim de mostrar às autoridades do Partido que tinham produzido uma safra milagrosa. Campos semelhantes foram exibidos aos crédulos — ou cegos por vontade própria — cientistas agrícolas, repórteres, visitantes de outras regiões e estrangeiros. Embora essas safras geralmente morressem dentro de poucos dias, devido ao transplante fora de hora e à densidade prejudicial, os visitantes não sabiam disso, ou não queriam saber. Grande parte da população foi arrebatada para esse mundo confuso, louco. O "enganar-se enganando os outros" (*zi-qi-qi-ren*) tomou conta do país. Muita gente — inclusive cientistas agrícolas e altas autoridades do Partido — disse ter visto pessoalmente os milagres. Os que não conseguiam reproduzir as fantásticas alegações dos outros começaram a duvidar de si mesmos e a culpar-se. Sob uma ditadura como a de Mao, na qual se retinha e se inventava a informação, era muito difícil as pessoas comuns confiarem na própria experiência ou conhecimento. Para não falar que agora enfrentavam uma maré nacional de fervor que prometia esmagar qualquer sobriedade individual. Era fácil começar a ignorar a realidade e simplesmente acreditar em Mao. Seguir o frenesi era de longe o curso mais simples. Parar, pensar e mostrar-se circunspecto era uma atitude que só trazia problemas.

Uma caricatura oficial mostrava um cientista com aparência de camundongo dizendo: "Um fogão como o de vocês só pode ferver água pro chá". Junto dele, um operário gigantesco erguia uma comporta de represa que liberava uma enchente de aço derretido e respondia: "Quanto você pode beber?". A maioria dos que viam o absurdo da situação estava assustada demais para dizer o que pensava, sobretudo após a Campanha Antidireitista de 1957. Os que manifestavam dúvidas eram imediatamente silenciados, ou demitidos, o que também significava discriminação contra a família e uma sombria perspectiva para os filhos.

Em muitos lugares, pessoas que se recusavam a gabar-se de gigantescos aumentos de produção eram espancadas até cederem. Em Yibin, alguns líderes de unidades de produção foram surrados com as mãos amarradas às costas na praça da aldeia, enquanto lhes berravam perguntas:

"Quanto trigo você produz por *mu*?".

"Quatrocentos *jin*." (Cerca de duzentos e vinte quilos — uma quantidade realista.)

Então, espancando-o: "Quanto trigo você produz por *mu*?".

"Oitocentos *jin*."

Mesmo essa cifra impossível não era bastante. O infeliz era espancado, ou simplesmente deixado pendurado, até finalmente responder: "Dez mil *jin*". Às vezes o homem morria ali pendurado porque se recusava a aumentar a cifra, ou simplesmente porque não podia elevá-la o suficiente.

Muitas autoridades e camponeses envolvidos em cenas como essas não acreditavam na ridícula bazófia, mas o medo de serem eles próprios acusados os impelia. Cumpriam as ordens do Partido, e estavam seguros enquanto seguissem Mao. O sistema totalitário em que tinham sido mergulhados drenara e distorcera seu senso de responsabilidade. Até médicos se gabavam de curar milagrosamente doenças incuráveis.

Apareciam caminhões em nosso conjunto trazendo camponeses sorridentes, que vinham comunicar alguma realização fantástica, batedora de recordes. Um dia, era um pepino monstro com metade do tamanho do caminhão. Outro, era um tomate transportado com dificuldade por duas crianças. Em outra ocasião, havia um porco gigante espremido num caminhão. Os camponeses diziam que tinham de fato criado um porco daquele tamanho. Aquele era de *papier-maché*, mas em criança eu imaginava que fosse de verdade. Talvez fosse confundida pelos adultos à minha volta, que agiam como se tudo aquilo fosse real. As pessoas haviam aprendido a desafiar a razão e a viver no mundo do faz-de-conta.

Todo o país caiu na linguagem dupla. As palavras separaram-se da realidade, da responsabilidade e dos verdadeiros pensamentos das pessoas. Diziam-se mentiras à vontade porque as palavras haviam perdido seus significados — e deixado de ser levadas a sério pelos outros.

Para consolidar isso, foi necessário um controle maior da sociedade. Quando estabeleceu as comunas, Mao disse que a principal vantagem delas era que "são fáceis de controlar", pois os camponeses estariam então num sistema organizado, em vez de serem deixados, em certa medida, sozinhos. Deram-lhes ordens detalhadas vindas do alto sobre como arar sua terra. Mao resumiu toda a agricultura em oito caracteres: "solo, fertilizante, água, sementes, plantação densa, proteção, cuidado, tecnologia". O Comitê Central do Partido em Pequim distribuía duas páginas de instruções sobre como os camponeses em toda a China melhorariam seus campos, outra página sobre o uso de fertilizantes, outras sobre o plantio denso de safras. Incrivelmente simplistas, tais diretivas tinham de ser seguidas estritamente: por meio de incessantes campanhas, ordenava-se aos camponeses que replantassem suas safras mais densamente.

Outro meio de controle, o estabelecimento de cantinas nas comunas, foi uma das obsessões de Mao na época. À sua maneira leviana, ele definia o comunismo como "cantinas públicas com refeições gratuitas". O fato de que as cantinas, por si, não produziam alimentos não lhe interessava. Em 1958, o regime proibiu que se comesse em casa. Todo camponês tinha de fazer suas refeições na cantina da comuna. Utensílios de cozinha como *woks* — e, em alguns lugares, até o dinheiro — foram proibidos. Todos seriam cuidados pela comuna e o Estado. Os camponeses entravam nas cantinas todo dia após o trabalho e comiam à vontade, o que jamais tinham podido fazer antes, mesmo nos melhores anos e nas áreas mais férteis. Consumiram e desperdiçaram toda a reserva de alimentos que, produzidos no campo, também serviam para alimentar os que lá trabalhavam. Mas o volume da produção não importava, pois a produção agora pertencia ao Estado, e não tinha qualquer relação com a vida dos camponeses. Mao apresentou o slogan de que a China estava atingindo uma sociedade de comunismo, que em chinês significa "partilhar bens materiais", e os camponeses entendiam que isso queria dizer que eles teriam uma parte de qualquer modo, independentemente do volume de trabalho que fizessem. Sem nenhum incentivo ao trabalho, simplesmente iam para o campo e tiravam uma boa soneca.

A agricultura também foi negligenciada pela prioridade dada ao aço. Muitos dos camponeses ficavam exaustos por terem de passar longas horas procurando combustível, ferro-velho e minério de ferro e mantendo os fornos em funcionamento. Os campos eram muitas vezes deixados às mulheres e crianças, que tinham de fazer tudo a mão, pois os animais estavam ocupados dando sua contribuição à produção de aço. Quando chegou a época da colheita, no outono de 1958, pouca gente se achava nos campos.

O não-plantio da safra de 1958 mandava um aviso de que ia haver escassez de alimentos, embora as estatísticas oficiais mostrassem um aumento de dois algarismos na produção agrícola. Anunciou-se oficialmente que em 1958 a safra de trigo da China tinha superado a dos Estados Unidos. O jornal do Partido, o *Diário do Povo*, abriu uma discussão sobre o tema "Como podemos enfrentar o problema da produção excessiva de alimentos?".

O departamento de meu pai era o encarregado da imprensa em Sichuan, que publicava alegações exóticas, como faziam todas as publicações da China. A imprensa era a voz do Partido, e quando se tratava de políticas do Partido nem meu pai nem mais ninguém nos meios de comunicação tinha qualquer voz. Faziam parte de uma imensa esteira de transmissão. Meu pai observava os acontecimentos com apreensão. Sua única opção era apelar para os altos líderes.

Em fins de 1958, ele escreveu uma carta ao Comitê Central do Partido em Pequim, declarando que a produção de aço daquele jeito não tinha sentido e era um desperdício de recursos; os camponeses estavam exaustos, seu trabalho estava sendo malbaratado, e ia haver escassez de alimentos. Pedia uma ação urgente. Deu a carta ao governador, para encaminhá-la. O governador, Lee Da-zhang, era o número três da província. Fora ele quem dera o primeiro emprego a meu pai, quando ele chegara a Chengdu vindo de Yibin, e tratava-o como um amigo.

283

O governador Lee disse a meu pai que não ia encaminhar a carta. Não continha novidades, disse. "O Partido sabe de tudo. Confie nele." Mao dissera que em nenhuma circunstância devia o moral do povo ser afetado. O governador disse que o Grande Salto para a Frente mudara a atitude psicológica dos chineses, da passividade para o espírito de iniciativa, de todos-juntos, que não devia ser comprometido.

Também disse que meu pai recebera o perigoso apelido de "Oposição" entre os líderes provinciais aos quais manifestara discordâncias. Só por causa de suas qualidades, sua absoluta lealdade ao Partido e seu severo senso de disciplina, ainda estava em boa posição. "O bom", acrescentou, "é que você só manifestou suas dúvidas ao Partido, e não ao público." Advertiu meu pai de que poderia se meter em sérios apuros se insistisse em suscitar aquelas questões, como poderiam sua família e "outros", claramente referindo-se a si mesmo, amigo de meu pai. Meu pai não insistiu. Ficou meio convencido com a argumentação, e a parada era alta demais. Atingira um ponto em que deixara de ser avesso a transigências.

Mas meu pai e as pessoas que trabalhavam nos departamentos de Assuntos Públicos recolhiam um grande número de queixas, como parte de seu serviço, e encaminhavam-nas a Pequim. Havia uma insatisfação generalizada, tanto entre o povo quanto entre as autoridades. Na verdade, o Grande Salto para a Frente provocara a mais séria divisão na liderança desde que os comunistas haviam assumido o poder, uma década atrás. Mao teve de abrir mão do menos importante de seus dois cargos principais, presidente do Estado, em favor de Liu Chao-chi. Liu tornou-se o número dois da China, mas seu prestígio era apenas uma fração do de Mao, que mantinha seu posto-chave como presidente do Partido.

As vozes dissidentes tornaram-se tão fortes que o Partido teve de convocar uma conferência especial, realizada em fins de junho de 1959 no balneário montanhês de Lushan, no centro da China. Na conferência, o ministro da Defesa, marechal Peng Dehuai, escreveu uma carta a Mao criticando o que acontecera com o Grande Salto para a Frente e recomendando uma visão realista da economia. A carta na verdade era até contida, e terminava com o obrigatório tom de otimismo (neste caso, alcançar a Grã-Bretanha dentro de quatro anos). Mas embora Peng fosse um dos mais antigos camaradas de Mao, e uma das pessoas mais próximas dele, Mao não podia aceitar nem essa crítica leve, sobretudo num momento em que se achava na defensiva, porque sabia que estava errado. Usando a linguagem ofendida da qual era apaixonado, chamou a carta de "um bombardeio destinado a arrasar Lushan". Fincou pé e fez a conferência arrastar-se por mais de um mês, atacando ferozmente o marechal Peng. Este e os poucos que o apoiavam foram tachados de "oportunistas direitistas". Peng foi demitido do Ministério da Defesa e posto sob prisão domiciliar, e depois mandado para uma aposentadoria precoce em Sichuan, onde lhe deram um posto inferior.

Mao teve de tramar muito para preservar seu poder. Nisso, era um mestre supremo. Sua leitura favorita, que ele recomendava a outros líderes do Partido, era uma coleção clássica de trinta volumes sobre intrigas da corte chinesa. Na verdade, podia-se entender melhor o governo de Mao em termos de uma corte medieval, na qual ele exercia um poder mágico sobre seus cortesãos e súditos. Era também um mestre em "dividir para governar", e em manipular a tendência dos homens a lançarem outros aos lobos. No fim, poucas altas autoridades defenderam o marechal Peng, apesar do desencanto delas com as políticas de Mao. O único que evitou ter de mostrar o seu jogo foi o secretário-geral do Partido, Deng Xiaoping, que tinha quebrado a perna. A madrasta dele vinha resmungando em casa: "Fui lavradora a vida inteira e jamais ouvi falar numa maneira tão doida de lavrar a terra!". Quando Mao soube que Deng tinha quebrado a perna — jogando bilhar — comentou: "Que coisa mais conveniente!".

O comissário Li, primeiro-secretário de Sichuan, voltou a Chengdu da conferência com um documento contendo as observações feitas por Peng em Lushan. Isso foi distribuído a autoridades de nível 17 ou superiores; perguntaram-lhes se concordavam. A essa altura, as pessoas tinham contraído o hábito de dizer sim a tudo, mas dessa vez a maioria delas farejou alguma coisa. Em geral, quando se emitia um documento importante, sempre vinha com a rubrica de Mao, com algum comentário tipo "Eu li". Mas dessa vez não havia nada, o que deixou muitas autoridades cautelosas.

Meu pai soubera alguma coisa da disputa em Lushan, pelo governador de Sichuan. Nessa assembléia de "exame", fez algumas observações vagas sobre a carta de Peng. E então fez uma coisa que nunca tinha feito antes: avisou à minha mãe que era uma armadilha. Ela ficou muito emocionada. Era a primeira vez que ele punha os interesses dela à frente das regras do Partido.

Ela pareceu surpresa ao ver que muita gente também parecia ter sido avisada. Em seu "exame" coletivo, metade dos colegas demonstrou ardente indignação contra a carta de Peng, e afirmou que as críticas nela contidas eram "totalmente inverdades". Outros pareciam ter perdido a capacidade de falar, e murmuravam alguma coisa evasiva. Um homem conseguiu ficar em cima do muro, dizendo: "Não estou em posição de concordar nem discordar, porque não sei se as provas apresentadas pelo marechal Peng são factuais ou não. Se são, eu o apoiaria. Claro, não faria isso se não fossem verdade".

O chefe do Departamento de Grãos em Chengdu e o chefe dos Correios de Chengdu eram veteranos do Exército Vermelho que tinham combatido sob o comando do marechal Peng. Os dois disseram concordar com qualquer coisa que seu velho e reverenciadíssimo comandante tivesse dito, acrescentando suas próprias experiências no campo para apoiar as observações de Peng. Minha mãe perguntava-se se os dois velhos soldados sabiam da armadilha. Se sabiam, a maneira como falavam o que pensavam era heróica. Desejou ter a coragem deles. Mas pensava nos filhos — que aconteceria com eles? Não era mais o espírito livre que fora quando estudante. Quando chegou a sua vez, disse: "As opiniões contidas na carta não estão de acordo com as políticas do Partido nos últimos dois anos".

Seu chefe, o sr. Guo, disse-lhe que suas observações tinham sido inteiramente insatisfatórias, porque não declarara sua atitude. Ela viveu durante dias num estado de aguda ansiedade. Os veteranos do Exército Vermelho que apoiaram Peng foram denunciados como "oportunistas direitistas", demitidos e mandados para os campos de trabalho. Minha mãe foi convocada a uma assembléia, para criticarem suas "tendências direitistas". Na assembléia, o sr. Guo mostrou outro dos "sérios erros dela". Em 1959, surgira uma espécie de mercado negro em Chengdu, vendendo galinhas e ovos. Como as comunas tinham tomado as galinhas dos camponeses individuais e não conseguiam criá-las, esses produtos haviam desaparecido das lojas, que eram do Estado. Alguns camponeses tinham de algum modo conseguido manter uma ou duas galinhas em casa debaixo da cama, e agora as vendiam e aos ovos nos becos, por cerca de vinte vezes os preços anteriores. Todo dia mandavam-se autoridades tentar pegar os camponeses. Uma vez, quando o sr. Guo pedira à minha mãe para ir numa dessas batidas, ela disse: "Que há de errado em oferecer coisas que as pessoas precisam? Se há demanda, deve haver oferta". Devido a essa observação, minha mãe recebeu uma advertência sobre suas "tendências direitistas".

O expurgo dos "oportunistas direitistas" abalou mais uma vez o Partido, uma vez que muitas autoridades concordavam com Peng. A lição era de que a autoridade de Mao não podia ser contestada — mesmo estando ele claramente errado. As autoridades viam que, por mais alto que estivessem — Peng, afinal, era ministro da Defesa — e independentemente de sua posição — Peng era tido como o favorito de Mao —, quem ofendesse o presidente do Partido caía em desgraça. Também se sabia que não se podia dizer o que se pensava e renunciar, ou mesmo renunciar discretamente: a renúncia era vista como um protesto inaceitável. Não havia como sair. As bocas do Partido, como as do povo, achavam-se agora firmemente seladas. Depois disso, o Grande Salto para a Frente entrou em seu apogeu de excesso e loucura. Metas econômicas ainda mais impossíveis foram impostas. Mais camponeses foram mobilizados para fabricar aço. E ordens cada vez mais absurdas choviam de cima, provocando o caos no campo.

* * *

No fim de 1958, auge do Grande Salto para a Frente, iniciou-se um projeto de construção gigantesco: dez grandes prédios na capital, Pequim, a serem concluídos em dez meses, para assinalar o décimo aniversário, em 1º de outubro de 1959, da fundação da República Popular.

Um dos dez prédios era o Grande Salão do Povo, um edifício de colunas em estilo soviético, no lado oeste da praça de Tiananmen. A frente de mármore tinha quatrocentos metros de extensão, e o salão de banquetes principal, cheio de candelabros, podia receber vários milhares de convivas. Ali se realizariam as assembléias importantes e os líderes receberiam visitantes estrangeiros. Os aposentos, todos em grande escala, teriam os nomes das províncias da China. Meu pai foi encarregado da decoração da Sala Sichuan, e quando o trabalho foi concluído ele convidou a inspecioná-lo líderes do Partido que tinham tido ligação com Sichuan. Deng Xiaoping, que era de lá, foi, como também o marechal Ho Lung, uma famosa figura *à la* Robin Hood, que tinha sido um dos fundadores do Exército Vermelho, e amigo íntimo de Deng.

A certa altura meu pai foi chamado, deixando esses dois líderes e outros velhos colegas deles conversando entre si. Quando ele voltou à sala, ouviu o marechal Ho dizer ao colega, apontando para Deng: "Na verdade ele é quem devia estar no trono". Nesse momento, avistaram meu pai e pararam imediatamente a conversa.

Depois disso, meu pai ficou em estado de intensa apreensão. Sabia que entreouvira acidentalmente insinuações de discórdia no topo do regime. Qualquer ação ou inação concebível poderia metê-lo em sérios apuros. Na verdade, nada lhe aconteceu, mas quando ele me falou do incidente dez anos depois, disse que desde então tinha vivido temendo a tragédia. "Só ter ouvido isso já equivale a traição", disse, recorrendo ao dito de que "por um crime perde-se a cabeça".

No outono de 1959, Liu foi a Chengdu inspecionar uma comuna chamada "Esplendor Vermelho". No ano anterior, Mao se mostrara muitíssimo entusiasmado com a astronômica produção de arroz ali. Antes da chegada de Liu, as autoridades locais arrebanharam todos que achavam que podiam denunciá-las e trancaram-nos num templo. Mas Liu tinha um informante, e quando passava pelo templo parou e pediu para dar uma olhada lá dentro. As autoridades apresentaram várias desculpas, chegando a dizer que o templo estava para desabar, mas Liu recusou-se a receber um não como resposta. A grande e enferrujada fechadura acabou sendo aberta, e um grupo de camponeses esfarrapados saiu cambaleando para a luz do dia. As embaraçadas autoridades locais tentaram explicar a Liu que aqueles eram "criadores de casos", que haviam sido trancados porque poderiam fazer mal ao distinto visitante. Os próprios camponeses permaneceram calados. As autoridades da comuna, embora completamente impotentes em relação à política, tinham um poder terrível sobre a vida das pessoas. Se quisessem punir alguém, podiam dar-lhe os piores serviços, o mínimo de alimentos, e inventar uma desculpa para fazer com que o perseguissem, denunciassem e até prendessem.

O presidente Liu fez algumas perguntas, mas os camponeses apenas responderam e murmuraram. Do ponto de vista deles, era melhor ofender o presidente que os chefões locais. O presidente ia partir para Pequim dentro de poucos minutos, mas os chefões da comuna iam ficar com eles pelo resto de suas vidas.

Pouco depois, outro alto líder também foi a Chengdu — o marechal Zhu De — acompanhado por um dos secretários privados de Mao. Zhu De era de Sichuan e tinha sido comandante do Exército Vermelho, e o arquiteto militar da vitória dos comunistas. Desde 1949, mantivera-se numa posição discreta. Visitou várias comunas perto de Chengdu, e depois, enquanto passeava à margem do rio da Seda olhando os pavilhões, as touceiras de bambu e as casas de chá envoltas em ramos de salgueiro da beira do rio, emocionou-se: "Sichuan é de fato um lugar celestial...". Disse as palavras no estilo de um verso de poesia. O secretário de Mao acrescentou o verso combinante, à maneira tradicional do poeta: "Pena que os malditos ventos da mentira e do falso comunismo a estejam destruindo!". Minha mãe estava com eles e pensou consigo mesma: Eu concordo de todo coração!

Desconfiado de seus colegas, e ainda furioso por ter sido atacado em Lushan, Mao apegou-se obstinadamente às suas loucas políticas econômicas. Embora não desconhecesse os desastres que elas vinham causando, e deixasse discretamente que as mais impraticáveis fossem revisadas, seu "prestígio" não lhe permitia ceder inteiramente. Enquanto isso, à medida que começava a década de 1960, uma grande fome espalhava-se por toda a China.

Em Chengdu, a ração mensal de alimentos para cada adulto foi reduzida a oito quilos de arroz, dez centímetros cúbicos de óleo de cozinha, e cem gramas de carne, quando havia alguma. Quase mais nada havia, nem mesmo repolho. Muitas pessoas sofriam de edema, uma doença em que o fluido se acumula debaixo da pele devido à subnutrição. O paciente fica amarelo e incha. O remédio mais popular é comer clorela, que se supõe seja rica em proteína. A clorela alimenta-se de urina humana, e por isso as pessoas deixaram de ir ao banheiro fazer xixi e faziam-no em escarradeiras, depois punham dentro as sementes de clorela; em dois dias elas se transformavam numa coisa verde parecendo ova de peixe e eram escumadas da urina, lavadas e cozinhadas com arroz. Eram realmente nojentas de comer, mas reduziam a inchação.

Como todos os demais, meu pai só tinha direito a uma limitada ração de alimentos. Mas como alta autoridade tinha alguns privilégios. Em nosso conjunto, havia duas cantinas, uma pequena para diretores de departamentos e suas esposas e filhos, e uma grande para todo mundo, o que incluía minha avó, tia Junying e a criada. A maioria das vezes a gente pegava a comida na cantina e levava para comer em casa. Havia mais comida na cantina do que nas ruas. O governo provincial tinha sua própria fazenda, e também havia "presentes" de governos rurais. Esses valiosos fornecimentos eram divididos entre as cantinas, e a menor recebia tratamento preferencial.

Como autoridades do Partido, meus pais também recebiam cupons de alimentos diferenciados. Eu ia com minha avó a uma loja especial diante do conjunto, comprar comida com eles. Os cupons de minha mãe eram azuis. Davam direito a cinco ovos, quase trinta gramas de soja e a mesma quantidade de açúcar por mês. Os cupons de meu pai eram amarelos, e davam direito a duas vezes mais artigos que os de minha mãe, em conformidade com seu nível mais elevado. Minha família juntava os alimentos das cantinas e de outras fontes e comia junta. Os adultos sempre davam mais às crianças, por isso eu não ficava com fome. Mas todos os adultos sofriam de subnutrição, e minha avó pegou um leve edema. Cultivou clorela em casa, e eu sabia que os adultos a comiam, embora não me dissessem para que servia. Certa vez experimentei um pouco, e cuspi imediatamente, pois tinha um gosto repugnante. Jamais voltei a experimentar.

Eu tinha pouca idéia de que a fome grassava em toda a minha volta. Um dia, a caminho da escola, quando eu comia um pequeno rolinho, alguém se lançou e me arrancou a comida da mão. Tive um vislumbre de umas costas muito magras e escuras, de calção e pés descalços, descendo a correr o beco de lama com a mão na boca, devorando o rolinho. Quando contei a meus pais o que acontecera, os olhos de meu pai mostraram uma grande tristeza. Ele alisou minha cabeça e disse: "Você tem sorte. Outras crianças como você estão passando fome".

Na época, eu tinha de ir muitas vezes ao hospital tratar dos dentes. Sempre que ia, tinha um ataque de náusea à horrível visão de dezenas de pessoas de membros inchados brilhantes, quase transparentes, da grossura de barris. Os pacientes eram levados para o hospital em carroças abertas, tantos havia. Quando perguntei à minha dentista o que eles tinham, ela respondeu com um suspiro: "Edema". Perguntei o que queria dizer, e ela murmurou alguma coisa que eu relacionei vagamente com comida.

Essas pessoas com edema eram sobretudo camponeses. A fome era muito pior no campo, porque lá não havia rações garantidas. A política do governo era prover alimentos primeiro às cidades, e as autoridades comunais estavam tendo de tomar grãos dos camponeses à força. Em muitas áreas, os camponeses que tentavam esconder alimentos eram presos, ou espancados e torturados. Autoridades comunais que relutavam em tomar alimentos dos camponeses famintos eram demitidas, e algumas fisicamente maltratadas. Em conseqüência disso, os camponeses que na verdade haviam cultivado os alimentos morriam aos milhões por toda a China.

Eu soube depois que muitos de meus parentes, de Sichuan à Manchúria, tinham morrido nessa grande fome. Entre eles estava o irmão retardado de meu pai. A mãe dele morrera em 1958, e quando veio a fome ele não foi capaz de agüentar. As rações eram concedidas numa base mensal, e ele comia a sua em poucos dias, nada deixando para o resto do mês. Logo morreu de fome. A irmã de minha avó, Lan, e seu marido, Lealdade Pei-o, que tinham sido mandados para a região rural inóspita no extremo norte da Manchúria, pela antiga ligação dele com o serviço de informação do Kuomintang, também morreram. À medida que a comida começou a escassear, as autoridades das aldeias distribuíam os estoques segundo suas próprias prioridades, não escritas. A condição de proscrito de Pei-o significava que ele e a esposa estavam entre os primeiros aos quais se negava comida. Os filhos deles sobreviveram porque os pais davam a comida para eles. O pai da esposa de Yu-lin também morreu. No fim, comeu até o recheio do travesseiro e tranças de alho.

Uma noite, quando eu tinha uns oito anos, uma mulher miúda e parecendo muito velha, o rosto uma massa de rugas, entrou em nossa casa. Era tão magra e fraca que parecia que um sopro de vento a derrubaria. Ela desabou no chão diante de minha mãe e bateu a testa no chão, chamando-a de "salvadora da minha filha". Era a mãe de nossa criada. "Se não fosse a senhora", disse, "minha filha não sobreviveria..." Só fui entender todo o significado daquilo um mês depois, quando chegou uma carta para a criada. Dizia que a mãe dela morrera pouco depois de visitar nossa casa, onde dera a notícia de que seu marido e seu filho caçula estavam mortos. Jamais vou esquecer os soluços, de cortar o coração, de nossa criada, parada no terraço, encostada numa coluna de madeira e abafando o choro com o lenço. Minha avó sentava-se de pernas cruzadas na cama, chorando também. Eu me escondi num canto do lado de fora do mosquiteiro dela. Ouvia-a dizendo para si mesma: "Os comunistas são bons, mas toda essa gente está morta...". Anos depois, eu soube que outro irmão e a cunhada de nossa criada tinham morrido logo depois. Nas comunas sujeitas à fome, as famílias dos latifundiários eram postas no final da lista de alimentos.

Em 1989, uma autoridade que trabalhava no socorro aos famintos me disse acreditar que o número total de pessoas mortas em Sichuan chegava a 7 milhões. Isso representaria dez por cento de toda a população de uma província rica. Uma estimativa aceita do número de mortos em todo o país fica em torno de 30 milhões.

Um dia, em 1960, a filha de três anos da vizinha de tia Junying em Yibin desapareceu. Poucas semanas depois, a vizinha viu uma menina brincando na rua com um vestido parecido ao de sua filha. Aproximou-se e examinou-o: tinha uma marca que o identificava como da filha. Ela comunicou isso à polícia. Descobriu-se que os pais da menina estavam vendendo carne-seca. Tinham seqüestrado e assassinado várias crianças pequenas para vendê-las como coelho a preços exorbitantes. O casal foi executado e o caso abafado, mas era de conhecimento geral que se matavam crianças na época.

Anos depois, conheci um velho colega de meu pai, um homem muito bondoso e capaz, não chegado a exageros. Ele me contou muito emocionado o que vira durante a fome numa determinada comuna. Trinta e cinco por cento dos camponeses haviam morrido, numa área onde a safra fora boa — embora pouco se colhesse, pois os homens tinham sido requisitados para produzir aço, e a cantina da comuna desperdiçara grande parte do que havia. Um dia um camponês invadiu sua sala e jogou-se no chão, gritando que tinha cometido um crime terrível e pedindo para ser punido. Acabaram sabendo que ele matara e comera seu próprio bebê. A fome agira como uma força incontrolável, que o levara a pegar a faca. Com lágrimas escorrendo pelas faces, a autoridade mandou prender o camponês. Depois fuzilaram-no como uma advertência aos matadores de bebês.

Uma das explicações oficiais para a fome era que Kruchov de repente obrigara a China a pagar uma grande dívida que contraíra durante a Guerra da Coréia, para ajudar a Coréia do Norte. O regime jogara com a experiência de grande parte da população, composta de camponeses sem terra, que se lembravam de como credores cruéis os prendiam para que pagassem aluguéis ou empréstimos. Identificando a União Soviética, Mao também criou um inimigo externo para levar a culpa e unir a população.

Outra causa mencionada foram as "calamidades naturais sem precedentes". A China é um país imenso, e o clima ruim causa escassez de alimentos em alguma parte dela todos os anos. Só os mais altos líderes tinham acesso a informações nacionais sobre o clima. Na verdade, em vista da imobilidade da população, poucos sabiam o que se passava na região vizinha, ou mesmo além da próxima montanha. Muita gente pensava então, e ainda pensa, que a fome foi causada por tragédias naturais. Não tenho um quadro completo, mas de todas as pessoas com quem falei, de diferentes partes da China, poucas sabiam de calamidades naturais em suas regiões. Só sabiam contar histórias sobre mortes por fome.

Numa conferência para 7 mil autoridades de alto escalão, no início de 1962, Mao disse que a fome fora causada setenta por cento por tragédias naturais, e trinta por cento por erro humano. O presidente Liu Shao-shi corrigiu, aparentemente no calor do momento, dizendo que fora causada trinta por cento por desastres naturais e setenta por cento por erro humano. Meu pai estava na conferência, e quando voltou disse à minha mãe: "Receio que o camarada Shao-shi vá ficar em apuros".

Quando os discursos foram comunicados a autoridades de categoria inferior como minha mãe, a avaliação do presidente Liu tinha sido eliminada. À população em geral não foram comunicados nem sequer os números de Mao. Essa ocultação de informação ajudou a manter o povo calmo, e não se ouviram queixas contra o Partido Comunista. Além do fato de que a maioria

294

dos dissidentes havia sido morta ou suprimida de outra forma, para a população em geral não ficou nem um pouco claro a responsabilidade do Partido Comunista. Não houve corrupção, no sentido de autoridades acumularem grãos. As autoridades do Partido só ficaram um pouco melhor que a gente comum. Na verdade, em algumas aldeias foram as primeiras a passar fome — e as primeiras a morrer. A fome foi pior do que qualquer coisa sob o Kuomintang, mas *pareceu* diferente: na época do Kuomintang, a fome se dava juntamente com uma gritante e incontida extravagância.

Antes da fome, muitas autoridades comunistas oriundas de famílias latifundiárias haviam trazido suas famílias para junto delas nas cidades. Quando a fome se abateu, o Partido ordenou que esses velhos e velhas fossem mandados de volta às suas aldeias, para partilhar das dificuldades — ou seja, da fome — com os camponeses locais. A idéia era de que os comunistas não podiam ser vistos usando seus privilégios em benefício de pais "inimigos de classe". Alguns avós de amigos meus tiveram de deixar Chengdu e morreram na fome.

A maioria dos camponeses vivia num mundo cujo horizonte não ia além dos limites da aldeia, e culpava pela fome os chefes imediatos, encarregados de lhe transmitir todas aquelas ordens catastróficas. Quadrinhas populares diziam que, embora a liderança do Partido fosse boa, as autoridades locais eram péssimas.

O Grande Salto para a Frente e a fome pavorosa abalaram profundamente meus pais. Embora eles não tivessem o quadro completo, não acreditavam que a explicação fosse as "calamidades naturais". Mas a sensação arrasadora era de culpa. Trabalhando no campo da propaganda, estavam bem no centro da máquina de desinformação. Para aliviar a consciência, e evitar a desonesta rotina diária, meu pai apresentou-se como voluntário para o socorro às vítimas da fome nas comunas. Isso significava ficar — e passar fome — com os camponeses. Fazendo isso, estava "partilhando as alegrias e tristezas das massas", segundo as instruções de Mao, mas sua equipe ficou ressentida. Eles tinham de revesar-se acompanhando-o, o que detestavam, porque significava passar fome.

De fins de 1959 a 1961, no pior período da fome, eu raras vezes vi meu pai. No campo, ele comia folhas de batata-doce, ervas e cascas de árvores como os camponeses. Um dia, caminhava por uma crista entre os sulcos de irrigação de um arrozal, quando viu um camponês esquelético andando com uma lentidão extrema e óbvia dificuldade, ao longe. Então, o homem desapareceu de repente. Quando meu pai se aproximou correndo, ele jazia caído no campo, morto de fome.

Todo dia meu pai era devastado pelo que via, embora mal tivesse visto o pior, porque à maneira costumeira, as autoridades locais o cercavam a toda parte que ia. Mas sofreu séria hepatomegalia e edema — e uma profunda depressão. Várias vezes, quando voltava dessas viagens, ia direto para o hospital. No verão de 1961, ficou lá durante três meses. Tinha mudado. Não era mais o puritano convicto do ano anterior. Mais tarde, quando uma agitação política ainda mais louca varreu o país, seu comportamento nesse período foi atacado como "o enfraquecimento de sua vontade política", o que era na verdade uma descrição exata.

Passou a gastar muito tempo pescando. Atrás do hospital, havia um belo rio chamado Arroio de Jade. Os salgueiros curvavam-se e roçavam a superfície com seus galhos curvos, e nuvens dissolviam-se e solidificavam-se em seus muitos reflexos. Eu me sentava na encosta da margem olhando as nuvens e vendo meu pai pescar. O cheiro era de excremento humano. Acima da margem ficavam os terrenos do hospital, que tinham sido outrora canteiros de flores, mas agora estavam transformados em hortas de legumes para proporcionar comida extra à equipe e aos pacientes. Quando fecho os olhos, ainda posso ver as larvas de borboletas devorando as folhas de repolho. Meu irmão as pegava para meu pai usar como isca. Os campos tinham uma aparência patética. Os médicos e enfermeiros evidentemente não eram especialistas em agricultura.

Por toda a história da China, os intelectuais e mandarins haviam tradicionalmente recorrido à pesca quando se sentiam desiludidos com o que fazia o imperador. A pesca sugeria um retiro na natureza, uma fuga da política da época. Era uma espécie de símbolo de desencanto e não-cooperação.

Meu pai raramente pegava um peixe, e certa vez escreveu um poema que tinha o verso: "Não pelo peixe eu vou à pesca". Mas seu companheiro de esporte, outro subdiretor de seu departamento, sempre lhe dava parte do que pescara. Porque em 1961, no meio da fome, minha mãe estava grávida de novo, e os chineses encaram o peixe como essencial para o desenvolvimento dos cabelos do bebê. Ela não queria outro filho. Entre outras coisas, meus pais recebiam salários, o que significava que o Estado não mais lhes proporcionava amas-de-leite ou babás. Com quatro filhos, minha avó e parentes de meu pai para sustentar, não tinham muito dinheiro sobrando. Grande parte do salário de meu pai ia na compra de livros, sobretudo imensos volumes de obras clássicas, que às vezes chegavam a custar o equivalente a dois meses de seu salário. Às vezes minha mãe resmungava um pouco: outras pessoas na posição dele soltavam insinuações às editoras e recebiam seus exemplares de graça, "para fins de trabalho". Meu pai insistia em pagar por tudo.

Esterilização, aborto e até anticoncepcionais eram difíceis. Os comunistas haviam iniciado o planejamento familiar em 1954, e minha mãe era a encarregada do programa em seu distrito. Achava-se então em adiantado estado de gravidez, de Xiao-hei, e muitas vezes iniciava suas assembléias com uma bem-humorada autocrítica. Mas Mao voltou-se contra o controle da natalidade. Queria uma China grande, poderosa, baseada numa grande população. Disse que se os americanos lançassem bombas atômicas na China, os chineses "simplesmente continuarão reproduzindo-se", e reconstituiriam seu número com grande rapidez. Também partilhava da atitude tradicional dos camponeses chineses em relação aos filhos: quanto mais braços, melhor. Em 1957, chamou pessoalmente de direitista um famoso professor da Universidade de Pequim que defendia o controle da natalidade. Depois disso, raramente se falou em planejamento familiar.

Minha mãe ficara grávida em 1959, e escrevera ao Partido em Pequim pedindo permissão para fazer um aborto. Era o procedimento padrão. Um dos motivos pelos quais o Partido tinha de dar seu consentimento era que se tratava de uma operação perigosa na época. Minha mãe disse que estava ocupada trabalhando para a revolução, e poderia servir melhor ao povo se não tivesse outro bebê. Permitiram-lhe o aborto, que foi pavorosamente doloroso, porque o método usado era primitivo. Quando voltou a ficar grávida em 1961, outro aborto estava fora de questão na opinião dos médicos, de minha mãe e do Partido, que estipulava um intervalo mínimo de três anos entre abortos.

Nossa criada também estava grávida. Casara-se com o ex-criado de meu pai, que agora trabalhava numa fábrica. Minha avó cozinhava para elas os ovos e a soja que se podia obter com os cupons de meus pais, além dos peixes que meu pai e seu colega pescavam.

Nossa criada deu à luz um filho em fins de 1961, e foi-se embora para montar casa própria com o marido. Quando ainda estava conosco, ia às cantinas buscar nossa comida. Um dia, meu pai viu-a andando por uma trilha de um jardim, enfiando carne na boca e mastigando vorazmente. Ele deu a volta e afastou-se, para que ela não o visse e ficasse embaraçada. Não falou nada a ninguém até anos depois, quando ruminava como as coisas haviam saído diferentes dos sonhos de sua juventude, o principal dos quais era acabar com a fome.

Quando a criada se foi, minha mãe não pôde pagar outra, devido à situação da comida. As que queriam o emprego — mulheres do campo — não tinham direito a uma pensão alimentar. Por isso minha avó e minha tia tiveram de cuidar de nós cinco.

Meu irmão caçula, Xiao-fang, nasceu a 17 de janeiro de 1962. Foi o único de nós amamentado por minha mãe. Antes de seu nascimento, ela queria dá-lo, mas quando ele chegou ela já se apegara profundamente a ele, que se tornou o favorito. Nós todos brincávamos com ele como se fosse um brinquedo grande. Ele cresceu cercado de gente que o adorava, o que, na opinião de minha mãe, explicava sua tranqüilidade e confiança. Meu pai passava muito tempo com ele, o que jamais fizera com nenhum dos outros filhos. Quando Xiao-fang ficou suficientemente grande para brincar com brinquedos, ele o levava todo sábado à loja de departamentos no alto da rua e comprava-lhe um brinquedo novo. Assim que Xiao-fang começava a chorar, por qualquer motivo, meu pai largava o que estivesse fazendo e corria a confortá-lo.

No início de 1961, após dezenas de milhões de mortes, Mao por fim se convenceu de que sua política econômica não estava no caminho certo. Com relutância, transferiu ao pragmático presidente Liu e a Deng Xiaoping, secretário-geral do Partido, mais poder sobre o país. Mao foi obrigado a fazer autocríticas, mas elas eram cheias de autopiedade, e sempre expressas de tal modo que parecia que ele carregava a cruz por autoridades incompetentes em toda a China. Também instruiu magnanimamente o Partido a "extrair lições" da experiência desastrosa, mas quais lições seriam essas não cabia às autoridades inferiores julgar: Mao disse-lhes que se haviam separado do povo, e tomado decisões que não refletiam os sentimentos da gente comum. Partindo dele, as intermináveis autocríticas mascaravam a verdadeira responsabilidade, que ninguém queria apurar.

Apesar disso, as coisas começaram a melhorar. Os pragmáticos iniciaram uma sucessão de grandes reformas. Foi nesse contexto que Deng Xiaoping fez a observação: "Não importa se o gato é branco ou preto, contanto que pegue ratos". Não haveria mais produção de aço em massa. Pôs-se um paradeiro às metas econômicas loucas, e introduziram-se políticas econômicas realistas. Aboliram-se as cantinas públicas, e a renda dos camponeses agora tinha relação com o seu trabalho. Devolveram-lhes as propriedades familiares, que haviam sido confiscadas pelas comunas, incluindo ferramentas agrícolas e animais domésticos. Também lhes deram pequenos tratos de terra para cultivar privadamente. Em algumas áreas, permitiu-se de fato o arrendamento de terras a famílias camponesas. Na indústria e no comércio, sancionaram-se oficialmente elementos de economia de mercado, e dentro de poucos anos a economia voltava a florescer.

Em conjunto com o afrouxamento da economia, houve também uma liberalização política. Retirou-se de muitos donos de terra o rótulo de "inimigo de classe". Reabilitou-se um grande número de pessoas que haviam sido expurgadas nas várias campanhas políticas. Entre estas achavam-se os "contra-revolucionários" de 1955, os "direitistas" de 1957 e os "oportunistas direitistas" de 1959. Como minha mãe recebera uma advertência por suas "tendências direitistas" em 1959, foi promovida do nível 17 para o 16 em sua classificação no serviço público, à guisa de compensação. Houve grande liberdade literária e artística. Prevaleceu uma atmosfera geral mais descontraída. Para meu pai e minha mãe, como para muitos outros, o regime pareceu mostrar que podia corrigir-se e aprender com seus erros, e que podia dar certo — e isso restaurou a confiança deles.

Enquanto tudo isso se passava, eu vivia num casulo por trás dos altos muros de um conjunto do governo. Não tinha contato direto com a tragédia. Foi com esses "ruídos distantes" que entrei na adolescência.

13. "Queridinha de ouro puro"
NUM CASULO PRIVILEGIADO (1958-1965)

QUANDO MINHA MÃE ME LEVOU para me matricular na escola primária em 1958, eu usava uma jaqueta de veludo cotelê cor-de-rosa nova e calças de flanela verde, com um enorme laço de fita cor-de-rosa nos cabelos. Entramos direto no gabinete da diretora, que nos esperava com a supervisora acadêmica e uma das professoras. Todas sorriam, e dirigiam-se respeitosamente à minha mãe como "diretora Xia" e a tratavam como uma VIP. Mais tarde fiquei sabendo que a escola era subordinada ao departamento de minha mãe.

Tive essa entrevista especial porque estava com seis anos, e normalmente só aceitavam crianças de sete anos para cima, pois havia escassez de escolas. Mas nem meu pai se incomodou com a quebra das regras dessa vez, pois, como minha mãe, desejava que eu começasse a escola cedo. Minha fluente declamação de poemas clássicos e minha bela caligrafia convenceram a escola de que eu estava suficientemente adiantada. Depois de satisfazer a diretora e suas colegas no exame de admissão padrão, fui aceita como um caso especial. Meus pais ficaram tremendamente orgulhosos de mim. Muitos dos filhos de seus colegas haviam sido recusados por aquela escola.

Todos queriam pôr os filhos naquela escola porque era a melhor de Chengdu, e a principal escola-"chave" de toda a província. Era muito difícil entrar em escolas e universidades-chave. A admissão baseava-se inteiramente no mérito, e os filhos de famílias de autoridades não tinham prioridade.

Sempre que eu era apresentada a uma nova professora, era como "a filha do diretor Chang e da diretora Xia". Minha mãe ia muitas vezes à escola, de bicicleta, como parte de seu serviço, para verificar como estava sendo dirigida. Um dia, o tempo esfriou de repente e ela me trouxe uma quente jaqueta de veludo cotelê verde, com flores bordadas na frente. A própria diretora veio à minha sala entregar-me a jaqueta. Eu me senti tremendamente embaraçada com todos os colegas de sala me olhando. Como a maioria das crianças, queria apenas meu lugar e ser aceita como parte de meu grupo de iguais.

Fazíamos provas todas as semanas, e os resultados eram afixados no quadro de avisos. Eu vinha sempre no topo da classe, o que causava ressentimento nos que ficavam atrás. Às vezes, vingavam-se de mim chamando-me de "queridinha de ouro puro" (*qian-jin xiao-jie*), fazendo coisas como pôr uma rã na gaveta de minha carteira e amarrando as pontas de minha trança no encosto da cadeira. Diziam que eu não tinha "espírito coletivo" e olhava os outros de cima. Mas eu sabia que estava simplesmente sendo eu mesma.

O currículo era como o de uma escola ocidental, a não ser no período em que tivemos de produzir aço. Não havia educação política, mas tínhamos de praticar muitos esportes: corrida, salto em altura e em distância, além de ginástica e natação compulsórias. Cada um devia praticar algum esporte depois das aulas: eu fui escolhida para o tênis. A princípio, meu pai se opôs à perspectiva de eu me tornar uma esportista, que era o objetivo do treinamento, mas a treinadora de tênis, uma mulher bastante jovem, foi procurá-lo, vestindo seu atraente calção. Entre seus outros serviços, meu pai era responsável pelos esportes na província. A treinadora lançou-lhe seu sorriso mais encantador e disse-lhe que uma vez que o tênis, o mais elegante dos esportes, não era muito jogado na China na época, seria bom que a filha dele desse o exemplo — "pelo país", como dizia ela. Meu pai teve de ceder.

Eu adorava meus professores, que eram excelentes e tinham o dom de tornar suas matérias fascinantes e emocionantes. Lembro-me do professor de ciência, um certo sr. Da-li, que nos ensinou a teoria por trás da colocação de um satélite em órbita (os russos tinham lançado o primeiro Sputnik) e a possibilidade de visitar outros planetas. Mesmo os garotos mais rebeldes ficavam grudados nas carteiras durante as aulas dele. Entreouvi alguns alunos dizendo que ele tinha sido direitista, mas nenhum de nós sabia o que queria dizer isso, e não fazia a menor diferença para nós.

Mamãe contou-me anos depois que o sr. Da-li tinha sido escritor de ficção científica para crianças. Foi chamado de direitista em 1957, porque escrevera um artigo sobre camundongos que roubavam comida e engordavam, o que foi tido como um ataque disfarçado às autoridades do Partido. Ele foi proibido de escrever, e estava para ser mandado para o campo quando minha mãe conseguiu relocá-lo para sua escola. Poucas autoridades tinham coragem suficiente para reempregar um direitista.

Minha mãe tinha essa coragem, e por isso mesmo ela era a responsável pela escola em que eu estudava. Pela sua localização, a escola devia ficar sob as ordens do Distrito Oeste de Chengdu. Mas as autoridades municipais puseram-na no distrito de minha mãe porque queriam que tivesse os melhores professores, mesmo que viessem de origens "indesejáveis", e o diretor do Departamento de Assuntos Públicos do Distrito Oeste não ousaria dar emprego a tais pessoas. A supervisora acadêmica em minha escola era a esposa de um ex-oficial do Kuomintang que estava num campo de trabalho. Em geral, as pessoas com uma origem como a dela não poderiam ocupar um cargo daqueles, mas minha mãe se recusava a transferi-las, e até lhes dava níveis honorários. Seus superiores a aprovavam, mas exigiam que ela assumisse a responsabilidade por esse comportamento pouco ortodoxo. Ela não se incomodava. Com a proteção extra implícita que a posição de meu pai lhe trazia, sentia-se mais segura que seus colegas.

Em 1962, meu pai foi convidado a mandar os filhos para uma nova escola que acabara de estabelecer-se junto ao conjunto onde morávamos. Chamava-se Plátano, por causa das árvores que formavam uma alameda nos terrenos. A escola fora criada pelo Distrito Oeste com a finalidade expressa de transformá-la numa escola-"chave", uma vez que não havia escola-"chave" sob a jurisdição daquele distrito. Bons professores foram transferidos de outras escolas do distrito para a Plátano. O estabelecimento logo adquiriu fama de "escola aristocrática", para os filhos dos VIPs do governo provincial.

Antes do estabelecimento da Plátano, havia um internato em Chengdu para filhos de altas patentes do exército. Algumas autoridades civis também mandavam os filhos para lá. O nível de ensino era medíocre, e a escola ganhou fama de esnobe, pois as crianças eram altamente competitivas quando se tratava de seus pais. Muitas vezes ouviam-nas dizendo: "Meu pai é comandante de divisão. O seu não passa de um brigadeiro!". Nos fins de semana, formavam-se longas filas de carros defronte, com babás, guarda-costas e motoristas à espera para levar as crianças para casa. Muita gente achava que a atmosfera estava envenenando as crianças, e meus pais sempre foram inteiramente avessos a essa escola.

A Plátano não fora estabelecida como uma escola exclusivista, e após conhecerem o diretor e alguns dos professores, meus pais acharam que estava empenhada em altos padrões éticos e disciplinares. Só havia vinte e cinco alunos em cada série. Mesmo na escola anterior, havia cinqüenta alunos em minha classe. As vantagens da Plátano eram, naturalmente, em parte destinadas a beneficiar as altas autoridades que moravam ao lado, mas meu recém-amadurecido pai sobrelevou esse fato.

A maioria de meus novos colegas eram filhos de autoridades do governo provincial. Alguns moravam no conjunto comigo. Além da escola, o conjunto era todo o meu mundo. Os jardins eram cheios de flores e plantas luxuriantes. Havia palmeiras, pés de sisal, loendros, magnólias, camélias, rosas, hibiscos, e até um par de velhos choupos chineses, que haviam crescido em direção um ao outro e entrelaçado os galhos, como amantes. E eram muito sensíveis. Se a gente arranhasse um dos troncos mesmo da maneira mais leve, as duas árvores tremiam e suas folhas começavam a adejar. Nas folgas para o almoço no verão, eu me sentava num banquinho de pedra em forma de tambor, embaixo de uma treliça de glicínias, os cotovelos apoiados numa mesa de pedra, lendo um livro ou jogando xadrez. À minha volta, vias as cores vívidas dos terrenos, e não muito longe um raro coqueiro arrogantemente lançado para o céu. Meu favorito, porém, era um jasmim perfumado, que subia por uma grande treliça. Quando estava em flor, enchia meu quarto com sua fragrância. Eu adorava me sentar junto à janela olhando-o e encharcando-me daquele cheiro delicioso.

Quando nos mudamos para o conjunto, morávamos numa adorável casa separada de dois andares, com seu próprio pátio. Era construída em estilo chinês tradicional, sem instalações modernas: não tinha água encanada, latrina com descarga nem banheiro de ladrilhos. Em 1962, alguns apartamentos modernos em estilo ocidental, com todos esses confortos, foram construídos num dos cantos do conjunto, e destinaram um deles à minha família. Antes de nos mudarmos, visitei aquela terra das maravilhas e examinei todas as novas e mágicas torneiras, latrinas com descarga e armários com espelhos nas paredes. Corri a mão pelos brilhantes ladrilhos brancos dos banheiros. Eram frios e agradáveis ao toque.

Havia treze blocos de apartamentos no conjunto. Quatro destinavam-se a diretores de departamentos, e o resto aos chefes de repartições. Nosso apartamento ocupava todo um andar, enquanto os chefes de repartição tinham de dividir um andar por duas famílias. Nossos quartos eram mais espaçosos. Tínhamos telas antimosquitos nas janelas, o que eles não tinham, e dois banheiros, enquanto eles só tinham um. Tínhamos água quente três vezes por semana, enquanto eles não tinham nunca. Tínhamos um telefone, o que era extremamente raro na China, e eles não. Autoridades inferiores ocupavam blocos num conjunto menor do outro lado da rua, e seus confortos eram mais um nível abaixo. A meia dúzia de secretários do Partido que formavam o núcleo da liderança provincial tinha seu próprio conjunto interno dentro do nosso. Esse santuário interior ficava atrás de dois portões, guardados vinte e quatro horas por dia por guardas armados do exército, e só empregados especialmente autorizados podiam passar. Dentro desses portões havia casas individuais de dois andares, uma para cada secretário do Partido. Na soleira do primeiro-secretário, Li Jing-quan, ficava outro guarda armado. Eu cresci tomando a hierarquia e o privilégio como coisas normais.

Todos os adultos que trabalhavam no conjunto tinham de exibir seus passes quando cruzavam o portão principal. Nós crianças não tínhamos passes, mas os guardas nos conheciam. As coisas se complicavam quando tínhamos visitantes. Eles tinham de preencher formulários, depois a guarita do porteiro ligava para nosso apartamento e alguém tinha de ir até lá embaixo no portão da frente buscá-los. A equipe não era simpática a outras crianças. Dizia que não queria bagunça nos terrenos. Isso nos desencorajava de trazer amigos para casa, e durante todos os meus quatro anos na escola-"chave" só convidei amiguinhas à minha casa muito poucas vezes.

Eu mal saía do conjunto, a não ser para a escola. Umas poucas vezes ia a uma loja de departamentos com minha avó, mas nunca sentia necessidade de comprar nada. Fazer compras era um conceito estranho para mim, e meus pais só me davam dinheiro em ocasiões especiais. Nossa cantina parecia um restaurante, e servia comida excelente. A não ser durante a fome, sempre havia pelo menos sete ou oito pratos para escolher. Os chefes de cozinha eram selecionados a dedo, e tinham todos ou "nível um" ou "nível especial". Os grandes chefes eram classificados como os professores. Em casa, havia sempre doces e frutas. Não havia mais nada que eu quisesse comer, a não ser picolés. Uma vez, no Dia da Criança, 1º de junho, quando me deram dinheiro, chupei vinte e seis de uma só vez.

A vida no conjunto era auto-suficiente. Tinha suas próprias lojas, cabeleireiros, cinemas e salas de baile, além de encanadores e engenheiros. A dança era muito popular. Nos fins de semana, havia diferentes bailes para os diferentes níveis de pessoal do governo provincial. O do ex-salão de baile dos pracinhas americanos era para famílias do nível de chefe de repartição para cima. Tinha sempre uma orquestra, e atores e atrizes do Grupo

Provincial de Música e Dança, para torná-lo mais colorido e elegante. Algumas das atrizes vinham ao nosso apartamento bater papo com meus pais, e depois me levavam para passear pelo conjunto. Eu sentia um orgulho enorme por ser vista em companhia delas, pois atores e atrizes tinham tremendo *glamour* na China. Gozavam de tolerância especial e permitia-se que se vestissem de maneira mais exuberante que os outros, e até mesmo que tivessem casos. Como o grupo ficava sob seu departamento, meu pai era o chefe deles. Mas eles não se curvavam a ele como os outros. Brincavam com ele chamando-o de "o astro da dança". Meu pai apenas sorria e parecia constrangido. A dança era um tipo de dança de salão casual, e os casais deslizavam de um lado para outro meio pudicamente, sobre um piso polidíssimo. Meu pai era de fato um bom dançarino, e obviamente se divertia. Minha mãe não era boa naquilo — não pegava o ritmo direito, e por isso não gostava. Nos intervalos, deixava-se que as crianças dançassem na pista, e nós puxávamos uns aos outros pela mão e praticávamos uma espécie de patinação. A atmosfera, o calor, o perfume, as senhoras elegantemente vestidas e os cavalheiros radiantes formavam para mim um mundo mágico, de sonho.

Passavam filmes toda noite de sábado. Em 1962, com a atmosfera mais descontraída, havia até alguns filmes de Hong Kong, em sua maioria histórias de amor. Ofereciam um vislumbre do mundo externo, e eram muito populares. Havia também, claro, filmes revolucionários edificantes. As projeções eram feitas em dois lugares, segundo o status. As da elite eram num salão espaçoso, com grandes poltronas confortáveis. As outras eram num grande auditório de outro conjunto separado que sempre ficava lotado. Fui lá uma vez porque passavam um filme que eu queria ver. Os assentos tinham de ser ocupados muito antes do início do filme. Os retardatários traziam seus próprios tamboretes. Muita gente ficava de pé. Se a gente ficasse presa no fundo, tinha de subir numa cadeira para poder ver alguma coisa. Eu não fazia idéia de que ia ser assim, e não levara um tamborete. Fiquei presa no empurra-empurra dos fundos, incapaz de ver qualquer coisa. Avistei um chefe de cozinha que eu conhecia e que estava de pé em cima de um banco estreito onde podiam sentar-se duas pessoas. Quando ele me viu me espremendo para passar, pediu-me que subisse para junto dele. O lugar era muito estreito e eu me sentia muito instável. As pessoas continuavam a passar empurrando-se, e logo uma delas me derrubou. O tombo foi forte e eu cortei a sobrancelha na quina de um tamborete. Ainda trago a cicatriz até hoje.

No nosso salão de elite passavam-se até filmes mais restritos, não exibidos para mais ninguém, nem mesmo para os funcionários no grande auditório. Estes chamavam-se "filmes de referência", e eram compostos sobretudo de trechos de filmes do Ocidente. Foi a primeira vez que vi uma minissaia — e os Beatles. Lembro-me de que um filme mostrava um *voyeur* na praia; as mulheres que ele espionava lançavam-lhe um balde d'água. Outro trecho de um documentário mostrava pintores abstratos usando um chimpanzé para lambuzar tinta numa folha de papel, e um homem tocando piano com a bunda.

Suponho que tenham sido escolhidos para mostrar como o Ocidente era decadente. Destinavam-se apenas a altas autoridades do Partido, e mesmo a estas negava-se acesso à maior parte da informação sobre o Ocidente. De vez em quando, um filme do Ocidente era exibido numa pequena sala de projeção onde não entravam crianças. Eu tinha uma curiosidade intensa, e pedi a meus pais que me levassem. Eles concordaram umas duas vezes. A essa altura, meu pai se tornara bastante condescendente com a gente. Havia um guarda na porta, mas devido a meus pais ele não fez objeção. Os filmes ultrapassavam inteiramente o meu entendimento. Um deles parecia ser sobre um piloto americano que ficava louco depois de jogar uma bomba atômica no Japão. O outro era um longa-metragem em preto-e-branco. Numa cena, um líder sindical era esmurrado por dois arruaceiros num carro; o sangue escorria-lhe pelo canto da boca. Eu fiquei absolutamente horrorizada. Era a primeira vez na minha vida que via um ato de violência com derramamento de sangue (os castigos corporais nas escolas tinham sido abolidos pelos comunistas). Os filmes chineses daquele tempo eram delicados, sentimentais e edificantes; se havia uma sugestão de violência, era estilizada, como na ópera chinesa.

Fiquei perplexa com o modo como os trabalhadores ocidentais se vestiam — ternos alinhados, sem sequer um remendo, coisa muito distante de minha idéia do que as massas oprimidas num país capitalista deviam usar. Após o filme, perguntei à minha mãe sobre isso e ela falou alguma coisa sobre "padrões de vida relativos". Não entendi o que ela queria dizer, e a pergunta continuou em minha cabeça.

Na infância, a idéia que eu fazia do Ocidente era de que não passava de um miasma de pobreza e miséria, como o da "Pequena vendedora de fósforos" da história de Hans Christian Andersen. Na creche-internato, quando eu não queria comer a comida toda, a professora dizia: "Pense em todas as crianças que não têm o que comer no mundo capitalista!". Na escola, quando tentavam fazer com que nos esforçássemos, os professores muitas vezes diziam: "Vocês têm sorte por ter uma escola para ir e livros para ler. No mundo capitalista, as crianças têm de trabalhar para sustentar suas famílias". Muitas vezes, quando os adultos queriam que aceitássemos alguma coisa, diziam que as pessoas no Ocidente queriam aquilo, mas não conseguiam, e portanto devíamos ser agradecidos por nossa sorte. Eu passei a pensar assim automaticamente. Quando apareceu uma menina em minha classe usando um novo tipo de impermeável rosa transparente que eu nunca vira, pensei como seria bom trocar minha sombrinha vulgar de papel encerado por um daqueles. Mas imediatamente me punia por essa tendência "burguesa", e escrevia em meu diário: "Pense em todas as crianças do mundo capitalista — elas não podem pensar em ter nem uma sombrinha!".

Em minha mente, os estrangeiros eram aterrorizantes. Todos os chineses têm cabelos negros e olhos castanhos, e por isso vêem como estranhos os cabelos e olhos de cores diferentes. Minha imagem de um estrangeiro era mais ou menos o estereótipo oficial: um homem de cabelos ruivos assanhados, olhos de cor estranha, nariz compridíssimo, cambaleando bêbedo, despejando Coca-Cola de uma garrafa na boca, com as pernas aber-

309

tas da maneira mais deselegante. Os estrangeiros viviam dizendo "alô" o tempo todo, com uma entonação esquisita. Eu não sabia o que queria dizer "alô"; achava que era um palavrão. Quando os meninos brincavam de "guerra de guerrilha", sua versão de índios e caubóis, o lado inimigo tinha espinhos pregados no nariz e dizia "alô" o tempo todo.

Em meu terceiro ano na escola primária, quando eu tinha nove anos, meus colegas de classe e eu decidimos enfeitar nossa sala de aula com plantas. Uma das meninas sugeriu que podia arranjar algumas bastante incomuns num jardim do qual seu pai cuidava, numa igreja católica na rua da Ponte Firme. Ali havia outrora um orfanato ligado à igreja, que fora fechado. A igreja ainda funcionava, sob o controle do Estado, que obrigara os católicos a romper com o Vaticano e entrar numa organização "patriótica". A idéia de uma igreja era ao mesmo tempo misteriosa e assustadora, devido à propaganda sobre religião. A primeira vez que ouvi falar em estupro foi de um atribuído a um padre estrangeiro num romance. Os padres também apareciam invariavelmente como espiões imperialistas e homens maus, que usavam os bebês dos orfanatos para experimentos médicos.

Todo dia, quando ia e voltava da escola, eu passava pelo alto da rua da Ponte Firme, ladeada de árvores, e via a silhueta do portão da igreja. A meus olhos chineses, tinha as colunas de aparência mais estranha: de mármore branco, e afilados em estilo grego, enquanto as colunas chinesas eram sempre de madeira pintada. Eu morria de curiosidade de olhar lá dentro, e tinha pedido à menina que me deixasse visitar sua casa, mas ela disse que seu pai não a deixava levar visitante algum. Isso só aumentava o mistério. Quando essa menina sugeriu trazer algumas plantas de seu jardim, eu me ofereci avidamente para ir com ela.

Quando nos aproximamos do portão da igreja, fiquei tensa e meu coração quase parou de bater. Parecia o portão mais imponente que eu já vira. Minha amiga ergueu-se nas pontas dos pés e esticou o braço para bater uma argola de metal no portão. Abriu-se uma pequena fresta, revelando um velho enrugado, quase dobrado em dois. A mim me pareceu uma feiticeira numa das ilustrações de um conto de fadas. Embora não visse claramente o rosto dele, imaginava que tinha um nariz comprido e curvo e um chapéu de ponta, e logo iria erguer-se no céu montado numa vassoura. O fato de pertencer a um sexo diferente não tinha importância para mim. Evitando olhá-lo, passei correndo pelo portão. Logo à minha frente, havia um jardim num pátio pequeno e bem cuidado. Eu estava tão nervosa que não vi o que havia nele. Meus olhos registravam apenas a profusão de cores e formas, e uma pequena fonte pingando no meio de umas pedras. Minha amiga me tomou pela mão e me levou ao longo de uma arcada em torno do pátio. Do outro lado, abriu uma porta e me disse que era ali que o padre fazia seus sermões. Sermões! Eu encontrara essa palavra num livro em que o padre usava seus "sermões" para passar segredos a outro espião imperialista. Fiquei mais tensa ainda quando cruzei o limiar de uma sala grande e escura, que parecia um salão; por um momento, não pude ver nada. Depois vi uma estátua no fim do salão. Era meu primeiro encontro com um crucifixo. Quando me aproximei, a figura na cruz parecia pairar acima de mim, enorme e esmagadora. O sangue, a postura e a expressão no rosto combinavam-se para produzir uma sensação absolutamente aterrorizante. Virei-me e corri para fora da igreja. Do lado de fora, quase me choquei com um homem de hábito negro. Ele estendeu a mão para me amparar; achei que tentava me agarrar, e me desviei e fugi. Em algum lugar atrás de mim rangeu uma porta pesada. Em seguida fez-se um silêncio terrível, a não ser pelo murmúrio da fonte. Abri a portinha no portão da frente e só parei de correr no fim da rua, o coração martelando e a cabeça girando.

Ao contrário de mim, meu irmão Jin-ming, nascido um ano depois de mim, sempre teve o espírito independente. Adorava ciência e lia muitas revistas científicas populares. Embora essas publicações, como todas as outras, trouxessem a inevitável propaganda, informavam os progressos na ciência e tecnologia do Ocidente, que impressionavam muitíssimo Jin-ming. Ele ficava fascinado com fotos de lasers, hovercrafts, helicópteros, aparelhos eletrônicos e carros nessas revistas, além dos vislumbres que tinha do Ocidente nos "filmes de referência". Passou a achar que a escola, os meios de comunicação e os adultos em geral não eram dignos de confiança quando diziam que o mundo capitalista era o inferno e a China o paraíso.

Os Estados Unidos, em particular, atraíam a imaginação de Jin-ming como o país de tecnologia mais altamente desenvolvida. Um dia, quando tinha onze anos e descrevia excitado novos progressos em lasers nos Estados Unidos, à mesa do jantar, disse a meu pai que adorava a América. Meu pai não soube o que responder, e pareceu profundamente preocupado. Acabou alisando a cabeça de Jin-ming e dizendo à minha mãe: "Que vamos fazer? Essa criança vai se tornar um adulto direitista!".

Antes de fazer doze anos, Jin-ming já criara várias "invenções" baseadas em ilustrações de livros de ciência para crianças, incluindo um telescópio com o qual tentou observar o cometa de Halley, e um microscópio que usava o vidro de uma lâmpada elétrica. Um dia, ele tentava aperfeiçoar um "revólver" de repetição feito com tira de borracha, que disparava pedrinhas e nozes de teixo. A fim de criar o efeito sonoro correto, pediu a um colega, cujo pai era oficial do exército, que lhe arranjasse algumas cápsulas de bala vazias. O amigo arranjou algumas balas, tirou os projéteis, esvaziou a pólvora e deu-as a Jin-ming, sem perceber que os detonadores ainda estavam lá dentro. Jin-ming encheu a cápsula com pedaços de um tubo de pasta de dentes e segurou-a com tenazes sobre o fogão de carvão da cozinha, para a fusão. Havia uma chaleira numa grade sobre o carvão, e Jin-ming segurava as tenazes, quando de repente se ouviu uma explosão, e apareceu um grande buraco no fundo da chaleira. Todos correram a ver o que fora. Jin-ming estava aterrorizado. Não por causa da explosão, mas por causa de meu pai, que era uma figura intimidante.

Mas meu pai não bateu em Jin-ming, nem mesmo brigou com ele. Apenas olhou-o sério por algum tempo, depois disse que ele já estava bastante assustado e devia sair e dar um passeio. Jin-ming ficou tão aliviado que mal pôde impedir-se de dar pulos. Jamais pensara que ia se safar tão facilmente. Após o passeio, meu pai disse-lhe que não devia mais fazer experiências sem a supervisão de um adulto. Mas não impôs essa ordem por muito tempo, e em breve Jin-ming continuava como antes.

Eu o ajudei nuns dois projetos seus. Uma vez ele fez um modelo de pulverizador acionado por água da pia, que reduzia giz a pó. Jin-ming entrou com o cérebro e a habilidade, claro. Meu interesse não durava.

Jin-ming freqüentava a mesma escola primária que eu. O sr. Da-li, o professor de ciência condenado como direitista, também dava aulas a ele, e desempenhou um papel crucial na abertura do mundo da ciência para meu irmão. Jin-ming continuou agradecido a ele durante toda a sua vida.

Meu segundo irmão, Xiao-hei, que nasceu em 1954, era o favorito de minha avó, mas não recebia muita atenção de meu pai e minha mãe. Um dos motivos era que já recebia suficiente afeto de minha avó. Sentindo que não tinha nenhum privilégio, Xiao-hei tornou-se defensivo em relação a meus pais. Isso os irritava, sobretudo meu pai, que não suportava nada que considerasse indireto.

Às vezes ele ficava tão furioso com Xiao-hei que o espancava. Mas depois se arrependia, e na primeira oportunidade alisava-lhe a cabeça e pedia desculpas por ter perdido o controle. Minha avó fazia uma cena em lágrimas com meu pai, e ele a acusava de mimar Xiao-hei. Isso era uma constante fonte de tensão entre eles. Inevitavelmente, minha avó se apegava mais a Xiao-hei e o mimava ainda mais.

Meus pais achavam que só seus filhos deviam ser censurados e apanhar, não as filhas. Uma das duas únicas vezes em que minha irmã, Xiao-hong, apanhou foi quando tinha cinco anos. Tinha insistido em comer doces antes da refeição, e quando a comida chegara se queixara de que não sentia o gosto de nada por causa do gosto dos doces na boca. Meu pai disse que ela recebera apenas o que merecia. Xiao-hong não gostou disso e pôs-se a berrar e jogou os pauzinhos de comer do outro lado da sala de jantar. Meu pai deu-lhe um tapa e ela pegou um espanador de penas para bater nele. Ele tomou-lhe o espanador, ela pegou uma vassoura. Após alguns safanões, meu pai trancou-a em nosso quarto e ficou dizendo: "Mimada demais! Mimada demais!". Minha irmã ficou sem comer.

Xiao-hong era muito voluntariosa quando criança. Por algum motivo, recusava-se absolutamente a ver filmes ou peças, e também a viajar. E detestava comer muitas coisas: gritava de rachar o crânio quando lhe davam leite, carne ou carneiro. Quando eu era criança, seguia o exemplo dela, e perdi muitos filmes e muitas comidas deliciosas.

Meu caráter era muito diferente, e as pessoas me achavam muito sensata e sensível (*dong-shi*) muito antes de chegar à adolescência. Meus pais jamais me bateram nem me disseram uma palavra áspera. Mesmo as raras críticas eram feitas com extrema delicadeza, como se eu fosse adulta e facilmente magoável. Deram-me muito amor, sobretudo meu pai, que sempre fazia comigo seu passeio após o jantar, e muitas vezes me levava consigo quando visitava os amigos. A maioria de seus amigos íntimos era de veteranos revolucionários, inteligentes e capazes, e todos pareciam ter alguma coisa "errada" no passado, aos olhos do Partido, e por isso tinham recebido apenas postos inferiores. Um pertencera ao setor do Exército Vermelho comandado por Zhang Guotao, o desafiante de Mao. Outro era um Don Juan — sua esposa, uma autoridade do Partido que meu pai sempre procurava evitar, era insuportavelmente severa. Eu gostava dessas reuniões de adultos, mas não havia nada de que gostasse mais do que ficar sozinha com meus livros, que passava o dia inteiro lendo nas férias escolares, mastigando as pontas do cabelo. Além da literatura, incluindo alguns poemas clássicos relativamente simples, adorava ficção científica e histórias de aventura. Lembro-me de um livro sobre um homem que passava o que lhe pareciam alguns dias em outro planeta e voltava à Terra no século XXI, e encontrava tudo mudado. As pessoas comiam comida em cápsulas, viajavam de hovercraft e tinham telefones com telas de vídeo. Eu ansiava por viver no século XXI, com todas aquelas engenhocas mágicas.

Passei a infância correndo para o futuro, com pressa de ser adulta, e vivia sonhando acordada com o que faria quando fosse mais velha. A partir do momento em que pude ler e escrever, preferia livros com muitas palavras aos ilustrados. Também era impaciente sob todos os outros aspectos: quando tinha um doce, jamais o chupava, mas mordia-o e mastigava-o de vez. Mastigava até as pastilhas para tosse.

Meus irmãos e eu nos dávamos incomumente bem. Por tradição, era raro meninos e meninas brincarem juntos, mas nós éramos bons amigos e nos interessávamos uns pelos outros. Havia pouco ciúme e competitividade, e raramente brigávamos. Sempre que minha irmã me via chorando, chorava também. Não se incomodava de ver os outros me elogiarem. O bom relacionamento entre nós era muito comentado, e os pais de outras crianças viviam perguntando aos meus como eles conseguiam isso.

Juntos, meus pais e minha avó ofereciam uma atmosfera familiar amorosa. Só víamos afeto entre nossos pais, nunca suas brigas. Minha mãe jamais nos mostrava seu desencanto com meu pai. Após a fome, os dois, como a maioria das autoridades, já não eram tão apaixonadamente dedicados ao trabalho como na década de 1950. A vida da família assumiu um lugar de maior destaque, e não mais equivalia a deslealdade. Meu pai, já passado dos quarenta, amadureceu e se aproximou mais de minha mãe. Os dois passavam mais tempo juntos, e enquanto eu crescia muitas vezes vi provas do amor deles um pelo outro.

Um dia, ouvi meu pai falar à minha mãe de um elogio feito a ela por um de seus colegas, cuja esposa tinha fama de ser uma beldade. "Nós dois somos felizes por termos esposas tão destacadas", ele dissera a meu pai. "Olhe em volta: elas se destacam de todas as demais." Meu pai estava radiante, lembrando a cena com contido deleite. "Eu dei um sorriso polido, claro", disse. "Mas na verdade estava pensando: Como pode você comparar sua esposa com a minha? A minha pertence a uma classe própria!"

Uma vez meu pai saiu numa excursão de três semanas para os diretores dos departamentos de Assuntos Públicos de cada província da China, que os levou a todo o país. Foi a única excursão desse tipo feita em toda a carreira dele, e era tida como um presente especial. O grupo desfrutou de tratamento VIP o tempo todo, e viajou com eles um fotógrafo, registrando a excursão. Mas meu pai estava nervoso. No início da terceira semana, quando a excursão alcançou Xangai, ele estava com tantas saudades de casa que disse que não se sentia bem e voou de volta a Chengdu. Por todo o resto da vida minha mãe chamou-o de "velho tolo". "Sua casa não ia voar para longe. Não ia desaparecer. Pelo menos naquela semana. Que oportunidade você perdeu de se divertir!" E eu sempre tinha a impressão, quando ela dizia isso, que na verdade ficara muito satisfeita com as "saudades tolas" de meu pai.

Em sua relação com os filhos, meus pais pareciam se preocupar acima de tudo com duas coisas. Uma era nossa educação escolar. Por mais preocupados que estivessem com seu trabalho, sempre nos acompanhavam em nossos deveres de casa. Viviam em contato constante com nossos professores, e estabeleceram firmemente em nossas cabeças que nossa meta na vida era a excelência acadêmica. O envolvimento deles em nossos estudos aumentou após a fome, quando tinham mais tempo de sobra. Na maioria das noites, eles se revezavam dando-nos aulas extras.

Minha mãe era nossa professora de matemática, e meu pai nos orientava em língua e literatura chinesa. Essas noites eram ocasiões solenes para nós, quando podíamos ler os livros de meu pai em seu gabinete, forrado do teto ao chão de grossos volumes encadernados e puídos clássicos chineses. Tínhamos de lavar as mãos para virar as páginas dos livros. Líamos Lu Xun, o grande escritor moderno chinês, e poemas das eras de ouro da poesia chinesa, considerados difíceis mesmo para os adultos.

A atenção de meus pais a nossos estudos só era igualada pela preocupação deles com nossa educação em ética. Meu pai queria que nos tornássemos cidadãos honrados e de princípios, que era o que ele acreditava fosse a meta da revolução comunista. De acordo com as tradições chinesas, dera um nome a cada um de meus irmãos, que representava seus ideais: *Zhi*, que quer dizer "honesto", a Jin-ming; *Pu*, "despretensioso", a Xiao-hei; e

Fang, "incorruptível", fazia parte do nome de Xiao-fang. Meu pai achava que essas eram as qualidades que faltavam na velha China, e que os comunistas iam restaurar. A corrupção, em particular, tinha solapado a velha China. Uma vez censurou Jinming por fazer um avião com uma folha de papel que continha o timbre de seu departamento. Sempre que precisávamos usar o telefone em nossa casa, tínhamos de pedir a ele. Como seu trabalho abrangia os meios de comunicação, forneciam-lhe muitos jornais e outras publicações periódicas. Ele nos encorajava a lê-los, mas não podiam ser retirados de seu gabinete. No fim do mês, ele os levava de volta a seu departamento, pois os jornais velhos eram vendidos para reciclagem. Passei muitos domingos chatos ajudando-o a verificar se não faltava nenhum.

Meu pai era sempre muito exigente conosco, o que era uma constante fonte de tensão entre ele e minha avó, e entre ele e nós. Em 1965, uma das filhas do príncipe Sihanouk, do Camboja, veio a Chengdu fazer uma apresentação de balé. Isso era uma grande novidade numa sociedade quase inteiramente isolada. Eu morria de vontade de ver um balé. Por causa de seu trabalho, davam a meu pai ingressos de cortesia, os melhores, para todos os espetáculos, e ele muitas vezes me levava. Dessa vez, por algum motivo, não pôde ir. Deu-me um ingresso mas disse que eu tinha de trocá-lo com alguém por uma poltrona nos fundos, para não ficar nas melhores poltronas.

Nessa noite, eu fiquei na frente do teatro, com o ingresso na mão, enquanto a audiência entrava — todos, na verdade, com ingressos de cortesia, distribuídos de acordo com sua categoria. Passou-se um bom quarto de hora, e eu continuava na porta. Estava envergonhada demais para propor uma troca a alguém. O número de pessoas que entravam acabou diminuindo; o espetáculo ia começar. Eu estava à beira das lágrimas, desejando ter um pai diferente. Nesse momento, vi um funcionário subalterno do departamento dele. Reuni coragem e puxei a aba de seu paletó por trás. Ele sorriu e concordou imediatamente em me dar sua poltrona, que era bem no fundo. Não ficou surpreso. A severidade de meu pai com os filhos era lendária em nosso conjunto.

No Ano-Novo chinês em 1965, organizou-se um espetáculo especial para os professores. Dessa vez meu pai foi ao espetáculo comigo, mas em vez de me deixar sentar junto dele, trocou meu ingresso por outro bem no fundo. Disse que não era correto eu me sentar à frente dos professores. Eu mal podia ver o palco, e me sentia infeliz. Mais tarde fiquei sabendo pelos professores o quanto haviam apreciado a sensibilidade dele. Tinham ficado aborrecidos por verem os filhos de outras autoridades refestelados nas poltronas da frente, de uma maneira que encaravam como desrespeitosa.

Em toda a história da China havia uma tradição de os filhos das autoridades serem arrogantes e abusarem de seus privilégios. Isso provocava ressentimento generalizado. Uma vez, um guarda novo no conjunto não reconheceu uma adolescente que morava lá e não a deixou entrar. Ela gritou com ele e bateu-lhe com sua mochila. Algumas crianças falavam com os cozinheiros, motoristas e outros empregados de uma maneira rude e imperiosa. Chamavam-nos pelos seus nomes, o que uma pessoa mais jovem jamais deve fazer na China — é supremamente desrespeitoso. Jamais vou esquecer o ar de sofrimento no rosto de um cozinheiro de nossa cantina quando o filho de um dos colegas de meu pai levou uma comida de volta e disse que não estava boa, e gritou o seu nome. O cozinheiro ficou profundamente magoado, mas nada disse. Não queria desagradar o pai do rapaz. Alguns pais não faziam nada em relação a esse tipo de comportamento de seus filhos, mas meu pai ficava indignado. Muitas vezes dizia: "Esses funcionários não são comunistas".

Meus pais consideravam muito importante que seus filhos fossem educados para ser corteses e respeitosos com todo mundo. Nós chamávamos os empregados de "Tio" Fulano ou "Tia" Fulana, o que era a forma polida tradicional de uma criança se dirigir a um adulto. Depois de acabarmos nossa refeição, sempre levávamos as tigelas e os pauzinhos sujos para a cozinha. Meu pai dizia que devíamos fazer isso como cortesia aos cozinheiros, pois de outro modo seriam eles que teriam de tirar a mesa. Essas coisinhas valiam-nos imensa afeição dos empregados do conjunto. Os cozinheiros guardavam a comida quente quando nos atrasávamos. Os jardineiros me davam flores ou frutas. E o motorista fazia de boa vontade desvios para me pegar e deixar em casa — isso estritamente sem meu pai saber, pois jamais deixaria que usássemos o carro sem a sua companhia.

Nosso apartamento moderno ficava no terceiro andar, e nossa sacada dava para um estreito beco lamacento, calçado a pedra bruta, do lado de fora do conjunto. Um lado do beco era o muro de tijolos do conjunto, o outro uma fila de frágeis casas de madeira de um só piso, construídas em terraços, típicas das áreas pobres de Chengdu. As casas tinham chão de terra e não dispunham de banheiros nem água encanada. As fachadas eram feitas de tábuas verticais, duas das quais serviam de porta. O aposento da frente levava diretamente a outro, e a outro, e uma série de tais aposentos formava a casa. O quarto dos fundos abria-se para outra rua. Como as paredes laterais eram divididas com os vizinhos, essas casas não tinham janelas. Os moradores precisavam deixar as portas dos dois extremos abertas, para permitir a entrada de luz e ar. Muitas vezes, sobretudo nas quentes noites de verão, eles se sentavam na estreita calçada, lendo, costurando ou batendo papo. Da calçada, podiam ver acima as espaçosas sacadas de nossos apartamentos, com suas vidraças reluzentes. Meu pai dizia que não devíamos ofender os sentimentos das pessoas que moravam no beco, e por isso nos proibia de brincar na sacada.

Nas noites de verão, meninos dos barracos do beco muitas vezes andavam pela rua vendendo incenso contra mosquitos. Cantavam uma cantiguinha especial para chamar a atenção para seus produtos. Minha leitura noturna era pontuada por essa incessante e triste melodia. Graças às constantes lembranças de meu pai, eu sabia que poder ler no gabinete sem ser perturbada, numa sala fresca de tacos, a janela aberta com tela contra os mosquitos, era um privilégio. "Não deve achar que é superior a eles", ele dizia. "Só tem sorte de estar aqui. Sabe por que precisamos do comunismo? Para que todo mundo possa viver numa boa casa como a nossa, e muito melhores."

319

Meu pai dizia tantas vezes coisas como essas, que eu cresci tendo vergonha de meus privilégios. Às vezes, os meninos do conjunto se postavam nas sacadas e imitavam as músicas que os pequenos mascates cantavam. Eu tinha vergonha quando eles faziam isso. No carro, com meu pai, sempre ficava embaraçada quando o motorista buzinava no meio da multidão. Se as pessoas olhavam para dentro do carro, eu afundava na poltrona e tentava evitar os olhares delas.

No início da adolescência eu era uma menina muito séria. Gostava de ficar sozinha, pensando, muitas vezes sobre questões morais que me confundiam. Tornei-me meio desinteressada de jogos, parques de diversão e brincadeiras com outras crianças, e raramente fazia mexericos com as outras meninas. Embora fosse sociável e popular, sempre pareceu haver uma distância me separando dos outros. Na China, as pessoas se familiarizam muito facilmente com as outras, sobretudo mulheres. Mas desde criança eu sempre quis ficar sozinha.

Meu pai notou esse lado de meu caráter, e comentava-o com aprovação. Quando meus professores diziam, constantemente, que eu devia ter mais "espírito coletivo", ele me dizia que a familiaridade e a proximidade excessivas podiam ser coisas destrutivas. Com esse encorajamento, eu mantinha minha intimidade e meu espaço. Não existem palavras para esses dois conceitos na língua chinesa, mas muitos ansiavam por eles, meus irmãos certamente, além de mim. Jin-ming, por exemplo, insistia com tanto vigor em que o deixassem levar sua própria vida, que às vezes os que não o conheciam o julgavam anti-social; na verdade, era gregário e extremamente popular com seus iguais.

Meu pai muitas vezes nos dizia: "Acho maravilhoso que a mãe de vocês tenha essa política de 'deixar vocês soltos no pasto'". Nossos pais nos deixavam em paz e respeitavam nossa necessidade de manter nossos mundos separados.

14. "Papai está perto, mamãe está perto, mas ninguém está tão perto quanto o presidente Mao"

O CULTO A MAO (1964-1965)

O "PRESIDENTE MAO", como sempre o chamamos, começou a invadir diretamente minha vida em 1964, quando eu tinha doze anos. Tendo-se retirado por algum tempo depois da fome, ele reiniciava seu retorno, e em março do ano anterior emitira um apelo a todo o país, sobretudo aos jovens, para que "aprendessem com Lei Feng".

Lei Feng, contavam-nos, era um soldado que morrera aos vinte e dois anos em 1962. Tinha feito um monte de boas obras — esforçando-se para ajudar aos velhos, doentes e necessitados. Doara suas economias aos fundos de socorro nas tragédias e dera suas rações a camaradas no hospital.

Em breve Lei Feng começou a dominar minha vida. Toda tarde, deixávamos a escola para "praticar boas obras como Lei Feng". Descíamos até a estação da estrada de ferro e tentávamos ajudar às velhinhas com suas bagagens, como fizera Lei Feng. Às vezes tínhamos de tomar suas trouxas a força, porque algumas camponesas achavam que éramos ladrões. Nos dias de chuva, eu ficava parada na rua com minha sombrinha, esperando ansiosa que passasse uma velhinha e me desse uma oportunidade de acompanhá-la até em casa — como fizera Lei Feng. Se via alguém carregando baldes d'água numa vara sobre os ombros — as velhas casas ainda não tinham água encanada —, eu tentava inutilmente reunir coragem para oferecer minha ajuda, embora não fizesse idéia do peso de uma carga daquelas.

Aos poucos, no correr de 1964, a ênfase começou a mudar das boas obras escoteiras para o culto a Mao. Os professores nos diziam que a essência de Lei Feng era seu "ilimitado amor e dedicação ao presidente Mao". Antes de fazer qualquer coisa, Lei Feng sempre pensava em algumas palavras do presidente Mao.

Publicaram seu diário, que se tornou um manual moral muito popular. Em quase toda página havia um voto do tipo: "Devo estudar as obras do presidente Mao, atentar nas palavras do presidente Mao, seguir as instruções do presidente Mao e ser um bom soldado do presidente Mao". Nós juramos seguir Lei Feng, e estar dispostos a "subir montanhas de facas e descer em mares de chamas", "deixar nossos corpos ser reduzidos a pó e nossos ossos a nada", "submeter-nos sem perguntas ao controle do Grande Líder" — Mao. O culto a Mao e o culto a Lei Feng eram dois lados da mesma moeda; um era o culto da personalidade; o outro, seu corolário essencial, o culto da impersonalidade.

Li meu primeiro artigo de Mao em 1964, na época em que dois slogans dele — "Sirva ao Povo" e "Jamais Esqueça a Luta de Classes" — dominavam nossas vidas. A essência dos dois slogans complementares era ilustrada no poema de Lei Feng "As quatro estações", que todos aprendemos de cor:

Como a primavera, trato com calidez meus camaradas.
Como o verão, transbordo de ardor por meu trabalho revolucionário.
Elimino meu individualismo como um vento de outono varre as folhas
[*mortas,*
E com o inimigo de classe, sou cruel e impiedoso como o duro inverno.

De acordo com isso, nosso professor disse que tínhamos de ter cuidado com quem ajudávamos em nossas missões de boas obras. Não devíamos ajudar os "inimigos de classe". Mas eu não compreendia quem eram eles, e quando perguntava, nem os professores nem meus pais estavam interessados em explicar. Uma resposta comum era: "Como os bandidos no cinema". Mas eu não conseguia ver ninguém à minha volta que se assemelhasse aos personagens de inimigos altamente estilizados do cinema. Isso causava um grande problema. Eu não mais me sentia segura para pegar as trouxas das velhinhas. Não podia perguntar: "A senhora é uma inimiga de classe?".

Às vezes íamos fazer faxina nas casas de um beco junto à nossa escola. Numa dessas havia um jovem que ficava mandriando numa cadeira de bambu, olhando-nos com um sorriso cínico enquanto lavávamos suas janelas. Não apenas não se oferecia para ajudar, como ainda tirava sua bicicleta do telheiro e sugeria que a lavássemos também. "Que pena", disse certa vez, "que vocês não sejam o verdadeiro Lei Feng, e que não haja fotógrafos por aqui para fotografar vocês para os jornais." (As boas obras de Lei Feng tinham sido miraculosamente registradas por um fotógrafo oficial.) Nós todos detestávamos o mandrião da bicicleta suja. Seria ele um inimigo de classe? Mas sabíamos que ele trabalhava numa fábrica de máquinas, e os operários, tinham-nos dito repetidas vezes, eram os melhores, a classe de vanguarda de nossa revolução. Eu ficava confusa.

Uma das coisas que eu vinha fazendo era ajudar a empurrar carroças nas ruas após a escola. As carroças muitas vezes vinham amontoadas de blocos de cimento ou pedras de calcário. Eram pesadíssimas, e cada passo custava um tremendo esforço aos homens que as puxavam. Mesmo no frio, alguns trabalhavam nus da cintura para cima, e gotas de suor escorriam-lhes do rosto e das costas. Quando havia mesmo uma pequena subida, era muito difícil para alguns deles continuar andando. Sempre que eu os via, era acometida por uma onda de tristeza. Desde que começara a campanha para aprender com Lei Feng, eu ficava numa rampa à espera das carroças. Ficava exausta depois de ajudar a empurrar só uma delas. Quando eu largava, o homem que puxava me dava um quase imperceptível sorriso de lado, tentando não quebrar o passo e perder o impulso.

Um dia, uma colega me disse num tom de voz muito sério que, em sua maioria, as pessoas que puxavam carroças eram inimigos de classe indicados para trabalhos braçais. Portanto, me disse, era errado ajudá-los. Eu perguntei à minha professora, já que, de acordo com a tradição chinesa, sempre se recorria aos professores em questões de autoridade. Mas em vez de seu ar normal de confiança, ela pareceu perturbada e respondeu que não sabia responder, o que me intrigou. Na verdade, era de fato verdade que as pessoas que puxavam carroças muitas vezes eram indicadas para esse trabalho porque tinham ligações com o Kuomintang, ou por serem vítimas de um dos expurgos políticos. Minha professora obviamente não quis me dizer isso, mas me pediu que deixasse de ajudar a empurrar as carroças. Daí em diante, toda vez que me acontecia ver uma dessas carroças na rua eu desviava os olhos da figura curvada mourejando ali e me afastava depressa.

Para nos encher de ódio contra os inimigos de classe, as escolas iniciaram sessões regulares para "lembrar o ressentimento e refletir sobre a felicidade", nas quais os mais velhos nos falavam das misérias da China pré-comunista. Nossa geração nascera "sob a bandeira vermelha" da nova China, e não tinha idéia do que era a vida sob o Kuomintang. Lei Feng tinha, ensinavam-nos, e por isso podia odiar tão profundamente os inimigos de classe e amar o presidente Mao com todo o coração. Dizia-se que quando ele tinha sete anos, a mãe se enforcara depois de estuprada por um fazendeiro.

Operários e camponeses vinham fazer palestras em nossa escola: ouvíamos falar de infâncias dominadas pela fome, de gélidos invernos sem sapatos, e mortes prematuras e dolorosas. Eles nos diziam que eram ilimitadamente agradecidos ao presidente Mao por salvar suas vidas e dar-lhes comida e roupa. Um dos oradores era membro de um grupo étnico chamado de yi, que tinha um sistema de escravidão até fins da década de 1950. Ele fora escravo e mostrou-nos as cicatrizes deixadas pelas surras pavorosas que lhe davam os antigos senhores. Toda vez que os oradores descreviam as provações que tinham suportado, o salão lotado era sacudido por soluços. Eu saía dessas sessões me sentindo arrasada com o que o Kuomintang tinha feito, e apaixonadamente devotada a Mao.

Para nos mostrar o que seria a vida sem Mao, de vez em quando a cantina da escola preparava uma coisa chamada "refeição do ressentimento", que se supunha fosse o que os pobres tinham de comer sob o Kuomintang. Era composta de ervas estranhas, e eu me perguntava em segredo se os cozinheiros não estavam nos gozando — verdadeiramente indizível.

Um dia fomos levados a uma exposição de "educação de

classe" sobre o Tibete: na mostra viam-se fotos de masmorras infestadas de escorpiões e com horríveis instrumentos de tortura, incluindo uma ferramenta para arrancar olhos e facas para cortar os tendões dos tornozelos. Um homem numa cadeira de rodas que veio à escola fazer uma palestra nos disse que era um ex-servo do Tibete, e os tendões de seus tornozelos tinham sido cortados por uma falta trivial.

Desde 1964, também se haviam aberto grandes casas como "museus de educação de classe", para mostrar de que modo os inimigos de classe, como os fazendeiros, viviam no luxo, explorando o suor e o sangue dos camponeses antes do advento de Mao. No feriado do Ano-Novo chinês de 1965, meu pai nos levou a uma famosa mansão a duas horas e meia de carro de nossa casa. Sob a justificação política, a viagem era na verdade uma desculpa para uma excursão ao campo no início da primavera, de acordo com a tradição chinesa de "andar sobre a relva tenra" (*ta-qing*) para dar boas-vindas à estação. Foi uma das poucas ocasiões em que minha família fez uma excursão ao campo.

Quando o carro atravessava a verde planície de Chengdu, eu olhava atentamente pela janela as belas touceiras de bambu que envolviam as casas de fazenda, e a sinuosa fumaça parada acima das cabanas de telhado de palha entrevistas pelas fendas entre as folhas de bambu. De vez em quando um ramo de flor de ameixa precoce refletia-se nos regatos que serpeavam em torno de quase toda touceira. Meu pai pedira-nos que escrevêssemos uma redação após a viagem, descrevendo o cenário, e eu observava tudo com grande cuidado. Uma vista me deixou intrigada: as poucas árvores espalhadas pelos campos estavam inteiramente despidas de galhos e folhas, a não ser bem em cima, e pareciam mastros de bandeiras com um quepe verde. Meu pai explicou que a lenha era escassa na densamente cultivada planície de Chengdu, e que os camponeses tinham de cortar o máximo de galhos que pudessem alcançar. O que ele não me disse é que havia muito mais árvores até poucos anos antes, mas a maioria fora cortada para alimentar os fornos que produziam aço durante o Grande Salto para a Frente.

O campo parecia extremamente próspero. A cidade em que

paramos para almoçar formigava de camponeses de roupas novas vistosas, os velhos usando luminosos turbantes brancos e aventais azul-escuros limpos. Dourados patos assados fulgiam nas vitrines dos restaurantes lotados. Nuvens de cheiro delicioso saíam das tampas das imensas estufadeiras de bambu das barracas nas ruas lotadas. Nosso carro arrastou-se através da feira até os escritórios do governo local, que ficavam numa mansão com dois leões de pedra agachados diante do portão. Meu pai vivera naquele município durante a fome de 1961, e agora, quatro anos depois, as autoridades locais queriam mostrar-lhe o quanto tudo mudara. Levaram-nos a um restaurante onde haviam reservado uma sala privada para nós. Enquanto nos espremíamos por entre a multidão no restaurante lotado, os camponeses nos fitavam, forasteiros óbvios introduzidos respeitosamente pelos chefões locais. Eu via que as mesas estavam cobertas de pratos estranhos, de dar água na boca. Quase nunca comia outra coisa além do que serviam em nossa cantina, e a comida naquela cidade era cheia de belas surpresas. E tinha nomes novos também: "Bolos de Pérola", "Três Tiros de Espingarda", "Cabeças de Leões". Depois o gerente do restaurante se despediu de nós na calçada, os camponeses olhando embasbacados o nosso *entourage*.

A caminho do museu, nosso carro ultrapassou um caminhão aberto levando alguns meninos e meninas de minha escola. Obviamente, iam também para a "educação de classe" na mansão. Uma de minhas professoras ia em pé no fundo. Ela sorriu para mim e eu me encolhi na poltrona, de embaraço pela diferença entre nosso carro com motorista e o caminhão aberto, na estrada esburacada e no ar frio do início da primavera. Meu pai ia sentado na frente com meu irmão caçula no colo. Ele reconheceu minha professora e retribuiu o sorriso dela. Quando se voltou para atrair minha atenção, viu que eu tinha desaparecido completamente. Ele ficou radiante de prazer. Disse que meu embaraço mostrava minhas boas qualidades; era bom que eu tivesse vergonha do privilégio, em vez de ostentá-lo.

Achei o museu incrivelmente chocante. Havia esculturas de camponeses sem terra que tinham de pagar um arrendamento exorbitante. Uma delas mostrava como o fazendeiro usava duas medidas diferentes: uma grande para recolher o grão e uma pequena para emprestá-lo — e a juros escorchantes. Também havia uma câmara de tortura e uma masmorra com uma jaula de ferro dentro de água suja. A jaula era pequena demais para um homem poder ficar de pé, e estreita demais para poder se deitar. Disseram-nos que os fazendeiros a usavam para punir os camponeses que não podiam pagar o arrendamento. Dizia-se que uma das salas abrigava três amas-de-leite que lhe forneciam leite humano, que ele acreditava fosse o mais nutritivo. Dizia-se que sua concubina número cinco comia trinta patos por dia — não a carne, só os pés, considerados uma iguaria fina.

Não nos disseram que o irmão desse fazendeiro supostamente desumano era agora um ministro do governo em Pequim, tendo recebido o posto como recompensa por entregar Chengdu aos comunistas em 1949. O tempo todo, enquanto nos instruíam sobre os "dias canibalescos do Kuomintang", nos lembravam de que devíamos ser agradecidos a Mao.

O culto a Mao era conjugado com a manipulação das lembranças infelizes que as pessoas tinham de seu passado. Os inimigos de classe eram apresentados como malfeitores perversos, que queriam arrastar a China de volta aos dias do Kuomintang, o que significaria que nós crianças perderíamos nossas escolas, nossos sapatos de inverno, nossa comida. Era por isso que tínhamos de esmagar esses inimigos, diziam-nos. Dizia-se que Chang Kai-chek lançara ataques à China continental e tentara articular um retorno em 1962, durante o "período difícil" — eufemismo do regime para a fome.

Apesar de toda essa conversa e atividade, os inimigos de classe para mim, e para grande parte de minha geração, continuaram sendo sombras abstratas, irreais. Eram uma coisa do passado, demasiado distante. Mao não conseguira dar-lhes uma forma material cotidiana. Um dos motivos, paradoxalmente, era que esmagara tão completamente o passado. Contudo, plantou-se em nós a expectativa de uma figura inimiga.

Ao mesmo tempo, Mao deitava as sementes de sua própria

deificação, e meus contemporâneos e eu fomos mergulhados nessa doutrinação grosseira, mas eficaz. Deu certo em parte porque Mao ocupava habilmente uma posição moral elevada: do mesmo modo como a dureza com os inimigos de classe era apresentada como lealdade ao povo, também a total submissão a ele era envolta num enganoso apelo a que fôssemos desprendidos. Era muito difícil admitir que não havia ponto de vista alternativo da população adulta. Na verdade, os adultos decididamente eram cúmplices no fomento ao culto a Mao.

Durante 2 mil anos, a China tivera uma figura imperial que era o poder do Estado e a autoridade espiritual numa só pessoa. Os sentimentos religiosos que as pessoas de outras partes do mundo têm para com um deus, na China sempre foram dirigidos para o imperador. Meus pais, como centenas de milhões de chineses, eram influenciados por essa tradição.

Mao se fez mais divino envolvendo-se em mistério. Sempre parecia distante, fora do alcance humano. Evitava o rádio, e não havia televisão. Poucas pessoas, com exceção do pessoal de sua corte, tinham algum contato com ele. Mesmo seus colegas na direção só se encontravam com ele numa espécie de audiência formal. Após Yan'an, meu pai só poucas vezes pôs os olhos nele, e mesmo assim só em grandes assembléias. Minha mãe só o viu uma vez, quando ele veio a Chengdu em 1958 e convidou todos os funcionários do nível 18 ou superiores a tirar uma foto com ele. Após o fiasco do Grande Salto para a Frente, desapareceu quase completamente.

Mao, o imperador, enquadrava-se num dos padrões da história chinesa: o líder de um levante camponês nacional que varre uma dinastia e se torna um sábio novo imperador, exercendo autoridade absoluta. E, num certo sentido, podia-se dizer que ele fizera jus a seu status de deus-imperador. *Foi* o responsável pelo fim da guerra civil e pela paz e estabilidade, coisas pelas quais os chineses sempre ansiaram — tanto que diziam: "É melhor ser um cão na paz do que um ser humano na guerra". Foi sob Mao que a China se tornou uma potência a ser levada em conta no mundo, e muitos chineses deixaram de sentir-se envergonhados e humilhados por ser chineses, o que significava muitíssimo para eles. Na verdade, Mao levou a China de volta aos tempos do Reino do Meio, e, com a ajuda dos Estados Unidos, ao isolamento do mundo. Ele possibilitou aos chineses voltar a sentir-se grandes e superiores, cegando-os para o mundo externo. Apesar disso, o orgulho nacional era tão importante para os chineses que grande parte da população era genuinamente agradecida a Mao, e não achava ofensivo o seu culto da personalidade, certamente não a princípio. A quase total falta de acesso às informações e a sistemática desinformação significaram que a maioria dos chineses não tinha como discriminar entre os sucessos e os fracassos de Mao, ou de identificar o papel relativo dele e de outros líderes nas conquistas dos comunistas.

O medo jamais esteve ausente na escalada do culto a Mao. Muitas pessoas haviam sido reduzidas a um estado em que não se atreviam sequer a pensar, para que suas idéias não se externassem involuntariamente. Mesmo que alimentassem idéias heterodoxas, poucos falavam delas aos filhos, pois eles podiam deixar escapar alguma coisa para outras crianças, o que traria a tragédia tanto para si mesmas quanto para os pais. Nos anos da campanha de Lei Feng, martelou-se nas crianças que nossa primeira e única lealdade devia ser para com Mao. Uma música popular dizia: "Papai está perto, mamãe está perto, mas ninguém está tão perto quanto o presidente Mao". Éramos condicionados para pensar que qualquer um, incluindo nossos pais, que não fosse totalmente pró-Mao, era nosso inimigo. Muitos pais encorajavam os filhos a tornar-se adultos conformistas, pois isso seria mais seguro para o futuro deles.

A autocensura cobria até mesmo a informação básica. Eu jamais soube de Yu-lin, ou dos outros parentes de minha avó. Tampouco me falaram da detenção de minha mãe em 1955, nem da fome — na verdade, de nada que pudesse semear um grão de dúvida em mim sobre o regime, ou sobre Mao. Meus pais, como praticamente todos os pais na China, jamais disseram qualquer coisa não ortodoxa aos filhos.

Em 1965, minha decisão de Ano-Novo foi: "Vou obedecer

à minha avó" — uma maneira tradicional chinesa de prometer comportar-se bem. Meu pai balançou a cabeça: "Não deve dizer isso. Deve dizer: 'Vou obedecer ao presidente Mao'". Em meu décimo terceiro aniversário, em março daquele ano, o presente de meus pais não foram os costumeiros livros de ficção científica, mas um volume contendo as quatro obras filosóficas de Mao.

Só um adulto me disse alguma coisa que conflitava com a propaganda oficial, a madrasta de Deng Xiaoping, que morou algum tempo no bloco de apartamentos vizinho ao nosso, com a filha, que trabalhava no governo provincial. Ela gostava de crianças, e eu vivia entrando e saindo de seu apartamento. Quando minhas amigas e eu roubávamos picles da cantina, ou colhíamos flores de melão e ervas no jardim do conjunto, não nos atrevíamos a levá-los para casa, com medo de sermos censuradas, por isso íamos ao apartamento dela, onde ela os lavava e fritava para nós. Isso era tanto mais excitante porque estávamos comendo uma coisa ilícita. Ela estava então com uns setenta anos, mas parecia muito mais jovem, com os pés miúdos e um rosto delicado, liso, mas forte. Sempre usava uma jaqueta de algodão cinza e sapatos pretos de algodão, que ela mesma fazia. Era muito tranqüila e nos tratava como iguais. Eu gostava de ficar sentada na cozinha dela batendo papo com ela. Numa ocasião, quando eu tinha cerca de treze anos, fui vê-la logo depois de uma sessão de "desabafo". Morria de dó de alguém que tivera de viver sob o Kuomintang, e disse: "Vovó Deng, como a senhora deve ter sofrido sob o mau Kuomintang! Como os soldados devem ter saqueado a senhora! E os fazendeiros sanguessugas! Que foi que eles fizeram com a senhora?". "Bem", ela respondeu, "eles não saqueavam sempre... e nem sempre eram maus..." Suas palavras me atingiram como uma granada. Fiquei tão chocada que jamais contei a ninguém o que ela me dissera.

Na época, nenhum de nós tinha a menor idéia de que o culto a Mao e a ênfase na luta de classes faziam parte dos planos de Mao para um acerto de contas com o presidente, Liu Shao-shi, e Deng Xiaoping, o secretário-geral do Partido. Mao estava insatisfeito com o que Liu e Deng faziam. Desde a fome, eles vinham liberalizando a economia e a sociedade. Para Mao, a visão deles cheirava mais a capitalismo que a socialismo. Irritava-o particularmente o fato de que o que chamavam de "estrada capitalista" estava se mostrando bem-sucedida, enquanto a estrada escolhida por ele, a "correta", se revelara uma tragédia. Como homem prático, Mao reconhecia isso, e tinha de deixá-los agir. Mas planejava voltar a impor suas idéias assim que o país se achasse em suficiente boa forma para suportar a experiência, e assim que ele conseguisse acumular suficiente impulso para desalojar seus poderosos inimigos no Partido.

Mao achava a idéia de progresso pacífico sufocante. Líder militar incansável, guerreiro-poeta, precisava de ação — ação violenta — e encarava a luta humana permanente como necessária ao desenvolvimento social. Seus próprios comunistas haviam se tornado demasiado tolerantes e moles para seu gosto, buscando proporcionar harmonia, em vez de conflito. Não havia campanhas políticas, em que as pessoas se combatiam umas às outras, desde 1959!

E Mao estava magoado. Sentia que os adversários o haviam humilhado, mostrando-o como um incompetente. Precisava vingar-se, e, consciente de que os adversários tinham largo apoio, precisava aumentar imensamente a sua autoridade. Para conseguir isso, precisava ser deificado.

Mao não teve pressa enquanto a economia se recuperava. Mas quando ela melhorou, sobretudo depois de 1964, começou a preparar a grande abertura de seu confronto. A relativa liberalização do início da década de 1960 começou a enfraquecer.

Os bailes semanais no conjunto foram suspensos em 1964. O mesmo se deu com os filmes de Hong Kong. Saíram os *bobs* fofos de minha mãe; entraram os cabelos curtos, retos. Suas blusas e jaquetas deixaram de ser coloridas e reveladoras das formas. Passaram a ser feitas de cores simples e discretas, e pareciam tubos. Senti particularmente o desaparecimento das saias dela. Lembrava como, pouco tempo antes, eu a observava desmontar da bicicleta, levantando graciosamente a saia xadrez azul e branco com o joelho. Eu me encostava no tronco marchetado de um plátano que fazia parte da alameda que dava sombra à rua diante do conjunto. A saia dela fluía como um leque quando ela se aproximava pedalando. Nas noites de verão, eu muitas vezes empurrava Xiao-fang até ali, no carrinho de bebê de bambu dele, e ficava esperando que ela voltasse para casa.

Minha avó, agora no meio da casa dos cinqüenta anos, guardava mais sinais de sua feminilidade que minha mãe. Embora suas jaquetas — ainda no estilo tradicional — acabassem ficando todas da mesma cor cinza-claro, ela tomava cuidados particulares com os cabelos negros, compridos e bastos. Segundo a tradição chinesa, que os comunistas herdaram, os cabelos tinham de ser bem acima dos ombros para as mulheres de meia-idade, o que significava depois dos trinta. Minha avó trazia os cabelos arrepanhados num coque certinho na nuca, mas muitas vezes punha flores neles, às vezes um par de magnólias cor de marfim, às vezes um branco jasmim-do-cabo enconchado por duas folhas verde-escuras, que realçavam os cabelos lustrosos. Ela jamais usava xampu de loja, que achava que tornaria seus cabelos baços e secos, mas cozinhava o fruto da locusta de mel chinesa e usava o líqüido resultante. Esfregava o fruto para produzir uma espuma cheirosa, e lentamente deixava a massa de cabelos negros mergulhar no líqüido brilhante, branco e viscoso. Molhava os pentes de madeira num suco de sementes de toranja, de modo que o pente corria macio pelos cabelos, desprendendo um leve aroma. Acrescentava um toque extra final pondo um pouco de água de flores de osmanto que ela própria preparava, pois os perfumes começavam a desaparecer das lojas. Era a única coisa em que se demorava. Tudo mais, fazia depressa. Também pintava levemente as sobrancelhas com um lápis de carvão e passava um pouco de pó no nariz. Acho que ver os olhos dela sorrindo no espelho, com um tipo particular de inocente concentração, era um dos meus momentos mais agradáveis.

Vê-la pintar o rosto era uma coisa estranha, embora eu a visse fazer isso desde que era bebê. As mulheres nos livros e filmes que se maquilavam eram invariavelmente personagens más, como as concubinas. Eu sabia vagamente alguma coisa sobre o fato de minha adorada avó ter sido concubina, mas estava aprendendo a viver com idéias e realidades contraditórias, e me acostumando a compartimentá-las. Quando ia fazer compras com minha avó, comecei a compreender que ela era diferente das outras pessoas, com sua maquilagem, por mais discreta que fosse, e as flores nos cabelos. As pessoas a notavam. Ela andava com altivez, o porte ereto, com uma contida consciência de si mesma.

Ela podia ficar impune porque vivia no conjunto. Se morasse lá fora, teria caído sob um dos comitês de moradores, que supervisionavam a vida de cada adulto que não tivesse um trabalho, e por isso não pertencesse a uma unidade de trabalho. Os comitês em geral continham homens aposentados e velhas donas de casa, e alguns deles se tornaram notórios por xeretar a vida dos outros e fazer pressão. Houvesse minha avó estado sob um desses, teria recebido insinuações desaprovadoras ou crítica aberta. Mas o conjunto não tinha comitê. Ela precisava ir a uma assembléia uma vez por semana, com outros parentes afins, criadas e babás do conjunto, para que lhes comunicassem as políticas do Partido, mas em geral a deixavam em paz. Na verdade, gostava das assembléias; eram uma oportunidade de bater papo com as outras mulheres, e sempre voltava radiante com a última fofoca.

A política foi invadindo cada vez mais minha vida depois que passei para a escola média, no outono de 1964. Em nosso primeiro dia, disseram-nos que devíamos agradecer ao presidente Mao por estar ali, porque sua "linha de classe" fora aplicada à matrícula do nosso ano. Mao acusara as escolas e universidades de terem estado "ocupadas pela burguesia". Agora, dera instruções, elas deveriam ser devolvidas à classe operária. Devia-se dar prioridade aos filhos e filhas de "origens boas" (*chu-shen hao*). Isso significava ter operários, camponeses, soldados ou funcionários do Partido como um dos pais, sobretudo o pai. A aplicação desse critério de "linha de classe" a toda a sociedade significava que o destino da gente era mais do que nunca determinado pela família e o acidente do nascimento.

Contudo, muitas vezes o status de uma família era ambíguo: um trabalhador podia ter sido outrora empregado numa repartição do Kuomintang; o escriturário não pertencia a categoria alguma; o intelectual era um "indesejável", mas e se fosse membro do Partido? Como se deviam classificar os filhos desses pais? Muitas autoridades de matrícula decidiram jogar no certo, o que significava dar preferência a crianças cujos pais fossem autoridades do Partido. Elas formavam mais de metade dos alunos de minha classe.

Meu novo colégio, a Escola Média Número Quatro, era a principal escola-"chave" de toda a província, e recebia os estudantes que obtivessem notas mais altas nos exames de admissão de toda Sichuan. Nos anos anteriores, decidia-se a admissão apenas com base nos resultados dos exames. No meu ano, as notas dos exames e as origens familiares foram igualmente importantes.

Nas duas provas, eu consegui dez em matemática e um extraordinário dez "com louvor" em chinês. Meu pai sempre tinha martelado que eu não devia depender de seu sobrenome, e não me agradava a sugestão de que a "linha de classe" me ajudara a entrar na escola. Mas logo deixei de pensar nisso. Se era o que o presidente Mao dizia, devia ser bom.

Foi nessa época que os filhos de "altas autoridades" (*gao-zan zi-di*) se tornaram quase uma camada independente. Criaram uma aparência que os identificava inequivocamente como membros de um grupo de elite, exsudando uma consciência de poderoso respaldo e intocabilidade. Muitos filhos de altas autoridades tornavam-se mais arrogantes e orgulhosos que nunca, e de Mao para baixo manifestava-se uma preocupação constante com o comportamento deles. Tornou-se um tema repetitivo na imprensa. Tudo isso só reforçava a idéia de que eles formavam um grupo especial.

Meu pai nos advertia freqüentemente contra essa aparência e a formação de grupinhos com outros filhos de altas autoridades. O resultado foi que eu tinha poucos amigos, pois raramente conhecia crianças de qualquer outra origem. Quando entrava em contato com elas, descobria que tínhamos sido tão condicionados pela importância da origem familiar e a falta de experiência partilhada que pouco parecíamos ter em comum umas com as outras.

Quando entrei na nova escola, dois professores vieram visitar meus pais para saber que língua estrangeira queriam que eu aprendesse. Eles escolheram inglês, em vez de russo, que era a única outra opção. Os professores também queriam saber se eu ia ter física ou química em meu primeiro ano. Meus pais responderam que deixavam isso com a escola.

Eu adorei a escola a partir do momento em que entrei. Tinha um portão imponente, com um largo telhado de telhas azuis e quinas reviradas para cima. Um lance de degraus de pedra conduzia até ela, e a *loggia* era sustentada por seis colunas de madeira vermelha. Fileiras simétricas de ciprestes verde-escuros acentuavam a atmosfera de solenidade que levava ao interior.

A escola tinha sido fundada em 141 a.C. Fora a primeira escola estabelecida por um governo local da China. No centro, havia um magnífico templo, outrora dedicado a Confúcio. Estava bem conservado, mas não funcionava mais como templo. Dentro havia meia dúzia de mesas de pingue-pongue, separadas pelas grossas colunas. À frente das portas esculpidas, descendo um longo lance de escada, via-se um extenso terreno destinado a proporcionar um majestoso acesso ao templo. Erguera-se um bloco de dois andares para ensino, cortando esse terreno a partir de um riacho atravessado por três pequenas pontes em arco, com esculturas de leões e outros animais em miniatura sentados em suas bordas de pedra calcária. Além das pontes ficava um belo jardim cercado por pessegueiros e plátanos. Dois gigantescos incensórios de bronze erguiam-se ao pé da escada diante do templo, embora não mais se visse a fumaça azul a enroscar-se pairando acima deles. Os terrenos ao lado do templo haviam sido transformados em quadras de basquete e vôlei. Mais adiante, dois gramados onde nos sentávamos ou deitávamos na primavera, para desfrutar o sol nas folgas para o almoço. Atrás do templo, outro gramado, além do qual se estendia um grande pomar, ao pé de um pequeno morro coberto de árvores, cipós e mato.

Espalhados em volta, viam-se laboratórios onde estudávamos biologia e química, aprendíamos a usar microscópios e a dissecar animais mortos. Nas salas de conferência, víamos filmes didáticos. Como atividade pós-escolar, entrei num grupo que passeava pelo morro e a horta dos fundos com o professor, aprendendo os nomes e as características das diversas plantas. Havia estufas com temperatura controlada onde podíamos observar como os girinos e patinhos rompiam o ovo. Na primavera, a escola virava um mar cor-de-rosa, por causa dos pessegueiros. Mas do que eu mais gostava era a biblioteca de dois andares, construída em estilo tradicional chinês. O prédio era cercado dos dois lados por *loggias*, e o exterior destas por uma fila de assentos magnificamente pintados e em forma de asas. Eu tinha um canto favorito nesses "assentos de asas" (*fei-lai-yi*), onde me sentava durante horas lendo, de vez em quando estendendo o braço para tocar as folhas em forma de leque de um raro pé de gingko. Havia dois deles diante do portão da biblioteca, altos e elegantes. Eram a única vista que podia me distrair de meus livros.

A lembrança mais nítida é dos professores. Eram os melhores em seu campo; muitos tinham nível um, ou especial. Suas aulas eram puro prazer, e eu nunca me cansava delas.

Mas a doutrinação política se introduzia cada vez mais na vida escolar. Aos poucos, a assembléia matinal foi sendo dedicada aos ensinamentos de Mao, e instituíram-se sessões especiais em que líamos documentos do Partido. Nosso livro de língua chinesa agora continha mais propaganda e menos literatura clássica, e a política, que consistia sobretudo das obras de Mao, tornou-se parte do currículo.

Quase toda atividade se tornou politizada. Um dia, na assembléia matinal, o diretor nos disse que íamos fazer exercícios para os olhos. Disse que o presidente Mao tinha observado que havia colegiais demais usando óculos, um sinal de que prejudicavam os olhos trabalhando demais. Ordenara que se tomasse alguma providência. Todos ficamos muitíssimo comovidos com sua preocupação. Alguns choraram de gratidão. Passamos a fazer exercícios oculares durante quinze minutos toda manhã. Médicos haviam idealizado um conjunto de movimentos, com acompanhamento musical. Após esfregarmos vários pontos do olho, todos fitávamos intensamente, pela janela, uma fileira de choupos e salgueiros. Supunha-se que o verde fosse uma cor repousante. Enquanto gozava o conforto que os exercícios e as folhas me traziam, eu pensava em Mao e rejurava minha lealdade a ele.

Um tema sempre repetido era que não devíamos deixar a China "mudar de cor", o que significava passar de comunista a capitalista. A cisão entre a China e a União Soviética, a princípio mantida em segredo, explodira em aberto no início de 1963. Disseram-nos que desde que Kruchov chegara ao poder após a morte de Stalin, em 1953, a União Soviética se rendera ao capitalismo internacional, e que as crianças russas haviam sido reduzidas à miséria de novo, exatamente como as chinesas sob o Kuomintang. Um dia, após advertir-nos pela enésima vez sobre a estrada tomada pela Rússia, nosso professor de política disse: "Se não tiverem cuidado, nosso país irá mudando de cor aos poucos, primeiro de vermelho para vermelho desbotado, depois cinza, depois negro". Acontece que a expressão "vermelho desbotado", em Sichuan, tinha exatamente a mesma pronúncia (*erhong*) que meu nome. Meus colegas deram risadinhas, e pude vê-los lançando-me olhares furtivos. Achei que devia me livrar de meu nome imediatamente. Naquela noite, pedi a meu pai que me desse outro nome. Ele sugeriu *Zhang*, que quer dizer ao mesmo tempo "prosa" e "chegar à maioridade cedo", o que expressava seu desejo de que eu me tornasse uma boa escritora ainda jovem. Mas eu não quis o nome. Disse a meu pai que queria "uma coisa com um tom militar". Muitos amigos meus tinham mudado de nome, para incorporar os caracteres de "exército" ou "soldado". A escolha de meu pai refletiu sua formação clássica. Meu novo nome, Jung (pronuncia-se "Iung"), era uma palavra muito antiga e recôndita para "questões marciais", que só aparecia na poesia clássica e em algumas expressões antiquadas. Evocava uma idéia de batalhas passadas entre cavaleiros de armaduras reluzentes, com lanças de borlas e cavalos relinchantes. Quando apareci na escola com meu novo nome, mesmo alguns professores não reconheceram o caractere 戎.

Nessa época, Mao convocara o país a passar do aprendizado com Lei Feng para o aprendizado com o exército. Sob o ministro da Defesa, Lin Piao, que sucedera o marechal Peng Dehuai em 1959, o exército tornara-se um abre-alas para o culto de Mao. Este também queria controlar ainda mais a nação. Acabara de escrever um badaladíssimo poema exortando as mulheres a "desfazer-se da feminilidade e envergar trajes militares". Diziam-nos que os americanos só esperavam uma oportunidade para invadir-nos e reinstalar o Kuomintang, e que para derrotar uma invasão deles Lei Feng treinara noite e dia em sua casa, para vencer seu físico fraco e tornar-se um campeão no arremesso de granadas. O treinamento físico de repente tornou-se de importância vital. Eram corrida, natação, salto em altura, exercício nas barras paralelas, lançamento de peso e arremesso de granadas de mão feitas de madeira, tudo obrigatório. Além das duas horas de esporte por semana, tornavam-se agora obrigatórios quarenta e cinco minutos de esportes após as aulas.

Eu sempre fui um desastre nos esportes, e os odiava, com exceção do tênis. Antes, isso não tinha importância, mas agora assumia uma conotação política, com slogans do tipo: "Desenvolva um físico forte para defender a pátria". Infelizmente, minha aversão aos esportes só fez aumentar com essa pressão. Quando eu tentava nadar, sempre tinha uma imagem mental de que era perseguida por invasores americanos até a margem de um rio caudaloso. Como não podia nadar, minha única opção era entre me afogar ou ser capturada e torturada pelos americanos. O medo me dava freqüentes cãibras na água, e uma vez achei que ia me afogar na piscina. Apesar da natação compulsória toda semana, durante o verão, jamais aprendi a nadar enquanto estava na China.

O arremesso de granadas de mão também era visto como muito importante, por motivos óbvios. Eu sempre ficava nos últimos lugares da classe. Só conseguia arremessar as granadas de madeira com que treinávamos uns dois metros adiante. Achava que meus colegas questionavam minha disposição de combater os imperialistas americanos. Certa vez, em nossa assembléia política semanal, alguém comentou meu persistente fracasso no arremesso de granadas. Eu sentia os olhos da classe varando-me como agulhas, como a dizer: "Você é um lacaio dos americanos!". Na manhã seguinte, fui e me postei num dos cantos do campo de esportes, os braços estendidos para a frente e um tijolo em cada mão. No diário de Lei Feng, que eu decorara, lera que fora assim que ele enrijecera os músculos para lançar granadas de mão. Após alguns dias, quando já tinha os antebraços vermelhos e doloridos, desisti, e sempre que me entregavam os tarugos de madeira eu ficava tão nervosa que as mãos tremiam incontrolavelmente.

Um dia, em 1965, mandaram-nos de repente arrancar toda a grama do jardim. Mao dissera que grama, flores e bichos de estimação eram hábitos burgueses e tinham de ser eliminados. A grama nos jardins de nossa escola era de um tipo que não vi em lugar nenhum fora da China. Seu nome em chinês quer dizer "grudada ao chão". Arrastam-se por toda a dura superfície da terra e espalham milhares de raízes que perfuram o solo como garras de aço. Embaixo da terra, abrem-se e produzem outras raízes, que tornam a brotar em todas as direções. Quando menos se espera, há duas redes, uma em cima do solo e outra embaixo, que se entrelaçam e se agarram à terra, como fios de metal embolados pregados no chão. Muitas vezes conseguia apenas ferir meus dedos, que sempre terminavam com cortes profundos e grandes. Só quando eram atacadas com foices e enxadas algumas raízes saíam, relutantemente. Mas qualquer fragmento deixado para trás retornaria triunfante após a mínima elevação da temperatura ou um delicado chuvisco, e lá tínhamos nós de recomeçar tudo de novo.

As flores eram muito mais fáceis de lidar, mas causavam mais dificuldade ainda, porque ninguém queria arrancá-las. Mao tinha atacado as flores e gramados várias vezes antes, dizendo que deviam ser substituídos por repolho e algodão. Mas só agora conseguira gerar pressão suficiente para fazer com que se cum-

339

prissem suas ordens — porém só até certo ponto. As pessoas adoravam suas plantas, e alguns canteiros de flores sobreviveram à campanha de Mao.

Eu ficava extremamente triste por ver as lindas plantas desaparecerem. Mas não me ressentia contra Mao. Ao contrário, detestava a mim mesma por me sentir infeliz. A essa altura, criara o hábito da "autocrítica", e automaticamente me culpava por quaisquer instintos que fossem contra as instruções dele. Na verdade, tais sentimentos me assustavam. Estava fora de questão discuti-los com quem quer fosse. Em vez disso, eu tentava suprimi-los e adquirir o modo correto de pensar. Vivia em estado de constante auto-acusação.

Esses auto-exames e autocríticas eram uma característica da China de Mao. Diziam-nos que nos tornaríamos pessoas novas e melhores. Mas toda essa introspecção na verdade não se destinava a outro propósito que não criar um povo sem idéias próprias.

O aspecto religioso do culto a Mao não teria sido possível numa sociedade tradicionalmente secular como a China, não fossem as impressionantes conquistas econômicas. O país passara por uma estonteante recuperação após a fome, e o padrão de vida melhorava sensacionalmente. Em Chengdu, embora o arroz ainda fosse racionado, havia bastante carne, galinha e legumes. Os melões de inverno, nabos e berinjelas amontoavam-se nas calçadas diante das lojas, porque não havia espaço suficiente para guardá-los. Ficavam do lado de fora à noite, e quase ninguém os levava; as lojas vendiam-nos por uma ninharia. Os ovos, outrora tão preciosos, apodreciam em grandes cestos — havia demais. Apenas alguns anos antes era difícil encontrar um único pêssego — agora promovia-se o consumo de pêssegos como "patriótico", e as autoridades percorriam as casas das pessoas tentando convencê-las a comprar pêssegos por quase nada.

Várias histórias de sucesso inflavam o orgulho do país. Em outubro de 1964, a China explodiu sua primeira bomba atômica. Isso recebeu uma imensa publicidade e foi anunciado como uma demonstração das conquistas científicas e industriais do país, sobretudo em relação à necessidade de "fazer frente aos provocadores imperialistas". A explosão da bomba atômica coincidiu com a queda de Kruchov, o que foi apresentado como prova de que Mao mais uma vez estava certo. Em 1964, a França concedeu pleno reconhecimento diplomático à China, o primeiro país do Ocidente a fazê-lo. Isso foi recebido com arrebatamento dentro da China como uma grande vitória sobre os Estados Unidos, que se recusavam a reconhecer o lugar de direito da China no mundo.

Além disso, não havia perseguição política generalizada, e as pessoas estavam relativamente satisfeitas. Todo o crédito era dado a Mao. Embora os líderes do topo soubessem qual era a verdadeira contribuição dele, mantinha-se o povo inteiramente no escuro. Com o passar dos anos, eu compunha apaixonadas elegias agradecendo a Mao por todas as suas conquistas e jurando-lhe minha imorredoura lealdade.

Em 1965, eu tinha treze anos. Na noite de 1º de outubro daquele ano, décimo sexto aniversário da fundação da República Popular, houve uma grande exibição de fogos de artifício na praça no centro de Chengdu. Ao norte da praça, ficava o portão de um antigo palácio imperial, recentemente restaurado à sua grandeza do século XIII, quando Chengdu era a capital de um reino e uma próspera cidade murada. O portão era muito parecido com o Portal da Paz Celestial em Pequim, agora entrada da Cidade Proibida, a não ser pela cor: tinha arrebatadores telhados de telhas verdes e paredes cinzentas. Sob o telhado vitrificado do pavilhão, erguiam-se enormes colunas vermelho-escuras. As balaustradas eram feitas de mármore branco. Eu estava de pé atrás delas com minha família e os dignitários de Sichuan, num palanque, desfrutando da atmosfera de festa e esperando o início dos fogos de artifício. Embaixo, na praça, 50 mil pessoas cantavam e dançavam. *Pam! Pam!* Os sinais para os fogos explodiram a poucos metros de nós. Num instante, o céu se tornou um jardim de formas e cores espetaculares, um mar de uma onda de brilho atrás de outra. A música e o barulho subiam de baixo do portão imperial para juntar-se à suntuosidade. Após um tem-

341

po, o céu ficou limpo por alguns segundos. Então uma súbita explosão produziu uma magnífica flor, seguida pelo desenrolar de uma longa, imensa e sedosa cortina. Estendia-se no meio do céu, ondulando de leve à brisa do outono. Na luz sobre a praça, os caracteres na cortina eram luminosos: "Viva Nosso Grande Líder Presidente Mao!". As lágrimas me vieram aos olhos. "Como tenho sorte, como tenho a incrível sorte de viver na grande era de Mao Tsé-tung!", não parava de me repetir. "Como poderão as crianças do mundo capitalista seguir vivendo sem estar perto do presidente Mao, e sem a esperança de jamais vê-lo em pessoa?" Queria fazer alguma coisa por elas, resgatá-las de sua sina. Jurei a mim mesma ali e então trabalhar duro para construir uma China mais forte, a fim de apoiar uma revolução mundial. Também precisava trabalhar duro para ter direito a ver o presidente Mao. Era o objetivo de minha vida.

15. "Destrua primeiro, que a construção vem por si"
COMEÇA A REVOLUÇÃO CULTURAL (1965-1966)

NO INÍCIO DA DÉCADA DE 1960, apesar de todos os desastres que tinha causado, Mao era ainda o líder supremo da China, idolatrado pela população. Mas como eram os pragmáticos que governavam de fato o país, havia uma relativa liberdade artística e cultural. Surgiu uma série de peças, óperas, filmes e romances, após longa hibernação. Ninguém atacava abertamente o Partido, e eram raros os temas contemporâneos. Nessa época Mao estava na defensiva, e voltava-se cada vez mais para sua esposa, Jiang Qing, que tinha sido atriz na década de 1930. Os dois concluíram que os temas históricos estavam sendo usados para transmitir insinuações contra o regime e o próprio Mao.

Na China, havia uma forte tradição de uso de alusão histórica para expressar oposição, e mesmo alusões aparentemente esotéricas eram amplamente entendidas como referências em código aos dias presentes. Em abril de 1963, Mao proibiu todos os "Dramas de Fantasmas", um gênero rico em histórias antigas de vingança dos espíritos das vítimas mortas contra os que as perseguiram. Para ele, esses fantasmas vingadores se aproximavam muito perigosamente dos inimigos de classe que haviam morrido sob seu governo.

Os Mao também voltaram suas atenções para outro gênero, os "Dramas do Mandarim Ming", cujo protagonista era Hai Rui, um mandarim da dinastia Ming (1368-1644). Famosa personificação da justiça e da coragem, o Mandarim Ming protestava com o imperador em favor do povo simples sofredor, com risco da própria vida. Foi demitido e exilado. Os Mao desconfiaram de que o Mandarim Ming estava sendo usado para representar o marechal Peng De-huai, o ex-ministro da Defesa que em 1959 se manifestara contra as desastrosas políticas de Mao responsáveis pela fome. Quase imediatamente após a demissão de Peng, houvera um notável ressurgimento do gênero Mandarim Ming. A sra. Mao tentou fazer com que se denunciassem as peças, mas quando falou com os ministros e escritores, eles fizeram ouvidos de mercador.

Em 1964, Mao elaborou uma relação de trinta e nove pintores, escritores e intelectuais a serem denunciados. Rotulou-os de "autoridades burguesas reacionárias", uma nova categoria de inimigos de classe. Entre os nomes de destaque da lista estavam o mais famoso dramaturgo do gênero Mandarim Ming, Wu Han, e o professor Ma Yin-chu, principal economista a defender o controle da natalidade. Por causa disso já fora chamado de direitista em 1957. Mao percebera depois que o controle da natalidade era necessário, mas ressentia-se do professor Ma por expô-lo e deixar claro que ele estava errado.

A lista não foi tornada pública, nem as trinta e nove pessoas expurgadas de suas organizações no Partido. Mao fez a lista circular entre funcionários até o nível de minha mãe, com instruções para pegarem outras "autoridades burguesas reacionárias". No inverno de 1964-65, minha mãe foi enviada como chefe de uma equipe de trabalho a uma escola chamada Feira do Boi. Mandaram-na procurar suspeitos entre professores destacados e os que haviam escrito livros e artigos.

Minha mãe ficou horrorizada, sobretudo porque o expurgo ameaçava exatamente as pessoas que ela mais admirava. Além disso, via claramente que, mesmo se fosse procurar "inimigos", não ia encontrar nenhum. Além de tudo mais, com a lembrança de todas as perseguições recentes, poucos tinham ousado abrir a boca. Ela disse o que pensava a seu superior, o sr. Pao, encarregado da campanha em Chengdu.

Passou 1965, e minha mãe nada fez. O sr. Pao não exerceu qualquer pressão sobre ela. A inação deles refletia o clima geral entre as autoridades do Partido. A maioria estava farta de perseguições e queria prosseguir melhorando os padrões de vida e construindo uma vida normal. Mas não se opunham abertamente a Mao, e na verdade continuaram promovendo o culto da sua personalidade. Os poucos que viam a deificação de Mao com apreensão sabiam que nada podiam fazer para detê-la: ele tinha tal poder e prestígio que seu culto era irresistível. O máximo que podiam fazer era empenhar-se em algum tipo de resistência passiva.

Mao interpretou a reação das autoridades do Partido à sua convocação de uma caça às bruxas como uma indicação de que a lealdade deles a si estava enfraquecendo, e de que acreditavam nas políticas seguidas pelo presidente Liu e Deng. Sua desconfiança foi confirmada quando jornais do Partido se recusaram a publicar um artigo que ele autorizara, denunciando Wu Han e sua peça sobre o Mandarim Ming. O objetivo de Mao ao mandar publicar o artigo era envolver a população na caça às bruxas. Agora via que estava isolado de seus súditos pelo sistema do Partido, que tinha sido o intermediário entre ele o povo. Perdera, na verdade, o controle. O Comitê do Partido de Pequim, onde Wu Han era subprefeito, e o Departamento Central de Assuntos Públicos, que cuidava dos meios de comunicação e das artes, resistiram a Mao, recusando-se a denunciar ou demitir Wu Han.

Mao sentiu-se ameaçado. Viu-se como um Stalin, na iminência de ser denunciado ainda vivo por um Kruchov. Quis desfechar um ataque preventivo e destruir o homem a quem via como o "Kruchov da China", Liu Shao-shi, e seu colega Deng, juntamente com os seguidores deles no Partido. Qualificou isso, enganadoramente, de "Revolução Cultural". Sabia que ia travar uma batalha solitária, mas isso lhe daria a majestosa satisfação de sentir que estava desafiando nada menos que todo o mundo, e manobrando em grande escala. Havia até um matiz de autopiedade quando se auto-retratava como um herói trágico enfrentando um poderoso inimigo — a imensa máquina do Partido.

A 10 de novembro de 1965, depois de fracassar repetidas vezes em suas tentativas de fazer publicar o artigo condenando a peça de Wu Han em Pequim, Mao conseguiu finalmente com que o fizessem em Xangai, onde seus seguidores estavam no comando. Foi nesse artigo que apareceu pela primeira vez o termo "Revolução Cultural". O jornal do Partido, o *Diário do Povo*, recusou-se a republicar o artigo, e também o *Diário de Pequim*, a voz da organização do Partido na capital. Nas províncias, alguns jornais publicaram. Na época, meu pai supervisionava o jornal local do Partido, o *Diário de Sichuan*, e foi contra a publicação, que sentiu ser um ataque ao marechal Peng e um apelo a uma caça às bruxas. Procurou o homem encarregado dos assuntos culturais da província, que sugeriu que telefonassem a Deng Xiaoping. Deng não se achava em seu gabinete, e o telefonema foi recebido pelo marechal Ho Lung, amigo íntimo dele e membro do Politburo. Fora a ele que meu pai tinha entreouvido dizendo em 1959: "Na verdade devia estar ele [Deng] no trono". Ho mandou que não se publicasse o artigo.

Sichuan foi uma das últimas províncias a publicar o artigo, só o fazendo a 18 de dezembro, muito depois de o *Diário do Povo* tê-lo finalmente impresso a 30 de novembro. O artigo só apareceu no *Diário do Povo* depois que Chu En-lai, o premiê, que surgira como o pacificador na luta de poder, acrescentou-lhe uma nota, em nome do "editor", dizendo que a "Revolução Cultural" devia ser uma discussão "acadêmica", querendo dizer que devia ser apolítica e não conduzir a condenações políticas.

Nos três meses seguintes, houve intensas manobras, com os adversários de Mao, além de Chu, tentando desviar a caça às bruxas para outro lado. Em fevereiro de 1966, enquanto Mao estava fora de Pequim, o Politburo aprovou uma resolução dizendo que as "discussões acadêmicas" não deveriam degenerar em perseguições. Mao protestara contra essa resolução, mas fora ignorado.

Em abril, pediram a meu pai que preparasse um documento no espírito da resolução de fevereiro do Politburo para orientar a Revolução Cultural em Sichuan. O que ele escreveu tornou-se conhecido como o Documento de Abril. Dizia que debates deveriam ser estritamente acadêmicos; não se permitiam acusações desenfreadas; todos eram iguais perante a verdade; e que o Partido não deveria usar sua força para eliminar intelectuais.

Quando esse documento ia ser publicado em maio, foi subitamente bloqueado. Havia uma nova decisão do Politburo. Dessa vez, Mao estivera presente e prevalecera, com a cumplicidade de Chu En-lai. Mao rasgara a resolução de fevereiro e declarara que todos os intelectuais dissidentes e suas idéias deviam ser "eliminados". Enfatizou que eram autoridades do Partido Comunista que vinham protegendo os intelectuais dissidentes e outros inimigos de classe. Qualificou essas autoridades de "aqueles no poder que seguem a estrada capitalista", e declarou guerra a eles, que se tornaram conhecidos como "sequazes do capitalismo". Estava formalmente lançada a mastodôntica Revolução Cultural.

Quem, exatamente, eram esses "sequazes do capitalismo"? Nem o próprio Mao tinha certeza. Ele sabia que queria substituir todo o Comitê do Partido de Pequim, o que fez. Também sabia que queria livrar-se de Liu Shao-shi e Deng Xiaoping, e do "quartel-general burguês dentro do Partido". Mas não sabia quem, dentro do vasto sistema do Partido, era leal a ele e quem seguia Liu e Deng e a "estrada capitalista" deles. Calculava que controlava apenas um terço do Partido. A fim de não deixar escapar um único de seus inimigos, resolveu derrubar todo o Partido Comunista. Os fiéis a ele sobreviveriam à virada. Em suas próprias palavras: "Destruam primeiro, que a construção vem por si". Não se preocupava com a possível destruição do Partido: o imperador Mao sempre passou por cima do comunista Mao. Tampouco receava ferir alguém indevidamente, mesmo os mais leais a ele. Um de seus grandes heróis, o general Tsao Tsao, do século I, dissera um verso imortal que Mao admirava ostensivamente: "Prefiro prejudicar todo mundo sob os Céus; e ninguém sob os Céus deve jamais me prejudicar". O general proclamou isso quando descobriu que havia assassinado um casal de velhos por engano — o velho e a velha, que ele suspeitava de o terem traído, na verdade lhe haviam salvo a vida.

Os vagos gritos de batalha de Mao lançaram a população e a maioria das autoridades do Partido em profunda confusão. Poucos sabiam contra quem ele se dirigia, ou quem, exatamente, eram os inimigos agora. Meu pai e minha mãe, como outras altas autoridades do Partido, viam que Mao decidira punir algumas autoridades. Mas não tinham idéia de quem seria. Podiam bem ser eles mesmos. A apreensão e a perplexidade os arrasavam.

Enquanto isso, Mao fez sua mais importante jogada organizacional: estabeleceu sua própria cadeia pessoal de comando, que operava fora do aparelho do Partido, embora — alegando que era sob o Politburo e o Comitê Central — pudesse dizer que agia por ordens do Partido.

Primeiro, escolheu como seu vice o marechal Lin Piao, que sucedera Peng De-huai como ministro da Defesa em 1959 e aumentara muito o culto da personalidade de Mao nas Forças Armadas. Também criou um novo órgão, a Direção da Revolução Cultural, sob o comando de seu ex-secretário Chen Boda, com seu chefe dos serviços de informação Kang Sheng e a sra. Mao como seus líderes *de facto*. Esse tornou-se o núcleo da liderança da Revolução Cultural.

Em seguida, Mao voltou-se para os meios de comunicação, sobretudo o *Diário do Povo*, que tinha a maior autoridade, já que era o jornal oficial do Partido e a população se habituara a tê-lo como a voz do regime. Nomeou Chen Boda para assumi-lo a 31 de maio, assegurando com isso um canal através do qual podia falar diretamente a centenas de milhões de chineses.

A partir de junho de 1966, o *Diário do Povo* despejou sobre o país um editorial estridente após outro, pedindo "o estabelecimento do presidente Mao como autoridade absoluta", o "varrimento dos diabos bois e demônios serpentes" (inimigos de classe) e exortando as pessoas a seguir Mao e juntar-se à empresa imensa e sem precedentes da Revolução Cultural.

Em minha escola, o ensino parou completamente a partir do início de junho, embora tivéssemos de continuar indo lá. Alto-falantes estrondeavam editoriais do *Diário do Povo*, e a primeira página do jornal, que tínhamos de estudar todo dia, era muitas vezes totalmente tomada por um retrato de página inteira de Mao. Havia uma coluna diária de citações de Mao. Ainda me lembro dos slogans em negrito, que, pela leitura repetida na classe, ficaram gravados nos mais profundos recessos de meu cérebro: "O presidente Mao é o rubro sol em nossos corações!", "O pensamento de Mao Tsé-tung é nossa linha vital!", "Esmagaremos quem se opuser ao presidente Mao!", "Pessoas em todo o mundo amam nosso Grande Líder presidente Mao!". Havia páginas de comentários bajulatórios de estrangeiros, e fotos de multidões européias disputando as obras de Mao. Mobilizava-se o orgulho nacional chinês para aumentar o seu culto.

A leitura diária do jornal logo deu lugar à declamação e memorização de *As citações do presidente Mao*, coletadas num livro de bolso de capa plástica vermelha, conhecido como "O Livrinho Vermelho". Todos recebiam um exemplar e a ordem de prezá-lo "como nossos olhos". Todo dia entoávamos trechos dele vezes e vezes sem conta, em uníssono. Ainda me lembro de muitos, palavra por palavra.

Um dia, lemos no *Diário do Povo* que um velho camponês tinha pregado trinta e dois retratos de Mao nas paredes de seu quarto, "para poder ver o rosto de Mao assim que abra os olhos, seja qual for a direção em que olhe". Por isso cobrimos as paredes de nossas salas de aula com retratos do rosto de Mao irradiando seu mais benigno sorriso. Mas logo tivemos de retirá-los, e rapidinho, ainda por cima. Circulou o boato de que o camponês tinha usado os retratos como papel de parede, porque as fotos de Mao eram impressas em papel da melhor qualidade, e grátis. Diziam os boatos que o repórter que escrevera a história era um inimigo de classe, por defender "ofensas ao presidente Mao". Pela primeira vez, o medo do presidente Mao penetrou em meu subconsciente.

Como a Feira do Boi, minha escola tinha uma equipe de trabalho nela estacionada. O grupo rotulara sem muito empenho vários dos melhores professores da escola de "autoridades burguesas reacionárias", mas escondera isso dos alunos. Em junho de 1966, porém, em pânico diante da maré da Revolução Cultural, e sentindo necessidade de criar algumas vítimas, a equipe de trabalho de repente anunciou os nomes dos acusados a toda a escola.

O grupo organizou alunos e professores não acusados para escrever cartazes e slogans de denúncia, que logo cobriram as dependências. Os professores tornaram-se ativos por vários motivos: conformismo, lealdade às ordens do Partido, inveja do prestígio e dos privilégios de outros professores — e medo.

Entre as vítimas estava meu professor de língua e literatura chinesas, o sr. Chi, a quem eu adorava. Segundo um dos jornais murais, ele tinha dito no início da década de 1960: "Gritar 'Viva o Grande Salto para a Frente!' não vai encher nossas barrigas, vai?". Não tendo idéia de que o Grande Salto causara a fome, eu não entendia aquela suposta declaração, embora pegasse o seu tom irreverente.

Havia alguma coisa no sr. Chi que o punha à parte. Na época, eu não sabia o que era, mas hoje acho que era um certo ar de ironia. Tinha uma maneira de emitir uma meia tosse, meio riso, secos e breves, que sugeriam que deixara alguma coisa sem ser dita. Certa vez fez esse ruído em resposta a uma pergunta que eu lhe fizera. Uma lição em nosso livro didático era um trecho das memórias de Lu Dingyi, o então chefe de Assuntos Públicos Centrais, sobre sua experiência na Longa Marcha. O sr. Chi chamou nossa atenção para uma vívida descrição das tropas marchando por uma trilha em ziguezague na montanha, toda a procissão iluminada por archotes de pinho levados pelos soldados, as chamas fulgindo contra um céu negro sem lua. Quando chegavam ao destino daquela noite, todos "correram a disputar uma tigela de comida para enfiar na barriga". Isso me intrigou profundamente, pois os soldados do Exército Vermelho sempre eram descritos oferecendo seu último bocado aos camaradas e ficando com fome. Era impossível imaginá-los "disputando". Fui pedir uma resposta ao sr. Chi. Ele tossiu-riu, disse que eu não sabia o que era passar fome, e mudou logo de assunto. Eu continuei não convencida.

Apesar disso, eu sentia o maior respeito pelo sr. Chi. Partiu-me o coração vê-lo, e a outros professores que eu admirava, sendo barbaramente condenado e xingado de nomes feios. Odiei quando a equipe de trabalho pediu a todos na escola que escrevessem cartazes "desmascarando-os e denunciando-os".

Eu tinha catorze anos na época, era instintivamente aversa a todas as atividades militantes, e não sabia o que escrever. Tinha medo da arrasadora tinta negra dos jornais murais, sobre gigantescas folhas de papel branco, e da linguagem estranha e violenta, como "Esmaguem a cabeça de cão de Fulano de Tal" e

"Aniquilem Fulano de Tal se ele não se render". Comecei a fazer gazeta e ficar em casa. Isso fez com que fosse constantemente criticada, pois diziam que eu "punha a família em primeiro lugar", nas intermináveis assembléias que agora compunham a quase totalidade de nossa vida escolar. Eu temia essas assembléias. Perseguia-me uma sensação de perigo imprevisível.

Um dia, o subdiretor de minha escola, sr. Kan, um homem jovial e vigoroso, foi acusado de ser um sequaz do capitalismo e de proteger professores condenados. Tudo que ele tinha feito na escola foi classificado de "capitalista", até o estudo das obras de Mao — já que se haviam dedicado menos horas a isso que aos estudos escolares.

Fiquei igualmente chocada ao ver o alegre secretário da Liga da Juventude Comunista da escola, o sr. Shan, acusado de ser "antipresidente Mao". Era um jovem de ar intrépido, cuja atenção eu ansiava por atrair, pois ele poderia me ajudar a entrar na Liga quando atingisse a idade mínima, quinze anos.

Ele dava um curso de filosofia marxista aos jovens de dezesseis a dezoito anos, e passara-lhes umas composições. Sublinhara trechos das composições que julgava particularmente bem escritos. Agora esses trechos desconexos tinham sido montados pelos alunos para formar uma coisa obviamente sem sentido, que os jornais murais diziam ser anti-Mao. Eu soube anos depois que esse método de forjar uma acusação pela ligação arbitrária de frases começara já em 1955, ano em que minha mãe sofrera sua primeira detenção sob os comunistas, quando alguns escritores o tinham usado para atacar colegas.

O sr. Shan me disse anos depois que o verdadeiro motivo pelo qual ele e o subdiretor tinham sido escolhidos como vítimas era que não estavam presentes na época — haviam se ausentado como membros de outra equipe de trabalho —, o que fazia deles bodes expiatórios convenientes. O fato de não se darem bem com o diretor, que ficara para trás, piorava tudo. "Se eu estivesse lá, e ele ausente, aquele filho de uma tartaruga não ia poder segurar as calças, tanta merda teria no rabo", disse-me o sr. Shan, com um ar triste.

O subdiretor, sr. Kan, era dedicado ao Partido, e sentiu-se terrivelmente injustiçado. Uma noite, escreveu um bilhete e cortou a própria garganta com uma navalha. Foi levado às pressas para o hospital pela esposa, que chegara mais cedo que de hábito. A equipe de trabalho abafou sua tentativa de suicídio. O suicídio de um membro do Partido como o sr. Kan era considerado traição. Era visto como uma perda de fé no Partido e uma tentativa de chantagem. Assim, não se devia mostrar piedade com o infeliz. Mas a equipe de trabalho ficou nervosa. Eles sabiam muito bem que vinham inventando vítimas sem a mais leve justificativa.

Quando falaram do sr. Kan à minha mãe, ela chorou. Gostava muito dele, e sabia que, como era um homem de imenso otimismo, devia ter estado sob uma pressão desumana para agir daquele modo.

Em sua própria escola, minha mãe recusou-se a ser levada a qualquer vitimização por pânico. Mas os adolescentes da escola, açulados pelos artigos do *Diário do Povo*, começaram a atacar os professores. O *Diário do Povo* exortava a "arrasar" o sistema de exames, que "tratava os alunos como inimigos" (citando Mao) e fazia parte dos perversos desígnios dos "intelectuais burgueses", ou seja, a maioria dos professores (outra vez citando Mao). O jornal também denunciava "intelectuais burgueses" por envenenarem a mente dos jovens com lixo capitalista, como preparação para uma volta do Kuomintang. "Não podemos mais deixar que intelectuais burgueses dominem nossas escolas!", disse Mao.

Um dia minha mãe chegou de bicicleta à escola e descobriu que os alunos haviam prendido o diretor, o supervisor escolar e os professores graduados, que eles identificavam, pela imprensa oficial, como "autoridades burguesas reacionárias", e quaisquer outros professores dos quais não gostavam. Haviam-nos trancado numa sala de aula e pregado um aviso na porta dizendo "classe dos demônios". Os professores tinham deixado que fizessem isso porque a Revolução Cultural os lançara na confusão. Os alunos agora pareciam ter algum tipo de autorização, não definida mas mesmo assim real. As instalações estavam cobertas de gigantescos slogans, a maioria manchetes do *Diário do Povo*.

Quando minha mãe estava sendo levada à sala de aula transformada em "prisão", passou por uma multidão de alunos. Alguns tinham uma expressão feroz, outros pareciam envergonhados, outros preocupados, e outros inseguros. Um número crescente deles a acompanhou desde o momento em que ela chegara. Como chefe da equipe de trabalho, ela tinha autoridade suprema, e era identificada com o Partido. Os alunos esperavam as ordens dela. Depois de instalar a "prisão", não tinham idéia do que fazer a seguir.

Minha mãe anunciou, energicamente, que a "classe de demônios" estava dispensada. Houve um rebuliço entre os alunos, mas ninguém contestou sua ordem. Uns poucos garotos resmungaram uns com os outros, mas caíram em silêncio quando minha mãe lhes pediu que falassem alto. Ela então lhes disse que era ilegal deter qualquer pessoa sem autorização, e que não deviam maltratar seus professores, que mereciam sua gratidão e respeito. A porta da sala de aula foi aberta e os "prisioneiros" libertados.

Minha mãe teve muita coragem para ir contra a corrente. Muitas outras equipes de trabalho se empenhavam em vitimar pessoas completamente inocentes para salvar a própria pele. Na verdade, ela tinha mais motivos que a maioria para preocupar-se. As autoridades provinciais já tinham punido vários bodes expiatórios, e meu pai tinha um forte pressentimento de que seria o próximo da fila. Dois colegas tinham-lhe dito discretamente que se comentava numa organização dirigida por ambos que os membros dessa organização iam voltar suas suspeitas contra ele.

Meus pais nunca me disseram nada nem a meus irmãos. As restrições que os mantinham calados sobre política antes ainda os impediam de abrir a mente conosco. Agora, era-lhes ainda menos possível falar. A situação era tão complexa e confusa que eles mesmos não conseguiam entendê-la. Que poderiam dizer-nos para nos fazer entender? E de que adiantaria, aliás? Não se podia fazer nada. E mais ainda: o conhecimento era perigoso. Em conseqüência, meus irmãos e eu estávamos totalmente despreparados para a Revolução Cultural, embora tivéssemos uma vaga sensação de catástrofe iminente.

Nessa atmosfera, chegou agosto. De repente, como uma tempestade varrendo a China toda, surgiram milhões de guardas vermelhos.

16. "Subam aos céus, e varem a terra"
OS GUARDAS VERMELHOS DE MAO
(junho-agosto de 1966)

SOB MAO, UMA GERAÇÃO DE ADOLESCENTES foi criada esperando combater inimigos de classe, e os vagos apelos na imprensa por uma Revolução Cultural haviam alimentado o sentimento de que era iminente uma "guerra". Alguns jovens politicamente sintonizados sentiam que seu ídolo, Mao, estava diretamente envolvido, e sua doutrinação não lhes dava alternativa senão tomar o lado dele. No início de junho, uns poucos ativistas de uma escola média ligada a uma das mais renomadas universidades da China, Qinghua, em Pequim, reuniram-se várias vezes com a finalidade de discutir suas estratégias para a batalha próxima, e decidiram chamar-se "Guardas Vermelhos do Presidente Mao". Adotaram como lema uma citação de Mao publicada no *Diário do Povo*: "A rebelião é justificada".

Esses primeiros guardas vermelhos eram "filhos de altas autoridades". Só eles podiam se sentir suficientemente seguros para se meter em atividades desse tipo. Além disso, tinham sido criados num ambiente político, e interessavam-se mais por intrigas políticas que a maioria dos chineses. A sra. Mao notou-os, e concedeu-lhes uma audiência em julho. A 1º de agosto, Mao fez o gesto extraordinário de escrever-lhes uma carta aberta oferecendo seu "mais sincero e orgulhoso apoio". Na carta, modificava sutilmente sua antiga frase para "A rebelião *contra os reacionários* é justificada". Para os fanáticos adolescentes, foi como se Deus falasse com eles. Depois disso, grupos de guardas vermelhos brotaram por toda Pequim, e depois por toda a China.

Mao queria que os guardas vermelhos fossem suas tropas de choque. Via que as pessoas não estavam respondendo a seus repetidos apelos para que atacassem os sequazes capitalistas. O Partido Comunista tinha uma considerável representatividade, e, além disso, a lição de 1957 ainda estava fresca na mente das pessoas. Naquela época, também, Mao convocara a população a criticar autoridades do Partido, mas os que tinham aceito seu convite acabaram sendo rotulados de direitistas e condenados. A maioria das pessoas desconfiava da mesma tática de novo — "atrair a serpente para fora da toca para cortar-lhe a cabeça".

Se queria pôr a população para agir, Mao teria de retirar a autoridade do Partido e estabelecer absoluta lealdade e obediência apenas a si mesmo. Para conseguir isso, precisava do terror — um terror intenso, que bloqueasse todas as outras considerações e esmagasse todos os outros medos. Viu os garotos e garotas na adolescência e no início da idade adulta como seus agentes ideais. Eles tinham sido criados no fanático culto da personalidade de Mao e na doutrina militante da "luta de classe". Eram dotados das qualidades da juventude — eram rebeldes, destemidos, ávidos por lutar por uma "causa justa", sedentos de aventura e ação. Também eram irresponsáveis, ignorantes e fáceis de manipular — e inclinados à violência. Só eles podiam dar a Mao a imensa força que ele precisava para aterrorizar toda a sociedade, e criar um caos que abalasse, e depois despedaçasse, os alicerces do Partido. Um slogan resumia a missão dos guardas vermelhos: "Juramos desencadear uma guerra sangrenta contra quem ousar resistir à Revolução Cultural, quem ousar se opor ao presidente Mao!".

Todas as políticas e ordens tinham até então sido transmitidas através de um sistema firmemente controlado, que estava todo nas mãos do Partido. Agora, Mao afastava esse canal e dirigia-se diretamente às massas dos jovens. Fez isso combinando dois métodos bastante diferentes: retórica vaga e bombástica, transmitida abertamente na imprensa; e manipulação e agitação conspiratórias, realizadas pela Direção da Revolução Cultural, sobretudo sua esposa. Eram eles que davam o verdadeiro significado da retórica. Expressões como "rebelião contra a autoridade", "revolução na educação", "destruir o velho mundo para que nasça um novo" e "criar um novo homem" — que atraíram muita gente no Ocidente na década de 1960 — eram interpretadas como apelos à ação violenta. Mao compreendeu a violência latente dos jovens, e disse que, como eles estavam bem alimentados e suas aulas tinham parado, podiam facilmente ser insuflados e usar suas ilimitadas energias para sair às ruas e fazer o diabo.

Para provocar os jovens a desencadear uma violência popular moderada, era necessário ter vítimas. Os alvos mais conspícuos em qualquer escola eram os professores, alguns dos quais já tinham sido vitimados por equipes de trabalho e autoridades escolares nos últimos meses. Agora as crianças rebeladas caíam em cima deles. Os professores eram alvos melhores que os pais, que só podiam ser atacados de uma forma atomizada e isolada. Eram também figuras de autoridade mais importantes que os pais na cultura chinesa. Em praticamente toda escola da China, os professores foram ofendidos e espancados, às vezes fatalmente. Alguns colegiais estabeleceram prisões onde os professores eram torturados.

Mas isso não bastava para gerar o tipo de terror que Mao queria. A 18 de agosto, realizou-se um gigantesco comício na praça Tiananmen, no centro de Pequim, com mais de 1 milhão de jovens participantes. Lin Piao apareceu em público pela primeira vez como vice e porta-voz de Mao. Fez um discurso convocando os guardas vermelhos a deixar suas escolas e "esmagar as quatro velharias" — definidas como "velhas idéias, velha cultura, velhos costumes e velhos hábitos".

Após esse apelo obscuro, guardas vermelhos em toda a China ganharam as ruas, dando plena vazão a seu vandalismo, ignorância e fanatismo. Invadiam as casas das pessoas, destruíam suas antigüidades, rasgavam pinturas e obras de caligrafia. Acendiam-se fogueiras para queimar livros. Muito em breve quase todos os tesouros das coleções particulares foram destruídos. Muitos escritores e artistas se suicidaram depois de terem sido cruelmente espancados e humilhados, e obrigados a ver suas obras reduzidas a cinzas. Museus foram invadidos. Palácios, templos, túmulos antigos, estátuas, pagodes, muralhas de cidades — tudo que fosse "velho" era saqueado. As poucas coisas que sobreviveram, como a Cidade Proibida, só o conseguiram porque o premiê Chu En-lai mandou o exército protegê-las, e emitiu ordens específicas para que fossem guardadas. Os guardas vermelhos só iam em frente quando estimulados.

Mao saudou as ações dos guardas vermelhos com um "Muito bom mesmo!", e ordenou que o país os apoiasse.

Encorajou os guardas vermelhos a escolher uma gama mais ampla de vítimas, a fim de aumentar o terror. Destacados escritores, artistas, intelectuais e a maioria dos outros altos profissionais, que tinham sido privilegiados sob o regime comunista, eram agora categoricamente condenados como "autoridades burguesas reacionárias". Com a ajuda de alguns dos colegas dessas pessoas, que as odiavam por vários motivos, do fanatismo à inveja, os guardas vermelhos começaram a atacá-los. Depois vinham os velhos "inimigos de classe": ex-fazendeiros e capitalistas, pessoas ligadas ao Kuomintang, os condenados em campanhas anteriores como a dos "direitistas" — e seus filhos.

Um número muito grande de "inimigos de classe" não fora executado nem mandado para campos de trabalho, mas mantido "sob vigilância". Antes da Revolução Cultural, a polícia só podia liberar informação sobre eles a pessoal autorizado. Agora essa política mudara. O chefe de polícia, um dos homens de Mao, Xie Fuzhi, ordenou a seus subordinados que entregassem os "inimigos de classe" aos guardas vermelhos, e contassem os crimes deles, como a "intenção de derrubar o governo comunista".

Até o início da Revolução Cultural, a tortura, ao contrário do tormento, era proibida. Agora Xie ordenava aos policiais que "não se limitassem às velhas regras, independentemente de terem sido instituídas pelas autoridades policiais ou pelo Estado". Após dizer: "Não sou a favor de espancar as pessoas até a morte", continuou: "Mas se alguns [guardas vermelhos] odeiam tanto os inimigos de classe que queiram matá-los, vocês não estão obrigados a detê-los".

Uma onda de espancamento e tortura varreu o país, sobretudo nas invasões a casas. Quase invariavelmente, ordenava-se às famílias que se ajoelhassem no chão e se prostrassem diante dos guardas vermelhos; depois eram espancadas com as fivelas dos cinturões de couro dos guardas. Recebiam pontapés, e raspavam-lhes um lado da cabeça, um estilo humilhante chamado de "cabeça yin e yang", porque se assemelhava ao símbolo clássico chinês com um lado escuro (*yin*) e um branco (*yang*). A maioria de seus bens era então destroçada ou levada.

Foi pior em Pequim, onde a Direção da Revolução Cultural estava por perto para incitar os jovens. No centro da cidade, alguns teatros e cinemas foram transformados em câmaras de tortura. Arrastavam-se vítimas de toda Pequim. Os pedestres evitavam esses locais, porque as ruas em torno ecoavam com os gritos das vítimas.

Os primeiros grupos de guardas vermelhos eram compostos de filhos de altas autoridades. Em breve, quando se juntaram mais pessoas de outras origens, alguns dos filhos de autoridades conseguiram manter seus grupos especiais próprios, como os "Piquetes". Mao e sua camarilha tomaram várias medidas calculadas para aumentar o senso de poder deles. No segundo grande comício, Lin Piao usou a braçadeira dos guardas vermelhos para dizer que era um deles. A sra. Mao fez deles os guardas de honra em frente ao Portal da Paz Celestial, na praça Tiananmen, no Dia Nacional, 1º de outubro. Em conseqüência disso, alguns deles criaram uma revoltante "teoria sangüínea", resumida nos versos de uma música: "O filho de um pai herói é sempre um grande homem; um pai reacionário só produz um bastardo!". Armados com essa "teoria", alguns filhos de altas autoridades tiranizavam e até torturavam filhos de origens "indesejáveis".

Mao deixava tudo isso acontecer, para gerar o terror e caos que desejava. Não tinha escrúpulos sobre quem era atingido ou quem eram os agentes da violência. Essas primeiras vítimas não eram seus verdadeiros alvos, e ele não gostava particularmente de seus guardas vermelhos, nem confiava neles. Simplesmente os usava. De seu lado, os vândalos e torturadores nem sempre eram dedicados a ele. Estavam apenas fazendo uma farra, depois de liberados para entregar-se a seus piores instintos.

Só uma pequena parte dos guardas vermelhos se envolveu de fato em crueldade e violência. Muitos puderam deixar de tomar parte porque a Guarda Vermelha era uma organização vaga, que em geral não obrigava fisicamente seus membros a fazer o mal. Na verdade, o próprio Mao nunca ordenou que os guardas vermelhos matassem, e suas instruções sobre a violência eram contraditórias. Era possível ser dedicado a Mao sem praticar violência. Os que preferiram fazer isso não podiam simplesmente pôr a culpa em Mao.

Mas foi inegável o insidioso estímulo de Mao às atrocidades. A 18 de agosto, no primeiro dos oito gigantescos comícios que no todo contaram com 13 milhões de pessoas, ele perguntou a uma mulher da Guarda Vermelha como ela se chamava. Quando ela respondeu: "Bin-bin", que significa "delicada", ele disse, com desaprovação: "Seja violenta" (*yao-wu-ma*). Mao raramente falava em público, e essa observação, muito badalada, foi naturalmente seguida como o evangelho. No terceiro comício monstro, a 15 de setembro, quando as atrocidades dos guardas vermelhos atingiam o auge, o porta-voz reconhecido de Mao, Lin Piao, anunciou, com Mao parado a seu lado: "Combatentes guardas vermelhos: O sentido de seus combates sempre esteve correto. Vocês têm batido saudável e bravamente os sequazes do capitalismo, as autoridades burguesas reacionárias, os sanguessugas e parasitas. Fizeram o certo! E o fizeram maravilhosamente!". A isso, aplausos histéricos, gritos ensurdecedores de "Viva o presidente Mao", lágrimas incontroláveis e juras de lealdade berradas se apoderaram da multidão que enchia a enorme praça Tiananmen. Mao acenava paternalmente, gerando mais frenesi.

Por meio de sua Direção da Revolução Cultural, Mao mantinha o controle sobre os guardas vermelhos de Pequim. Depois mandou-os para as províncias, dizer aos jovens locais o que fazer. Em Jinzhou, na Manchúria, o irmão de minha avó, Yu-lin, e sua esposa foram espancados e exilados com os dois filhos para uma parte deserta do país. Yu-lin caíra sob suspeita desde a chegada dos comunistas, por possuir uma carteira de identidade do serviço de informação do Kuomintang, mas nada acontecera a ele ou à sua família até então. Minha família não soube disso na época. As pessoas evitavam trocar notícias. Com acusações tão loucamente forjadas, e conseqüências tão horríveis, nunca se sabia que catástrofes alguém podia fazer desabar sobre seus correspondentes, ou eles a ele.

As pessoas em Sichuan tinham pouca idéia da extensão do terror em Pequim. Houve menos atrocidades em Sichuan, em parte porque os guardas vermelhos de lá não eram incitados diretamente pela Direção da Revolução Cultural. Além disso, a polícia de Sichuan fez ouvidos moucos a seu ministro em Pequim, o sr. Xie, e recusou-se a entregar os "inimigos de classe" sob seu controle aos guardas vermelhos. Contudo, os guardas vermelhos de Sichuan, como os de outras províncias, copiavam as ações dos de Pequim. Houve o mesmo tipo de caos que em toda parte da China — caos controlado. Os guardas vermelhos podem ter saqueado casas que eram autorizados a invadir, mas raramente roubavam lojas. A maioria dos setores, incluindo o comércio, os correios e os transportes, funcionou normalmente.

Em minha escola, a Guarda Vermelha formou-se a 16 de agosto, com a ajuda de alguns guardas vermelhos de Pequim. Eu passara a ficar em casa fingindo doença, para escapar das assembléias políticas e dos slogans apavorantes, e só soube que a organização se estabelecera uns dois dias depois, quando um telefonema me convocou de volta "para participar da Grande Revolução Cultural Proletária". Quando cheguei à escola, notei que muitos alunos usavam orgulhosamente braçadeiras vermelhas, com caracteres dourados dizendo "Guardas Vermelhos".

Naqueles primeiros dias, os recém-nascidos guardas vermelhos tinham o imenso prestígio de ser crias de Mao. Desnecessário dizer que eu devia entrar, e apresentei imediatamente meu pedido ao chefe dos guardas vermelhos de minha turma — um menino de quinze anos chamado Geng, que vivia buscando minha companhia, mas se mostrava tímido e sem jeito assim que estava comigo.

Eu não podia deixar de me perguntar como Geng virara guarda vermelho, e ele fazia mistério sobre suas atividades. Mas estava claro para mim que os guardas vermelhos eram sobretudo filhos de altas autoridades. O chefe dos guardas vermelhos da escola era um dos filhos do comissário Li, o primeiro-secretário do Partido em Sichuan. Eu devia ser uma candidata natural; poucos alunos tinham pais em posição mais alta que o meu. Mas Geng me disse, em privado, que eu era tida como mole e "inativa demais", e devia me tornar mais dura para que eles examinassem meu pedido.

Desde junho, tinha havido uma regra tácita de que todos deviam ficar na escola vinte e quatro horas por dia, para dedicar-se inteiramente à Revolução Cultural. Eu era uma das poucas que não ficavam. Mas agora a idéia de fazer gazeta me dava, de algum modo, uma sensação de perigo, e me senti obrigada a ficar. Os meninos dormiam nas salas de aula, para que nós meninas pudéssemos ocupar os dormitórios. Os que não pertenciam à Guarda ligavam-se aos grupos de guardas vermelhos e acompanhavam-nos em suas várias atividades.

Um dia depois de eu voltar à escola, fui levada com várias dezenas de outras crianças para mudar nomes de ruas, a fim de torná-los mais "revolucionários". A rua onde eu morava chamava-se rua do Comércio, e debatemos se devia ser rebatizada. Alguns propuseram "estrada do Farol", referindo-se ao papel de nossos líderes provinciais do Partido. Outros queriam "rua do Servidor Público", pois isso era o que deviam ser as autoridades, segundo uma citação de Mao. Acabamos indo embora sem decidir nada, porque não se conseguiu resolver um problema preliminar: a placa da rua era alta demais para a gente alcançar. Até onde sei, ninguém jamais voltou lá.

Em Pequim, os guardas vermelhos eram muito mais zelosos. Soubemos de seus feitos: a embaixada britânica ficava agora na "rua do Antiimperialismo", a russa na "rua do Anti-revisionismo".

Em Chengdu, as ruas perdiam velhos nomes como "Cinco Gerações Sob um Mesmo Teto" (uma virtude confuciana), "O Choupo e o Salgueiro São Verdes" (verde não era uma cor revolucionária) e "Dragão de Jade" (um símbolo do poder feudal). Tornaram-se ruas "Destruam o Velho", "O Oriente é Vermelho" e "da Revolução". Um famoso restaurante chamado "A Fragrância do Vento Fresco" teve sua placa feita em pedaços. Foi rebatizado de "O Cheiro de Pólvora".

O trânsito ficou confuso por vários dias. Pois o fato de o

vermelho significar "pare" era considerado insuportavelmente contra-revolucionário. Devia na verdade significar "siga". E a mão não devia ser na direita, como era a prática, mas na esquerda. Por alguns dias, afastamos os guardas e controlamos nós mesmos o trânsito. Puseram-me numa esquina para dizer aos ciclistas que andassem pela esquerda. Em Chengdu não havia muitos carros ou sinais de trânsito, mas nos poucos grandes cruzamentos fez-se o caos. No fim, as velhas regras terminaram reafirmando-se, devido a Chu En-lai, que conseguiu convencer os líderes dos guardas vermelhos. Mas os jovens encontraram uma justificação para isso: uma guarda vermelha de minha escola me disse que na Grã-Bretanha a mão era na esquerda, de modo que tínhamos de nos manter na direita, para mostrar nosso espírito antiimperialista. Não falou dos Estados Unidos.

Quando criança, eu sempre me esquivava das atividades coletivas. Agora, aos catorze anos, sentia ainda mais aversão a elas. Suprimi esse pavor devido à constante sensação de culpa que passei a sentir, por minha educação, quando estava fora de passo com Mao. Vivia dizendo-me que devia treinar meus pensamentos de acordo com as novas teorias e práticas revolucionárias. Se havia uma coisa que eu não entendia, tinha de corrigir-me e adaptar-me. Contudo, vi-me tentando com muita força evitar atos militantes como deter as passantes para cortar os cabelos compridos ou as pernas de calças apertadas delas, ou as saias, ou quebrar saltos de sapatos médios. Essas coisas agora haviam se tornado sinais de decadência burguesa, segundo os guardas vermelhos de Pequim.

Meus próprios cabelos chamaram a atenção crítica de meus colegas. Tive de mandar cortá-los na altura dos lóbulos das orelhas. Em segredo, muito envergonhada de mim mesma por ser tão "pequeno-burguesa", derramei lágrimas pela perda de minhas longas tranças. Quando pequena, minha ama tinha uma maneira de pentear meus cabelos que os fazia ficar em pé no topo da cabeça como um galho de salgueiro. Ela chamava aquilo de "fogos de artifício disparando para o céu". Até inícios da década de 1960 eu os usava em duas tranças, com anéis de florzinhas de seda passados em volta. Pela manhã, enquanto eu tomava o café às carreiras, minha avó ou nossa criada penteava-os com mãos amorosas. De todas as cores das flores de seda, minha favorita era o cor-de-rosa.

Depois de 1964, após os apelos de Mao por um estilo de vida austero, mais apropriado à atmosfera de luta de classes, eu pregava remendos em minhas calças para tentar parecer "proletária", e usava os cabelos no estilo uniforme de duas tranças sem cores, mas o cabelo comprido ainda não fora condenado. Minha avó cortou-o para mim, resmungando o tempo todo. O cabelo dela sobreviveu, porque ela jamais saía nessa época.

As famosas casas de chá de Chengdu também sofreram ataques como "decadentes". Não entendi por que, mas não perguntei. No verão de 1966, aprendi a suprimir meu senso de razão. A maioria dos chineses vinha fazendo isso havia longo tempo.

Uma casa de chá de Sichuan é um lugar único. Geralmente fica dentro de um bosquete de bambu ou sob o dossel de uma grande árvore. Em volta da mesa de tábua baixa e quadrada, há cadeiras de bambu que desprendem um leve aroma mesmo após anos de uso. Para preparar o chá, joga-se uma pitada das folhas numa xícara e despeja-se água fervendo por cima. Depois põe-se uma tampa na xícara, deixando o vapor escapar pelas bordas, a exalar a fragrância do jasmim ou outra flor. Sichuan tem muitos tipos de chá. Só o jasmim tem cinco gradações.

As casas de chá são tão importantes para os sichuaneses quanto os *pubs* para os britânicos. Os velhos, em particular, passam muito tempo ali, tirando baforadas de seus cachimbos de cabo comprido, diante de uma xícara de chá e um prato de nozes e sementes de melão. O garçom vai de mesa em mesa com a chaleira de água quente, que despeja de meio metro de distância com uma precisão absoluta. Um garçom habilidoso faz o nível da água ultrapassar a borda da xícara sem transbordar. Quando criança, eu sempre ficava mesmerizada vendo a água esguichar do bico da chaleira. Mas raramente me levavam a uma casa de chá. Isso tinha um ar de privilégio que meus pais desaprovavam.

Como os cafés europeus, uma casa de chá de Sichuan oferece jornais pregados em armações de bambu. Alguns fregueses vão lá para ler, mas é basicamente um lugar de encontro e de bate-papo, troca de novidades e fofocas. Muitas vezes há diversão — contam-se histórias, pontuadas com matracas de madeira.

Talvez porque tinham uma aura de lazer, e porque as pessoas lá sentadas não estavam na rua fazendo a revolução, as casas de chá tiveram de ser fechadas. Fui com umas duas dezenas de alunos entre treze e dezesseis anos, a maioria guardas vermelhos, a uma pequena casa de chá na beira do rio da Seda. Cadeiras e mesas espalhavam-se do lado de fora, à sombra de uma árvore. A brisa do entardecer de verão que vinha do rio trazia um forte perfume dos cachos de flores brancas. Os fregueses, em sua maioria homens, ergueram a cabeça de seus tabuleiros de xadrez quando nos aproximamos pelas pedras irregulares que calçavam a margem do rio. Paramos embaixo da árvore. Algumas vozes de nosso grupo puseram-se a gritar: "Vão embora! Vão embora! Não fiquem nesse lugar burguês!". Um garoto de minha classe agarrou um canto do tabuleiro de xadrez de papel na mesa mais próxima e puxou-o. As peças de madeira espalharam-se pelo chão.

Os homens que jogavam xadrez eram muito jovens. Um deles avançou, de punhos cerrados, mas seu amigo apressou-se a puxá-lo pela aba do paletó. Em silêncio, eles começaram a recolher as peças de xadrez. O garoto que havia puxado o tabuleiro gritou: "Ninguém joga mais xadrez! Não sabem que é um hábito burguês?". Abaixou-se para pegar um punhado de peças e jogou-as para os lados do rio.

Eu tinha sido educada para ser cortês e respeitosa com qualquer pessoa mais velha, mas agora ser revolucionário significava ser agressivo e militante. Delicadeza era considerada coisa "burguesa". Fui repetidas vezes criticada por isso, e esse foi um dos motivos apresentados para não me admitirem na Guarda Vermelha. Durante os anos da Revolução Cultural, eu veria muitas vezes pessoas serem atacadas por dizerem "muito obrigado", o que era rotulado de "hipocrisia burguesa"; a cortesia estava em vias de extinção.

Mas agora, diante da casa de chá, eu via que a maioria de nós, incluindo os guardas vermelhos, se sentia pouco à vontade com o novo modo de falar e mandar nos outros. Não muitos de nós abriram a boca. Em silêncio, alguns começaram a colar slogans retangulares nas paredes da casa de chá e no tronco da árvore.

Os fregueses começaram a afastar-se em silêncio pela margem do rio. Vendo seus vultos que desapareciam, eu me senti esmagada por um sentimento de perda. Uns dois meses antes, esses adultos provavelmente nos teriam mandado cair fora. Mas agora sabiam que o apoio de Mao dera poder aos guardas vermelhos. Pensando retroativamente, posso ver a emoção que algumas crianças devem ter sentido ao demonstrar seu poder sobre os adultos. Um slogan popular dos guardas vermelhos dizia: "Subam aos céus, e varem a terra, porque nosso Grande Líder presidente Mao é nosso comandante supremo!". Como revela essa declaração, os guardas vermelhos não desfrutavam de verdadeira liberdade de auto-expressão. Desde o começo, não passaram de instrumento de um tirano.

Parada na margem do rio em agosto de 1966, porém, eu me sentia apenas confusa. Entrei na casa de chá com meus colegas. Alguns pediram ao gerente que fechasse. Outros puseram-se a colar slogans nas paredes. Muitos fregueses se levantavam para ir embora, mas num canto distante um velho continuava à sua mesa, tomando calmamente o seu chá. Eu parei ao lado dele, sentindo-me embaraçada por ter de assumir a voz da autoridade. Ele me olhou e continuou a tomar ruidosamente seu chá. Tinha um rosto profundamente enrugado, que era quase um estereótipo da "classe operária" mostrada nas imagens da propaganda. As mãos lembravam-me as histórias de meus livros didáticos que descreviam as mãos de um velho camponês: podiam enfeixar lenha espinhosa sem sentir dor alguma.

Talvez aquele velho estivesse muito seguro de suas inquestionáveis origens, ou de sua idade avançada, que até então tinha sido objeto de respeito, ou talvez não se impressionasse muito comigo. De qualquer modo, continuou em seu lugar sem tomar conhecimento de mim. Reuni coragem e pedi em voz baixa: "Por favor, pode ir embora?". Sem me olhar, ele perguntou: "Pra onde?". "Pra casa", eu disse.

Ele voltou o rosto para mim. Havia emoção em sua voz, embora ele falasse baixo: "Casa? Que casa? Eu divido um quartinho minúsculo com meus dois netos. Tenho um cantinho cercado com uma cortina de bambu. Do tamanho da cama. Só isso. Quando os meninos estão em casa, eu venho aqui em busca de paz e silêncio. Por que vocês têm de tirar isso de mim?".

Suas palavras me causaram choque e vergonha. Era a primeira vez que eu ouvia uma versão em primeira mão de condições de vida tão miseráveis. Dei as costas e me afastei.

Essa casa de chá, como todas as outras de Sichuan, ficou fechada por quinze anos — até 1981, quando as reformas de Deng Xiaoping decretaram que podiam ser reabertas. Em 1985, voltei lá com uma amiga britânica. Sentamo-nos sob a árvore. Uma velha garçonete veio encher nossas xícaras com uma chaleira a meio metro de distância. À nossa volta, pessoas jogavam xadrez. Foi um dos momentos mais felizes daquela viagem de volta.

Quando Lin Piao exigiu a destruição de tudo que representasse a velha cultura, alguns alunos de minha escola começaram a quebrar tudo. Com mais de 2 mil anos, a escola tinha muitas antigüidades, e portanto era um alvo básico para essa ação. O portão da escola tinha um telhado velho de beirais esculpidos, que foram quebrados a marteladas. O mesmo aconteceu com o curvo telhado azul vitrificado do grande templo que fora usado como sala de pingue-pongue. O par de gigantescos incensórios de bronze diante do templo foi derrubado, e alguns meninos urinaram dentro deles. No jardim dos fundos, alunos com grandes martelos e vergalhões passaram pelas pontes de calcário quebrando ao acaso as pequenas estátuas. Num dos lados do campo de esportes havia um par de altas lápides retangulares feitas de calcário vermelho, cada uma de seis metros de altura. Exibiam algumas frases de Confúcio gravadas em bela caligrafia. Eles amarraram uma imensa corda em torno delas, e dois bandos puxaram. Precisaram de uns dois dias, pois os alicerces eram fundos. Tiveram de chamar alguns operários de fora para abrir um buraco em torno das lápides. Quando os monumentos por fim desabaram em meio aos aplausos, elevaram parte da trilha que ficava atrás deles.

Tudo que eu amava estava desaparecendo. O mais triste para mim foi a pilhagem da biblioteca: o telhado de telhas douradas, as janelas delicadamente esculpidas, as cadeiras pintadas de azul... Estantes foram derrubadas, e alguns alunos rasgaram livros só de farra. Depois, pregaram-se tiras de papel branco em forma de "X", com caracteres negros, no que restou das portas e janelas, para indicar que o lugar estava lacrado.

Os livros eram alvos secundários da ordem de Mao para destruir. Como não tinham sido escritos nos últimos meses, e por conseguinte não citavam Mao em cada página, alguns guardas vermelhos declararam que todos eram "ervas daninhas". Com exceção dos clássicos marxistas e das obras de Stalin, de Mao e do falecido Lu Xun, cujo nome a sra. Mao usava para suas vinganças pessoais, os livros ardiam por toda a China. O país perdeu a maior parte da sua herança escrita. Muitos dos que sobreviveram mais tarde foram para os fogões das pessoas como combustível.

Mas não houve fogueira em minha escola. O líder dos guardas vermelhos da escola tinha sido um aluno muito consciencioso. Garoto de dezessete anos, meio efeminado, tinha sido feito líder porque seu pai era o chefe do Partido na província, mais do que por sua própria ambição. Embora não pudesse impedir o vandalismo geral, conseguiu fazer com que não se queimassem os livros.

Como todos os demais, eu devia juntar-me às "ações revolucionárias". Mas, como a maioria dos alunos, consegui evitá-las, porque a destruição não era organizada, e ninguém verificava se participávamos. Eu via que muitos alunos detestavam tudo aquilo, mas ninguém tentava deter nada. Como eu, muitos meninos e meninas deviam estar se julgando errados por lamentarem a destruição e dizendo-se que deviam corrigir-se. Mas subconscientemente todos sabíamos que seríamos instantaneamente esmagados se levantássemos qualquer objeção.

A essa altura, as "assembléias de denúncias" tornavam-se um traço importante da Revolução Cultural. Envolviam uma multidão histérica, e raras vezes deixavam de ter brutalidade física. A

Universidade de Pequim tomara a iniciativa, sob a supervisão pessoal de Mao. Em sua primeira assembléia de denúncia, a 18 de junho, mais de sessenta professores e chefes de departamentos, incluindo o reitor, foram espancados, chutados e obrigados a ficar de joelhos durante horas. Enfiaram à força em suas cabeças chapéus cônicos de burro, com slogans humilhantes. Derramaram tinta em seus rostos para deixá-los negros, a cor do mal, e colaram-se slogans por todos os seus corpos. Dois estudantes agarravam os braços de cada vítima, torciam-nos para trás e os empurravam para a frente, com tal ferocidade que quase os deslocavam. Essa posição era chamada de "avião a jato", e logo se tornou uma característica da maioria das assembléias de denúncia em todo o país.

Uma vez fui chamada pelos guardas vermelhos de minha série para assistir a uma dessas assembléias. O horror me causou muitos arrepios na quente tarde de verão, quando vi mais ou menos uma dezena de professores de pé no estrado do campo de esportes, de cabeça baixa e com os braços torcidos na posição do "avião a jato". Então, alguns receberam pontapés na parte de trás dos joelhos para ajoelhar-se, enquanto outros, incluindo meu professor de inglês, um velho com as maneiras finas de um clássico *gentleman*, eram obrigados a ficar de pé em cima de bancos compridos e estreitos. Ele teve dificuldade de manter o equilíbrio, oscilou e caiu, cortando a testa na quina aguda de um banco. Um guarda vermelho parado junto dele curvou-se instintivamente e estendeu as mãos para ajudar, mas imediatamente empertigou-se e assumiu uma postura dura exagerada, de punhos cerrados, gritando: "Volte pro banco!". Não queria mostrar-se mole com um "inimigo de classe". O sangue escorria pela testa do professor abaixo e coagulava-se no lado do rosto.

Ele, como outros professores, era acusado de todo tipo de crimes exóticos; mas estavam ali na verdade por terem níveis, e portanto serem os melhores, ou porque alguns alunos tinham ressentimentos contra eles.

Eu soube nos anos posteriores que os alunos de minha escola se comportaram de maneira relativamente branda porque, estando numa escola de prestígio, eram bem-sucedidos e tinham inclinações acadêmicas. Nas escolas que recebiam meninos mais selvagens, alguns professores foram espancados até a morte. Eu só testemunhei um espancamento em minha escola. Minha professora de filosofia era mais ou menos indiferente aos que não se saíam bem em suas aulas, e alguns deles a odiavam, e agora passavam a acusá-la de ser "decadente". A "prova", que refletia o extremo conservadorismo da Revolução Cultural, era que conhecera o marido num ônibus. Os dois passaram a conversar, e apaixonaram-se. O amor nascido de um encontro casual era encarado como um sinal de imoralidade. Os meninos levaram-na a um gabinete e "aplicaram-lhe ações revolucionárias" — eufemismo para espancar alguém. Antes de começar, chamaram-me especialmente e fizeram-me assistir. "Que vai pensar ela quando ver você, a aluna queridinha dela, ali!"

Eu era considerada sua favorita porque ela elogiava muitas vezes meus trabalhos. Mas também me disseram que eu devia estar lá porque tinha sido muito mole, e precisava de "uma aula de revolução".

Quando começou o espancamento, eu me encolhi no fundo do círculo de alunos que se amontoavam no pequeno gabinete. Uns dois colegas me acotovelaram para ir à frente e ajudar na surra. Ignorei-os. No centro, minha professora recebia pontapés de todos os lados, rolando de dor no chão, os cabelos desgrenhados. Enquanto gritava, implorando-lhes que parassem, os meninos que a atacavam diziam com vozes frias: "Agora você implora! Não era feroz? Agora implore direito!". Tornaram a chutá-la, e ordenaram-lhe que se prostrasse e dissesse: "Por favor, poupem minha vida, meus amos!". Fazer alguém prostrar-se e implorar era uma humilhação extrema. Ela sentou-se e olhou vaziamente em frente: encontrei os olhos dela em meio aos cabelos desfeitos. Vi neles agonia, desespero e vazio. Ela arquejava para recuperar o fôlego, e tinha no rosto uma palidez de cinzas. Esgueirei-me para fora da sala. Vários alunos me acompanharam. Atrás de nós, ouvia pessoas gritando slogans, mas as vozes eram hesitantes e inseguras. Muitos alunos devem ter ficado com medo. Eu me afastei depressa, o coração martelando. Tinha medo de ser apanhada e espancada também. Mas ninguém veio atrás de mim, e não fui condenada depois.

Não me meti em apuros naquele tempo, apesar de minha óbvia falta de entusiasmo. Além da frouxa organização dos guardas, eu, segundo a "teoria da linha sangüínea", nascera vermelho vivo, porque meu pai era uma alta autoridade. Embora me desaprovassem, ninguém fazia nada drástico, a não ser me criticar.

Na época, os guardas vermelhos dividiam os alunos em três categorias: "vermelhos", "negros" e "cinzentos". Os "vermelhos" eram os de famílias de "operários, camponeses, autoridades revolucionárias e mártires revolucionários". Os "negros" eram os de pais classificados como "latifundiários, camponeses ricos, contra-revolucionários, maus elementos e direitistas". Os "cinzentos" vinham de famílias duvidosas, como caixeiros de lojas e escriturários. Na minha série, todos os alunos deviam ser "vermelhos", devido à triagem na matrícula. Mas a pressão da Revolução Cultural significava que era preciso encontrar alguns vilões. Em conseqüência, meia dúzia tornou-se "cinzenta" ou "negra".

Havia uma menina chamada Ai-ling. Éramos velhas amigas, e eu muitas vezes tinha ido à casa dela e conhecia sua família muito bem. O avô dela tinha sido um economista famoso, e a família gozava de uma vida bastante privilegiada sob os comunistas. A casa deles era grande, elegante e luxuosa, com um jardim perfeito — muito melhor que o apartamento de minha família. Eu era atraída sobretudo pela coleção de antigüidades deles, em particular as tabaqueiras que o avô de Ai-ling trouxera da Inglaterra, onde estudara em Oxford na década de 1920.

Agora, de repente, Ai-ling tornara-se uma "negra". Eu soube que alunos de sua classe haviam invadido sua casa, despedaçado todas as antigüidades, incluindo as tabaqueiras, e espancado os pais e avós dela com as fivelas dos cinturões. No dia seguinte, quando a vi, ela usava uma echarpe. Os colegas de classe haviam-na deixado com a "cabeça yin e yang".

Em minha série, os guardas vermelhos organizaram uma assembléia em que todos tínhamos de fornecer as origens de nossas famílias, para podermos ser categorizados. Anunciei "autoridades revolucionárias" com imenso alívio. Três ou quatro alunos disseram "pessoal de escritório". No jargão da época, isso era diferente de "funcionários", que tinham posições mais elevadas. A divisão não era clara, pois não havia definição de "mais elevado". Apesar disso, esses vagos rótulos tinham de ser usados em vários formulários, todos os quais traziam um espaço para "origem familiar". Juntos com uma menina cujo pai era caixeiro de loja, os filhos do "pessoal de escritório" foram rotulados de "cinzentos". Anunciou-se que iam ser mantidos sob vigilância, varrer as dependências da escola e limpar os banheiros, curvar a cabeça sempre e estar preparados para ouvir sermões de qualquer guarda vermelho que quisesse falar com eles. Também tinham de comunicar seus pensamentos e comportamento todo dia.

Esses alunos pareceram de repente abatidos e encolhidos. O vigor e entusiasmo deles, que os tinham em abundância até então, abandonaram-nos. Uma menina baixou a cabeça e lágrimas lhe rolaram pelas faces. Nós tínhamos sido amigas. Após a assembléia, eu a procurei para dizer alguma coisa reconfortante, mas quando ela ergueu a cabeça vi ressentimento, quase ódio, em seus olhos. Afastei-me sem uma palavra, e fiquei vagando ao léu pela escola. Era fim de agosto. As touceiras de jasmim-do-cabo espalhavam sua rica fragrância. Parecia estranho haver qualquer perfume.

Ao entardecer, eu me dirigia para o dormitório, quando vi alguma coisa passar como um clarão por uma janela do segundo andar de um bloco de salas de aula, a uns quarenta metros. Ouviu-se um impacto abafado ao pé do prédio. Os galhos de umas laranjeiras me impediram de ver o que se passava, mas as pessoas começaram a correr na direção do barulho. Em meio às exclamações confusas e abafadas, distingui a mensagem: "Alguém pulou da janela!".

Ergui instintivamente as mãos para tapar os olhos, e corri para meu quarto. Estava terrivelmente assustada. Meus olhos mentais fixavam-se na torta figura borrada em pleno ar. Fechei às pressas as janelas, mas o barulho das pessoas falando nervosas sobre o que acontecera filtrava-se pelo vidro fino.

Uma garota de dezessete anos tentara o suicídio. Antes da Revolução Cultural, era uma das líderes da Liga da Juventude Comunista, e tinha sido um modelo no estudo das obras do presidente Mao e do aprendizado com Lei Feng. Tinha praticado muitas boas obras, como lavar as roupas dos camaradas e limpar banheiros, e freqüentemente fazia palestras na escola sobre como seguia lealmente os ensinamentos de Mao. Muitas vezes era vista em profunda conversa com um colega, um ar consciente e determinado no rosto, cumprindo deveres "de um coração para outro" com alguém que queria entrar na Liga da Juventude. Mas agora, de repente, fora categorizada como uma "negra". O pai era do "pessoal de escritório". Trabalhava para o governo municipal, e era membro do Partido. Mas alguns dos colegas que a achavam um "saco", e cujos pais ocupavam postos mais altos, decidiram que ela seria uma "negra". Nos dois últimos dias, fora posta sob guarda com outros "negros" e "cinzentos" e obrigada a arrancar grama do campo de esportes. Para humilhá-la, os colegas haviam-lhe raspado os belos cabelos negros, deixando-a grotescamente calva. Naquela noite, os "vermelhos" de sua série tinham feito a ela e às outras vítimas um sermão insultante. Ela respondeu que era mais leal ao presidente Mao do que eles. Os "vermelhos" esbofetearam-na e disseram-lhe que não estava capacitada a falar de sua lealdade a Mao, porque era uma inimiga de classe. Ela correra à janela e jogara-se.

Desorientados e assustados, os guardas vermelhos levaram-na às pressas para o hospital. Ela não morreu, mas ficou aleijada para o resto da vida. Quando tornei a vê-la, muitos meses depois, ela se apoiava em muletas, os olhos vazios.

Na noite de sua tentativa de suicídio, eu não consegui dormir. Assim que fechava os olhos, uma figura indistinta assomava acima de mim, ensangüentada. Eu ficava aterrorizada e tremia. No dia seguinte, pedi para me ausentar por motivo de doença, o que foi concedido. Minha casa parecia ser a única fuga para o horror na escola. Eu desejava desesperadamente jamais ter de sair de novo.

17. "Quer que nossos filhos se tornem 'negros'?"

O DILEMA DE MEUS PAIS (agosto-outubro de 1966)

MINHA CASA NÃO TROUXE ALÍVIO dessa vez. Meus pais pareciam desavorados, e mal tomavam conhecimento de mim. Quando meu pai não ficava andando de um lado para outro pelo apartamento, trancava-se em seu gabinete. Minha mãe jogava uma cesta de papel amassado atrás da outra no fogão da cozinha. Minha avó também tinha a aparência de quem esperava uma tragédia. Fixava em meus pais os olhos intensos, cheios de ansiedade. Timidamente, eu observava o estado de espírito deles, assustada demais para perguntar qual era o problema.

Meus pais não me falaram de uma conversa que tinham tido algumas noites antes. Haviam se sentado junto a uma janela aberta, do lado de fora da qual um alto-falante preso a um poste de luz estrondeava intermináveis citações de Mao, sobretudo uma de que todas as revoluções são violentas por definição — "o selvagem tumulto de uma classe derrubando outra". As citações eram entoadas repetidas vezes, numa voz esganiçada que despertava medo e, em alguns, excitação. De vez em quando, vinham anúncios de "vitórias" conquistadas pelos guardas vermelhos: tinham invadido mais casas de "inimigos de classe" e "esmagado suas cabeças de cães".

Meu pai olhava o crepúsculo ardente. Virou-se para minha mãe e disse devagar: "Eu não entendo a Revolução Cultural. Mas tenho certeza de que o que está acontecendo é um erro terrível. Esta revolução não pode ser justificada por quaisquer princípios marxistas ou comunistas. As pessoas perderam seu direito fundamental à proteção. Isto é indizível. Sou um comunista, e tenho a obrigação de impedir uma tragédia pior. Tenho de escrever à liderança do Partido, ao presidente Mao".

Na China, praticamente não havia nenhum canal pelo qual

alguém pudesse expressar uma queixa, ou influenciar a política, a não ser recorrendo aos líderes. Nesse caso particular, só Mao podia mudar a situação. O que quer que meu pai pensasse, ou imaginasse, sobre o papel de Mao, a única coisa que podia fazer era dirigir uma petição a ele.

A experiência de minha mãe dizia-lhe que fazer queixas era uma coisa extremamente perigosa. As pessoas que as tinham feito, e suas famílias, haviam sofrido castigos perversos. Ela ficou calada um longo tempo, fitando o distante céu em chamas, tentando controlar sua preocupação, raiva e frustração. "Por que você quer ser a mariposa que se lança no fogo?", perguntou por fim.

Meu pai respondeu: "Não se trata de um fogo comum. Trata-se da vida e da morte de muitas pessoas. Desta vez eu tenho de fazer alguma coisa".

Minha mãe disse, exasperada: "Tudo bem, você não se importa consigo mesmo. Não se importa com sua esposa. Eu aceito isso. Mas e as crianças? Sabe o que vai acontecer com elas assim que você se meter em apuros. Quer que nossos filhos se tornem 'negros'?".

Meu pai disse pensativamente, como se tentasse convencer a si mesmo: "Todo homem ama seus filhos. Você sabe que antes de um tigre saltar para matar, sempre olha para trás e se assegura que seu filhote está bem. Mesmo uma fera que devora homens sente isso, quanto mais um ser humano. Mas um comunista precisa ser mais que isso. Precisa pensar nas outras crianças. E os filhos das vítimas?".

Minha mãe levantou-se e afastou-se. Não adiantava. Assim que se viu sozinha, chorou amargamente.

Meu pai começou a escrever sua carta, rasgando um rascunho atrás do outro. Sempre fora um perfeccionista, e uma carta ao presidente Mao não era bobagem. Não apenas tinha de formular exatamente o que queria dizer, como também minimizar as conseqüências potenciais, sobretudo para sua família. Em outras palavras, sua crítica não devia ser vista como crítica. Não podia se dar ao luxo de ofender Mao.

Meu pai começara a pensar nessa carta em junho. Vários de

seus colegas haviam sido colocados como bodes expiatórios, e ele queria defendê-los. Mas os acontecimentos viviam ultrapassando seus planos. Entre outras coisas, havia cada vez mais sinais de que ele próprio estava na iminência de tornar-se uma vítima. Um dia, minha mãe viu um destacado jornal mural no centro de Chengdu atacando-o nominalmente, chamando-o de "adversário número um da Revolução Cultural em Sichuan". Isso se baseava em duas acusações: no inverno anterior ele resistira a publicar o artigo denunciando os Dramas do Mandarim Ming, apelo original de Mao à Revolução Cultural; e fizera o rascunho do Documento de Abril, que se opunha à perseguição e tentava limitar a Revolução Cultural ao debate apolítico.

Quando minha mãe lhe falou do jornal, ele disse logo que era obra dos líderes do Partido na província. As duas coisas de que o acusavam só eram conhecidas de um pequeno círculo no topo do poder. Meu pai estava convencido de que eles haviam decidido pegá-lo como bode expiatório, e sabia o porquê. Os estudantes das universidades em Chengdu começavam a dirigir suas ofensivas contra os líderes provinciais. Os universitários recebiam mais informações da Direção da Revolução Cultural do que os alunos das escolas médias, e tinham-lhes dito que a verdadeira intenção de Mao era destruir os "sequazes do capitalismo" — ou seja, as autoridades comunistas. Os estudantes, em geral, não eram filhos destas, uma vez que a maioria das autoridades comunistas só se casara depois da fundação da República Popular em 1949, e por isso não tinham filhos em idade universitária. Não tendo interesses investidos no *status quo*, os estudantes ficaram felizes por voltar-se contra as autoridades.

As autoridades de Sichuan ficaram indignadas com a violência cometida pelos estudantes de nível médio, mas os universitários realmente as fizeram entrar em pânico. Sentiram que tinham de encontrar um bode expiatório de destaque para aplacar os estudantes. Meu pai era uma das mais altas autoridades no campo da "cultura", um dos alvos principais da Revolução Cultural. Tinha fama de insistir em seus princípios. Numa época em que precisavam de unidade e obediência, acharam que podiam passar sem ele.

A situação de meu pai logo foi confirmada. A 26 de agosto, pediram-lhe para assistir a uma assembléia na Universidade de Sichuan, a mais prestigiosa universidade da província. Os estudantes de lá vinham atacando o reitor e os catedráticos, e agora erguiam a mira para as autoridades do Partido. A assembléia era nominalmente para os líderes provinciais ouvirem as queixas dos estudantes. O comissário Li sentava-se na plataforma, juntamente com toda a panóplia de altas autoridades do Partido. Auditório lotado.

Os estudantes foram à assembléia pretendendo criar caso, e o lugar logo virou um pandemônio. Estudantes, gritando slogans e agitando bandeiras, começaram a pular no palco para tentar pegar o microfone. Embora meu pai não fosse o presidente da mesa, era a ele que pediam que controlasse a situação. Enquanto enfrentava os estudantes, as outras autoridades do Partido saíam.

Meu pai gritou: "Vocês são estudantes inteligentes ou arruaceiros? Querem discutir racionalmente?". Em geral, as autoridades na China mantêm uma pose impassível, de acordo com seu status, mas ele berrava como os estudantes. Infelizmente, sua autenticidade não os impressionou, e ele saiu em meio a muitos gritos de slogans. Logo depois, apareceram imensos jornais murais chamando-o de "o mais obstinado sequaz do capitalismo, o reacionário que se opõe à Revolução Cultural".

A assembléia tornou-se um marco. Foi dela que o grupo de guardas vermelhos de Sichuan tomou o seu nome — "26 de Agosto". Essa organização iria tornar-se o núcleo de um bloco de toda a província, incorporando milhões de pessoas, e a grande força da Revolução Cultural em Sichuan.

Após a assembléia, as autoridades provinciais ordenaram a meu pai que não deixasse nosso apartamento em nenhuma circunstância — para sua própria "proteção". Ele via que fora primeiro exposto aos estudantes como um alvo, e depois colocado sob virtual prisão domiciliar. Acrescentou a previsão de sua própria vitimização na carta a Mao. Uma noite, com lágrimas nos olhos, pediu à minha mãe que levasse a carta a Pequim, já que ele perdera a liberdade.

377

Minha mãe jamais quisera que ele escrevesse a carta, mas agora mudara de idéia. O que fez pender a balança foi o fato de que ele estava sendo transformado em vítima. Isso significava que os filhos dela iam tornar-se "negros" — e ela sabia o que significava isso. Ir a Pequim apelar aos líderes máximos era a sua única oportunidade, por mais remota que fosse, de salvar o marido e os filhos. Ela prometeu levar a carta.

No último dia de agosto, fui despertada de um cochilo inquieto por um barulho no quarto de meus pais. Fui nas pontas dos pés até a porta entreaberta do gabinete de meu pai. Ele estava de pé no meio da sala. Várias pessoas amontoavam-se à sua volta. Eu as reconheci: eram do departamento dele. Todos tinham expressões severas, despidas dos habituais sorrisos de quem quer agradar. Meu pai dizia: "Querem fazer o favor de agradecer às autoridades provinciais em meu nome? Fico muito agradecido pelo interesse delas. Mas prefiro não cair na clandestinidade. Um comunista não deve ter medo dos estudantes".

A voz era calma, mas continha uma insinuação de emoção que me causou medo. Depois ouvi um homem de voz meio pomposa dizer ameaçadoramente: "Mas diretor Chang, certamente o Partido sabe mais. Os estudantes da universidade estão atacando o senhor, e podem tornar-se violentos. O Partido acha que o senhor deve ser posto sob proteção. É a decisão do Partido. O senhor deve saber que um comunista deve obedecer às decisões do Partido incondicionalmente".

Após um silêncio, meu pai disse tranqüilamente: "Obedeço à decisão do Partido. Vou com os senhores". "Mas para onde?", ouvi minha mãe perguntar. E uma voz de homem, impaciente: "As instruções do Partido são: ninguém deve saber". Quando saiu do gabinete, meu pai me viu e tomou minha mão. "O papai vai ficar fora por algum tempo", disse. "Seja uma boa menina para sua mãe."

Minha mãe e eu o acompanhamos até o portão lateral do conjunto. Membros do seu departamento ladeavam a longa trilha. Meu coração martelava e eu sentia minhas pernas como se fossem feitas de algodão. Meu pai parecia muito agitado. Sua mão tremia na minha. Alisei-a com minha outra mão.

Havia um carro estacionado diante do portão. Mantinham a porta aberta para ele. Dois homens esperavam no carro, um na frente e outro atrás. Minha mãe tinha o rosto tenso, mas estava calma. Olhou dentro dos olhos de meu pai e disse: "Não se preocupe. Eu vou". Sem me abraçar, nem à minha mãe, meu pai se foi. Os chineses mostram pouca afeição física em público, mesmo em momentos extraordinários.

Eu não entendia que meu pai estava sendo posto sob custódia, porque o ato foi disfarçado como "proteção". Com catorze anos, ainda não aprendera a decifrar o estilo hipócrita do regime; usava-se a duplicidade porque as autoridades ainda não haviam decidido o que fazer com ele. Como na maioria desses casos, não era acionada a polícia. As pessoas que tinham vindo levar meu pai eram membros de seu departamento, com uma autorização verbal do Comitê Municipal do Partido.

Assim que meu pai partiu, minha mãe jogou algumas roupas numa mala e nos disse que ia a Pequim. A carta de meu pai ainda estava em rascunho, com anotações a mão e alterações. Assim que ele vira o pelotão de funcionários, enfiara-a na mão dela.

Minha avó abraçou meu irmão Xiao-fang, de quatro anos, e chorou. Eu disse que queria ir com ela até a estação. Não havia tempo para esperar o ônibus, e por isso tomamos o primeiro triciclo táxi que apareceu.

Eu estava com medo e confusa. Minha mãe não explicou o que se passava. Parecia tensa e preocupada, mergulhada em seus pensamentos. Quando perguntei o que acontecia, ela disse meio apressada que com o tempo eu saberia, e ficou por isso mesmo. Supus que julgasse demasiado complicado para explicar, e estava acostumada a me dizer que eu era nova demais para saber de certas coisas. Também via que minha mãe estava ocupada avaliando a situação e planejando seus próximos passos, e não queria distraí-la. O que eu não sabia era que ela própria se debatia para compreender a confusa situação.

Seguimos no triciclo táxi caladas e tensas, minha mão na dela. Ela olhava o tempo todo para trás: sabia que as autoridades não queriam que fosse a Pequim, e só me deixara acompanhá-la para que eu fosse testemunha caso acontecesse alguma coisa. Na estação, comprou uma passagem em "leito duro" no próximo trem para Pequim. Só ia sair de madrugada, e por isso nos sentamos num banco na sala de espera, uma espécie de telheiro sem paredes.

Eu me encostei nela para esperar a passagem das longas horas. Em silêncio, vimos a escuridão baixar sobre o chão de cimento da praça diante da estação. Umas poucas lâmpadas fracas, no alto dos postes de madeira, lançavam uma luz pálida, refletida nas poças d'água deixadas por uma forte tempestade naquela manhã. Eu sentia frio, em minha blusa de verão. Minha mãe me embrulhou em sua capa de chuva. À medida que a noite se arrastava, ela me disse que dormisse. Exausta, tirei uns cochilos com a cabeça no colo dela.

Fui despertada pelos movimentos dos seus joelhos. Ergui a cabeça, e vi duas pessoas paradas à nossa frente. Discutiam alguma coisa em voz baixa. Em meu estado de confusão, não pude distinguir o que diziam. Não sabia nem mesmo se eram homens ou mulheres. Ouvi vagamente minha mãe dizer, com uma voz calma e contida: "Vou gritar chamando os guardas vermelhos". As figuras cinzentas de capas de chuva calaram-se. Sussurraram uma com a outra e depois afastaram-se, obviamente não querendo chamar a atenção.

Ao amanhecer, minha mãe tomou o trem para Pequim.

Anos depois, ela me contou que as duas pessoas eram mulheres que ela conhecia, funcionárias subalternas do departamento de meu pai. Disseram-lhe que as autoridades haviam determinado que sua ida a Pequim era um ato "anti-Partido". Ela citou os estatutos do Partido, que dizia ser direito de qualquer membro recorrer aos líderes. Quando as emissárias disseram que tinham homens à espera para levá-la à força, minha mãe disse que se fizessem isso ela gritaria pedindo socorro aos guardas vermelhos em torno da estação, e lhes diria que elas estavam tentando impedi-la de ir a Pequim falar com o presidente Mao. Perguntei-lhe como poderia ter certeza de que os guardas vermelhos ajudariam a ela, e não a seus perseguidores. "E se elas denunciassem a senhora aos guardas vermelhos como uma inimiga de classe tentando fugir?" Minha mãe sorriu e disse: "Calculei que não iriam correr o risco. Eu estava disposta a jogar tudo. Não tinha alternativa".

Em Pequim, minha mãe levou a carta a um "departamento de reclamações". Os governantes chineses, durante toda a história, como jamais permitiram a existência de um sistema legal, haviam criado departamentos em que pessoas comuns podiam entrar com queixas contra seus chefes, e os comunistas herdaram essa tradição. Quando, durante a Revolução Cultural, os chefes comunistas pareceram perder seu poder, muita gente que tinha sido perseguida por eles no passado inundou Pequim para apelações. Mas a Direção da Revolução Cultural logo deixou claro que os "inimigos de classe" não podiam apresentar queixas, mesmo contra "sequazes do capitalismo". Se o fizessem, seriam duplamente punidos.

Poucas acusações contra altas autoridades como meu pai eram apresentadas ao Departamento de Reclamações, por isso minha mãe recebeu atenção especial. Ela também foi uma das poucas esposas de vítimas que tiveram a coragem de ir apelar a Pequim, pois elas sofriam pressão para "traçar uma linha" entre si e os acusados, a fim de não atrair problemas falando em defesa das vítimas. Minha mãe foi recebida quase imediatamente pelo vice-premiê Tao Zhu, que era o chefe do Departamento Central de Assuntos Públicos, e um dos líderes da Revolução Cultural na época. Ela entregou-lhe a carta de meu pai e implorou-lhe que ordenasse às autoridades de Sichuan que o libertassem.

Duas semanas depois, Tao Zhu voltou a recebê-la. Deu-lhe uma carta que dizia que meu pai tinha agido de maneira perfeitamente constitucional e de acordo com a liderança do Partido em Sichuan, e devia ser libertado imediatamente. Tao não tinha investigado o caso. Aceitara a palavra de minha mãe, porque o que acontecera a meu pai era uma ocorrência comum: autoridades do Partido em toda a China escolhiam bodes expiatórios, no pânico para salvar a própria pele. Tao entregou-lhe a carta diretamente, em vez de enviá-la pelos canais normais do Partido, sabendo que eles estavam em desordem.

Tao Zhu mostrou compreensão e concordou com as outras preocupações da carta de meu pai: a epidemia de bodes expiatórios e a violência aleatória generalizada. Minha mãe via que ele queria controlar a situação. Na verdade, por causa disso, ele próprio seria depois condenado como "o terceiro maior sequaz do capitalismo", depois de Liu Shao-shi e Deng Xiaoping.

Enquanto isso, minha mãe copiou à mão a carta de Tao Zhu, mandou pelo correio a cópia para minha avó, e pediu a ela que a mostrasse ao departamento de meu pai e dissesse que ela só ia voltar depois que o libertassem. Minha mãe receava que, se retornasse a Sichuan, as autoridades de lá a prendessem, tomassem a carta — e não libertassem meu pai. Achava que, bem analisadas as coisas, sua melhor aposta era ficar em Pequim, onde podia continuar exercendo pressão.

Minha avó entregou a cópia manuscrita do texto de Tao Zhu. Mas as autoridades provinciais disseram que tudo não passava de um mal-entendido, e que apenas protegiam meu pai. Insistiam em que minha mãe voltasse e parasse com sua intromissão individualista.

Autoridades vieram diversas vezes a nosso apartamento tentar convencer minha avó a ir a Pequim trazer minha mãe de volta. Uma delas lhe disse: "Na verdade, estou pensando em sua filha. Por que persistir em interpretar mal o Partido? O Partido só estava tentando proteger seu genro. Sua filha não quis ouvir o Partido e foi a Pequim. Receio que, se ela não voltar, vai ser encarada como anti-Partido. E a senhora sabe como isso é sério. Como mãe dela, deve fazer o que é melhor para ela. O Partido prometeu que, se ela voltar e fizer uma autocrítica, será perdoada".

A idéia de que a filha corria perigo deixou minha avó à beira do colapso. Após várias sessões desse tipo, passou a vacilar. Então, um dia, a decisão impôs-se por si mesma: disseram-lhe que meu pai estava sofrendo um colapso nervoso, e só quando minha mãe voltasse o mandariam para um hospital.

O Partido deu duas passagens, uma para minha avó e outra para Xiao-fang, e os dois partiram para Pequim, a trinta e seis horas de trem. Assim que minha mãe soube da notícia, enviou um telegrama dizendo ao departamento de meu pai que estava a caminho, e começou a fazer os preparativos para a volta. Chegou com minha avó e Xiao-fang na segunda semana de outubro.

Durante sua ausência, todo o mês de setembro, eu fiquei em casa fazendo companhia à minha avó. Via que ela se consumia de preocupação, mas não sabia o que estava acontecendo. Onde andava meu pai? Estava preso, ou estava sendo protegido? Minha família estava ou não em apuros? Eu não sabia — ninguém sabia.

Eu podia ficar em casa porque os guardas vermelhos jamais exerceram o rigoroso controle que o Partido exerce. Além disso, eu tinha uma espécie de "protetor" nos guardas vermelhos, Geng, meu desajeitado chefe de quinze anos, que não fazia nenhum esforço para me convocar de volta à escola. Mas no fim de setembro ele telefonou me exortando a voltar antes de 1º de outubro, o Dia Nacional, senão eu jamais iria conseguir entrar na Guarda Vermelha.

Eu não era obrigada a entrar na Guarda Vermelha. Mas queria muito. Apesar do que ocorria à minha volta, minha aversão e medo não tinham objeto claro, e jamais me ocorreu questionar especificamente a Revolução Cultural ou os guardas vermelhos. Eram criações de Mao, e Mao estava acima de qualquer dúvida.

Como muitos chineses, eu era incapaz de pensar racionalmente naqueles dias. Estávamos tão acovardados e distorcidos pelo medo e a doutrinação, que teria sido inconcebível desviarnos do caminho estabelecido por Mao. Além disso, tínhamos sido arrasados pela retórica enganosa, a desinformação e a hipocrisia, o que tornava praticamente impossível ver o outro lado da situação e formar um julgamento inteligente.

De volta à escola, eu soube que tinha havido muitas queixas de "vermelhos" querendo saber por que eles não tinham sido admitidos na Guarda Vermelha. Por isso era tão importante estar lá no Dia Nacional, pois ia haver um grande recrutamento, incorporando todo o resto dos "vermelhos". Assim, no momento mesmo em que a Revolução Cultural trazia o desastre para a minha família, eu me tornava uma guarda vermelha.

Fiquei emocionada com minha braçadeira vermelha e seus caracteres dourados. Era a moda do dia os guardas vermelhos usarem velhos uniformes do exército, com cinturões de couro, como aquele que Mao fora visto usando no início da Revolução Cultural. Eu estava doida para seguir a moda, por isso, assim que me alistei, corri para casa e, do fundo de um velho baú, desencavei um terno Lenin cinza-claro que tinha sido o uniforme de minha mãe no início da década de 1950. Ficou um pouco grande demais, e pedi à minha avó que o encurtasse. Com um cinturão de couro das calças de meu pai, meu traje estava completo. Mas ao sair às ruas me senti muito desconfortável. Sentia minha imagem muito agressiva. Mesmo assim, mantive o traje.

Pouco depois disso minha avó foi a Pequim. Eu tinha de ficar na escola, pois acabara de me juntar aos guardas vermelhos. Devido ao que acontecera em casa, a escola me inquietava e assustava o tempo todo. Quando via os "negros" e os "cinzentos" sendo obrigados a limpar banheiros e outras dependências, as cabeças baixas, um medo sorrateiro se apoderava de mim, como se eu fosse um deles. Quando os guardas vermelhos saíam à noite para invasões a casas, minhas pernas se desfaziam, como se eles estivessem indo buscar minha família. Quando notava alunos sussurrando perto de mim, meu coração começava a palpitar freneticamente: estariam dizendo que eu me tornara "negra", ou que meu pai tinha sido preso?

Mas encontrei um refúgio: o gabinete de recepção dos guardas vermelhos.

A escola recebia muitos visitantes. Desde setembro de 1966, um número cada vez maior de jovens punha o pé na estrada, viajando por todo o país. Para estimulá-los a viajar e agitar, ofereciam-se transporte, alimento e acomodações de graça.

A sala de recepção ficava no que tinha sido antes um salão de conferências. Aos visitantes em trânsito — e muitas vezes sem destino certo — ofereciam-se xícaras de chá e conversas. Se eles diziam que vinham para tratar de um assunto sério, o gabinete marcava um encontro com um dos líderes dos guardas vermelhos da escola. Escolhi esse gabinete porque o pessoal de lá não tinha de participar de ações como a guarda de "negros" ou "cinzentos", ou de invasões de casas. Também gostava de lá por causa das cinco meninas que trabalhavam comigo. Havia em torno delas uma atmosfera de simpatia e ausência de fanatismo que me fez sentir aliviada assim que as encontrei.

Muita gente ia ao gabinete, e muitos ficavam por ali batendo papo com a gente. Freqüentemente faziam fila na porta, e alguns voltavam sempre. Olhando em retrospecto hoje, vejo que os rapazes na verdade queriam um pouco de companhia feminina. Não estavam tão absorvidos assim na revolução. Mas me lembro que eu era extremamente séria. Evitava os olhares deles, não retribuía às suas piscadelas, e anotava conscienciosamente todas as bobagens que diziam.

Numa noite quente, duas mulheres de meia-idade um tanto vulgares apareceram no gabinete de recepção, que estava a barulheira de sempre. Apresentaram-se como diretora e subdiretora de um comitê de quarteirão perto da escola. Falavam de um modo bastante misterioso e grave, como se viessem numa importante missão. Eu sempre detestara esse tipo de afetação, por isso dei as costas. Mas logo pude ver que elas tinham dado uma daquelas informações explosivas. As pessoas em volta puseram-se a gritar: "Peguem um caminhão! Peguem um caminhão! Vamos todos lá!". Antes que eu soubesse o que se passava, fui arrebatada da sala para um caminhão pela turba. Como Mao ordenara que os operários apoiassem os guardas vermelhos, caminhões e motoristas estavam permanentemente a nosso serviço. No caminhão, vi-me espremida junto a uma das mulheres. Ela contava de novo sua história, os olhos muito ávidos por ganhar nossas boas graças. Disse que uma mulher de seu quarteirão era esposa de um oficial do Kuomintang que tinha fugido para Taiwan, e que tinha um retrato de Chang Kai-chek escondido no apartamento.

Não gostei da mulher, sobretudo seu sorriso de bajulação. E ressentia-me por ela me fazer sair em meu primeiro ataque a uma casa. O caminhão logo parou diante de um beco estreito. Descemos todos e seguimos as duas mulheres pela rua calçada de pedras. Estava uma escuridão de breu, pois a única luz saía pelas fendas nas tábuas que formavam as paredes das casas. Eu tropecei e escorreguei, tentando ficar para trás. O apartamento da acusada consistia de dois cômodos, e era tão pequeno que não podia conter nosso caminhão de gente. Fiquei muito satisfeita por ficar de fora. Mas logo alguém gritou que se abrira espaço para os de fora entrarem e "receberem uma educação em luta de classes".

Assim que me vi espremida para dentro da casa com os outros, minhas narinas foram invadidas pelo fedor de fezes, urina e corpos sujos. O aposento tinha sido revirado de pernas para o ar. Então vi a acusada. Estava talvez na casa dos quarenta, ajoelhada no meio do quarto, seminua. O quarto era iluminado por uma lâmpada de quinze watts. Nas suas sombras, a figura da mulher ajoelhada tinha um ar grotesco. Os cabelos desgrenhados, e parte deles empapados de sangue. Os olhos esbugalhavam-se em desespero, enquanto ela gritava: "Amos guardas vermelhos! Eu não tenho nenhum retrato de Chang Kai-chek! Juro que não tenho!". Batia a cabeça no chão com tanta força que se ouviam os impactos surdos, e o sangue escorria da testa. A pele de suas costas estava coberta de cortes e manchas de sangue. Quando ela erguia o traseiro numa prostração, viam-se partes sujas, e o cheiro de excremento enchia o ar. Eu fiquei tão apavorada que me apressei a desviar os olhos. E então vi o atormentador dela, um garoto de dezessete anos chamado Chian, de quem até então eu até gostava. Ele recostava-se numa cadeira com um cinturão de couro na mão, brincando com a fivela metálica. "Fale a verdade, senão apanha de novo!", dizia, com um ar lânguido.

O pai de Chian era um oficial do exército no Tibete. A maioria dos oficiais mandados para o Tibete deixava os filhos em Chengdu, porque aquele era considerado um lugar inabitável e bárbaro. Antes eu me sentia meio atraída pelos seus modos lânguidos, que davam uma impressão de delicadeza. Agora eu murmurava, tentando controlar o tremor na voz: "O presidente Mao não nos ensinou a usar mais a luta verbal [*wen dou*] que a violenta [*wu-dou*]? Não devíamos talvez...?".

Meu débil protesto foi repetido por várias pessoas no quarto. Mas Chian lançou-nos um enojado olhar de lado e disse com ênfase: "Tracem uma linha entre vocês e o inimigo de classe. O presidente Mao diz: 'Piedade com o inimigo é crueldade com o povo!'. Se têm medo de sangue, não sejam guardas vermelhos!". Tinha o rosto contorcido de feiúra pelo fanatismo. O resto de nós se calou. Embora fosse impossível sentir qualquer coisa que não repulsa pelo que fazia, não podíamos discutir com ele. Tinham-nos ensinado a ser implacáveis com o inimigo de classe. Não fazer isso nos tornaria a nós próprios inimigos de classe. Dei as costas e saí rapidamente para o jardim nos fundos. Estava entupido de guardas vermelhos com pás. Dentro de casa, recomeçou o som das lambadas, acompanhado de gritos que faziam meus cabelos ficar em pé. O berreiro deve ter sido insuportável para outros também, porque muitos pararam de cavar: "Não tem nada aqui. Vamos embora! Vamos embora!". Quando passamos pelo quarto, avistei Chian parado casualmente ao lado da vítima. Diante da porta, vi a delatora de olhos bajuladores. Agora havia neles um ar encolhido e assustado. Ela abriu a boca, como para dizer alguma coisa, mas não saiu nenhuma palavra. Olhando o rosto dela, ocorreu-me de repente que não havia retrato nenhum de Chang Kai-chek. Ela denunciara a pobre mulher por vingança. Os guardas vermelhos estavam sendo usados para acertar velhas contas. Subi de volta no caminhão cheia de nojo e raiva.

18. "Notícia mais que gigantesca e maravilhosa"

PEREGRINAÇÃO A PEQUIM (outubro-dezembro de 1966)

ENCONTREI UMA DESCULPA para sair da escola, e estava de novo em casa na manhã seguinte. Meu pai continuava detido. Minha mãe, minha avó e Xiao-fang, em Pequim. Meus irmãos adolescentes moravam sozinhos, vivendo suas vidas em outras partes.

Jin-ming ressentira-se contra a Revolução Cultural desde o começo. Freqüentava a mesma escola que eu, e estava em seu primeiro ano. Queria tornar-se cientista, mas isso era denunciado pela Revolução Cultural como "burguês". Ele e alguns garotos de sua série haviam formado um grupo antes da Revolução Cultural. Adoravam a aventura e o mistério, e chamavam-se de a Irmandade do Ferro Fundido. Jin-ming era o irmão número um. Era alto, e brilhante nos estudos. Fazia espetáculos semanais de magia para a sua série, usando seu conhecimento de química, e saltava abertamente as lições em que não estava interessado ou que já deixara para trás. E era justo e generoso com os outros meninos.

Quando a organização da Guarda Vermelha da escola foi criada a 16 de agosto, a "irmandade" de Jin-ming fundiu-se nela. Ele e sua turma receberam a tarefa de imprimir panfletos e distribuí-los nas ruas. Os panfletos eram escritos por guardas vermelhos mais velhos, em meados da adolescência, e tinham, caracteristicamente, títulos como "Declaração de Fundação da Primeira Brigada da Primeira Divisão de Exército dos Guardas Vermelhos da Escola Número Quatro" (todas as organizações da Guarda Vermelha tinham nomes grandes), "Declaração Solene" (um aluno anunciava que estava mudando seu nome para "Guarda Huang pelo presidente Mao"), "Notícia Mais que Gigantesca e Maravilhosa" (um membro da Direção da Revolução Cultural acabara de dar uma audiência a alguns guardas vermelhos) e "As Últimas Instruções Supremas" (uma ou duas palavras de Mao acabavam de transpirar).

Jin-ming logo ficou morto de tédio com esse blablablá. Começou a ausentar-se de suas missões, e a interessar-se por uma menina de sua idade, treze anos. Ela parecia-lhe a dama perfeita — linda, delicada e ligeiramente distante, com um toque de timidez. Ele não a abordou, mas contentava-se em admirá-la de longe.

Um dia os alunos de sua série foram convocados a participar do ataque a uma casa. Os guardas vermelhos falaram alguma coisa sobre "intelectuais burgueses". Todos os membros da família foram declarados prisioneiros e obrigados a reunir-se num quarto enquanto os guardas vermelhos revistavam o resto da casa. Jin-ming foi indicado para vigiar a família. Para sua alegria, o outro "carcereiro" era a garota.

Os "prisioneiros" eram três: um homem de meia-idade e seu filho e nora. Obviamente, eles já esperavam o ataque, e sentavam-se com expressões resignadas nos rostos, olhando nos olhos de Jin-ming como no espaço. Jin-ming sentia-se muito sem jeito sob o olhar fixo deles, e também estava nervoso por causa da presença da menina, que parecia chateada e não tirava os olhos da porta. Quando ela viu vários garotos carregando uma enorme caixa de madeira cheia de objetos de porcelana, murmurou para Jin-ming que ia dar uma olhada, e deixou a sala.

Sozinho com seus cativos, Jin-ming sentiu aumentar seu desconforto. Então a mulher se levantou e disse que precisava ir amamentar seu bebê no quarto ao lado. Jin-ming concordou prontamente.

Assim que ela deixou a sala, o objeto da afeição de Jin-ming entrou correndo. Perguntou-lhe severamente por que um dos prisioneiros estava à solta. Quando ele respondeu que dera permissão, ela berrou com ele por ser "mole com os inimigos de classe". Usava um cinturão de couro no que ele achava uma cintura de "salgueiro". Ela o arrancou e o apontou para o nariz dele — uma postura estilizada da Guarda Vermelha — gritando. Jin-ming ficou pasmo. A menina estava irreconhecível. De repente, não parecia nada delicada, tímida ou linda. Era só feiúra histérica. Assim se extinguiu o primeiro amor de Jin-ming.

Mas ele gritou de volta. A menina deixou a sala e voltou com um guarda vermelho mais velho, o líder do grupo. Ele se pôs a berrar tanto que sua saliva espirrava no rosto de Jin-ming, e também apontou o cinturão enrolado para ele. Depois parou, percebendo que não deviam estar lavando sua roupa suja diante dos inimigos de classe. Ordenou a Jin-ming que voltasse para a escola, para "esperar a sentença".

Naquela noite, os guardas vermelhos da série de Jin-ming realizaram uma assembléia sem ele. Quando os meninos voltaram ao dormitório, não olharam para ele. Mantiveram distância por uns dois dias. Depois disseram a Jin-ming que tinham discutido com a menina. Ela denunciara a "rendição" de Jin-ming aos "inimigos de classe", e insistira em que lhe aplicassem uma punição severa. Mas a Irmandade do Ferro Fundido o defendera. Alguns deles ficaram ressentidos com a menina, que tinha sido muito agressiva com outros meninos e meninas também.

Mesmo assim, Jin-ming foi punido: ordenaram-lhe que fosse arrancar grama com os "negros" e "cinzentos". A instrução de Mao para exterminar a grama levara a uma constante demanda de mão-de-obra, devido à natureza obstinada da grama. Isso oferecia, fortuitamente, uma forma de punição para os recém-criados "inimigos de classe".

Jin-ming só arrancou grama durante poucos dias. Sua Irmandade do Ferro Fundido não suportou vê-lo sofrer. Mas fora classificado como "simpatizante de inimigos de classe", e jamais foi mandado em ataques, o que para ele estava ótimo. Logo embarcou com sua irmandade numa viagem de excursão por todo o país, vendo os rios e montanhas da China, mas, ao contrário da maioria dos guardas vermelhos, jamais fez a peregrinação a Pequim para ver Mao. Só voltou para casa no fim de 1966.

Minha irmã Xiao-hong, de quinze anos, foi um dos membros fundadores dos guardas vermelhos em sua escola. Mas era apenas uma entre centenas, pois a escola estava lotada de filhos de autoridades, muitos deles competindo para ser ativos. Ela detestava e temia tanto a atmosfera de militância e violência que logo chegou à beira de um colapso nervoso. Voltou para casa para pedir ajuda a meus pais no início de setembro, apenas para descobrir que eles não estavam lá: meu pai se achava detido, e minha mãe fora a Pequim. A ansiedade de minha avó deixou-a ainda mais assustada, e por isso ela voltou para a escola. Ofereceu-se como voluntária para "guardar" a biblioteca da escola, que tinha sido saqueada e lacrada, como a de minha escola. Passava os dias e noites lendo, devorando todos os frutos proibidos que podia. Foi isso que manteve a integridade dela. Em meados de setembro, partiu numa longa viagem pelo país com os amigos, e como Jin-ming só voltou no fim de 1966.

Meu irmão Xiao-hei tinha quase doze anos, e estava na mesma escola primária onde eu estudara. Quando os guardas vermelhos foram formados nas escolas médias, Xiao-hei e seus amigos ficaram doidos para entrar. Para eles, ser guarda vermelho significava viver longe de casa, ficar acordado a noite toda, e ter poder sobre os adultos. Eles foram à minha escola e imploraram para fazer parte da Guarda Vermelha. Para livrar-se deles, um guarda vermelho disse de repente: "Podem formar a Primeira Divisão de Exército da Unidade 4969". E assim Xiao-hei se tornou chefe do Departamento de Propaganda de uma tropa de vinte meninos, todos os outros sendo "comandantes", "chefes de estado-maior", e assim por diante.

Xiao-hei participou de espancamentos a professores duas vezes. Uma das vítimas era um professor de educação física condenado como "mau elemento". Algumas meninas da idade de Xiao-hei haviam acusado o professor de tocar nos seios delas durante as aulas de ginástica. Por isso os meninos caíram em cima dele, não pouco para impressionar as meninas. O outro caso foi a professora de moral. Como os castigos corporais estavam proibidos nas escolas, ela se queixava aos pais, que batiam nos filhos.

Um dia, os meninos partiram para invadir casas, e indicaram-lhes uma que diziam pertencer à família de um ex-Kuomintang. Eles não sabiam o que deviam fazer lá, precisamente. Tinham-lhes enchido a cabeça com vagas idéias de encontrar algum diário dizendo que a família ansiava pelo retorno de Chang Kai-chek e odiava o Partido Comunista.

A família tinha cinco filhos, todos parrudos e de aspecto bruto. Eles se postaram junto à porta, punhos nos quadris, olhando de cima os meninos, da maneira mais intimidante. Só um menino tentou esgueirar-se para dentro. Um dos filhos agarrou-o pelo cangote e jogou-o para fora com uma mão. Isso pôs fim a quaisquer outras dessas "missões revolucionárias" da "divisão" de Xiao-hei.

Assim, na segunda semana de outubro, enquanto Xiao-hei vivia em sua escola e desfrutava sua liberdade, Jin-ming e minha irmã viajavam, e minha mãe e minha avó se encontravam em Pequim, eu estava em casa sozinha, quando um dia, sem aviso, meu pai apareceu na soleira.

Foi uma volta a casa esquisitamente quieta. Meu pai era uma pessoa mudada. Absorto e profundamente mergulhado em pensamentos, não disse onde estivera nem o que lhe acontecera. Eu o ouvia andando de um lado para outro em seu quarto, nas noites de insônia, demasiado assustada e preocupada para dormir eu própria. Dois dias depois, para meu tremendo alívio, minha mãe voltou de Pequim com minha avó e Xiao-fang.

Minha mãe foi imediatamente ao departamento de meu pai e entregou a carta de Tao Zhu a um subdiretor. Meu pai foi enviado direto para uma clínica. Deixaram que minha mãe o acompanhasse.

Eu fui lá visitá-lo. Era uma linda casa no campo, bordejada em dois de seus lados por um belo regato. Meu pai tinha uma suíte com uma sala de visitas, na qual havia uma fila de estantes de livros vazias, um quarto com uma grande cama de casal e um banheiro de reluzentes ladrilhos brancos. Diante de sua sacada, vários pés de osmanto exalavam um perfume inebriante. Quando a brisa soprava, minúsculas florzinhas douradas desciam flutuando até o chão nu.

Meus pais pareciam em paz. Minha mãe me disse que iam

pescar no regato todo dia. Eu sentia que eles estavam seguros, por isso contei-lhes que planejava ir a Pequim ver o presidente Mao. Vinha ansiando por fazer essa viagem, como todo mundo. Mas não tinha feito porque achava que devia ficar por perto para dar apoio a eles.

Estimulava-se muito essa peregrinação a Pequim — e a comida, acomodações e transporte eram de graça. Mas não era organizada. Deixei Chengdu dois dias depois, com as cinco garotas do gabinete de recepção. Quando o trem seguiu apitando para o norte, meus sentimentos eram uma mistura de emoção e persistente inquietação por meu pai. Além da janela, na planície de Chengdu, alguns campos de arroz haviam sido ceifados, e quadrados de solo negro destacavam-se em meio ao dourado, formando uma rica colcha de retalhos. O campo só marginalmente fora afetado pelas agitações, apesar de repetidas instigações da Direção da Revolução Cultural chefiada pela sra. Mao. O Grande Líder queria a população alimentada, para poder "fazer revolução", e por isso não deu pleno apoio à esposa. Os camponeses sabiam que se se envolvessem e parassem de produzir alimentos, seriam os primeiros a passar fome, como tinham aprendido apenas poucos anos antes. As cabanas entre as verdes touceiras de bambu tinham a aparência pacífica e idílica de sempre. O vento fazia oscilar levemente a fumaça parada, formando uma coroa sobre as graciosas pontas dos bambus e das chaminés ocultas. Fazia menos de cinco meses que começara a Revolução Cultural, mas meu mundo mudara completamente. Eu fitava a silenciosa beleza da planície, e deixei-me envolver por um clima de esperança. Felizmente, não tinha de me preocupar com a possibilidade de ser criticada como "nostálgica", o que era considerado burguês, pois nenhuma das outras garotas tinha mentalidade acusadora. Com elas, eu sentia que podia relaxar.

A próspera planície de Chengdu logo cedeu lugar a baixas colinas. As montanhas nevadas de Sichuan ocidental brilhavam ao longe. Não muito depois, estávamos entrando e saindo de túneis nas imponentes montanhas Qin, a selvagem cadeia de montanhas que separa Sichuan do resto da China. Com o Tibete a oeste, as perigosas Gargantas do Yang-tse a leste, e os vizinhos ao sul considerados bárbaros, Sichuan fora sempre auto-suficiente, e os sichuaneses conhecidos por seu espírito independente. Mao preocupara-se com a lendária tendência deles a buscar alguma margem de independência, e sempre providenciara para que a província ficasse sob o firme domínio de Pequim.

Depois das montanhas Qin, o cenário transformou-se de maneira dramática. O suave verdor deu lugar a uma áspera terra amarela, e as cabanas de telhado de palha das planícies de Chengdu foram substituídas por filas de cabanas-grutas de barro seco. Fora em cavernas como aquelas que meu pai passara cinco anos quando jovem. Estávamos a apenas cento e cinqüenta quilômetros de Yan'an, onde Mao estabelecera seu quartel-general após a Longa Marcha. Fora lá que meu pai sonhara seus sonhos juvenis e se tornara um comunista dedicado. Lembrando-me dele, fiquei com os olhos úmidos.

A viagem durou dois dias e uma noite. O pessoal do trem vinha conversar com a gente muitas vezes, e dizia-nos que nos invejavam porque íamos ver o presidente Mao.

Na estação de Pequim, slogans imensos nos acolheram como "hóspedes do presidente Mao". Passava da meia-noite, mas a praça em frente à estação estava iluminada como se fosse dia. Holofotes varriam os milhares e milhares de jovens, todos usando braçadeiras vermelhas e muitas vezes falando dialetos ininteligíveis. Falavam, gritavam, davam risadinhas e discutiam, contra o pano de fundo da pesada arquitetura em estilo soviético — a própria estação. As únicas características chinesas eram os telhados em pastiche de pavilhão das duas torres de relógio em cada ponta.

Quando saí cambaleando de sono em direção aos holofotes, fiquei impressionadíssima com o prédio, sua grandeza ostentatória e sua reluzente modernidade de mármore. Estava acostumada a colunas de madeira tradicionais e paredes de tijolos. Olhei para trás, e com uma vaga de emoção vi um imenso retrato de Mao pendurado no centro, sob três grandes caracteres dourados, "Estação de Pequim", na caligrafia dele.

Alto-falantes orientaram-nos para as salas de recepção num canto da estação. Em Pequim, como em todas as outras cidades da China, haviam-se nomeado administradores para cuidar da alimentação e acomodação dos jovens viajantes. Dormitórios em universidades, escolas, hotéis e até repartições eram requisitados. Após esperar horas numa fila, fomos mandadas para a Universidade de Qinghua, uma das mais prestigiosas do país. Fomos levadas até lá de coche e disseram que a comida seria servida na cantina. O funcionamento da gigantesca máquina para os milhões de jovens viajantes era supervisionado por Chu Enlai, que cuidava das tarefas diárias com que Mao não podia ser incomodado. Sem Chu ou alguém como ele, o país — e com ele a Revolução Cultural — teria desmoronado, e Mao informou que não se devia atacar Chu.

Nós éramos um grupo muito sério, e queríamos apenas o presidente Mao. Infelizmente, acabávamos de perder sua quinta revista aos guardas vermelhos na praça Tiananmen. Que íamos fazer? As atividades de lazer e excursões turísticas estavam fora de questão — irrelevantes para a revolução. Por isso passamos todo o nosso tempo no campus copiando jornais murais. Mao dissera que um dos objetivos das viagens era "o intercâmbio de informações sobre a Revolução Cultural". Era o que íamos fazer: levar os slogans de Pequim para Chengdu.

Na verdade, havia outro motivo para não sairmos: os meios de transporte eram incrivelmente lotados e a universidade ficava nos subúrbios, a cerca de quinze quilômetros do centro da cidade. Mesmo assim, tínhamos de dizer a nós mesmos que nosso desinteresse por sair tinha motivações corretas.

Ficar no campus era intensamente desconfortável. Até hoje ainda sinto o mau cheiro das latrinas no corredor onde ficava o nosso quarto, tão entupidas que a água das bacias de mão, a urina e o excremento transbordado dos vasos inundavam o chão de ladrilhos. Felizmente, a soleira das latrinas tinha uma borda, que impedia o malcheiroso transbordamento de invadir o corredor. A administração da universidade estava paralisada, portanto não havia ninguém para mandar fazer os consertos.

Mas as crianças do campo continuavam usando as latrinas: os excrementos não eram considerados intocáveis pelos camponeses. Quando eles passavam, seus sapatos deixavam fedorentíssimas manchas no corredor e nos quartos.

Passou-se uma semana, e ainda não havia notícia de outro comício onde pudéssemos ver Mao. Subconscientemente desesperados para nos livrar do desconforto, decidimos ir para Xangai, visitar o local onde o Partido Comunista fora fundado em 1921, e depois à terra natal de Mao em Hunan, no centro-sul da China.

Essas peregrinações revelaram-se o inferno: os trens estavam sempre repletos de gente. O domínio da Guarda Vermelha por filhos de altas autoridades chegava ao fim, porque os pais começavam a ser atacados como sequazes do capitalismo. Os "negros" e "cinzentos" oprimidos passaram a organizar seus próprios grupos de guardas vermelhos e viajar. Os códigos de cores começavam a perder o significado. Lembro-me de que encontrei num dos trens uma garota muito bonita e esbelta, de uns dezoito anos e olhos negros extraordinariamente grandes e aveludados, com cílios longos e densos. Como era costume, começamos a conversa perguntando uma à outra sobre "origens familiares". Fiquei espantada com a maneira desembaraçada com que essa linda garota respondeu que era uma "negra". E parecia esperar confiantemente que nós, "vermelhas", fôssemos amistosas com ela.

Nós seis não nos mostrávamos nem de longe militantes em nossa conduta, e nossos bancos eram sempre o centro de ruidosas conversas. A mais velha do grupo tinha dezoito anos, e era particularmente popular. Todos a chamavam de "Fofinha", pois era toda muito bem fornida. Ria muito, com um som grave, do peito, operístico. Também cantava muito, mas, claro, só músicas de citações do presidente Mao. As músicas, com exceção dessas e de umas poucas em louvor a Mao, estavam proibidas, como todas as outras formas de diversão, e assim continuaram durante os dez anos da Revolução Cultural.

Era o momento mais feliz que eu tinha desde o início da Revolução Cultural, apesar da persistente preocupação com meu pai e da agonia da viagem. Cada centímetro de espaço nos trens estava ocupado, até os bagageiros. O banheiro lotado: ninguém conseguia entrar. Só nossa determinação de ver os lugares sagrados da China nos mantinha firmes.

Uma vez, precisei desesperadamente me aliviar. Sentava-me espremida contra a janela, porque cinco pessoas se amontoavam num estreito banco feito para três. Com incrível esforço, cheguei ao banheiro — mas ao vê-lo, concluí que era impossível usá-lo. Mesmo que o garoto que se sentava na caixa d'água com os pés na tampa da latrina pudesse erguer as pernas por um momento, mesmo que a garota sentada entre os pés dele pudesse ser suspensa por um instante pelos outros que ocupavam cada espaço utilizável em torno dela, eu não poderia me levar a fazer aquilo na frente de todos aqueles garotos e garotas. Voltei a meu banco à beira das lágrimas. O pânico agravou a sensação de que estava a ponto de explodir, e minhas pernas tremiam. Resolvi usar o banheiro na parada seguinte. Após o que pareceu um tempo interminável, o trem parou numa pequena estação, envolta no crepúsculo. Abriram a janela e eu marinhei para fora, mas quando voltei percebi que não podia entrar.

Eu era talvez a menos atlética das seis. Antes, quando tinha que entrar num trem pela janela, uma das minhas amigas sempre me levantava da plataforma, enquanto outras me puxavam de dentro. Dessa vez, embora estivesse sendo ajudada por umas quatro pessoas de dentro, eu não conseguia erguer o corpo o bastante para enfiar a cabeça e os cotovelos. Suava feito louca, embora fizesse um frio de congelar. Então o trem se pôs a andar. Entrando em pânico, olhei em volta para ver se havia alguém que pudesse me ajudar. Meus olhos bateram no rosto magro e escuro de um garoto que se pusera a meu lado. Mas a intenção dele não era me ajudar.

Eu trazia a bolsa num bolso da jaqueta, e devido à minha posição de subida ela estava muito visível. Com dois dedos, o garoto pegou-a. Suponho que escolhera o momento da partida para batê-la. Eu caí em prantos. O menino parou. Olhou-me, hesitou e repôs a carteira no lugar. Depois pegou minha perna direita e me levantou. Aterrissei na mesa quando o trem começava a ganhar velocidade.

Por causa desse incidente, passei a ter um certo fraco pelos batedores de carteira adolescentes. Nos anos vindouros da Revolução Cultural, quando a economia estava em cacos, o roubo era generalizado, e certa vez eu perdi todo um ano de cupons alimentares. Mas sempre que sabia que a polícia ou outros mantenedores da "lei e da ordem" haviam espancado um batedor de carteira, eu sempre sentia uma certa angústia. Talvez o menino naquela plataforma no inverno houvesse demonstrado mais humanidade que os pilares hipócritas da sociedade.

No todo, nós viajamos cerca de 3 mil quilômetros nessa excursão, num estado de exaustão como eu nunca experimentei em minha vida. Visitamos a velha casa de Mao, que tinha sido transformada num museu-santuário. Era mais ou menos grandiosa — muito diferente de minha idéia de uma cabana de camponeses explorados, como esperava que fosse. Uma legenda embaixo de uma enorme foto da mãe de Mao dizia que ela fora uma pessoa muito bondosa e, como sua família era relativamente rica, muitas vezes dera comida aos pobres. Então os pais de nosso Grande Líder tinham sido camponeses ricos! Mas os camponeses ricos eram inimigos de classe! Por que os pais do presidente Mao eram heróis, quando outros inimigos de classe eram objeto de ódio? A pergunta me assustou tanto que a eliminei imediatamente.

Quando voltamos a Pequim em meados de novembro, a capital congelava. Os escritórios de recepção não eram mais na estação, porque a área se tornara pequena demais para o imenso número de jovens que agora chegavam. Um caminhão levou-nos a um parque onde passamos a noite inteira esperando que nos dessem acomodações. Não podíamos sentar-nos, porque a geada cobria o solo, e fazia um frio insuportável. Eu cochilava um ou dois segundos, de pé. Não estava acostumada ao duro inverno de Pequim e, tendo saído de casa no outono, não trouxera roupas de frio comigo. O vento me chegava até os ossos, e a noite parecia não acabar nunca mais. Nem a fila. Serpeava em voltas e voltas intermináveis o lago coberto de gelo no meio do parque.

A manhã chegou e passou e nós continuávamos na fila, absolutamente exaustos. Só depois do escurecer chegamos a nossas acomodações: a Escola Central de Teatro. Nosso quarto tinha sido usado para aulas de canto. Agora havia duas filas de colchões de palha no chão, sem lençóis nem travesseiros. Fomos recebidos por alguns oficiais da força aérea, que disseram ter sido enviados pelo presidente Mao para cuidar de nós e nos dar treinamento militar. Todos ficamos muito emocionados com o interesse demonstrado pelo presidente Mao por nós.

Treinamento militar para os guardas vermelhos era um fato novo. Mao decidira pôr um freio à destruição aleatória que desencadeara. As centenas de guardas vermelhos alojados na Escola Central de Teatro foram organizadas num "regimento" pelos oficiais da força aérea. Fizemos boas relações com eles, e gostávamos de dois oficiais em particular, cujas origens familiares ficamos logo sabendo, como era costume. O comandante da companhia era um camponês do norte, e o comissário político vinha da família de um intelectual na famosa cidade-jardim de Suzhou. Um dia, eles sugeriram levar nós seis ao zoológico, mas pediram-nos para não contar aos outros, porque no jipe não cabiam mais pessoas. Além disso, deram a entender, não deviam desviar-nos para atividades irrelevantes para a Revolução Cultural. Não querendo metê-los em encrencas, nós recusamos, dizendo que queríamos nos "ater a fazer a revolução". Os dois oficiais trouxeram-nos sacos de grandes maçãs maduras, raramente vistas em Chengdu, e punhados de confeitos de castanha, de que todas tínhamos ouvido falar como uma grande especialidade de Pequim. Para retribuir a bondade, fomos ao quarto deles e pegamos suas roupas sujas e as lavamos com grande entusiasmo. Lembro-me de que tive de lutar com os grandes uniformes cáqui, extremamente pesados e duros na água gelada. Mao dissera ao povo que aprendesse com as Forças Armadas, porque queria todo mundo tão arregimentado e doutrinado na lealdade apenas a ele quanto o exército. Ao mesmo tempo que se estimulava o aprendizado com os soldados, promovia-se a afeição em relação a eles, e inúmeros livros, artigos, músicas e danças apresentavam as garotas ajudando aos soldados lavando a roupa deles.

Lavei até cuecas deles, mas nada de sexual jamais me passou pela mente. Suponho que muitas garotas chinesas de minha geração estavam demasiado dominadas pelas arrasadoras agitações políticas para desenvolver sentimentos sexuais adolescentes. Mas nem todas. O desaparecimento do controle dos pais significou para algumas uma época de promiscuidade. Quando voltei para casa, soube de uma ex-colega de classe, uma bela garota de quinze anos, que fora viajar com alguns guardas vermelhos de Pequim. Teve um caso no caminho e voltou grávida. Tomou uma surra do pai, seguida pelos olhos acusadores dos vizinhos e dos comentários entusiásticos dos camaradas. Enforcou-se, deixando um bilhete em que dizia que estava "envergonhada demais para viver". Ninguém contestou seu contexto medieval de vergonha, que poderia ter sido um alvo de uma genuína revolução cultural. Mas isso jamais foi uma das preocupações de Mao, e não estava entre as "velharias" que os guardas vermelhos eram estimulados a destruir.

A Revolução Cultural também produziu um grande número de militantes puritanos, sobretudo garotas. Outra menina de minha série certa vez recebeu uma carta de amor de um menino de dezesseis anos. Respondeu chamando-o de "traidor da revolução": "Como se atreve você a pensar em coisas tão desavergonhadas quando os inimigos de classe continuam à solta, e as pessoas no mundo capitalista ainda vivem num abismo de miséria!". Esse estilo era ostentado por muitas das garotas que eu conhecia. Como Mao convocara as moças à militância, a feminilidade foi condenada nos anos em que minha geração se tornava adulta. Muitas garotas tentavam falar, andar e agir como homens agressivos e grosseiros, e ridicularizavam as que não faziam isso. De qualquer modo, não havia muita possibilidade de expressar feminilidade. Para começar, não nos permitiam usar nada além das informes calças e jaquetas azuis, cinzas ou verdes.

Nossos oficiais da Força Aérea nos davam ordem-unida sem parar, nas quadras de basquete da Escola de Teatro, todo dia. Ao lado das quadras ficava a cantina. Eu lançava olhares furtivos para lá assim que formávamos nas quadras, mesmo tendo acabado de tomar o café-da-manhã. Vivia obcecada por comida, embora não soubesse se isso se devia à ausência de carne, ao frio ou ao tédio da ordem-unida. Sonhava com a variedade da cozinha de Sichuan, pato novo pururuca, peixe agridoce, "frango bêbedo" e dezenas de outros suculentos pitéus.

Nenhuma de nós seis estava acostumada a ter dinheiro. Também achávamos que comprar coisas era de algum modo "capitalista". Assim, apesar de minha obsessão por comida, só comprei um punhado de confeitos de castanha, depois de ter o apetite aguçado pelas que nossos oficiais nos tinham dado. Decidi dar-me esse presente após uma grande agonia e consultas às outras garotas. Quando cheguei em casa após a viagem, devorei imediatamente alguns biscoitos rançosos, devolvendo à minha avó o quase intocado dinheiro que ela me dera. Ela me puxou para seus braços e disse: "Que menina mais tola!".

Também voltei para casa com reumatismo. Pequim estava tão fria que a água congelava nas torneiras. E no entanto eu fazia ordem-unida, ao ar livre, sem casaco. Não havia água quente para aquecer nossos pés gelados. Quando chegamos, deram um cobertor a cada uma. Alguns dias depois, chegaram mais garotas, mas não havia mais cobertores. Decidimos dar-lhes três e dividir os outros três entre nós seis. Nossa educação nos ensinara a ajudar aos camaradas necessitados. Tínhamos sido informadas que nossos cobertores vinham de estoques reservados para tempos de guerra. O presidente Mao ordenara que fossem retirados para o conforto de seus guardas vermelhos. Manifestamos nossa sincera gratidão a Mao. Agora, quando acabávamos praticamente sem cobertores, diziam-nos que devíamos ser ainda mais agradecidas a Mao, porque nos dera tudo que a China tinha.

Os cobertores eram pequenos, e só podiam cobrir duas pessoas se elas dormissem muito juntas. Os pesadelos informes que haviam começado depois que eu vira a tentativa de suicídio haviam piorado depois que tinham levado meu pai e minha mãe partira para Pequim; e como eu dormia mal, muitas vezes me contorcia debaixo do cobertor. O quarto era mal aquecido, e assim que eu adormecia, invadia-me um frio gelado. Quando parti de Pequim, tinha as juntas dos joelhos tão inflamadas que mal podia dobrá-las.

Meu desconforto não parou aí. Algumas crianças vindas do campo tinham pulgas e piolhos. Um dia, cheguei a nosso quarto e vi uma de minhas amigas chorando. Acabara de descobrir um ninho de minúsculos ovos brancos na costura da axila de sua roupa de baixo — ovos de piolho. Isso me lançou em pânico, porque os piolhos causavam uma coceira insuportável e eram associados à sujeira. Daí em diante, eu vivia me coçando, e examinava minha roupa de baixo várias vezes por dia. Como ansiava que o presidente Mao nos recebesse logo, para poder ir para casa!

Na tarde de 24 de novembro, eu estava numa de nossas sessões habituais de estudos das citações de Mao, num dos quartos dos rapazes (oficiais e meninos não entravam nos quartos das meninas, por pudor). Nosso simpático comandante de companhia entrou com um passo incomumente lépido e propôs regernos na música mais famosa da Revolução Cultural. "Quando singramos os mares, precisamos do Timoneiro". Nunca fizera isso antes, e para todos nós foi uma agradável surpresa. Ele agitava os braços, marcando o tempo, os olhos brilhando, as faces coradas. Quando acabou, e anunciou com contida excitação que tinha boas notícias, nós soubemos logo o que era.

"Vamos ver o presidente Mao amanhã!", exclamou. O resto de suas palavras foi afogado pelos nossos aplausos. Após os berros iniciais, sem palavras, nossa excitação assumiu a forma de slogans gritados: "Viva o presidente Mao!", "Seguiremos eternamente o presidente Mao!".

O comandante da companhia nos disse que ninguém devia deixar o campus a partir daquele momento, e que devíamos nos vigiar umas às outras para garantir isso. Era bastante normal pedirem que nos vigiássemos mutuamente. Além disso, tratava-se de medidas de segurança para o presidente Mao, que nós tínhamos simplesmente demasiado prazer em cumprir. Após o jantar, o oficial se aproximou de minhas cinco companheiras e de mim, e disse com uma voz sussurrada e solene: "Gostariam de fazer alguma coisa para assegurar a segurança do presidente Mao?". "Claro!" Ele fez sinal para que ficássemos quietas, e continuou com o sussurro: "Querem propor, antes de partirmos amanhã, que todos nos revistemos uns aos outros, para ter certeza de que ninguém está levando qualquer coisa que não deva? Vocês sabem, os jovens podem esquecer as regras...". Anunciara as regras antes — que não devíamos levar nada de metal, nem mesmo chaves, ao comício.

A maioria de nós não conseguiu dormir, e passamos a noite a conversar excitadas. Às quatro horas da manhã, levantamo-nos e nos reunimos em filas disciplinadas para a caminhada às quatro e meia até a praça Tiananmen. Antes da partida de nossa "companhia", a uma piscadela do oficial, Fofinha se levantou e propôs uma revista. Pude ver que alguns dos outros acharam que ela estava nos fazendo perder tempo, mas nosso comandante de companhia apoiou alegremente a proposta. Sugeriu que o revistássemos primeiro. Um garoto foi chamado a fazer isso, e encontrou com ele um grande molho de chaves. Nosso comandante agiu como se tivesse sido realmente descuidado, e deu a Fofinha um sorriso vitorioso. O resto de nós revistou uns aos outros. Essa maneira indireta de fazer as coisas refletia uma prática de Mao: tudo tinha de parecer que era a vontade do povo, em vez de ordens vindas de cima. A hipocrisia e o teatro eram tomados como coisa normal.

As ruas de manhã cedo estouravam de atividade. Guardas vermelhos marchavam para a praça Tiananmen de todos os pontos da capital. Slogans ensurdecedores ecoavam como ondas trovejantes. Cantando, nós erguíamos as mãos, e os Livrinhos Vermelhos formavam uma linha vermelha contra a escuridão. Chegamos à praça ao amanhecer. Puseram-me na sétima fila a partir da frente no lado norte pavimentado da avenida da Paz Eterna, no lado leste da praça Tiananmen. Atrás de mim havia muito mais filas. Após nos arrumar direitinho, nossos oficiais nos ordenaram que nos sentássemos no chão de pernas cruzadas. Com as juntas inflamadas, isso foi uma agonia para mim, e logo sentia alfinetes e agulhas no traseiro. Estava com um frio mortal e sono — e exausta, porque não conseguia dormir. Os oficiais conduziam cantos sem parar, fazendo diferentes grupos desafiarem uns aos outros, para manter nossos espíritos de pé.

Pouco antes do meio-dia, ondas histéricas de "Viva o presidente Mao!" vieram rugindo do leste. Eu estava cedendo e demorei a perceber que Mao ia passar num carro aberto. De repente, gritos trovejantes explodiram em toda a minha volta. "Viva o presidente Mao! Viva o presidente Mao!" As pessoas sentadas à minha frente levantaram-se e saltaram em delirante excitação, as mãos erguidas acenando freneticamente os Livrinhos Vermelhos. "Senta! Senta!", eu gritava em vão. Nosso comandante de companhia tinha dito para ficarmos sentados o tempo todo. Mas poucos pareciam observar as regras, possuídos pela vontade de pôr os olhos em Mao.

Depois de ficar sentada durante tanto tempo, minhas pernas tinham ficado dormentes. Por alguns segundos, só pude ver um mar fervilhante de nucas. Quando finalmente consegui me pôr de pé, cambaleante, peguei só o finzinho da caravana. Liu Shao-shi, o presidente, voltava o rosto em minha direção.

Os jornais murais já haviam começado a atacar Liu como o "Kruchov da China" e principal adversário de Mao. Embora ele não tivesse sido oficialmente denunciado, estava claro que era iminente a sua queda. Nas notícias sobre comícios dos guardas vermelhos na imprensa, sempre lhe davam um lugar bastante apagado. Naquele desfile, em vez de ficar junto de Mao, como deveria fazer o número dois, estava bem atrás, num dos últimos carros.

Liu parecia abatido e cansado. Mas eu não sentia nada por ele. Embora fosse o presidente, nada significava para minha geração. Tínhamos nos imbuído do culto apenas de Mao. E se Liu era contra Mao, parecia-nos natural que se fosse.

Naquele momento, com o mar de jovens gritando sua lealdade a Mao, Liu deve ter sentido como era absolutamente irremediável a sua situação. A ironia era que ele próprio tinha sido um instrumento na promoção da deificação de Mao, que levara àquela explosão de fanatismo na juventude de um país em grande parte irreligioso. Liu e seus colegas podem ter ajudado a deificar Mao a fim de apaziguá-lo, pensando que ele se satisfaria com a glória abstrata e os deixaria prosseguir com o trabalho mundano, mas Mao queria poder absoluto tanto na terra como no céu. E talvez eles não pudessem ter feito nada: o culto a Mao talvez fosse inexorável.

Essas reflexões não me ocorreram na manhã de 23 de novembro de 1966. A única coisa que me importava era ter um vislumbre do presidente Mao. Desviei rapidamente os olhos de cima de Liu para a frente da caravana. Avistei as galantes costas de Mao, o braço direito estendido acenando firme. Num instante, havia desaparecido. Meu coração afundou. Seria aquilo tudo que eu veria do presidente Mao? Só um vislumbre passageiro de suas costas? O sol pareceu de repente tornar-se cor de cinza. Em toda a minha volta, os guardas vermelhos faziam um imenso barulho. A garota de pé a meu lado acabara de espetar o indicador da mão direita e espremia o sangue para escrever alguma coisa num lenço cuidadosamente dobrado. Eu sabia exatamente as palavras que ela ia usar. Aquilo tinha sido feito muitas vezes por outros guardas vermelhos e noticiado *ad nauseam*: "Sou a pessoa mais feliz do mundo hoje. Vi nosso Grande Líder, o presidente Mao!". Olhando-a, meu desespero aumentou. A vida parecia não ter sentido. Uma idéia adejou em minha mente: talvez devesse me suicidar.

Sumiu no instante seguinte. Vendo de hoje, acho que a idéia foi na verdade uma tentativa subconsciente de quantificar a devastação por ver meu sonho despedaçado, sobretudo depois de todas as dificuldades que sofrera na viagem. Os trens estourando, os joelhos inflamados, a fome e o frio, a coceira, as latrinas entupidas, a exaustão — tudo no fim sem recompensa.

Nossa peregrinação acabara, e poucos dias depois voltávamos para casa. Eu estava farta da viagem, e ansiava por calor humano e conforto, e um banho quente. Mas a idéia de casa era tingida de apreensão. Por mais desconfortável que tivesse sido, a viagem jamais fora assustadora, como tinha sido minha vida anterior a ela. Vivendo em íntimo contato com milhares e milhares de guardas vermelhos por bem mais de um mês, eu não vira nenhuma violência, nem sentira terror. As multidões gigantescas, por mais histéricas que fossem, eram bem disciplinadas e pacíficas. As pessoas que encontrei eram amistosas.

Pouco antes de partir de Pequim, chegou uma carta de minha mãe. Dizia que meu pai se recuperara inteiramente e tudo em Chengdu estava ótimo. Mas acrescentava no fim que ela e ele estavam sendo criticados como sequazes do capitalismo. Meu coração afundou. A essa altura, tornara-se claro para mim que os sequazes do capitalismo — autoridades comunistas — eram os principais alvos da Revolução Cultural. Eu logo ia ver o que isso significava para minha família e para mim.

19. "Onde há vontade de condenar, há prova"

O TORMENTO DE MEUS PAIS (dezembro de 1966 e 1967)

UM SEQUAZ DO CAPITALISMO, supunha-se, era uma poderosa autoridade que seguia políticas capitalistas. Mas na verdade nenhuma autoridade tinha escolha sobre as políticas que seguia. As ordens de Mao e de seus adversários eram todas apresentadas como vindas do Partido, e as autoridades tinham de obedecer a todas elas — mesmo que, para fazer isso, tivessem de efetuar muitos ziguezagues e até meias-voltas. Se não gostavam realmente de uma determinada ordem, o máximo que podiam era exercer uma resistência passiva, que tinham de se esforçar muito para disfarçar. Assim, era impossível determinar que autoridades eram sequazes do capitalismo ou não com base em seu trabalho.

Muitas autoridades tinham suas próprias opiniões, mas a regra do Partido era que não as revelassem ao público. Nem eles se atreviam. Assim, fossem quais fossem as simpatias das autoridades, eram desconhecidas do grande público.

Mas a gente simples era agora a força mesma que Mao ordenava que atacasse os sequazes do capitalismo — sem, é claro, a vantagem de informação nem o direito de exercer qualquer julgamento independente. Assim, o que aconteceu foi que diversas autoridades sofreram ataques como sequazes do capitalismo por causa das posições que ocupavam. O nível alto, por si só, não era o critério. O fator decisivo era se a pessoa era líder ou não de uma unidade relativamente auto-suficiente. Toda a população era organizada em unidades, e as pessoas que representavam o poder para a gente simples eram seus chefes imediatos — líderes de unidades. Ao designar essas pessoas para serem atacadas, Mao canalizava a concentração mais óbvia de ressentimento, da mesma maneira que incitara os alunos contra os professores. Os líderes de unidade eram também os elos principais da cadeia de estrutura do poder comunista de que Mao queria livrar-se.

Por serem líderes de departamentos, meus pais foram denunciados como sequazes do capitalismo. "Onde há vontade de condenar, há prova", diz o ditado chinês. Nessa base, todos os líderes de unidade em toda a China, grandes e pequenos, foram sumariamente denunciados pelas pessoas abaixo deles como sequazes do capitalismo, por adotarem políticas supostamente "capitalistas" e "antipresidente Mao". Entre essas, estavam a permissão de feiras livres no campo, a defesa de melhor qualificação profissional para os trabalhadores, a permissão de relativa liberdade literária e artística, e o encorajamento à competitividade nos esportes — agora qualificada de "mania burguesa de taças e medalhas". Até então, as autoridades não tinham idéia de que Mao não gostava dessas políticas — afinal, as diretivas vinham todas do Partido, liderado por ele. Agora lhes diziam, de repente, que essas políticas vinham do "quartel-general burguês" dentro do Partido.

Em todas as unidades havia pessoas que se tornaram ativistas. Eram chamadas de "guardas vermelhos rebeldes", ou "rebeldes" abreviadamente. Escreviam jornais murais e slogans que proclamavam "Abaixo os sequazes do capitalismo", e realizavam assembléias de denúncias contra seus chefes. As denúncias muitas vezes soavam vazias, porque os acusados respondiam simplesmente que vinham executando ordens do Partido — Mao sempre mandara que obedecessem incondicionalmente as ordens do Partido, e jamais lhes falara da existência do "quartel-general burguês". Como iriam eles saber? E como poderiam ter agido de outro modo? As autoridades tinham muitos defensores, alguns dos quais faziam assembléias em sua defesa. Eram chamados de "legalistas". Irrompèram batalhas verbais e físicas entre eles e os rebeldes. Como Mao jamais disse explicitamente que todos os chefões do Partido tinham de ser condenados, alguns militantes hesitavam: e se os chefões que atacavam não fossem sequazes do capitalismo? Além dos cartazes, slogans e assembléias de denúncias, a gente simples não sabia o que esperavam que ela fizesse.

Assim, quando voltei a Chengdu, em dezembro de 1966, senti uma distinta incerteza no ar.

Meus pais viviam em casa. A clínica onde meu pai estivera pedira-lhes que saíssem em novembro, porque os sequazes do capitalismo deviam retornar a suas unidades para ser denunciados. A pequena cantina do conjunto fora fechada, e todos tínhamos de pegar nossa comida na cantina grande, que continuou funcionando normalmente. Meus pais continuaram recebendo seus salários todos os meses, apesar de o sistema do Partido estar paralisado e de não irem trabalhar. Como o departamento deles tratava da cultura, e seus chefes em Pequim eram particularmente odiados por Mao e haviam sido expurgados no início da Revolução Cultural, meus pais estavam na linha direta de fogo. Foram atacados em jornais murais com insultos-padrão como "Bombardeiem Chang Shou-yu" e "Queimem Xia De-hong". As acusações contra eles eram as mesmas que as feitas contra quase todos os diretores de todo o Departamento de Assuntos Públicos, de alto a baixo do país.

Fizeram-se assembléias no departamento de meu pai para denunciá-lo. Gritaram com ele. Como acontece com a maioria das lutas políticas na China, o verdadeiro ímpeto vinha da animosidade pessoal. O principal acusador de meu pai era uma certa sra. Shau, uma subchefe de sessão, pudica e de um farisaísmo feroz, que há muito aspirava a ver-se livre do prefixo "sub". Achava que sua promoção fora bloqueada por meu pai, e estava decidida a vingar-se. A certa altura cuspiu no rosto dele e esbofeteou-o. Mas em geral a raiva era limitada. Muita gente da equipe gostava de meu pai e o respeitava, e não se mostrou feroz com ele. Fora de seu departamento, algumas organizações pelas quais ele era responsável, como o *Diário de Sichuan*, também fizeram assembléias contra ele. Mas a equipe de lá não tinha ressentimentos pessoais, e as assembléias eram mera formalidade.

Contra minha mãe não houve assembléias de denúncia. Como autoridade de base, ela cuidara de mais unidades individuais que meu pai — escolas, hospitais e grupos de diversão. Normalmente, uma pessoa na posição dela teria sido denunciada por pessoas dessas organizações. Mas todos a deixaram em paz. Ela fora responsável pela solução de problemas pessoais deles, como habitação, transferências e pensões. E realizara seu trabalho com infalível prestatividade e eficiência. Fizera o melhor possível nas campanhas anteriores para não vitimar ninguém, e na verdade conseguira proteger muita gente. As pessoas sabiam dos riscos que ela correra, e retribuíram-lhe recusando-se a atacá-la.

Em minha primeira noite em casa, na volta, minha avó fez bolinhas de massa "engole-nuvem" e arroz cozido em folhas de palmeira cheias de "oito tesouros". Minha mãe me deu uma vívida versão do que acontecera com ela e meu pai. Disse que haviam concordado em que não desejavam mais ser autoridades depois da Revolução Cultural. Iam pedir para ser cidadãos comuns, e viver uma vida de família normal. Como eu iria compreender mais tarde, isso não passava de uma fantasia para se iludirem, porque o Partido Comunista não permitia que se optasse por sair; mas na época eles precisavam de alguma coisa a que se apegar.

Meu pai também disse: "Até um presidente capitalista pode se tornar um cidadão comum da noite para o dia. É bom a gente não receber poder permanente. De outro modo, as autoridades tendem a abusar de seu poder". Então se desculpou comigo por ter sido muito ditatorial com a família. "Vocês parecem cigarras silenciadas pelo inverno gelado", disse, "e é bom que vocês jovens se rebelem contra nós, a velha geração." Depois disse, meio para mim, meio para si mesmo: "Acho que não há nada errado em autoridades como eu serem submetidas a críticas — até mesmo a uma certa provação e perda de prestígio".

Era outra confusa tentativa de meus pais de tentar lidar com a Revolução Cultural. Não se ressentiam da perspectiva de perderem sua posição privilegiada — na verdade, tentavam ver isso como uma coisa positiva.

Chegou 1967. De repente, a Revolução Cultural foi acelerada. Em seu primeiro estágio, com o movimento da Guarda Vermelha, criara-se uma atmosfera de terror. Agora Mao voltava-se para uma meta maior: substituir o "quartel-general burguês" e a hierarquia existente do Partido por seu sistema de poder pessoal. Liu Shao-shi e Deng Xiaoping foram formalmente denunciados e detidos, como o foi Tao Zhu.

A 9 de janeiro, o *Diário do Povo* e a rádio anunciaram o início de uma "Tempestade de Janeiro", a partir de Xangai, onde os rebeldes haviam tomado o controle. Mao convocou as pessoas em toda a China a emularem-nos e tomarem o poder dos sequazes do capitalismo.

"Tomem o poder" (*duo-quan*)! Esta era uma expressão mágica na China. O poder não significava influência sobre as políticas — significava licença sobre o povo. Além de dinheiro, trazia privilégio, temor e bajulação, e a oportunidade de vingar-se. Na China, praticamente não havia válvulas de escape para a gente simples. Todo o país era como uma panela de pressão onde se acumulara uma gigantesca cabeça de vapor comprimido. Não havia partidas de futebol, grupos de pressão, processos judiciais e nem mesmo filmes violentos. Era impossível manifestar qualquer tipo de protesto sobre o sistema e suas injustiças, impensável fazer uma manifestação popular. Até mesmo falar de política — uma importante forma de aliviar a pressão na maioria das sociedades — era tabu. Os subalternos tinham muito pouca possibilidade de recurso contra seus chefes. Mas se alguém era um chefe de alguma espécie, tinha uma possibilidade de dar vazão à sua frustração. Assim, quando Mao lançou sua convocação a "tomar o poder", encontrou um enorme número de pessoas que queriam se vingar de alguém. Embora o poder fosse perigoso, era mais desejável que a impotência, sobretudo para pessoas que jamais o tinham tido. Agora parecia ao grande público que Mao dizia que o poder estava lá para quem quisesse pegar.

Em praticamente toda unidade na China, o moral dos rebeldes foi imensamente elevado. E também o número deles. Todo tipo de gente — trabalhadores, professores, caixeiros de lojas, até empregados de repartições do governo — passou a chamar-se de "rebelde". Seguindo o exemplo de Xangai, espancaram fisicamente os agora desorientados "legalistas", para que se rendessem. Os primeiros grupos de guardas vermelhos, como o de minha escola, desintegravam-se, porque tinham se organizado em torno de filhos de altas autoridades, que estavam sob ataque. Alguns dos primeiros guardas vermelhos que se opuseram às novas fases da Revolução Cultural foram presos. Um dos filhos do comissário Li foi espancado até a morte por rebeldes que o acusavam de ter deixado escapar uma observação contra a sra. Mao.

As pessoas no departamento de meu pai que haviam estado na delegação que o levara preso eram agora rebeldes. A sra. Shau era chefe do grupo rebelde de todas as repartições do governo de Sichuan, além de ser a líder de sua representação no departamento de meu pai.

Tão logo se formaram, os rebeldes dividiram-se em facções e lutaram pelo poder em quase toda unidade de trabalho na China. Todos os lados acusavam seus adversários de serem "anti-Revolução Cultural", ou leais ao velho sistema do Partido. Em Chengdu, os numerosos grupos se distribuíram rapidamente em dois grupos opostos, chefiados por dois grupos universitários rebeldes: o mais militante "26 de Agosto", da Universidade de Sichuan, e o relativamente moderado "Chengdu Vermelha", da Universidade de Chengdu. Cada um contava com milhões de pessoas por toda a província. No departamento de meu pai, o grupo da sra. Shau era filiado ao 26 de Agosto, e o grupo oposto — que consistia basicamente de pessoas mais moderadas, de quem meu pai gostava e que ele promovera, e que gostavam dele — ao Chengdu Vermelha.

Defronte a nosso apartamento, além dos muros do conjunto, o 26 de Agosto e o Chengdu Vermelha instalaram alto-falantes nas árvores e postes de eletricidade, e estrondeavam insultos um ao outro dia e noite. Uma noite, ouvi que o 26 de Agosto havia concentrado centenas de seguidores e atacado uma fábrica que era um reduto do Chengdu Vermelha. Capturaram os trabalhadores e torturaram-nos, usando métodos que incluíam as "fontes cantantes" (rachar o crânio para que o sangue esguichasse) e "pinturas de paisagens" (cortar o rosto segundo desenhos). As transmissões do Chengdu Vermelha disseram que vários operários haviam se tornado mártires saltando do alto do prédio.

Depreendi que se haviam matado por não poderem suportar a tortura.

Um alvo importante dos rebeldes era a elite profissional em toda unidade, não apenas médicos, pintores, escritores e cientistas de destaque, mas também engenheiros e operários qualificados, e até os mais destacados coletores de lixo noturno (pessoas que coletam dejetos humanos, extremamente valiosos para os camponeses). Eram acusados de ter sido promovidos por sequazes do capitalismo, mas na verdade eram vítimas dos ciúmes dos colegas. Outras contas pessoais também foram acertadas em nome da revolução.

A Tempestade de Janeiro provocou uma violência brutal contra os sequazes do capitalismo. O poder era tomado das mãos das autoridades do Partido, e as pessoas eram incitadas a insultá-las. Os que odiavam seus chefes no Partido aproveitaram a oportunidade para vingar-se, embora as vítimas de perseguições anteriores não tivessem permissão para agir. Mao levou algum tempo para decidir-se a fazer novas nomeações, pois não sabia a quem nomear nesse estágio, com tantos carreiristas ambiciosos ávidos por mostrar sua militância, na esperança de que isso os levasse a ser escolhidos como os novos detentores do poder. Grande parte da população era cúmplice, levada por intimidação, conformismo, dedicação a Mao, desejo de acertar contas pessoais, ou apenas liberação de frustração.

O insulto físico acabou atingindo minha mãe. Não veio de pessoas que trabalhavam sob suas ordens, mas sobretudo de ex-presos que trabalhavam em oficinas de rua em seu Distrito Leste — assaltantes, estupradores, contrabandistas de drogas e cafetões. Ao contrário dos "criminosos políticos", que eram o alvo da Revolução Cultural, esses criminosos comuns foram encorajados a atacar vítimas designadas. Nada tinham contra minha mãe pessoalmente, mas ela era uma das líderes importantes de seu distrito, e isso bastava.

Em assembléias feitas para denunciá-la, esses ex-presos estavam particularmente ativos. Um dia ela voltou para casa com o rosto contorcido de dor. Tinham mandado que se ajoelhasse sobre cacos de vidro. Minha avó passou a noite catando fragmentos de vidro dos joelhos dela com pinças e uma agulha. No dia seguinte, fez um par de joelheiras acolchoadas para ela. Também fez uma proteção acolchoada para a barriga, porque a tenra estrutura da cintura era o lugar que os atacantes sempre visavam com seus socos.

Várias vezes minha mãe foi obrigada a desfilar pelas ruas com um chapéu de burro na cabeça e um pesado cartaz pendurado no pescoço, no qual se via escrito o seu nome com uma cruz riscada em cima para mostrar sua humilhação e morte. De poucos em poucos passos, ela e suas colegas eram obrigadas a cair de joelhos e prostrar-se em reverência à multidão. As pessoas escarneciam dela. Algumas gritavam que as prostrações não faziam barulho suficiente e exigiam que as fizessem de novo. Minha mãe e suas colegas então tinham de bater a cabeça sonoramente no pavimento de pedra.

Um dia, naquele inverno, houve uma assembléia de denúncia numa oficina de rua. Antes da assembléia, enquanto os participantes almoçavam na cantina, minha mãe e suas colegas receberam ordens para ficar de joelhos por uma hora e meia no chão de piçarra a céu aberto. Chovia, e ela ficou encharcada; o vento mordente causava arrepios que atravessavam suas roupas e iam até os ossos. Quando começou a assembléia, ela teve de manter-se de pé, dobrada ao meio, na plataforma, tentando controlar os arrepios. Em meio aos gritos bárbaros e vazios, sentia uma dor insuportável na cintura e no pescoço. Contorcia-se de leve, e tentava erguer um pouco a cabeça para aliviar a dor. De repente, sentiu um pesado golpe na nuca, que a derrubou.

Só algum tempo depois ficou sabendo o que acontecera. Uma mulher sentada na fila da frente, uma dona de bordel que tinha sido presa quando os comunistas reprimiram a prostituição, havia se fixado nela, talvez por ser a única mulher na plataforma. Assim que minha mãe levantou a cabeça, essa mulher saltara para a frente e enfiara uma sovela em direção a seu olho esquerdo. O guarda rebelde parado atrás de minha mãe viu o instrumento vindo e derrubou-a no chão. Não fosse por ele, ela teria perdido um olho.

Minha mãe não nos falou desse incidente na época. Raramente se referia ao que lhe acontecia. Quando tinha de falar de alguma coisa como os cacos de vidro, fazia-o casualmente, tentando fazer com que parecesse o menos dramático possível. Jamais mostrou os machucados em seu corpo, e estava sempre composta, e até mesmo animada. Não queria que nos preocupássemos por ela. Mas minha avó via que ela estava sofrendo. Seguia ansiosamente minha mãe com os olhos, tentando ocultar sua própria dor.

Um dia, nossa antiga criada veio visitar-nos. Ela e o marido foram dos poucos que jamais se afastaram de nossa família durante toda a Revolução Cultural. Eu me sentia imensamente agradecida pela simpatia que eles nos traziam, sobretudo desde que corriam o risco de ser acusados de "simpatizantes dos sequazes do capitalismo". Meio sem jeito, ela contou à minha avó que acabara de ver minha mãe sendo obrigada a desfilar pelas ruas. Minha avó insistiu para que contasse mais, depois desabou de repente, batendo com a cabeça no chão com um grande barulho. Perdera a consciência. Aos poucos, foi voltando a si. Com lágrimas rolando pelo rosto, disse: "Que fez minha filha para merecer isso?".

Minha mãe teve uma hemorragia no útero, e durante os seis anos seguintes, até fazer uma histerectomia em 1973, sangrava a maioria dos dias. Às vezes era tão sério que ela desmaiava e tinha de ser levada a um hospital. Os médicos prescreveram hormônios para controlar o sangramento, e minha irmã e eu lhe dávamos as injeções. Minha mãe sabia que era perigoso depender de hormônios, mas não havia alternativa. Era a única maneira de agüentar as assembléias de denúncia. Enquanto isso, os rebeldes do departamento de meu pai intensificavam os ataques contra ele. Sendo um dos mais importantes no governo da província, o departamento tinha mais que seu quinhão de oportunistas. Outrora instrumentos obedientes do velho sistema do Partido, muitos tornaram-se rebeldes ferozmente militantes, chefiados pela sra. Shau, sob a bandeira do 26 de Agosto. Um dia, um grupo deles invadiu nosso apartamento e foi direto ao gabinete de meu pai. Olharam as estantes e o declararam um verdadeiro "conservador", porque ainda tinha seus "livros reacionários". Antes, na esteira da queima de livros pelos guardas vermelhos adolescentes, muita gente queimara suas coleções. Mas meu pai, não. Agora fazia uma débil tentativa de proteger seus livros indicando as coleções de encadernações marxistas. "Não tente enganar a nós guardas vermelhos!", berrou a sra. Shau. "O senhor tem muitas 'ervas daninhas'!" Pegou alguns clássicos chineses impressos em fino papel de arroz. "Que quer dizer a senhora com 'nós guardas vermelhos'?", retrucou meu pai. "A senhora tem idade bastante para ser mãe deles — e devia ter mais juízo, também." A sra. Shau esbofeteou meu pai com força. A multidão ladrou para ele indignada, embora uns poucos tentassem ocultar os risinhos. Depois derrubaram os livros e os jogaram em imensos sacos de juta que tinham trazido. Quando todos os sacos estavam cheios, levaram-nos para baixo, dizendo a meu pai que iam queimá-los nos terrenos do departamento no dia seguinte, após uma assembléia de denúncia contra ele. Ordenaram-lhe que visse a fogueira, para "aprender uma lição". Enquanto isso, disseram, ele tinha de queimar o resto da coleção. Quando voltei para casa nessa tarde, encontrei meu pai na cozinha. Acendera um fogo na pia de cimento, e jogava os livros nas chamas. Foi a primeira vez em minha vida que o vi chorar. Era agônico, entrecortado e louco, o choro de um homem não acostumado a derramar lágrimas. De vez em quando, em violentos ataques de soluços, ele batia os pés no chão e a cabeça na parede.

Eu fiquei tão amedrontada que por algum tempo não me atrevi a fazer nada para confortá-lo. Acabei abraçando-o pelas costas, mas não sabia o que dizer. Ele também não disse uma palavra. Gastava cada centavo em livros. Eram sua vida. Depois da fogueira, vi que alguma coisa acontecera à sua mente.

Ele teve de passar por muitas assembléias de denúncia. A sra. Shau e seu grupo geralmente traziam um grande número de rebeldes de fora para aumentar o tamanho da multidão e ajudar na violência. Uma abertura comum era cantar: "Dez mil anos ao nosso Grande Mestre, Grande Líder, Grande Comandante e Grande Timoneiro presidente Mao!". Toda vez que gritavam "dez mil" e os quatro "grande", todos erguiam em uníssono os Livrinhos Vermelhos. Meu pai não fazia isso. Dizia que "dez mil anos" era como as pessoas se referiam aos imperadores, e não ficava bem para o presidente Mao, um comunista.

Isso trazia uma torrente de berros histéricos e bofetadas. Numa assembléia, todas as vítimas foram obrigadas a se ajoelhar e prostrar diante de um imenso retrato de Mao no fundo da plataforma. Enquanto os outros faziam o que lhes mandavam, meu pai se recusou. Disse que se ajoelhar e prostrar eram práticas feudais indignas, que os comunistas se empenhavam em eliminar. Os rebeldes gritaram, deram-lhe chutes nos joelhos e golpes na cabeça, mas ele continuou lutando para ficar de pé. "Não me ajoelho! Não me prostro!", dizia furioso. A multidão enraivecida exigia: "Baixe a cabeça e admita seus crimes!". Ele repetia: "Não cometi crime nenhum. Não baixo a cabeça!".

Vários rapazes saltaram sobre ele para tentar obrigá-lo a baixar-se, mas assim que o soltaram ele empertigou-se, ergueu a cabeça e olhou desafiadoramente a multidão. Os atacantes agarraram-lhe os cabelos e puxaram-lhe o pescoço. Meu pai lutou ferozmente. Com a multidão histérica gritando que ele era "anti-Revolução Cultural", ele gritou furioso: "Que tipo de Revolução Cultural é esta? Não tem nada de 'cultural' nela! Só brutalidade!".

Os homens que o espancavam urraram: "A Revolução Cultural é chefiada pelo presidente Mao. Como se atreve a se opor a ela?". Meu pai ergueu a voz mais alto ainda: "Eu me oponho, mesmo que seja chefiada pelo presidente Mao!".

Fez-se um silêncio total. "Opor-se ao presidente Mao" era um crime punível com a morte. Muita gente tinha morrido simplesmente porque fora acusada disso, sem nenhuma prova. Os rebeldes estavam perplexos por ver que meu pai parecia não ter medo. Depois de se recuperarem do choque inicial, recomeçaram a bater nele, exigindo que retirasse suas palavras blasfemas. Ele se recusou. Furiosos, eles o amarraram e levaram à polícia local, exigindo que o prendessem. Mas os policiais de lá não quiseram aceitá-lo. Gostavam da lei e da ordem, e das autoridades do Partido, e detestavam os rebeldes. Disseram que precisavam de permissão para prender uma autoridade tão alta quanto meu pai, e ninguém dera tal ordem.

Meu pai ia apanhar repetidas vezes. Mas se aferrava a seus princípios. Foi a única pessoa no conjunto a agir desse modo, na verdade a única que conheci, e muita gente, incluindo os rebeldes, o admirava em segredo. De vez em quando, um completo estranho que passava por nós na rua murmurava sorrateiramente que meu pai o impressionara. Alguns meninos disseram a meu irmão que gostariam de ter ossos fortes como os de meu pai.

Após os tormentos do dia, meus pais voltavam para as mãos curativas de minha avó em casa. A essa altura, ela pusera de lado seu ressentimento contra meu pai, e ele também moderara em relação a ela. Minha avó aplicava ungüento nas feridas dele, grudava emplastros especiais para reduzir os machucados e fazia-o beber poções preparadas com um pó branco chamado *bay-yao*, para ajudar a curar problemas internos.

Meus pais viviam sob ordens permanentes de ficar em casa e esperar ser convocados para a próxima assembléia. Esconder-se estava fora de questão. Toda a China parecia uma prisão. Toda casa, toda rua eram vigiadas pelas próprias pessoas. Naquela terra imensa, não havia lugar algum onde alguém pudesse esconder-se.

Meus pais também não podiam sair para relaxar. "Relaxar" tornara-se um conceito obsoleto: livros, pinturas, instrumentos musicais, esportes, baralho, xadrez, casas de chá, bares — tudo desaparecera. Os parques eram terrenos baldios desolados, vandalizados, em que as flores e a grama haviam sido arrancadas e os pássaros domesticados e os peixes dourados mortos. Filmes, peças e concertos haviam sido proibidos: a sra. Mao varrera os palcos e telas para as oito "óperas revolucionárias" de cuja produção participara, e que eram tudo que alguém podia montar. Nas províncias, as pessoas não se atreviam a montar nem mesmo essas. Um diretor fora condenado porque a maquilagem que pusera no herói torturado de uma das óperas foi considerada excessiva pela sra. Mao. Jogaram-no na prisão por "exagerar os sofrimentos na luta revolucionária". Nós mal pensávamos em sair para dar um passeio. A atmosfera do lado de fora era aterrorizante, com as violentas assembléias de denúncia nas esquinas e todos aqueles cartazes e slogans sinistros; as pessoas andavam pelas ruas como zumbis, com expressões vulgares ou acovardadas no rosto. E o que era mais: os rostos machucados de meus pais os marcavam como condenados, e se eles saíssem corriam o risco de ser insultados.

Como uma indicação do terror da época, ninguém ousava queimar nem jogar fora nenhum jornal. Toda primeira página trazia a foto de Mao, e de poucas em poucas linhas havia citações dele. Esses jornais tinham de ser entesourados, e se alguém fosse visto jogando-os fora podia se preparar para o desastre. Guardá-los também era um problema: os ratos podiam roer o retrato de Mao, ou os jornais simplesmente apodrecer — qualquer dos dois casos seria interpretado como um crime contra Mao. Na verdade, a primeira luta de facções em grande escala em Chengdu foi provocada porque alguns guardas vermelhos se sentaram acidentalmente em jornais velhos que tinham o rosto de Mao. Uma amiga de escola de minha mãe foi acuada até o suicídio porque escreveu "Amor sincero presidente Mao" num jornal mural com uma pincelada inadvertidamente mais curta, fazendo o caractere de "sincero" parecer o de "triste".

Um dia, em fevereiro de 1967, nas profundezas desse terror esmagador, meus pais tiveram uma longa conversa da qual só vim a saber anos depois. Minha mãe sentava-se à beira da cama do casal, e meu pai numa cadeira de vime defronte. Ele disse que agora sabia o que era de fato a Revolução Cultural, e a compreensão fizera todo o seu mundo em pedaços. Via claramente que nada tinha a ver com democratização, nem com dar mais voz à gente simples. Era um expurgo sangrento para aumentar o poder pessoal de Mao.

Meu pai falava lenta e deliberadamente, escolhendo as palavras com cuidado. "Mas o presidente Mao sempre foi tão magnânimo", disse minha mãe. "Poupou até Pu Yi. Por que não tolera seus camaradas de armas, que lutaram junto dele por uma nova China? Como pode ser tão brutal com eles?"

Meu pai disse, em voz baixa mas intensa: "Que era Pu Yi? Um criminoso de guerra, sem apoio do povo. Não podia fazer nada. Mas...". Caiu num silêncio prenhe de significado. Minha mãe compreendeu-o: Mao não toleraria qualquer contestação possível. Depois ela perguntou: "Mas por que todos nós, que afinal apenas cumprimos ordens? E por que incriminar toda essa gente inocente? E tanta destruição e sofrimento?".

Meu pai respondeu: "Talvez o presidente Mao ache que não poderia alcançar sua meta sem virar tudo de pernas pro ar. Ele sempre foi meticuloso — e jamais teve muitos escrúpulos com as baixas".

Após uma pausa, prosseguiu: "Isto não pode ser uma revolução em nenhum sentido do termo. Garantir poder pessoal a esse custo para o país e o povo tem de ser errado. Na verdade, acho que é criminoso".

Minha mãe farejou tragédia. Após raciocinar desse jeito, o marido tinha de agir. Como esperava, ele disse: "Vou escrever uma carta ao presidente Mao".

Minha mãe afundou a cabeça entre as mãos. "Que adianta?", explodiu. "Como pode você imaginar que o presidente Mao iria lhe dar ouvidos? Por que deseja destruir-se — e por nada? Não conte comigo para levar a carta a Pequim desta vez."

Meu pai curvou-se e beijou-a. "Eu não estava pensando em você para entregá-la. Vou pôr no correio." Então ergueu a cabeça dela e olhou-a dentro dos olhos. Em tom de desespero, disse: "Que mais posso fazer? Que alternativas tenho? Devo dizer o que penso. E devo fazer isso mesmo que seja só por minha consciência!".

Fez-se uma longa pausa. Então meu pai disse, hesitante: "Acho que você deve se divorciar de mim e criar os filhos à sua maneira". O silêncio recaiu entre eles, fazendo-a pensar que talvez ele não tivesse se decidido sobre a carta, porque estava consciente das conseqüências. Seria certamente catastrófico.

Passaram-se dias. Em fins de fevereiro, um avião sobrevoou Chengdu espalhando milhares de folhas reluzentes que desciam flutuando do céu de chumbo. Nelas estava impressa a cópia de uma carta datada de 17 de fevereiro e assinada pelo Comitê Central Militar, o mais alto órgão de generais do exército. A carta mandava os rebeldes desistirem de seus atos de violência. Embora não condenasse diretamente a Revolução Cultural, era óbvio que tentava detê-la. Uma colega mostrou o panfleto à minha mãe. Meus pais tiveram uma onda de esperança. Talvez os velhos e respeitadíssimos marechais da China fossem intervir. Houve uma grande manifestação nas ruas do centro de Chengdu em apoio ao apelo dos marechais.

Os panfletos eram resultado de levantes por trás de portas fechadas em Pequim. Em fins de janeiro, Mao chamara pela primeira vez o exército a apoiar os rebeldes. A maioria dos mais altos chefes militares — com exceção do ministro da Defesa Lin Piao — ficou furiosa. A 14 e 16 de fevereiro, eles tiveram duas longas reuniões com líderes políticos. O próprio Mao ficou de fora, como fez Lin Piao, seu vice. Chu En-lai presidiu. Os marechais juntaram forças com membros do Politburo que ainda não tinham sido expurgados. Esses marechais tinham sido comandantes no exército comunista, veteranos da Longa Marcha e heróis da revolução. Eles condenaram a Revolução Cultural por perseguir pessoas inocentes e desestabilizar o país. Um dos vice-premiês, Tan Zhenlin, explodiu numa fúria: "Eu segui o presidente Mao durante toda a minha vida. Agora não vou segui-lo mais!". Imediatamente após essas reuniões, os marechais passaram a tomar medidas para deter a violência. Como estava particularmente séria em Sichuan, eles emitiram a carta de 17 de fevereiro especialmente para a província.

Chu En-lai recusou-se a emprestar sua influência à maioria, e ficou com Mao. O culto da personalidade dotara Mao de um poder demoníaco. A retribuição contra a oposição foi rápida. Mao montou ataques da multidão a membros dissidentes do Politburo e comandantes militares, que foram submetidos a ataques às suas casas e brutais assembléias de denúncias. Quando Mao deu a ordem para punir os marechais, o exército não moveu um dedo para apoiá-los.

Essa única tentativa frágil de enfrentar Mao e sua Revolução Cultural foi qualificada de "Corrente Contrária de Fevereiro". O regime emitiu uma versão seletiva dela para gerar violência mais intensa contra os sequazes do capitalismo.

As reuniões de fevereiro foram um divisor de águas para Mao. Ele viu que praticamente todo mundo se opunha às suas políticas. Isso levou ao total descarte — só não no nome — do Partido. O Politburo foi de fato substituído pela Direção da Revolução Cultural. Lin Piao logo começou a afastar comandantes leais aos marechais, e o Comitê Central Militar foi assumido por seu gabinete pessoal, que ele controlava por intermédio de sua esposa. A cabala de Mao agora parecia uma corte medieval, estruturada em torno de esposas, primos e cortesãos bajuladores. Mao enviou delegados às províncias para organizar "Comitês Revolucionários", que seriam os novos instrumentos de seu poder pessoal, substituindo o sistema do Partido até as bases.

Em Sichuan, os delegados de Mao revelaram-se os velhos conhecidos de meus pais, os Ting. Depois que minha família deixara Yibin, os Ting praticamente haviam assumido o controle da região. O sr. Ting tornara-se o secretário do Partido: a sra. Ting era chefe do Partido na cidade de Yibin, a capital.

Os Ting haviam usado suas posições para entregar-se a intermináveis perseguições e vinganças pessoais. Uma delas envolveu um homem que tinha sido guarda-costas da sra. Ting no início da década de 1950. Ela tentara seduzi-lo várias vezes, e um dia se queixou de dores no estômago e pôs o jovem para massagear-lhe a barriga. Depois guiou a mão dele para suas partes íntimas. O guarda-costas puxou imediatamente a mão e afastou-se. A sra. Ting acusou-o de tentar estuprá-la e fez com que o condenassem a três anos num campo de trabalho.

Uma carta anônima denunciando todo o caso chegou ao Comitê do Partido em Sichuan, que ordenou uma investigação. Como réus, os Ting não deviam ver essa carta, mas um cupincha deles mostrou-lhes. Eles fizeram todos os membros do governo de Yibin escrever um relatório sobre qualquer coisa para verificar a letra. Jamais conseguiram identificar o autor e, seja como for, a investigação não deu em nada.

Em Yibin, tanto autoridades quanto pessoas comuns viviam aterrorizadas com os Ting. As recorrentes campanhas políticas e o sistema de cotas ofereciam oportunidades ideais para eles se entregarem à vitimização.

Em 1959, os Ting livraram-se do governador de Yibin, o homem que sucedera meu pai em 1953. Era um veterano da Longa Marcha, e muito popular, o que causava inveja aos Ting. Chamavam-no de "Li Sandália de Palha", porque sempre usava sandálias de camponês — um sinal de que queria manter-se perto de suas raízes no solo. Na verdade, durante o Grande Salto para a Frente, ele mostrou pouco entusiasmo em forçar os camponeses a produzir aço, e em 1959 disse o que pensava da fome. Os Ting denunciaram-no como "oportunista direitista", e fizeram com que fosse rebaixado a agente de compras da cantina de uma cervejaria. Ele morreu na época da fome, embora seu trabalho significasse que devia ter uma melhor oportunidade de encher a barriga do que a maioria. A autópsia mostrou que só tinha palha no estômago. Permanecera um homem honesto até a morte.

Outro caso, também em 1959, envolveu um médico que os Ting condenaram como inimigo de classe porque fizera um diagnóstico fiel de vítimas da fome — e a fome era oficialmente imencionável.

Havia dezenas de casos como esses — tantos que as pessoas arriscaram suas vidas para escrever às autoridades provinciais denunciando os Ting. Em 1962, quando os moderados estavam por cima no governo central, lançaram uma investigação nacional sobre as campanhas anteriores e reabilitaram muitas de suas vítimas. O governo de Sichuan formou uma equipe para investigar os Ting, que foram declarados culpados de abuso de poder. Eles foram demitidos e presos, e em 1965 o secretário-geral Deng Xiaoping assinou uma ordem expulsando-os do Partido.

Quando a Revolução Cultural começou, eles conseguiram escapar e foram a Pequim, onde apelaram à Direção da Revolução Cultural. Apresentaram-se como heróis que mantinham a "luta de classes", pelo que, alegavam, tinham sido perseguidos pelas antigas autoridades do Partido. Minha mãe na verdade os encontrara uma vez no Departamento de Reclamações. Eles pediram-lhe calorosamente seu endereço em Pequim. Ela recusou-se a dar.

Os Ting foram escolhidos por Chen Boda, um dos líderes da Direção da Revolução Cultural, e antigo chefe de meu pai em Yan'an. Por intermédio dele, a sra. Mao recebeu-os, e imediatamente reconheceu-os como espíritos irmãos. A motivação da sra. Mao pela Revolução Cultural tinha muito menos a ver com a política do que com o acerto de contas pessoais — algumas do tipo mais mesquinho. Ela teve uma mão na perseguição à sra. Liu Shao-shi porque, como ela mesma disse aos guardas vermelhos, estava furiosa com as viagens da sra. Liu ao exterior com o marido, o presidente. Mao só foi ao exterior duas vezes, as duas à Rússia, e as duas sem a sra. Mao. E, o que era pior, em suas viagens ao exterior a sra. Liu era vista usando roupas elegantes e jóias que ninguém podia usar na austera China de Mao. A sra. Liu foi acusada de ser agente da CIA e jogada na prisão, escapando da morte por um triz.

Na década de 1930, antes de conhecer Mao, a sra. Mao fora uma atriz menor em Xangai, e sentira-se esnobada pelos literatos de lá. Alguns deles eram líderes da clandestinidade comunista, que depois de 1940 se tornaram figuras de destaque no Departamento Central de Assuntos Públicos. Em parte para vingar-se da humilhação real ou imaginada em Xangai trinta anos antes, a sra. Mao chegou a extremos para descobrir elementos "anti-presidente Mao e anti-socialistas" no trabalho deles. Como Mao entrou em retiro durante a fome, ela conseguiu chegar mais perto dele e sussurrou-lhe muita coisa venenosa na cama. Para derrubar seus inimigos, ela condenou todo o sistema sob as ordens deles, o que significava os Departamentos de Assuntos Públicos em todo o país.

Também se vingou de atores e atrizes da época de Xangai que haviam provocado seus ciúmes. Uma atriz chamada Wang Ying fizera um papel que a sra. Mao cobiçava. Trinta anos depois, em 1966, a sra. Mao fez com que ela e o marido fossem condenados à prisão perpétua. Wang Ying suicidou-se na prisão em 1974.

Outra atriz conhecidíssima, Sun Wei-shi, apresentara-se décadas atrás com a sra. Mao numa peça em Yan'an perante Mao. O desempenho de Sun aparentemente fez mais sucesso que o da sra. Mao, e ela se tornou uma figura muito popular entre os altos líderes, incluindo Mao. Sendo filha adotiva de Chu En-lai, não achou que devia bajular a sra. Mao. Em 1968, a sra. Mao fez com que ela e o irmão fossem presos e torturados até a morte. Nem o poder de Chu En-lai conseguiu protegê-la.

As vinganças pessoais da sra. Mao foram aos poucos tornando-se conhecidas do grande público pelo disse-me-disse; seu caráter também se revelava em seus discursos, que eram reproduzidos em jornais murais. Ela iria tornar-se quase universalmente odiada, mas no início de 1967 suas maldades ainda eram pouco conhecidas.

A sra. Mao e os Ting pertenciam à mesma raça, que tinha um nome na China de Mao — *zheng-ren*, "autoridades que perseguem as pessoas". A implacabilidade e obstinação com que se empenhavam em perseguições, e os métodos sanguinários que empregavam, eram em escala realmente horrível. Em março de 1967, um documento assinado por Mao anunciava que os Ting haviam sido reabilitados e recebido poderes para organizar o Comitê Revolucionário de Sichuan.

Criou-se uma autoridade de transição chamada de Comitê Revolucionário Preparatório de Sichuan. Era composto de dois generais — o comissário político chefe e o comandante da Região Militar de Chengdu (uma das oito regiões militares da China) — e os Ting. Mao decretara que todo Comitê Revolucionário devia ter três componentes, o exército local, representantes dos rebeldes e "autoridades revolucionárias". As últimas seriam escolhidas entre ex-autoridades, e isso ficava a critério dos Ting, que na verdade dirigiam o comitê.

Em fins de março de 1967, os Ting vieram visitar meu pai. Queriam incluí-lo em seu comitê. Meu pai desfrutava de alto prestígio entre os colegas por ser honesto e justo. Até mesmo os Ting apreciavam suas qualidades, sobretudo por saberem que quando tinham estado em desgraça, meu pai não acrescentara, como alguns, suas denúncias pessoais. Além disso, precisavam de alguém com suas habilidades.

Meu pai recebeu-os como exigia a cortesia, mas minha avó acolheu-os com entusiasmo. Pouco conhecia de suas vinganças, e sabia que fora a sra. Ting quem autorizara as preciosas drogas americanas que haviam curado minha mãe da tuberculose quando estava grávida de mim.

Quando os Ting entraram nos aposentos de meu pai, minha avó preparou às pressas alguma massa, e em breve a sonora e ritmada melodia da faca cortando enchia a cozinha. Ela cortou porco, cebolinha tenra, misturou vários temperos e despejou óleo de colza quente em cima de pimenta em pó para fazer o molho da tradicional refeição de bolinhas de massa.

No gabinete de meu pai, os Ting falaram-lhe de sua reabilitação e de seu novo status. Disseram que tinham ido a seu departamento e sabido pelos rebeldes dos problemas em que se metera. Contudo, disseram, sempre tinham gostado dele nos primeiros anos em Yibin, continuavam tendo-o em alta consideração e queriam voltar a trabalhar com ele. Prometeram que todas as coisas incriminadoras que ele tinha dito e feito podiam ser esquecidas se cooperasse. Não apenas isso, podia elevar-se de novo na nova estrutura de poder, cuidando de todos os assuntos culturais em Sichuan, por exemplo. Deixaram claro que era uma oferta que ele não podia se permitir recusar.

Meu pai soubera da nomeação dos Ting por minha mãe, que a lera nos jornais murais. Na época, dissera a ela: "Não devemos acreditar em boatos. Isto é impossível!". Era incrível para ele ver aquele casal colocado em posições vitais por Mao. Agora tentava conter a repugnância, e disse: "Sinto muito, não posso aceitar a oferta de vocês".

A sra. Ting cortou: "Estamos lhe fazendo um grande favor. Outras pessoas teriam implorado por isso de joelhos. Compreende a posição em que está, e quem somos nós?".

A raiva de meu pai aumentou. Ele disse: "O que quer que eu tenha dito ou feito, assumo a responsabilidade eu mesmo. Não vou me misturar com vocês". Na acalorada discussão que se seguiu, ele disse que achara justa a punição deles, e jamais deviam confiar-lhes trabalhos importantes. Estonteados, eles mandaram-no ter cuidado com o que dizia: fora o próprio presidente Mao quem os reabilitara e chamara-os de "boas autoridades".

A indignação de meu pai esporeou-o em frente. "Mas o presidente Mao não podia saber de todos os fatos sobre vocês. Que tipo de 'boas autoridades' são vocês? Cometeram erros imperdoáveis." Absteve-se de dizer "crimes".

"Como ousa contestar as palavras do presidente Mao!", exclamou a sra. Ting. "O subcomandante Lin Piao disse: 'Toda palavra do presidente Mao é verdade absoluta universal, e cada palavra é igual a 10 mil palavras'!"

"Se uma palavra significa uma palavra", disse meu pai, "já é uma suprema realização humana. Não é humanamente possível uma palavra significar 10 mil. O que o subcomandante Liu falou foi retórico, e não deve ser tomado literalmente."

Os Ting não acreditavam no que ouviam, segundo sua versão depois. Avisaram a meu pai que sua maneira de pensar, falar e agir era contra a Revolução Cultural, chefiada pelo presidente Mao. A isso meu pai disse que gostaria de uma oportunidade de debater a coisa toda com o presidente Mao. Essas palavras eram tão suicidas que os Ting ficaram sem fala. Após um silêncio, levantaram-se para sair.

Minha avó ouviu passos furiosos e saiu correndo da cozinha, as mãos cobertas da farinha de trigo na qual mergulhava as bolinhas de massa. Chocou-se com a sra. Ting e pediu ao casal que ficasse para o almoço. A sra. Ting ignorou-a, saiu do apartamento pisando forte, voltou-se e disse furiosa a meu pai, que saíra com eles: "Você está louco? Estou lhe perguntando pela última vez: ainda recusa minha ajuda? Compreende que posso fazer qualquer coisa com você agora?".

"Não quero ter nada a ver com vocês", disse meu pai. "Vocês e eu somos espécies diferentes."

Deixando minha avó perplexa e apavorada no alto da escada, meu pai foi para seu gabinete. Tornou a sair quase imediatamente, e levou um porta-tinteiro para o banheiro. Jogou algumas gotas d'água na pedra e voltou pensativo para o gabinete. Então se sentou à sua mesa e começou a esmagar um bastão de tinta na pedra, girando-o em círculos e formando uma tinta negra líquida. Estendeu uma folha branca à sua frente. Quase imediatamente, já tinha feito sua segunda carta a Mao. Começava dizendo: "Presidente Mao, apelo ao senhor, como um comunista a outro, que pare a Revolução Cultural". Prosseguiu descrevendo as tragédias em que ela lançara a China. A carta acabava com as palavras: "Receio o pior para o nosso Partido e nosso país se gente como Liu Jie-ting e Zhang Xi-ting recebe poder sobre as vidas de dezenas de milhares de pessoas".

Endereçou o envelope a "Presidente Mao, Pequim", e levou-o ao correio no alto da rua. Mandou por via aérea registrada. O funcionário atrás do balcão pegou o envelope e olhou-o, mantendo uma expressão de vazio total. Depois meu pai voltou andando para casa — para esperar.

20. "Eu não vendo minha alma"
MEU PAI PRESO (1967-1968)

NA TARDE DO TERCEIRO DIA depois que meu pai pôs sua carta para Mao no correio, minha mãe atendeu a uma batida na porta de nosso apartamento. Entraram três homens, usando as mesmas roupas azuis folgadas, tipo uniforme, que todos usavam na China. Meu pai conhecia um deles: tinha sido caseiro em seu departamento e era um militante rebelde. Um dos outros, um homem alto, com espinhas no rosto magro, anunciou que eram rebeldes da polícia e tinham vindo prendê-lo, "um contra-revolucionário em ação bombardeando o presidente Mao e a Revolução Cultural". Então ele e o terceiro homem, mais magro e forçudo, agarraram meu pai pelos braços e fizeram-lhe um gesto para que saísse.

Não mostraram nenhuma carteira de identidade, muito menos um mandado de prisão. Mas não havia dúvida de que eram policiais rebeldes à paisana. A autoridade deles era inquestionável, porque vinham com um rebelde do departamento de meu pai.

Embora não falassem de sua carta a Mao, meu pai sabia que ela devia ter sido interceptada, como era quase inevitável. Ele sabia que provavelmente ia ser preso, porque não apenas tinha cometido sua blasfêmia por escrito, mas havia agora uma autoridade — os Ting — para sancionar a prisão. Mesmo assim, quis aproveitar a única possibilidade que tinha, por mais tênue que fosse. Ficou calado e tenso, mas não protestou. Quando saía de nosso apartamento, parou e disse baixo à minha mãe: "Não tenha ressentimento do nosso Partido. Tenha fé em que ele vai corrigir seus erros, por mais graves que sejam. Divorcie-se de mim e dê minhas lembranças a nossos filhos. Não os assuste".

Quando voltei para casa naquela tarde, meus pais tinham desaparecido. Minha avó me disse que minha mãe fora a Pequim

429

apelar por meu pai, que tinha sido levado pelos rebeldes de seu departamento. Não disse "polícia", porque isso seria muito assustador, mais desastroso e final que a detenção pelos rebeldes.

Corri ao departamento de meu pai, para perguntar onde ele estava. Não recebi resposta além dos latidos, liderados pela sra. Shau, de "Deve traçar uma linha entre você e seu fedorento pai sequaz do capitalismo" e "Onde quer que ele esteja, merece". Contive à força minhas lágrimas de fúria. Estava enojada daqueles adultos supostamente inteligentes. Não precisavam ser tão impiedosos, tão brutais. Uma expressão mais bondosa, um tom mais delicado, ou mesmo o silêncio, teriam sido perfeitamente possíveis, mesmo naqueles dias.

Foi a partir dessa época que desenvolvi minha maneira de julgar os chineses dividindo-os em dois tipos: um humano, outro não. Foi preciso uma agitação como a Revolução Cultural para fazer aflorar essas características nas pessoas, fossem elas adolescentes guardas vermelhos, rebeldes adultos ou sequazes do capitalismo.

Enquanto isso, minha mãe esperava na estação pelo trem que ia levá-la uma segunda vez a Pequim. Sentia-se muito mais desanimada agora do que seis meses antes. Então ainda havia uma possibilidade de justiça, mas agora era praticamente sem esperança. Minha mãe não cedeu ao desespero. Estava decidida a lutar.

Decidira que a única pessoa que tinha de procurar era o premiê Chu En-lai. Ninguém mais adiantaria. Se ela procurasse qualquer outra pessoa, isso só apressaria o fim dele, dela e da família. Ela sabia que Chu era muito mais moderado que a sra. Mao e a Direção da Revolução Cultural — e que exercia considerável poder sobre os rebeldes, aos quais dava ordens quase todo dia.

Mas conseguir vê-lo era como entrar na Casa Branca, ou ver o papa a sós. Mesmo que chegasse a Pequim sem ser apanhada, e ao Departamento de Reclamações certo, não podia especificar a quem desejava ver, uma vez que isso seria tomado como um insulto, e até mesmo um ataque, a outros líderes. Sua ansiedade aumentava, e não sabia se sua ausência de casa já fora descoberta pelos rebeldes. Devia estar esperando a convocação para sua próxima assembléia de denúncia, mas havia um possível desvão. Um grupo rebelde podia pensar que ela estava nas mãos de outro.

Enquanto esperava, viu uma imensa faixa com as palavras "Delegação de Petição de Chengdu Vermelha a Pequim". Apinhadas em torno da faixa, cerca de duzentas pessoas de vinte e poucos anos. As outras faixas deixavam claro que eram universitários, indo a Pequim protestar contra os Ting. E o que era mais, as faixas diziam que eles haviam conseguido um encontro com o premiê Chu.

Comparado com o grupo rival, o 26 de Agosto, o Chengdu Vermelha era relativamente moderado. Os Ting tinham jogado seu prestígio em favor do 26 de Agosto, mas o Chengdu Vermelha não se rendeu. O poder dos Ting jamais foi absoluto, mesmo sendo eles apoiados por Mao e a Direção da Revolução Cultural.

Nessa época, a Revolução Cultural era dominada por intensa luta de facções entre grupos rebeldes. Isso começara quase assim que Mao dera o sinal para a tomada do poder dos sequazes do capitalismo; agora, três meses depois, a maioria dos líderes rebeldes se revelava bem diferente das autoridades comunistas derrubadas: eram oportunistas indisciplinados, e nem mesmo maoístas fanáticos. Mao instruíra-os a unir-se e dividir o poder, mas eles apenas fingiam cumprir essa instrução. Atacavam-se verbalmente uns aos outros com citações de Mao, fazendo cínico uso da ambigüidade de seu líder-guru — era fácil escolher uma citação de Mao que servisse a qualquer situação, ou mesmo aos dois lados de uma mesma discussão. Mao sabia que sua insossa "filosofia" se voltava contra ele, como um bumerangue, mas não podia intervir explicitamente sem perder sua mística distância.

Para destruir o 26 de Agosto, o Chengdu Vermelha sabia que tinha de derrubar os Ting. Sabia da reputação de vingatividade dos Ting e de sua sede de poder, que eram largamente discutidas, em tons abafados por uns, mais abertamente por outros. Nem o endosso do casal por Mao bastava para fazer o Chengdu Vermelha entrar na linha. Era contra esse pano de fundo que o Chengdu Vermelha estava mandando os estudantes a Pequim. Chu En-lai prometera recebê-los porque o Chengdu Vermelha,

431

como um dos dois campos rebeldes em Sichuan, tinha milhões de seguidores.

Minha mãe seguiu a multidão do Chengdu Vermelha quando os deixaram passar na barreira de passagens para a plataforma, onde o expresso de Pequim resfolegava. Ela tentava subir num vagão com eles quando foi detida por um estudante. "Quem é você?", ele gritou. Minha mãe, com trinta e cinco anos, dificilmente parecia uma estudante. "Você não é dos nossos! Desça!"

Ela pegou firmemente a maçaneta da porta. "Também vou a Pequim, apelar contra os Ting!", gritou. "Conheço-os do passado." O homem olhou-a descrente. Mas de trás dele vieram duas vozes, de um homem e uma mulher. "Deixe-a entrar! Vamos ouvir o que ela tem a dizer."

Minha mãe entrou espremendo-se no compartimento lotado, e sentou-se entre o homem e a mulher. Eles apresentaram-se como oficiais de estado-maior do Chengdu Vermelha. O homem chamava-se Yong e a mulher Yan. Eram ambos estudantes da Universidade de Chengdu.

Pelo que disseram, minha mãe pôde ver que os estudantes não sabiam muita coisa sobre os Ting. Contou-lhes o que conseguiu lembrar de alguns dos muitos casos de perseguição em Yibin, antes da Revolução Cultural; a tentativa da sra. Ting de seduzir meu pai em 1953; a recente visita do casal a meu pai, e a recusa dele a colaborar com eles. Disse que os Ting tinham mandado prender meu pai porque ele escrevera ao presidente Mao opondo-se à nomeação deles como os novos líderes de Sichuan.

Yan e Yong prometeram levá-la à sua audiência com Chu Enlai. Minha mãe passou a noite toda acordada planejando o que ia dizer a ele, e como.

Quando a delegação chegou à estação de Pequim, um representante do premiê estava à sua espera. Foram levados a uma casa de hóspedes do governo, e disseram-lhes que Chu ia recebê-los na noite seguinte.

No outro dia, enquanto os estudantes estavam fora, minha mãe preparou uma petição escrita a Chu. Talvez não tivesse oportunidade de falar com ele, e de qualquer modo era melhor apresentar a petição por escrito. Às nove da noite foi com os estudantes ao Grande Salão do Povo, no lado oeste da praça Tiananmen. A audiência foi na Sala de Sichuan, que meu pai ajudara a decorar em 1959. Os estudantes sentaram-se em semicírculo diante do premiê. Não havia cadeiras suficientes, e alguns se sentaram no chão atapetado. Minha mãe se sentou na fila do fundo.

Ela sabia que seu discurso tinha de ser sucinto e eficaz, e tornou a ensaiá-lo na cabeça enquanto decorria a audiência. Estava preocupada demais para ouvir o que os estudantes diziam. Notava apenas as reações do premiê. De vez em quando ele assentia com a cabeça. Jamais indicava aprovação ou desaprovação. Apenas ouvia, e de vez em quando fazia observações gerais sobre o dever de "seguir o presidente Mao" e a "necessidade de união". Um auxiliar fazia anotações.

De repente, ela ouviu o premiê dizer, como concluindo: "Mais alguma coisa?". Ela saltou da cadeira. "Premiê, eu tenho uma coisa a dizer."

Chu ergueu os olhos. Minha mãe, obviamente, não era uma estudante. "Quem é a senhora?", ele perguntou. Minha mãe disse seu nome e seu cargo, e seguiu imediatamente com: "Meu marido foi preso como 'contra-revolucionário em ação'. Estou aqui em busca de justiça para ele". Então disse o nome e o cargo de meu pai.

Os olhos de Chu tornaram-se atentos. Meu pai tinha uma posição importante. "Os estudantes podem ir", ele disse. "Vou falar com a senhora em particular."

Minha mãe ansiava por falar com ele a sós, mas decidira sacrificar essa oportunidade por uma meta mais importante. "Premiê, eu gostaria que os estudantes ficassem para ser minhas testemunhas." Enquanto dizia isso, passou a petição ao estudante da frente, que a passou para Chu.

O premiê assentiu: "Tudo bem. Continue".

Rápida mas claramente, minha mãe disse que meu pai tinha sido preso pelo que escrevera numa carta ao presidente Mao. Meu pai discordava da nomeação dos Ting como os novos líderes de Sichuan, devido aos precedentes deles de abuso de poder,

433

que ele testemunhara em Yibin. Além disso, disse sumariamente: "A carta de meu marido também continha sérios erros sobre a Revolução Cultural".

Pensara cuidadosamente em como ia dizer isso. Tinha de dar uma versão fiel a Chu, mas não podia repetir as palavras exatas de meu pai, por receio aos rebeldes. Tinha de ser o mais abstrata possível. "Meu marido defendeu algumas opiniões seriamente erradas. Contudo, não disseminou suas opiniões em público. Ele seguiu o programa do Partido Comunista e disse o que pensava ao presidente Mao. Segundo o programa, este é o direito legítimo de um membro do Partido, e não deve ser usado como desculpa para prendê-lo. Estou aqui para apelar por justiça para ele."

Quando os olhos de minha mãe se encontraram com os de Chu En-lai, ela viu que ele tinha entendido inteiramente o conteúdo da carta de meu pai, e seu dilema por não poder revelá-la. Ele olhou a petição de minha mãe, depois voltou-se para um auxiliar sentado atrás e sussurrou alguma coisa. O salão estava num silêncio mortal. Todos os olhos no premiê.

O auxiliar entregou algumas folhas de papel com o timbre do Conselho de Estado (o gabinete). Chu pôs-se a escrever no seu jeito meio tenso — quebrara o braço direito anos antes, ao cair de um cavalo em Yan'an. Quando acabou, deu o papel ao auxiliar, que o leu alto:

"Um: Como membro do Partido Comunista, Chang Shou-yu tem direito a escrever à liderança do Partido. A despeito dos erros sérios que a carta contenha, não pode ser usada para acusá-lo de contra-revolucionário. Dois: Como subdiretor do Departamento de Assuntos Públicos da Província de Sichuan, Chang Shou-yu tem de submeter-se a investigação e crítica pelo povo. Três: Qualquer julgamento final sobre Chang Shou-yu deve esperar até o fim da Revolução Cultural. Chu En-lai".

Minha mãe ficou sem fala, de alívio. A nota não se endereçava aos novos líderes de Sichuan, como normalmente seria, por isso ela não tinha de entregá-la a eles, nem a ninguém. Chu queria que ela a guardasse e mostrasse a quem fosse preciso.

Yan e Yong sentavam-se à esquerda de minha mãe. Quando ela se voltou para eles, viu que estavam radiantes de alegria.

Ela pegou o trem de volta a Chengdu dois dias depois, ficando o tempo todo com Yan e Yong, pois receava que os Ting soubessem da nota e mandassem seus capangas tomá-la dela. Yan e Yong também achavam vital que ela ficasse com eles. "Para o caso de o 26 de Agosto tentar seqüestrar a senhora." Insistiram em acompanhá-la da estação ao nosso apartamento. Minha avó serviu-lhes panquecas de porco e cebolinha, que eles devoraram na hora.

Eu me apeguei imediatamente a Yan e Yong. Rebeldes, e no entanto tão bondosos, tão amistosos e simpáticos com minha família! Era incrível. Também vi logo que estavam apaixonados: o modo como olhavam um ao outro, como provocavam e tocavam um ao outro, era muito incomum em presença de outros. Vi minha avó suspirar e dizer à minha mãe que seria ótimo dar-lhes algum presente para o casamento. Minha mãe disse que isso seria impossível, e criaria problemas para eles se se soubesse. Aceitar "subornos" de sequazes do capitalismo não era um crime pequeno.

Yan tinha vinte e quatro anos, e estava no terceiro ano de contabilidade na Universidade de Chengdu. Seu rosto animado era dominado por uns óculos de aros grossos. Ria com freqüência, jogando a cabeça para trás. Era um riso simpático. Na China, naquele tempo, jaquetas e calças azul-escuras ou cinza eram o traje padrão para homens, mulheres e crianças. Não se permitiam estampados. Apesar da uniformidade, algumas mulheres conseguiam usar suas roupas com sinais de cuidado e conscienciosidade. Mas não Yan. Parecia sempre ter posto os botões nas casas erradas, e os cabelos curtos eram impacientemente repuxados para trás, num desarrumado rabo-de-cavalo. Parecia que nem o fato de estar apaixonada conseguia induzi-la a dar atenção à sua aparência.

Yong parecia ligar mais para a moda. Usava sandálias de palha, destacadas pelas calças arregaçadas. As sandálias de palha eram uma espécie de moda entre alguns estudantes, por causa de sua associação com os camponeses. Yong parecia excessivamente inteligente e sensível. Fiquei fascinada por ele.

Após uma alegre refeição, Yan e Yong se despediram. Minha mãe acompanhou-os até lá embaixo, e eles sussurraram que ela devia guardar a nota de Chu En-lai num lugar seguro. Minha mãe nada disse a mim ou a meus irmãos de seu encontro com Chu.

Naquela noite, ela foi procurar um velho colega e mostrou-lhe a nota de Chu. Chen Mo trabalhara com meus pais em Yibin no início da década de 1950, e se dava bem com os dois. Também conseguira manter um bom relacionamento com os Ting, e quando eles foram reabilitados jogara sua sorte junto com a deles. Minha mãe pediu-lhe, em lágrimas, que a ajudasse a conseguir a libertação de meu pai, em nome dos velhos tempos, e ele prometeu dar uma palavrinha aos Ting.

Passou-se o tempo, e então, em abril, meu pai reapareceu de repente. Eu me senti tremendamente aliviada e feliz por vê-lo, mas quase imediatamente minha alegria se transformou em horror. Havia uma luz estranha nos olhos dele. Não queria dizer onde estivera, e quando falava, eu mal conseguia entender as palavras. Passava noites e dias seguidos sem dormir, e andava de um lado para outro no apartamento, falando sozinho. Um dia obrigou toda a família a ir ficar parada sob um aguaceiro, dizendo-nos que era "para experimentar a tempestade revolucionária". Outro dia, depois de ir buscar seu salário, jogou o maço de notas no fogão da cozinha, dizendo que era "para romper com a propriedade privada". A terrível verdade baixou sobre nós: meu pai tinha ficado louco.

Minha mãe tornou-se o foco de sua loucura. Ele ficava furioso com ela, chamando-a de "sem-vergonha", "covarde", e acusando-a de "vender a alma". Depois, sem aviso, tornava-se vexatoriamente amoroso na nossa frente — repetindo sem parar o quanto a amava, que fora um marido infiel, e pedindo-lhe: "Me perdoe e volte para mim".

No primeiro dia de sua volta, ele olhara desconfiado para minha mãe e perguntara-lhe o que andara fazendo. Ela respondeu que fora a Pequim apelar por sua libertação. Ele balançou a cabeça, incrédulo, e pediu-lhe que apresentasse provas. Ela decidiu não lhe falar da nota de Chu En-lai. Via que ele não estava em si, e receava que entregasse a nota, até mesmo aos Ting, se "o Partido" lhe ordenasse fazê-lo. Não podia nem citar Yan e Yong como suas testemunhas: meu pai acharia errado envolver-se com uma facção da Guarda Vermelha.

Ele voltava ao assunto obsessivamente. Todo dia interrogava minha mãe, e apareciam na história dela aparentes incoerências. Aumentaram a suspeita e a confusão de meu pai. A raiva que tinha dela passou a beirar a violência. Meus irmãos e eu queríamos ajudá-la, e tentávamos fazer a história dela, sobre a qual nós mesmos pouco sabíamos, parecer mais convincente. Claro, quando meu pai começava a nos interrogar, ficava ainda mais confuso.

O que acontecera fora que, enquanto ele estava na prisão, os interrogadores tinham-lhe dito constantemente que seria abandonado pela esposa e família se não escrevesse sua "confissão". Insistir em confissões era uma prática padrão. Obrigar as vítimas a reconhecer sua "culpa" era vital para esmagar o moral delas. Mas meu pai dizia que nada tinha a confessar, e não ia escrever coisa alguma.

Seus interrogadores disseram-lhe então que minha mãe o tinha denunciado. Quando ele pediu que a deixassem visitá-lo, disseram-lhe que ela recebera permissão, mas recusara, para mostrar que estava "traçando uma linha" entre os dois. Quando os interrogadores perceberam que ele começava a ouvir coisas — um sinal de esquizofrenia — chamaram a atenção dele para um leve barulho de conversa na sala próxima, dizendo-lhe que minha mãe estava lá, mas só o visitaria se ele escrevesse sua confissão. Fizeram uma encenação tão vivida que ele acreditou ter realmente ouvido a voz de minha mãe. Sua mente começou a desmoronar. Mesmo assim, não escreveu a confissão.

Quanto o libertaram, um de seus interrogadores lhe disse que o estavam deixando ir para casa para ficar sob os olhos da esposa, "que fora nomeada pelo Partido para vigiá-lo". Sua casa, disseram-lhe, ia ser sua nova prisão. Ele não sabia o motivo

437

para aquela súbita libertação, e em sua confusão agarrou-se a essa explicação.

Minha mãe tentou conseguir tratamento médico para ele. Foi à clínica antes ligada ao antigo governo provincial. Tentou os hospitais de doentes mentais. Mas assim que as pessoas nos balcões de recepção ouviam o nome de meu pai, balançavam a cabeça. Não podiam aceitá-lo sem sanção das autoridades — e eles próprios não estavam dispostos a solicitar isso.

Minha mãe dirigiu-se ao grupo rebelde dominante no departamento de meu pai e pediu-lhes que autorizassem a hospitalização. Era o grupo liderado pela sra. Shau, firmemente nas mãos dos Ting. A sra. Shau rosnou para minha mãe que meu pai estava fingindo doença mental a fim de escapar ao castigo, e que minha mãe o estava ajudando, usando sua própria origem médica (seu padrasto, o dr. Xia, fora médico). Meu pai era "um cachorro que caiu n'água, e deve ser açoitado e espancado sem a menor piedade", disse um dos rebeldes, citando um slogan corrente que exaltava a implacabilidade da Revolução Cultural.

Sob instruções dos Ting, os rebeldes acuaram meu pai com uma campanha de jornais murais. Aparentemente, os Ting tinham comunicado à sra. Mao as "palavras criminosas" usadas por ele na assembléia de denúncia, na conversa com eles e na carta a Mao. Segundo os cartazes, a sra. Mao saltara de pé indignada e dissera: "Para o homem que se atreve a atacar tão gritantemente o Grande Líder, a prisão, e até a pena de morte, é bondade demais! Deve ser totalmente punido antes de acabarmos com ele!".

O terror que tais cartazes me causaram foi imenso. A sra. Mao tinha denunciado meu pai! Certamente, era o fim dele. Mas, paradoxalmente, um dos maus traços da sra. Mao na verdade ia nos ajudar: ela se dedicava mais às suas vinganças pessoais que a problemas reais, e como não conhecia meu pai, nem tinha ressentimento pessoal contra ele, não o perseguiu. Mas nós não íamos saber disso, e tentei encontrar conforto na idéia de que seu noticiado comentário podia ser apenas boato. Em teoria, os jornais murais não eram oficiais, já que eram escritos pelas "massas", e não parte dos meios de comunicação oficiais. Mas, no fundo, eu sabia que o que eles diziam era verdade.

Com a peçonha dos Ting e a condenação da sra. Mao, as assembléias de denúncia dos rebeldes tornaram-se mais brutais, embora ainda permitissem que meu pai vivesse em casa. Um dia ele voltou com um dos olhos seriamente machucado. Outro dia, eu o vi de pé num caminhão rodando em marcha lenta, desfilando pelas ruas. Um imenso cartaz pendia de um fio fino que cortava o seu pescoço, e ele tinha os braços ferozmente torcidos para trás. Lutava por manter a cabeça erguida sob a forte pressão de alguns rebeldes. O que me deixou mais triste era que parecia indiferente à dor física. Na loucura, a mente parecia separada do corpo.

Ele rasgava qualquer fotografia no álbum de família em que aparecessem os Ting. Queimou as colchas e lençóis, e grande parte das roupas da família. Quebrava as pernas das cadeiras e mesas e queimava-as também.

Uma tarde, minha mãe repousava na cama de casal e meu pai se reclinava em sua cadeira de bambu favorita, em seu gabinete, quando ele se levantou de repente e invadiu o quarto. Ouvimos as pancadas e corremos atrás dele e o encontramos apertando o pescoço de minha mãe. Gritamos e tentamos puxá-lo. Parecia que minha mãe ia ser estrangulada. Mas então ele a soltou com um safanão, e saiu do quarto.

Minha mãe se sentou devagar, o rosto pálido. Pôs a mão em concha na orelha esquerda. Meu pai a acordara dando-lhe um tapa no lado da cabeça. Minha mãe tinha a voz fraca, mas estava calma. "Não se preocupe, eu estou bem", disse à minha avó, que soluçava. Voltou-se para nós e disse: "Vejam como está seu pai. Depois vão para seus quartos". Tornou a recostar-se no espelho oval emoldurado em madeira de cânfora que formava a cabeceira da cama. No espelho, vi sua mão direita agarrando o travesseiro. Minha avó ficou sentada junto à porta deles a noite toda. Também eu não consegui dormir. Que aconteceria se meu pai atacasse minha mãe com a porta fechada?

O ouvido esquerdo de minha mãe ficou permanentemente danificado, tornando-se quase surdo. Ela decidiu que era perigoso demais ficar em casa, e no dia seguinte foi ao seu departamento procurar um lugar para onde mudar-se. Os rebeldes de lá foram muito simpáticos. Deram-lhe um quarto na cabana do jardineiro, no canto do jardim. Era muitíssimo pequeno, cerca de dois por três metros. Só se podiam espremer lá dentro uma cama e uma mesa, sem espaço sequer para andar entre elas.

Nessa noite, dormi lá com minha mãe, minha avó e Xiaofang, todos amontoados na cama. Não podíamos esticar as pernas nem nos virar. O sangramento no útero de minha mãe piorou. Ficamos muito assustados, porque, tendo acabado de mudar para aquele novo lugar, não dispúnhamos de fogão e não podíamos esterilizar a seringa e a agulha, e portanto não podíamos aplicar sua injeção. No fim, eu estava tão exausta que caí num sono reparador. Mas soube que nem minha avó nem minha mãe pregaram os olhos.

Nos dias seguintes, enquanto Jin-ming continuava vivendo com meu pai, eu fiquei na nova casa de minha mãe, ajudando a cuidar dela. No quarto ao lado morava um jovem líder rebelde do distrito de minha mãe. Eu não o cumprimentara, porque não sabia se ele queria que alguém da família de um sequaz do capitalismo lhe dirigisse a palavra, mas para minha surpresa ele nos cumprimentou normalmente quando nos encontramos. Tratou minha mãe com cortesia, embora meio rígido. Foi um grande alívio, após a gelidez ostensiva dos rebeldes no departamento de meu pai.

Uma manhã, uns dois dias depois de nos mudarmos, minha mãe lavava o rosto sob o beiral, porque não havia espaço dentro, quando esse jovem a chamou e perguntou se gostaria de trocar de quarto. O dele era duas vezes maior que o nosso. Mudamo-nos naquela tarde. Ele também nos ajudou a arranjar outra cama, para podermos dormir em relativo conforto. Ficamos muito comovidas.

Esse jovem tinha um sério estrabismo — e uma namorada muito bonita, que passava a noite com ele, o que era quase inaudito naquele tempo. Pareciam não se importar que soubéssemos. Claro, os sequazes do capitalismo não estavam em posição de contar nada. Quando eu os encontrava pela manhã, sempre me davam um sorriso bondoso que me dizia que estavam felizes. Compreendi que quando as pessoas estão felizes se tornam boas.

Quando a saúde de minha mãe melhorou, voltei para meu pai. O apartamento achava-se num estado horrível: as janelas quebradas, e pedaços de móveis e roupas queimados por todo o chão. Meu pai parecia indiferente sobre se eu estava ali ou não; simplesmente ficava andando em círculos sem parar. À noite eu trancava a porta de meu quarto porque ele não conseguia dormir e insistia em conversar comigo, interminavelmente, sem dizer coisa com coisa. Mas havia uma janelinha sobre a porta que não podia ser fechada. Uma noite acordei e o vi escorregando pela minúscula abertura e caindo habilmente no chão. Mas não me deu atenção. Pegou ao acaso vários pesados móveis de mogno e derrubou-os aparentemente com pouco esforço. Em sua loucura, tornara-se sobre-humanamente ágil e forte. Ficar com ele era um pesadelo. Muitas vezes eu quis fugir para minha mãe, mas não podia me convencer a deixá-lo.

Ele me esbofeteou umas duas vezes, o que nunca tinha feito antes, e eu corria a me esconder no jardim dos fundos, sob a sacada do apartamento. No frio das noites de primavera, ficava à escuta desesperada, esperando o silêncio lá em cima, que significava que ele fora dormir.

Um dia, dei por falta dele. Fui tomada por um pressentimento e corri pela porta afora. Um vizinho que morava no andar de cima descia a escada. Tínhamos parado de nos cumprimentar algum tempo antes, para evitar problemas, mas dessa vez ele disse: "Vi seu pai subindo no telhado".

Nosso bloco de apartamentos tinha cinco andares. Corri ao último. No corredor à esquerda, uma janelinha dava para o teto plano, coberto de telhas de ardósia, do bloco de quatro andares vizinho. O telhado tinha grades de ferro baixas nas bordas. Julguei vê-lo passando a perna esquerda por cima da grade.

"Pai", gritei, com uma voz que tremia, embora eu tentasse fazê-la soar normal. Meu instinto dizia-me que não devia assustá-lo.

Ele parou e voltou-se para mim: "Que está fazendo aqui?".

"Por favor, venha me ajudar a saltar a janela."

De algum modo, consegui atraí-lo para longe da borda do telhado. Tomei a mão dele e conduzi-o ao corredor. Eu tremia. Alguma coisa parecia tê-lo tocado, e uma expressão quase normal substituiu sua habitual indiferença vazia ou o intenso rolar de olhos introspectivo. Ele me levou até um sofá embaixo e até pegou uma toalha para enxugar minhas lágrimas. Mas os sinais de normalidade tiveram vida breve. Antes que eu me recuperasse do choque, tive de me levantar às pressas e correr, porque ele já erguia a mão para me bater.

Em vez de permitir algum tratamento médico, os rebeldes achavam a loucura dele um motivo de diversão. Uma história em quadrinhos em tom sério, nos jornais murais, aparecia de dois em dois dias, intitulada "A história secreta de madame Chang". Os autores, do departamento de meu pai, ridicularizavam e prodigalizavam sarcasmo sobre ele. Os jornais eram pregados num lugar de primeira, bem defronte do departamento, e atraíam grandes grupos, que gostavam. Obriguei-me a lê-los, embora cônscia dos olhares dos outros leitores, muitos dos quais sabiam quem eu era. Ouvi-os murmurando para os que não conheciam minha identidade. Meu coração tremia de raiva e dor insuportável por meu pai, mas eu sabia que informações sobre minhas reações iriam chegar aos perseguidores dele. Queria parecer calma e fazê-los saber que não podiam desmoralizar-nos. Não tinha medo nem senso de humilhação, só desprezo por eles.

Quem havia transformado as pessoas em monstros? Qual o motivo daquela brutalidade sem sentido? Foi nessa época que minha devoção a Mao começou a desaparecer. Antes, quando as pessoas eram perseguidas, eu não podia ter absoluta certeza de sua inocência; mas conhecia meus pais. Dúvidas sobre a infalibilidade de Mao insinuaram-se em minha mente, mas naquele estágio, como muita gente, eu culpava sobretudo a esposa dele e a Direção da Revolução Cultural. Mao mesmo, o imperador-divindade, continuava além de qualquer questionamento.

Nós observávamos a deterioração mental e física de meu pai a cada dia que passava. Minha mãe voltou a pedir ajuda a Chen

Mo. Ele prometeu ver o que podia fazer. Esperamos, mas nada aconteceu: o silêncio dele significava que não devia ter conseguido o apoio dos Ting para deixar que meu pai recebesse tratamento. Em desespero, minha mãe foi ao quartel-general do Chengdu Vermelha procurar Yan e Yong.

O grupo dominante na Faculdade de Medicina de Sichuan pertencia ao Chengdu Vermelha. A faculdade tinha um hospital psiquiátrico ligado a ele, e uma palavra do Chengdu Vermelha podia internar meu pai. Yan e Yong foram muito simpáticos, mas teriam de convencer seus camaradas.

As considerações humanitárias haviam sido condenadas por Mao como "hipocrisia burguesa", e não era preciso dizer que não haveria misericórdia para os "inimigos de classe". Yan e Yong tinham de apresentar um motivo político para tratar meu pai. Eles tinham um bom: ele estava sendo perseguido pelos Ting. Podia fornecer munição contra eles, talvez mesmo ajudar a derrubá-los. Isso, por sua vez, podia fazer desabar o 26 de Agosto.

Havia outro motivo. Mao disse que o novo Comitê Revolucionário devia conter "autoridades revolucionárias", além de rebeldes e membros das Forças Armadas. Tanto o Chengdu quanto o 26 de Agosto tentavam encontrar autoridades que os representassem no Comitê Revolucionário de Sichuan. Além disso, os rebeldes começavam a descobrir como era complexa a política, e que tarefa desanimadora era dirigir de fato um órgão administrativo. Precisavam de políticos competentes como consultores. O Chengdu Vermelha achou meu pai um candidato ideal, e sancionou o tratamento médico.

O Chengdu Vermelha sabia que meu pai fora denunciado por dizer coisas blasfemas contra Mao e a Revolução Cultural, e que a sra. Mao o condenara. Mas essas afirmações só tinham sido feitas por seus inimigos em jornais murais, nos quais muitas vezes se misturavam verdades e mentiras. Portanto, podiam descartá-las.

Meu pai foi admitido no hospital de doentes mentais da Faculdade de Medicina de Sichuan. Ficava nos subúrbios de Chengdu, cercado por campos de arroz. Folhas de bambu ondulavam sobre os muros de tijolos e o portão principal de ferro. Um segundo portão isolava um pátio murado coberto de musgo — a área residencial de médicos e enfermeiros. No fim do pátio, um lance de escadas de pedra vermelha levava ao lado sem janelas de um prédio de dois andares flanqueado por muros sólidos e altos. A escada era o único acesso ao interior — as enfermarias psiquiátricas.

Os dois enfermeiros que vieram buscar meu pai vestiam roupas comuns, e disseram-lhe que iam levá-lo para outra assembléia de denúncias. Quando chegaram ao hospital, meu pai lutou para fugir. Eles o arrastaram para um quartinho vazio no andar de cima, fechando a porta atrás, para que minha mãe e eu não os víssemos pondo-o numa camisa-de-força. Partiu-me o coração vê-lo tratado tão brutalmente, mas eu sabia que era para seu próprio bem.

O psiquiatra, dr. Su, estava na casa dos trinta, e tinha um rosto delicado e um jeito profissional. Disse à minha mãe que ia passar uma semana observando meu pai, antes de dar um diagnóstico. No fim da semana, chegou à sua conclusão: esquizofrenia. Meu pai recebeu choques elétricos e injeções de insulina, para o que tinha de ser amarrado na cama. Dentro de poucos dias, começou a recuperar a sanidade. Com lágrimas nos olhos, implorou à minha mãe que pedisse ao médico para mudar o tratamento. "É doloroso demais." Sua voz desmoronou. "É pior que a morte." Mas o dr. Su disse que não havia outro jeito.

Na próxima vez que vi meu pai, ele sentava-se na cama conversando com minha mãe e Yan e Yong. Todos sorriam. Até ele sorria. Parecia bem de novo. Tive de fingir que ia ao banheiro, para enxugar as lágrimas.

Por ordens do Chengdu Vermelha, meu pai tinha alimentação especial e um enfermeiro em tempo integral. Yan e Yong visitavam-no com freqüência, com membros do departamento dele que lhe eram simpáticos e tinham sido eles próprios submetidos a assembléias de denúncias pelo grupo da sra. Shau. Meu pai gostava muito de Yan e Yong, e embora não fosse muito observador, percebeu que os dois estavam apaixonados, e provocava-os de um modo encantador. Eu via que eles gostavam muito disso. Por fim, achava eu, o pesadelo acabara: agora que meu pai estava bem, podíamos enfrentar qualquer desastre juntos.

O tratamento durou cerca de quarenta dias. Em meados de julho, ele voltara ao normal. Teve alta, e foi levado, com minha mãe, à Universidade de Chengdu, onde lhes deram uma suíte num pequeno pátio independente. Puseram-se guardas estudantis no portão. Meu pai recebeu um pseudônimo, e disseram-lhe que não podia deixar o pátio durante o dia, para sua segurança. Minha mãe ia buscar a comida deles numa cozinha especial. Yan e Yong iam vê-los todo dia, como faziam os líderes do Chengdu Vermelha, todos muito corteses com ele.

Visitei meus pais lá muitas vezes. Ficava a uma hora de bicicleta por estradas rurais esburacadas. Meu pai parecia em paz. Repetia sem parar como era agradecido àqueles estudantes por possibilitar-lhe o tratamento.

Quando escurecia, permitiam-lhe que saísse, e ele dava longos e tranqüilos passeios pelo campus, seguido a certa distância por dois guardas. Vagava pelas alamedas ladeadas por touceiras de jasmim-do-cabo. As flores brancas, do tamanho de um punho humano, exalavam uma forte fragrância na brisa estival. Era como um sonho de serenidade, muito distante do terror e da violência. Eu sabia que aquela era a prisão de meu pai, mas desejava que ele jamais saísse de lá.

No verão de 1967, a luta de facções entre os rebeldes caminhava para uma miniguerra civil em toda a China. O antagonismo entre as facções rebeldes era muito maior que a suposta ira deles contra os sequazes do capitalismo, porque lutavam com unhas e dentes pelo poder. Kang Sheng, chefe dos serviços de informação de Mao, e a sra. Mao lideravam a Direção da Revolução Cultural na provocação de mais animosidade, chamando a luta de facções "uma extensão da luta entre os comunistas e o Kuomintang" — sem especificar qual grupo era qual. A Direção da Revolução Cultural ordenou ao exército que "armasse os rebeldes em defesa própria", sem dizer-lhe que facções apoiar. Inevitavelmente, diferentes unidades do exército armaram diferentes facções, com base em suas próprias preferências.

As Forças Armadas já se achavam em grande agitação, porque Lin Piao estava atarefado em expurgar seus adversários e substituí-los por seus próprios homens. Mao acabou percebendo que não podia permitir instabilidade no exército, e refreou Lin Piao. Contudo, parecia não se decidir sobre a luta de facções entre os rebeldes. Por um lado, queria que as facções se unissem para restabelecer sua estrutura pessoal de poder. Por outro lado, parecia incapaz de reprimir seu amor pela luta. Enquanto guerras sangrentas se espalhavam pela China, ele dizia: "Não é má idéia deixar os jovens terem alguma prática no uso das armas — não temos uma guerra há muito tempo".

Em Sichuan, os combates eram especialmente ferozes, em parte porque a província era o centro da indústria de armamentos da China. Tanques, carros blindados e artilharia eram retirados das linhas de produção e dos depósitos por ambos os lados. Outra causa eram os Ting, que decidiram eliminar seus adversários. Em Yibin houve uma luta brutal com fuzis, granadas de mão, morteiros e metralhadoras. Mais de cem pessoas morreram só na cidade de Yibin. No fim, o Chengdu Vermelha foi obrigado a abandonar a cidade.

Muitos foram para a cidade próxima de Luzhou, mantida pelo Chengdu Vermelha. Os Ting mandaram mais de 5 mil membros do 26 de Agosto atacar a cidade, e acabaram tomando-a, matando quase trezentos e ferindo outro tanto.

Em Chengdu, a luta era esporádica, e só os mais fanáticos entravam. Mesmo assim, vi desfiles de dezenas de milhares de rebeldes carregando os cadáveres encharcados de sangue de pessoas mortas em combate, e outros disparando fuzis nas ruas.

Foi nessas circunstâncias que o Chengdu Vermelha fez três pedidos a meu pai: anunciar seu apoio a eles; falar-lhes dos Ting; e tornar-se consultor e eventualmente representá-los no Comitê da Revolução em Sichuan.

Ele recusou-se. Disse que não podia apoiar um grupo contra outro, nem podia dar informação sobre os Ting, pois isso poderia agravar a situação e criar mais animosidade. Também disse que não representaria uma facção no Comitê Revolucionário de Sichuan — na verdade, não tinha o menor desejo de fazer parte dele.

A atmosfera amistosa não durou muito. Os chefes do Chengdu Vermelha cindiram-se. Um grupo dizia que jamais tinha encontrado alguém tão obstinado e perverso. Meu pai fora perseguido quase até a morte, e no entanto se recusava a deixar que outros o vingassem. Ousava opor-se aos poderosos rebeldes que lhe haviam salvo a vida. Recusava uma oferta de reabilitação e volta ao poder. Furiosos e exasperados, alguns gritaram: "Vamos dar uma boa surra nele. Devíamos pelo menos quebrar-lhe uns dois ossos para ensinar-lhe uma lição".

Mas Yan e Yong o defenderam, como fizeram poucos outros. "É raro ver um caráter como o dele", disse Yong. "Não está direito puni-lo. Ele não se curvaria mesmo que fosse espancado até a morte. E torturá-lo é trazer vergonha sobre todos nós. Eis aí um homem de princípios!"

Apesar da ameaça de surra, e de sua gratidão àqueles rebeldes, meu pai não ia contra seus princípios. Uma noite, em fins de setembro de 1967, um carro trouxe ele e minha mãe para casa. Yan e Yong não podiam mais protegê-lo. Acompanharam meus pais até em casa, e despediram-se.

Meus pais caíram imediatamente nas mãos dos Ting e do grupo da sra. Shau. Os Ting deixaram claro que a atitude dos membros da equipe em relação a meu pai determinaria o futuro deles. A sra. Shau recebeu a promessa do equivalente ao cargo de meu pai no futuro Comitê Revolucionário de Sichuan, contanto que meu pai fosse "completamente esmagado". Os que mostravam simpatia por meu pai estavam eles próprios condenados.

Um dia, dois homens do grupo da sra. Shau vieram a nosso apartamento levar meu pai para uma "assembléia". Depois voltaram e mandaram que eu e meus irmãos fôssemos ao departamento dele para trazê-lo.

Meu pai se encostava num muro do pátio do departamento, numa posição que indicava que tentava levantar-se. Tinha o rosto coberto de manchas negras e roxas, e incrivelmente inchado.

A cabeça fora raspada pela metade, visivelmente de uma maneira muito grosseira.

Não houvera assembléia de denúncias. Quando ele chegou ao gabinete, foi imediatamente arrastado para uma salinha, onde meia dúzia de estranhos enormes caiu em cima dele. Deram-lhe socos e pontapés na parte de baixo do corpo, sobretudo nos órgãos genitais. Enfiavam à força água pela sua boca e nariz e depois pisavam em sua barriga. Água, sangue e excrementos espirravam para fora. Meu pai desmaiou.

Quando voltou a si, os bandidos haviam desaparecido. Ele sentia uma sede terrível. Arrastou-se para fora da salinha e bebeu água com a mão de uma poça no pátio. Tentou levantar-se, mas não podia ficar de pé. Havia membros do grupo da sra. Shau no pátio, mas ninguém levantou um dedo para ajudá-lo.

Os bandidos vinham da facção do 26 de Agosto em Chongqing, a cerca de duzentos e trinta quilômetros de Chengdu. Tinha havido lá combates em grande escala, com artilharia pesada disparando granadas do outro lado do Yang-tse. O 26 de Agosto fora expulso da cidade, e muitos membros haviam fugido para Chengdu, onde alguns foram acomodados em nosso conjunto. Estavam inquietos e frustrados, e disseram ao grupo da sra. Shau que "tinham os punhos coçando para pôr fim à sua vida vegetariana e provar um pouco de sangue e carne". Ofereceram-lhes meu pai.

Naquela noite, meu pai, que jamais gemera uma só vez nas surras anteriores, gritava de agonia. Na manhã seguinte, meu irmão de catorze anos, Jin-ming, correu à cozinha do conjunto assim que abriu e pegou um carrinho de mão para levá-lo ao hospital. Xiao-hei, então com treze anos, saiu e comprou uma máquina de cortar cabelos, e cortou o resto dos cabelos da cabeça raspada pela metade de meu pai. Quando viu a cabeça calva no espelho, meu pai deu um sorriso torto. "Está bom. Não vou recear que me puxem os cabelos na próxima vez que comparecer a uma assembléia de denúncias."

Pusemos meu pai na carrocinha e o puxamos até um hospital ortopédico próximo. Dessa vez não precisamos de autorização para que o examinassem, pois sua situação nada tinha a ver com a mente. Doença mental era uma área muito sensível. Os ossos não tinham cor ideológica. O médico mostrou-se muito simpático. Quando vi o cuidado com que ele tocava meu pai, fiquei com um bolo na garganta. Tinha visto muitos empurrões, tapas e socos, e muito pouca delicadeza.

O médico disse que meu pai tinha duas costelas quebradas. Mas não podia ser hospitalizado. Para isso era preciso autorização. Além disso, havia feridos demais para o hospital acomodar. Estava lotado de pessoas feridas nas assembléias de denúncias e lutas de facções. Vi um rapaz numa maca sem um terço da cabeça. Seu companheiro nos disse que ele fora atingido por uma granada de mão.

Minha mãe foi procurar Chen Mo de novo, e pediu-lhe que desse uma palavra aos Ting para deter os espancamentos em meu pai. Poucos dias depois, Chen disse a ela que os Ting estavam dispostos a "perdoar" meu pai se ele escrevesse um jornal mural de louvor às "boas autoridades" Liu Jie-ting e Zhang Xi-ting. Enfatizou que eles tinham recebido renovado apoio, pleno e explícito, da Direção da Revolução Cultural, e Chu En-lai declarara especificamente que encarava os Ting como "boas autoridades". Continuar opondo-se a eles, disse Chen à minha mãe, era o mesmo que "lançar um ovo contra uma pedra". Quando minha mãe contou a meu pai, ele disse: "Não se pode dizer nada de bom deles". "Mas", ela implorou em lágrimas, "não se trata de reaver o seu cargo, nem de reabilitação, é por sua vida! Que é um jornal mural comparado com a vida?" "Eu não vou vender minha alma", respondeu meu pai.

Durante mais de um ano, até o fim de 1968, meu pai ficou entrando e saindo da detenção, junto com a maioria de ex-altas autoridades do governo provincial. Nosso apartamento era constantemente invadido e virado de pernas para o ar. A detenção agora chamava-se "Cursos de Estudo do Pensamento de Mao Tsé-tung". A pressão nesses "cursos" era tal que muitos se prostravam diante dos Ting; alguns se suicidaram. Mas meu pai jamais cedeu às exigências dos Ting para que trabalhasse com eles. Mais tarde, ele diria o quanto o fato de ter uma família amorosa o ajudara. A maioria dos que se suicidaram fez isso depois que suas famílias os tinham desconhecido. Nós visitávamos meu pai na detenção sempre que nos permitiam, o que era raro, e o cercávamos de afeto sempre que ele estava em casa por um breve tempo.

Os Ting sabiam que meu pai amava muito minha mãe, e tentaram dobrá-lo através dela. Fizeram intensa pressão sobre ela para que o denunciasse. Ela tinha muitos motivos de ressentimento contra meu pai. Ele não convidara a mãe dela para o casamento deles. Deixara-a caminhar centenas de agônicos quilômetros e não lhe fora muito simpático em suas crises. Em Yibin, recusara-se a deixá-la ir para um hospital melhor num parto arriscado. Sempre dera ao Partido e à revolução prioridade sobre ela. Mas ela compreendera e o respeitava — e acima de tudo, jamais deixara de amá-lo. Ficaria ao lado dele, especialmente agora que estava em apuros. Nenhum sofrimento a faria denunciá-lo.

O departamento de minha mãe fez ouvidos moucos às ordens dos Ting para que a atormentassem, mas o grupo da sra. Shau teve prazer em obedecer, e o mesmo aconteceu com outras organizações que nada tinham a ver com ela. No todo, ela teve de passar por umas cem assembléias de denúncias. Certa vez foi levada para um comício de dezenas de milhares de pessoas no Parque do Povo, no centro de Chengdu, para ser denunciada. A maioria dos participantes não tinha idéia de quem era ela. Não era nem de longe suficientemente importante para merecer um tal acontecimento de massa.

Minha mãe foi condenada por tudo quanto é coisa, não menos por ter um caudilho como pai. O fato de que o general Xue morrera quando ela mal tinha dois anos não fazia diferença.

Naquele tempo, todo sequaz do capitalismo tinha uma ou mais equipes investigando seu passado nos mínimos detalhes, porque Mao queria a história de todos que trabalhavam para ele inteiramente verificada. Em diferentes épocas, minha mãe teve quatro diferentes equipes investigando-a, a última das quais composta por umas quinze pessoas. Elas eram enviadas a várias partes da China. Foi através dessas investigações que minha mãe ficou sabendo do paradeiro de antigos amigos e parentes com os quais perdera contato durante anos. A maioria dos investigadores simplesmente saía fazendo turismo e voltava sem nada de incriminador, mas um grupo voltou com um "furo".

Em Jinzhou, em fins da década de 1940, o dr. Xia alugara um quarto ao agente comunista Yu-wu, que fora chefe de minha mãe, encarregado de recolher informação militar e contrabandeá-la para fora da cidade. O controlador de Yu-wu, desconhecido de minha mãe na época, fingia trabalhar para o Kuomintang. Durante a Revolução Cultural, ele foi submetido a intensa pressão para confessar que era espião do Kuomintang, e torturado atrozmente. Acabou por "confessar", inventando um círculo de espiões que incluía Yu-wu.

Yu-wu também foi ferozmente torturado. Para não incriminar outras pessoas, matou-se cortando os pulsos. Não falou em minha mãe. Mas a equipe de investigação descobriu a ligação deles e afirmou que ela era membro do "círculo de espiões".

Voltaram a mencionar seu contato com o Kuomintang na adolescência. Repassaram-se todas as questões que tinham surgido em 1955. Dessa vez não eram feitas para obter uma resposta. Minha mãe simplesmente recebia ordem de admitir que era espiã do Kuomintang. Ela argumentou que fora liberada pela investigação de 1955, mas disseram-lhe que o principal investigador então, o sr. Kuang, era ele próprio um "traidor e espião do Kuomintang".

O sr. Kuang tinha sido preso pelo Kuomintang na juventude. O Kuomintang prometera-lhe libertar comunistas clandestinos se eles assinassem uma retratação para publicação no jornal local. A princípio, ele e seus camaradas recusaram-se, mas o Partido instruiu-os a aceitar. Disseram-lhes que o Partido precisava deles, e não se incomodava com "declarações anticomunistas" não sinceras. O sr. Kuang seguiu as ordens e foi devidamente solto.

Muitos outros tinham feito a mesma coisa. Num caso famoso em 1936, sessenta e um comunistas presos foram libertados assim. A ordem para "retratar-se" foi dada pelo Comitê Central do Partido e transmitida por Liu Shao-shi. Alguns desses sessenta e um posteriormente tornaram-se altas autoridades do governo comunista, incluindo vice-premiês, ministros e primeiros-secretários de províncias. Durante a Revolução Cultural, a sra. Mao e Kang Sheng anunciaram que eles eram "sessenta e um grandes traidores e espiões". O veredicto foi endossado pessoalmente por Mao, e essas pessoas sujeitas às mais cruéis torturas. Até pessoas mesmo remotamente ligadas a eles se meteram em sérios apuros.

Seguindo esse precedente, centenas de milhares de ex-ativistas na clandestinidade e seus contatos, alguns dos homens e mulheres mais corajosos que tinham lutado pela China comunista, foram acusados de "traidores e espiões", e sofreram detenção, brutais assembléias de denúncias e tortura. Segundo uma versão oficial posterior, na província vizinha a Sichuan, Yunnan, mais de 14 mil pessoas morreram. Na província de Hebei, em torno de Pequim, 84 mil foram detidos e torturados; milhares morreram. Minha mãe soube anos depois que seu primeiro namorado, o primo Hu, estava entre eles. Ela pensava que ele fora executado pelo Kuomintang, mas o pai tinha pago a sua vida com barras de ouro. Ninguém jamais quis dizer à minha mãe como ele morreu.

O sr. Kuang sofreu a mesma acusação. Sob tortura, tentou o suicídio, sem conseguir. O fato de ter liberado minha mãe em 1956 foi alegado para provar a "culpa" dela. Mantiveram-na sob várias formas de detenção, entrando e saindo, por quase dois anos — de fins de 1967 a outubro de 1969. Suas condições dependiam em grande parte de seus guardas. Alguns eram bondosos com ela — quando estavam sós. Uma, esposa de um oficial do exército, arranjou remédio para sua hemorragia. Também pediu ao marido, que tinha acesso a estoques privilegiados de alimentos, que trouxesse leite, ovos e galinha toda semana para minha mãe.

Graças a guardas de bom coração como ela, minha mãe podia voltar para casa por alguns dias. Os Ting souberam disso, e os guardas bons foram substituídos por uma mulher de cara azeda que minha mãe não conhecia, e que a atormentava e torturava por prazer. Quando lhe dava na telha, fazia minha mãe ficar de pé curvada no pátio durante horas. No inverno, fazia-a ajoelhar-se em água fria até desmaiar. Duas vezes pôs minha mãe no que chamava de "banco do tigre". Minha mãe tinha de sentar-se num banco estreito com as pernas esticadas para a frente. O tronco era amarrado a uma coluna e as coxas ao banco, para que não pudesse dobrar as pernas. Depois forçavam os joelhos sob os calcanhares. A intenção era quebrar os joelhos ou os ossos dos quadris. Vinte anos antes, em Jinzhou, ela fora ameaçada com isso na câmara de tortura do Kuomintang. O "banco do tigre" teve de parar porque a guarda precisava de homens para empurrar os tijolos; eles ajudaram relutantes umas duas vezes, mas depois recusaram-se a continuar participando daquilo. Anos depois, a mulher foi diagnosticada como psicopata e hoje está num hospital psiquiátrico.

Minha mãe assinou muitas "confissões", admitindo que tinha simpatizado com a "estrada capitalista". Mas recusou-se a denunciar meu pai, e negou todas as acusações de "espiã", pois sabia que levariam inevitavelmente à incriminação de outros.

Durante sua detenção, muitas vezes não nos permitiam vê-la, e não tínhamos sequer idéia de onde estava. Eu vagava pelas ruas diante dos possíveis lugares de detenção na esperança de avistá-la.

Numa determinada época, ela ficou detida num cinema deserto na principal rua do comércio. Ali nos deixavam de vez em quando entregar um pacote a um guarda, ou vê-la por alguns minutos, embora nunca sozinha. Quando estava de serviço um guarda feroz, tínhamos de ficar sob olhares congelantes. Um dia, no outono de 1968, eu fui lá entregar um pacote de comida e me disseram que não podiam aceitá-lo. Não houve nenhuma explicação, e me disseram para não enviar mais nada. Quando minha avó soube da notícia, desmaiou. Pensou que minha mãe devia estar morta.

Era insuportável não saber o que acontecera à minha mãe. Eu peguei meu irmão de seis anos Xia-fang e fui ao cinema. Fi-

453

camos andando de um lado para outro diante da porta. Vasculhávamos as filas de janelas no segundo andar. Em desespero, gritamos "Mamãe! Mamãe!", no máximo de nossas vozes, repetidas vezes. Os passantes nos olhavam, mas eu não ligava. Só queria vê-la. Meu irmão chorava. Mas minha mãe não apareceu.

Anos depois, ela me contou que tinha nos ouvido. Na verdade, sua guarda psicopata abrira levemente a janela para que nossas vozes chegassem mais altas. Disseram-lhe que se concordasse em denunciar meu pai, e confessar que era espiã do Kuomintang, podia nos ver imediatamente. "De outro modo", disse a guarda, "você talvez jamais saia viva deste prédio." Minha mãe recusou-se. O tempo todo, enterrava as unhas nas palmas das mãos para impedir-se de chorar.

21. "Dar carvão na neve"
MEUS IRMÃOS E MEUS AMIGOS (1967-1968)

DURANTE TODO O ANO de 1967 e de 1968, enquanto lutava para estabelecer seu sistema de poder pessoal, Mao manteve suas vítimas, como meus pais, num estado de incerteza e sofrimento. A angústia humana não lhe interessava. As pessoas existiam apenas para ajudá-lo a realizar seus planos estratégicos. Mas seu propósito não era o genocídio, e minha família, como outras vítimas, não foi deliberadamente morta de fome. Meus pais continuaram recebendo seus salários todo mês, embora estivessem sem trabalhar e sofrendo denúncias e tormentos. A principal cantina do conjunto trabalhava normalmente, para possibilitar aos rebeldes realizar sua "revolução", e nós, como as famílias de outros sequazes do capitalismo, éramos alimentados. Também recebíamos do Estado as mesmas rações que todo mundo nas cidades.

Grande parte da população urbana era mantida "de prontidão" para a revolução. Mao queria que a população lutasse, mas também vivesse. Protegia o extremamente hábil premiê Chu Enlai, para que ele mantivesse a economia funcionando. Sabia que precisava de outro administrador de primeira, para o caso de alguma coisa acontecer a Chu, e por isso manteve Deng Xiaoping em relativa segurança. Não se deixou o país desmoronar totalmente.

Mas, à medida que a revolução se arrastava, grande parte da economia começou a parar. A população urbana aumentou em várias dezenas de milhões, mas praticamente não se construíram novas habitações ou infra-estrutura nas cidades. Quase tudo, desde o sal, a pasta de dente e o papel higiênico até todo tipo de alimento e roupa ou foi racionado ou desapareceu por completo. Em Chengdu o açúcar desapareceu durante um ano, e passaram-se seis meses sem uma única barra de sabão.

A partir de junho de 1966, as aulas foram interrompidas. Os

professores ou tinham sido denunciados ou organizavam seus próprios grupos rebeldes. Falta de escola significava falta de controle. Mas que podíamos nós fazer com nossa liberdade? Não havia praticamente livros, música, filmes, teatro, museus, casas de chá, quase nenhuma maneira de nos manter ocupados — a não ser o baralho, que, embora não aprovado oficialmente, fez um sorrateiro retorno. Ao contrário da maioria das revoluções, na de Mao nada havia a fazer. Naturalmente, ser guarda vermelho tornou-se a ocupação em tempo integral de muitos jovens. A única maneira de liberarem sua energia e frustração era em violentas denúncias e batalhas físicas e verbais uns com os outros.

Não era obrigatório entrar na Guarda Vermelha. Com a desintegração do sistema do Partido, afrouxou-se o controle sobre os indivíduos, e a maioria da população foi deixada em paz. Muita gente simplesmente ficou sem fazer nada em casa, e um dos resultados foi uma explosão de pequenas brigas. O mau humor substituiu o bom serviço e o comportamento polido da época pré-Revolução Cultural. Tornou-se bastante comum ver pessoas discutindo nas ruas — com caixeiros de lojas, cobradores de ônibus, passantes. Outro resultado foi que, como ninguém cuidava do controle de natalidade, houve uma explosão de bebês. Durante a Revolução Cultural, a população cresceu em 200 milhões.

Em fins de 1966, meus irmãos adolescentes e eu decidimos que estávamos fartos de ser guardas vermelhos. Os filhos de famílias condenadas deviam "traçar uma linha" entre si e seus pais, e muitos o fizeram. Uma das filhas do presidente Liu Shao-shi escreveu jornais murais "denunciando" o pai. Eu conheci filhos que mudaram de sobrenome para demonstrar que não reconheciam os pais, outros que jamais visitaram os pais na detenção, e alguns que até participaram de assembléias de denúncias contra eles.

Certa vez, quando se achava sob tremenda pressão para divorciar-se de meu pai, minha mãe perguntou-nos o que achávamos. Ficar ao lado dele significava que podíamos nos tornar "negros"; todos tínhamos visto a discriminação e o tormento que essas pessoas sofriam. Mas nós respondemos que ficaríamos com ele, acontecesse o que acontecesse. Minha mãe disse que estava satisfeita e orgulhosa de nós. Nossa dedicação a nossos pais era aumentada por nossa empada pelo sofrimento deles, admiração pela integridade e coragem deles, e nosso nojo por seus atormentadores. Passamos a sentir um novo grau de respeito, e amor, por nossos pais.

Crescemos depressa. Não tínhamos rivalidades, brigas nem ressentimentos uns dos outros, nenhum dos problemas — nem prazeres — habituais dos adolescentes. A Revolução Cultural destruiu a adolescência normal, com todas as suas esparrelas, e lançou-nos direto na sensata idade adulta no início de nossa adolescência.

Aos catorze anos, meu amor por meus pais tinha uma intensidade que não poderia ter existido em circunstâncias normais. Minha vida girava inteiramente em torno deles. Sempre que estavam por breves períodos em casa, eu observava o estado de espírito deles, tentando oferecer uma companhia divertida. Quando estavam na detenção, eu enfrentava repetidas vezes o ar de desprezo dos rebeldes e exigia uma visita. Às vezes me permitiam uns poucos minutos para me sentar e conversar com um de meus pais, em companhia de um guarda. Eu dizia a eles o quanto os amava. Tornei-me bastante conhecida entre o antigo pessoal do governo de Sichuan e do Distrito Leste de Chengdu, e uma irritação para os atormentadores de meu pai, que também me odiavam por me recusar a mostrar medo deles. Uma vez a sra. Shau me gritou que eu "olhava direto através dela". A fúria deles levou-os a inventar a acusação, publicada em um de seus jornais murais, de que o Chengdu Vermelha dera tratamento privilegiado a meu pai porque eu usara meu corpo para seduzir Yong.

Além de estar com meus pais, eu passava a maior parte de meu abundante tempo com amigos. Depois que voltei de Pequim em dezembro de 1966, fui passar um mês numa fábrica de manutenção de aviões nos arredores de Chengdu, com Fofinha e Chingching, uma amiga dela. Precisávamos ocupar-nos com algo, e a coisa mais importante que podíamos fazer, segundo Mao, era ir para as fábricas fomentar a rebelião contra os sequazes do capitalismo. O motim invadia as fábricas demasiado lentamente para o gosto de Mao.

A única ação que nós três realizamos foi chamar a atenção de alguns dos rapazes do agora defunto time de basquete da oficina. Passávamos muito tempo passeando juntos pelas estradas rurais, desfrutando do rico cheiro noturno das primeiras flores de feijão. Mas logo, quando piorou o sofrimento de meus pais, voltei para casa, deixando para trás de uma vez por todas as ordens de Mao e minha participação na Revolução Cultural.

Minha amizade com Fofinha, Ching-ching e os jogadores de basquete durou. Também do nosso círculo participavam minha irmã Xiao-hong e várias outras garotas de minha escola. Elas eram mais velhas que eu. A gente se encontrava freqüentemente em casa de uma ou de outra, e lá ficávamos o dia todo, e muitas vezes a noite também, nada mais tendo a fazer.

Tínhamos discussões infindáveis sobre qual dos jogadores de basquete estava a fim de quem. O capitão do time, um rapaz bonitão de dezenove anos chamado Sai, era o centro das especulações. As garotas perguntavam-se se ele gostava mais de mim ou de Ching-ching. Ele era reticente e reservado, e Ching-ching estava muito a fim dele. Toda vez que íamos vê-lo, ela lavava e penteava meticulosamente os cabelos, que lhe batiam nos ombros, passava e ajustava cuidadosamente as roupas para parecerem elegantes, e chegava a passar um pouco de pó, ruge e lápis de sobrancelha. Nós todas a gozávamos, delicadamente.

Eu também estava atraída por Sai. Sentia o coração bater forte sempre que pensava nele, e acordava de noite vendo o seu rosto e tomada por um calor febril. Muitas vezes murmurava o nome dele e conversava mentalmente com ele, sempre que sentia medo ou preocupação. Mas nunca revelei nada a ele nem às minhas amigas, nem a mim mesma explicitamente. Apenas tinha tímidas fantasias com ele. Meus pais dominavam minha vida e meus pensamentos conscientes. Qualquer indulgência em relação a meus próprios assuntos era imediatamente suprimida como desleal. A Revolução Cultural me privara, ou me poupara, da adolescência normal de faniquitos, disse-me-disses e namorados.

Mas não deixava de ter vaidade. Costurava grandes remendos azuis, tingidos com cera, em desenhos abstratos, nos joelhos e fundilhos das calças, que haviam desbotado para um cinza-claro. Minhas amigas riam ao vê-los. Minha avó ficava escandalizada, e queixava-se: "Nenhuma outra moça se veste como você". Mas eu insistia. Não tentava fazer-me mais bonita, só diferente.

Um dia, uma de minhas amigas nos contou que seus pais, ambos atores famosos, acabavam de suicidar-se, por não poderem suportar as denúncias. Não muito depois, chegou a notícia de que o irmão de outra moça se matara. Era estudante na Escola de Aeronáutica de Pequim, e com alguns colegas fora denunciado por tentar organizar um partido anti-Mao. Jogara-se de uma janela do terceiro andar quando a polícia fora prendê-lo. Alguns de seus colegas "conspiradores" foram executados; outros pegaram penas de prisão perpétua, a punição normal para quem tentasse organizar uma oposição, o que era raro. Tragédias como essas faziam parte de nossa vida normal.

As famílias de Fofinha, Ching-ching e algumas outras não foram atingidas. E elas continuaram sendo minhas amigas. Não sofreram nada por parte dos perseguidores de meus pais, que não podiam estender seu poder a esse grau. Mas mesmo assim se arriscavam nadando contra a maré. Minhas amigas estavam entre milhões de pessoas que tinham como sagrado o código tradicional chinês de lealdade — "dar carvão na neve". O fato de estarem ali me ajudou a atravessar os piores anos da Revolução Cultural.

Também me deram muita ajuda concreta. No fim de 1967, o Chengdu Vermelha começou a atacar nosso conjunto, que era controlado pelo 26 de Agosto, e nosso bloco foi transformado numa fortaleza. Ordenaram-nos que nos mudássemos de nosso apartamento no terceiro andar para uns aposentos no andar térreo no bloco ao lado.

Meus pais achavam-se detidos na época. O departamento de meu pai, que normalmente teria cuidado da mudança, nos deu apenas ordem de sair. Como não havia empresas de mudança, sem a ajuda de minhas amigas minha família teria acabado sem uma cama. Mesmo assim, levamos apenas os móveis essenciais, deixando para trás coisas como as pesadas estantes de meu pai — nem conseguimos levantá-las, quanto mais carregá-las vários lances de escada abaixo.

Nossos novos aposentos eram num apartamento já ocupado pela família de outro sequaz do capitalismo, que agora recebera ordens para esvaziar metade dele. Os apartamentos estavam sendo reorganizados desse modo em todo o conjunto, para que os andares superiores pudessem ser usados como postos de comando. Minha irmã e eu dividíamos um quarto. Mantínhamos a janela que dava para o agora deserto jardim dos fundos permanentemente fechada, porque assim que era aberta um cheiro insuportável vinha dos esgotos bloqueados lá fora. À noite, ouvíamos gritos exigindo rendição do lado de fora do conjunto, e tiros esporádicos. Uma noite fui despertada pelo som de vidro despedaçando-se: uma bala atravessara a janela e cravara-se na parede defronte. Estranhamente, não tive medo. Após os horrores por que passara, as balas tinham perdido seu efeito.

Para ocupar-me, passei a escrever poesia em estilo clássico. O primeiro poema com que me senti satisfeita foi escrito em meu décimo sexto aniversário, 25 de março de 1968. Não houve festa de aniversário. Meus pais estavam detidos. Naquela noite, deitada em minha cama ouvindo os tiros de fuzil e os alto-falantes dos rebeldes estrondeando diatribes de gelar o sangue, cheguei a um ponto crítico. Sempre haviam me dito, e eu acreditara, que eu vivia num paraíso na terra, a China socialista, enquanto o mundo capitalista era um inferno. Agora eu me perguntava: se isto aqui é o paraíso, que será então o inferno? Decidi que gostaria de ver por mim mesma se havia de fato algum lugar com mais sofrimento. Pela primeira vez, odiei conscientemente o regime sob o qual vivia, ansiando por uma alternativa.

Mesmo assim, subconscientemente evitava Mao. Ele fazia parte de minha vida desde que eu era criança. Era o ídolo, o deus, a inspiração. O propósito de minha vida fora formulado em nome dele. Uns dois anos antes, eu teria morrido feliz por ele. Embora seu poder mágico houvesse desaparecido de dentro de mim, ele ainda era sagrado e indubitável. Mesmo então, não o contestei.

Foi nesse estado de espírito que compus meu poema. Escrevi sobre a morte de meu passado indoutrinado e inocente como folhas mortas varridas de uma árvore por um redemoinho e levadas para um mundo sem retorno. Descrevi minha perplexidade diante do novo mundo, por não saber o que e como pensar. Era um poema de tateios no escuro, busca.

Escrevi o poema, e deitava-me na cama repassando-o na cabeça, quando ouvi baterem na porta. Pelo som, eu sabia que era uma invasão. Os rebeldes da sra. Shau tinham invadido nosso apartamento várias vezes. Tinham levado "artigos de luxo burguês" como as roupas elegantes de minha avó, dos dias pré-comunismo, o casaco manchu forrado de peles de minha mãe, e os ternos de meu pai — mesmo sendo no estilo Mao. Confiscaram até minhas calças de lã. E continuavam voltando, tentando encontrar "provas" contra meu pai. Eu já me acostumara a ter nossos aposentos revirados de pernas para o ar.

Fui tomada de ansiedade pelo que aconteceria se vissem meu poema. Quando meu pai foi atacado pela primeira vez, pediu à minha mãe que queimasse seus poemas; sabia que um texto, qualquer texto, podia ser distorcido contra o autor. Mas minha mãe não pôde levar-se a destruí-los todos. Guardou alguns que ele escrevera para ela. Isso custou a ele várias assembléias de denúncias brutais.

Num dos poemas, meu pai gozava a si mesmo por não conseguir subir até o topo de uma montanha panorâmica. A sra. Shau e seus camaradas acusaram-no de "lamentar sua frustrada ambição de usurpar a suprema liderança na China".

Em outro, ele descrevia o trabalho noturno:

> *A luz é mais branca quando a noite é mais negra,*
> *Minha pena corre atrás da madrugada...*

Os rebeldes disseram que ele se referia à China socialista como "noite negra", e trabalhava com sua pena para dar boas-vindas à "branca madrugada" — um retorno do Kuomintang (branco era a cor da contra-revolução). Naquele tempo era lugar-comum forçarem-se essas interpretações ridículas aos textos de alguém. Mao, que amava a poesia clássica, não pensou em fazer dela uma exceção a essa regra horrenda. Escrever poesia tornou-se uma ocupação altamente perigosa.

Quando começaram as batidas na porta, eu corri às pressas ao banheiro e fechei a porta, enquanto minha avó atendia à sra. Shau e sua delegação. Com as mãos trêmulas, consegui rasgar o poema em minúsculos pedacinhos, jogá-los no vaso e dar descarga. Revistei cuidadosamente o chão, para me assegurar de que nenhum pedaço caíra fora. Mas os papéis não desapareceram todos da primeira vez. Tive de esperar para dar nova descarga. A essa altura os rebeldes batiam na porta do banheiro, ordenando-me sumariamente que saísse logo. Não respondi.

Meu irmão Jin-ming também tomou um susto naquela noite. Desde o começo da Revolução Cultural, ele vinha freqüentando um mercado negro especializado em livros. O instinto comercial dos chineses é tão forte que os mercados negros, maior *bête noire* capitalista de Mao, existiram durante toda a esmagadora pressão da Revolução Cultural.

No centro de Chengdu, no meio da principal rua comercial, havia uma estátua de bronze de Sun Yat-sen, que liderara a revolução republicana de 1911, responsável pela derrubada de 2 mil anos de governo imperial. A estátua fora erigida antes da chegada dos comunistas ao poder. Mao não era particularmente simpático a qualquer líder revolucionário antes dele, incluindo Sun. Mas era vantajoso politicamente reivindicar sua herança, por isso deixou-se a estátua ficar, e o terreno em volta dela tornou-se um viveiro de plantas. Quando estourou a Revolução Cultural, guardas vermelhos atacaram símbolos de Sun Yat-sen até Chu En-lai baixar uma ordem protegendo-os. A estátua sobreviveu, mas o viveiro de plantas foi abandonado como "decadência burguesa". Quando os guardas vermelhos começaram a invadir as casas das pessoas e a queimar os livros delas, uma pequena multidão passou a reunir-se nesse terreno baldio para negociar os volumes que haviam escapado às fogueiras. Encontrava-se ali todo tipo de gente: guardas vermelhos querendo faturar por conta dos livros que haviam confiscado; empresários frustrados farejando dinheiro; intelectuais que não queriam que seus livros fossem queimados mas tinham medo de mantê-los; e amantes de livros. Os livros à venda tinham todos sido publicados ou sancionados sob o regime comunista antes da Revolução Cultural. Além dos clássicos chineses, incluíam Shakespeare, Dickens, Byron, Shelley, Shaw, Thackeray, Tolstoi, Dostoievski, Turgueniev, Tchekhov, Ibsen, Balzac, Maupassant, Flaubert, Dumas, Zola e muitos outros clássicos. Até o Sherlock Holmes de Conan Doyle, que tinha sido muito apreciado na China.

O preço dos livros dependia de vários fatores. Se tinham o carimbo de uma biblioteca, a maioria das pessoas os evitava. O governo comunista tinha tanta fama de controle e ordem que as pessoas não queriam arriscar-se a ser apanhadas com propriedade do Estado obtida por meios ilegais, pois seriam severamente punidas. Ficavam muito mais satisfeitas comprando livros de propriedade privada, sem marcas de identificação. Os romances com trechos eróticos obtinham os preços mais altos, e também implicavam um risco maior. *O vermelho e o negro*, de Stendhal, considerado erótico, custava o equivalente a duas semanas de salário de uma pessoa média.

Jin-ming ia a esse mercado todo dia. Seu capital inicial vinha de livros que tinha obtido de uma fábrica que reciclava papel, à qual cidadãos assustados vendiam suas coleções como papel velho. Ele passara a conversa num caixeiro de loja e comprara muitos desses livros, que revendera a preços muito mais altos. Depois comprava mais livros no mercado negro, lia-os, vendia-os e comprava mais.

Entre o início da Revolução Cultural e o fim de 1968, pelo menos mil livros passaram pelas mãos dele. Meu irmão só se atrevia a manter mais ou menos uma dúzia de livros por vez, e tinha de escondê-los com todo o cuidado. Um de seus esconderijos ficava sob uma caixa d'água abandonada no conjunto, até que um aguaceiro destruiu um estoque de seus favoritos, incluindo *The call of the wild*, de Jack London. Ele guardava uns poucos em casa, enfiados nos colchões e nos cantos de nossa despensa. Na noite em que a casa foi invadida, ele tinha *O vermelho e o negro* escondido na cama. Mas, como sempre, rasgara a capa e substituíra-a com a das *Obras escolhidas de Mao Tsé-tung*, e a sra. Shau e seus camaradas não o examinaram.

Jin-ming também comerciava com outros produtos do mercado negro. Seu entusiasmo pela ciência não desaparecera. Na época, o único mercado negro que negociava com produtos científicos em Chengdu vendia peças de rádios transistorizados: esse setor da indústria estava em alta, pois "disseminava as palavras do presidente Mao". Jin-ming comprava peças e fazia seus próprios rádios, que vendia a bons preços. Comprava mais peças para seu verdadeiro objetivo: testar várias teorias da física que o intrigavam.

A fim de arranjar dinheiro para as experiências, negociava até com emblemas de Mao. Muitas fábricas haviam parado a produção normal para fabricar emblemas de alumínio com o rosto de Mao. As coleções de qualquer tipo, incluindo selos e pinturas, tinham sido proibidas como "hábito burguês". Assim, o instinto das pessoas para colecionar se voltara para esse artigo aprovado — embora só pudessem negociar com ele clandestinamente. Jin-ming fez uma pequena fortuna. Pouco sabia o Grande Timoneiro que até a imagem de sua cabeça tinha se tornando um artigo de propriedade para a especulação capitalista, a atividade mesma que ele tentava sufocar.

Houve repetidas repressões. Muitas vezes chegavam caminhões cheios de guardas vermelhos, isolavam as ruas e pegavam qualquer um que parecesse suspeito. Às vezes enviavam espiões, que fingiam examinar os artigos. Então soava um apito e eles caíam sobre os negociantes. Os que eram apanhados tinham as mercadorias confiscadas. Geralmente levavam uma surra. Um castigo habitual era a "sangria" — facadas nas nádegas. Alguns eram torturados, e todos ameaçados de dupla punição se não parassem. Mas a maioria voltava sempre.

Meu segundo irmão, Xiao-hei, tinha doze anos no início de 1967. Nada tendo a fazer, logo se viu envolvido numa gangue de rua. Praticamente inexistentes antes da Revolução Cultural, elas agora floresciam. A gangue era chamada de "cais", e seu líder de "timoneiro". Todos os demais eram "irmãos", e tinham um apelido, geralmente com alguma ligação com animais: "Cachorro Magro" se o garoto era magro; "Lobo Cinzento" se tinha uma mecha de cabelo grisalho. Xiao-hei era chamado de "Casco Preto", porque seu nome, *hei*, significa "preto", e também porque ele era moreno, e rápido no leva-e-traz de mensagens, que era um de seus deveres, por ser mais jovem que a maioria dos membros da gangue.

A princípio, os garotos da gangue o trataram como um hóspede reverenciado, porque raras vezes tinham conhecido filhos das altas autoridades. Em geral vinham de famílias pobres, e muitas vezes haviam abandonado a escola antes da Revolução Cultural. Suas famílias não eram alvos da revolução, e tampouco se interessavam por ela.

Alguns garotos tentavam imitar as maneiras dos filhos das altas autoridades, apesar de estas terem sido derrubadas. Em seus dias de guardas vermelhos, os filhos das altas autoridades prefeririam velhos uniformes do exército comunista, pois eram as únicas pessoas que tinham acesso a eles, por meio de seus pais. Alguns garotos de rua arranjavam os trajes velhos no mercado negro, ou tingiam suas roupas de verde. Mas não tinham o ar altivo, e o verde deles muitas vezes não era do tom certo. Eram esnobados pelos filhos das altas autoridades, e também pelos próprios amigos, como "pseudos".

Mais tarde, os filhos das altas autoridades passaram a usar jaquetas e calças azul-escuras. Embora a maioria da população estivesse usando azul na época, o deles era de um tom particular, e também era incomum usarem as duas peças da mesma cor. Depois que fizeram disso seu sinal de distinção, os meninos e meninas de outras origens tiveram de evitá-lo, se não quisessem ser chamados de pseudos. O mesmo se aplicava a um certo tipo de sapatos: trançado negro em cima e solas de plástico branco, com uma tira de plástico branco aparecendo em cima.

Alguns membros de gangues inventavam seu próprio estilo.

Usavam muitas camisas por baixo da roupa externa, e punham todas as golas para fora. Quanto mais golas, mais elegantes eram considerados. Muitas vezes Xiao-hei usava seis ou sete camisas por baixo da jaqueta — e duas mesmo no escaldante calor do verão. Abrigos de ginástica tinham de aparecer por baixo das normais, encurtadas. Também usavam tênis brancos sem cadarço, e ostentavam quepes militares, com tiras de papelão enfiadas por dentro para fazer a pala se projetar, dando-lhes um ar imponente.

O roubo era largamente disseminado durante a Revolução Cultural, sobretudo batedores de carteira e ladrões de bicicleta. A maioria das pessoas que eu conhecia fora roubada pelo menos uma vez. Para mim, as saídas para compras muitas vezes resultavam ou na perda de minha bolsa ou em ver alguém gritando porque a dele fora roubada. A polícia, que se dividira em facções, exercia uma vigilância apenas simbólica.

Quando os estrangeiros começaram a chegar à China em grande número, na década de 1970, muitos ficaram impressionados com a "limpeza moral" da sociedade: uma meia jogada fora acompanhava o seu dono por mil e quinhentos quilômetros, de Pequim a Guangzhou, lavada, dobrada e posta em seu quarto de hotel. Os visitantes não percebiam que só os estrangeiros e chineses sob estrita vigilância recebiam tal atenção, nem que ninguém se atreveria a roubar estrangeiros, porque até mesmo o roubo de um lenço provavelmente seria punido com a morte. A meia limpa e dobrada não tinha relação com o verdadeiro estado da sociedade: era apenas parte do teatro do regime.

Os irmãos de Xiao-hei também viviam obcecados atrás de meninas. Os meninos de doze e treze anos como ele muitas vezes eram tímidos demais para procurar pessoalmente as meninas, por isso se tornavam mensageiros dos maiores, entregando suas cartas de amor pejadas de erros. Xiao-hei batia numa porta, rezando para que fosse aberta pela própria menina, e não pelo pai ou irmão, que com certeza lhe dariam um tapa na cabeça. Às vezes, quando o medo levava a melhor, ele enfiava a carta por baixo da porta.

Quando uma menina recusava uma proposta, Xiao-hei e outros meninos da gangue tornavam-se os instrumentos da vingança do amante rejeitado, fazendo barulho diante da casa dela e disparando catapultas contra sua janela. Quando a menina saía, eles cuspiam nela, xingavam-na, exibiam o dedo médio para ela, e gritavam-lhe palavrões que não entendiam inteiramente. Os termos chineses ofensivos à mulher são um tanto explícitos: "lançadeira" (pela forma dos órgãos genitais), "sela" (pela imagem de ser montada), "candeia transbordante" (pelas menstruações "demasiado freqüentes") e "sapato gasto" (muito "gasta").

Algumas meninas tentavam conseguir protetores nas gangues, e as mais capazes tornavam-se elas próprias timoneiras. As meninas que se envolviam nesse mundo masculino ostentavam seus próprios apelidos pictóricos, como "Peônia Negra Orvalhada", "Jarra de Vinho Quebrada", "Encantadora de Serpente".

A terceira grande ocupação das gangues eram as brigas, à mais leve provocação. Xiao-hei ficava muito excitado com as brigas, mas para grande pesar seu era dotado do que se chamava de "uma disposição covarde". Corria ao primeiro sinal de que um combate estava ficando feio. Graças à sua falta de bravata, sobreviveu intacto quando muitos garotos saíram feridos, e até mortos, nesses choques sem sentido.

Uma tarde, ele e alguns de seus irmãos zanzavam como de hábito quando um membro da gangue veio correndo e disse que a casa de um irmão tinha sido atacada por outro cais, e esse irmão fora submetido a uma "sangria". Eles voltaram à sede de seu cais para pegar as armas — varas, tijolos, facas, chicotes de arame e porretes. Xiao-hei enfiou um porrete de três partes no cinto de couro. Correram à casa onde ocorrera o incidente, mas descobriram que os inimigos tinham desaparecido e o irmão ferido fora levado a um hospital pela família. O timoneiro de Xiao-hei escreveu uma carta, pontilhada de erros, desafiando a outra gangue, e Xiao-hei foi encarregado de levá-la.

A carta exigia uma luta formal no Estádio de Esportes do Povo, onde havia bastante espaço. O estádio já não mais abrigava qualquer tipo de esporte, pois os jogos competitivos tinham sido condenados por Mao. Os atletas tinham de dedicar-se à Revolução Cultural. No dia marcado, a gangue de Xiao-hei, de várias dezenas de meninos, esperava na pista de atletismo. Passaram-se duas horas vagarosas, e então um homem de vinte e poucos anos entrou capengando no estádio. Era Tang "Capenga", figura famosa no submundo de Chengdu. Apesar de sua relativa juventude, tratavam-no com o respeito normalmente reservado aos velhos.

Tang Capenga fora aleijado pela pólio. Seu pai tinha sido uma autoridade do Kuomintang, e deram ao filho um trabalho indesejável, numa pequena oficina instalada na velha casa da família, que os comunistas haviam confiscado. Os empregados em pequenas unidades como essa não desfrutavam dos benefícios concedidos aos trabalhadores das grandes fábricas, como emprego garantido, assistência médica gratuita e uma pensão.

Sua origem o tinha impedido de fazer estudos superiores, mas ele era muito inteligente, e tornou-se o chefe de fato do submundo de Chengdu. Agora vinha, a pedido do outro cais, pedir uma trégua. Sacou vários maços dos melhores cigarros e distribuiu-os. Apresentou os pedidos de desculpas do outro cais e a promessa deles de pagar as contas pela casa danificada e os cuidados médicos. O timoneiro de Xiang-hei aceitou: era impossível dizer não a Tang Capenga.

Tang Capenga logo foi preso. No início de 1968, começara um novo estágio, o quarto, da Revolução Cultural. A primeira fase tinha sido a dos guardas vermelhos; depois vieram os rebeldes e os ataques aos sequazes do capitalismo; na terceira fase, começaram as guerras de facções entre os rebeldes. Mao agora decidira parar as lutas faccionais. A fim de impor obediência, espalhou o terror, para mostrar que ninguém estava a salvo. Uma parte considerável da população até então intocada, incluindo alguns rebeldes, agora tornava-se vítima. Campanhas políticas eram lançadas uma atrás da outra, para alcançar novos inimigos de classe. A maior dessas caças às bruxas, a "Limpeza nas Fileiras de Classe", levou Tang Capenga. Ele foi libertado após o fim da Revolução Cultural, em 1976, e no início da década de 1980 tornou-se empresário e milionário, um dos homens mais ricos de Chengdu. A arruinada casa de sua família lhe foi devolvida.

Ele derrubou-a e construiu um grande edifício de dois andares. Quando a mania da discoteca se abateu sobre a China, era visto muitas vezes nos lugares mais badalados, a olhar benignamente os rapazes e moças de seu *entourage* dançando, enquanto ele contava as cédulas de uma gorda carteira com enfática e deliberada indiferença, pagando para a turma toda e regozijando-se com seu recém-descoberto poder — o dinheiro.

A campanha de Limpeza nas Fileiras de Classe arruinou a vida de milhões de pessoas. Num único caso, o chamado caso do Partido Popular da Mongólia Interior, cerca de dez por cento da população adulta da Mongólia foi submetida a tortura ou maus-tratos físicos; pelo menos 20 mil morreram. Essa campanha em particular tomou como modelo estudos-pilotos em seis fábricas e duas universidades em Pequim, sob supervisão pessoal de Mao. Num relatório sobre uma das seis fábricas, a Unidade Gráfica de Xinhua, um trecho dizia: "Depois que essa mulher foi rotulada de contra-revolucionária, um dia, quando fazia trabalhos forçados e o guarda desviou os olhos, ela correu até o quarto andar do dormitório das mulheres, saltou de uma janela e matou-se. Evidentemente, é inevitável que os contra-revolucionários se matem. Mas é uma pena que agora tenhamos menos um 'exemplo negativo'". Mao escreveu sobre esse relatório: "Este é o melhor de todos os relatórios semelhantes que já li".

Esta e outras campanhas foram administradas pelos Comitês Revolucionários que se estabeleciam em todo o país. O Comitê Revolucionário Provincial de Sichuan foi instalado a 2 de junho de 1968. Seus líderes eram as mesmas quatro pessoas que haviam chefiado o Comitê Preparatório — os dois chefes do exército e os Ting. O comitê incluía os chefes dos dois maiores campos rebeldes, Chengdu Vermelha e 26 de Agosto, e algumas das "autoridades revolucionárias".

Essa consolidação do novo sistema de poder de Mao teve efeitos profundos sobre minha família. Um dos primeiros resultados foi uma decisão de reter parte dos salários dos sequazes do capitalismo e só deixar a cada dependente uma pequena pensão mensal em dinheiro. A renda de nossa família foi reduzida em mais da metade. Embora não passássemos fome, não podíamos mais comprar no mercado negro, e o abastecimento de comida do Estado deteriorava-se rapidamente. A ração de carne, por exemplo, era de duzentos e cinqüenta gramas por pessoa, por mês. Minha avó quebrava a cabeça fazendo planos noite e dia para que pudéssemos comer melhor, e para produzir pacotes de comida para nossos pais detidos.

A decisão seguinte do Comitê Revolucionário foi ordenar que todos os sequazes do capitalismo do conjunto vagassem espaço para os novos líderes. Deram à minha família alguns aposentos no alto de uma casa de três andares, que tinha sido a redação de uma revista agora defunta. Não havia água encanada nem banheiro no último andar. Nós tínhamos de descer até mesmo para escovar os dentes, ou para jogar fora os restos de uma xícara de chá. Mas eu não ligava, porque a casa era muito elegante e eu vivia sedenta de coisas bonitas.

Ao contrário de nosso apartamento no conjunto, que ficava num bloco de cimento sem qualquer estilo, a nova residência era uma esplêndida mansão de tijolos e madeira, com frente dupla e belas janelas de caixilho marrom-avermelhado, sob beirais graciosamente recurvos. O jardim dos fundos abundava em amoreiras, e o da frente tinha uma grossa treliça de cipó, uma touceira de loendros, uma amoreira e uma imensa árvore sem nome cujas frutas em forma de pimenta davam em pequenos cachos, dentro das dobras das folhas em forma de barco marrom e quebradiças. Eu adorava em particular as bananeiras ornamentais com suas folhas em longos arcos, uma visão incomum num clima não tropical.

Naquele tempo, a beleza era tão desprezada que minha família foi mandada para essa bela casa como castigo. O aposento principal era grande e retangular, com piso de tacos. Três lados eram de vidro, o que o tornava fortemente iluminado, e num dia claro oferecia uma visão panorâmica das distantes montanhas nevadas a oeste de Sichuan. A sacada não era feita do cimento habitual, mas de madeira pintada de uma cor marrom-avermelhada, as balaustradas com desenhos de "chave grega". Outro aposento, que dava para a sacada, tinha um teto extraordinariamente alto e em ponta — cerca de seis metros de altura — com caibros expostos de um escarlate desbotado. Eu me apaixonei de imediato por nossa nova casa. Mais tarde percebi que no inverno a sala retangular era um campo de batalha de ventos frios vindos de todos os lados sobre os vidros finos, e a poeira caía do teto como chuva quando o vento soprava. Mesmo assim, numa noite calma, deitada na cama com o luar entrando pelas janelas, e a sombra da alta amoreira dançando na parede, eu me enchia de alegria. Sentia tanto alívio por me ver fora do conjunto e toda a sua política suja que esperava que minha família jamais voltasse a chegar perto dele.

Eu também adorava nossa rua. Chamava-se rua do Meteorito, porque centenas de anos antes um meteorito caíra ali. A rua era pavimentada com pedra triturada, que eu preferia muito mais à superfície de asfalto da rua diante do conjunto.

A única coisa que me lembrava o conjunto eram alguns de nossos vizinhos, que trabalhavam no departamento de meu pai e pertenciam aos rebeldes da sra. Shau. Quando nos olhavam, era com expressões de férrea rigidez, e nas raras e inevitáveis ocasiões em que tínhamos de nos comunicar, só falavam em latidos. Um deles tinha sido editor da revista que fora fechada, e a esposa professora primária. Tinham um menino de seis anos chamado Jo-jo, da mesma idade de meu irmão Xiao-fang. Um funcionário subalterno, com uma filha de cinco anos, veio morar com eles, e as três crianças muitas vezes brincavam juntas no jardim. Minha avó ficava ansiosa pelo fato de Xiao-fang brincar com eles, mas não se atrevia a proibi-lo — nossos vizinhos podiam interpretar isso como hostilidade aos rebeldes do presidente Mao.

Ao pé da escada em espiral cor de vinho tinto que levava a nossos aposentos havia uma grande mesa em forma de meia-lua. Nos velhos tempos, punha-se em cima dela um imenso vaso de porcelana com um buquê de jasmins de inverno ou flores de pessegueiro. Agora estava nua, e as três crianças muitas vezes brincavam em cima dela. Um dia, estavam brincando de "médico": Jo-jo era o médico, Xiao-fang um enfermeiro, e a menina de cinco anos a paciente. Ela deitou-se de barriga para baixo em cima da mesa e suspendeu a saia para uma injeção. Xiao-fang segurava um pedaço de pau, do encosto de uma cadeira quebrada, como "seringa". Nesse momento, a mãe da menina apareceu nos degraus de calcário do patamar. Deu um grito e arrebatou a filha de cima da mesa.

Descobriu alguns arranhões na parte interna da coxa da filha. Em vez de levá-la a um hospital, chamou alguns rebeldes do departamento de meu pai, a algumas ruas de distância. Uma multidão logo entrou marchando no jardim da frente. Minha mãe, que por acaso estava em casa por alguns dias, graças a uma licença, foi imediatamente agarrada. Xiao-fang também, e os adultos começaram a berrar com ele. Disseram-lhe que deviam "matá-lo de pancadas" se ele se recusasse a dizer quem lhe ensinara a "estuprar a menina". Tentaram obrigá-lo a dizer que tinham sido os irmãos maiores. Xiao-fang não conseguiu dizer uma palavra, nem mesmo chorar. Jo-jo parecia assustadíssimo. Chorava e dizia que fora ele quem pedira a Xiao-fang para dar a injeção. A menina também chorava, dizendo que não tinha tomado a injeção. Mas os adultos gritaram-lhes que calassem a boca, e continuaram a maltratar Xiao-fang. Finalmente, por sugestão de minha mãe, a multidão, dando encontrões nela e arrastando Xiao-fang, saiu em massa para o Hospital do Povo de Sichuan.

Assim que entraram no serviço de ambulatório, a furiosa mãe da menina e a multidão dramaticamente esquentada passaram a fazer acusações aos médicos, enfermeiros e aos outros pacientes: "O filho de um sequaz do capitalismo estuprou a filha de um rebelde! Deve-se fazer com que os pais sequazes do capitalismo paguem por isso!".

Quando acabou de examinar a menina, a médica saiu e anunciou que não havia absolutamente nenhum sinal de que ela fora estuprada. Os arranhões nas pernas não eram recentes, e não podiam ter sido causados pelo pedaço de pau de Xiao-fang, que, como mostrou à multidão, era pintado e liso. Provavelmente tinham sido causados pela subida numa árvore. A multidão se dispersou, relutantemente.

Nessa noite, Xiao-fang delirou. Tinha o rosto roxo, gritava e dizia coisas sem pé nem cabeça. No dia seguinte, minha mãe levou-o a um hospital, onde um médico lhe deu uma grande dose de tranqüilizantes. Após alguns dias, voltou a ficar bom, mas deixou de brincar com outras crianças. Com esse incidente, praticamente deu adeus à infância, aos seis anos.

Nossa mudança para a rua do Meteorito fora deixada aos cuidados de minha avó e de nós cinco. Mas a essa altura tivemos a ajuda do namorado de minha irmã Xiao-hong, Cheng-yi.

O pai dele fora um funcionário subalterno sob o Kuomintang, e não conseguira arranjar um emprego decente depois de 1949, em parte por causa de seu passado indesejável, e em parte porque tinha tuberculose e úlcera gástrica. Fazia biscates como varrer rua e cobrar as taxas de uma bica d'água comunal. Durante a fome, ele e a esposa, que moravam em Chongqing, morreram de doença, agravada pela desnutrição.

Cheng-yi trabalhava numa fábrica de motores de avião, e conhecera minha irmã no início de 1968. Como a maioria das pessoas da fábrica, era membro inativo do grande grupo rebelde do estabelecimento, filiado ao 26 de Agosto. Naqueles dias, não havia diversões, e por isso a maioria dos rebeldes criou suas trupes de canto e dança, que apresentavam as poucas músicas permitidas, feitas a partir de citações de Mao e de louvores a ele. Cheng-yi, que era um bom músico, fazia parte de uma dessas trupes. Embora não estivesse na fábrica, minha irmã, que adorava dançar, juntara-se à trupe, com Fofinha e Ching-ching. Ela e Cheng-yi logo se apaixonaram. A relação sofreu pressão de todos os lados: da irmã e colegas de trabalho dele, que receavam que uma ligação com uma família de sequazes do capitalismo pusesse em perigo o seu futuro; de nosso círculo de filhos das altas autoridades, que o desprezavam por não ser "um dos nossos"; e de mim, que, irracionalmente, encarava o desejo de minha irmã de viver sua própria vida como uma deserção a nossos pais. Mas o amor deles sobreviveu, e sustentou minha irmã durante os difíceis anos seguintes. Logo passei a gostar de Chengyi e a respeitá-lo muito, como toda a minha família. Como usava óculos, nós o chamávamos de "Luneta".

Outro músico da trupe, amigo de Luneta, era carpinteiro e filho de um motorista de caminhão. Era um jovem alegre, com um nariz espetacularmente grande, que o fazia parecer um pouco não chinês. Naqueles dias, os únicos estrangeiros cujas fotos nós víamos sempre eram albaneses, porque a minúscula e distante Albânia era a única aliada da China — até os norte-coreanos eram tidos como demasiado decadentes. Os amigos apelidaram-no de "Al", abreviação de "Albanês".

Al apareceu com uma carroça para ajudar-nos na mudança para a rua do Meteorito. Não querendo sobrecarregá-lo, sugeri que deixássemos algumas coisas para trás. Mas ele quis que levássemos tudo. Com um sorriso de indiferença, cerrou os punhos e exibiu orgulhosamente os músculos volumosos. Meus irmãos enfiavam o dedo nos duros muques com grande admiração.

Al estava muito a fim de Fofinha. No dia seguinte à mudança, ele a convidou, com Ching-ching e eu, a almoçarmos em sua casa, uma das casas comuns de Chengdu, sem janelas e com chão de terra batida, dando diretamente para a calçada. Foi a primeira vez que entrei numa dessas casas. Quando chegamos à rua de Al, vi um grupo de rapazes parados na esquina. Os olhos deles nos seguiram quando deram um significativo "Alô" a Al. Ele corou de orgulho e foi falar com eles. Voltou com um sorriso animado no rosto. Num tom de quem não quer nada, disse: "Eu disse a eles que vocês são filhas de altas autoridades, e que eu tinha feito amizade com vocês para conseguir artigos finos quando a Revolução Cultural acabar".

Eu fiquei desorientada. Primeiro, o que ele dizia parecia sugerir que as pessoas achavam que os filhos de altas autoridades tinham acesso a bens de consumo, o que não era verdade. Segundo, estava perplexa com o óbvio prazer dele em estar ligado a nós, e o prestígio que isso lhe dava aos olhos dos amigos. No momento em que meus pais estavam detidos e acabávamos de ser expulsos do conjunto, em que o Comitê Revolucionário de

Sichuan fora estabelecido e os sequazes do capitalismo eram depostos, em que a Revolução Cultural parecia ter vencido, Al e seus amigos aparentemente ainda tinham por certo que autoridades como meus pais iam voltar.

Eu ia encontrar repetidas vezes atitudes semelhantes. Sempre que saía do imponente portão de nosso pátio, tinha consciência dos olhares das pessoas da rua do Meteorito, olhares que eram um misto de curiosidade e respeito. Era claro para mim que o grande público encarava os Comitês Revolucionários, mais que os sequazes do capitalismo, como transitórios.

No outono de 1968, um novo tipo de equipe veio assumir minha escola: eram as chamadas "Equipes de Propaganda do Pensamento de Mao Tsé-tung". Compostas de soldados ou operários que não tinham se envolvido nas lutas de facções, sua tarefa era restaurar a ordem. Em minha escola, como em todas as outras, a equipe reconvocou todos os alunos que estavam lá quando começara a Revolução Cultural dois anos antes, para mantê-los sob controle. Os poucos que se achavam fora da cidade foram localizados e convocados por telegrama. Poucos se atreveram a ficar de fora.

De volta à escola, os professores que não tinham sido vítimas nada ensinavam. Não se atreviam. Todos os velhos livros didáticos haviam sido condenados como "veneno burguês", e ninguém tinha coragem suficiente para escrever novos. Por isso, simplesmente ficávamos sentados nas classes declamando artigos de Mao e lendo os editoriais do *Diário do Povo*. Cantávamos músicas de citações de Mao, ou nos reuníamos para "danças da lealdade", girando e brandindo nossos Livrinhos Vermelhos.

A compulsoriedade das "danças da lealdade" foi uma das grandes ordens emitidas pelos Comitês Revolucionários em toda a China. Aquelas absurdas contorções eram obrigatórias nas escolas e fábricas, nas ruas, nas lojas, nas estações ferroviárias, e até nos hospitais, para os pacientes que ainda podiam se mexer.

No todo, a equipe de propaganda enviada para a minha escola foi bastante benigna. Outras, não. A da Universidade de Chengdu foi escolhida a dedo pelos Ting, porque a universidade tinha sido o quartel-general de seus inimigos, o Chengdu Vermelha. Yan e Yong sofreram mais que a maioria. Os Ting instruíram a equipe de propaganda a pressioná-los para condenar meu pai. Eles recusaram-se. Mais tarde disseram à minha mãe que admiravam tanto a coragem de meu pai que haviam decidido resistir.

No fim de 1968, todos os universitários da China tinham sido sumariamente "formados" *en masse*, sem qualquer exame, recebido empregos e dispersados para todos os cantos do país. Yan e Yong foram advertidos de que, se não denunciassem meu pai, não teriam futuro. Mas resistiram. Yan foi mandado para uma pequena mina de carvão nas montanhas do leste de Sichuan. Era o pior emprego possível; as condições de trabalho eram extremamente primitivas, praticamente sem medidas de segurança. As mulheres, como os homens, tinham de se arrastar de quatro para dentro do poço e puxar as cestas de carvão para fora. O destino de Yan era em parte resultado da distorcida retórica da época: a sra. Mao vinha insistindo em que as mulheres fizessem os mesmos trabalhos dos homens, e um dos slogans de então era a máxima de Mao: "As mulheres podem sustentar metade do céu". Mas as mulheres sabiam que quando lhes davam o privilégio dessa igualdade, vinha pela frente trabalho pesado.

Logo após a expulsão dos estudantes universitários, os alunos das escolas médias como eu descobriram que iam ser exilados para áreas distantes nos campos e montanhas, para um trabalho agrícola de quebrar a espinha. Mao pretendia que eu passasse o resto de minha vida como camponesa.

22. "Reforma do pensamento pelo trabalho"
NO SOPÉ DOS HIMALAIAS (janeiro-junho de 1969)

EM 1969, MEUS PAIS, minha irmã, meu irmão Jin-ming e eu fomos expulsos de Chengdu um atrás do outro, e mandados para distantes partes do agreste de Sichuan. Estávamos entre os milhares de habitantes urbanos a serem exilados no campo. Dessa forma, os jovens não ficariam correndo as cidades sem nada a fazer, criando encrenca por puro tédio, e adultos como meu pai teriam um "futuro". Eles faziam parte da velha administração que fora substituída pelos Comitês Revolucionários de Mao, e mandá-los para fazer trabalho braçal no fim do mundo era uma solução conveniente.

Segundo a retórica de Mao, fomos enviados para o campo a fim de sermos "reformados". Mao pregava a "reforma do pensamento pelo trabalho" para todos, mas nunca explicou a relação entre as duas coisas. Claro, ninguém pediu esclarecimento. Só pensar em tal questão já equivalia a traição. Na verdade, todo mundo na China sabia que o trabalho braçal, sobretudo no campo, era sempre uma punição. Era visível que nenhum dos capangas de Mao, os membros dos recém-estabelecidos Comitês Revolucionários, oficiais do exército — e muito menos seus filhos — tinha de fazê-lo.

O primeiro de nós a ser expulso foi meu pai. Pouco depois do Ano-Novo de 1969 ele foi mandado para o município de Miyi, na região de Xichang, no sopé leste dos Himalaias, uma área tão remota que é a base de lançamento de satélites da China hoje. Fica a cerca de quatrocentos e cinqüenta quilômetros de Chengdu, quatro dias de viagem de caminhão, pois não havia estrada de ferro. Nos tempos antigos, a área já era usada como local de exílio, pois dizia-se que suas montanhas e águas estavam impregnadas de um "ar impuro". Em termos de hoje, o "ar impuro" eram as doenças subtropicais.

Instalou-se ali um acampamento para receber os ex-funcionários do governo provincial. Havia milhares desses campos por toda a China. Eram chamados de "escolas de quadros", mas além de não serem escolas, também não eram só para autoridades. Escritores, intelectuais, cientistas, professores, médicos e atores, que se haviam tornado "inúteis" na nova ordem de ignorância de Mao, também eram despachados para lá.

Entre as autoridades, não só sequazes do capitalismo como meu pai e outros inimigos de classe eram mandados para os campos. A maioria de seus colegas rebeldes também foi expulsa, uma vez que o novo Comitê Revolucionário de Sichuan não podia acomodar nem de perto todos eles, depois de preencher seus postos com rebeldes de outras origens, como operários e estudantes, e com homens do exército. A "Reforma do Pensamento pelo Trabalho" tornou-se uma maneira conveniente de lidar com o excesso de rebeldes. No departamento de meu pai, só uns poucos continuaram em Chengdu. A sra. Shau tornou-se subdiretora de Assuntos Públicos no Comitê Revolucionário de Sichuan. Todas as organizações rebeldes foram desmanteladas.

As "escolas de quadros" não eram campos de concentração nem *gulags*, mas lugares isolados de detenção em que os internos tinham liberdade restrita e eram obrigados a fazer trabalho braçal sob estrita supervisão. Como toda área cultivável na China é densamente povoada, só em áreas áridas e montanhosas havia espaço para conter os exilados das cidades. Esperava-se que os internos produzissem alimentos e fossem auto-suficientes. Embora continuassem recebendo salários, pouco havia para comprar. A vida era muito difícil.

A fim de preparar-se para sua viagem, meu pai foi libertado de seu lugar de detenção em Chengdu poucos dias antes da partida. A única coisa que ele queria era ver minha mãe. Ela continuava detida, e ele achava que talvez jamais voltasse a vê-la. Escreveu ao Comitê Revolucionário, o mais humildemente que pôde, pedindo que lhe permitissem visitá-la. O pedido foi recusado.

O cinema em que minha mãe era mantida ficava no que era antes a rua mais movimentada de Chengdu. Agora as lojas mostravam-se meio vazias, mas o mercado negro de transistores que meu irmão Jin-ming freqüentava era perto, e ele às vezes via minha mãe andando pela rua numa fila de detentas, levando uma tigela e um par de pauzinhos. A cantina no cinema não funcionava todo dia, por isso vez por outra os detidos tinham de sair para buscar suas refeições. A descoberta de Jin-ming significava que às vezes podíamos ver nossa mãe, esperando na rua. Ocasionalmente, ela não aparecia com as outras detentas, e nós nos consumíamos de ansiedade. Não sabíamos que aqueles eram os dias em que sua guarda psicopata castigava-a negando-lhe permissão para sair e comer. Mas talvez no dia seguinte a avistássemos, uma entre mais ou menos uma dezena de homens e mulheres calados e sombrios, as cabeças baixas, todos usando braçadeiras brancas com quatro sinistros caracteres negros: "boi diabo, serpente demônio".

Levei meu pai àquela rua vários dias seguidos, e esperamos lá do amanhecer até a hora do almoço. Mas não havia sinal dela. A gente subia e descia a rua, batendo os pés na calçada coberta de gelo para se aquecer. Uma manhã, víamos de novo o pesado nevoeiro levantar-se, revelando os prédios de cimento sem vida, quando ela apareceu. Tendo visto os filhos muitas vezes na rua, ergueu rapidamente o olhar para ver se estávamos ali agora. Os olhos dela encontraram os de meu pai. Os lábios deles tremeram, mas não se ouviu som algum. Simplesmente travaram os olhos até que o guarda gritou à minha mãe que baixasse a cabeça. Muito depois de ela ter dobrado a esquina, meu pai continuava olhando em sua direção.

Uns dois dias depois, meu pai se foi. Apesar de sua calma e reserva, detectei sinais que tinha os nervos à flor da pele. Eu temia desesperadamente que ele voltasse a perder o juízo, sobretudo agora que tinha de sofrer o seu tormento mental e físico na solidão, sem a família por perto. Decidi ir fazer-lhe companhia em breve, mas era extremamente difícil arranjar transporte para Miyi, pois os serviços públicos para áreas tão distantes estavam paralisados. Assim, quando me disseram alguns dias depois que minha escola ia ser despachada para um lugar chamado Ningnan, que ficava a apenas uns setenta e cinco quilômetros do campo dele, fiquei contente.

Em janeiro de 1969, todos os estudantes secundários de Chengdu foram mandados para uma área rural em algum ponto de Sichuan. Íamos viver em aldeias, entre os camponeses, para ser "reeducados" por eles. Não se especificou no que, exatamente, se esperava que nos educassem, mas Mao sempre afirmou que as pessoas com alguma educação eram inferiores aos camponeses analfabetos, e precisavam reformar-se para ficar mais parecidas com eles. Um de seus ditados dizia: "Os camponeses têm mãos sujas e pés sujos de bosta de vaca, mas são muito mais limpos que os intelectuais".

A minha escola e a de minha irmã estavam cheias de filhos de sequazes do capitalismo, por isso os alunos foram enviados para áreas particularmente remotas. Nenhum dos filhos de membros dos Comitês Revolucionários foi. Entraram nas Forças Armadas, que era a única, e muito mais confortável, alternativa ao campo. A partir dessa época, um dos mais claros sinais de poder era ter filhos no exército.

No todo, uns 15 milhões de jovens foram enviados para o campo, num dos maiores deslocamentos populacionais da história. Uma indicação da ordem dentro do caos foi o fato de ele ter sido rápido e surpreendentemente bem organizado. Todos receberam um subsídio para comprar mais roupas, colchas, lençóis, malas, mosquiteiros e folhas de plástico para envolver os colchões. Deu-se bastante atenção a detalhes como o fornecimento de tênis, cantis e lanternas. A maioria dessas coisas teve de ser fabricada especialmente, pois não estavam à venda nas lojas pobremente abastecidas. Os de famílias pobres podiam pedir ajuda financeira extra. Durante o primeiro ano, o Estado nos forneceria dinheiro para pequenas despesas e rações alimentares, inclusive arroz, óleo de cozinha e carne, que tinham de ser obtidos na aldeia a que nos destinassem.

Desde o Grande Salto para a Frente, o campo havia sido organizado em comunas, cada uma das quais agrupava um número de aldeias e podia conter de 2 mil a 20 mil famílias. Sob a comuna ficavam as brigadas de produção, que por sua vez governavam várias equipes de produção. Uma equipe de produção equivalia mais ou menos a uma aldeia, e era a unidade básica da vida rural. Em minha escola, até oito alunos foram destinados a cada equipe de produção, e nos permitiam escolher com quem queríamos formar um grupo. Eu escolhi minhas amigas da série de Fofinha. Minha irmã preferiu ir comigo, em vez de com sua escola: permitiam-nos optar por ir para um lugar com um parente. Meu irmão Jin-ming, embora estivesse na mesma escola que eu, ficou em Chengdu, porque ainda não fizera dezesseis anos, que era a idade da separação. Fofinha também não foi, porque era filha única.

Eu ansiava por Ningnan. Não tivera nenhuma experiência verdadeira de provações físicas e pouco sabia o que significavam. Imaginava um cenário idílico, no qual não havia política. Viera uma autoridade de Ningnan conversar conosco, e descrevera o clima subtropical com seu alto céu azul, imensos hibiscos vermelhos, bananas de mais de trinta centímetros e o rio da Areia Dourada — a parte superior do Yang-tse — reluzindo ao sol brilhante e ondulado por brisas leves.

Eu vivia num mundo de névoa cinzenta e negros jornais murais, e o sol e a vegetação tropical me pareciam um sonho. Ouvindo a autoridade, eu me via numa montanha de flores com um rio dourado a meus pés. Ele falou do misterioso "ar impuro" sobre o qual eu lera na literatura clássica, mas mesmo isso acrescentava um toque de exotismo antigo. Perigo, para mim, só existia nas campanhas políticas. Estava ávida por ir porque achava que seria fácil visitar o meu pai. Mas não notei que entre nós havia montanhas sem trilhas de mais de 3 mil metros de altura. Jamais fora muito boa com mapas.

Em 27 de janeiro de 1969, minha escola partiu para Ningnan. Cada aluno podia levar uma mala e um colchonete. Meteram-nos em caminhões, cerca de três dezenas em cada. Havia apenas poucos assentos; a maioria sentou-se nos colchonetes no chão. A coluna de caminhões subiu e desceu aos trancos estradas rurais durante três dias, até chegarmos à fronteira de Xichang. Atravessamos a planície de Chengdu e as montanhas na crista oriental dos Himalaias, onde os caminhões tiveram de ser acorrentados. Tentei me sentar no fundo, para poder ver as sensacionais chuvas de neve e granizo que embranqueciam o universo, e quase imediatamente passavam para um céu turquesa e um sol deslumbrante. Essa beleza tempestuosa deixava-me sem fala. Ao longe, a oeste, erguia-se um pico de 7,7 mil metros, além do qual ficava uma floresta antiga, em que nascera grande parte da flora mundial. Só quando vim para o Ocidente compreendi que flores tão comuns como rododendros, crisântemos, a maioria das rosas e muitas outras vieram dali, uma região onde ainda hoje existem ursos panda.

Na segunda noite, entramos num lugar chamado município do Asbesto, batizado com o nome de seu principal produto. Num certo ponto das montanhas, nosso caminhão parou para que pudéssemos usar os banheiros — dois barracos de taipa com buracos comunais redondos cobertos de vermes. Mas se a visão dentro do banheiro era revoltante, a de fora era horrorizante. Os camponeses tinham rostos cinzentos, cor de chumbo, e desprovidos de qualquer animação. Aterrorizada, perguntei a um simpático homem da equipe de propaganda, Dong-an, que nos levava a nosso destino, quem eram aquelas pessoas parecendo zumbis. Presos de um campo de *lao-gai* ("reforma pelo trabalho"), ele respondeu. Como a mineração de asbesto era altamente tóxica, faziam-na basicamente com trabalho forçado, com poucas precauções de segurança ou saúde. Esse foi o meu primeiro, e único, encontro com o *gulag* da China.

No quinto dia, o caminhão descarregou-nos num celeiro no topo da montanha. A publicidade da equipe de propaganda me levara a esperar uma cerimônia com pessoas tocando tambores e pregando flores vermelhas de papel nos recém-chegados com grande fanfarra, mas a única coisa que aconteceu foi uma autoridade da comuna vir nos receber na estação de grãos. Fez um discurso de boas-vindas no distorcido jargão dos jornais. Umas duas dezenas de camponeses ali estavam para nos ajudar com nossos colchonetes e malas. Tinham os rostos vazios e inescrutáveis, e o que diziam era ininteligível para mim.

Minha irmã e eu fomos andando para nosso novo lar com duas outras moças e quatro rapazes que compunham o nosso grupo. Os quatro camponeses que carregavam parte de nossa bagagem andavam em total silêncio, e pareciam não entender as perguntas que lhes fazíamos. Caímos em silêncio também. Durante horas andamos em fila única, afundando cada mais vez mais no universo de montanhas verde-escuras. Mas eu estava exausta demais para notar a beleza delas. A certa altura, depois de me esforçar para me agarrar a uma rocha e recuperar o fôlego, olhei em volta, ao longe. Nosso grupo parecia bastante insignificante em meio ao vasto e ilimitado mundo de montanhas, sem estradas, sem casas e sem outros seres humanos à vista, só o vento sussurrando nas florestas e o escachoar de riachos ocultos. Eu me sentia desaparecer numa selva silenciosa e estranha.

Quando chegamos à aldeia já estava escuro. Não havia eletricidade, e o óleo era precioso demais para ser gasto sem que houvesse escuridão total. As pessoas paradas nas portas de suas casas olhavam-nos boquiabertas e com expressões vazias; eu não sabia se aquilo denotava interesse ou indiferença. Foram olhares assim que muitos estrangeiros encontraram na China depois que ela foi aberta pela primeira vez na década de 1970. Na verdade, éramos como estranhos para os camponeses — e eles para nós.

A aldeia havia preparado uma residência para nós, feita de madeira e barro, e compreendendo dois grandes aposentos — um para os quatro rapazes e outro para as quatro moças. Um corredor levava ao salão da aldeia, onde haviam construído um fogão de tijolos para cozinharmos.

Caí exausta na tábua que era a cama que eu ia dividir com minha irmã. Algumas crianças nos acompanharam, dando gritinhos de excitação. Agora batiam em nossa porta, mas quando abríamos elas fugiam correndo, apenas para reaparecer e tornar a bater na porta. Espiavam por nossa janela, que era apenas um buraco quadrado na parede, sem proteção, e emitiam gritos estranhos. A princípio nós sorrimos e as convidamos a entrar, mas nossa amizade não encontrou resposta. Eu estava desesperada por um banho. Pregamos uma velha camisa na janela, como cortina, e começamos a mergulhar as toalhas na água gelada de nossas bacias. Eu tentava ignorar os risinhos das crianças, que não paravam de puxar a "cortina". Tivemos de manter as jaquetas acolchoadas enquanto nos lavávamos.

Um dos rapazes em nosso grupo agia como líder e elemento de ligação com os aldeões. Ele nos disse que tínhamos uns poucos dias para organizar nossas necessidades, como água, querosene e lenha; depois disso, podíamos começar a trabalhar nos campos.

Tudo em Ningnan era feito à mão, como tinha sido há pelo menos 2 mil anos. Não havia máquinas — nem animais de tração, tampouco. Os camponeses tinham muito pouca comida para poder dar alguma parte dela a cavalos ou jumentos. Para nossa chegada, haviam enchido um tanque d'água redondo. No dia seguinte, percebi como era preciosa cada gota. Para obter água, tínhamos de subir durante trinta minutos por trilhas até o poço, levando um par de barris de madeira numa vara sobre os ombros. Cheios, pesavam quarenta e cinco quilos. Meus ombros doíam agonicamente mesmo quando estavam vazios. Fiquei muitíssimo aliviada quando os rapazes bravamente declararam que ir buscar água era tarefa deles.

Eles também cozinhavam, já que de nós quatro moças, três, incluindo eu, jamais havíamos cozinhado em nossas vidas, vindo das famílias de que vínhamos. Comecei a aprender da maneira difícil. O grão vinha com casca, e tinha de ser posto no pilão de pedra e socado com toda força com uma pesada mão de pilão. Depois, despejava-se a mistura numa grande cesta de bambu, que era sacudida com um determinado movimento dos braços, para que as cascas leves se juntassem em cima e fossem retiradas, deixando o arroz atrás. Após uns dois minutos, meus braços doíam insuportavelmente, e logo tremiam tanto que eu não podia suspender a cesta. Era uma batalha exaustiva por cada refeição.

Depois tínhamos de coletar lenha. Era uma caminhada de duas horas até a mata designada pelas leis de proteção florestal como área onde se podia pegá-la. Só podíamos cortar galhos pequenos, por isso subíamos nos pinheiros menores e os golpeávamos ferozmente com as facas. As achas eram amarradas em feixes e carregadas em nossas costas. Eu era a mais jovem do grupo, por isso só tinha de carregar uma cesta de leves agulhas de pinheiro. A volta para casa eram mais duas horas, subindo e descendo trilhas de montanhas. Eu estava tão exausta quando voltava que sentia que meu fardo devia pesar pelo menos uns setenta quilos. Não acreditava quando punha a cesta na balança: dava apenas dois quilos e meio. Isso ardia rapidamente: não chegava nem para ferver um *wok* de água.

Numa das primeiras viagens para recolher combustível, eu rasguei os fundilhos das calças descendo de uma árvore. Fiquei tão embaraçada que me escondi na mata e só saí por último, para que ninguém andasse atrás de mim e visse. Os rapazes, todos perfeitos cavalheiros, ficavam insistindo em que eu fosse na frente, para que eles não andassem mais depressa do que eu. Tive de repetir muitas vezes que estava feliz em ficar por último, e que não estava apenas sendo educada.

Até ir ao banheiro não era uma tarefa fácil. Significava descer uma encosta íngreme e escorregadia até um poço fundo perto do cercado das cabras. A gente sempre ficava ou com o traseiro ou com a cabeça de frente para as cabras, que gostavam de dar marradas nos intrusos. Eu ficava tão nervosa que não pude esvaziar o intestino durante dias. Assim que se deixava o cercado das cabras, era uma luta para subir a encosta de novo. Toda vez que eu voltava, tinha novos machucados em alguma parte do corpo.

Em nosso primeiro dia de trabalho com os camponeses, fui encarregada de carregar cocô de cabra e excrementos de nossa latrina para os minúsculos campos, que acabavam de passar por uma queimada. A terra achava-se agora coberta por uma camada de cinza vegetal que, junto com o excremento de cabra e humano, ia fertilizar o solo para ser arado na primavera, o que se fazia manualmente.

Pus a pesada cesta nas costas e me arrastei desesperada, de quatro, pela encosta acima. O estrume estava bastante seco, mas mesmo assim parte dele começou a infiltrar-se pela minha jaqueta até a roupa de baixo — e as minhas costas. Também transbordava por cima da cesta e encharcava meus cabelos. Quando cheguei por fim ao campo, vi que as camponesas descarregavam curvando a cintura para o lado e inclinando as cestas de modo a despejar o conteúdo. Mas não consegui despejar a minha. No desespero para livrar-me do peso, tentei tirar a cesta das costas. Escorreguei o braço direito para fora da correia, e de repente a cesta caiu com um tremendo impacto para a esquerda, levando junto o ombro esquerdo. Caí no chão sobre o estrume. Algum tempo depois, uma de minhas amigas deslocou o ombro assim. Eu só distendi um pouco a cintura.

O sacrifício fazia parte da "reforma do pensamento". Em teoria, devia ser apreciado, pois nos levava mais perto de tornar-nos uma nova pessoa, mais parecida com os camponeses. Antes da Revolução Cultural, eu subscrevia entusiasmada essa atitude ingênua, e fizera deliberadamente trabalho braçal para me tornar uma pessoa melhor. Certa vez, na primavera de 1966, minha série ajudava na conservação de estradas. Pedia-se às meninas que fizessem trabalhos leves, como separar as pedras, que eram depois quebradas pelos meninos. Ofereci-me para fazer o trabalho dos meninos e acabei com os braços horrivelmente inchados de quebrar pedras com um imenso martelo que mal podia levantar. Agora, nem bem três anos depois, minha doutrinação desmoronava. Sem o apoio psicológico da crença cega, eu me via odiando a provação nas montanhas de Ningnan. Parecia absolutamente inútil.

Peguei uma séria irritação de pele assim que cheguei. Durante mais de três anos, essa irritação voltava no momento em que eu punha os pés no campo, e nenhum remédio parecia poder curá-la. Eu era atormentada por coceiras dia e noite, e não podia parar de me coçar. Três semanas depois de iniciar minha nova vida, tinha várias feridas escorrendo pus, e as pernas inchadas de infecções. Também sofria de diarréia e vômitos. Vivia detestavelmente fraca e doente o tempo todo, quando mais precisava de força física, e a clínica da comuna ficava a quase cinqüenta quilômetros de distância.

Logo cheguei à conclusão de que tinha pouca possibilidade de visitar meu pai indo de Ningnan. A estrada propriamente dita mais próxima ficava a um dia de marcha forçada, e mesmo quando se chegava lá, não havia transporte público. Havia poucos caminhões, que passavam só de vez em quando, e era extremamente improvável que partissem de onde eu estava para Miyi. Felizmente, o homem da equipe de propaganda, Dong-an, veio à nossa aldeia verificar se estávamos instalados direito, e quando viu que eu estava doente, sugeriu bondosamente que voltasse a Chengdu para tratamento. Ele ia voltar com o último dos caminhões que nos haviam trazido a Ningnan. Vinte e seis dias depois de chegar, parti de volta para Chengdu.

Quando partia, percebi que mal chegara a conhecer os camponeses de nossa aldeia. Meu único conhecido fora o contador local, que, como o homem mais educado nas redondezas, vinha visitar-nos com freqüência, em busca de alguma afinidade intelectual. A casa dele era a única em que eu estivera, e o que mais lembro são os olhares desconfiados no rosto curtido de sua jovem esposa. Ela limpava as tripas sangrentas de um porco, e tinha um bebê calado nas costas, Quando a cumprimentei, ela me lançou um olhar indiferente e não retribuiu a saudação. Eu me senti estranha e sem jeito, e saí logo.

Nos poucos dias em que trabalhei de fato com os aldeões, me sobravam poucas energias e não conversei direito com eles. Pareciam distantes, desinteressados, separados de mim pelas impenetráveis montanhas de Ningnan. Eu sabia que a gente devia fazer o esforço de visitá-los, como faziam à noite meus amigos e minha irmã, que estavam em melhor forma, mas vivia exausta, doente, e me coçando o tempo todo. Além disso, visitá-los teria significado que eu me resignara a tirar o melhor proveito de minha vida ali. E eu decididamente me recusava a instalar-me para uma vida de camponesa. Sem dizer isso claramente a mim mesma, rejeitava a vida que Mao me destinara.

Quando chegou a hora da partida, de repente senti saudade da extraordinária beleza de Ningnan. Não apreciara direito as montanhas quando lutava com a vida lá. A primavera chegara cedo, em fevereiro, e dourados jasmins de inverno brilhavam ao lado dos sincelos que pendiam dos pinheiros. Os arroios nos vales formavam um poço cristalino atrás do outro, pontilhados por pedras de formas fantásticas em volta. Os reflexos na água eram de nuvens magníficas, dosséis de árvores imponentes, e as flores sem nome que brotavam elegantes das fendas nas rochas. Nós lavávamos roupa nesses poços celestiais, e as espalhávamos nas pedras para secar ao sol e ao ar seco. Depois nos deitávamos na grama e ficávamos ouvindo a vibração dos pinheiros da floresta na brisa. Eu olhava maravilhada as encostas das montanhas à nossa frente, cobertas de pessegueiros bravos, e imaginava as massas cor-de-rosa que seriam dentro de poucas semanas.

Quando cheguei a Chengdu, após quatro intermináveis dias de sacolejos na carroceria de um caminhão vazio, com dores de barriga e diarréia constantes, fui direto para a clínica ligada ao conjunto. Injeções e pílulas me curaram imediatamente. Como a cantina, a clínica ainda permanecia aberta para minha família. O Comitê Revolucionário de Sichuan rachara — e era de segunda categoria: não pudera organizar uma administração que funcionasse. Não conseguira sequer emitir regulamentos sobre os muitos aspectos da vida diária. Em conseqüência, o sistema estava cheio de buracos; muitos dos velhos costumes continuavam, e as pessoas achavam-se em grande parte entregues a seus próprios recursos. As administrações da cantina e da clínica não se recusaram a servir-nos, por isso continuamos desfrutando das instalações.

Além das injeções e pílulas ocidentais receitadas na clínica, minha avó disse que eu precisava de remédios chineses. Um dia, voltou para casa com uma galinha e umas raízes de ervilhaca membranosa e angélica chinesa, considerada muito *bu* (curativa), e fez uma sopa para mim, na qual salpicou cebolas-da-primavera bem picada. Não havia esses ingredientes nas lojas, e ela capengara quilômetros para comprá-los num mercado negro rural.

Ela mesma não estava bem. Às vezes eu a via deitada na cama, o que era extremamente incomum; sempre fora tão ativa que eu mal a vira algum dia sentada por um minuto. Agora ela fechava os olhos com força e mordia os lábios, o que me fazia sentir que sofria muita dor. Mas quando lhe perguntava o que havia, ela respondia que não era nada, e continuava comprando remédios e ficando em filas para comprar comida para mim.

Logo me senti muito melhor. Como não havia autoridade para me mandar voltar para Ningnan, comecei a planejar uma viagem para visitar meu pai. Mas então chegou um telegrama de Yibin dizendo que minha tia Jun-ying, que cuidava de meu irmão caçula, Xiao-fang, estava muito doente. Achei que devia ir cuidar deles.

A tia Jun-ying e os outros parentes de meu pai em Yibin tinham sido muito bons para minha família, apesar de meu pai ter rompido com a tradição chinesa profundamente enraizada de cuidar dos parentes. Por tradição, considerava-se dever de um filho preparar para a mãe um pesado caixão de madeira, com muitas camadas de tinta, e oferecer um grandioso — e muitas vezes financeiramente ruinoso — funeral. Mas o governo estimulava fortemente a cremação — para economizar terra — e funerais mais simples. Quando a mãe dele morreu em 1958, só informaram a meu pai após o funeral, porque sua família receava que ele fizesse objeção ao enterro e ao serviço rebuscado. Depois que nos mudamos para Chengdu, a família dele dificilmente nos visitava.

Contudo, quando ele teve problemas na Revolução Cultural, eles vieram ver-nos e ofereceram ajuda. Tia Jun-ying, que viajava com freqüência entre Chengdu e Yibin, acabou tomando Xiao-fang sob seus cuidados, para aliviar minha avó de parte de seu fardo. Ela dividia uma casa com a irmã caçula de meu pai, mas também abrira mão desprendidamente de metade de sua parte para a família de um parente distante, que tivera de abandonar a própria casa caindo aos pedaços.

Quando cheguei, minha tia sentava-se numa espreguiçadeira de vime junto à porta da frente do corredor, que servia de sala de visita. No lugar de honra, via-se um imenso caixão feito de madeira pesada, marrom-avermelhada. Esse caixão, dela própria, era seu único luxo. A visão de minha tia me arrasou de tristeza.

Ela acabara de sofrer um derrame, e tinha as pernas semiparalisadas. Os hospitais só trabalhavam de vez em quando. Sem ninguém para conservá-las, as instalações haviam desabado e o fornecimento de remédios era errático. Os hospitais tinham dito a tia Jun-ying que nada podiam fazer por ela, e por isso ela ficara em casa.

O que ela achava mais traumático era o movimento de seus intestinos. Depois de comer, sentia-se insuportavelmente empanturrada, mas não podia aliviar-se sem muita agonia. As mezinhas dos parentes às vezes ajudavam, mas na maioria das vezes não funcionavam. Eu lhe massageava freqüentemente a barriga, e uma vez, quando ela se sentia desesperada, cheguei a enfiar o dedo em seu ânus para tentar puxar os excrementos. Todos esses remédios lhe proporcionavam alívio apenas momentâneo. Em conseqüência, não queria comer muito. Estava terrivelmente fraca, e sentava-se na espreguiçadeira de vime no corredor durante horas, olhando os pés de papaia e as bananeiras no jardim dos fundos. Jamais se queixava. Só uma vez me disse, num suave sussurro: "Estou com tanta fome. Queria poder comer...".

Não podia mais andar sem ajuda, e até sentar-se exigia um grande esforço. A fim de evitar que ficasse com escaras da cama, eu me sentava junto dela, para que se apoiasse em mim. Ela disse que eu era uma boa enfermeira, e que devia estar cansada e entediada de ficar ali sentada. Por mais que eu insistisse, só se sentava por um breve período cada dia, para que eu pudesse "sair e me divertir um pouco".

Claro, não havia diversão lá fora. Eu ansiava por alguma coisa para ler. Mas além dos quatro volumes de *As obras escolhidas de Mao Tsé-tung*, tudo que encontrei na casa foi um dicionário. O resto fora queimado. Ocupei-me em estudar os 15 mil caracteres, decorando os que não sabia.

Passava o resto de meu tempo cuidando de meu irmão de sete anos, Xiao-fang, e dava longos passeios com ele. Às vezes ele se entediava e exigia coisas como uma arma de brinquedo, ou os doces cor de carvão em solitária exposição nas vitrines. Mas eu não tinha dinheiro — nossa pensão básica era pequena. Com sete anos, Xiao-fang não podia compreender isso, e jogava-se no chão empoeirado, esperneando, berrando e rasgando minha jaqueta. Eu me agachava, bajulava-o, e acabava, no fim da resistência, eu mesma me pondo a chorar também. Com isso, ele parava e fazia as pazes comigo. Voltávamos para casa exaustos.

Yibin era uma cidade muito agradável, mesmo em plena Revolução Cultural. Os rios serpeantes e as montanhas serenas, e o nebuloso horizonte além, produziam em mim um senso de eternidade, e aliviavam-me temporariamente das misérias em volta. Quando entardecia, os jornais murais e alto-falantes por toda a cidade eram obscurecidos, e as aléias não iluminadas ficavam envoltas na neblina, interrompida apenas pelo tremular das lâmpadas de azeite vazando pelas fendas nas molduras das portas e janelas. De vez em quando, via-se uma mancha luminosa: uma pequena barraca de comida aberta. Não havia muita coisa à venda, mas tinha uma mesa quadrada de madeira na calçada, com quatro bancos compridos em torno, tudo marrom-escuro e luzidio de anos de esfregação e uso. Sobre a mesa, havia uma minúscula centelha do tamanho de uma ervilha — uma lâmpada queimando óleo de colza. Jamais havia pessoas em torno dessa mesa conversando, mas o dono mantinha a tenda aberta. Nos velhos tempos, estaria apinhada de gente batendo papo e tomando o "licor de cinco grãos" local, acompanhado de bife marinado, língua de porco cozida em soja e castanhas assadas temperadas com sal e pimenta. As barracas vazias evocavam para mim uma Yibin dos dias em que minha vida não fora completamente tomada pela política.

Assim que saía das ruelas secundárias, os alto-falantes me agrediam os ouvidos. Por até dezoito horas, todo dia, o centro da cidade era uma algazarra permanente de cantos e denúncias. Inteiramente à parte o conteúdo, o nível de barulho era insuportável, e tive de desenvolver uma técnica de obrigar-me a não ouvir nada para manter a sanidade.

Uma noite, em abril, uma transmissão me chamou de repente a atenção. Reunira-se um Congresso do Partido em Pequim. Como sempre, não se dizia ao povo chinês o que essa importantíssima assembléia de seus "representantes" estava de fato fazendo. Anunciou-se uma nova equipe máxima de liderança. Senti o coração afundar quando ouvi que a nova organização da Revolução Cultural estava confirmada.

Aquele congresso, o nono, assinalou o estabelecimento formal do sistema pessoal de poder de Mao. Poucos altos líderes do congresso anterior, em 1956, haviam chegado a esse. Dos dezessete membros do Politburo, só quatro — Mao, Lin Piao, Chu En-lai e Li Xiannian — continuavam no cargo. Todos os demais, além dos já mortos, tinham sido denunciados e expulsos. Alguns logo iriam morrer.

O presidente Liu Shao-shi, o número dois no VIII Congresso, estava detido desde 1967, e era ferozmente espancado em assembléias de denúncias. Negavam-lhe remédios para sua doença de sempre, diabetes, e para a pneumonia recém-contraída, e só recebia tratamento quando estava à beira da morte, porque a sra. Mao ordenara explicitamente que fosse mantido vivo, para que o IX Congresso tivesse "um alvo vivo". No congresso, o veredicto de que ele era "um traidor criminoso, um agente inimigo e um canalha a serviço dos imperialistas, dos revisionistas modernos (os russos) e dos reacionários do Kuomintang" foi lido por Chu En-lai. Depois do congresso, deixou-se que Liu morresse, em grande agonia.

O marechal Ho Lung, outro ex-membro do Politburo e fundador do exército comunista, morreu nem bem dois meses depois do congresso. Como tinha tido poder no exército, foi submetido a dois anos e meio de lenta tortura, que, ele disse à esposa, se "destinava a destruir minha saúde, para que possam me matar sem derramar meu sangue". O tormento incluía darem-lhe apenas uma latinha de água por dia durante o verão escaldante, cortarem todo o aquecimento durante o inverno, quando a temperatura permanecia bem abaixo de zero por meses seguidos, e negarem-lhe remédios para sua diabetes. Acabou morrendo, depois de lhe aplicarem uma grande dose de glicose, quando a diabetes piorou.

Tao Zhu, o membro do Politburo que ajudara minha mãe no início da Revolução Cultural, foi detido em condições desumanas por quase três anos, o que destruiu sua saúde. Negaram-lhe tratamento adequado até que o câncer em sua vesícula ficou adiantado demais e Chu En-lai autorizou uma operação. Mas as janelas em seu quarto de hospital foram cobertas com jornais, e a família não pôde visitá-lo nem mesmo em seu leito de morte.

O marechal Peng Dehuai morreu do mesmo tipo de tormento prolongado, que no seu caso durou oito anos, até 1974. Seu último pedido foi para ver as árvores e a luz do dia do lado de fora das janelas do hospital, tapadas com jornais, e recusaram-lhe.

Essas e muitas outras perseguições semelhantes eram típicas dos métodos de Mao na Revolução Cultural. Em vez de assinar sentenças de morte, ele simplesmente indicava suas intenções, e algumas pessoas se ofereciam para aplicar o tormento e improvisar os hediondos detalhes. Os métodos incluíam pressão mental, brutalidade física e negação de cuidados médicos — ou mesmo o uso de remédios para matar. A morte causada desse modo passou a ter um termo especial em chinês: *po-hau zhi-si* — "perseguido até a morte". Mao tinha pleno conhecimento do que se passava, e estimulava os perpetradores dando seu "consentimento tácito" (*mo-xu*). Isso possibilitava-lhe livrar-se de seus inimigos sem atrair vergonha. A responsabilidade era inescapavelmente sua, mas não exclusiva. Os atormentadores então tomavam alguma iniciativa. Os subordinados de Mao estavam sempre atentos a novos meios de agradar-lhe prevendo seus desejos e, claro, entregando-se a suas próprias tendências sádicas.

Os detalhes horríveis das perseguições a muitos altos líderes só foram revelados anos depois. Quando o foram, não surpreenderam ninguém na China. Conhecíamos demasiados casos semelhantes por nossa própria experiência.

Enquanto eu permanecia ali parada na praça iluminada, ouvindo a transmissão, leram a composição do novo Comitê Central. Com pavor, esperei ouvir os nomes dos Ting. E lá estavam eles — Liu Jie-ting e Zhang Xi-ting. Agora eu sentia que não haveria fim para os sofrimentos de minha família.

Pouco depois, chegou um telegrama dizendo que minha avó desmaiara e estava de cama. Ela jamais tivera nada parecido antes. Tia Jun-ying me exortou a ir para casa e cuidar dela. Xiao-fang e eu tomamos o próximo trem de volta para Chengdu.

Minha avó aproximava-se do sexagésimo aniversário, e seu estoicismo fora finalmente vencido pela dor. Ela a sentia varando-a e percorrendo todo o seu corpo, e depois concentrando-se nos ouvidos. Os médicos da clínica do conjunto disseram que talvez fossem os nervos, e que não tinham tratamento para aquilo, a não ser que ela devia manter um estado de espírito animado. Levei-a a um hospital a meia hora de caminhada da rua do Meteorito.

Repoltreados em seus carros com motorista, os novos detentores do poder pouco se interessavam pela maneira como viviam as pessoas comuns. Os ônibus não estavam rodando em Chengdu, pois não eram considerados vitais para a revolução, e os ciclotáxis haviam sido proibidos, sob a alegação de que exploravam a mão-de-obra. Minha avó não podia caminhar, devido à dor intensa. Teve de sentar-se no bagageiro de uma bicicleta, sobre uma almofada, agarrando-se ao selim. Eu empurrei a bicicleta, Xiao-hei instalou-a no assento e Xiao-fang sentou-se no quadro.

O hospital ainda funcionava, graças ao profissionalismo e dedicação de parte do pessoal. Em suas paredes de tijolos, vi enormes slogans dos colegas mais militantes deles acusando-os de "usar o trabalho para suprimir a revolução" — uma acusação padrão para pessoas que continuavam em seus empregos. A médica que consultamos tinha um tremor nas pálpebras e olheiras, e calculei que devia estar exausta pela multidão de pacientes, além dos ataques políticos que tinha de suportar. O hospital transbordava de homens e mulheres de aspecto sombrio, alguns com ferimentos nos rostos, outros de costelas quebradas deitados em macas — vítimas das assembléias de denúncias.

Nenhum dos médicos conseguiu diagnosticar o problema de minha avó. Não havia aparelho de raio X nem qualquer outro instrumento para examiná-la adequadamente. Estavam todos quebrados. Deram-lhe vários analgésicos. Como não funcionassem, internaram-na. As enfermarias estavam lotadas, as camas espremidas umas contra as outras. Até os corredores tinham filas de camas. Os poucos enfermeiros que corriam de enfermaria em enfermaria não conseguiam cuidar de todos os pacientes, e por isso decidi ficar com minha avó.

Voltei para casa e peguei alguns utensílios para poder cozinhar para ela ali. Também levei um colchão de bambu que estendi embaixo da cama dela. À noite, era acordada constantemente pelos gemidos de minha avó, e saía debaixo de minha fina colcha e massageava-a, o que a aliviava temporariamente. De debaixo da cama, a sala cheirava forte a urina. Os urinóis de todos eram postos junto à cama. Minha avó era muito exigente em matéria de higiene, e insistia em levantar-se e ir ao banheiro no corredor mesmo à noite. Mas os outros pacientes não se incomodavam, e muitas vezes os urinóis não eram esvaziados dias seguidos. Os enfermeiros estavam ocupados demais para cuidar de tais detalhes.

As janelas junto à cama de minha avó davam para o jardim da frente. Estava coberto de mato, e os bancos de madeira desmoronavam. A primeira vez que olhei para ele, várias crianças empenhavam-se em quebrar os poucos galhos de um pequeno pé de magnólia que ainda tinha algumas flores. Os adultos passavam indiferentes. O vandalismo contra as árvores se tornara demasiado parte da vida diária para chamar alguma atenção.

Um dia, da janela aberta, vi Bing, um amigo meu, saltando de sua bicicleta. Meu coração disparou, e senti o rosto ficar quente de repente. Examinei-me imediatamente na vidraça. Contemplar-se num espelho em público era pedir para ser condenado como "elemento burguês". Eu usava uma jaqueta xadrez rosa e branco, um padrão que acabava de ser liberado para a roupa das jovens. Podia-se novamente usar cabelos compridos, mas só em duas tranças, e eu me agitava durante horas sobre como usar as minhas. Deviam ficar juntas ou separadas? Retas ou um pouco curvas nas pontas? A parte trançada devia ser maior que a solta, ou o contrário? As decisões, todas pequenas, eram intermináveis. Não havia regulamentação do Estado sobre penteados e roupas.

O que todos os demais usavam era que determinava as regras do dia. E como a gama de escolhas era muito pequena, as pessoas sempre buscavam as mais minúsculas variações. Era um verdadeiro teste de engenhosidade parecer diferente e atraente, mas ainda assim semelhante o bastante a todo mundo para ninguém com um dedo acusativo indicar o que, exatamente, era herético.

Eu ainda me perguntava como estava quando Bing entrou na enfermaria. Seu aparecimento nada tinha de incomum, mas certo ar o distinguia. Ele tinha uma ponta de cinismo, o que era raro naqueles anos desprovidos de humor. Eu me sentia muito atraída por ele. Seu pai tinha sido diretor de departamento no governo provincial pré-Revolução Cultural, mas Bing era diferente da maioria dos outros filhos de altos funcionários. "Por que deveria eu ser mandado para o campo?", perguntou, e na verdade conseguiu não ir, arranjando um atestado de "doença incurável". Foi a primeira pessoa a me mostrar uma inteligência livre, uma mente irônica e inquisitiva, que não tomava nada como certo. Foi ele quem primeiro abriu áreas tabu em meu espírito.

Até então, eu tinha evitado qualquer relacionamento amoroso. Minha dedicação à família, intensificada pela adversidade, sombreava toda outra emoção. Embora dentro de mim sempre houvesse outro ser, um ser sexual, ansiando por sair, eu conseguira mantê-lo trancado lá dentro. Conhecer Bing me arrastara para a borda de um envolvimento.

Nesse dia, ele apareceu na enfermaria de minha avó com um olho roxo. Disse que fora esmurrado por Wen, um rapaz que voltara de Ningnan como acompanhante de uma moça que quebrara a perna lá. Descreveu a briga com deliberada indiferença, dizendo com grande satisfação que Wen tinha ciúmes dele por desfrutar mais de minha atenção e companhia. Mais tarde, ouvi a história de Wen: ele disse que batera em Bing porque não suportava "aquele sorriso presunçoso dele".

Wen era baixo e robusto, com mãos e pés grandes, e dentuço. Como Bing, era filho de altos funcionários. Ele passou a enrolar as mangas da camisa e as pernas das calças, e a usar um par de sandálias como um camponês, no espírito de um jovem modelo nos cartazes de propaganda. Um dia me disse que ia voltar para Ningnan, para continuar a "reformar-se". Quando lhe perguntei por quê, ele respondeu casualmente: "Para seguir o presidente Mao. Por que mais? Sou guarda vermelho do presidente Mao". Por um momento eu fiquei sem fala. Começara a supor que as pessoas só boquejavam aquela espécie de jargão em ocasiões oficiais. E o que era mais, ele não assumira o rosto solene obrigatório que fazia parte do número. A maneira espontânea com que falou me fez sentir que estava sendo sincero.

A maneira de pensar de Wen não me fez querer evitá-lo. A Revolução Cultural me ensinara a não dividir as pessoas por suas crenças, mas por suas tendências à crueldade e à perversidade. Eu sabia que Wen era uma pessoa decente, e quando quis sair permanentemente de Ningnan foi a ele que recorri em busca de ajuda.

Eu estava fora de Ningnan havia mais de dois meses. Não havia regra que proibisse isso, mas o regime tinha uma arma poderosa para assegurar que eu teria de voltar para as montanhas mais cedo ou mais tarde: meu registro de residência fora mudado de Chengdu para lá, e enquanto eu permanecesse na cidade não teria direito a comida nem qualquer outra ração. Por enquanto, eu estava vivendo das rações de minha família, mas isso não podia durar para sempre. Compreendi que tinha de mudar meu registro para algum lugar mais perto de Chengdu.

A própria Chengdu estava fora de questão, porque ninguém podia mudar um registro do campo para uma cidade. Mudar o registro de um lugar numa inóspita área de montanhas para uma área mais rica como a planície em torno de Chengdu também era proibido. Mas havia uma saída: podíamos nos mudar se tivéssemos parentes dispostos a aceitar-nos. Era possível inventar um tal parente, pois ninguém poderia acompanhar os numerosos parentes que um chinês podia ter.

Planejei a transferência com Nana, uma boa amiga minha que acabava de voltar de Ningnan para tentar encontrar uma maneira de sair de lá. Incluímos em nosso plano a minha irmã, que ainda estava em Ningnan. Para mudar nossos registros, primeiro de tudo precisávamos de três cartas: uma de uma comuna dizendo que nos aceitaria, por recomendação de um parente na comuna; uma segunda do município a que pertencia a comuna, endossando a primeira; e uma terceira do Departamento da Juventude da Cidade de Sichuan, sancionando a transferência. Quando tivéssemos todas as três, precisaríamos voltar à nossa equipe de produção para obter sua aprovação, antes de o cartório no município de Ningnan nos dar a liberação final. Só então nos dariam o documento crucial, indispensável para todo cidadão da China — nossas cadernetas de registro —, que tínhamos de entregar às autoridades em nosso próximo lugar de residência.

A vida era sempre desencorajante e complexa toda vez que a gente dava o menor passo fora do rígido plano das autoridades. E na maioria dos casos havia complicações inesperadas. Enquanto eu planejava como arranjar a transferência, o governo emitiu de repente um regulamento congelando todas as transferências a partir de 21 de junho. Já era a terceira semana de maio. Seria impossível localizar um parente de verdade que nos aceitasse e passar por todos os procedimentos em tempo.

Recorri a Wen. Sem um momento de hesitação, ele propôs "criar" as três cartas. Forjar documentos oficiais era um crime sério, punível com uma longa pena de prisão. Mas o dedicado guarda vermelho de Mao deu de ombros às minhas palavras de cautela.

Os elementos críticos na falsificação eram os carimbos. Na China, todos os documentos são tornados oficiais pelos carimbos que contêm. Wen era bom em caligrafia, e podia talhar no estilo dos carimbos oficiais. Usou barras de sabão. Numa noite, todas as três cartas para nós, que levaríamos meses para obter, se déssemos sorte, estavam prontas. Wen se ofereceu para retornar a Ningnan com Nana e eu para ajudar no resto dos procedimentos.

Quando chegou a hora de ir, eu me achava em agônico dilaceramento, porque significava deixar minha avó no hospital. Ela me exortou a ir, dizendo que ia voltar para casa e cuidar de meus irmãos mais novos. Não tentei dissuadi-la: o hospital era um lugar muito angustiante. Além do cheiro nauseante, era também incrivelmente barulhento, com gemidos, arrastar de coisas e conversas em voz alta nos corredores, noite e dia. Alto-falantes acordavam todo mundo às seis da manhã, e muitas vezes ocorriam mortes na frente dos pacientes.

Na tarde em que lhe deram alta, minha avó sentia uma dor forte na base da espinha. Não pôde se sentar no bagageiro da bicicleta, que Xiao-hei teve de levar para casa com as roupas, toalhas, bacias, garrafas térmicas e utensílios de cozinha dela, e eu fui andando com ela, amparando-a. O anoitecer estava sufocante. Caminhar, mesmo muito devagar, doía-lhe, como eu podia ver pelos lábios firmemente franzidos e o tremor quando ela tentava suprimir os gemidos. Eu lhe contava histórias e fofocas para distraí-la. Os plátanos que antes davam sombra às calçadas agora produziam apenas uns poucos galhos patéticos, sem folhas — não tinham sido podados nos três anos da Revolução Cultural. Aqui e ali havia prédios com as paredes estragadas, resultado da luta feroz entre facções rebeldes.

Levamos quase uma hora para fazer a metade do caminho. De repente, o céu escureceu. Um vento violento suspendeu a poeira e os fragmentos rasgados dos jornais murais. Minha avó cambaleou. Segurei-a firme. Começou a cair um pé-d'água, e num instante ficamos encharcadas. Não havia onde nos abrigarmos. As roupas grudavam-se em nosso corpo e impediam os movimentos. Eu arquejava tentando respirar. A figura miúda e magra de minha avó parecia pesar cada vez mais em meus braços. A chuva assobiava e espadanava, o vento vergastava nossos corpos encharcados, e eu sentia muito frio. Minha avó soluçou: "Oh, céus, me deixem morrer! Me deixem morrer!". Eu também queria chorar, mas apenas disse: "Vó, logo vamos estar em casa...".

Aí ouvi um sino tocando. "Ei, não querem uma carona?" Uma carroça de pedalar encostou; um jovem de camisa aberta a dirigia, a chuva escorrendo-lhe pelas faces. Ele se aproximou e carregou minha avó para a carroça aberta, onde um velho se agachava de cócoras. Ele balançou a cabeça para nós. O jovem disse que era seu pai e que o estava levando do hospital para casa. Deixou-nos em nossa porta, descartando a minha profusão de agradecimentos com acenos e um alegre "Não foi problema nenhum", antes de desaparecer na encharcada escuridão. Devido à força do aguaceiro, eu jamais soube o nome dele.

Dois dias depois, minha avó estava de pé e se movimentando pela cozinha, enrolando massa de sopa para nos proporcionar um pitéu. Também começou a arrumar os quartos, na sua maneira habitual de não parar. Eu via que ela fazia tudo em excesso, e pedi-lhe que ficasse na cama, mas ela não quis ouvir.

A essa altura já estávamos no início de junho. Ela não parava de me dizer que devia partir, e insistia em que Jin-ming também fosse, para cuidar de mim, já que eu ficara tão doente da última vez em Ningnan. Embora acabasse de fazer dezesseis anos, ainda não tinham designado uma comuna para ele. Passei um telegrama pedindo à minha irmã que voltasse de Ningnan para cuidar de nossa avó. Xiao-hei, então com catorze anos, prometeu que podíamos contar com ele, e Xiao-fang, de sete, fez solenemente o mesmo anúncio.

Quando fui me despedir dela, minha avó chorou. Disse não saber se voltaria a me ver. Eu alisei as costas da mão dela, agora ossuda e com veias saltadas, e levei-a ao meu rosto. Contive a onda de lágrimas e disse que estaria de volta muito breve.

Após uma longa procura, eu encontrara finalmente um caminhão que ia para a região de Xichang. Desde meados da década de 1960, Mao ordenara que muitas fábricas importantes (inclusive aquela onde trabalhava o namorado de minha amiga, Luneta) fossem transferidas para Sichuan, particularmente para Xichang, onde se construía uma nova base industrial. A teoria de Mao era que as montanhas de Sichuan ofereciam o melhor impedimento se os americanos ou russos atacassem. Caminhões de cinco diferentes províncias se atarefavam entregando produtos à base. Por intermédio de um amigo, um motorista de Pequim concordou em levar-nos — Jin-ming, Nana, Wen e eu. Tivemos de sentar-nos no fundo do caminhão aberto, porque a boléia era reservada ao motorista de revezamento. Todo caminhão fazia parte de um comboio que se reunia ao entardecer.

Esses motoristas tinham fama de ter muito prazer em aceitar moças, mas não rapazes — como seus irmãos no mundo inteiro. Como eram praticamente a única fonte de transporte, isso enfurecia alguns rapazes. No caminho, fui vendo slogans colados nos troncos das árvores: "Protestem vigorosamente contra os caminhoneiros que só levam mulheres, e não homens!". Alguns rapazes mais ousados se postavam no meio da estrada para tentar obrigar os caminhões a parar. Um dos garotos de minha escola não conseguiu saltar da frente a tempo e foi morto.

Das afortunadas caronas vinham algumas poucas denúncias de estupro, mas muito mais histórias de namoro. Muitos casamentos resultaram dessas viagens. O motorista que participava da construção da estratégica base desfrutava de alguns privilégios, um deles o direito de transferir o registro da esposa do campo para a cidade onde ele vivia. Algumas garotas agarraram essa oportunidade.

Nossos motoristas eram muito bondosos, e comportaram-se impecavelmente. Quando parávamos à noite, eles nos ajudavam a arranjar um leito de hotel antes de ir para seus barracões, e nos convidavam a jantar com eles, para que pudéssemos partilhar de sua comida especial, de graça.

Só uma vez senti que havia alguma coisa de levemente sexual na cabeça deles. Numa parada, outra dupla de motoristas convidou Nana e eu para ir no caminhão deles na etapa seguinte. Quando dissemos ao nosso motorista, seu desagrado foi mais do que evidente, e ele disse com uma voz mal-humorada: "Vão então, vão com esses caras bacanas de vocês, se preferem eles". Nana e eu olhamos uma para a outra e murmuramos embaraçadas: "Nós não dissemos que preferíamos eles. Vocês todos são muito bons pra gente...". Não fomos.

Wen tinha um olho em Nana e outro em mim. Advertia-nos constantemente sobre os motoristas, sobre os homens em geral, sobre os ladrões, sobre o que comer e o que não comer, e sobre sair depois do anoitecer. Também levava nossas malas e ia buscar água quente para nós. Na hora do jantar, dizia a Nana, a Jinming e a mim para irmos jantar com os motoristas, enquanto ele ficava no hotel para olhar nossas malas, uma vez que os roubos grassavam. Nós levávamos comida para ele.

Jamais houve qualquer avanço sexual de Wen. Na noite em que atravessamos a fronteira para Xichang, Nana e eu queríamos tomar banho no rio, porque o tempo estava muito quente e a noite muito bonita. Wen encontrou para nós uma curva discreta do rio, onde tomamos banho em companhia de patos selvagens e juncos rodopiantes. Os raios da lua caíam sobre o rio, a imagem despedaçando-se em massas de faiscantes círculos de prata. Wen ficou sentado na estrada, aplicadamente de costas para nós, de guarda. Como muitos outros rapazes, fora educado nos dias pré-Revolução Cultural para ser cavalheiresco.

Para nos hospedar num hotel, precisávamos de uma carta de nossa unidade. Wen, Nana e eu conseguimos uma carta de nossas equipes de produção em Ningnan, e Jin-ming uma de sua escola. Os hotéis eram baratos, mas nós não tínhamos muito dinheiro, uma vez que os salários de nossos pais haviam sido seriamente reduzidos. Nana e eu dividíamos um leito num dormitório, e os rapazes faziam o mesmo. Os hotéis eram imundos, e muito elementares. Antes de irmos para a cama, Nana e eu revirávamos as colchas, em busca de pulgas e piolhos. As bacias dos hotéis geralmente tinham círculos de sujeira escura ou amarela. Tracoma e infecções por fungos eram comuns, por isso usávamos as nossas.

Uma noite, fomos acordadas por volta da meia-noite por fortes batidas na porta: todo mundo do hotel tinha de levantar-se para fazer um "relatório noturno" ao presidente Mao. Essa farsesca atividade fazia parte do mesmo pacote das "danças da lealdade". Envolvia reunirmo-nos diante de uma estátua ou retrato de Mao, para cantar citações do Livrinho Vermelho e gritar "Viva o presidente Mao, viva viva o presidente Mao, e viva viva viva o presidente Mao!", acenando ritmadamente o Livrinho Vermelho.

Meio acordadas, Nana e eu saímos cambaleando do quarto. Outros viajantes surgiam, aos pares, em três, esfregando os olhos, abotoando as jaquetas e puxando para cima os calcanhares de algodão dos sapatos. Não houve uma única reclamação. Ninguém se atrevia. Às cinco da manhã, tivemos de passar de novo pela mesma coisa. Chamava-se a isso "pedido matinal de instruções" de Mao. Mais tarde, quando estávamos a caminho, Jin-ming disse: "O diretor do Comitê Revolucionário dessa aldeia deve sofrer de insônia".

Formas grotescas de adoração a Mao já faziam parte de nossas vidas havia algum tempo — cantar, usar emblemas de Mao, agitar o Livrinho Vermelho. Mas a idolatria aumentara quando os Comitês Revolucionários haviam sido formalmente estabelecidos em todo o território nacional, em fins de 1968. Os membros dos comitês calculavam que o curso de ação mais seguro e compensador era não fazer nada, a não ser promover a adoração a Mao — e, claro, continuar empenhados em perseguições políticas. Uma vez, numa farmácia em Chengdu, um velho auxiliar de lojista com um par de olhos impassíveis, por trás de óculos de aro cinza, murmurou sem olhar para mim: "Quando singramos os mares, precisamos de um timoneiro...". Fez-se uma pausa prenhe. Levei um momento para compreender que devia completar a sentença, que era uma bajuladora citação de Lin Piao sobre Mao. Tais diálogos acabavam de ser impostos como um cumprimento-padrão. Tive de murmurar: "Quando fazemos a revolução, precisamos do Pensamento de Mao Tsé-tung".

Comitês Revolucionários em toda a China encomendaram a construção de estátuas de Mao. Planejou-se uma enorme figura de mármore branco para o centro de Chengdu. Para acomodá-la, dinamitou-se o elegante portão do palácio onde eu estivera tão alegremente apenas alguns anos antes. O mármore branco veio de Xichang, e caminhões especiais, chamados de "caminhões da lealdade", o traziam das montanhas. Esses veículos eram enfeitados como carros alegóricos num desfile, cobertos de fitas de seda vermelha e com uma enorme flor vermelha na frente. Saíam de Chengdu vazios, pois destinavam-se exclusivamente a transportar mármore. Os caminhões que abasteciam Xichang voltavam para Chengdu vazios: não podiam conspurcar o material que ia formar o corpo de Mao.

Depois de nos despedirmos do motorista que nos trouxera de Chengdu, pegamos uma carona num desses caminhões da lealdade para a última etapa até Ningnan. No caminho, paramos numa pedreira de mármore para um descanso. Um grupo de trabalhadores suados, nus da cintura para cima, tomava chá e fumava seus cachimbos com um metro de haste. Um deles nos disse que não estavam usando máquinas, pois só o trabalho com as mãos nuas podia expressar sua lealdade a Mao. Fiquei horrorizada por ver um emblema de Mao preso com o alfinete em seu peito nu. Quando voltamos ao caminhão, Jin-ming observou que talvez o emblema estivesse preso com um esparadrapo. E, quanto a seu dedicado quebrar a pedreira com as mãos: "Provavelmente não têm máquina nenhuma, para começar".

Jin-ming muitas vezes fazia comentários céticos como esses, que nos faziam rir. Isso era incomum naqueles dias, quando o humor era perigoso. Mao, conclamando hipocritamente a "rebelião", não queria nenhuma investigação ou ceticismo genuínos. Poder pensar de uma maneira cética foi meu primeiro passo para o esclarecimento. Como Bing, Jin-ming ajudou a destruir meus rígidos hábitos de pensar.

Assim que entramos em Ningnan, que ficava uns 1,5 mil metros acima do mar, voltei a ser atacada por problemas de estômago. Vomitei tudo que tinha comido, e o mundo parecia girar à minha volta. Mas não podíamos parar. Tínhamos de nos juntar às nossas equipes de produção e concluir o resto do processo de transferência até 21 de junho. Como a equipe de Nana se achava mais perto, decidimos ir lá primeiro. Ficava a um dia de caminhada, entre montanhas selvagens. As torrentes de verão rugiam nas ravinas, sobre as quais muitas vezes não havia pontes. Com Wen vadeando à frente para testar a profundeza da água, Jin-ming me carregava nas costas ossudas. Muitas vezes tínhamos de percorrer trilhas de cabras de uns dois palmos de largura à beira de precipícios que despencavam centenas de metros. Várias de minhas amigas de escola tinham morrido ao voltar por elas à noite. O sol escorchava, e eu comecei a despelar. Fiquei obcecada pela sede, e bebi a água dos cantis de todo mundo. Quando chegamos a um regato, eu me joguei no chão e bebi o líquido frio. Nana tentou deter-me. Disse que nem os camponeses podiam beber aquela água sem ferver. Mas eu estava doida demais de sede para me importar. Claro, isso foi seguido por vômitos mais violentos.

Acabamos chegando a uma casa. Tinha vários castanheiros gigantes na frente, estendendo seus majestosos caramanchões. Os camponeses nos convidaram a entrar. Eu passei a língua nos lábios rachados e parti imediatamente para o fogão, onde via uma grande tigela de barro, provavelmente contendo caldo de arroz. Ali nas montanhas, isso era considerado a mais deliciosa bebida, e o dono da casa ofereceu-o bondosamente a nós. O caldo de arroz é normalmente branco, mas o que eu via era negro. Explodiu dele um gemido, e um monte de moscas voou da superfície gelificada. Fitei o interior da tigela e vi algumas delas afogando-se. Eu sempre fora muito nojenta em relação a moscas, mas nessa hora peguei a tigela, catei os cadáveres e emborquei o líquido em grandes goles.

Escurecera quando chegamos à aldeia de Nana. No dia seguinte, o chefe do grupo de produção dela teve todo prazer em carimbar as três cartas e livrar-se dela. Nos últimos meses, os camponeses tinham aprendido que o que haviam adquirido não eram novos braços, mas novas bocas para alimentar. Não podiam expulsar os jovens, e ficavam felizes quando alguém se oferecia para ir embora.

Eu estava doente demais para seguir até onde se achava minha própria equipe, e por isso Wen partiu sozinho para tentar conseguir a liberação de minha irmã e minha. Nana e as outras moças de sua equipe tentaram o melhor que puderam cuidar de mim. Só comi e bebi coisas que haviam sido cozinhadas e recozinhadas muitas vezes, mas fiquei lá deitada, me sentindo péssima, com saudades de minha avó e sua canja de galinha. Galinha era considerada um grande luxo naquele tempo, e Nana brincava dizendo que eu de alguma forma conseguia combinar um turbilhão no estômago com um apetite pelas melhores comidas. Apesar disso, ela, as outras moças e Jin-ming saíram para tentar comprar uma galinha. Mas os camponeses locais não comiam nem vendiam galinhas, que criavam apenas pelos ovos. Atribuíam esse costume a regras de seus ancestrais, mas amigos nos informaram que as galinhas ali eram infestadas de lepra, muito disseminada naquelas montanhas. Por isso nós evitamos os ovos também.

Jin-ming estava decidido a me fazer uma sopa como a de minha avó, e pôs em prática sua tendência para a invenção. Na plataforma aberta diante da casa, equilibrou com um graveto uma grande cesta de bambu e espalhou um pouco de grão embaixo. Amarrou um pedaço de barbante no graveto e se escondeu atrás da porta, segurando a outra ponta do cordão, e colocou um espelho numa posição em que podia acompanhar o que acontecia embaixo da cesta. Nuvens de pardais pousaram para brigar pelos grãos, e às vezes uma rola se metia. Jin-ming escolhia o melhor momento para puxar o barbante e fazer cair a cesta. Graças à sua engenhosidade, eu tive uma deliciosa sopa de caça.

As montanhas no fundo da casa eram cobertas de pessegueiros agora cheios de frutos maduros, e Jin-ming e as moças voltavam todos os dias com cestas cheias de pêssegos. Jin-ming disse que eu não devia comê-los crus, e fez uma geléia.

Eu me sentia mimada, e passava os dias na sala, fitando as montanhas distantes e lendo Turgueniev e Tchekhov, que Jin-ming trouxera para a viagem. Sentia-me muito afetada pelo clima em Turgueniev, e decorei muitos trechos de "Primeiro amor".

À noite, a curva serpentina de algumas montanhas distantes ardia como um sensacional dragão de fogo silhuetado contra o céu escuro. Xichang tinha um clima muito seco, e as leis de proteção à floresta não eram respeitadas, nem funcionavam os serviços contra incêndio. Como resultado, as montanhas ardiam dia após dia, só parando quando uma garganta bloqueava o caminho, ou um pé-d'água apagava as chamas.

Após alguns dias, Wen voltou com a permissão de nossa equipe de produção para minha irmã e eu partirmos. Fomos imediatamente procurar o tabelião, embora eu ainda estivesse fraca, e só pudesse andar alguns metros, antes de ter os olhos ofuscados por uma multidão de estrelas faiscantes. Faltava apenas uma semana para o 21 de junho.

Chegamos à cidade rural de Ningnan, e lá encontramos um clima de guerra. Na maior parte da China, a pesada luta entre facções já tinha parado, mas em áreas remotas como aquela continuavam as batalhas locais. O lado perdedor escondia-se nas montanhas, e lançava freqüentes ataques relâmpago. Havia guardas armados por toda parte, a maioria membros de um grupo étnico, os yi, muitos dos quais viviam nos mais fundos recessos do agreste de Xichang. Dizia a lenda que, quando dormiam, os yi não se deitavam, mas ficavam de cócoras, enterrando a cabeça na curva dos braços. Os chefes das facções, todos han, convenciam os yi a fazer os serviços perigosos, como lutar na linha de frente e montar guarda. Enquanto vasculhávamos as repartições do município em busca do tabelião, muitas vezes tínhamos de nos meter em longas e complicadas explicações com os guardas yi, usando gestos com as mãos, pois não tínhamos idioma em comum. Quando nos aproximávamos, eles erguiam as armas e apontavam-nas para nós, dedo no gatilho, o olho esquerdo fechado. Nós morríamos de medo, mas tínhamos de parecer indiferentes. Haviam-nos avisado que eles tomavam qualquer demonstração de medo como sinal de culpa, e reagiam de acordo.

Acabamos encontrando o escritório do tabelião, mas ele não estava. Depois encontramos um amigo que nos disse que ele se escondera, por causa da horda de jovens da cidade que o sitiavam para resolver seus problemas. Nosso amigo não sabia onde estava o tabelião, mas falou-nos de um grupo de "velhos jovens da cidade" que talvez soubesse.

Velhos jovens da cidade eram os que tinham ido para o campo antes da Revolução Cultural. O Partido vinha tentando convencer os que não passavam nos exames para ginásios e universidades a ir "construir um esplêndido e novo campo socialista", que se beneficiaria de sua educação. Em seu entusiasmo romântico, vários jovens atenderam ao apelo do Partido. A dura realidade da vida rural, sem possibilidade de fuga, e a compreensão da hipocrisia do regime — porque nenhum filho de autoridade jamais foi, mesmo tendo sido reprovado nos exames — haviam transformado muitos deles em cínicos.

Esse grupo de velhos jovens da cidade foi muito simpático. Deram-nos uma excelente refeição de caça e ofereceram-se para encontrar o tabelião. Enquanto dois deles iam procurá-lo, ficamos conversando com os outros, sentados em sua espaçosa varanda de pinho diante de um rio ruidoso chamado Água Preta. Nos altos penhascos acima, garças reais equilibravam-se numa das compridas pernas, erguendo a outra em várias posições de balé. Outras voavam ágeis, batendo as magníficas asas, brancas como a neve. Eu jamais tinha visto aquelas elegantes bailarinas selvagens e livres.

Nossos anfitriões indicaram uma gruta negra do outro lado do rio. Do teto da caverna pendia uma espada de bronze que parecia enferrujada. A caverna era inacessível, porque ficava bem perto do rio turbulento. A lenda dizia que a espada fora deixada ali pelo famoso e sábio primeiro-ministro do antigo reino de Sichuan, o marquês Zhuge Liang, no século III. Ele comandara sete expedições de Chengdu para tentar conquistar as tribos bárbaras ali na área de Xichang. Eu conhecia bem a história, e fiquei emocionada ao ver uma prova dela diante de meus olhos. Ele capturara o chefe das tribos sete vezes, e libertara-o todas, esperando conquistá-lo com sua magnanimidade. Seis vezes o chefe não se impressionou e continuou sua rebelião, mas após a sétima se tornou sinceramente leal ao rei sichuanês. A moral dessa história era que, para se conquistar um povo, deve-se conquistar seus corações e espíritos — uma estratégia que Mao e os comunistas endossavam. Eu imaginava vagamente que era por isso que tínhamos de passar pela "reforma do pensamento" — para obedecermos ordens, de boa vontade. Por isso os camponeses eram instituídos como modelos: eram os súditos menos questionadores e mais submissos. Refletindo hoje, penso na variante do assessor de Nixon em sua agenda oculta: quando a gente os pega pelos colhões, os corações e mentes vêm atrás.

O trem de meus pensamentos foi interrompido por nossos anfitriões. O que devíamos fazer, aconselharam entusiasticamente, era insinuar junto ao tabelião algo sobre a posição de nossos pais. "Ele tasca o carimbo na mesma hora", declarou um jovem alegre e bonito. Eles sabiam que éramos filhos de altas autoridades por causa da fama de minha escola. Eu tinha dúvidas sobre o conselho. "Mas nossos pais não têm mais suas posições. Foram rotulados de sequazes do capitalismo", observei, hesitando.

"Que importância tem isso?", várias vozes descartaram minha preocupação. "Seu pai é um veterano comunista, certo?"

"Certo", murmurei.

"Uma alta autoridade, certo?"

"Mais ou menos", murmurei. "Mas isso foi antes da Revolução Cultural. Agora..."

"Deixa isso pra lá. Alguém anunciou a demissão dele? Não? Está tudo bem, então. Veja, é claro como o dia que o mandato das autoridades do Partido não acabou. *Ele* vai lhe dizer isso" — o jovem alegre apontou na direção da espada do sábio primeiro-ministro. Não compreendi na época que, consciente ou subconscientemente, as pessoas não consideravam a estrutura de poder de Mao como alternativa à antiga administração. As autoridades depostas voltariam. Enquanto isso, o alegre jovem continuava, balançando a cabeça para dar ênfase: "Nenhuma autoridade ousaria ofender vocês e criar problemas para si mesma no futuro". Eu me lembrei das pavorosas vinganças dos Ting. Claro, as pessoas na China sempre estariam alertas para a possibilidade de vingança daqueles no poder.

Quando partíamos, eu perguntei como insinuaria para o tabelião a posição do meu pai sem parecer vulgar. Eles riram gostosamente. "Ele é igual a um camponês! Eles não têm esse tipo de sensibilidade. Não vão saber a diferença de qualquer modo. Simplesmente diga a ele, direto: 'Meu pai é o diretor de...'" Fiquei impressionada com o tom de desprezo das vozes deles. Mais tarde descobri que a maioria dos jovens da cidade, novos ou velhos, tinha desenvolvido um forte desprezo pelos camponeses depois de se instalarem entre eles. Mao, claro, esperara a reação contrária.

A 20 de junho, após dias de desesperada busca nas montanhas, encontramos o tabelião. Meu ensaio de como soltar a insinuação sobre a posição de meus pais revelou-se inteiramente desnecessário. O próprio tabelião tomou a iniciativa, perguntando-me: "Que fazia seu pai antes da Revolução Cultural?". Após muitas perguntas pessoais, feitas mais por curiosidade que por necessidade, ele tirou um sujo lenço do bolso da jaqueta, desdobrou-o e revelou um carimbo de madeira e uma lata chata contendo uma esponja com tinta vermelha. Apertou solenemente o carimbo na esponja e carimbou nossas cartas.

Com esse carimbo vital e por um triz — a menos de vinte e quatro horas do prazo — tínhamos concluído nossa missão. Ainda precisávamos encontrar o funcionário encarregado de nossas cadernetas de identidade, mas sabíamos que ele não ia ser um grande problema. A autorização fora obtida. Relaxei imediatamente — em dores de estômago e diarréia.

Esforcei-me por voltar com os outros para a sede do município. Estava escuro quando chegamos. Fomos para a hospedaria do governo, um pobre prédio de dois andares no meio de um terreno murado. O alojamento do porteiro estava vazio, e não havia ninguém à vista nas instalações tampouco. A maioria dos quartos estava fechada, mas no andar de cima havia alguns quartos entreabertos.

Entrei num, após me assegurar de que não havia ninguém nele. Uma janela aberta dava para alguns campos além de um muro de tijolos caindo em pedaços. Do outro lado do corredor, via-se outra fila de quartos. Nem uma alma em volta. Por algumas coisas pessoais no quarto e uma tigela de chá bebida pela metade, deduzi que alguém estivera ali muito recentemente. Mas estava cansada demais para ficar imaginando por que ele ou ela — e todos os demais — haviam desertado do prédio. Sem energia sequer para fechar a porta, joguei-me na cama e adormeci inteiramente vestida.

Acordei de supetão com um alto-falante cantilenando algumas citações de Mao, uma delas: "Se o inimigo não se render, nós o eliminaremos!". Estava de repente bem desperta. Compreendi que nosso prédio se achava sob ataque.

Quando menos esperava, ouvi o assobio de balas passando muito perto, e vidraças despedaçando-se. O alto-falante berrou o nome de uma organização rebelde, mandando-a render-se. Senão, guinchou, os atacantes iriam dinamitar o prédio.

Jin-ming entrou correndo. Vários homens armados, usando capacetes de junco, precipitavam-se nos quartos defronte ao meu, que davam para o portão da frente. Um deles era um menino trazendo no ombro um fuzil maior que ele. Sem uma palavra, eles correram até as janelas, quebraram os vidros com as coronhas dos fuzis, e passaram a atirar. Um homem que parecia comandá-los disse-nos apressado que o prédio tinha sido o quartel-general da facção deles, e agora era atacado pela oposição. Era melhor darmos o fora rapidamente.

Nós arrancamos freneticamente os lençóis e colchas da cama e fizemos uma espécie de corda. Amarramos uma das pontas a um batente de janela e marinhamos os dois andares abaixo. Quando aterrissamos, balas assobiaram na dura parede de barro à nossa volta. Nós nos curvamos e corremos para o muro caído. Depois de o saltarmos, continuamos correndo durante muito tempo, antes de nos sentirmos suficientemente seguros para pararmos. O céu e os campos de milho começavam a clarear. Dirigimo-nos para a casa de um amigo numa comuna próxima para recuperar o fôlego e decidir o que fazer a seguir. A caminho, soubemos por alguns camponeses que a hospedaria fora explodida.

Em casa de nosso amigo, uma mensagem me esperava. Chegara um telegrama de minha irmã em Chengdu, pouco depois de termos deixado a aldeia de Nana em busca do tabelião. Como ninguém sabia aonde eu andava, meus amigos tinham-no aberto e passado a mensagem, para quem me encontrasse poder me contar.

Foi assim que fiquei sabendo da morte da minha avó.

23. "Quanto mais livros você lê, mais burro fica"
EU TRABALHO COMO CAMPONESA E MÉDICA DESCALÇA (junho de 1969-1971)

JIN-MING E EU NOS SENTÁVAMOS na beira do rio da Areia Dourada, esperando a balsa. Eu apoiava a cabeça nas mãos e fitava o rio caudaloso passar cascateando por mim, em sua longa viagem dos Himalaias até o mar. Ia tornar-se o mais longo rio da China — o Yang-tse, após juntar-se ao rio Min em Yibin, quatrocentos e cinqüenta quilômetros abaixo. No fim de sua jornada, o Yang-tse espalha-se e serpeia, irrigando vastas áreas de terra agrícola plana. Mas ali, nas montanhas, era violento demais para ser cruzado por uma ponte. Só balsas ligavam a província de Sichuan com Yunnan a leste. Todo verão, quando a torrente ficava alta e feroz com a neve derretida, o rio cobrava vidas. Apenas alguns dias antes, engolira uma balsa com três colegas minhas de escola.

Descia a escuridão. Eu me sentia muito doente. Jin-ming estendera sua jaqueta no chão para que eu não tivesse de sentar na grama molhada. Nosso objetivo era passar para Yunnan e tentar pegar uma carona até Chengdu. As estradas que cruzavam Xichang eram cortadas pela luta entre facções rebeldes, por isso tínhamos de tentar contorná-la. Nana e Wen haviam se oferecido para levar meu registro e bagagem, e os de Xiao-hong, para Chengdu. Uma dúzia de homens fortes remava a balsa contra a corrente, cantando uma música em uníssono. Quando atingiram o meio do rio, pararam e deixaram a balsa ser levada corrente abaixo, para o lado de Yunnan. Ondas imensas abateram-se sobre nós várias vezes. Tive de me agarrar com força à amurada, quando o barco adernava desamparado. Normalmente, eu teria ficado aterrorizada, mas agora sentia apenas entorpecimento. Estava preocupada demais com a morte de minha avó.

Um caminhão solitário estava parado no campo de basquete da cidade na margem do lado de Yunnan, Qiaojia. O motorista concordou prontamente em nos dar uma carona na volta. Eu não parava de revolver na cabeça o que poderia ter feito para salvar minha avó. Enquanto o caminhão sacolejava em frente, passávamos por touceiras de bananeiras nos fundos de cabanas de barro, cercadas pelas montanhas cobertas de nuvens. Vendo suas gigantescas folhas, eu me lembrava das pequenas bananeiras em vasos, sem frutas, junto à porta da enfermaria de minha avó no hospital em Chengdu. Quando Bing vinha me ver, eu me sentava com ele, conversando até tarde da noite. Minha avó continuava não gostando dele, por causa de seu sorriso cínico e do modo displicente como tratava os adultos, que ela considerava desrespeitoso. Duas vezes ela descera cambaleando para me chamar de volta. Eu odiara a mim mesma por deixá-la ansiosa, mas não podia evitar. Não conseguia controlar meu desejo de ver Bing. Como gostaria de poder recomeçar tudo agora! Não faria nada para perturbá-la. Cuidaria apenas para que ela melhorasse — embora como, não soubesse.

Passamos por Yibin. A estrada serpeava descendo a colina da Esmeralda na borda da cidade. Fitando as elegantes sequóias e touceiras de bambu, lembrei-me de abril, quando eu acabava de voltar de Yibin para casa, na rua do Meteorito. Contava à minha avó que fora varrer o túmulo do dr. Xia, que ficava ao lado daquela colina, num ensolarado dia de primavera. Tia Jun-ying me dera um pouco de seu "dinheiro de prata" especial para queimar no túmulo. Sabe Deus onde o arranjara, pois fora condenado como "feudal". Andei acima e abaixo durante horas, mas não consegui encontrar o túmulo. A encosta da colina era uma bagunça destroçada. Os guardas vermelhos haviam arrasado o cemitério e despedaçado as lápides, pois consideravam o enterro uma prática "velha". Jamais vou esquecer a intensa chama de esperança nos olhos de minha avó quando falei da visita, e como se ensombreceram quase imediatamente quando, como uma estúpida, acrescentei que o túmulo se perdera. Agora eu queria me esmurrar por não ter-lhe contado uma mentira branca. Mas era tarde demais.

Quando Jin-ming e eu chegamos em casa, após mais de uma semana na estrada, havia apenas uma cama vazia. Lembrei-me de que a vira estendida nela, os cabelos soltos mas ainda arrumados, mordendo os lábios com força, as faces afundadas. Sofrera em silêncio e compostura suas dores assassinas, jamais gritando, jamais se contorcendo. Devido ao seu estoicismo, não compreendi como era grave a doença.

Minha mãe estava na detenção. O que Xiao-hei e Xiao-hong me contaram dos últimos dias de minha avó me causaram tal angústia que tive de pedir-lhes que parassem. Só anos mais tarde compreendi o que tinha acontecido depois que eu partira. Ela fazia algumas tarefas domésticas, depois voltava para a cama e deitava-se de rosto tenso, tentando combater a dor. Murmurava constantemente que estava ansiosa com minha viagem, e preocupava-se com meus irmãos menores. "Que vai ser dos meninos, sem escolas?", suspirava.

Então, um dia, não conseguiu levantar-se da cama. Nenhum médico veio a casa, e por isso o namorado de minha irmã, Luneta, levara-a nas costas para o hospital. Minha irmã seguia a seu lado, escorando-a. Após algumas viagens, os médicos pediram-lhes que não fossem mais. Disseram que não conseguiam descobrir nada errado com ela e não podiam fazer nada.

Assim ela ficou na cama, esperando a morte. O corpo foi perdendo a vida pouco a pouco. Ela movia os lábios de vez em quando, mas meu irmão e minha irmã não conseguiam ouvir nada. Muitas vezes eles foram ao lugar em que minha mãe estava detida, a fim de pedir que lhe dessem uma licença. Todas as vezes eram mandados de volta sem poder vê-la.

Todo o corpo de minha avó parecia morto. Mas ela ainda mantinha os olhos abertos, olhando em volta, expectantes. Não queria fechá-los enquanto não visse a filha.

Por fim permitiram à minha mãe ir até em casa. Nos dois dias seguintes, ela não saiu do lado da cama de minha avó. De vez em quando, minha avó sussurrava alguma coisa a ela. Suas últimas palavras foram como caíra naquela dor.

Disse que os vizinhos pertencentes ao grupo da sra. Shau tinham feito uma assembléia de denúncias contra ela no pátio. O recibo das jóias que ela doara durante a Guerra da Coréia fora confiscado por alguns rebeldes numa invasão à casa. Disseram que ela era "um membro da fedorenta classe exploradora", pois senão como pudera ter adquirido todas aquelas jóias, para começar?

Minha avó contou que tivera de ficar de pé em cima de uma mesinha. O chão era irregular e a mesa oscilava, ela ficou tonta. Os vizinhos gritavam com ela. A mulher que acusara Xiao-fang de estuprar sua filha bateu ferozmente com um porrete numa perna da mesa. Minha avó não conseguiu manter o equilíbrio e caiu para trás no chão duro. Ela disse que sentia uma dor aguda desde então.

Na verdade, não houvera assembléia de denúncias alguma. Mas essa foi a imagem que perseguiu minha avó até seu último suspiro.

No terceiro dia depois que minha mãe voltou para casa, minha avó morreu. Dois dias depois, imediatamente após a cremação de minha avó, minha mãe teve de retornar à detenção.

Tenho sonhado freqüentemente com minha avó desde então, e acordado chorando. Era um grande caráter — vivaz, talentosa e imensamente capaz. Mas não encontrou um meio de desenvolver suas capacidades. Filha de um ambicioso policial de cidadezinha, concubina de um caudilho, madrasta de uma família extensa mas dividida, e mãe e sogra de duas autoridades comunistas — em todas essas circunstâncias teve pouca felicidade. Os dias com o dr. Xia foram vividos à sombra do passado dele, e juntos suportaram a pobreza, a ocupação japonesa e a guerra civil. Ela podia ter experimentado a felicidade cuidando dos netos, mas raramente deixava de sentir ansiedade por nós. A maior parte de sua vida vivera com medo, e enfrentara a morte muitas vezes. Era uma mulher forte, mas no fim as tragédias que atingiram meus pais, as preocupações com os netos, a onda de feia hostilidade humana — tudo conspirou para esmagá-la. Mas o mais insuportável para ela foi o que aconteceu com sua filha. Era como se sentisse no próprio corpo e alma cada pedaço da dor que minha mãe sofria, e foi finalmente morta pelo acúmulo de angústia.

Houve outro fator, mais imediato, em sua morte: negaram-lhe cuidados médicos adequados. Estava no hospital na época em que vim a conhecer Bing e Wen. Minha amizade com eles me havia acolchoado e insulado, embotando minha consciência do sofrimento dela. Eu me chamava de desprezível por ter tido qualquer sentimento de felicidade, ao lado do que agora compreendia ser o leito de morte de minha avó. Resolvi jamais voltar a ter um namorado. Só pela autonegação, pensei, poderia expiar parte de minha culpa.

Nos dois meses seguintes, fiquei em Chengdu, procurando desesperadamente, com Nana e minha irmã, um "parente" numa comunidade próxima que nos aceitasse. Precisávamos encontrar um até a colheita do outono, quando se distribuía a comida, de outro modo nada teríamos para comer no ano seguinte — nosso abastecimento oficial acabara em janeiro.

Quando Bing veio me ver, mostrei-me bastante fria com ele e mandei-o jamais voltar. Ele me escrevia cartas, mas eu as jogava no fogão sem abri-las — um gesto que talvez adquirira da leitura de romances russos. Wen voltou de Ningnan com minha caderneta de identidade e minha bagagem, mas eu me recusei a vê-lo. Uma vez passei por ele na rua e olhei-o como se não o conhecesse, captando apenas um vislumbre de seus olhos, nos quais vi confusão e mágoa.

Wen voltou para Ningnan. Num dia de verão em 1970, irrompeu um incêndio na floresta perto de sua aldeia. Ele e um amigo acorreram com algumas vassouras para apagá-lo. Uma rajada de vento lançou uma bola de chamas no rosto do amigo, deixando-o permanentemente desfigurado. Os dois deixaram Ningnan e passaram para o Laos, onde se travava uma guerra entre guerrilheiros esquerdistas e os Estados Unidos. Na época, vários filhos de altas autoridades estavam indo para o Laos e o Vietnã, para combater secretamente os americanos, pois isso era proibido pelo governo. Esses jovens haviam se desiludido com a Revolução Cultural, e esperavam recuperar a adrenalina juvenil enfrentando os "imperialistas ianques".

Um dia, pouco depois de chegarem ao Laos, Wen ouviu o

alarme que assinalava a vinda de aviões americanos. Foi o primeiro a saltar e atacar, mas em sua inexperiência pisou numa mina que seus próprios camaradas haviam plantado. Fez-se em pedaços. Minha última lembrança dele é de seus olhos perplexos e magoados me observando numa lamacenta esquina de rua em Chengdu.

Enquanto isso, minha família estava dispersa. A 17 de outubro de 1969, Lin Piao pôs o país em estado de guerra, usando como pretexto choques que haviam irrompido antes, naquele ano, na fronteira com a União Soviética. Em nome de uma "evacuação", mandou seus adversários no exército e os altos líderes em desgraça para fora da capital, e os colocou sob prisão domiciliar ou detenção em diferentes partes da China. Os Comitês Revolucionários aproveitaram essa oportunidade para acelerar a deportação de "indesejáveis". Ordenou-se aos quinhentos membros da equipe do Distrito Leste de minha mãe que deixassem Chengdu para um lugar no interior de Xichang chamado planície do Rapaz do Búfalo. Deram dez dias para que minha mãe fizesse seus arranjos em casa. Ela pôs Xiao-hei e Xiao-fang num trem para Yibin. Embora tia Jun-ying estivesse semiparalisada, havia outras tias e tios lá que podiam cuidar deles. Jin-ming fora enviado por sua escola para uma comuna oitenta quilômetros a nordeste de Chengdu.

Ao mesmo tempo, Nana, minha irmã e eu finalmente encontramos uma comuna que nos aceitasse num município chamado Deyang, não longe de onde estava Jin-ming. Luneta, o namorado de minha irmã, tinha um colega do campo disposto a dizer que éramos primos dele. Algumas comunas da área precisavam de mais trabalhadores. Embora não tivéssemos provas de parentesco, ninguém fez pergunta alguma. A única coisa que importava era que éramos — pelo menos me parecia — mão-de-obra extra.

Destinaram-nos a duas equipes de produção diferentes, porque duas pessoas a mais eram o máximo que qualquer equipe podia receber. Nana e eu fomos para uma equipe e minha irmã para outra, a uns cinco quilômetros. A estação ferroviária ficava a umas cinco horas de caminhada, grande parte dela por cristas de meio metro de largura entre campos de arroz.

Minha família de sete pessoas achava-se agora dispersa por seis diferentes lugares. Xiao-hei ficou satisfeito por deixar Chengdu, onde o novo manual de língua chinesa em sua escola, compilado por alguns professores e membros da equipe de propaganda de lá, continha uma condenação nominal de meu pai, e por isso Xiao-hei foi afastado e hostilizado.

No início do verão de 1969, a escola dele fora mandada para o campo, nos arredores de Chengdu, para ajudar na colheita. Os meninos e meninas acampavam separados em dois grandes salões. À noite, sob a abóboda estrelada do céu, as trilhas por entre os campos de arroz eram freqüentadas por jovens casais. Floresceu o romance, e não menos no coração de meu irmão de catorze anos, que começou a se interessar por uma menina de seu grupo. Após dois dias reunindo coragem, abordou-a nervoso num entardecer, quando ceifavam trigo, e convidou-a a um passeio naquela noite. A menina baixou a cabeça e não respondeu. Xiao-hei achou que aquilo era um sinal de "mudo consentimento", *mo xu*.

Ele se encostou numa meda de trigo ao luar e esperou com todas as expectativas e anseios do primeiro amor. De repente, ouviu um assobio. Surgiu um bando de meninos de sua série. Deram-lhe uns empurrões, xingaram-no e depois jogaram uma jaqueta sobre sua cabeça e passaram a dar-lhe socos e pontapés. Ele conseguiu se livrar, cambaleou até a porta de um dos professores e gritou por socorro. O professor abriu a porta, mas empurrou-o dizendo: "Não posso lhe ajudar! Não se atreva a voltar!".

Xiao-hei estava amedrontado demais para voltar para o seu acampamento, e passou a noite escondido num monte de feno. Compreendeu que fora sua "namorada" quem chamara os arruaceiros: sentira-se insultada pelo fato de o filho de um "sequaz do capitalismo contra-revolucionário" ter a audácia de querê-la.

Quando voltaram a Chengdu, Xiao-hei foi pedir ajuda à sua gangue de rua. Eles apareceram na escola com muita exibição de músculos e um mastim gigante, e arrastaram o principal arruaceiro para fora da sala de aula. Ele tremia, o rosto pálido. Mas antes que a gangue caísse sobre ele, Xiao-hei teve pena e pediu a seu timoneiro que o deixasse ir embora.

A piedade tornara-se um conceito estranho, e era encarada como um sinal de burrice. Xiao-hei foi ainda mais perseguido que antes. Ele fez uma débil tentativa de recorrer de novo à ajuda de sua gangue, mas eles lhe responderam que não iam ajudar a um "nanico".

Xiao-hei aproximou-se de sua nova escola em Yibin temendo mais perseguições. Para seu espanto, teve uma acolhida calorosa, quase emocional. Os professores, os membros da equipe de propaganda que dirigiam a escola, os estudantes — todos pareciam ter ouvido falar de meu pai e referiam-se a ele com admiração. Xiao-hei adquiriu imediatamente um certo prestígio. A menina mais bonita da escola tornou-se sua namorada. Mesmo os meninos mais valentões o tratavam com respeito. Ficou claro para ele que meu pai era uma figura reverenciada em Yibin, apesar de todos saberem que estava em desgraça, e que os Ting estavam no poder. A população de Yibin sofrera horrivelmente sob os Ting. Milhares haviam morrido ou sido feridos nas lutas de facções ou sob tortura. Um amigo da família escapara da morte porque, quando seus filhos foram recolher seu cadáver no necrotério, encontraram-no ainda respirando.

As pessoas de Yibin tinham criado um grande anseio pelos dias de paz, por autoridades que não abusassem de seu poder, por um governo dedicado a fazer tudo funcionar. O foco dessa nostalgia era o início a década de 1950, quando meu pai era o governador. Fora então que os comunistas haviam atingido sua maior popularidade — logo depois de substituírem o Kuomintang, acabarem com a fome e estabelecerem a lei e a ordem, mas antes de suas incessantes campanhas políticas (e sua própria fome, induzida por Mao). Meu pai passara a ser identificado na memória do povo com os bons velhos tempos. Era visto como uma boa autoridade lendária, em vívido contraste com os Ting.

Por causa dele, Xiao-hei gostou de sua estada em Yibin —

embora pouco aprendesse na escola. Os materiais didáticos ainda consistiam das obras de Mao e artigos do *Diário do Povo*, e ninguém tinha qualquer autoridade sobre os alunos — já que Mao não voltara atrás em sua desvalorização geral do ensino formal.

Os professores e membros da equipe de propaganda tentaram recrutar a ajuda de Xiao-hei para impor a disciplina em sua classe. Mas nisso até mesmo a reputação de meu pai falhou, e Xiao-hei acabou ostracizado por alguns dos meninos por ser o "lacaio" dos professores. Iniciou-se uma campanha de murmúrios dizendo que ele abraçara a namorada embaixo de postes de rua, o que era um "crime burguês". Xiao-hei perdeu sua posição privilegiada e ordenaram-lhe que escrevesse autocríticas e prometesse cumprir a reforma do pensamento. A mãe da menina apareceu um dia insistindo num exame médico para provar a castidade da filha. Após uma grande cena, tirou a filha da escola.

Xiao-hei tinha um amigo íntimo em sua classe, um garoto popular de dezessete anos e com um ponto sensível: sua mãe jamais se casara, mas tinha cinco filhos — todos de pais diferentes e desconhecidos, o que era extremamente incomum numa sociedade em que se estigmatizava com muita força a "ilegitimidade", apesar de ter sido abolida formalmente. Agora, numa das ondas de caça às bruxas, ela era motivo de humilhação pública como "mau elemento". O garoto tinha muita vergonha da mãe, e disse a Xiao-hei, em privado, que a odiava. Um dia, a escola daria um prêmio de melhor nadador (porque Mao gostava de nadar), e o amigo de Xiao-hei foi unanimemente indicado pelos alunos; mas quando se anunciou o prêmio, não foi para ele. Aparentemente, um jovem professor protestara: "Não podemos dar a ele; a mãe é um 'sapato usado'".

Quando o menino soube disso, pegou uma machadinha de cozinha e invadiu o gabinete do professor. Alguém o deteve, enquanto o professor se escafedia e escondia. Xiao-hei sabia o quanto esse incidente tinha magoado seu amigo: pela primeira vez, viu-se o menino chorando amargamente. Naquela noite, Xiao-hei e alguns dos outros garotos ficaram sentados até tarde com ele, tentando confortá-lo. No dia seguinte, ele desapareceu. Seu corpo veio dar na margem do rio da Areia Dourada. Ele amarrara as mãos juntas antes de saltar.

A Revolução Cultural não apenas nada fez para modernizar os elementos medievais na cultura da China, mas na verdade deu-lhes respeitabilidade política. A ditadura "moderna" e a intolerância antiga alimentavam-se uma da outra. Quem se desviasse das atitudes conservadoras seculares podia agora tornar-se uma vítima política.

Minha nova comuna em Deyang ficava numa área de baixas colinas pontilhadas de arbustos e pés de eucalipto. A maior parte da terra agrícola era boa, dando duas grandes safras por ano, uma de trigo e outra de arroz. Legumes, colza e batatas-doces davam em abundância. Depois de Ningnan, o grande alívio para mim era que não tínhamos de empreender nenhuma subida, e eu podia respirar normalmente, em vez de arquejar em busca de ar o tempo todo. Não me importava o fato de que andar ali significava cambalear por estreitas cristas lamacentas entre campos de arroz. Eu muitas vezes caía sentada, e às vezes, ao bracejar para me apoiar, puxava a pessoa à minha frente — em geral Nana — para dentro do canteiro de arroz. Tampouco me incomodava outro perigo de andar à noite: a possibilidade de ser mordida por cachorros, muitos dos quais estavam com raiva.

Quando chegamos, ficamos junto de um chiqueiro. À noite, adormecíamos ouvindo uma sinfonia de grunhidos de porco, zumbido de mosquitos e latidos de cachorros. O quarto cheirava permanentemente a estrume de porco e incenso contra mosquitos. Depois de algum tempo, a equipe de produção construiu para Nana e eu uma cabana de dois aposentos, num trato de terra que tinha sido usado para fazer adobes. A terra era mais baixa que o campo de arroz, que ficava logo do outro lado de uma estreita trilha, e na primavera e verão, quando os campos de arroz se enchiam d'água, ou depois de uma chuva pesada, uma água pantanosa aflorava do chão de terra. Nana e eu tínhamos de tirar os sapatos, enrolar as pernas das calças e vadear para dentro da cabana. Felizmente, a cama de casal que dividíamos tinha pernas altas, e assim dormíamos uns dois palmos acima da água lamacenta. Subir na cama envolvia pôr uma bacia de água limpa num tamborete, subir no tamborete e lavar os pés. Vivendo nessas condições úmidas, meus ossos e músculos não paravam de doer.

Mas a cabana também era divertida. Quando a inundação refluía, brotavam cogumelos embaixo da cama e nos cantos dos cômodos. Com um pouco de imaginação, o chão parecia uma coisa saída de um conto de fadas. Uma vez deixei cair uma colher de ervilhas no chão. Depois que a água veio e se foi, um molho de delicadas pétalas desabrochou de finos talos, como se acabassem de despertar para os raios do sol, que jorravam pela abertura com batentes de madeira, na parede, que nos servia de janela.

A vista era perpetuamente mágica para mim. Além de nossa porta ficava o poço da aldeia, coberto de mato, lírios-d'água e lótus. A trilha diante da cabana levava a uma passagem através da colina, mais de quinhentos metros acima de nós. O sol se punha atrás dele, emoldurado por rochedos negros. Antes de cair a noite, uma neblina de prata pairava acima dos campos ao pé das colinas. Homens, mulheres e crianças voltavam andando para a aldeia após o dia de trabalho, na névoa do anoitecer, trazendo cestas, enxadas e foices, e eram recebidos por seus cachorros, que latiam e saltavam em volta deles. Pareciam navegar em nuvens. A fumaça saía em curvas das cabanas cobertas de palha. Barricas de madeira estalavam no poço de pedra, quando as pessoas tiravam água para a refeição da noite. Ouviam-se vozes altas das pessoas conversando junto às touceiras de bambu, os homens de cócoras tirando baforadas de seus compridos e finos cachimbos. As mulheres nem fumavam nem se agachavam: isso era tradicionalmente considerado impróprio para elas, e ninguém na China "revolucionária" falara em mudar essas atitudes.

Foi em Deyang que vim a conhecer como os camponeses da China realmente viviam. Cada dia começava com o chefe da equipe de produção distribuindo tarefas. Todos os camponeses tinham de trabalhar, e cada um ganhava um determinado número de "pontos de trabalho" (*gong-fen*) pelo dia de trabalho. O número acumulado desses pontos era um elemento importante na distribuição de gêneros no fim do ano. Os camponeses recebiam, da equipe de produção, alimentos, combustível e outros artigos de uso diário, além de uma minúscula soma em dinheiro. Após a colheita, a equipe de produção entregava parte dela ao Estado como imposto. Depois dividia-se o resto. Primeiro, uma quantia era atribuída a todo homem, e cerca de um quarto menos a cada mulher. As crianças de menos de três anos recebiam meia porção. Como uma criança logo acima de três anos obviamente não podia comer a parte de um adulto, era desejável ter mais filhos. O sistema funcionava como um positivo desincentivo ao controle da natalidade.

O resto da safra era então distribuído segundo o número de pontos de trabalho que cada um conquistara. Duas vezes por ano, os camponeses eram reunidos para fixar os pontos de trabalho diários de cada pessoa. Ninguém faltava a esses encontros. No fim, atribuíam-se à maioria dos homens jovens e de meia-idade dez pontos por dia, e às mulheres oito. Um ou dois que toda a aldeia reconhecia como excepcionalmente fortes recebiam um ponto extra. "Inimigos de classe" como o antigo latifundiário da aldeia e sua família tinham uns dois pontos menos que os outros, apesar de não trabalharem menos e geralmente receberem os trabalhos mais duros. Nana e eu, sendo "jovens de cidade" inexperientes, recebíamos quatro — o mesmo número de crianças mal chegadas aos dez anos; disseram-nos que isso era "para começar", embora os meus jamais tivessem sido aumentados.

Como havia pouca variação de indivíduo para indivíduo do mesmo sexo em termos de pontos diários, o número de pontos de trabalho acumulados dependia sobretudo de quantos dias alguém trabalhava, mais do que de como trabalhava. Isso era um constante motivo de ressentimento entre os aldeões — além de ser um grande desestímulo à eficiência. Todo dia, os camponeses torciam os olhos para ver como os outros estavam trabalhando, para não serem explorados. Ninguém queria dar mais duro que os outros que ganhavam o mesmo número de pontos de trabalho. As mulheres sentiam rancor dos homens que às vezes faziam o mesmo tipo de trabalho que elas, mas ganhando dois pontos mais. As discussões eram constantes.

Freqüentemente passávamos dez horas nos campos fazendo um trabalho que poderia ser feito em cinco. Mas tínhamos de ficar lá por dez horas, para que se contasse um dia completo. Trabalhávamos em câmara lenta, e eu olhava impaciente o sol, querendo que ele baixasse, e contava os minutos até soar o apito, assinalando o fim da jornada. Logo descobri que o tédio é tão exaustivo quanto o trabalho físico massacrante.

Ali, como em Ningnan, e em grande parte de Sichuan, não havia máquina alguma. Os métodos eram mais ou menos os mesmos que há 2 mil anos, a não ser pelos fertilizantes químicos, que a equipe recebia do governo em troca de grãos. Não havia praticamente animais de tiro, a não ser búfalos para arar. Tudo mais, inclusive o transporte de água, estrume, combustível, legumes e grãos, era feito inteiramente à mão, e nos ombros, usando-se cestas de bambu e barris de madeira numa vara. Meu maior problema era carregar fardos. Vivia com o ombro direito perpetuamente inchado e ferido, por ter de carregar água do poço para casa. Sempre que um jovem que se interessava por mim vinha me visitar, eu demonstrava tal desamparo que ele nunca deixava de se oferecer para encher o tanque para mim. E não só o tanque — jarros, bacias e até copos também.

O chefe da equipe consideradamente parou de me mandar carregar coisas, e me destinava serviços "leves", com as crianças e as mulheres mais velhas e grávidas. Mas nem sempre eram leves para mim. Recolher esterco logo me deixava com o braço doendo, para não falar no embrulho no estômago quando via os gordos vermes nadando na superfície. Colher algodão num mar de brancura brilhante podia compor uma imagem idílica, mas eu logo compreendi como era exaustivo, sob o sol implacável, em temperaturas bem acima dos trinta graus, com alta umidade, em meio a galhos espinhosos que me cobriam de arranhões.

Eu preferia transplantar mudas de arroz. Isso era considerado trabalho pesado, porque a gente tinha de se curvar muito. Muitas vezes, no fim do dia, mesmo os homens mais duros queixavam-se de que não podiam ficar eretos. Mas, no calor insuportável, eu adorava sentir a água fria nos tornozelos, ficar contemplando a vegetação tenra, e pisar descalça na lama mole — tudo isso me proporcionava um prazer sensual. A única coisa que me preocupava mesmo eram as sanguessugas. Meu primeiro confronto foi quando senti uma coisa fazendo cócegas na perna. Erguia-a para coçar e vi uma criatura gorda, escorregadia, enterrando a cabeça em minha pele, tentando afincadamente entrar. Soltei um forte grito. Uma garota camponesa a meu lado deu uma risadinha. Achara engraçado o meu faniquito. Mesmo assim, aproximou-se e deu um tapa em minha perna pouco acima da sanguessuga, que caiu na água com um *plop*.

Nas manhãs de inverno, no período de duas horas de trabalho antes do desjejum, eu subia as colinas com as mulheres "mais fracas" para catar lenha. Mal havia árvores nas colinas, e mesmo os arbustos eram poucos e espalhados. Muitas vezes tínhamos de caminhar um longo percurso. Cortávamos com uma foice, agarrando as plantas com a mão livre. Os arbustos eram cobertos de espinhos, muitos dos quais sempre davam um jeito de enterrar-se em minha palma e pulso esquerdos. A princípio eu passava muito tempo tentando extraí-los, mas acabei me acostumando a deixá-los sair por si mesmos, depois que os locais se inflamavam.

Recolhíamos o que os camponeses chamavam de "combustível pena". Era bastante inútil, e consumia-se logo. Certa vez expressei meu pesar pela falta de árvores de verdade. As mulheres que me acompanhavam disseram que não fora sempre assim. Antes do Grande Salto para a Frente, disseram-me, as colinas eram cobertas de pinheiros, eucaliptos e ciprestes. Tudo fora derrubado para alimentar os "altos fornos de quintal" e produzir aço. As mulheres me disseram isso placidamente, sem nenhum rancor, como se não fosse o motivo de sua batalha diária por combustível. Pareciam tratar aquilo como uma coisa que a vida empurrara para elas, como muitos outros infortúnios. Fiquei chocada por me ver frente a frente, pela primeira vez, com as desastrosas conseqüências do Grande Salto, que eu só conhecia como um "glorioso sucesso".

Descobri um monte de outras coisas. Os camponeses organizaram uma sessão "de desabafo" para descrever como haviam sofrido sob o Kuomintang, e promover gratidão a Mao, sobretudo entre a nova geração. Alguns camponeses falaram de infâncias de fome incessante, e lamentavam que seus próprios filhos fossem tão mimados que muitas vezes tinham de ser bajulados para comer a comida toda.

Depois a conversa passou para uma fome determinada. Disseram que tiveram de comer folhas de batata-doce e cavar nas cristas entre os canteiros na esperança de encontrar algumas raízes. Falaram das muitas mortes na aldeia. Suas histórias me levaram às lágrimas. Após dizerem como tinham odiado o Kuomintang e amavam o presidente Mao, os camponeses referiram-se a essa fome como tendo ocorrido "na época da formação das comunas". De repente me ocorreu que a fome de que eles falavam fora sob os comunistas. Haviam confundido os dois regimes. Perguntei: "Não houve calamidades naturais sem precedentes nessa época? Não foi essa a causa do problema?". "Ah, não", responderam. "O tempo não podia estar melhor, e havia muitos grãos nos campos. Mas aquele homem" — apontaram para um encolhido homem de quarenta anos — "ordenou que os homens fossem fabricar aço, e metade da safra se perdeu nos campos. Mas ele nos disse: não se incomodem, estamos no paraíso do comunismo agora, e não precisamos nos preocupar com a comida. Antes, a gente sempre tinha tido de controlar o estômago, mas depois a gente comia à vontade na cantina da comuna; jogava os restos fora; até alimentava os porcos com precioso arroz. Aí a cantina não teve mais comida, mas ele botou guardas na frente do depósito. O resto dos grãos ia ser embarcado para Pequim e Xangai — havia estrangeiros lá."

Pouco a pouco, foi emergindo o quadro todo. O homem encolhido fora o chefe da equipe de produção durante o Grande Salto. Ele e seus cupinchas tinham quebrado os *woks* e fogões dos camponeses para que não pudessem cozinhar em casa, e usado os *woks* como alimento para as fornalhas. Tinha comunicado safras imensamente exageradas: com isso, os impostos foram tão altos que levaram cada farelo de grão que restava aos camponeses. Os aldeões haviam morrido às dezenas. Após a fome, haviam-no responsabilizado por todos os erros na aldeia. A comuna permitira que os aldeões votassem sua demissão do cargo, e o rotulara de "inimigo de classe".

Como a maioria dos inimigos de classe, não fora posto na prisão, mas mantido "sob vigilância" pelos irmãos aldeões. Era assim com Mao: manter figuras "inimigas" no meio do povo para que sempre tivessem alguém visível e à mão para odiar. Sempre que vinha uma nova campanha, esse homem seria um dos "suspeitos habituais" a serem presos e atacados de novo. Sempre lhe davam as tarefas mais duras, e ele ganhava apenas sete pontos de trabalho por dia. Nunca vi ninguém conversando com ele. Várias vezes avistei crianças da aldeia jogando-lhe pedras.

Os aldeões agradeciam ao presidente Mao por castigá-lo. Ninguém discutia a sua culpa, nem o grau de sua responsabilidade. Eu o procurei por conta própria e pedi-lhe que me contasse a sua história.

Ele pareceu pateticamente agradecido por ser inquirido. "Eu estava cumprindo ordens", repetia. "Tinha de cumprir ordens..." Depois deu um suspiro: "Claro, eu não queria perder o meu cargo. Outra pessoa teria tomado o meu lugar. E aí, que teria acontecido a mim e meus filhos? Provavelmente teríamos morrido de fome. Um chefe de produção é pequeno, mas pelo menos pode morrer depois de todo mundo na aldeia".

Suas palavras e as histórias dos camponeses me chocaram até a medula. Era a primeira vez que eu encontrava o lado feio da China comunista antes da Revolução Cultural. O quadro era imensamente diferente da versão cor-de-rosa oficial. Nas montanhas e campos de Deyang minhas dúvidas sobre o regime comunista se aprofundaram.

Tenho às vezes me perguntado se Mao sabia o que estava fazendo ao pôr a protegida juventude urbana da China em contato com a realidade. Mas aí, ele confiava que grande parte da população não poderia fazer deduções racionais com a informação fragmentária de que dispunha. Na verdade, aos dezoito anos eu só era capaz de vagas dúvidas, não de análise explícita do regime. Por mais que odiasse a Revolução Cultural, ainda não entrava em minha mente duvidar de Mao.

Em Deyang, como em Ningnan, poucos camponeses sabiam ler o mais simples artigo de jornal ou escrever uma carta rudimentar. Muitos não sabiam sequer escrever o próprio nome. A campanha inicial dos comunistas para enfrentar o analfabetismo fora posta de lado por incessantes caças às bruxas. Houvera outrora uma escola elementar na aldeia, subsidiada pela comuna, mas no início da Revolução Cultural as crianças haviam insultado o professor à vontade. Tinham-no feito desfilar pela aldeia com pesados *woks* de ferro fundido empilhados na cabeça e o rosto enegrecido de fuligem. Uma vez quase lhe fraturaram o crânio. Desde então, ninguém pôde ser convencido a ensinar.

A maioria dos camponeses não sentia falta da escola. "De que adianta?", perguntavam. "A gente paga as mensalidades e lê durante anos, e no fim continua sendo um camponês, ganhando o pão com o suor da gente. Não ganha um grão de arroz a mais por saber ler livros. Por que gastar tempo e dinheiro? É melhor começar logo a ganhar os pontos de trabalho." A virtual ausência de qualquer chance de um futuro melhor e a quase total imobilidade para alguém que nasceu camponês tiraram o incentivo da busca ao conhecimento. Crianças em idade escolar ficavam em casa para ajudar as famílias no trabalho ou cuidar dos irmãos e irmãs menores. Estariam nos campos mal chegassem à adolescência. Quanto às meninas, os camponeses consideravam pura perda de tempo que fossem à escola. "Elas se casam e pertencem a outras pessoas. É como despejar água no chão."

A Revolução Cultural foi trombeteada como tendo levado a educação aos camponeses através de "aulas noturnas". Um dia a equipe de produção anunciou que iam começar as aulas noturnas, e pediu a mim e a Nana que fôssemos as professoras. Fiquei encantada. Contudo, assim que começou a primeira "aula", compreendi que aquilo não era educação.

As aulas começavam invariavelmente com o chefe da produção pedindo a Nana e a mim que lêssemos os artigos de Mao ou outros textos do *Diário do Povo*. Depois, ele fazia um discurso de uma hora, consistindo de todo o último jargão político, amarrado em trechos indigeridos e em grande parte ininteligíveis. De vez em quando, dava ordens específicas, todas solenemente emitidas em nome de Mao. "O presidente Mao diz que devemos fazer duas refeições de mingau de arroz e só uma de arroz sólido por dia." "O presidente Mao diz que não devemos desperdiçar batata-doce com os porcos."

Após um duro dia de trabalho nos campos, os camponeses tinham a mente em suas tarefas domésticas. As noites eram valiosas para eles, mas ninguém se atrevia a faltar às "aulas". Simplesmente ficavam sentados ali, e acabavam cochilando. Não fiquei triste por ver aquela forma de "educação", destinada mais a embrutecer do que a esclarecer, ir aos poucos murchando.

Sem educação, o mundo dos camponeses era dolorosamente estreito. Suas conversas em geral se centravam em detalhes miúdos do dia-a-dia. Uma mulher passava uma manhã toda se queixando de que a cunhada usara dez feixes de combustível pena para preparar o desjejum, quando podia ter gasto nove (o combustível, como tudo mais, era coletivo). Outra resmungava durante horas que a sogra punha batatas-doces demais no arroz (o arroz era mais precioso e desejável que as batatas-doces). Eu sabia que o restrito horizonte delas não era sua culpa, mas mesmo assim achava essa conversa insuportável.

Um tópico invariável de fofoca era, claro, o sexo. Uma mulher chamada Mei, de vinte anos, da sede do município de Deyang, fora destacada para a aldeia vizinha à minha. Tinha supostamente dormido com muitos rapazes da cidade, e também com camponeses, e de vez em quando, nos campos, alguém saía com uma história picante a respeito dela. Dizia-se que estava grávida, e vinha amarrando a cintura para esconder isso. Numa tentativa de mostrar que não trazia um "bastardo", Mei fazia deliberadamente tudo que uma mulher grávida não devia fazer, como carregar fardos pesados. Acabou-se descobrindo um bebê morto nos matos perto do rio em sua aldeia. As pessoas diziam que era dela. Ninguém sabia se nascera morto. O chefe da equipe de produção dela ordenou que cavassem um buraco e enterrassem o bebê. E ficou por isso mesmo, a não ser pela fofoca, que se tornou ainda mais virulenta.

Toda essa história me horrorizou, mas houve outros choques. Uma de minhas vizinhas tinha quatro filhas — quatro beldades morenas, de olhos redondos. Mas os aldeões não as achavam muito bonitas. Diziam que eram muito escuras. A pele clara era o principal critério de beleza em grande parte do campo chinês. Quando chegou a época de a mais velha se casar, o pai decidiu procurar um genro que fosse morar na casa deles. Com isso, não apenas manteria os pontos de trabalho da filha, como também conseguiria um par de mãos extra. Normalmente, as mulheres é que iam para a família dos maridos, e considerava-se uma humilhação o contrário. Mas nosso vizinho acabou encontrando um rapaz, de uma área montanhosa muito pobre, que estava desesperado para sair de lá — e jamais poderia fazê-lo a não ser pelo casamento. O homem tinha assim um status muito baixo. Eu muitas vezes ouvia o sogro gritando-lhe insultos aos berros. Para atormentar o rapaz, ele fazia a filha dormir sozinha quando lhe dava na veneta. Ela não se atrevia a recusar-se, porque a "devoção filial", profundamente enraizada na ética chinesa, mandava que os filhos obedecessem aos pais — e porque não se devia pensar que estava doida para dormir com um homem, mesmo seu marido: mulher gostar de sexo era considerado uma vergonha. Acordei certa manhã com um barulho diante de minha janela. O rapaz tinha de algum modo conseguido algumas garrafas de álcool industrial e as engolira. O sogro dava pontapés em sua porta para fazê-lo começar a trabalhar. Quando finalmente arrombou a porta, o genro estava morto.

Um dia, minha equipe de produção fazia talharim de ervilha, e tomou emprestada minha bacia esmaltada para carregar água. Nesse dia, os talharins viraram uma papa informe. A multidão que se reunira excitada e expectante em torno do barril onde se fazia o talharim pôs-se a reclamar em voz alta quando me viu chegando, e todos me lançavam um olhar de nojo. Fiquei com medo. Depois algumas mulheres me disseram que os aldeões me culpavam pelo fracasso do talharim. Diziam que eu devia ter usado a bacia para me lavar quando menstruada. Disseram-me que eu tinha sorte de ser uma "jovem da cidade". Se fosse uma deles, seus homens lhe teriam dado "uma surra daquelas".

Em outra ocasião, um grupo de rapazes que passava por nossa aldeia com cestas de batatas-doces descansava à beira de uma estreita estrada. Haviam posto as varas de ombro no chão, à sua frente, bloqueando o caminho. Eu passei por cima de uma delas. De repente, um dos rapazes saltou de pé, pegou sua vara e postou-se à minha frente, com olhos ferozes. Parecia que ia me bater. Pelos outros camponeses, eu soube que ele acreditava que ficaria com feridas no ombro se uma mulher passasse por cima de sua vara. Obrigaram-me a passar de volta, "para desfazer o veneno". Durante todo o tempo que estive no campo, nunca vi nenhuma tentativa de enfrentar esse pensamento distorcido — na verdade, jamais se falava disso.

A pessoa mais educada em minha equipe de produção era o ex-latifundiário. Eu tinha sido condicionada para encarar os donos de terra como maus, e agora, para meu mal-estar inicial, descobria que me dava melhor com a família dele. Não tinham semelhança com os estereótipos que haviam incutido em minha cabeça. O marido não tinha olhos cruéis, perversos, e a esposa não rebolava o traseiro nem açucarava a voz para fazer-se sedutora.

Às vezes, quando estávamos sós, ele falava de suas queixas. "Chang Jung", disse certa vez, "eu sei que você é uma pessoa boa. Deve ser uma pessoa razoável também, já que lê livros. Pode julgar se isso é justo." Então me contou por que tinha sido classificado como latifundiário. Era garçom em Chengdu em 1948, e economizara algum dinheiro poupando cada tostão. Na época, alguns latifundiários de visão vendiam suas terras a preços baratos, pois viam a reforma agrária se aproximando se os comunistas chegassem a Sichuan. O garçom não era políticamente astuto, e comprou algumas terras, julgando ter conseguido uma pechincha. Não só logo perdeu a maior parte delas na reforma agrária, mas ainda de sobra se tornou um inimigo de classe. "Infelizmente", disse, resignado, "um único deslize causou mil anos de sofrimento."

Os aldeões pareciam não sentir hostilidade para com o latifundiário e sua família, embora mantivessem distância. Mas, como todos os "inimigos de classe", eles recebiam as tarefas que ninguém mais queria. E os dois filhos ganhavam um ponto a menos que os outros homens, apesar de serem os homens mais trabalhadores da aldeia. Pareciam-me muitíssimo inteligentes, e também os rapazes mais refinados ali. A gentileza e a elegância deles os distinguiam, e percebi que me sentia mais próxima deles do que de quaisquer outros jovens na aldeia. Contudo, apesar de suas qualidades, nenhuma garota queria casar-se com eles. A mãe me contou quanto dinheiro havia gasto na compra de presentes para as poucas moças que os intermediários haviam apresentado. As moças aceitavam as roupas e o dinheiro e iam embora. Outros camponeses teriam pedido os presentes de volta, mas a família de um latifundiário não podia fazer nada. Ela dava um longo e sonoro suspiro pelo fato de os filhos terem pouca perspectiva de casamentos decentes. Mas, disse-me, eles agüentavam sem drama o seu infortúnio: após cada decepção, tentavam animá-la. Ofereciam-se para trabalhar nos dias de feira, a fim de reaver o custo dos presentes dela.

Todos esses infortúnios me eram contados sem muito drama ou emoção. Ali, parecia que até mesmo as mortes chocantes eram como uma pedra jogada num poço, onde a espadana e as ondas logo se fechavam em quietude.

Na placidez da aldeia, nas emudecidas profundezas das noites em minha casa úmida, eu lia e pensava muito. Quando cheguei a Deyang, Jin-ming me deu grandes caixas de seus livros do mercado negro, que ele conseguira acumular porque os invasores de casas tinham sido em sua maioria mandados para escolas de quadros em Miyi, junto com meu pai. O dia todo que passava fora nos campos eu me impacientava para voltar aos livros.

Devorei o que sobrevivera da fogueira da biblioteca de meu pai. Havia as obras completas de Lu Xun, o grande escritor chinês das décadas de 1920 e 1930. Como morreu em 1936, antes da chegada dos comunistas ao poder, escapou de ser perseguido por Mao, e até se tornou um grande herói dele — enquanto o discípulo favorito e mais estreito colaborador de Lu Xun, Hu Feng, foi pessoalmente citado por Mao como contra-revolucionário, e aprisionado durante décadas. Foi a perseguição a Hu Feng que levou à caça às bruxas em que minha mãe foi detida em 1955.

Lu Xun era o grande favorito de meu pai. Quando eu era criança, ele muitas vezes nos lia ensaios de Lu Xun. Eu não os entendia na época, mesmo com as explicações de meu pai, mas agora estava absorvida. Descobri que o fio satírico deles podia aplicar-se tanto aos comunistas quanto ao Kuomintang. Lu Xun não tinha ideologia, só um humanismo esclarecido. Seu gênio cético questionava todas as crenças. Foi outro cuja inteligência ajudou a me libertar de minha doutrinação.

A coleção de clássicos marxistas de meu pai também me foi útil. Eu lia aleatoriamente, seguindo as palavras obscuras com o dedo, e perguntando que diabos aquelas controvérsias alemãs do século XIX tinham a ver com a China de Mao. Mas era atraída por uma coisa que eu raramente encontrara na China — a lógica que perpassava um argumento. Ler Marx me ajudou a pensar racional e analiticamente.

Eu gostava dessas novas maneiras de organizar minhas idéias. Em outras horas, deixava a mente deslizar para estados mais nebulosos e escrevia poesia em estilo clássico. Quando trabalhava nos campos, muitas vezes me absorvia na composição de poemas, o que tornava o trabalho suportável, às vezes até agradável. Por causa disso, preferia a solidão, e decididamente desestimulava a conversa.

Um dia, eu estivera trabalhando a manhã toda, cortando cana com uma foice e chupando as partes mais suculentas perto das raízes. A cana ia para a usina da aldeia, em troca de açúcar. Tínhamos de preencher uma cota em quantidade, mas não em qualidade, por isso chupávamos as melhores partes. Quando chegava a hora do almoço, e alguém tinha de ficar no campo para vigiá-lo contra os ladrões, eu oferecia meus serviços, para dispor de algum tempo sozinha. Ia almoçar quando os camponeses voltavam — e assim conseguia ainda mais tempo para mim.

Deitava-me num monte de canas, um chapéu de palha sombreando parte do rosto. Através do chapéu, via o vasto céu turquesa. Uma folha destacava-se do monte de canas acima, parecendo desproporcionalmente enorme contra o céu. Entrecerrava os olhos, sentindo-me aliviada pelo frescor da vegetação.

A folha lembrava-me as folhas oscilantes de uma touceira de bambu, numa tarde de verão quente semelhante, muitos anos antes. Sentado à sua sombra, a pescar, meu pai escrevera um poema triste. No mesmo *gelu* — padrão de cores, rimas e tipos de palavras — do dele, comecei a compor um meu. O universo parecia parado, além do leve roçar da brisa refrescante. A vida me parecia bela naquele instante.

Nessa época, eu agarrava a oportunidade de solidão, e demonstrava ostensivamente que nada queria com o mundo à minha volta, o que deve ter-me feito parecer meio arrogante. E como os camponeses eram o modelo que eu devia emular, eu reagia concentrando-me em suas qualidades negativas. Não tentava conhecê-los, nem me dar com eles.

Eu não era muito popular na aldeia, embora os camponeses quase sempre me deixassem em paz. Desaprovavam-me por não trabalhar tanto quanto achavam que eu devia. O trabalho era toda a vida deles, e um critério importante pelo qual julgavam qualquer um. O olho deles para o trabalho aplicado era ao mesmo tempo intratável e justo, e era claro para eles que eu detestava o trabalho físico e aproveitava toda oportunidade de ficar em casa e ler meus livros. O problema de estômago e a erupção de pele que sofri em Ningnan me atacaram assim que cheguei a Deyang. Praticamente todo dia eu tinha algum tipo de diarréia, e minhas pernas apresentavam feridas infeccionadas. Eu me sentia constantemente fraca e tonta, mas não adiantava queixar-me aos camponeses; a dura vida deles ensinara-lhes a encarar toda doença não fatal como banal.

O que me tornava mais impopular, porém, era que sempre estava fora. Passava cerca de dois terços do tempo que devia estar em Deyang visitando meus pais em seus campos, e cuidando de tia Jun-ying em Yibin. Cada viagem durava vários meses, e não havia lei que proibisse isso. Mas embora eu quase não trabalhasse o bastante para ganhar meu sustento, ainda recebia comida da aldeia. Os camponeses estavam amarrados a seu sistema de distribuição, e a mim — não podiam me expulsar. Naturalmente, me censuravam, eu sentia pena deles. Mas também eu estava amarrada a eles. Não podia sair.

Apesar de seu ressentimento, minha equipe de produção permitia-me ir e vir como quisesse, o que se devia em parte ao fato de eu manter distância deles. Aprendi que a melhor maneira de ir levando era ser encarada como uma estranha distante que não atrapalhava. Uma vez que a gente se tornava "parte das massas", ficava imediatamente sujeito a intrusão e controle.

Enquanto isso, minha irmã Xiao-hong ia bem na aldeia vizinha. Embora, como eu, vivesse perpetuamente mordida por pulgas e envenenada com estrume, de tal modo que de vez em quando ficava com as pernas tão inchadas que tinha febre, continuava a trabalhar duro, e deram-lhe oito pontos de trabalho por dia. Luneta vinha muitas vezes de Chengdu ajudá-la. Sua fábrica, como a maioria das outras, estava praticamente parada. A administração fora "esmagada", e o novo Comitê Revolucionário se preocupava mais em pôr os operários para participar da revolução do que da produção, e a maioria ia e vinha como queria. Às vezes Luneta trabalhava nos campos no lugar de minha irmã para lhe dar uma folga. Outras vezes, trabalhava com ela, o que deliciava os aldeões, que diziam: "É uma pechincha. A gente aceitou uma menina e acabou com dois pares de mãos!".

Nana, minha irmã e eu costumávamos passear juntas no dia de feira, que era uma vez por semana. Eu adorava as barulhentas filas de vendedores, cobertos de cestas e varas de ombro. Os camponeses andavam horas para comprar uma única galinha ou uma dúzia de ovos, ou um feixe de bambu. A maioria das atividades remuneradas, como cultivar safras para vender, fazer cestas ou criar porcos, era proibida a famílias individuais, por serem "capitalistas". Em conseqüência, os camponeses tinham muito pouca coisa para trocar por dinheiro. Sem dinheiro, era impossível viajar para as cidades, e o dia da feira era quase sua única fonte de diversão. Encontravam-se com os parentes e amigos, os homens de cócoras nas calçadas lamacentas, tirando baforadas de seus cachimbos.

Na primavera de 1970, minha irmã e Luneta se casaram. Não houve cerimônia. Na atmosfera da época, não passou pela mente deles fazer uma. Simplesmente pegaram seu atestado de casamento na sede da comuna e voltaram para a aldeia de minha irmã com doces e cigarros para receber os aldeões. Os camponeses ficaram emocionados: raramente podiam se dar ao luxo dessas coisas boas.

Para os camponeses, um casamento era uma coisa grandiosa. Assim que correu a notícia, eles amontoaram-se na cabana de telhado de palha de minha irmã para dar os parabéns. Trouxeram presentes como um punhado de talharim seco, meio quilo de soja e alguns ovos, cuidadosamente embrulhados em papel de palha vermelho e amarrados com palha num laço vistoso. Não eram presentes comuns. Os camponeses haviam se privado de bens valiosos. Minha irmã e Luneta ficaram muito comovidos. Quando Nana e eu fomos ver o novo casal, eles ensinavam às crianças da aldeia "danças de lealdade" — de farra.

O casamento não tirou minha irmã do campo, pois não se concedia aos casais residência automática. Claro, se Luneta estivesse disposto a abrir mão de seu registro na cidade, poderia ter se instalado facilmente com minha irmã, mas ela não poderia mudar-se para Chengdu com ele, porque tinha um registro do campo. Como dezenas de milhões de casais na China, viveram separados, com direito pelo regulamento a doze dias juntos por ano. Por sorte deles, a fábrica de Luneta não estava trabalhando normalmente, e ele podia passar muito tempo em Deyang.

Após um ano em Deyang, deu-se uma mudança em minha vida: entrei na profissão médica. A brigada de produção a que pertencia minha equipe tinha uma clínica que cuidava de doenças simples. Era subsidiada por todas as equipes de produção sob a brigada, e o tratamento era gratuito, mas muito limitado. Havia dois médicos. Um deles, um jovem de rosto fino e inteligente, formara-se na faculdade de medicina do município de Deyang na década de 1950, e voltara para trabalhar em sua aldeia natal. O outro era de meia-idade, com um cavanhaque. Começara como aprendiz de um velho médico de roça que praticava a medicina chinesa, e em 1964 fora enviado pela comuna para fazer um curso intensivo de medicina ocidental.

No início de 1971, as autoridades da comuna ordenaram que a clínica aceitasse um "médico descalço". O nome era porque o "médico" devia viver como os camponeses, que davam demasiado valor aos sapatos para usá-los nos campos lamacentos. Na época, fez-se uma grande campanha de propaganda anunciando os médicos descalços como uma invenção da Revolução Cultural. Minha equipe de produção agarrou essa oportunidade de livrar-se de mim: se eu trabalhasse para a clínica, minha brigada, e não minha equipe, seria a responsável por minha comida e outras rendas.

Eu sempre quisera ser médica. A doença em minha família, sobretudo a morte de minha avó, fizera-me compreender como os médicos eram importantes. Antes de ir para Deyang, eu começara a aprender acupuntura com um amigo, e andara estudando um livro chamado *Manual do médico descalço*, um dos poucos textos impressos permitidos naqueles tempos.

A propaganda sobre os médicos descalços era uma das manobras políticas de Mao. Ele condenara o Ministério da Saúde pré-Revolução Cultural por não cuidar dos camponeses e preocupar-se apenas com os habitantes das cidades, sobretudo os funcionários do Partido. Também condenara os médicos por não quererem trabalhar no campo, particularmente em áreas remotas. Mas Mao não assumia responsabilidade como chefe do regime, nem ordenou quaisquer medidas práticas para remediar a situação, como dar instruções para que se construíssem mais hospitais ou se formassem mais médicos propriamente ditos, e durante a Revolução Cultural a situação da medicina piorou. A linha propagandística de que os camponeses não tinham médicos destinava-se na verdade a criar ódio contra o sistema do Partido pré-Revolução Cultural, e contra os intelectuais (categoria que incluía médicos e enfermeiros).

Mao oferecia uma cura mágica aos camponeses: "médicos" que podiam ser produzidos *en masse* — médicos descalços. "Não é nem mesmo necessário ter tanto treinamento formal", disse. "Eles devem aprender sobretudo a elevar seu padrão na prática." A 26 de junho de 1965, fez a observação que se tornou uma diretiva para saúde e educação: "Quanto mais livros você lê, mais burro fica". Fui trabalhar sem treino algum.

A clínica ficava num grande salão no topo de um morro, a cerca de meia hora de caminhada de minha cabana. Ao lado havia uma loja que vendia fósforos, sal e molho de soja — tudo racionado. Uma das salas de cirurgia se tornou meu quarto. Meus deveres profissionais eram vagos.

O único livro de medicina em que algum dia pus os olhos foi o *Manual do médico descalço*. Estudei-o com avidez. Não continha qualquer teoria, só um resumo de sintomas, seguidos por sugestões de receitas. Quando eu me sentava à minha mesa, com os outros dois médicos atrás de mim, todos usando roupas empoeiradas de todo dia, era claro que os camponeses doentes que entravam, muito sensatamente, não queriam nada comigo, uma jovem inexperiente de dezoito anos, com uma espécie de livro que eles não sabiam ler, e que nem sequer era muito grosso. Passavam direto por mim e iam às outras duas mesas. Eu me sentia mais aliviada que ofendida. Não era minha idéia de ser médica ter de consultar um livro toda vez que os pacientes descreviam seus sintomas, e depois copiar a receita recomendada. Às vezes, num estado de espírito irônico, eu pensava se nossos novos líderes — o presidente Mao ainda estava além de contestação — me quereriam como sua médica pessoal, descalça ou não. Mas também, eu dizia a mim mesma, claro que não: os médicos descalços deviam "servir ao povo, não às autoridades", para começar. Eu me dispus muito contente a ser apenas uma enfermeira, distribuindo remédios receitados e aplicando injeções, que aprendera a dar em minha mãe para suas hemorragias.

O jovem médico que fora à faculdade de medicina era o que todos queriam. Suas receitas de ervas chinesas curavam muitos males. Ele também era muito consciente, visitando pacientes em suas aldeias e colhendo e cultivando ervas nas horas de folga. O outro médico, de barbicha, me aterrorizava com sua indiferença médica. Usava a mesma agulha para dar injeção em vários pacientes, sem qualquer esterilização. E injetava penicilina sem testar se a pessoa era alérgica a ela, prática extremamente perigosa, porque a penicilina chinesa não era pura e podia causar reações sérias, até mesmo a morte. Polidamente, ofereci-me para fazer isso para ele. O homem sorriu, sem se ofender com minha interferência, e disse que jamais houvera qualquer acidente: "Os camponeses não são gente delicada de cidade".

Eu gostava dos médicos, e eles eram muito bons comigo, sempre prestativos quando eu fazia perguntas. Não surpreendentemente, não me viam como uma ameaça. No campo, eram as habilidades profissionais, e não a retórica política, que contavam.

Era agradável morar naquele topo de morro, distante de qualquer aldeia. Toda manhã me levantava cedo, passeava pela borda da colina e recitava para o sol nascente versos de um antigo livro de poemas sobre acupuntura. Abaixo, os campos e cabanas começavam a despertar ao canto dos galos. Uma Vênus solitária me olhava com um fulgor pálido, de um céu que ficava mais luminoso a cada instante. Eu adorava a fragrância de madressilvas na brisa da manhã, e as grandes pétalas de beladona sacudindo pérolas de orvalho. Pássaros cantavam em toda a volta, distraindo-me de minhas declamações. Eu me demorava um pouco, e depois voltava andando para acender meu fogão e preparar o desjejum.

Com a ajuda de um mapa anatômico e meus versos de acupuntura, tinha uma idéia clara de onde, no corpo, devia enfiar as agulhas para curar o quê. Ansiava por pacientes. E tinha alguns voluntários entusiásticos — rapazes de Chengdu que agora moravam em outras aldeias e estavam a fim de mim. Eles andavam horas para uma sessão de acupuntura. Um rapaz, enrolando a manga para expor um ponto de acupuntura perto do cotovelo, declarava com um rosto corajoso: "Pra que servem os homens?".

Não me apaixonei por nenhum deles, embora minha decisão de me negar um namorado para dedicar-me a meus pais e apaziguar minha culpa pela morte de minha avó estivesse enfraquecendo. Mas achava difícil soltar o coração, e minha educação me impedia de ter qualquer relação física sem entregar o coração. Em toda a minha volta, outros rapazes e moças da cidade viviam vidas um tanto mais livres. Mas eu permanecia, solitária, num pedestal. Espalhou-se que eu escrevia poesia, e isso ajudou a me manter lá em cima.

Os rapazes todos se conduziam muito cavalheirescamente. Um me deu um instrumento musical chamado *san-xian*, feito de uma escama de pele de cobra com um longo braço e três cordas de seda, que eram dedilhadas, e passou dias me ensinando a tocá-lo. As melodias permitidas eram todas em louvor a Mao, e muito limitadas. Mas isso não fazia muita diferença para mim: minha capacidade era mais limitada ainda.

Nas noites cálidas, eu me sentava ao lado do fragrante jardim de ervas medicinais cercado por trepadeiras de bignônias, e dedilhava para mim mesma. Assim que a loja ao lado fechava, eu ficava inteiramente só. Ficava escuro, a não ser pela lua brilhando delicadamente e o piscar de luzes das cabanas distantes. Às vezes vaga-lumes passavam fulgindo e flutuando, como tochas carregadas por minúsculos navios voadores invisíveis. Os perfumes do jardim me deixavam tonta de prazer. Minha música dificilmente estava à altura do coro entusiástico de trovejantes rãs e do anelante zumbir dos insetos. Mas eu encontrava conforto nela.

24. "Por favor, aceite minhas desculpas, que chegam com uma vida de atraso"
MEUS PAIS NOS CAMPOS (1969-1972)

A TRÊS DIAS DE VIAGEM de caminhão de Chengdu, no norte de Xichang, fica a planície do Rapaz do Búfalo. Ali a estrada se bifurca, um braço indo para Miyi no sudoeste, onde ficava o campo de meu pai, e o outro para Ningnan a sudeste.

Uma lenda famosa dera nome à planície. A Deusa Tecelã, filha da Rainha Mãe Celeste, descia outrora da Corte Celeste para banhar-se num lago ali. (Supõe-se que o meteorito que caiu na rua do Meteorito era uma pedra que calçava o tear dela.) Um rapaz que vivia à beira do lago e cuidava dos búfalos viu a deusa, e os dois se apaixonaram. Casaram-se e tiveram um filho e uma filha. A Rainha Mãe teve ciúmes da felicidade deles, e mandou alguns deuses descerem e seqüestrarem a deusa. Levaram-na, e o rapaz dos búfalos correu atrás deles. Quando já quase os alcançava, a Rainha Mãe tirou uma agulha da trança e abriu um rio imenso entre eles. O rio de Prata separou permanentemente o casal, a não ser no sétimo dia da sétima lua, quando as gralhas voam de toda a China e formam uma ponte para a família encontrar-se.

Rio de Prata é o nome chinês da Via Láctea. Acima de Xichang, ela parece enorme, com uma vastidão de estrelas, a brilhante Vega, a Deusa Tecelã, de um lado, e Altair, o Rapaz do Búfalo, com os dois filhos, do outro. Essa lenda atrai os chineses há séculos, porque suas famílias foram muitas vezes divididas por guerras, bandidos, pobreza e governos cruéis. Ironicamente, foi para esse lugar que mandaram minha mãe.

Ela chegou lá em novembro de 1969, com seus quinhentos ex-colegas do Distrito Leste — tanto rebeldes quanto sequazes do capitalismo. Como haviam sido expulsos de Chengdu às pressas, não tinham onde morar, a não ser uns poucos barracos deixados por engenheiros do exército que construíam a ferrovia de Chengdu a Kunming, capital de Yunnan. Alguns espremeram-se neles, outros tiveram de enfiar seus colchões em casas de camponeses locais.

Não havia materiais de construção, a não ser grama e barro, que tinha de ser escavado e trazido das montanhas. O barro para as paredes era misturado com água e transformado em tijolos. Não havia máquinas, eletricidade, nem mesmo animais de carga. Na planície, que fica a cerca de 1,5 mil metros acima do mar, é o dia, e o não o ano, que se divide em quatro estações. Às sete da manhã, quando minha mãe começava a trabalhar, a temperatura era mais ou menos de congelar. Ao meio-dia, podia chegar à casa dos trinta graus. Por volta de quatro da tarde, ventos quentes turbilhonavam entre as montanhas e literalmente arrebatavam as pessoas de seus pés. Às sete da noite, quando eles acabavam de trabalhar, a temperatura voltava a precipitar-se para baixo. Nesses duros extremos, minha mãe e os outros confinados trabalhavam doze horas por dia, parando apenas para um ligeiro almoço. Nos primeiros meses, tudo que tinham para comer era arroz e repolho cozido.

O campo era organizado como um quartel, sob a direção de oficiais do exército e o controle do Comitê Revolucionário de Chengdu. A princípio minha mãe era tratada como inimiga de classe e obrigada a ficar de pé durante toda a pausa para o almoço, com a cabeça baixa. Essa forma de punição, chamada de "denúncia das laterais", era recomendada pelos meios de comunicação para lembrar aos outros, que podiam descansar, que deviam poupar alguma energia para o ódio. Minha mãe protestou ao comandante da companhia que não podia trabalhar o dia todo sem descansar as pernas. O oficial tinha estado no Departamento Militar do Distrito Leste antes da Revolução Cultural, e se dava bem com ela; pôs um fim à prática. Mas minha mãe ainda recebia os trabalhos mais duros, e não tinha folga aos domingos, ao contrário dos outros internos. Piorou o sangramento em seu útero. Depois foi acometida de hepatite. Ficou com o corpo todo amarelo e inchado, e mal podia se manter de pé.

Uma coisa que não faltava no campo era médico, pois metade da equipe do hospital no Distrito Leste fora mandada para lá. Só os mais procurados pelos chefões dos Comitês Revolucionários ficaram em Chengdu. O médico que tratou de minha mãe lhe disse que ele e os outros funcionários do hospital estavam muito agradecidos a ela por protegê-los antes da Revolução Cultural, e que se não fosse por ela provavelmente ele teria sido rotulado de direitista já em 1957. Não havia remédios ocidentais, e por isso ele andava quilômetros para colher ervas e plantas que os chineses consideram boas para hepatite.

Ele também exagerava a infecciosidade da doença para as autoridades do campo, que então a mudaram para um lugar inteiramente seu, a quase um quilômetro de distância. Seus atormentadores deixaram-na em paz, por medo de contaminação, mas o médico ia vê-la todo dia, e secretamente encomendou um fornecimento diário de leite de cabra a um camponês local. A nova residência de minha mãe era um chiqueiro abandonado. Internos simpáticos limparam-no para ela e puseram uma grossa camada de feno no chão. Aquilo lhe parecia um luxuoso colchão. Uma cozinheira amiga se ofereceu para entregar as refeições. Quando ninguém estava olhando, ela incluía dois ovos. Quando havia carne, minha mãe a tinha todo dia, enquanto os outros só tinham uma vez por semana. Ela também recebia frutas frescas — peras e pêssegos — fornecidas por amigos que as compravam na feira. No que lhe dizia respeito, sua hepatite caíra do céu.

Após cerca de quarenta e cinco dias, para grande pesar dela, minha mãe se recuperou e foi transferida de volta para o campo, agora instalado em novas cabanas de barro. A planície é um lugar estranho, que atrai raios e trovões, mas não chuva, que cai nas montanhas em torno. Os camponeses locais não plantavam safras na planície, porque o solo era seco demais, e perigosa durante as freqüentes trovoadas secas. Mas essa terra era o único recurso de que dispunha o campo, e por isso eles plantavam uma cepa especial de milho resistente à seca e traziam água das encostas mais baixas das montanhas. A fim de obter um futuro abastecimento de arroz, os internos ofereceram-se para ajudar os camponeses locais a colher o deles.

Os camponeses concordaram, mas era costume local que as mulheres fossem proibidas de carregar água e os homens de plantar arroz, o que só podia ser feito por mulheres casadas e com filhos, sobretudo filhos homens. Quanto mais filhos homens a mulher tinha, mais era procurada para esse serviço de quebrar a espinha. Acreditava-se que a mulher que produzia muitos filhos homens produziria mais grãos no arroz que plantasse ("filho homem" e "semente" tem o mesmo som, zi, em chinês). Minha mãe foi a primeira beneficiária desse antigo costume. Como tinha três filhos homens, mais que a maioria de suas colegas, era obrigada a passar até quinze horas por dia curvada nos campos de arroz, com o abdômen inferior inflamado, e sangrando.

À noite, juntava-se a todos os demais nos turnos de guarda aos porcos contra lobos. Os fundos dos barracos de barro e capim davam para uma cadeia de montanhas apropriadamente chamadas de "Covil dos Lobos". Os lobos eram muito astutos, disseram os locais aos recém-chegados. Quando um entrava num chiqueiro, arranhava de leve o porco, sobretudo atrás das orelhas, para fazê-lo entrar numa espécie de transe agradável e não fazer barulho. Então o mordia numa orelha e o arrastava para fora do chiqueiro, sempre esfregando o corpo do bicho com sua cauda felpuda. O porco ainda sonhava que estava sendo acariciado por uma amante quando o lobo atacava.

Os camponeses contaram ao pessoal da cidade que os lobos — e ocasionais leopardos — tinham medo de fogueiras. Assim, toda noite se acendia uma fogueira diante do chiqueiro. Minha mãe passou muitas noites sem dormir vendo meteoros riscarem a abóboda estrelada do céu, com a silhueta do Covil dos Lobos recortado contra ela, ouvindo os uivos distantes dos animais.

Uma noite, ela lavava as roupas num pequeno poço. Quando se ergueu de sua posição agachada, viu que fitava direto dentro dos olhos rubros de um lobo, a uns vinte metros, do outro lado do poço. Ficou com os cabelos em pé, mas lembrou-se de que seu amigo de infância, o Velhão Lee, lhe dissera que a maneira de lidar com um lobo era andar para trás, devagar, jamais mostrando qualquer sinal de pânico, e não se virar e correr. Assim ela recuou do poço o mais calmamente que pôde em direção ao campo, o tempo todo de frente para o lobo, que a seguiu. Quando ela atingiu a borda do campo, o lobo parou. A fogueira estava à vista, e ouviam-se vozes. Ela se virou e entrou correndo numa porta.

A fogueira era quase a única luz na profundeza das noites em Xichang. Não havia eletricidade. As velas, quando existiam, eram proibitivamente caras, e o querosene era muito pouco. De qualquer modo, não se encontrava muita coisa para ler mesmo. Ao contrário de Deyang, onde eu tinha relativa liberdade de ler os livros do mercado negro de Jin-ming, uma escola de quadros era estritamente controlada. O único material impresso permitido eram as obras escolhidas de Mao e o *Diário do Povo*. De vez em quando, um novo filme era exibido num quartel do exército a alguns quilômetros de distância: invariavelmente uma das óperas modelo da sra. Mao.

Com o passar dos dias, depois meses, o trabalho duro e a falta de repouso se tornavam insuportáveis. Todos sentiam saudades de suas famílias e filhos, incluindo os rebeldes. O ressentimento deles era talvez mais intenso porque agora achavam que seu fanatismo passado se revelara gratuito e que, o quer que fizessem, jamais voltariam ao poder em Chengdu. Os Comitês Revolucionários tinham sido preenchidos em sua ausência. Meses depois de chegarem à planície, a depressão substituía as denúncias, e minha mãe às vezes tinha de animar os rebeldes. Eles lhe deram o apelido de "Kuanyin" — a deusa da bondade.

À noite, deitada em seu colchão de palha, ela lembrava os primeiros anos da infância de seus filhos. Compreendia que não havia muita vida familiar a lembrar. Tinha sido uma mãe ausente quando nós crescíamos, tendo-se submetido à causa em prejuízo da família. Agora refletia com remorso sobre a inutilidade de sua dedicação. Descobria que sentia falta dos filhos com uma dor quase insuportável.

Dez dias antes do Ano-Novo chinês, em fevereiro de 1970, após mais de três meses na planície, a companhia de minha mãe formou diante do campo para dar as boas-vindas a um comandante do exército que vinha fazer uma inspeção. Após esperar um longo tempo, a multidão avistou uma figura pequenina aproximando-se pela trilha de terra que subia da estrada distante. Todos fitavam a figura a mover-se, e concluíram que não devia ser o chefão: ele estaria num carro e com um séquito. Mas não podia ser um camponês local, tampouco: a maneira como trazia o longo cachecol de lã preta enrolado em torno da cabeça curvada era demasiado elegante. Era uma jovem com uma grande cesta nas costas. Observando-a aproximar-se cada vez mais, o coração de minha mãe se pôs a bater fortemente. Achou que se parecia comigo, e depois que talvez estivesse imaginando coisas. "Como seria maravilhoso se fosse Er-hong!", disse para si mesma. De repente, as pessoas a cutucavam excitadas: "É sua filha! Sua filha veio ver você! Er-hong está aqui!".

Essa foi a versão de minha mãe de como me viu chegar após o que lhe pareceu uma vida inteira. Eu era a primeira visita ao campo, e fui recebida com um misto de simpatia e inveja. Viera no mesmo caminhão que me levara a Ningnan para transferir meu registro, em junho do ano anterior. A grande cesta em minhas costas estava cheia de lingüiças, ovos, doces, bolos, talharim, açúcar e carne enlatada. Todos os cinco filhos e Luneta havíamos reunido rações, ou o que nos cabia da produção das equipes, a fim de oferecer um banquete a nossos pais. Eu era praticamente arrastada para baixo pelo peso.

Duas coisas me chamaram a atenção imediatamente. Minha mãe tinha boa aparência — acabava de convalescer da hepatite, como me disse depois. E a atmosfera em torno dela não era hostil. Na verdade, algumas pessoas já a chamavam de Kuanyin, o que era absolutamente incrível para mim, já que ela era oficialmente uma inimiga de classe.

Um lenço azul-escuro cobria os cabelos dela, amarrado debaixo do queixo. Não tinha mais a face fina e delicada. Sua pele tornara-se áspera e de um vermelho-escuro, devido ao sol feroz e ao vento incessante, muito parecida com a de uma camponesa de Xichang. Aparentava pelo menos dez anos mais do que seus trinta e oito anos. Quando me alisou o rosto, as mãos davam a sensação de casca de árvore velha.

Fiquei dez dias, e devia partir para o campo de meu pai no dia do Ano-Novo. Meu bondoso motorista de caminhão ia me pegar onde me deixara. Os olhos de minha mãe ficaram úmidos porque, embora o campo dele não ficasse longe, ela e meu pai estavam proibidos de visitar um ao outro. Pus a cesta intocada nas costas — minha mãe insistiu em que eu levasse tudo para meu pai. Guardar preciosa comida para outros sempre fora uma grande maneira de demonstrar amor e interesse na China. Minha mãe estava muito triste por eu ir embora, e não parava de dizer que lamentava que eu tivesse de perder o tradicional desjejum do Ano-Novo chinês que seu campo ia servir: *tang-yuan*, bolinhos de massa redondos, simbolizando a união familiar. Mas eu não podia esperar, por receio de perder o caminhão.

Minha mãe caminhou meia hora comigo até a beira da estrada, e nos sentamos no mato alto para esperar. A vastidão da paisagem ondulava com as vagas suaves do sapé denso. O sol já estava brilhante e quente. Minha mãe me abraçou, todo o seu corpo parecendo dizer que ela não queria me deixar partir, que receava jamais voltar a me ver. Na época, não sabíamos se seu campo e minha comuna algum dia acabariam. Tinham nos dito que íamos ficar ali para sempre. Havia centenas de motivos pelos quais poderíamos morrer antes de tornar a ver-nos. A tristeza de minha mãe me contagiou, e me lembrei de minha avó morrendo antes que eu pudesse voltar de Ningnan.

O sol subia cada vez mais alto. Não se via sinal de meu caminhão. Quando os imensos anéis de fumaça lançados pela chaminé de seu campo ao longe se tornaram finos, minha mãe foi tomada de pena de não ter podido me dar o desjejum de Ano-Novo. Insistiu em voltar para buscar um pouco para mim.

Quando foi, o caminhão chegou. Olhei na direção do campo e vi-a correndo para mim, o capim branco dourado ondulando em torno de seu lenço azul. Na mão direita, trazia uma grande tigela de esmalte colorido. Corria com aquele cuidado que me dizia que não queria entornar a sopa e os bolinhos. Ainda se achava a uma boa distância, e eu via que não me alcançaria por mais uns vinte minutos. Eu achava que não devia pedir ao motorista que esperasse tanto, pois ele já estava me fazendo um grande favor. Subi atrás do caminhão. Podia ver minha mãe ainda correndo para mim ao longe. Mas não mais parecia trazer a tigela.

Anos depois, ela me contou que a tigela caíra de sua mão quando me vira subindo no caminhão. Mas continuara correndo para o lugar onde estivéramos sentadas, só para ter certeza de que eu tinha mesmo partido, embora não pudesse ser mais ninguém subindo no caminhão. Não havia uma única pessoa por perto naquela vasta amarelidão. Nos dias seguintes, ela andava pelo campo como em transe, sentindo-se vazia e perdida.

Após muitas horas sendo jogada de um lado para outro na carroceria do caminhão, cheguei ao campo de meu pai. Era no fundo das montanhas, e tinha sido um campo de trabalhos forçados — um *gulag*. Os prisioneiros haviam aberto uma fazenda nas montanhas e depois se mudado a fim de desbravar outras terras virgens, deixando aquele local relativamente cultivado para os que ocupavam um degrau acima na escada de punição da China, os funcionários deportados. O campo era imenso: continha milhares de ex-empregados do governo provincial.

Tive de caminhar umas duas horas da estrada até a "companhia" de meu pai. Uma ponte de corda suspensa oscilou sobre um profundo abismo quando pisei nela, quase me fazendo perder o equilíbrio. Exausta como estava, com a carga nas costas, ainda assim consegui ficar pasmada com a deslumbrante beleza das montanhas. Embora fosse apenas o início da primavera, havia flores vistosas por toda parte, junto às sumaúmas e às touceiras de pés de papaia. Quando finalmente cheguei ao dormitório de meu pai, vi dois coloridos faisões bamboleando majestosos sob uma vereda de flores precoces de pêra, ameixa e amêndoa. Semanas depois, as pétalas caídas, cor-de-rosa e brancas, iriam cobrir o caminho lamacento.

Minha primeira visão de meu pai após mais de um ano foi angustiante. Ele corria pelo pátio carregando duas cestas cheias de tijolos numa vara de ombro. A velha túnica azul pendia frouxa, e as calças arregaçadas revelavam um par de pernas com tendões salientes. Tinha o rosto curtido de sol e enrugado, e o cabelo quase todo grisalho. Então ele me viu. Depôs a sua carga com um movimento desajeitado, resultado da superexcitação, quando corri para ele. Como a tradição chinesa permitia pouco contato físico entre pais e filhas, ele me disse que estava feliz com os olhos. Estavam tão cheios de amor e ternura. Neles vi traços da provação por que ele passava. Sua energia e centelha juvenis haviam cedido lugar a um ar de envelhecida confusão, sugerindo uma tranqüila determinação. E no entanto ainda estava no auge da idade, com apenas quarenta e oito anos. Senti um bolo na garganta. Vasculhei seus olhos, em busca de sinais de meu pior medo, a volta de sua insanidade. Mas ele parecia bem. Tirei um pesado fardo de meu coração.

Ele dividia um quarto com outras sete pessoas, todas de seu departamento. Só havia uma janela minúscula, por isso a porta tinha de ficar aberta o dia todo, para entrar alguma luz. As pessoas no quarto raramente falavam umas com as outras, e não recebi nenhum cumprimento. Senti imediatamente que a atmosfera era muito mais severa que no campo de minha mãe. O motivo era que aquele campo estava sob o controle direto do Comitê Revolucionário de Sichuan, e portanto dos Ting. Nas paredes do quarto ainda se viam camadas de cartazes e slogans dizendo "Abaixo Fulano", ou "Eliminem Fulano", contra os quais se encostavam enxadas e pás. Como logo descobri, meu pai ainda era submetido a freqüentes assembléias de denúncias à noite, após um duro dia de trabalho. Como uma maneira de deixar o campo era ser convidado a trabalhar para o Comitê Revolucionário, e o meio de conseguir isso era agradar aos Ting, alguns rebeldes competiam entre si para demonstrar sua militância, e meu pai era a vítima natural deles.

Não lhe permitiam entrar na cozinha. Como "criminoso anti-Mao", supunha-se que fosse tão perigoso que podia envenenar a comida. Não importava se alguém acreditava nisso. O objetivo era insultar.

Meu pai suportava essa e outras crueldades com fortitude. Só uma vez deixou que sua raiva se mostrasse. Quando chegou ao campo, ordenaram-lhe que usasse uma braçadeira branca com caracteres negros dizendo "elemento contra-revolucionário em ação". Ele empurrou violentamente a braçadeira e disse por entre dentes cerrados: "Podem me matar de pancada. Eu não vou usar isso!". Os rebeldes recuaram. Sabiam que ele falava sério — e não tinham ordens de cima para matá-lo.

Ali no campo, os Ting podiam vingar-se de seus inimigos. Entre eles estava um homem que estivera envolvido numa investigação sobre eles em 1962. Atuara na clandestinidade antes de 1949, e fora preso e torturado pelo Kuomintang, o que destruíra sua saúde. No campo ele logo caiu gravemente doente, mas teve de continuar trabalhando, e não lhe deram um único dia de licença. Como era vagaroso, ordenaram-lhe compensar com as noites. Cartazes de parede denunciavam-no por preguiça. Um dos cartazes que eu vi começava com as palavras: "Notou, Camarada, esse grotesco esqueleto vivo de hediondas feições faciais?". Sob o sol inclemente de Xichang, a pele dele ficara escorchada e murcha, e descascava em grandes nacos. Haviam-no submetido a tal fome que perdera as feições humanas: dois terços de seu estômago foram extraídos, e só podia digerir um pouco de comida de cada vez. Como não podia ter refeições freqüentes, como precisava, vivia permanentemente faminto. Um dia, em desespero, entrou na cozinha em busca de um pouco de picles. Acusaram-no de tentar envenenar a comida. Sabendo que estava à véspera do colapso total, ele escreveu às autoridades do campo dizendo que estava agonizante e pedindo que lhe poupassem alguns serviços pesados. A única resposta foi uma venenosa campanha de cartazes. Logo depois ele desmaiou num campo sob um sol escaldante, quando espalhava estrume. Levaram-no para o hospital do campo e ele morreu no dia seguinte. Não teve ninguém da família no leito de morte. A esposa se suicidara.

Os sequazes do capitalismo não eram os únicos que sofriam na escola de quadros. Pessoas que haviam tido qualquer ligação, por mais remota que fosse, com o Kuomintang, quem tivesse por algum infortúnio sido alvo de alguma vingança pessoal, ou objeto de ciúmes — mesmo líderes das mal-sucedidas facções rebeldes —, morriam nos campos às dezenas. Muitos haviam se jogado no rio caudaloso que cortava o vale. O rio chamava-se rio da Tranqüilidade (*Anning-he*). No silêncio da noite, seus ecos se espalhavam por muitos quilômetros, e causavam arrepios na espinha dos internos, que diziam que ele soava como os soluços dos fantasmas.

Saber desses suicídios aumentou minha determinação de ajudar a aliviar a pressão mental e física sobre meu pai como uma questão de urgência. Tinha de fazê-lo sentir que a vida valia a pena, e que ele era amado. Em suas assembléias de denúncias, que eram agora em grande parte não violentas, pois os internos haviam esgotado o vapor, eu me sentava onde ele pudesse me ver, para que se sentisse reassegurado por minha presença. Assim que a assembléia acabava, nós saíamos juntos sozinhos. Eu lhe contava coisas alegres para fazê-lo esquecer a feiúra da assembléia, e massageava sua cabeça, pescoço, ombros. E ele recitava poemas clássicos para mim. Durante o dia, eu o ajudava com suas tarefas, que naturalmente eram as mais duras e sujas. Às vezes eu carregava suas cargas, que pesavam mais de cinqüenta quilos. Conseguia mostrar-lhe um rosto indiferente, embora mal pudesse me manter de pé sob o peso.

Fiquei mais de três meses. As autoridades me deixavam comer na cantina, e me deram uma cama num quarto com outras cinco mulheres, que só falavam comigo breve e friamente, quando falavam. A maioria dos internos adotava um ar de hostilidade assim que me via. Eu simplesmente fazia que não os via. Mas havia gente bondosa também, ou mais corajosa que os outros em mostrar sua bondade.

Um deles era um homem beirando os trinta anos, de rosto sensível e orelhas grandes. Chamava-se Young e, depois de formar-se, fora trabalhar no departamento de meu pai pouco antes da Revolução Cultural. Era "comandante" no "esquadrão" a que pertencia meu pai. Embora fosse obrigado a destinar as tarefas mais duras a meu pai, sempre que podia reduzia discretamente a carga de trabalho dele. Numa de minhas passageiras conversas com ele, disse-lhe que não podia cozinhar a comida que trouxera comigo, pois não havia querosene para meu pequeno fogão.

Uns dois dias depois, Young passou saltitante por mim com uma expressão vazia no rosto. Senti alguma coisa de metal empurrada em minha mão; era um fogareiro de arame de cerca de vinte e cinco centímetros de altura e uns quinze de diâmetro, que ele próprio fizera. Queimava bolas de papel feitas de jornal velho — estes podiam ser queimados agora, porque o retrato de Mao desaparecera das páginas. (Mao suspendera a prática, pois achava que seu propósito — "estabelecer grandiosa e especialmente" sua "autoridade suprema absoluta" — fora atingido, e continuar com aquilo só resultaria em excesso.) Nas chamas azul e laranja do fogareiro eu produzia comida muito superior à do campo. Quando o delicioso vapor escapava da panela, eu via as maxilas dos sete colegas de quarto de meu pai mastigando involuntariamente. Eu lamentava não poder oferecer nada a Young: os dois estaríamos em apuros se seus colegas militantes soubessem.

Era graças a Young e outras pessoas decentes como ele que se permitia a meu pai receber visitas dos filhos. Foi também ele quem deu permissão a meu pai para deixar as instalações do campo nos dias de chuva, seus únicos dias de folga, uma vez que, ao contrário dos outros internos, ele tinha de trabalhar no domingo, exatamente como minha mãe. Assim que parava de chover, eu e meu pai entrávamos na floresta e colhíamos cogumelos silvestres debaixo dos pinheiros, ou buscávamos ervilhas silvestres, que eu cozinhava com uma lata de pato ou qualquer outra carne na volta ao campo. Desfrutávamos de uma refeição celestial.

Depois do jantar, muitas vezes passeávamos até meu lugar favorito, que eu chamava de meu "jardim zoológico" — um grupo de rochas de formas fantásticas, numa clareira coberta de mato na floresta. Pareciam um rebanho de animais bizarros se espreguiçando ao sol. Algumas tinham depressões em que nossos corpos se ajustavam, e ali nos deitávamos e fitávamos a distância. Na encosta abaixo havia uma fila de sapés gigantes, as flores escarlates, sem folhas, versões maiores de magnólias, brotando direto dos galhos nus, que cresciam intransigentemente para cima. Durante meus meses no campo, eu tinha visto essas flores gigantescas se abrirem, uma massa de roxo contra negro. Depois deram frutos do tamanho de figos, e cada um estourava em lã sedosa, soprada pelas montanhas como uma neve felpuda pelos ventos cálidos. Além dos sapés ficava o rio da Tranqüilidade, e além dele estendiam-se montanhas intermináveis.

Um dia, quando relaxávamos em nosso "jardim zoológico", passou um camponês tão enfeitado de flores que me deu um susto. Meu pai me disse que naquela região isolada os casamentos endógamos eram comuns. Depois disse: "Há tanta coisa a ser feita nestas montanhas! É um lugar tão bonito e de grande potencial. Eu adoraria vir viver aqui para cuidar de uma comuna, ou talvez de uma brigada de produção, e fazer algum trabalho de verdade. Alguma coisa útil. Ou talvez ser apenas um camponês comum. Estou tão farto de ser autoridade. Como seria bom se nossa família pudesse vir para cá e desfrutar a vida simples dos agricultores". Vi em seus olhos a frustração de um homem enérgico e talentoso, desesperado para trabalhar. Também reconheci o tradicional sonho idílico do intelectual chinês desiludido com sua carreira tradicional de mandarim. Acima de tudo, via que uma vida alternativa se tornara uma fantasia para meu pai, alguma coisa maravilhosa e inatingível, porque não havia como sair quando se era um funcionário comunista.

Visitei o campo três vezes, ficando vários meses de cada vez. Meus irmãos fizeram o mesmo, para que meu pai se sentisse cercado de calor humano o tempo todo. Ele muitas vezes dizia orgulhosamente que era a inveja do campo, porque mais ninguém tinha tanta companhia dos filhos. Na verdade, poucos tinham qualquer visita: a Revolução Cultural brutalizara as relações humanas, e alienara incontáveis famílias.

Minha família se tornava mais unida com o tempo. Meu irmão Xiao-hei, que fora espancado por meu pai quando criança, passara a amá-lo agora. Em sua primeira visita ao campo, ele e meu pai tiveram de dormir numa só cama, porque os chefes do campo tinham ciúmes por meu pai gozar de tanta companhia da família. A fim de deixar meu pai ter uma boa noite de sono — o que era particularmente importante para sua condição mental —, Xiao-hei jamais se permitia cair em sono profundo, para não se esticar e perturbá-lo.

De sua parte, meu pai se censurava por ter sido duro com Xiao-hei, e alisava a cabeça dele e se desculpava. "Parece inconcebível que pudesse bater em você com tanta força. Fui duro demais com você", dizia. "Estive pensando muito no passado, e me sinto muito culpado com você. Engraçado a Revolução Cultural ter me tornado uma pessoa melhor."

A comida do campo era sobretudo repolho cozido, e a falta de proteínas fazia as pessoas sentirem fome o tempo todo. Todo dia de comer carne era avidamente esperado, e comemorado com um ar de quase exultação. Mesmo os rebeldes mais militantes pareciam ficar de melhor humor. Nessas ocasiões, meu pai catava a carne de sua tigela e forçava-a nos filhos. Havia sempre uma espécie de briga com os pauzinhos e as tigelas.

Meu pai vivia em constante estado de remorso. Contou-me que não convidara minha avó para seu casamento, e mandara-a na perigosa viagem de volta de Yibin à Manchúria apenas um mês depois de ela ter chegado. Vi-o censurar-se várias vezes por não mostrar afeto bastante à sua própria mãe, e por ser tão rígido que não fora nem avisado do funeral dela. Balançava a cabeça: "Agora é tarde demais!". Também se culpava pelo tratamento dado à sua irmã Jun-ying na década de 1950, quando tentara convencê-la a desistir de suas crenças budistas, e a comer carne, mesmo sendo vegetariana convicta.

Tia Jun-ying morrera no verão de 1970. A paralisia invadira aos poucos o corpo todo, e ela não tivera tratamento adequado. Morrera no mesmo estado de tranquila compostura que mostrara toda a sua vida. Minha família ocultara a notícia de meu pai. Todos sabíamos o quanto ele a amava e respeitava profundamente.

Naquele outono meus irmãos Xiao-hei e Xiao-fang ficaram com meu pai. Um dia, eles davam um passeio depois do jantar, quando Xiao-fang, de oito anos, deixou escapar a notícia de que tia Jun-ying morrera. De repente, o rosto de meu pai mudou. Ele ficou parado, com uma expressão vazia por muito tempo, depois virou-se para a beira do caminho, caiu de cócoras e cobriu o rosto com as mãos. Os ombros estremeciam com os soluços. Nunca tendo visto meu pai chorar, meus irmãos ficaram perplexos.

No início de 1971, correu a notícia de que os Ting tinham sido depostos. Para meus pais, sobretudo meu pai, houve uma certa melhora em suas vidas. Começaram a ter folgas aos domingos e tarefas mais leves. Os outros detidos passaram a falar com meu pai, embora ainda com frieza. As provas de que as coisas estavam de fato mudando vieram quando um novo interno chegou ao campo no início de 1971 — a sra. Shau, velha atormentadora de meu pai, caíra em desgraça junto com os Ting. Depois deixaram minha mãe passar duas semanas com meu pai — a primeira oportunidade de estarem juntos em vários anos, na verdade a primeira vez que tinham um vislumbre um do outro desde a manhã de inverno na rua em Chengdu, pouco antes da partida de meu pai para o campo, mais de dois anos antes.

Mas a desgraça de meus pais estava longe de acabar. A Revolução Cultural continuava. Os Ting não haviam sido expurgados por todo o mal que haviam feito, e sim porque Mao desconfiava de que eles tinham íntimas ligações com Chen Boda, um dos líderes da direção da Revolução Cultural que o desagradara. Nesse expurgo, geraram-se mais vítimas. Chen Mo, braço direito dos Ting, que ajudara a obter a libertação de meu pai da prisão, suicidou-se.

Um dia, no verão de 1971, minha mãe sofreu uma séria hemorragia no útero; desmaiou e teve de ser levada para um hospital. Meu pai não obteve permissão para visitá-la, embora os dois estivessem em Xichang. Quando o estado dela se estabilizou, permitiram-lhe voltar a Chengdu para tratamento. Ali, estancaram finalmente o sangramento: mas os médicos descobriram que ela contraíra uma doença de pele chamada escleroderma. Um pedaço de pele atrás da orelha esquerda endurecera e começara a contrair-se. O lado direito da mandíbula ficara consideravelmente menor que o esquerdo, e a audição no ouvido direito estava acabando. Tinha rígido o lado direito do pescoço, e a mão e o braço direitos duros e dormentes. Dermatologistas lhe disseram que o endurecimento da pele podia acabar espalhando-se para os órgãos internos e, se isso acontecesse, ela encolheria e morreria em três ou quatro anos. Disseram-lhe que a medicina ocidental nada poderia fazer. Só podiam sugerir cortisona, que minha mãe tomava em forma de pílulas — e injeções no pescoço.

Eu estava no campo quando chegou uma carta de minha mãe com a notícia. Meu pai foi imediatamente pedir permissão para ir em casa vê-la. Young se mostrou muito simpático, mas as autoridades do campo negaram. Meu pai caiu em prantos diante de um pátio cheio de internos. As pessoas de seu departamento ficaram perplexas. Conheciam-no como um "homem de ferro". Cedo na manhã seguinte, ele foi para o correio e esperou horas do lado de fora, até que abriu. Mandou um telegrama de três páginas para minha mãe. Começava: "Por favor, aceite minhas desculpas, que chegam com uma vida de atraso. É por minha culpa com você que me sinto feliz com qualquer punição. Não tenho sido um marido decente. Por favor, fique boa e me dê outra chance".

A 25 de outubro de 1971, Luneta foi me visitar em Deyang com uma notícia explosiva: Lin Piao fora assassinado. Luneta tinha sido oficialmente informado em sua fábrica que Lin tentara assassinar Mao e, tendo fracassado, tentara fugir para a União Soviética, e seu avião caíra na Mongólia.

A morte de Lin Piao fora envolta em mistério. Relacionava-se com a queda de Chen Boda um ano antes. Mao passara a desconfiar dos dois quando eles haviam exagerado a deificação dele, que ele suspeitava fazer parte de uma trama destinada a chutá-lo para uma glória abstrata e privá-lo de poder terreno. Mao farejara alguma coisa em Lin Piao, seu sucessor escolhido, conhecido por "jamais soltar o Livrinho Vermelho da mão nem tirar o 'Viva Mao!' dos lábios", como diria uma quadrinha posterior. Mao concluiu que Lin, sendo o próximo da fila para o trono, não aprontava boa coisa. Tanto Mao quanto Lin agiram para salvar o poder e a vida.

A comuna deu a versão oficial dos fatos à minha aldeia mais tarde. A notícia nada significava para os camponeses. Mal conheciam o nome de Lin, mas eu recebi a notícia com uma alegria louca. Não tendo podido contestar Mao em minha mente, culpei Lin pela Revolução Cultural. A cisão evidente entre ele e Mao significava, eu pensava, que Mao repudiava a Revolução Cultural, e poria um fim a toda aquela infelicidade e destruição. A morte de Lin de certa forma reafirmou minha fé em Mao. Muita gente partilhou de meu otimismo, porque havia sinais de que a Revolução Cultural ia ser revertida. Quase imediatamente alguns sequazes do capitalismo começaram a ser reabilitados e libertados dos campos.

Deram a meu pai a notícia sobre Lin em meados de novembro. Imediatamente, um sorriso ocasional apareceu nos rostos de alguns rebeldes. Nas assembléias, pediram-lhe que se sentasse, o que era sem precedentes, e "denunciasse Yeh Chun" — a sra. Lin Piao, que fora colega de meu pai em Yan'an no início da década de 1940. Ele não disse nada.

Mas embora seus colegas estivessem sendo reabilitados, e deixando os campos aos bandos, o comandante do campo lhe disse: "Não pense que vai se livrar do anzol já". A ofensa dele a Mao era considerada demasiado séria.

Sua saúde vinha deteriorando-se sob a combinação de intolerável pressão mental e física com anos de espancamentos brutais, seguidos de duro trabalho físico em condições atrozes. Por quase cinco anos ele vinha tomando grandes doses de tranqüilizantes, a fim de manter-se sob controle. Às vezes consumia até vinte vezes a dose normal, e isso desgastara o seu sistema nervoso. Sentia dores paralisantes em algum ponto do corpo o tempo todo; começou a escarrar sangue, e freqüentemente faltava-lhe fôlego, o que era acompanhado por sérios ataques de tontura. Aos cinqüenta anos, parecia um homem de setenta. Os médicos do campo sempre o recebiam com rosto frio e impacientes receitas de mais tranqüilizantes; recusavam-se a fazer-lhe um exame geral, ou até mesmo a ouvi-lo. E cada viagem à clínica era seguida por um sermão aos berros de alguns dos rebeldes: "Não pense que vai se safar fingindo doença!".

Jin-ming estava no campo no fim de 1971. Estava tão preocupado com nosso pai que ficou até a primavera de 1972. Então recebeu uma carta de sua unidade de produção ordenando-lhe que voltasse imediatamente, senão não lhe distribuiriam comida alguma na época da colheita. No dia em que ele partiu, meu pai acompanhou-o até o trem — uma linha ferroviária que acabara de chegar a Miyi, por causa das indústrias estratégicas relocadas para Xichang. Durante a longa caminhada, os dois ficaram calados. Então meu pai teve um ataque de falta de ar, e Jin-ming precisou ajudá-lo a sentar-se na beira da estrada. Por um longo tempo meu pai lutou para recuperar o fôlego. Então Jin-ming ouviu-o dar um fundo suspiro e dizer: "Parece que provavelmente não tenho muito tempo de vida. A vida parece um sonho". Jin-ming jamais o tinha ouvido falar em morte. Desorientado, tentou confortá-lo. Mas meu pai disse devagar: "Eu pergunto a mim mesmo se tenho medo da morte. Acho que não. Minha vida, como está agora, é pior. E parece que não vai ter nenhum fim. Às vezes me sinto fraco. Fico parado ao lado do rio da Tranqüilidade e penso: Só um salto, e posso me livrar. Depois me digo que não devo. Se eu morrer sem ser absolvido, vai ser um problema sem fim pra todos vocês... Andei pensando muito, ultimamente. Tive uma infância difícil, e a sociedade era cheia de injustiça. Foi por uma sociedade justa que me juntei aos comunistas. Tentei o melhor que pude durante todos esses anos. Mas que bem isso fez ao povo? Quanto a mim, por que é que no fim vim a ser a ruína de minha família? As pessoas que acreditam no castigo dizem que para acabar mal a gente tem de ter alguma coisa na consciência. Tenho pensado muito nas coisas que fiz em minha vida. Dei ordens para que executassem algumas pessoas...".

Meu pai falou então a Jin-ming das sentenças de morte que assinara, os nomes e histórias dos *e-ba* ("déspotas ferozes") na reforma agrária em Chaoyang, e dos chefes de bandidos em Yibin. "Mas essas pessoas tinham feito tanto mal que até Deus mandaria matá-las. Que foi, então, que eu fiz de errado pra merecer tudo isto?"

Após uma longa pausa, meu pai disse: "Se eu morrer assim, não acredite mais no Partido Comunista".

25. "A fragrância da brisa fresca"
UMA NOVA VIDA COM O MANUAL DOS
ELETRICISTAS E SEIS CRISES (1972-1973)

FOI COM MORTES, AMOR, tormento e alívio que 1969, 1970 e 1971 passaram. Em Miyi, as estações secas e chuvosas seguiam-se grudadas umas nos calcanhares das outras. Na planície do Rapaz do Búfalo a lua crescia e minguava, o vento soprava e calava, os lobos uivavam e silenciavam. Na horta medicinal em Deyang, as ervas floresceram uma vez, e de novo — e de novo. Eu corria entre os campos de meus pais, o leito de morte de minha tia e minha aldeia. Espalhava estrume nos campos de arroz e compunha poemas para lírios d'água.

Minha mãe estava em casa, em Chengdu, quando soube da morte de Lin Piao. Ela foi reabilitada em novembro de 1971, e informada de que não precisava voltar para o campo. Mas embora recebesse o salário integral, não lhe devolveram seu antigo emprego, que fora ocupado por outra pessoa. Seu departamento no Distrito Leste tinha agora nada menos que sete diretores — os membros dos Comitês Revolucionários e os funcionários recém-reabilitados que acabavam de voltar dos campos. A má saúde foi um dos motivos pelos quais minha mãe não voltou a trabalhar, mas o motivo mais importante era que meu pai não fora reabilitado, ao contrário da maioria dos sequazes do capitalismo.

Mao sancionara as reabilitações em massa não porque finalmente recuperara o juízo, mas porque, com a morte de Lin Piao e o inevitável expurgo de seus homens, Mao perdera o braço com que controlava o exército. Afastara e alienara praticamente todos os outros marechais, que se opunham à Revolução Cultural, e tivera de depender apenas de Lin. Pusera sua esposa, parentes e estrelas da Revolução Cultural em postos importantes do exército, mas essas pessoas não tinham um passado militar, e portanto não contavam com o apoio do exército. Sem Lin, Mao teve de recorrer aos líderes expurgados que ainda gozavam da lealdade do exército, incluindo Deng Xiaoping, que logo iria reaparecer. A primeira concessão que teve de fazer foi trazer de volta a maioria dos funcionários denunciados.

Mao também sabia que seu poder dependia de uma economia que funcionasse. Seus Comitês Revolucionários eram irremediavelmente divididos e de segunda categoria, e não podiam pôr o país em marcha. Ele não teve escolha senão se voltar de novo para as velhas autoridades em desgraça.

Meu pai continuava em Miyi, mas devolveram-lhe a parte de seu salário que fora retida desde junho de 1968, e nós de repente nos vimos com o que parecia uma soma astronômica no banco. Nossos pertences pessoais que tinham sido tomados pelos rebeldes nas invasões de casas foram devolvidos todos, e a única exceção foram duas garrafas de *mao-tai*, a mais procurada bebida da China. Havia outros sinais encorajadores. Chu En-lai, agora com maior poder, tratou de pôr a economia em andamento. A velha administração foi em grande parte restaurada, e enfatizaram-se a produção e a ordem. Reintroduziram-se incentivos. Os camponeses podiam ganhar algum dinheiro por fora. A pesquisa científica foi retomada. As escolas passaram a ensinar de fato, após uma interrupção de seis anos; e meu irmão caçula, Xiao-fang, começou sua tardia escolaridade aos dez anos.

Com a economia revivendo, as fábricas passaram a recrutar novos trabalhadores. Como parte do sistema de incentivo, permitiam-lhes que dessem prioridade aos filhos de seus empregados que tinham sido mandados para o campo. Embora meus pais não fossem empregados de fábricas, minha mãe falou com os administradores de uma fábrica de máquinas anteriormente sujeita a seu Distrito Leste, e que agora pertencia ao Segundo Departamento de Energia Elétrica de Chengdu. Eles concordaram prontamente em me receber. Assim, poucos meses antes de meu vigésimo aniversário, deixei Deyang para sempre. Minha irmã teve de ficar, porque os jovens da cidade que se casavam depois de ter ido para o campo eram proibidos de voltar, mesmo seus esposos tendo registros de cidade.

Tornar-me operária era minha única opção. A maioria das universidades permanecia fechada, e não havia outras carreiras disponíveis. Estar numa fábrica significava trabalhar apenas oito horas por dia, em comparação com o dia do nascer ao pôr-do-sol dos camponeses. Não se pegavam cargas pesadas, e eu podia viver com minha família. Mas o mais importante era receber de volta meu registro de cidade, o que significava garantia de receber do Estado comida e outros artigos de primeira necessidade.

A fábrica ficava nos subúrbios orientais de Chengdu, a uns quarenta e cinco minutos de bicicleta de casa. Durante grande parte do caminho, eu rodava pela margem do rio da Seda, depois por estradas lamacentas que cortavam campos de sorgo e trigo. Por fim, chegava a um cercado meio miserável pontilhado de montes de tijolos e rolos de aço enferrujados. Era a minha fábrica. Uma empresa meio primitiva, com algumas máquinas que vinham da virada do século. Após cinco anos de assembléias de denúncias, jornais murais e combates físicos entre as facções na fábrica, os administradores e engenheiros acabavam de ser postos de volta a trabalhar, e a fábrica começava a retomar a produção de ferramentas. Os empregados me deram uma acolhida especial, em grande parte por causa de meus pais: a destrutividade da Revolução Cultural fizera-os suspirar pela antiga administração, sob a qual havia ordem e estabilidade.

Fui nomeada aprendiz na fundição, sob as ordens de uma mulher a quem todos chamavam de "Titia Wei". Ela fora muito pobre em criança, e não teve nem calças decentes na adolescência. Sua vida mudara com a chegada dos comunistas, e sentia-se imensamente grata a eles. Entrara no Partido Comunista, e no início da Revolução Cultural estava entre os legalistas que defendiam as antigas autoridades do Partido. Quando Mao apoiara abertamente os rebeldes, seu grupo fora espancado até entregar-se, e ela torturada. Uma grande amiga dela, uma velha trabalhadora que também devia muito aos comunistas, morrera após ser pendurada horizontalmente pelos pulsos e os tornozelos (uma tortura chamada de "nado de pato"). Titia Wei me contou a história de sua vida em lágrimas, e disse que seu destino estava ligado ao do Partido, que ela considerava despedaçado por "elementos anti-Partido", como Lin Piao. Tratava-me como uma filha, basicamente porque eu vinha de uma família comunista. Eu me sentia pouco à vontade com ela, porque não partilhava sua fé no Partido.

Cerca de trinta homens e mulheres faziam o mesmo trabalho que eu, socando terra nos moldes. O ferro incandescente, borbulhante, era suspenso e despejado nos moldes, gerando uma massa de estrelas de ferro em brasa. O guindaste em cima de nossa oficina rangia de modo tão assustador que eu sempre tinha medo de que soltasse o cadinho de ferro líquido fervente sobre as pessoas que socavam embaixo.

Meu trabalho como fundidora era sujo e duro. Eu ficava com os braços inchados de socar a terra nos moldes, mas estava animada, pois acreditava ingenuamente que a Revolução Cultural chegava ao fim. Atirei-me ao meu trabalho com um ardor que teria surpreendido os camponeses de Deyang.

Apesar de meu recém-descoberto entusiasmo, fiquei aliviada ao saber após um mês que ia ser transferida. Não poderia manter muito tempo a socagem oito horas por dia. Devido à boa vontade em relação a meus pais, deram-me a possibilidade de escolher entre várias tarefas — operadora de esteira, de guindaste, de telefone, marceneira ou eletricista. Hesitei entre as duas últimas. Agradava-me a idéia de criar belas coisas de madeira, mas decidi que não tinha mãos talentosas. E como eletricista, teria o encanto de ser a única mulher na fábrica fazendo o serviço. Havia uma mulher na equipe de eletricistas, mas estava saindo para outro posto. Ela sempre atraíra grande admiração. Quando subia ao alto dos postes de eletricidade, as pessoas paravam maravilhadas. Logo fiquei amiga dessa mulher, que me disse uma coisa que me fez decidir: os eletricistas não tinham de ficar junto a uma máquina oito horas por dia. Podiam ficar em seus aposentos esperando ser chamados para um serviço. Isso significava que eu teria tempo para mim, para ler.

Tomei cinco choques elétricos no primeiro mês. Como no caso do médico descalço, não havia treinamento formal: o resultado do desprezo de Mao pela educação. Os seis homens da equipe me ensinavam com paciência, mas eu começava de um nível abissalmente baixo. Não sabia nem o que era um fusível. A eletricista me deu seu exemplar do *Manual do eletricista*, e eu mergulhei nele, mas ainda assim saí confundindo corrente elétrica com voltagem. No fim, sentia vergonha de desperdiçar o tempo dos outros eletricistas, e tentava copiar o que eles faziam sem entender muito a teoria. Me saí bastante bem, e aos poucos podia fazer alguns consertos sozinha.

Um dia, um operário comunicou que havia uma chave com defeito num painel de distribuição de energia. Fui para trás do painel examinar a fiação, e concluí que um parafuso devia ter se afrouxado. Em vez de desligar a força primeiro, enfiei impetuosamente a chave de fenda de teste no parafuso. Atrás do painel havia uma rede de fios, ligações e disjuntores transmitindo trezentos e cinqüenta volts de força. Uma vez dentro daquele campo minado, eu tinha de enfiar a chave de fenda com extremo cuidado por uma brecha. Alcancei o parafuso, só para descobrir que não estava nem um pouco frouxo. A essa altura, meu braço começara a tremer levemente por estar tensa e nervosa. Comecei a retirá-lo, contendo a respiração. Na beirinha mesmo, quando eu já ia relaxar, uma série de solavancos disparou pela minha mão direita até os pés. Eu dei um salto, e a chave de fenda soltou-se de minha mão. Tocara num disjuntor na entrada da rede de distribuição de força. Desabei no chão, pensando que podia ter morrido se a chave de fenda se houvesse soltado um pouco antes. Não contei aos eletricistas, para que eles não achassem que tinham de me acompanhar nos chamados.

Acostumei-me com os choques. Também ninguém mais se importava com eles. Um velho eletricista me contou que antes de 1949, quando a fábrica era de propriedade privada, ele tinha de usar as costas da mão para testar a corrente. Só sob os comunistas a fábrica fora obrigada a comprar testadores de corrente para os eletricistas.

Havia duas salas em nossos aposentos, e quando não estavam atendendo a um chamado os eletricistas jogavam baralho na sala de fora, enquanto eu lia na de dentro. Na China de Mao, o fato de a gente não se juntar com as pessoas em volta era criticado como "isolar-se das massas", e a princípio fiquei nervosa por me afastar para ler. Largava o livro assim que um dos outros eletricistas entrava, e tentava bater papo com ele de um modo meio desajeitado. Em conseqüência disso, era raro eles entrarem. Fiquei enormemente aliviada quando não protestaram contra a minha excentricidade. Ao contrário, faziam tudo para não me perturbar. Como eram tão legais comigo, eu me oferecia para fazer tantos consertos quanto possível.

Um jovem eletricista da equipe, Day, freqüentara o ginásio até o começo da Revolução Cultural, e era considerado muito bem-educado. Era um bom calígrafo e tocava lindamente vários instrumentos musicais. Eu me sentia muito atraída por ele, e de manhã sempre o encontrava encostado nos aposentos dos eletricistas, esperando para me cumprimentar. Eu me vi atendendo a muitos chamados com ele. Num dia no início da primavera, após concluir um trabalho de manutenção, nós passamos o intervalo do almoço encostados num monte de feno no fundo da fundição, desfrutando do primeiro sol do ano. Pardais cantavam acima de nós, brigando pelos grãos deixados nos arrozais. O feno exalava um aroma de sol e terra. Fiquei louca de alegria ao descobrir que Day partilhava meu interesse por poesia clássica chinesa, e compusemos poemas um para o outro usando a mesma seqüência de rimas, como fizeram os antigos poetas chineses. Em minha geração, pouca gente entendia a poesia clássica ou gostava dela. Voltamos muito atrasados para o trabalho, mas não houve críticas. Os outros eletricistas só nos lançaram sorrisos significativos.

Logo Day e eu contávamos os minutos durante nossos dias de folga na fábrica, ávidos para ficar juntos de novo. Procurávamos toda oportunidade de estarmos juntos, ou roçar os dedos, sentir a excitação da proximidade, sentir o cheiro um do outro, e buscar motivos para nos sentir magoados — ou satisfeitos — com as meias palavras um do outro.

Então comecei a ouvir comentários de que Day era indigno

de mim. A desaprovação vinha em parte do fato de que me consideravam especial. Um dos motivos era que eu era a única filha de altas autoridades na fábrica, e na verdade a única, mulher ou homem, com que a maioria dos operários tivera contato. Havia muitas histórias de que os filhos de altas autoridades eram arrogantes e mimados. Eu aparentemente era uma surpresa, e alguns operários pareciam achar que ninguém na fábrica poderia ser digno de mim.

Tinham contra Day o fato de o pai dele ter sido um oficial do Kuomintang, e estado num campo de trabalho. Os operários estavam convencidos de que eu tinha um futuro brilhante, e não devia ser "arrastada para a infelicidade" por me ligar a Day.

Na verdade, fora puramente por acaso que o pai de Day se tornara oficial do Kuomintang. Em 1937, ele e dois amigos iam para Yan'an juntar-se aos comunistas para combater os japoneses. Quase haviam chegado, quando foram detidos num bloqueio de estrada do Kuomintang, em que os oficiais o exortaram a juntar-se a eles. Enquanto os dois amigos insistiram em continuar até Yan'an, o pai de Day aceitara o Kuomintang, pensando que não fazia diferença a qual exército chinês se juntasse, contanto que lutasse contra os japoneses. Quando a guerra civil recomeçou, ele e os dois amigos acabaram em lados opostos. Depois de 1949, ele foi mandado para um campo de trabalho, enquanto seus companheiros se tornavam altos oficiais no exército comunista.

Devido a esse acaso histórico, Day era alfinetado na fábrica por não conhecer seu lugar e me "importunar", e até por ser um arrivista social. Eu via no exangue rosto e nos sorrisos amargos dele que se sentia atingido pelas fofocas, mas nada me dizia. Nós havíamos apenas insinuado nossos sentimentos em alusões nos nossos poemas. Então ele parou de escrever-me poemas. A confiança com que começara nossa amizade desapareceu, e ele adotou uns modos discretos e humildes comigo quando estávamos a sós. Em público, procurava apaziguar as pessoas que o desaprovavam tentando desajeitadamente mostrar-lhes que na realidade não pensava nada de mim. Às vezes eu achava que ele se comportava de uma maneira tão indigna que não podia deixar de me irritar, além de entristecer. Criada numa posição privilegiada, não compreendia que na China a dignidade era um luxo que mal existia para os não privilegiados. Não soube apreciar o dilema de Day, e o fato de que ele não podia demonstrar seu amor por mim, por receio de me arruinar. Aos poucos, fomos nos distanciando.

Durante os quatro meses de nossa amizade, a palavra "amor" jamais fora mencionada por nenhum de nós. Eu chegara a suprimi-la da mente. A gente nunca podia se soltar, porque a consideração ao fator vital, a origem familiar, estava incutida na mente. As conseqüências da ligação com a família de um "inimigo de classe" como a de Day eram sérias demais. Devido à autocensura do subconsciente, jamais me apaixonei de fato por ele.

Nesse período minha mãe largara a cortisona, e vinha recebendo tratamento com remédios chineses para sua escleroderma. Nós batíamos as feiras rurais em busca dos estranhos ingredientes receitados para ela — casco de tartaruga, vesícula de cobra e escamas de pangolim. Os médicos recomendavam que, tão logo o tempo esquentasse, ela fosse consultar alguns grandes especialistas em Pequim, tanto na questão do útero quanto da escleroderma. Como parte da compensação pelo que ela sofrera, as autoridades ofereceram-se para mandar uma acompanhante com ela. Minha mãe perguntou se eu podia ir.

Partimos em abril de 1972, e ficamos com amigos da família, aos quais agora era seguro contatarmos. Minha mãe consultou vários ginecologistas em Pequim e Tianjin, que diagnosticaram um tumor benigno no útero e recomendaram uma histerectomia. Enquanto isso, diziam, a hemorragia podia ser controlada se ela repousasse bastante e tentasse manter o ânimo. Os dermatologistas acharam que a escleroderma podia ser localizada, caso em que não seria fatal. Ela seguiu o conselho dos médicos e fez a histerectomia no ano seguinte. A escleroderma permaneceu localizada.

Visitamos muitos amigos de meu pai. A toda parte que íamos, eles estavam sendo reabilitados. Alguns acabavam de sair da prisão. *Mao-tai* e outras bebidas apreciadas corriam livremente, como as lágrimas. Em quase toda família, um ou mais membros haviam morrido em conseqüência da Revolução Cultural. A mãe de oitenta anos de um velho amigo morrera após cair de um patamar onde tinha de dormir, pois a família fora expulsa do apartamento deles. Outro amigo lutava para conter as lágrimas quando punha os olhos em mim. Eu lembrava-lhe sua filha, que teria a minha idade. Ela fora mandada com a escola para um lugar no fim do mundo, na fronteira com a Sibéria, onde ficara grávida. Assustada, consultara uma parteira, que lhe amarrara almíscar em torno da cintura e a mandara saltar de um muro para se livrar do bebê. Ela morrera de violenta hemorragia. Histórias trágicas brotavam em todas as famílias. Mas também falávamos de esperança, e esperávamos dias mais felizes à frente.

Um dia, fomos visitar Tung, um velho amigo de meus pais que acabara de sair da prisão. Ele fora chefe de minha mãe em sua marcha da Manchúria a Sichuan, e tornara-se chefe de departamento no Ministério de Segurança Pública. No início da Revolução Cultural, fora acusado de ser espião russo, e de ter supervisionado a instalação de microfones nos aposentos de Mao — o que aparentemente fizera, cumprindo ordens. Toda palavra de Mao era tida como tão preciosa que tinha de ser preservada, mas ele falava um dialeto que seus secretários tinham dificuldade para entender, e além disso de vez em quando eram mandados para fora da sala. No início de 1967, Tung foi preso e enviado para a prisão especial de altas autoridades, Qincheng. Passou cinco anos acorrentado, em confinamento solitário. Suas pernas pareciam palitos de fósforo, enquanto dos quadris para cima ele estava terrivelmente inchado. A esposa fora obrigada a denunciá-lo, e mudara o sobrenome dos filhos, do dele para o dela, para demonstrar que o estavam cortando para sempre. A maioria dos bens da família, incluindo as roupas, fora levada em invasões à casa. Em conseqüência da queda de Lin Piao, o chefe de Tung, inimigo de Lin Piao, e o próprio Tung haviam sido libertados da prisão. A esposa fora chamada de seu campo na região da fronteira norte para reunir-se a ele.

No dia da libertação dele, ela levara-lhe roupas novas. As primeiras palavras dele a ela foram: "Você não devia ter me trazido apenas bens materiais. Devia ter me trazido alimento espiritual [referindo-se às obras de Mao]". Tung não lera nada além dessas obras durante os cinco anos de solitária. Eu estava com a família dele na época, e o vi fazendo-os estudar os artigos de Mao todo dia, com uma seriedade que eu achava mais trágica que ridícula.

Poucos meses depois de nossa visita, mandaram Tung supervisionar um caso num porto no sul. Seu longo confinamento deixara-o incapaz de um trabalho exigente, e ele logo teve um ataque cardíaco. O governo mandou um avião especial levá-lo para o hospital de Guangzhou. O elevador do hospital não funcionava, e ele insistiu em subir a pé quatro andares, porque considerava ser carregado para cima contra a moral comunista. Morreu na mesa de operação. Sua família não estava com ele, porque ele mandara dizer-lhes que "não deviam interromper o trabalho deles".

Foi quando estávamos hospedados com Tung e sua família, em fins de maio de 1972, que minha mãe e eu recebemos um telegrama dizendo que meu pai tivera permissão para deixar o campo. Após a queda de Lin Piao, os médicos do campo tinham-lhe finalmente dado um diagnóstico dizendo que ele sofria de pressão perigosamente alta, sérios problemas de coração e fígado, e esclerose vascular. Recomendaram um exame completo em Pequim.

Ele tomou um trem para Chengdu, depois voou para Pequim. Como só aqueles que iam viajar podiam usar o transporte público até o aeroporto, minha mãe e eu tivemos de aguardá-lo no terminal da cidade. Ele estava magro e quase negro de sol. Era a primeira vez em três anos e meio que saía das montanhas de Miyi. Nos primeiros dias, parecia perdido na cidade grande, e referia-se a atravessar a rua como "atravessar o rio", e tomar o ônibus como "tomar um barco". Caminhava hesitante nas ruas cheias de gente e olhava meio perplexo para todo o tráfego. Assumi o papel de guia dele. Ficamos com um velho amigo dele de Yibin, que também sofrera atrozmente na Revolução Cultural.

Além desse homem e Tung, meu pai não visitou ninguém — porque não tinha sido reabilitado. Ao contrário de mim, que estava cheia de otimismo, ele vivia pesaroso a maior parte do tempo. Para tentar animá-lo, arrastei ele e minha mãe para diversas excursões. Uma vez forcei-o a ir à Grande Muralha comigo num vagão lotado, sufocando de poeira e suor. Enquanto eu tagarelava, ele ouvia com um sorriso nos lábios. Um bebê no colo de uma camponesa sentada defronte a nós se pôs a chorar, e ela bateu-lhe com força. Meu pai saltou de seu assento e berrou com ela: "Não bata no bebê!". Eu me apressei a puxá-lo pela manga e o fiz sentar. Todo o vagão nos olhava fixo. Era muito incomum um chinês interferir num assunto daquele. Pensei com um suspiro que meu pai mudara desde os dias em que batia em Jinming e Xiao-hei.

Em Pequim, também li livros que me abriram novos horizontes. O presidente Nixon tinha visitado a China em fevereiro daquele ano. A linha oficial era que ele viera "com uma bandeira branca". A idéia de que os Estados Unidos eram o inimigo número um a essa altura fora varrida da minha cabeça, juntamente com grande parte de minha doutrinação. Fiquei felicíssima com a vinda de Nixon, porque sua visita ajudara a gerar um novo clima em que começava a haver algumas traduções de livros estrangeiros. Eles eram assinalados "para circulação interna", o que significava em teoria que só eram para ser lidos por pessoal autorizado, mas não havia regras especificando a quem deviam ser passados, e passavam livremente entre amigos, se um deles tivesse acesso privilegiado por meio de seu trabalho.

Pude pôr as mãos em algumas dessas publicações. Foi com um prazer inimaginável que li *Seis crises*, de Nixon (um tanto expurgado, claro, em vista do passado anticomunista dele), *Os melhores e os mais brilhantes*, de David Halberstam, *Ascensão e queda do Terceiro Reich*, de William Shirer, e *Os ventos da guerra*, de Herman Wouk, com sua imagem (para mim) atualizada do mundo externo. As descrições do governo Kennedy em *Os melhores e os mais brilhantes* me deixaram maravilhada com a atmosfera descontraída do governo americano, em contraste com o meu — tão remoto, assustador e cheio de segredos. Fiquei cativada pelo estilo de escrever nas obras de não-ficção. Como era tranqüilo e distanciado! Até *Seis crises*, de Nixon, parecia um modelo de limpeza em comparação com o estilo martelo mecânico dos meios de comunicação chineses, cheios de bravatas, denúncias e afirmações peremptórias. Em *Os ventos da guerra*, fiquei menos impressionada com suas majestosas descrições das épocas do que com as vinhetas mostrando a desinibida agitação que as mulheres ocidentais podiam fazer com suas roupas, com o fácil acesso a elas e a gama de cores e estilos existentes. Aos vinte anos, eu tinha apenas umas poucas roupas, no mesmo estilo de todo mundo, quase todas as peças azuis, cinza ou brancas. Eu fechava os olhos e acariciava na imaginação todos os belos vestidos que jamais vira ou usara.

A crescente disponibilidade de informação do exterior era, claro, parte da liberalização geral após a queda de Lin Piao, mas a visita de Nixon lhe deu um pretexto conveniente — os chineses não deviam perder prestígio mostrando-se inteiramente ignorantes dos Estados Unidos. Naqueles dias, cada passo no processo de relaxamento tinha de ser dado com uma justificação política exagerada. Aprender inglês era agora uma causa digna — para "conquistar amigos em todo o mundo" — e portanto não mais constituía um crime. Para não alarmar ou assustar nosso distinto hóspede, ruas e restaurantes perderam os nomes de militantes que lhes haviam sido impostos no início da Revolução Cultural pelos guardas vermelhos. Em Chengdu, embora esta não fosse visitada por Nixon, o restaurante Cheiro de Pólvora voltou a seu velho nome, A Fragrância da Brisa Fresca.

Fiquei cinco meses em Pequim. Sempre que estava só, me lembrava de Day. Não nos escrevíamos. Eu compunha poemas para ele, mas guardava-os para mim mesma. Minha esperança para o futuro acabou dominando meus arrependimentos do passado. Uma notícia, em particular, sombreou todos os meus outros pensamentos — pela primeira vez desde que eu tinha catorze anos, via a possibilidade de um futuro com o qual não me atrevera a sonhar: podia ir para a faculdade. Em Pequim, um pequeno número de estudantes tinha se matriculado nos dois anos anteriores, e parecia que as universidades em todo o país logo iriam ser reabertas. Chu En-lai enfatizava uma citação de Mao dizendo que ainda se precisava das universidades, sobretudo para ciência e tecnologia. Eu mal podia esperar para voltar a Chengdu e começar a estudar para tentar entrar.

Voltei para a fábrica em setembro de 1972, e vi Day sem muito sofrimento. Ele também se tornara calmo, só de vez em quando revelando um vislumbre de melancolia. Voltamos a ser bons amigos, mas não mais falávamos de poesia. Eu mergulhei em minha preparação para o curso universitário, embora não tivesse idéia de qual. Não cabia a mim a escolha, já que Mao dissera que "a educação deve ser inteiramente revolucionada". Isso queria dizer, entre outras coisas, que os universitários deviam ser destinados a cursos sem consideração pelo que lhes interessava — isso seria individualismo, um vício capitalista. Comecei a estudar todas as matérias principais: chinês, matemática, física, química, biologia e inglês.

Mao também decretara que os estudantes não deviam vir da origem tradicional — profissionais liberais da classe média — mas tinham de ser operários ou camponeses. Isso me servia, pois fora uma camponesa autêntica e agora era operária.

Haveria um exame de admissão, Chu En-lai decidira, embora tivesse de mudar o termo "exame" (*kao-shi*) para "uma investigação da situação dos candidatos em alguns conhecimentos básicos, e sua capacidade de analisar e solucionar problemas concretos", um critério baseado em outra citação de Mao. O presidente não gostava de exames. O novo procedimento era que primeiro a gente tinha de ser recomendado pela sua unidade de trabalho, depois vinham as provas de admissão, depois as autoridades da matrícula avaliavam os resultados das provas e o "comportamento político" do candidato.

Durante quase dez meses eu passei todas as noites e fins de

semana, e grande parte de meu tempo na fábrica também, curvada sobre livros didáticos que haviam sobrevivido às chamas dos guardas vermelhos. Vinham de muitos amigos. Eu também tinha uma rede de tutores que abriam mão de suas noites e feriados alegre e entusiasticamente. As pessoas que amavam a cultura sentiam uma relação que as unia. Era a reação de um país com uma civilização altamente sofisticada e que fora sujeita a uma virtual extinção.

Na primavera de 1973, Deng Xiaoping foi reabilitado e nomeado vice-premiê, o substituto *de facto* do doente Chu En-lai. Fiquei emocionada. A volta de Deng parecia-me um sinal de que a Revolução Cultural estava sendo revertida. Sabia-se que ele era dedicado mais à construção que à destruição, e um excelente administrador. Mao mandara-o para uma fábrica de tratores, em relativa segurança, para mantê-lo de reserva em caso de morte de Chu En-lai. Mao tinha sempre o cuidado de não queimar suas pontes.

Fiquei feliz com a reabilitação de Deng também por motivos pessoais. Eu conhecera muito bem a madrasta dele quando era criança, e sua meio-irmã fora nossa vizinha durante anos no conjunto — todos a chamávamos de "Titia Deng". Ela e o marido haviam sido denunciados simplesmente por serem parentes de Deng, e os moradores do conjunto que a bajulavam antes da Revolução Cultural a tinham evitado. Mas minha família cumprimentava-a como de hábito. Ao mesmo tempo, ela era uma das poucas pessoas no conjunto que dizia à minha família que admirava meu pai no auge da perseguição a ele. Naqueles dias, até um simples aceno de cabeça ou um sorriso passageiro eram raros e preciosos, e nossas duas famílias desenvolveram sentimentos de mútua simpatia uma pela outra.

No verão de 1973, iniciou-se a matrícula na universidade. Eu me sentia como se estivesse à espera de uma sentença de prisão perpétua ou de morte. Um lugar no Departamento de Línguas Estrangeiras na Universidade de Sichuan era destinado ao Segundo Departamento da Indústria de Força em Chengdu, que tinha vinte e três fábricas sob suas ordens, a minha sendo uma delas. Cada uma das fábricas tinha de nomear um candidato aos exames. Em minha fábrica havia várias centenas de operários, e seis pessoas se candidataram, incluindo eu. Fez-se uma eleição para a escolha do candidato, e eu fui escolhida por quatro das cinco oficinas da fábrica.

Em minha própria oficina havia outra candidata, uma amiga minha que tinha dezenove anos. Éramos muito populares, mas nossos colegas só podiam votar numa de nós. O nome dela foi o primeiro lido: houve uma constrangida agitação — era claro que as pessoas não podiam decidir o que fazer. Eu me sentia infeliz ao extremo — se houvesse muitos para ela, haveria menos para mim. De repente, ela se levantou e disse com um sorriso: "Eu gostaria de abrir mão de minha candidatura e votar em Chang Jung. Sou dois anos mais nova que ela. Tento no próximo ano". Os operários explodiram numa risada de alívio, e prometeram votar nela no ano seguinte. E votaram. Ela entrou na universidade em 1974.

Fiquei muitíssimo comovida com o gesto dela, e também pelo resultado da votação. Era como se os operários me ajudassem a realizar meus sonhos. Tampouco prejudicaram as origens familiares. Day não se candidatou: sabia que não tinha chance. Fiz os exames de chinês, matemática e inglês. Quando voltei para casa na hora do almoço, minha irmã me esperava. Massageou delicadamente a minha cabeça, e caí num leve cochilo. Os trabalhos eram muito elementares, e mal tocaram na geometria, trigonometria, física e química que havia assiduamente estudado. Fui aprovada com louvor em todas as provas, e na prova oral de inglês recebi a maior nota de todos os candidatos de Chengdu.

Antes de poder descansar, veio um golpe arrasador. A 20 de julho, o *Diário do Povo* publicou um artigo sobre uma "prova de exame em branco". Incapaz de responder às perguntas em suas provas de admissão à universidade, um candidato chamado Zhang Tie-sheng, que fora mandado para o campo perto de Jinzhou, entregara a folha em branco, juntamente com uma carta, queixando-se de que o exame equivalia a uma "restauração capitalista". A carta fora recebida pelo sobrinho e ajudante pessoal de

Mao, Mao Yuanxin, que governava a província. A sra. Mao e seu séquito condenaram a ênfase nos padrões acadêmicos como "ditadura burguesa". "Que importa que todo o país fique analfabeto?", declararam. "O que importa é que a Revolução Cultural consiga o maior triunfo!"

Os exames que eu fizera foram anulados. A entrada na universidade seria agora decidida apenas pela "conduta política". Como esta seria julgada, tornou-se a grande questão. A recomendação de minha fábrica fora escrita após uma "assembléia de avaliação coletiva" da equipe de eletricistas. Day a redigira e minha ex-chefe eletricista a polira. Apresentava-me como um verdadeiro modelo, a operária mais exemplar que já existira. Eu não tinha dúvida de que os outros vinte e dois candidatos tinham exatamente as mesmas credenciais. Assim, não havia como estabelecer diferenças entre nós.

A propaganda oficial não ajudava muito. Um herói largamente badalado gritava: "Você me pede minhas qualificações para a universidade. Minha qualificação é isto!" — ao que erguia as mãos e mostrava seus calos. Mas todos tínhamos calos nas mãos. Todos tínhamos estado em fábricas, e a maioria trabalhara em fazendas.

Só havia uma alternativa: a porta dos fundos.

A maioria dos diretores do Comitê de Matrícula de Sichuan era de velhos colegas de meu pai que tinham sido reabilitados, e eles admiravam a coragem e integridade dele. Mas, muito embora ele quisesse que eu tivesse uma educação universitária, meu pai não iria pedir-lhes ajuda. "Não seria justo com as pessoas que não têm poder", dizia. "Que se tornaria nosso país se tudo tivesse de se fazer assim?" Passei a argumentar com ele, e acabei em lágrimas. Devo ter parecido realmente desolada, porque ele acabou dizendo, com um rosto sofrido: "Tudo bem, vou fazer isso".

Tomei o braço dele e andamos até o hospital, a cerca de um quilômetro e meio, onde um dos diretores do Comitê de Matrícula fazia um exame geral: quase todas as vítimas da Revolução Cultural sofriam de péssima saúde, em conseqüência de suas provações. Meu pai andava devagar, com a ajuda de uma bengala.

Sua antiga energia e vivacidade haviam desaparecido. Vendo-o arrastar-se, parando para descansar de vez em quando, lutando com a mente, além das pernas, eu queria dizer: "Vamos voltar". Mas também queria desesperadamente entrar na universidade.

No pátio do hospital, sentamos num baixo banco de pedra para descansar. Meu pai parecia atormentado. Acabou dizendo: "Você me perdoaria? Realmente acho muito difícil fazer isso...". Por um segundo, senti uma onda de ressentimento, e quis gritar-lhe que não havia alternativa mais justa. Queria dizer-lhe o quanto sonhava em ir para a universidade, e o merecia — por meu trabalho duro, pelo resultado de meus exames, e porque fora eleita. Mas tinha certeza que ele sabia de tudo isso. E fora ele quem me dera minha sede de conhecimento. Mesmo assim, tinha seus princípios, e como o amava eu tinha de aceitá-lo como ele era, e compreender seu dilema, de ser um homem moral vivendo numa terra que era um vácuo moral. Contive as lágrimas e disse: "Claro". Voltamos para casa em silêncio.

Que felicidade ter uma mãe que sabia se virar! Ela foi à esposa do chefe do Comitê de Matrícula, que então falou com o marido. Minha mãe também foi aos outros chefes, e conseguiu com que me apoiassem. Ela enfatizou os resultados de meus exames, que sabia seriam o ponto decisivo para aqueles ex-sequazes do capitalismo. Em outubro de 1973, entrei no Departamento de Línguas Estrangeiras da Universidade de Sichuan em Chengdu, para estudar inglês.

26. "Sentir peido de estrangeiro e achar cheiroso"
APRENDENDO INGLÊS NA ESTEIRA DE MAO
(1972-1974)

DESDE SEU RETORNO DE PEQUIM, no outono de 1972, ajudar aos cinco filhos fora a grande ocupação de minha mãe. Meu irmão caçula, Xiao-fang, precisava de acompanhamento escolar em casa para compensar os anos de escola que perdera, e o futuro dos outros filhos em grande parte dependia dela.

Com a sociedade meio paralisada por mais de seis anos, criara-se um enorme número de problemas sociais, simplesmente deixados sem solução. Um dos mais sérios eram os muitos milhões de jovens enviados para o campo, e que estavam desesperados por voltar às cidades. Após a morte de Lin Piao, começou a ser possível alguns deles voltarem, em parte porque o Estado precisava de mão-de-obra para a economia urbana, que agora tentava revitalizar. Mas o governo também teve de impor severos limites ao número dos que podiam voltar, porque era política do Estado na China controlar a população das cidades: o Estado tomava a si assegurar à população urbana alimentos, casas e empregos.

Assim, era feroz a competição pelas "passagens de volta". O Estado criou regulamentos para manter o número baixo. O casamento era um dos critérios para exclusão. Uma vez casada, nenhuma organização na cidade aceitaria a pessoa. Com base nisso, minha irmã foi desqualificada para candidatar-se a um emprego na cidade, ou a uma universidade, que eram os únicos meios legítimos de voltar a Chengdu. Ela ficou extremamente infeliz, pois queria juntar-se ao marido; a fábrica dele recomeçara a trabalhar normalmente, e em conseqüência ele não podia ir para Deyang morar com ela, a não ser na "folga de casamento" oficial de apenas doze dias por ano. A única chance dela de retornar a Chengdu era obter um atestado dizendo que tinha uma doença incurável — o que muita gente nas condições dela fazia. Assim, minha mãe teve de ajudá-la a conseguir um atestado com um médico amigo, que dizia que Xiao-hong sofria de cirrose hepática. Ela voltou para Chengdu em fins de 1972.

A maneira de conseguir as coisas agora era através de ligações pessoais. Pessoas procuravam minha mãe todos os dias — professores, médicos, enfermeiros, atores e funcionários subalternos — pedindo ajuda para tirar os filhos do campo. Muitas vezes ela era a única esperança deles, embora não tivesse emprego, e ela puxava os cordões em favor deles com incansável energia. Meu pai não ajudava; estava muito determinado em seus modos para começar a "dar um jeito".

Mesmo quando o canal competente funcionava, a ligação pessoal ainda era essencial para assegurar que tudo corresse bem e evitar o desastre. Meu irmão Jin-ming deixou sua aldeia em março de 1972. Duas organizações recrutavam novos operários de sua comuna: uma era uma fábrica na sede de seu município que fazia eletrodomésticos, a outra uma empresa não especificada do Distrito Leste de Chengdu. Jin-ming queria voltar para Chengdu, mas minha mãe fez perguntas entre seus amigos no Distrito Leste e descobriu que o emprego era num matadouro. Jin-ming retirou imediatamente seu pedido e foi trabalhar na fábrica local.

Na verdade, era uma grande fábrica que fora relocada de Xangai em 1966, como parte do plano de Mao para esconder a indústria nas montanhas, contra um ataque americano ou soviético. Jin-ming impressionou os companheiros de fábrica por sua capacidade de trabalho e senso de justiça, e em 1973 foi um dos quatro jovens eleitos pela fábrica para ir à universidade, entre duzentos candidatos. Passou com brilho e sem esforço nos exames. Mas como meu pai não fora reabilitado, minha mãe teve de assegurar que, quando a universidade chegasse à obrigatória "investigação política", o pessoal não se assustasse, e tivesse, ao contrário, a impressão de que ele ia ser absolvido. Também teve de providenciar para que Jin-ming não fosse deslocado por algum candidato reprovado com poderosas ligações políticas. Em outubro de 1973, quando fui para a Universidade de Sichuan, Jin-ming era admitido na Faculdade de Engenharia da China Central, em Wuhan, para estudar fundição. Ele teria preferido estudar física, mas mesmo assim ficou no sétimo céu.

Enquanto Jin-ming e eu nos preparávamos para tentar entrar numa universidade, meu segundo irmão, Xiao-hei, vivia em estado de desânimo. A qualificação básica para entrar na universidade era que a gente fosse operário, camponês ou soldado, e ele não tinha sido nada disso. O governo ainda expulsava jovens urbanos *en masse* para as áreas rurais, e esse era o único futuro à sua frente — a não ser entrar nas Forças Armadas. Dezenas se candidatavam a cada vaga, e a única via era através de ligações.

Minha mãe conseguiu introduzir Xiao-hei em dezembro de 1972, contra chances quase impossíveis, pois meu pai não fora liberado. Xiao-hei foi destinado a uma escola de formação da força aérea no norte da China, e após três meses de treinamento básico tornou-se rádio-operador. Trabalhava cinco horas por dia, de uma maneira extremamente folgada, e passava o resto do tempo em "estudos políticos" e produzindo alimentos.

Nas sessões de "estudos", todos diziam ter entrado nas Forças Armadas "para seguir a ordem do Partido, proteger o povo, salvaguardar a pátria". Mas havia motivos mais pertinentes. Os jovens da cidade queriam evitar ser mandados para o campo, e os do campo esperavam usar o exército como um trampolim para a cidade. Para os camponeses de áreas pobres, estar no exército significava pelo menos estar de barriga mais cheia.

À medida que a década de 1970 se desenrolava, entrar no Partido, como no exército, foi deixando cada vez mais de ter relação com um compromisso ideológico. Todos diziam, em seus pedidos, que o Partido era "grandioso, glorioso e correto", e que "entrar no Partido significa dedicar minha vida à mais esplêndida causa da humanidade — a libertação do proletariado mundial". Mas para a maioria, o motivo era a vantagem pessoal. Era o passo obrigatório para tornar-se oficial; e quando um oficial dava baixa, automaticamente se tornava "uma autoridade do Estado", com um salário assegurado, prestígio e poder, para não falar do registro de cidade. O praça tinha de voltar para sua aldeia e ser camponês. Todo ano, antes das baixas, havia histórias de suicídios, colapsos nervosos e depressões.

Uma noite, Xiao-hei, juntamente com cerca de mil soldados e oficiais, e as famílias destes, foi assistir a um filme ao ar livre. De repente, começaram disparos de metralhadora, seguidos de fortes explosões. A platéia se dispersou aos gritos. Os tiros vinham de um guarda que ia dar baixa e ser mandado de volta para sua aldeia, pois não conseguira entrar no Partido e, portanto, ser promovido a oficial. Primeiro matou o comissário de sua companhia, ao qual responsabilizava por bloquear sua promoção, e depois atirara a esmo contra a multidão, e lançara granadas de mão. Mais cinco pessoas foram mortas, todas mulheres e crianças de famílias de oficiais. Mais de uma dúzia saiu ferida. Ele então fugiu para um bloco residencial, onde foi sitiado pelos colegas, que lhe gritavam através de megafones que se entregasse. Mas assim que o guarda atirou da janela, eles se espalharam e correram, para diversão das centenas de circunstantes excitados. Finalmente, chegou uma unidade especial. Após uma feroz troca de tiros, invadiram o apartamento e descobriram que ele se suicidara.

Como todos os demais à sua volta, Xiao-hei queria entrar no Partido. Para ele, não era um caso de vida e morte, como para os soldados camponeses, pois sabia que não teria de voltar para o campo após a carreira militar. A regra era voltar para o lugar de onde se vinha, por isso ele receberia automaticamente um lugar em Chengdu, fosse membro do Partido ou não. Mas o emprego seria melhor se fosse membro do Partido. Também teria mais acesso a informação, o que era importante para ele, pois a China estava prestes a se tornar um deserto intelectual, sem quase nada para ler, além da mais grosseira propaganda.

Além dessas considerações práticas, o *medo* jamais andava longe. Para muita gente, entrar no Partido era mais ou menos como fazer uma apólice de seguro. Ser membro do Partido significava que a gente sofria menos desconfiança, e essa sensação de relativa segurança era muito reconfortante. E o que era mais: num ambiente extremamente político como aquele em que ele se encontrava, se não quisesse entrar no Partido isso seria anotado em sua ficha pessoal, e a suspeita o acompanharia: "Por que ele não quer entrar no Partido?". Candidatar-se e não ser aceito também, provavelmente, motivaria suspeita: "Por que ele não foi aceito? Deve ter algum problema com ele".

Xiao-hei vinha lendo clássicos marxistas com autêntico interesse — eram os únicos livros existentes, e ele precisava de alguma coisa para satisfazer sua sede intelectual. Como o estatuto do Partido Comunista estabelecia que estudar marxismo-leninismo era a primeira qualificação para ser membro do Partido, ele achava que podia combinar seu interesse com ganhos práticos. Mas nem seus chefes nem seus camaradas ficaram impressionados. Na verdade, sentiam-se expostos, porque, vindo em sua maioria de origens camponesas e sendo quase analfabetos, não conseguiam entender Marx. Xiao-hei foi criticado por ser arrogante e isolar-se das massas. Se quisesse entrar no Partido, tinha de encontrar outro meio.

O mais importante, logo compreendeu, era agradar aos chefes imediatos. O seguinte era agradar a seus camaradas. Além de ser popular e dar duro no trabalho, tinha de "servir ao povo" no sentido mais literal.

Ao contrário da maioria dos exércitos, que destinam tarefas desagradáveis e braçais às camadas mais baixas, o exército chinês atuava esperando que as pessoas se apresentassem para ir buscar água para as abluções matinais e varrer as instalações. O toque de alvorada era às seis e meia da manhã; a "tarefa honrosa" de levantar-se antes disso cabia aos que aspiravam a entrar no Partido. E eram tantos, que brigavam uns com os outros pelas vassouras. Para pegar uma, as pessoas se levantavam cada vez mais cedo. Uma manhã, Xiao-hei ouviu alguém varrendo as instalações às quatro da manhã.

Havia outras tarefas importantes, e a que contava mais era ajudar a produzir alimentos. A ração básica de alimentos era muito baixa, mesmo para os oficiais. Só tinham carne uma vez por semana. Assim, toda companhia tinha de cultivar seu próprio grão e legumes, e criar seus próprios porcos. Na época da colheita, o comissário da companhia muitas vezes fazia discursos de incentivo: "Camaradas, chegou a hora de o Partido fazer o teste! Temos de acabar todo o campo até esta noite! É, o trabalho exige dez vezes mais mão-de-obra de que dispomos. Mas cada um de nós combatentes revolucionários pode fazer o trabalho de dez homens! Os membros do Partido Comunista devem assumir um papel de vanguarda. Para os que querem entrar no Partido, esta é a melhor hora de provar-se! Os que passarem no teste poderão, no final do dia, juntar-se ao Partido no campo de batalha!".

Os membros do Partido tinham de trabalhar duro para cumprir seu "papel de vanguarda", mas eram os candidatos aspirantes que tinham de se esforçar mesmo. Numa ocasião, Xiao-hei ficou tão exausto que desmaiou no meio do campo. Enquanto os novos membros que haviam conquistado "inscrição no campo de batalha" erguiam os punhos e faziam o juramento-padrão de "dedicar toda minha vida à gloriosa causa comunista", Xiao-hei era levado para o hospital, onde teve de ficar durante dias.

O caminho mais direto para o Partido era a criação de porcos. A companhia tinha várias dezenas deles, que ocupavam um lugar ímpar no coração dos soldados; oficiais e praças igualmente rondavam o chiqueiro, observando, comentando e querendo que os animais crescessem. Se os porcos iam bem, seus tratadores eram os queridinhos da companhia, e havia muitas disputas para essa profissão.

Xiao-hei tornou-se um guardador de porcos em tempo integral. Era um trabalho duro, imundo, para não falar da pressão psicológica. Toda noite, ele e seus colegas revezavam-se levantando-se de madrugada para dar comida extra aos porcos. Quando uma porca dava à luz filhotes, eles ficavam de guarda a noite toda, para que ela não os esmagasse. Preciosa soja era cuidadosamente escolhida, lavada, moída, peneirada e transformada em "leite de soja", dado com amor à mãe, para estimular seu leite. A vida na força aérea era muito diferente do que Xiao-hei imaginara. A produção de alimentos tomou mais de um terço de todo o tempo que ele esteve com os militares. No fim de um árduo ano criando porcos, Xiao-hei foi aceito no Partido. Como muitos outros, pôs os pés para cima e começou a maneirar.

Depois de pertencer ao Partido, a ambição de todos era tornar-se oficial; qualquer vantagem que a primeira condição oferecesse, a segunda duplicava-a. Chegar a ser oficial dependia de ser escolhido pelos superiores da pessoa, portanto o segredo era jamais desagradá-los. Um dia, Xiao-hei foi chamado a visitar um dos comissários políticos da faculdade. Ficou pisando em ovos, sem saber se o esperava algum golpe de sorte ou um total desastre. O comissário, um homem gorducho na casa dos cinqüenta anos, de olhos empapuçados e uma voz forte e imperiosa, parecia excessivamente benigno ao acender um cigarro e perguntar a Xiao-hei sobre suas origens familiares, idade e estado de saúde. Também lhe perguntou se era noivo — ao que Xiao-hei respondeu que não. Pareceu-lhe um bom sinal o homem estar sendo tão pessoal. O comissário passou a elogiá-lo. "Você estudou conscienciosamente o pensamento marxista-leninista-maoísta. Trabalhou com afinco. As massas têm uma boa impressão de você. Claro, deve continuar sendo modesto; a modéstia leva a gente para a frente", e assim por diante. Quando o comissário esmagou a ponta do cigarro, Xiao-hei achou que tinha a promoção no bolso.

O comissário acendeu um segundo cigarro e começou a contar a história de um incêndio numa fábrica de algodão, e de uma fiadeira que se queimara seriamente voltando a correr para salvar "propriedade do Estado". Na verdade, tivera de amputar todos os membros, de modo que só haviam restado a cabeça e o tronco, embora, acentuou o comissário, o rosto não fosse destruído, nem — mais importante — sua capacidade de produzir bebês. Era, disse o comissário, uma heroína, e ia ser badalada em grande escala na imprensa. O Partido gostaria de satisfazer todos os desejos dela, e a moça tinha dito que queria casar-se com um oficial da força aérea. Xiao-hei era jovem, bonitão, sem ligação, e podia ser transformado em oficial a qualquer momento...

Xiao-hei simpatizava com a jovem, mas casar-se com ela era outra coisa. Mas como poderia recusar ao comissário? Não podia apresentar nenhum motivo convincente. Amor? Supunha-se que o amor estava ligado a "sentimentos de classe", e quem poderia merecer mais sentimentos de classe que uma heroína comunista? Dizer que não a conhecia também não o tiraria do aperto. Muitos casamentos na China tinham resultado de um arranjo do Partido. Como membro do Partido, sobretudo um que ambicionava ser oficial, esperava-se que Xiao-hei dissesse: "Obedeço resolutamente à decisão do Partido!". Lamentava amargamente ter dito que não tinha noiva. Sua mente disparava pensando numa maneira de dizer não com tato, enquanto o comissário discorria sobre as vantagens: promoção imediata a oficial, publicidade como herói, uma enfermeira em tempo integral e uma grande pensão pelo resto da vida.

O comissário acendeu mais um cigarro, e fez uma pausa. Xiao-hei pesou suas palavras. Assumindo um risco calculado, perguntou se aquilo já era uma decisão irreversível do Partido. Sabia que o Partido sempre esperava que as pessoas se "oferecessem". Como esperava, o comissário disse que não: cabia a Xiao-hei. Meu irmão decidiu blefar até o fim: "confessou" que, embora não tivesse uma noiva, sua mãe tinha arranjado uma namorada para ele. Sabia que essa namorada tinha de ser boa o bastante para derrubar a tal heroína, e isso significava possuir dois atributos: a origem de classe certa e boas obras — nesta ordem. Assim, ela se tornou filha do comandante de uma grande região do exército, e trabalhava num hospital do exército. Só há pouco tempo haviam começado a "falar de amor".

O comissário recuou, dizendo que só queria ver como Xiao-hei se sentia, e não pretendia empurrar-lhe um casamento. Xiao-hei não foi punido, e não muito depois tornava-se um oficial e era posto no comando de uma unidade de radiocomunicações. Um jovem de origem camponesa apresentou-se para casar-se com a heroína inválida.

Enquanto isso, a sra. Mao e seus acólitos renovavam esforços para impedir o país de funcionar. Na indústria, o slogan deles era: "Parar a produção é a própria revolução". Na agricultura, na qual começavam agora a intrometer-se seriamente: "Preferimos ervas daninhas socialistas a safras capitalistas". Adquirir tecnologia estrangeira tornou-se "sentir peido de estrangeiro e achar cheiroso". Em educação: "Queremos gente trabalhadora analfabeta, e não aristocratas espirituais educados". Voltaram a pedir que os colegiais se rebelassem contra seus professores; em janeiro de 1974, vidraças de janelas, mesas e cadeiras nas escolas de Pequim foram despedaçadas, como em 1966. A sra. Mao afirmava que isso era "a ação revolucionária dos operários ingleses destruindo máquinas no século XVIII". Toda essa demagogia tinha um objetivo: gerar problemas para Chu En-lai e Deng Xiaoping, e criar o caos. Só na perseguição às pessoas e na *destruição* a sra. Mao e os outros luminares da Revolução Cultural tinham uma chance de "brilhar". Na *construção*, não tinham vez.

Chu e Deng vinham fazendo esforços hesitantes para abrir o país. Mao lançara um novo ataque à cultura estrangeira. Em início de 1974 houve uma grande campanha na imprensa condenando o diretor italiano Michelangelo Antonioni por um filme que ele fizera sobre a China, embora ninguém na China tivesse visto o filme, e poucos tivessem sequer ouvido falar dele — ou de Antonioni. Essa xenofobia foi estendida a Beethoven, após uma visita da Sinfônica de Filadélfia.

Nos dois anos após a queda de Lin Piao, meu estado de espírito passara da esperança ao desespero e à fúria. A única fonte de conforto era que havia uma luta em andamento afinal, e que a loucura não reinava suprema, como nos primeiros anos da Revolução Cultural. Durante esse período, Mao não dava seu pleno apoio a nenhum dos lados. Ele odiava os esforços de Chu e Deng para reverter a Revolução Cultural, mas sabia que a esposa e seus acólitos não podiam fazer o país funcionar.

Mao deixou Chu levar em frente a administração do país, mas pôs sua esposa no pé dele, sobretudo numa nova campanha — para "criticar Confúcio". Os slogans ostensivamente denunciavam Lin Piao, mas na verdade visavam Chu, que, dizia-se em geral, era um exemplo das virtudes defendidas pelo sábio antigo. Mesmo Chu tendo sido invariavelmente leal, Mao ainda assim não podia deixá-lo em paz. Nem mesmo agora, quando Chu estava fatalmente doente, com câncer no trato gastrintestinal.

Foi nessa época que comecei a compreender que era Mao de fato o responsável pela Revolução Cultural. Mas ainda não o condenava explicitamente, mesmo em minha cabeça. Era tão difícil destruir um deus! Mas, psicologicamente, eu estava madura para entender tudo o que havia por trás de seu nome.

A educação tornou-se a primeira linha da sabotagem da sra. Mao e sua cabala, porque não era imediatamente vital para a economia e porque a tentativa de aprender e ensinar envolvia uma reversão da ignorância glorificada da Revolução Cultural. Quando entrei na universidade, me vi num campo de batalha.

A Universidade de Sichuan tinha sido o quartel-general do 26 de Agosto, o grupo rebelde que fora a força-tarefa dos Ting, e os prédios estavam esburacados com as cicatrizes dos sete anos da Revolução Cultural. Quase não havia uma janela intacta. O poço no meio do campus, antes famoso por seus lótus elegantes e seus peixinhos dourados, era agora um pântano fétido e gerador de mosquitos. Os plátanos franceses que ladeavam desde o portão principal tinham sido mutilados.

Assim que entrei na universidade, começou uma campanha política contra "entrar pela porta dos fundos". Claro, não se mencionava o fato de que haviam sido os próprios líderes da Revolução Cultural que tinham bloqueado a "porta da frente". Eu via que havia muitos filhos de altas autoridades entre os novos estudantes "operários-camponeses-soldados", e que praticamente todos os demais tinham ligações — os camponeses com seus chefes de produção ou secretários de comunas, os operários com os chefes de suas fábricas, quando não eram eles próprios autoridades menores também. A "porta dos fundos" era a única porta de entrada. Meus colegas estudantes demonstraram pouco vigor nessa campanha.

Todas as tardes, e algumas noites, tínhamos de "estudar" túrgidos artigos do *Diário do Povo* denunciando uma coisa ou outra, e efetuar "discussões" idiotas, em que todos repetiam a linguagem chocha e exagerada do jornal. Tínhamos de ficar no campus o tempo todo, a não ser na noite de sábado e no domingo, e voltar domingo à noite.

Eu dividia o quarto com cinco outras moças. Havia duas fileiras de três beliches em paredes defronte uma à outra. No meio, uma mesa e seis cadeiras onde fazíamos nosso trabalho. Mal havia espaço para nossas bacias. A janela dava para um malcheiroso esgoto a céu aberto.

Meu curso era de inglês, mas quase não havia como aprendê-lo. Não existiam pessoas nativas da língua, na verdade nenhum estrangeiro. Toda Sichuan era fechada a estrangeiros. De vez em quando, admitia-se um ou outro perdido, sempre um "amigo da China", mas até mesmo falar com eles sem autorização era crime. Podíamos ser mandados para a prisão por ouvirmos a BBC ou a Voz da América. Não havia nenhuma publicação estrangeira, a não ser *The Worker*, o jornal do minúsculo Partido Comunista maoísta da Grã-Bretanha, e mesmo este ficava trancado numa sala especial. Lembro-me da emoção ao receber permissão uma vez, só uma, para olhar um exemplar. Minha emoção murchou quando dei com os olhos no artigo da primeira página repetindo a campanha para criticar Confúcio. Enquanto me quedava ali sentada, perplexa, um professor de quem eu gostava passou e disse com um sorriso: "Esse jornal provavelmente só é lido na China".

Nossos livros didáticos eram propaganda ridícula. A primeira frase em inglês que aprendemos foi *"Long live chairman Mao!"* [Longa vida ao presidente Mao!]. Mas ninguém se atrevia a explicar a frase gramaticalmente. Em chinês, o termo para o modo optativo, expressando um desejo ou vontade, significa "uma coisa irreal". Em 1966, um professor da Universidade de Sichuan foi espancado por "ter a audácia de sugerir que '*Long live chairman Mao!*' era irreal". Um capítulo tratava de um jovem herói modelo que se afogara depois de saltar numa inundação para salvar um poste telegráfico, porque o poste levava a voz do presidente Mao.

Com muita dificuldade, consegui tomar emprestado alguns livros didáticos em inglês publicados antes da Revolução Cultural, de professores de meu departamento e de Jin-ming, que me enviava livros de sua universidade pelo correio. Continham trechos de escritores como Jane Austen, Charles Dickens e Oscar Wilde, e episódios extraídos da história européia e americana. Eram um prazer para ler, mas grande parte de minha energia era gasta em encontrá-los, e depois em tentar mantê-los.

Sempre que alguém se aproximava, eu me apressava a cobrir os livros com um jornal. Isso só em parte se devia ao conteúdo "burguês" deles. Também era importante não parecer estar estudando muito aplicadamente, e não provocar os ciúmes dos colegas lendo uma coisa muito além deles. Embora estudássemos inglês, e fôssemos pagos — em parte por nosso valor de propaganda — pelo governo para fazer isso, não devíamos ser tidos como demasiado dedicados à nossa matéria: considerava-se isso ser "branco e experto". Na lógica doida da época, ser bom na própria profissão ("experto") era automaticamente equivalente a ser politicamente indigno de confiança ("branco").

Eu dei o azar de ser melhor em inglês que meus colegas de classe, e portanto sofria ressentimento de alguns dos "estudantes-controladores", que eram os controladores de nível mais baixo, que supervisionavam as sessões de doutrinação política e verificavam as "condições de pensamento" dos colegas. Os estudantes-controladores em meu curso vinham em sua maioria do campo. Estavam a fim de aprender inglês, mas a maioria era semiletrada, e tinha pouca aptidão. Eu simpatizava com a ansiedade e frustração deles, e compreendia os ciúmes que tinham de mim. Mas o conceito de Mao de "branco e experto" fazia-os sentir-se virtuosos em relação à sua incompetência, e dava respeitabilidade política à sua inveja, e a eles uma maliciosa oportunidade de dar vazão à sua exasperação.

De vez em quando, um estudante-controlador exigia uma "conversa sincera" comigo. O líder da célula do Partido em meu curso era um ex-camponês chamado Ming, que entrara no exército e depois se tornara um chefe de equipe de produção. Era um estudante muito medíocre, e fazia-me conferências longas e beatas sobre os últimos acontecimentos na Revolução Cultural, as "gloriosas tarefas de nós estudantes operários-camponeses-soldados", e a necessidade de "reforma do pensamento". Eu precisava dessas "conversas sinceras" por causa de minhas "deficiências", mas Ming jamais ia direto à questão. Deixava uma crítica pairando no ar — "As massas têm uma queixa a seu respeito. Sabe o que é?" — e observava o efeito em mim. Acabava revelando alguma acusação. Um dia, era a inevitável acusação de que eu era "branca e experta". Outro dia eu era "burguesa", porque não brigava pela oportunidade de lavar o banheiro, ou as roupas de meus camaradas — todas tarefas obrigatórias. E no entanto, outras vezes atribuía um motivo desprezível: que eu não passava a maior parte de meu tempo ajudando os colegas nos estudos porque não queria que eles me alcançassem.

Uma queixa que Ming me fazia de lábios trêmulos (certamente tinha fortes sentimentos a respeito) era: "As massas informaram que você é distante. Você se isola das massas". Era comum na China as pessoas afirmarem que a gente as olhava de cima, se a gente não escondesse o desejo de um pouco de solidão.

Um nível acima dos estudantes-controladores ficavam os supervisores políticos, que também pouco ou nada sabiam de inglês. Não gostavam de mim. Nem eu deles. De vez em quando, eu tinha de comunicar meus pensamentos ao encarregado de minha série, e antes de cada sessão vagava durante horas pelo campo, reunindo coragem para bater na porta dele. Embora ele não fosse, eu acreditava, uma má pessoa, eu o temia. Mas acima de tudo temia a inevitável diatribe chata e ambígua. Como muitos outros, ele adorava brincar de gato e rato para desfrutar de sua sensação de poder. Eu tinha de me mostrar humilde e séria, e prometer coisas que não pretendia nem tinha intenção de fazer.

Comecei a sentir saudade de meus dias no campo, quando me haviam deixado relativamente em paz. As universidades eram muito mais rigidamente controladas, pois eram do interesse particular da sra. Mao. Agora eu estava entre pessoas que se haviam beneficiado da Revolução Cultural. Sem ela, muitos deles jamais estariam ali.

Uma vez, alguns de meus colegas receberam o projeto de compilar um dicionário de abreviações inglesas. O departamento decidira que o existente era "reacionário", porque, não surpreendentemente, continha muito mais abreviações capitalistas que as de origem aprovada. "Por que deve Roosevelt ter uma abreviação — FDR — e não o presidente Mao?", perguntavam alguns estudantes indignados. Com tremenda solenidade, procuraram verbetes aceitáveis, mas acabaram tendo de desistir de sua "missão histórica", pois simplesmente não havia um número suficiente de abreviações aceitáveis.

Eu achava esse ambiente insuportável. Podia entender a ignorância, mas não podia aceitar a sua glorificação, e menos ainda seu direito de reinar.

Muitas vezes tínhamos de deixar a universidade e fazer coisas irrelevantes para nossos interesses. Mao dissera que devíamos "aprender coisas nas fábricas, no campo e nas unidades do exército". O que, exatamente, devíamos aprender não era, caracteristicamente, especificado. Começamos "aprendendo no campo". Uma semana, no primeiro semestre de meu primeiro ano, em outubro de 1973, toda a universidade foi mandada para um lugar nos arredores de Chengdu chamado Fonte do Monte Dragão, que fora vítima de uma visita de um dos vice-premiês da China, Chen Yonggui. Ele fora antes chefe de uma brigada agrícola chamada Dazhai, na montanhosa província nortista de Shanxi, que se tornara o modelo de Mao para agricultura, ostensivamente porque dependia mais do zelo revolucionário dos camponeses do que de incentivos materiais. Mao não notara, ou não ligara, que as alegações de Dazhai eram em grande parte fraudulentas. Quando o vice-premiê Chen visitara a Fonte do Monte Dragão, dissera: "Ah, vocês têm montanhas aqui! Imaginem quantos campos podiam criar!", como se as férteis colinas cobertas de pomares fossem semelhantes às estéreis montanhas de sua aldeia natal. Mas suas observações tinham força de lei. A multidão de estudantes universitários dinamitou os pomares que forneciam a Chengdu maçãs, ameixas, pêssegos e flores. Transportávamos pedras por longas distâncias em carroças e varas de ombro, para a construção de campos de arroz em terraços.

Era obrigatório demonstrar zelo nisso, como em todos os atos exortados por Mao. Muitos de meus colegas trabalhavam de um modo que visava apenas chamar a atenção. Eu era encarada como deficiente em entusiasmo, em parte porque tinha dificuldade para esconder minha aversão a essa atividade, e em parte porque não suava facilmente, por mais energia que gastasse. Os estudantes cujo suor brotava em cascatas eram invariavelmente elogiados nas sessões de resumo toda noite.

Meus colegas universitários eram sem dúvida mais ávidos que eficientes. As bananas de dinamite que enterravam no chão geralmente não explodiam, o que era melhor, pois não havia precauções de segurança. As muradas de pedra que construímos em torno das bordas dos terraços logo desabaram, e quando fomos embora, duas semanas depois, a encosta da montanha era um deserto de buracos de explosão, cimento solidificado em massas informes, e montes de pedras. Poucos pareciam preocupados com isso. O episódio todo era em última análise um espetáculo, uma obra de teatro — um meio sem sentido para um fim sem sentido.

Eu detestava essas expedições e o fato de nosso trabalho, e de toda nossa existência, estarem sendo usados para um jogo político espúrio. Para minha intensa irritação, mandaram-me para uma unidade do exército, de novo com toda a universidade, em fins de 1974.

O campo, a umas duas horas de caminhão de Chengdu, ficava num lugar bonito, cercado por plantações de arroz, flores de pessegueiro e touceiras de bambu. Mas nossos dezessete dias lá pareceram um ano. Eu vivia perpetuamente sem fôlego nas longas corridas toda manhã, ferida das quedas e de me arrastar sob fogo imaginário de tanques "inimigos", e exausta das horas apontando um fuzil para um alvo ou lançando granadas de mão de madeira. Esperava-se que eu demonstrasse minha paixão e excelência nessas atividades, para as quais eu não tinha jeito. Era imperdoável eu ser boa apenas em inglês, minha matéria. Essas tarefas no exército eram tarefas *políticas*, e eu tinha de provar-me nelas. Ironicamente, no próprio exército, a boa pontaria e outras habilidades militares levavam o soldado a ser condenado como "branco e experto".

Fiquei entre o punhado de estudantes que lançavam as granadas de madeira a uma distância tão perigosamente curta que fomos banidos da grande ocasião de lançar as de verdade. Quando o nosso patético grupo se sentava no topo de um morro, ouvindo as explosões distantes, uma das garotas rompeu em soluços. Eu também sentia profunda apreensão, com a idéia de aparentemente ter dado prova de ser "branca".

Um segundo teste era o de tiro. Quando marchávamos para o estande, eu pensava comigo mesma: "Não posso me permitir falhar neste, tenho absolutamente de passar". Quando chamaram meu nome e eu me deitei no chão, olhando o alvo pela alça de mira, vi uma escuridão total. Nem alvo, nem chão, nem nada. Tremia tanto que meu corpo parecia impotente. A ordem de fogo soou fraca, como se viesse flutuando de uma grande distância através de nuvens. Puxei o gatilho, mas não ouvi barulho algum, nem vi nada. Quando se verificaram os resultados, os instrutores ficaram intrigados: nenhuma de minhas balas atingira nem a tábua, quanto mais o alvo.

Eu não podia acreditar. Minha visão era perfeita. Eu disse ao instrutor que o cano estava torto. Ele pareceu acreditar em mim: o resultado era de uma ruindade demasiado espetacular para ser só culpa minha. Deram-me outro fuzil, o que provocou queixas de outros que haviam pedido, e não obtido, uma segunda oportunidade. Minha segunda tentativa foi ligeiramente melhor: duas das dez balas atingiram os círculos externos. Mesmo assim, meu nome continuou no final da lista. Vendo os resultados pregados na parede como um cartaz de propaganda, eu soube que minha "brancura" fora mais branqueada ainda. Ouvi um comentário maldoso de um estudante-controlador: "Hum! Segunda oportunidade! Como se adiantasse alguma coisa para ela. Se não tem sentimentos de classe, nem ódio de classe, nem cem tentativas vão salvá-la!".

Em minha infelicidade, retirei-me para dentro de meus pensamentos, e quase nem notei os soldados, jovens camponeses mal entrados na casa dos vinte, que nos instruíam. Só um incidente chamou minha atenção para eles. Uma noite, quando algumas moças recolhiam as roupas do varal em que as tinham estendido para secar, encontraram as calcinhas inequivocamente manchadas de sêmen.

Na universidade, eu encontrava refúgio nas casas dos professores que tinham sido contratados antes da Revolução Cultural. Vários deles tinham ido à Grã-Bretanha ou aos Estados Unidos antes de os comunistas tomarem o poder, e eu sentia que podia relaxar e falar a mesma linguagem com eles. Mesmo assim, mostravam-se cautelosos. A maioria dos intelectuais agia assim, em conseqüência de anos de repressão. Evitávamos tópicos perigosos. Os que tinham ido ao Ocidente raramente falavam de sua estada lá. Embora eu morresse de vontade de perguntar, me continha, não querendo colocá-los numa posição difícil.

Em parte pelo mesmo motivo, jamais discuti minhas idéias com meus pais. Como reagiriam eles — com verdades perigosas ou mentiras seguras? Além disso, não queria que se preocupassem com minhas idéias heréticas. Queria que ignorassem mesmo, de modo que se alguma coisa me acontecesse, pudessem dizer, falando a verdade, que não sabiam.

As pessoas às quais eu comunicava minhas idéias eram amigos de minha própria geração. Na verdade, pouco mais havia a fazer senão falar, sobretudo com amigos homens. "Sair" com um homem — ser vistos juntos a sós em público — equivalia a um compromisso. Ainda não havia praticamente diversão nenhuma. Os cinemas só exibiam as poucas obras aprovadas pela sra. Mao. De vez em quando, passava um raro filme estrangeiro, talvez da Albânia, mas a maioria dos ingressos desaparecia nos bolsos de pessoas que tinham ligações. Uma multidão feroz inundava a bilheteria, uns tentando arrancar os outros dos guichês para conseguir os poucos ingressos restantes. Os cambistas faziam a festa.

Portanto ficávamos em casa sentados, conversando. Sentávamo-nos muito corretamente, como na Inglaterra vitoriana. Para as mulheres, ter amizade com homens naquele tempo era incomum, e uma amiga certa vez me disse: "Jamais conheci moças com tantos amigos homens. As moças normalmente têm amigas moças". Tinha razão. Conheci muitas moças que se casaram com o primeiro homem que se aproximou delas. De meus amigos homens, a única demonstração de interesse que recebi foram alguns poemas sentimentais e cartas contidas, uma das quais reconhecidamente escrita com sangue — do goleiro do time de futebol da faculdade.

Meus amigos e eu muitas vezes falávamos do Ocidente. A essa altura, eu chegara à conclusão de que era um lugar maravilhoso. Paradoxalmente, as primeiras pessoas a colocar tal idéia em minha cabeça foram Mao e seu regime. Durante anos, as coisas para as quais eu tendia naturalmente tinham sido condenadas como males do Ocidente: roupas bonitas, flores, livros, diversão, polidez, delicadeza, espontaneidade, caridade, bondade, liberdade, aversão à crueldade e à violência, amor ao invés de "ódio de classe", respeito por vidas humanas, o desejo de ser deixada em paz, competência profissional... Como às vezes me perguntava a mim mesma: como poderia alguém não desejar o Ocidente?

Sentia-me extremamente curiosa sobre as alternativas para o tipo de vida que vinha levando, e minhas amigas e eu trocávamos fiapos de informação que escavávamos das publicações oficiais. Impressionavam-me menos os desenvolvimentos tecnológicos e altos padrões de vida do Ocidente do que a ausência de caças às bruxas políticas, de suspeita consumidora, a dignidade do indivíduo, e a incrível quantidade de liberdade. Para mim, a prova última de liberdade no Ocidente era que parecia haver tanta gente lá atacando o Ocidente e louvando a China. Quase dia sim, dia não, a primeira página do *Reference*, o jornal que trazia artigos da imprensa estrangeira, apresentava um elogio a Mao e à Revolução Cultural. A princípio eu ficava furiosa com essas coisas, mas elas logo me fizeram ver como outra sociedade podia ser tolerante. Compreendi que aquele era o tipo de sociedade em que eu queria viver, na qual as pessoas podiam ter opiniões diferentes, até mesmo revoltantes. Comecei a ver que era a própria tolerância com oposições, com gente que protestava, que mantinha o Ocidente avançando.

Mesmo assim, não podia deixar de me irritar com algumas observações. Uma vez li um artigo de um ocidental que fora à China visitar uns amigos, professores universitários, que lhe disseram sorrindo que tinham gostado de ter sido denunciados e mandados para os confins do mundo, e que tinham adorado ser reformados. O autor concluía que Mao tinha de fato transformado os chineses em um "povo novo", que encarava o que seria a desgraça para um ocidental como um prazer. Fiquei horrorizada. Sabia ele que a repressão atingia o ponto pior quando não havia queixas? E cem vezes mais quando a vítima na verdade apresentava um rosto sorridente? Não via a que condição patética aqueles professores haviam sido reduzidos, e que horror devia ter envolvido a degradação deles até aquele ponto? Não compreendi que o número teatral apresentado pelos chineses era uma coisa a que os ocidentais não estavam acostumados, e nem sempre sabiam decodificar.

Eu também não gostava que não existissem facilmente no Ocidente, ou fossem mal interpretadas, informações sobre a China, e que pessoas sem qualquer experiência de um regime como o nosso tomassem ao pé da letra sua propaganda e retórica. Em conseqüência, supunha que esses elogios fossem desonestos. Meus amigos e eu brincávamos dizendo que eles tinham sido comprados pela "hospitalidade" de nosso governo. Quando se admitiram estrangeiros em certos lugares restritos da China, após a visita de Nixon, aonde quer que eles fossem as autoridades imediatamente isolavam enclaves até mesmo dentro desses enclaves. As melhores instalações de transportes, lojas, restaurantes, casas de hóspedes e vistas panorâmicas eram reservadas para eles, com cartazes dizendo "Só Para Convidados Estrangeiros". O *mao-tai*, a mais procurada bebida da China, não existia absolutamente para o chinês comum, mas era de graça para os estrangeiros. A melhor comida era reservada aos estrangeiros. Os jornais informavam com orgulho a observação de Henry Kissinger, de que engrossara a cintura em conseqüência dos muitos banquetes de doze pratos que desfrutara durante suas visitas à China. Isso se deu numa época em que em Sichuan, o "Celeiro do Céu", nossa ração de carne era de duzentos e cinqüenta gramas por mês, e as ruas de Chengdu viviam cheias de camponeses sem teto que haviam fugido da fome no norte, e viviam como mendigos. Houve grande ressentimento entre a população por se tratarem os estrangeiros como grão-senhores. Meus amigos e eu passamos a dizer entre nós: "Por que atacamos o Kuomintang por permitir cartazes dizendo 'Proibido a Cães e Chineses' — não estamos fazendo a mesma coisa?".

Obter informação passou a ser uma obsessão. Eu me beneficiava enormemente de minha capacidade de ler inglês, pois embora a biblioteca da universidade houvesse sido saqueada durante a Revolução Cultural, a maioria dos livros que perdera era em chinês. Sua extensa coleção em língua inglesa fora virada de pernas para o ar, mas continuava em grande parte intacta.

Os bibliotecários ficaram contentes por esses livros estarem sendo lidos, sobretudo por uma estudante, e mostravam-se muitíssimo prestativos. O sistema de indexação fora lançado num caos, e eles escavavam em meio a montes de livros para encontrar os que eu queria. Foi graças aos esforços desses bondosos rapazes e moças que pus as mãos em alguns clássicos ingleses. *Mulherzinhas*, de Louise May Alcott, foi o primeiro romance que li em inglês. Achava as escritoras como ela, Jane Austen e as irmãs Brontë muito mais fáceis de ler que escritores como Dickens, e também sentia mais empatia com os personagens delas. Li uma breve história da literatura européia e americana, e fiquei impressionadíssima com a tradição grega de democracia, o humanismo renascentista e o questionamento de tudo pelo Iluminismo. Quando li, nas *Viagens de Gulliver*, sobre o imperador que "baixou um Édito, mandando todos os seus Súditos, sob grande Penalidades, quebrar a Ponta menor dos Ovos", imaginei se Swift tinha estado na China. Meu prazer com a sensação de ver minha mente abrindo-se e expandindo-se superava qualquer descrição.

Ficar sozinha na biblioteca era o céu para mim. Meu coração se punha aos saltos quando me aproximava de lá, geralmente ao entardecer, antecipando o prazer da solidão com meus livros, o mundo externo cessando de existir. Quando subia correndo o lance de escada, entrando no prédio em pastiche de estilo clássico, o cheiro dos velhos livros havia muito armazenados em salas sem ventilação causava-me tremores de excitação, e eu odiava a escada por ser longa demais.

Com a ajuda de dicionários que alguns professores me emprestavam, me familiarizei com Longfellow, Walt Whitman e a história americana. Decorei toda a Declaração de Independência, e meu coração inchava com as palavras "Consideramos evidentes por si mesmas as verdades, que todos os homens são criados iguais", e as sobre os "Direitos inalienáveis" dos homens, entre elas a "Liberdade e a busca da Felicidade". Esses conceitos eram inauditos na China, e abriram um maravilhoso mundo novo para mim. Meus cadernos de apontamentos, que sempre trazia comigo, estavam cheios de trechos como esses, copiados com paixão e entre lágrimas.

Um dia de outono de 1974, com um ar de extremo segredo, uma amiga minha me mostrou um exemplar de *Newsweek* com fotos de Mao e da sra. Mao. Ela não lia inglês, e queria saber o que dizia o artigo. Era a primeira revista estrangeira autêntica em que eu punha os olhos. Uma frase do artigo me pareceu o clarão de um raio. Dizia que a sra. Mao era os "olhos, ouvidos e voz" de Mao. Até aquele instante, eu jamais me permitira pensar na ligação óbvia entre os atos da sra. Mao e seu marido. Mas agora eu entendia o que significava o nome de Mao. Minhas difusas percepções da imagem dele entraram nitidamente em foco. Fora Mao quem estivera por trás daquela destruição e sofrimento. Sem ele, a sra. Mao e sua *coterie* de segunda categoria não teriam durado nem um dia. Senti a emoção de contestar abertamente Mao em minha mente, pela primeira vez.

27. "Se isto é o paraíso, como será então o inferno?"

A MORTE DE MEU PAI (1974-1976)

DURANTE TODO ESSE TEMPO, ao contrário de seus antigos colegas, meu pai não fora reabilitado, nem lhe tinham dado um emprego. Ficara sentado em casa, na rua do Meteorito, sem fazer nada, desde que voltara de Pequim com minha mãe e eu, no outono de 1972. O problema era que tinha criticado Mao nominalmente. A equipe que o investigava era simpática e tentara atribuir parte do que ele dissera contra Mao à sua doença mental. Mas enfrentou feroz oposição entre as mais altas autoridades, que queriam aplicar-lhe uma condenação severa. Muitos dos colegas de meu pai simpatizavam com ele, e na verdade o admiravam. Mas tinham de pensar no próprio pescoço. Além disso, ele não pertencia a nenhum grupelho e não tinha protetor poderoso — o que poderia ter ajudado a liberá-lo. Ao contrário, tinha inimigos bem colocados.

Certo dia, ainda em 1968, minha mãe, que saíra brevemente da detenção, viu um velho amigo de meu pai numa barraca de comida na rua. Esse homem jogara sua sorte com os Ting. Estava com esposa, que na verdade lhe fora apresentada por minha mãe e a sra. Ting, quando trabalhavam juntas em Yibin. Apesar da óbvia relutância do casal em ser visto ao lado dela, fazendo-lhe apenas um ligeiro cumprimento de cabeça, minha mãe caminhou até a mesa deles e sentou-se. Pediu-lhes que apelassem aos Ting para poupar meu pai. Após ouvir, o homem balançou a cabeça e disse: "Não é tão simples assim...". Então mergulhou o dedo em seu chá e escreveu o caractere *Zuo* na mesa. Lançou à minha mãe um olhar significativo, levantou-se com a esposa e partiu sem outra palavra.

Zuo era um velho amigo íntimo de meu pai, e uma das poucas altas autoridades que nada sofrera na Revolução Cultural.

Tornara-se o queridinho dos rebeldes da sra. Shau e amigo dos Ting, mas sobrevivera à queda deles e a de Lin Piao e continuara no poder.

Meu pai não queria retirar suas palavras contra Mao. Mas quando a equipe que o investigava sugeriu atribuí-las à sua doença mental, ele aquiesceu, com grande angústia.

Enquanto isso, a situação geral deixava-o abatido. Não havia princípios governando o comportamento das pessoas nem a conduta do Partido. A corrupção começara a retornar em grande estilo. As autoridades cuidavam primeiro de suas famílias e amigos. Por medo de serem espancados, os professores davam a todos os alunos as notas maiores, independentemente da qualidade do trabalho deles, e os cobradores dos ônibus não cobravam as passagens. A dedicação ao bem público era abertamente ridicularizada. A Revolução Cultural de Mao destruíra tanto a disciplina do Partido quanto a moralidade civil.

Meu pai achava difícil controlar-se para não falar o que pensava e dizer coisas que o incriminassem mais ainda, juntamente com a família.

Tinha de depender de tranqüilizantes. Quando o clima político estava mais relaxado, tomava menos; quando as campanhas se intensificavam, tomava mais. Toda vez que os psiquiatras renovavam seu estoque, balançavam a cabeça, dizendo que era extremamente perigoso para ele continuar tomando doses tão grandes. Mas ele só conseguia passar curtos períodos sem as pílulas. Em maio de 1974, sentiu que estava à beira de um colapso, e pediu que lhe dessem tratamento psiquiátrico. Dessa vez foi rapidamente hospitalizado, graças a seus ex-colegas, que já haviam voltado ao comando do serviço de saúde.

Eu tive licença da universidade e fui ficar com ele no hospital, para fazer-lhe companhia. O dr. Su, o psiquiatra que cuidara dele antes, voltara a tratá-lo. Sob os Ting, o dr. Su fora condenado por fazer um diagnóstico verdadeiro sobre ele, e haviam-lhe ordenado que escrevesse uma confissão dizendo que meu pai fingira loucura. Ao se recusar, foi submetido a assembléias de denúncias, espancado e impedido de exercer sua profissão. Eu o vi em 1968, esvaziando as latas de lixo e limpando as escarradeiras do hospital. Ficara grisalho, embora tivesse apenas trinta e poucos anos. Após a queda dos Ting, fora reabilitado. Era muito simpático a meu pai e a mim, como eram todos os médicos e enfermeiros. Disseram-me que cuidariam bem dele, e que eu não precisava ficar com ele. Mas eu queria. Achava que ele precisava mais de amor do que de qualquer outra coisa. E estava ansiosa com o que poderia acontecer se levasse uma queda sem ninguém por perto. Sua pressão sangüínea estava perigosamente alta, e ele já tivera vários ataques cardíacos menores, que o tinham deixado com um problema para andar. Parecia sujeito a escorregar a qualquer momento. Os médicos tinham avisado que uma queda poderia ser fatal. Mudei-me para a enfermaria masculina com ele, no mesmo quarto que ele ocupara no verão de 1967. Cada quarto podia receber dois pacientes, mas meu pai tinha o dele só para si, e eu dormia na cama extra.

Eu ficava com ele o tempo todo, para o caso de ele cair. Quando ia ao banheiro, eu esperava do lado de fora. Se ficasse lá dentro pelo que eu julgasse tempo demais, eu começava a imaginar que tivera um ataque cardíaco, e fazia um papelão chamando-o aos gritos. Todo dia dava longas caminhadas com ele no jardim dos fundos, cheio de outros pacientes psiquiátricos, de pijamas de listras cinza, andando sem parar, com olhos mortos. A vista deles sempre me deixava assustada e com uma tristeza intensa.

O jardim em si abundava de cores vívidas. Borboletas brancas adejavam entre dentes-de-leão amarelos no gramado. Nos canteiros de flores em volta havia uma faia chinesa, graciosos bambus ondulantes e algumas flores de romã atrás de uma touceira de loendros. Enquanto andávamos, eu compunha meus poemas.

Numa das pontas do jardim havia uma grande sala de lazer, onde os internos iam jogar baralho e xadrez, e folhear os poucos jornais e livros autorizados. Um enfermeiro me contou que no início da Revolução Cultural, a sala fora usada para os internos estudarem as obras do presidente Mao, porque o sobrinho dele, Mao Yuanxin, "descobrira" que o Livrinho Vermelho de

Mao, e não o tratamento médico, era o tratamento para os pacientes mentais. As sessões de estudo não duraram muito, disse-me o enfermeiro, porque "sempre que um paciente abria a boca, nós morríamos de medo. Quem sabia o que ele ia dizer?".

Os pacientes não eram violentos, pois o tratamento minava-lhes a vitalidade física e mental. Mesmo assim, viver entre eles era assustador, sobretudo à noite, quando as pílulas de meu pai o mergulhavam num sono profundo e todo o prédio silenciava. Como todos os quartos, o nosso não tinha fechadura, e várias vezes eu acordava assustada e via um homem parado junto à minha cama, abrindo o mosquiteiro e me olhando com a intensidade dos insanos. Eu começava a suar frio e puxava a colcha para sufocar um grito: a última coisa que desejava era despertar meu pai — o sono era vital para a sua recuperação. O paciente acabava por se afastar, arrastando os pés.

Após um mês, meu pai foi para casa. Mas não estava completamente curado — sua mente estivera demasiado tempo sob pressão, e o ambiente político ainda era muito repressivo para que relaxasse. Tinha de continuar tomando tranqüilizantes. Os psiquiatras não podiam fazer nada. O sistema nervoso dele se consumia, e também o corpo e a mente.

A equipe que o investigava acabou redigindo um veredicto sobre ele. Dizia que ele tinha "cometido erros políticos sérios" — o que ficava a um passo de rotulá-lo como "inimigo de classe". De acordo com as leis do Partido, um esboço de veredicto foi dado a meu pai para assinar, confirmando que o aceitava. Quando o leu, ele chorou. Mas assinou.

O veredicto não foi aceito pelas autoridades superiores. Queriam um mais duro.

Em março de 1975, meu cunhado Luneta ia ser promovido em sua fábrica, e as autoridades do serviço de pessoal da fábrica foram ao departamento de meu pai para a obrigatória investigação política. Um ex-rebelde do grupo da sra. Shau recebeu os visitantes e disse-lhes que meu pai era "anti-Mao". Luneta não obteve sua promoção. Não falou isso a meus pais, por receio de perturbá-los, mas um amigo do departamento de meu pai veio à nossa casa e ele o entreouviu sussurrando a notícia para minha mãe. O sofrimento dele foi angustiante, quando se desculpou com Luneta por colocar em perigo o seu futuro. Em desespero, disse à minha mãe: "Que foi que eu fiz para até meu genro ser arrastado desse jeito? Que tenho de fazer para salvar vocês?".

Apesar de tomar um grande número de tranqüilizantes, meu pai mal dormiu durante os dias e noites seguintes. Na tarde de 9 de abril, disse que ia tirar um cochilo.

Enquanto minha mãe preparava o jantar em nossa pequena cozinha no térreo, achou que devia deixá-lo dormir mais um pouco. Acabou subindo e viu que não conseguia despertá-lo. Compreendeu que ele tivera um ataque cardíaco. Nós não tínhamos telefone, por isso ela correu à clínica do governo provincial, a uma rua de distância, e procurou o seu diretor, o dr. Jen.

O dr. Jen era extremamente capaz, e antes da Revolução Cultural fora o encarregado da saúde da elite no conjunto. Muitas vezes viera a nosso apartamento, e discutia a saúde de toda a família com grande interesse. Mas quando a Revolução Cultural começou e nós caímos em desfavor, ele se tornou frio e distante conosco. Vi muita gente como o dr. Jen, e o comportamento deles jamais deixou de me chocar.

Quando minha mãe o encontrou, o dr. Jen estava visivelmente irritado, e disse que iria quando acabasse o que fazia no momento. Ela lhe disse que um ataque cardíaco não podia esperar, mas ele olhou-a como a dizer que impaciência não adiantava nada. Passou-se uma hora até ele dignar-se a ir à nossa casa com um enfermeiro, mas sem qualquer equipamento de primeiro socorro. O enfermeiro teve de voltar a pé para buscá-lo. O dr. Jen revirou meu pai algumas vezes, e depois simplesmente se sentou e esperou. Passou-se mais meia hora, e a essa altura meu pai já estava morto.

Nessa noite, eu estava em meu dormitório na universidade, trabalhando à luz de vela, durante um dos freqüentes blecautes. Chegaram algumas pessoas do departamento de meu pai e me levaram de carro para casa sem explicações.

Meu pai jazia de lado na cama, o rosto incomumente em paz, como se tivesse entrado num sono repousante. Não mais parecia senil, mas jovem, mais jovem até do que sua idade de cinqüenta e quatro anos. Senti como se meu coração se houvesse despedaçado em fragmentos, e chorei incontrolavelmente.

Durante dias chorei em silêncio. Pensava na vida de meu pai, sua desperdiçada dedicação e seus sonhos esmagados. Não precisava ter morrido. E, no entanto, sua morte parecia tão inevitável. Não havia lugar para ele na China de Mao, porque tentara ser um homem honesto. Fora traído por uma coisa à qual dera toda a sua vida, e a traição o destruíra.

Minha mãe exigiu que o dr. Jen fosse punido. Não fosse pela negligência dele, meu pai talvez não tivesse morrido. Seu pedido foi descartado como "emocionalismo de viúva". Ela decidiu não insistir no assunto. Queria concentrar-se numa batalha mais importante: conseguir um discurso fúnebre aceitável para meu pai.

Esse discurso era muito importante, pois seria visto por todos como a avaliação de meu pai pelo Partido. Constaria em seu arquivo pessoal e continuaria a determinar o futuro de seus filhos, mesmo estando ele morto. Havia padrões estabelecidos e fórmulas fixas para esse discurso. Qualquer desvio das expressões-padrão usadas para uma autoridade que não fora absolvida seria interpretado como se o Partido tivesse reservas ou condenasse a pessoa morta. Rascunharam um discurso e mostraram-no à minha mãe. Estava cheio de desvios prejudiciais. Ela sabia que com aquele discurso de despedida minha família jamais ficaria livre de suspeitas. Na melhor das hipóteses, viveríamos num estado de permanente insegurança; o mais provável é que sofrêssemos discriminação por gerações e gerações. Ela recusou vários rascunhos.

As possibilidades eram maciçamente contra ela, mas ela sabia que havia muita simpatia por meu pai. Aquele era o momento tradicional para a família chinesa fazer um pouco de chantagem emocional. Após a morte de meu pai, ela tivera um colapso nervoso, mas lutara com firme determinação de seu leito de doente. Ameaçou denunciar as autoridades no serviço fúnebre se não conseguisse um discurso aceitável. Convocou os amigos e colegas de meu pai ao seu leito de doente, e disse-lhes que estava pondo o futuro de seus filhos nas mãos deles. Eles prometeram falar em favor de meu pai. No fim, as autoridades cederam. Embora ninguém ousasse tratá-lo como reabilitado, a avaliação foi modificada para uma bastante inócua.

O serviço realizou-se a 21 de abril. Segundo a prática-padrão, foi organizado por um "comitê fúnebre" de ex-colegas de meu pai, incluindo pessoas que haviam ajudado a persegui-lo, como Zuo. Foi cuidadosamente montado até o último detalhe, e assistido por cerca de quinhentas pessoas, segundo a fórmula prescrita. Os quinhentos se distribuíam entre as várias dezenas de departamentos e repartições do governo provincial e dos que ficavam sob o departamento de meu pai. Até a odiosa sra. Shau compareceu. Pediu-se a cada organização que mandasse uma coroa de flores, feitas de papel, cujo tamanho era especificado. De certa forma, minha família recebeu bem o fato de a ocasião ser oficial. Uma cerimônia privada era inaudita para uma pessoa da posição de meu pai, e seria tomada como um repúdio pelo Partido. Eu não reconhecia a maioria das pessoas ali, mas todos os meus amigos íntimos que souberam da morte de meu pai compareceram, incluindo Fofinha, Nana e os eletricistas de minha antiga fábrica. Meus colegas de classe na Universidade de Sichuan também foram, inclusive o estudante-controlador Ming. Meu velho amigo Bing, a quem eu recusara ver depois da morte de minha avó, apareceu e nossa amizade foi imediatamente retomada do ponto onde ficara seis anos antes.

O ritual prescrevia que falasse "um representante da família do morto", e esse papel coube a mim. Eu lembrei o caráter de meu pai, seus princípios morais, sua fé no Partido e sua apaixonada dedicação ao povo. Esperava que a tragédia de sua morte deixasse os participantes com muita coisa para pensar.

No fim, quando todos desfilaram apertando nossas mãos, vi lágrimas nos rostos de muitos ex-rebeldes. Até a sra. Shau parecia lúgubre. Eles tinham uma máscara para cada ocasião. Alguns dos rebeldes murmuraram para mim: "Sentimos muito o que seu pai passou". Talvez sentissem mesmo. Mas que diferença fazia? Meu pai estava morto — e todos tinham dado uma grande ajuda para matá-lo. Eu me perguntava se fariam a mesma coisa com outra pessoa na próxima campanha.

Uma jovem que eu não conhecia encostou a cabeça em meu ombro e soluçou violentamente. Senti que enfiava um bilhete em minha mão. Li-o depois. Nele estava rabiscado: "Fiquei profundamente comovida com o caráter de seu pai. Devemos aprender com ele e ser dignos sucessores da causa que ele deixou atrás — a grande causa revolucionária proletária". Eu me perguntei se meu discurso de fato dera origem àquilo. Parecia não haver como fugir da apropriação, pelo comunismo, dos princípios morais e sentimentos nobres.

Algumas semanas antes da morte de meu pai, eu o acompanhara à estação ferroviária de Chengdu, esperando a chegada de um amigo dele. Estávamos na mesma área de espera semi-aberta onde minha mãe e eu nos sentáramos quase uma década antes, quando ela ia a Pequim apelar por ele. A área de espera não mudara muito, só que parecia mais miserável, e estava muito mais lotada. Ainda mais pessoas se amontoavam na grande praça em frente. Algumas dormiam ali, algumas só se sentavam, outras amamentavam os bebês, e um bom número mendigava. Eram camponeses do norte, onde havia uma epidemia de fome local — resultado do mau clima e, em alguns casos, de sabotagem da *coterie* da sra. Mao. Tinham vindo em trens, empilhados no teto dos vagões. Contavam-se muitas histórias de pessoas varridas, ou decapitadas, ao passarem por túneis.

A caminho da estação, eu perguntara a meu pai se podia descer o Yang-tse nas férias de verão. "A prioridade de minha vida", eu declarara, "é me divertir." Ele balançara a cabeça, em desaprovação. "Quando a gente é jovem, deve ter como prioridade estudar e trabalhar."

Tornei a abordar o assunto na área de espera. Uma faxineira varria o chão. A certa altura o caminho dela estava em parte bloqueado por uma camponesa do norte, que se sentava no piso de cimento, com uma trouxa esfrangalhada ao lado e dois meninos esfarrapados que engatinhavam. Uma terceira criança sugava-lhe o seio, que ela desnudava sem o menor vestígio de timidez, e que estava coberto de terra. A faxineira varreu a poeira bem em cima deles, como se não estivessem ali. A camponesa não moveu um músculo.

Meu pai voltou-se para mim e disse: "Com gente vivendo desse jeito, como pode você se divertir?". Fiquei calada. Não respondi: "Mas que posso eu, um simples indivíduo, fazer? Devo viver miseravelmente por nada?". Isso teria soado de um egoísmo chocante. Eu tinha sido criada na tradição de "encarar o interesse de todo o país como meu dever" (*yi tian-xia wei ji-ren*).

Agora, no vazio que sentia após a morte de meu pai, comecei a questionar todos esses preceitos. Não queria missão grandiosa, "causas", só uma vida — uma vida tranqüila, talvez frívola — própria. Disse à minha mãe que quando chegassem as férias de verão eu queria viajar pelo Yang-tse abaixo.

Ela me exortou a fazer isso. O mesmo fez minha irmã, que, junto com Luneta, vivia com minha família desde que voltara a Chengdu. A fábrica de Luneta, que normalmente devia ser responsável por oferecer-lhe habitação, não construíra novos apartamentos durante a Revolução Cultural. Então muitos empregados, como Luneta, eram solteiros, e viviam em dormitórios com oito em cada quarto. Agora, dez anos depois, a maioria deles casara e tivera filhos. Não tinham onde morar, por isso eram obrigados a ficar com os pais ou sogros, e era comum três gerações viverem num quarto.

Minha irmã não conseguira colocação, uma vez que o fato de ter se casado antes de arranjar um emprego na cidade a excluía disso. Agora, graças a um regulamento que dizia que quando um funcionário do Estado morria um de seus filhos podia ficar em seu lugar, minha irmã recebera um posto na administração da Faculdade de Medicina Chinesa de Chengdu.

Em julho parti para minha viagem, com Jin-ming, que estudava em Wuhan, uma grande cidade às margens do Yang-tse. Nossa primeira parada era a montanha próxima de Lushan, que tinha uma vegetação luxuriante e um clima excelente. Importantes conferências do Partido haviam se realizado ali, incluindo a de 1950, em que o marechal Peng Dehuai fora denunciado, e o sítio era anunciado como local de interesse "para as pessoas receberem uma educação revolucionária". Quando sugeri ir lá dar uma olhada, Jin-ming perguntou, incrédulo: "Não quer uma folga da 'educação revolucionária'?".

Fizemos um monte de fotos da montanha, e acabamos todo um rolo de trinta e seis exposições, menos uma. Na descida, passamos por uma mansão de dois andares, oculta numa touceira de guarda-sóis chineses, magnólias e pinheiros. Parecia quase uma pilha casual de pedras contra o pano de fundo dos rochedos. Pareceu-me um lugar extraordinariamente bonito, e bati minha última foto. De repente, um homem materializou-se do nada e me pediu em voz baixa mas impositiva que entregasse minha câmera. Usava trajes civis, mas notei que tinha uma pistola. Ele abriu a câmera, velou todo o rolo de filme. Depois desapareceu, como se a terra o tivesse engolido. Alguns turistas parados perto de mim sussurraram que aquela era uma das mansões de verão de Mao. Senti outra pontada de repulsa por Mao, não tanto pelo seu privilégio, mas pela hipocrisia de permitir-se luxo enquanto dizia a seu povo que todo conforto era ruim para eles. Após estarmos seguramente fora do alcance do ouvido do guarda invisível, e como eu lamentasse a perda de minhas trinta e seis fotos, Jin-ming me deu um sorriso: "Está vendo no que dá se embasbacar diante de lugares santos?".

Deixamos Lushan de ônibus. Como todo ônibus na China, estava lotado, e tínhamos de espichar o pescoço desesperadamente, tentando respirar. Quase não se fabricara nenhum ônibus novo desde o início da Revolução Cultural, tempo no qual a população aumentara várias dezenas de milhões. Após alguns minutos, paramos de repente. A porta da frente foi aberta à força, e um homem com ar de autoridade, em trajes civis, entrou se espremendo. "Se abaixem! Se abaixem!", ladrava. "Alguns convidados americanos estão vindo para estes lados. É prejudicial ao prestígio de nossa pátria ver todas essas cabeças bagunçadas!" Nós tentamos nos agachar, mas o ônibus ia lotado demais. O homem berrou: "É dever de todos proteger a honra de nossa pátria! Devemos apresentar uma aparência ordenada e digna! Se abaixem. Dobrem os joelhos!".

De repente ouvi a voz trovejante de Jin-ming: "O presidente Mao não nos instruiu a jamais curvar os joelhos diante dos imperialistas americanos?". Era pedir encrenca. Não se apreciava o humor. O homem disparou um olhar severo em nossa direção, mas nada disse. Deu outra rápida examinada no ônibus e saiu às pressas. Não queria que os "convidados americanos" presenciassem uma cena. Qualquer sinal de discórdia tinha de ser escondido dos estrangeiros.

A toda parte que íamos, enquanto viajávamos pelo Yang-tse abaixo, víamos os resultados da Revolução Cultural: templos arrasados, estátuas derrubadas e velhas aldeias destroçadas. Pouco sinal restava da antiga civilização da China. Mas a perda ia ainda mais fundo. Não apenas tinha a China destruído a maioria de suas coisas belas, também perdera a capacidade de apreciá-las, e era incapaz de fazer outras novas. A não ser pela ainda deslumbrante paisagem, a China se tornara um país feio.

No fim das férias, peguei um vapor sozinha em Wuhan, voltando pelas Gargantas do Yang-tse. A viagem durou três dias. Uma manhã, quando eu me curvava sobre a amurada, uma rajada de vento soltou meus cabelos e o grampo caiu no rio. Um passageiro com quem eu batia papo apontou um tributário que se juntava ao Yang-tse no lugar por onde passávamos, e me contou uma história.

No ano 33 a.C., o imperador da China, numa tentativa de apaziguar os poderosos vizinhos do norte do país, os hunos, decidiu enviar uma mulher para casar-se com o rei bárbaro. Fez sua escolha entre os retratos de 3 mil concubinas de sua corte, muitas das quais jamais vira. Como se destinava a um bárbaro, escolheu o retrato mais feio, mas no dia da partida da mulher, descobriu que ela na verdade era extremamente linda. O retrato era feio porque ela se recusara a subornar o pintor da corte. O imperador mandou executar o artista, enquanto a dama chorava, sentada junto a um rio, por ter de deixar seu país para viver entre os bárbaros. O vento levou seu grampo de cabelo e jogou-o no rio, como se quisesse guardar alguma coisa dela em sua pátria. Mais tarde, ela se matou.

A lenda contava que, onde caíra o seu grampo, o rio tornara-se cristalino, e passara a ser conhecido como o rio de Cristal. Meu colega de viagem me disse que esse rio era o tributário pelo qual passávamos. Com um sorriso, declarou: "Ah, mau presságio! Você pode acabar vivendo numa terra estrangeira e se casando com um bárbaro!". Dei um leve sorriso da tradicional obsessão chinesa com o "barbarismo" das outras raças, e me perguntei se essa dama da Antigüidade na verdade não se veria melhor casando-se com o rei "bárbaro". Pelo menos estaria diariamente em contato com os pastos, os cavalos, a natureza. Com o imperador chinês, vivia numa prisão de luxo, sem sequer uma árvore de verdade, que poderia dar chance às concubinas de trepar por ela e fugir. Pensei em como éramos parecidos com as rãs no fundo do poço da lenda chinesa, que diziam ser o céu apenas tão grande e redondo quanto a abertura redonda da boca do poço. Senti um intenso e urgente desejo de ver o mundo.

Na época, eu jamais havia conversado com um estrangeiro, embora já tivesse vinte e três anos e fosse estudante de língua inglesa havia quase dois. Os únicos estrangeiros que vira tinha sido em Pequim em 1972. Um estrangeiro, um dos poucos "amigos da China", tinha ido uma vez à minha universidade. Era um quente dia de verão, e eu tirava um cochilo quando uma colega irrompeu no quarto e despertou todo mundo gritando: "Tem um estrangeiro aí! Vamos ver o estrangeiro!". Algumas de nós foram, mas eu decidi ficar e continuar com meu cochilo. Achei toda aquela idéia de ficar olhando, parecendo um zumbi, um tanto ridícula. De qualquer modo, que adiantava olhar se éramos proibidos de abrir a boca para ele, mesmo sendo um "amigo da China"?

Eu jamais ouvira um estrangeiro falando, a não ser num único disco de Linguaphone. Quando comecei a aprender a língua, tomara o disco emprestado com uma vitrola, e ouvia-o em casa na rua do Meteorito. Alguns vizinhos se juntavam no pátio, e diziam de olhos arregalados e balançando a cabeça: "Que sons mais engraçados!". Pediam-me para tocar o disco sem parar.

Falar com um estrangeiro era o sonho de todos os estudantes, e minha oportunidade acabou chegando. Quando voltei de minha viagem pelo Yang-tse, soube que minha série ia ser mandada em outubro a um porto no sul chamado Zhanjiang, para praticar nosso inglês com marinheiros estrangeiros. Fiquei emocionada.

Zhanjiang ficava a mais de mil e cem quilômetros de Chengdu, uma viagem de dois dias e duas noites de trem. Era o grande porto mais ao sul na China, e muito perto da fronteira vietnamita. Era como um país estrangeiro, com prédios em estilo colonial da virada do século, pastiches de arcos romanos, janelas de rosáceas e grandes varandas com sombrinhas coloridas. O povo local falava cantonês, quase uma língua estrangeira. O ar recendia ao mar desconhecido, à vegetação tropical exótica e a um mundo inteiramente maior.

Mas minha excitação por estar ali era constantemente esfriada pela frustração. Éramos acompanhados por um supervisor político e três professores, que decidiram que, embora estivéssemos a apenas um quilômetro e meio do mar, não tínhamos permissão de nos aproximar dele. O próprio porto era fechado a todos que não trabalhavam lá, por receio de "sabotagem" ou defecção. Disseram-nos que um estudante de Guangzhou conseguira esconder-se num cargueiro a vapor, mas acabou morrendo sufocado pois não sabia que o porão ia ficar lacrado durante semanas. Tínhamos de restringir nossos movimentos a uma área claramente definida de algumas quadras em torno de nossa residência.

Regulamentos como esse faziam parte de nossa vida diária, mas jamais deixavam de me enfurecer. Um dia, fui tomada por uma compulsão absoluta de sair. Vaguei pelas ruas tentando desesperadamente avistar o mar, sem sucesso. As pessoas locais não ajudavam: não gostavam de quem não falava cantonês, e se recusavam a me entender. Ficamos no porto três semanas, e só uma vez nos deram permissão, como um presente especial, de ir a uma ilha e ver o oceano.

Como o objetivo de estar ali era conversar com os marinheiros, organizaram-nos em pequenos grupos para revezar-nos trabalhando nos dois lugares que eles podiam freqüentar: a Loja da Amizade, que vendia produtos por dinheiro vivo, e o Clube dos Marinheiros, que tinha um bar, um restaurante, uma sala de bilhar e uma sala de pingue-pongue.

Havia regulamentos estritos sobre como podíamos falar com os marinheiros, Não podíamos falar a sós com eles, a não ser por breves trocas de palavras por cima do balcão da Loja da Amizade. Se perguntassem nossos nomes e endereços, em nenhuma circunstância devíamos dar os verdadeiros. Todos preparamos um falso nome e um endereço inexistente. Após cada conversa, tínhamos de escrever um relatório detalhado do que fora dito, o que era a prática-padrão para quem tivesse contato com estrangeiros. Advertiram-nos repetidas vezes sobre a importância de observar a "disciplina em contatos com estrangeiros" (*she wai ji-lu*). De outro modo, disseram-nos, não apenas nós entraríamos em sérios apuros, mas outros estudantes seriam proibidos de ir ali.

Na verdade, nossas oportunidades de praticar inglês eram poucas e muito esparsas. Os navios não chegavam todo dia, e nem todos os marinheiros baixavam a terra. A maioria desses marinheiros não se compunha de anglófonos natos: havia gregos, japoneses, iugoslavos, africanos e muitos filipinos, quase todos falando apenas pouco inglês, embora houvesse também um comandante escocês e sua esposa, além de alguns escandinavos cujo inglês era excelente.

Enquanto esperávamos no clube por nossos preciosos marinheiros, eu muitas vezes me sentava na varanda nos fundos, lendo e olhando os renques de coqueiros e palmeiras, silhuetados contra um céu azul safira. Assim que os marinheiros entravam, nós saltávamos e praticamente os agarrávamos, tentando ao mesmo tempo parecer o mais digno possível, tal a nossa avidez de puxar conversa. Eu muitas vezes via uma expressão perplexa nos olhos deles, quando recusávamos suas ofertas de bebida. Éramos proibidos de aceitar bebidas deles. Na verdade, não podíamos beber de modo algum: as vistosas garrafas e latas em exposição eram exclusivamente para os estrangeiros. Nós apenas ficávamos ali sentados, quatro ou cinco rapazes e moças de ar intimidantemente sério. Eu não tinha idéia de como isso deve ter parecido estranho aos marinheiros — e longe de suas expectativas da vida no porto.

Quando chegaram os primeiros marinheiros negros, nossos professores advertiram delicadamente às estudantes para terem cuidado: "Eles são menos desenvolvidos e não aprenderam a controlar seus instintos, por isso são dados a exibir seus sentimentos quando querem: tocar, abraçar, até beijar". A uma sala cheia de rostos chocados e enojados, nossos professores nos disseram que uma mulher do último grupo tinha prorrompido em gritos no meio de uma conversa, quando um marinheiro gambiano tentara abraçá-la. Ela pensara que ia ser estuprada (no meio de uma multidão, e uma multidão chinesa!), e ficara tão assustada que não conseguiram que conversasse com outro estrangeiro por todo o resto de sua estada.

Os estudantes homens, sobretudo os estudantes-controladores, assumiram a responsabilidade pela proteção de nós mulheres. Sempre que um marinheiro negro começava a conversar com uma de nós, eles se olhavam e corriam a resgatar-nos, assumindo a conversa e interpondo-se entre nós e os marinheiros. Suas precauções talvez não tenham sido notadas pelos marinheiros negros, sobretudo porque os estudantes passavam imediatamente a falar da "amizade entre a China e os povos da Ásia, África e América Latina". "A China é um país em desenvolvimento", entoavam, recitando nosso livro didático, "e permanecerá sempre do lado das massas oprimidas e exploradas do Terceiro Mundo, em sua luta contra os imperialistas americanos e os revisionistas soviéticos." Os negros pareciam confusos, mas comovidos. Às vezes abraçavam os rapazes chineses, que retribuíam camaradamente.

O regime explorava muito isso de a China ser um dos países em desenvolvimento, parte do Terceiro Mundo, segundo a "gloriosa teoria" de Mao. Mas Mao fazia soar como se isso não fosse a admissão de um fato, e sim que a China se rebaixava magnanimamente ao nível deles. A maneira como o dizia não deixava dúvida de que entráramos nas fileiras do Terceiro Mundo a fim de comandá-lo e protegê-lo, e o mundo encarava nosso lugar de direito como algo mais grandioso.

Irritava-me extremamente essa auto-atribuída superioridade. Que tínhamos nós para nos sentir superiores? Nossa população? Nosso tamanho? Em Zhanjiang, vi que os marinheiros do Terceiro Mundo, com seus relógios vistosos, câmeras e bebidas — nenhum dos quais tínhamos visto antes —, estavam imensuravelmente melhor, e incomparavelmente mais livres, que todos os chineses, com exceção de muito poucos.

Eu tinha uma curiosidade terrível sobre os estrangeiros, e estava ávida para descobrir como eles eram de fato. Até onde eram semelhantes aos chineses, e diferentes? Mas tinha de tentar ocultar minha inquisitividade, que, além de ser politicamente perigosa, seria encarada como perda de prestígio. Sob Mao, como no tempo do Reino do Meio, os chineses davam grande importância a mostrar "dignidade" diante dos estrangeiros, com o que se pretendia parecer distante, ou inescrutável. Uma forma comum que isso assumia era não mostrar interesse algum pelo mundo externo, e muitos de meus colegas estudantes não faziam nenhuma pergunta.

Talvez em parte devido à minha incontrolável curiosidade, e em parte ao meu inglês melhor, os marinheiros todos pareciam a fim de conversar comigo, apesar de eu ter o cuidado de falar o mínimo possível, para que os colegas estudantes tivessem mais oportunidade de praticar. Alguns marinheiros chegavam a recusar-se a conversar com os outros estudantes. Eu também era muito popular com o diretor do Clube dos Marinheiros, um homem enorme e corpulento chamado Long. Isso despertou a ira de Ming e de alguns dos responsáveis. Nossas reuniões políticas agora incluíam um exame de como estávamos observando "as disciplinas em contatos com estrangeiros". Declararam que eu as tinha violado, porque meus olhos pareciam "interessados demais", eu "sorria com demasiada freqüência", e quando o fazia abria a boca "demais". Também fui criticada por usar gestos manuais: nós mulheres estudantes devíamos manter as mãos debaixo da mesa e ficar sentadas imóveis.

Grande parte da sociedade chinesa ainda esperava que as mulheres se comportassem de uma maneira discreta, baixassem as pálpebras em resposta aos olhares fixos dos homens e restringissem seu sorriso a uma leve curva dos lábios, sem expor os dentes. Não deviam de modo algum gesticular com as mãos. Se violassem algum desses cânones, seriam consideradas "namoradeiras". Sob Mao, namorar *estrangeiros* era um crime indizível.

Fiquei furiosa com a insinuação contra mim. Meus pais comunistas tinham me dado uma educação liberal. Eles encaravam as restrições às mulheres como exatamente o tipo de coisa que uma revolução comunista deveria eliminar. Mas agora a opressão das mulheres dava as mãos à repressão política, e servia ao ressentimento e aos ciúmes mesquinhos.

Um dia, chegou um navio paquistanês. O adido militar do Paquistão veio de Pequim. Long ordenou que limpássemos o clube de alto a baixo, e deu um banquete, para o qual me pediu que lhe servisse de intérprete, o que deixou alguns dos outros estudantes bastante invejosos. Poucos dias depois, os paquistaneses deram uma festa de despedida em seu navio, e eu fui convidada. O adido militar tinha ido a Sichuan, e eles prepararam um prato especial de Sichuan para mim. Long ficou felicíssimo com o convite, assim como eu.

Mas apesar do apelo pessoal do capitão, e até de uma ameaça de Long de proibir futuros estudantes, meus professores disseram que ninguém podia subir a bordo de um navio estrangeiro. "Quem ia assumir a responsabilidade se alguém fosse embora no navio?", perguntaram. Mandaram que eu dissesse estar ocupada naquela noite. Até onde eu sabia, estava recusando a única chance que eu algum dia teria de fazer uma viagem ao mar, participar de um banquete estrangeiro, ter uma conversa de fato em inglês e uma experiência do mundo externo.

Mesmo assim, não pude silenciar as fofocas. Ming perguntou objetivamente: "Por que os estrangeiros gostam tanto de você?", como se houvesse alguma coisa de suspeito nisso. O relatório feito sobre mim no fim da viagem dizia que meu comportamento era "politicamente duvidoso".

Naquele belo porto, com seu sol, suas brisas marinhas e seus coqueiros, toda ocasião que devia ser de felicidade se transformou em infelicidade. Eu tinha um bom amigo no grupo, que tentou me animar, pondo minhas angústias em perspectiva. Claro, o que eu enfrentava não passava de contrariedades menores, em comparação com o que as vítimas do ciúme haviam sofrido nos primeiros dias da Revolução Cultural. Mas a idéia de que era aquilo que seria a minha vida na melhor das hipóteses me deixou ainda mais deprimida.

Esse amigo era filho de um colega de meu pai. Os outros estudantes das cidades também se mostravam simpáticos comigo. Era fácil distingui-los dos estudantes de origens camponesas, que forneciam a maioria dos estudantes-controladores. Os estudantes das cidades eram muito mais seguros e confiantes quando diante do novo mundo do porto, e portanto não sentiam a mesma ansiedade e impulso para ser agressivos em relação a mim. Zhanjiang foi um severo choque cultural para os ex-camponeses, e seus sentimentos de inferioridade estavam no âmago daquela compulsão a tornar infeliz a vida dos outros.

Após três semanas, eu estava ao mesmo tempo triste e aliviada por dar adeus a Zhanjiang. Na volta a Chengdu, alguns amigos e eu fomos à lendária Guilin, onde as montanhas e águas pareciam ter saído de uma pintura clássica chinesa. Havia turistas estrangeiros lá, e vimos um casal com um bebê nos braços do homem. Sorrimos uns para os outros, e dissemos *"Good morning"* e *"Goodbye"*. Assim que eles desapareceram, policiais à paisana nos pararam e interrogaram.

Voltei a Chengdu em dezembro, e encontrei a cidade fervilhando de emoção contra a sra. Mao e três homens de Xangai, Zhang Chunqiao, Yao Wenyuan e Wang Hongwen, que se tinham juntado para manter a Revolução Cultural. Haviam se tornado tão íntimos que Mao, em julho de 1974, os advertira a não formarem um "Bando dos Quatro", embora não soubéssemos disso na época. Àquela altura, o Mao de oitenta e um anos começara a dar-lhes pleno apoio, farto da visão pragmática de Chu En-lai e depois Deng Xiaoping, que administrava o trabalho diário do governo desde janeiro de 1975, quando Chu fora para o hospital com câncer. As intermináveis e inúteis minicampanhas do Bando tinham levado a população ao fim da tolerância, e as pessoas haviam começado a circular rumores à boca pequena, como quase a única válvula de escape para sua intensa frustração.

As especulações mais carregadas voltavam-se sobretudo contra a sra. Mao. Como ela era freqüentemente vista com um determinado cantor de ópera, um jogador de pingue-pongue e um bailarino, todos promovidos por ela para chefiar seus campos, e como todos por acaso eram jovens bonitões, as pessoas diziam que os tinha tomado como "concubinos", coisa que ela tinha aberta e levianamente dito que as mulheres deviam fazer. Mas todos sabiam que isso não se aplicava ao grande público. Na verdade, foi sob a sra. Mao na Revolução Cultural que os chineses sofreram uma repressão sexual extrema. Com ela controlando os meios de comunicação e as artes por quase dez anos, qualquer referência ao amor foi apagada dos ouvidos e olhos da população. Quando uma trupe de canto e dança do exército vietnamita foi à China, os poucos que tiveram a sorte de vê-la foram informados pelo locutor que uma música que falava de amor "é sobre o afeto entre dois camaradas". Nos poucos filmes europeus que nos deixavam ver — sobretudo da Albânia e da Romênia — todas as cenas de homens e mulheres parados uns junto aos outros, para não falar nos beijos, eram cortadas.

Freqüentemente, nos ônibus, trens e lojas lotados, eu ouvia as mulheres gritando ofensas aos homens e dando-lhes tapas na cara. Às vezes o homem gritava um desmentido e seguia-se uma troca de insultos. Sofri muitas tentativas de molestação. Quando isso acontecia, simplesmente me esgueirava das mãos e joelhos trêmulos. Sentia pena daqueles homens. Viviam num mundo onde não havia válvula de escape para sua sexualidade, a não ser que tivessem a sorte de ter um casamento feliz, coisa cujas possibilidades eram tênues. O subsecretário do Partido em minha universidade, um homem já velho, foi apanhado numa loja com esperma escorrendo pelas pernas. A multidão o tinha espremido contra uma mulher à sua frente. Ele foi levado à delegacia de polícia e posteriormente expulso do Partido. Para as mulheres, a situação era igualmente difícil. Em toda organização, uma ou duas delas eram condenadas como "sapatos gastos", por terem tido casos extraconjugais.

Esses padrões não se aplicavam aos governantes. O octogenário Mao cercava-se de belas jovens. Embora as histórias a seu respeito fossem sussurradas e cautelosas, as sobre sua mulher e os cupinchas dela, o Bando dos Quatro, eram francas e desinibidas. Em fins de 1975, a China fervilhava de rumores indignados. Na minicampanha chamada "Nossa Pátria Socialista é o Paraíso", muitos insinuavam abertamente a pergunta que eu mesma me fizera pela primeira vez oito anos antes: "Se isto é o paraíso, que será então o inferno?".

Em 8 de janeiro de 1976, o premiê Chu En-lai morreu. Para mim e muitos outros chineses, Chu representara um governo relativamente sadio e liberal, que acreditava em fazer o país funcionar. Nos anos negros da Revolução Cultural, Chu era nossa magra esperança. Fui tomada pela dor com a morte dele, como o foram todos os meus amigos. Nosso luto por ele e nossa antipatia pela Revolução Cultural e por Mao e sua *coterie* tornaram-se inseparavelmente interligados.

Mas Chu tinha colaborado com Mao na Revolução Cultural. Foi ele quem fez a denúncia de Liu Shao-shi como "espião americano". Encontrava-se quase diariamente com os guardas vermelhos e os rebeldes, e emitia ordens a eles. Quando uma maioria do Politburo e os marechais do país tentaram deter a Revolução Cultural, em fevereiro de 1967, Chu não lhes dera seu apoio. Foi o fiel servidor de Mao. Mas talvez tivesse agido desse jeito a fim de impedir um desastre ainda mais horrendo, como uma guerra civil, que uma contestação aberta a Mao teria provocado. Mantendo a China funcionando, ele possibilitou a Mao pintar o diabo nela, mas provavelmente também salvou o país do colapso total. Protegeu várias pessoas até onde julgou seguro, incluindo, por algum tempo, meu pai, além de alguns dos monumentos culturais mais importantes da China. Parece que se viu apanhado num dilema moral insolúvel, embora isso não exclua a possibilidade de que sua prioridade fosse a sobrevivência. Ele devia saber que se tentasse resistir a Mao seria esmagado.

O campus tornou-se um mar espetacular de coroas de flores brancas de papel e cartazes e quadrinhas de luto. Todos tinham uma braçadeira preta, uma flor branca de papel no peito e uma expressão de pesar. O luto era em parte espontâneo e em parte organizado. Como era geralmente sabido na época de sua morte, Chu estava sob ataque do Bando dos Quatro, e como o Bando ordenara que o luto por ele fosse reduzido, demonstrar pesar por sua morte era uma forma de o grande público e as autoridades locais mostrarem sua desaprovação ao Bando. Mas muitos pranteavam Chu por motivos bem diferentes. Ming e outros estudantes-controladores de meu curso louvavam a suposta contribuição dele à "supressão ao levante contra-revolucionário húngaro em 1956", a ajuda no estabelecimento do prestígio de Mao como líder mundial, e a absoluta lealdade a Mao.

Fora do campus, havia centelhas mais estimulantes de dissensão. Nas ruas de Chengdu, surgiram inscrições nas bordas dos jornais murais — e grandes multidões reuniam-se, esticando o pescoço para ler a minúscula caligrafia. Um cartaz dizia:

> *O céu agora está escuro,*
> *Uma grande estrela caiu...*

Rabiscada na borda, as palavras: "Como poderia o céu estar escuro: e o 'rubro, rubro sol'?" (referindo-se a Mao). Outra inscrição apareceu num jornal mural que dizia: "Fritem bem os perseguidores do premiê Chu!". Dizia a inscrição: "Sua ração mensal de óleo de cozinha é de apenas dois *liang* (quatro onças). Que usaria você para fritar esses perseguidores?". Pela primeira vez em dez anos, eu via ironia e humor publicamente exibidos, o que elevou meu espírito às nuvens.

Mao nomeou um joão-ninguém incompetente chamado Hua Guofeng como sucessor de Chu, e lançou uma campanha para "denunciar Deng e retaliar contra a volta da direita". O Bando dos Quatro publicou os discursos de Deng Xiaoping como alvos de denúncia. Num discurso de 1975, Deng admitira que os camponeses de Yan'an estavam pior do que quando os comunistas chegaram lá após a Longa Marcha, quarenta anos antes. Em outro, tinha dito que o chefão do Partido devia dizer aos profissionais liberais: "Eu sigo, vocês conduzem". Em outro ainda, esboçara seu plano para melhorar os padrões de vida, permitir mais liberdade e acabar com a vitimização política. A comparação desses documentos com os atos do Bando dos Quatro fez de Deng um herói popular, e levou a antipatia do povo pelo Bando ao ponto de fervura. Eu pensei, incrédula: eles parecem ter tal desprezo pela população chinesa que supõem que vamos odiar Deng, em vez de admirá-lo, após lermos esses discursos, e o que é mais, que vamos amá-*los*!

Na universidade, recebemos ordens para denunciar Deng em intermináveis comícios. Mas a maioria das pessoas mostrava resistência passiva, e vagava pelo auditório, ou batia papo, tricotava, lia ou mesmo dormia durante aquele ritual teatral. Os oradores liam seus discursos preparados com vozes chãs, sem expressão, quase inaudíveis.

Como Deng vinha de Sichuan, corriam vários rumores de que ele fora mandado de volta a Chengdu como exílio. Eu muitas vezes via multidões à beira das ruas, porque ouviam dizer que ele ia passar por ali. Em algumas ocasiões, chegavam a dezenas de milhares.

Ao mesmo tempo, havia cada vez mais animosidade pública contra o Bando dos Quatro, também conhecido como o Bando de Xangai. De repente, deixavam-se de vender bicicletas e outros bens produzidos em Xangai. Quando o time de futebol de Xangai foi a Chengdu, foi vaiado durante todo o jogo. A multidão reuniu-se diante do estádio e gritou-lhes insultos quando entraram e quando saíram.

Atos de protesto explodiram em toda a China, e atingiram o auge na Festa da Limpeza dos Túmulos, na primavera de 1976, quando os chineses tradicionalmente prestam suas homenagens aos mortos. Em Pequim, centenas de milhares de cidadãos se reuniram durante dias na praça Tiananmen para prantear Chu com coroas de flores especialmente feitas, apaixonados recitais de poesia e discursos. Num simbolismo e numa linguagem que, apesar de codificados, todos entendiam, despejaram seu ódio contra o Bando dos Quatro, e até contra Mao. O protesto foi esmagado na noite de 5 de abril, quando a polícia atacou a multidão, prendendo centenas. Mao e o Bando dos Quatro chamaram aquilo de uma "rebelião contra-revolucionária do tipo da húngara". Deng Xiaoping, que estava sendo mantido incomunicável, foi acusado de montar as manifestações, e rotulado de o "Nagy da China" (Nagy era o primeiro-ministro húngaro em 1956). Mao demitiu oficialmente Deng, e intensificou a campanha contra ele.

A manifestação pode ter sido suprimida e condenada nos meios de comunicação, mas o fato de ter simplesmente ocorrido mudou o estado de espírito da China. Era o primeiro desafio aberto em grande escala ao regime desde que fora implantado em 1949.

Em junho de 1976, minha classe foi mandada por um mês para uma fábrica nas montanhas, para "aprender com os operários". Quando o mês acabou, fui com alguns amigos subir o belo monte Emei, "Sobrancelha da Beleza", a oeste de Chengdu. Ao descermos a montanha, a 28 de julho, ouvimos um rádio transistorizado de um turista. Eu sempre ficara intensamente irritada pelo amor insaciável de algumas pessoas por aquela máquina de propaganda. E num cenário turístico! Como se nossos ouvidos já não tivessem sofrido bastante com toda a idiotice trovejante dos sempre presentes alto-falantes. Mas dessa vez alguma coisa me chamou a atenção. Tinha havido um terremoto numa cidade de mineração de carvão perto de Pequim chamada Tangshan. Compreendi que devia ser uma tragédia sem precedentes, porque os meios de comunicação normalmente não davam más notícias. O número oficial era de 242 mil mortos e 160 mil gravemente feridos.

Embora enchesse a imprensa com sua preocupação com as

vítimas, o Bando dos Quatro avisou que o país não devia ser desviado pelo terremoto e esquecer a prioridade: "denunciar Deng". A sra. Mao disse publicamente: "Houve apenas vários milhares de mortos. E daí? Denunciar Deng Xiaoping interessa a 800 milhões de pessoas". Mesmo vindo da sra. Mao, isso soou demasiado revoltante para ser verdade, mas nos foi oficialmente transmitido.

Houve numerosos alertas de terremotos na área de Chengdu, e quando eu voltei do monte Emei fui com minha mãe e Xiao-fang para Chongqing, considerada mais segura. Minha irmã, que ficou em Chengdu, dormia sob uma mesa de carvalho maciça, coberta com cobertores e colchas. As autoridades organizaram as pessoas a fim de que erguessem barracos improvisados, e mandaram equipes para vigiar vinte e quatro horas por dia o comportamento de vários animais, que se julgava terem poderes para prever terremotos. Mas os seguidores do Bando dos Quatro estamparam jornais murais ladrando "Fiquem alerta com a tentativa de Deng Xiaoping de explorar a fobia de terremoto para suprimir a revolução!" e realizaram um comício para "condenar solenemente os sequazes do capitalismo que usam o medo de um terremoto para sabotar a denúncia de Deng". O comício foi um fiasco.

Voltei a Chengdu no início de setembro, quando o temor do terremoto já diminuía. Na tarde de 9 de setembro de 1976, eu assistia a uma aula de inglês. Por volta das duas e quarenta, informaram-nos que haveria uma transmissão importante às três horas, e que todos devíamos nos reunir no pátio para ouvir. Já tivéramos de fazer isso antes, e saí da sala num estado de irritação. Era um típico dia nublado de outono em Chengdu. Eu ouvia o farfalhar das folhas de bambu nas paredes. Pouco antes das três, enquanto o alto-falante emitia ruídos rascantes ao ser sintonizado, a secretária do Partido de nosso departamento tomou posição em frente à assembléia. Olhou-nos com uma expressão triste, e em voz baixa, trêmula, sufocou as palavras: "Nosso Grande Líder Presidente Mao, Sua Venerada Reverência [*ta-lao-ren-jia*]...".

De repente, compreendi que Mao estava morto.

28. Lutando para criar asas
(1976-1978)

A NOTÍCIA ME ENCHEU DE TAL EUFORIA que por um instante fiquei embotada. Minha entranhada autocensura imediatamente começou a funcionar: registrei o fato de que havia uma orgia de choro à minha volta, e de que eu tinha de apresentar um desempenho adequado. Parecia não haver onde esconder minha falta de emoção correta, a não ser o ombro da mulher à minha frente, uma das estudantes-controladoras, aparentemente desolada. Enterrei rapidamente a cabeça no ombro dela e solucei como devia. Como tantas vezes na China, um pouco de ritual deu conta do recado. Fungando sentida, ela fez um movimento como quem ia virar-se para me abraçar. Eu forcei todo o meu peso nela por detrás, para mantê-la em seu lugar, esperando dar a impressão de que me achava em estado de dor absoluta.

Nos dias que se seguiram à morte de Mao, eu pensei muito. Sabia que ele era considerado um filósofo, e tentei pensar no que era de fato sua "filosofia". Pareceu-me que o princípio central era a necessidade — ou desejo? — de perpétuo conflito. O núcleo de seu pensamento parecia ser que as lutas humanas eram a força motivadora da história, e que para fazer história era necessário criar continuamente "inimigos de classe", *en masse*. Eu me perguntava se haveria outros filósofos cujas teorias houvessem levado tanta gente ao sofrimento e à morte . Pensei no terror e infelicidade a que a população chinesa fora sujeita. Para quê?

Mas a teoria de Mao poderia ser apenas uma extensão de sua personalidade. Parecia-me que ele era realmente um incansável promotor de lutas por natureza, e bom nisso. Entendia instintos humanos feios como a inveja e o ressentimento, e sabia como mobilizá-los para seus fins. Governava fazendo as pessoas se odiarem umas às outras. Ao fazer isso, fez com que o chinês comum executasse muitas das tarefas empreendidas em outras ditaduras pelas elites profissionais. Mao conseguira transformar o povo na arma última da ditadura. Por isso não havia, abaixo dele, um verdadeiro equivalente da KGB na China. Não era preciso. Ao trazer à tona e alimentar o pior que havia nas pessoas, ele criara um deserto moral e uma terra de ódio. Mas quanta responsabilidade individual a gente comum devia partilhar, eu não podia decidir.

A outra marca do maoísmo, parecia-me, fora o reinado da ignorância. Devido ao seu cálculo de que as classes cultas eram um alvo fácil para uma população em grande parte analfabeta, devido ao seu próprio ressentimento contra a educação formal e os educados, devido à sua megalomania, que o levava a desprezar as grandes figuras da cultura chinesa, e devido ao seu desprezo pelas áreas de civilização chinesa que não entendia, como arquitetura, arte e música, Mao destruiu grande parte da herança cultural do país. Deixou atrás de si não só uma nação brutalizada, mas também uma terra feia, com pouco de sua glória passada de pé e apreciada.

Os chineses pareciam prantear Mao de uma maneira sentida. Mas eu me perguntava até onde suas lágrimas eram genuínas. As pessoas haviam praticado o fingimento em tal medida que o confundiam com os sentimentos verdadeiros. Chorar por Mao talvez fosse mais um ato programado em suas vidas programadas.

Mas o estado de espírito do país era visivelmente contra a continuação das políticas de Mao. Menos de um mês após a sua morte, a 6 de outubro, a sra. Mao foi presa, junto com os outros membros do Bando dos Quatro. Não tiveram apoio de ninguém — nem do exército, nem da polícia, nem mesmo de seus próprios guardas. Tinham apenas Mao. O Bando dos Quatro só detivera o poder porque na verdade era o Bando dos Cinco.

Quando eu soube da facilidade com que o Bando dos Quatro fora afastado, senti uma onda de tristeza. Como pudera um grupo tão pequeno de tiranos de segunda categoria devastar 900 milhões de pessoas por tanto tempo? Mas minha sensação principal foi de alegria. Os últimos tiranos da Revolução Cultural tinham finalmente ido embora. Meu arrebatamento foi largamente compartilhado. Como muitos de meus compatriotas, saí a comprar as melhores bebidas para uma comemoração com minha família e amigos, só para encontrar as lojas sem estoque — havia muitos festejos espontâneos.

Houve comemorações oficiais também — exatamente os mesmos comícios que durante a Revolução Cultural, o que me deixou furiosa. Fiquei particularmente enraivecida pelo fato de que, em meu departamento, os supervisores e os estudantes-controladores estavam agora montando todo o espetáculo, com imperturbado farisaísmo.

A nova liderança era chefiada pelo sucessor escolhido por Mao, Hua Guofeng, cuja única qualificação, eu acreditava, era sua mediocridade. Um de seus primeiros atos foi anunciar a construção de um imenso mausoléu a Mao na praça Tiananmen. Fiquei indignada: centenas de milhares de pessoas ainda estavam sem teto após o terremoto em Tangshan, vivendo em tendas temporárias nas calçadas.

Com sua experiência, minha mãe vira imediatamente que começava uma nova era. No dia seguinte à morte de Mao, ela se apresentara para trabalhar em seu departamento. Passara cinco anos em casa, e agora queria voltar a pôr sua energia em uso. Deram-lhe um cargo como subdiretora número sete em seu departamento, do qual fora diretora antes da Revolução Cultural. Mas ela não ligou.

Para mim, em meu estado de espírito impaciente, tudo parecia continuar como antes. Em janeiro de 1977, acabou meu curso universitário. Embora Mao e o Bando dos Quatro tivessem desaparecido, ainda se aplicava a lei de Mao de que tínhamos de voltar para o lugar de onde viéramos. Para mim, isso significava a fábrica de máquinas. A idéia de que uma educação universitária fazia diferença no emprego da gente fora condenada por Mao como "formar aristocratas espirituais".

Eu estava desesperada para evitar ser enviada de volta à fábrica. Se isso acontecesse, ia perder toda oportunidade de usar meu inglês: nada haveria para traduzir, e ninguém com quem falar a língua. Mais uma vez, voltei-me para minha mãe. Ela disse que só havia uma saída: a fábrica tinha de recusar-se a me a aceitar de volta. Meus amigos na fábrica convenceram a administração a escrever um relatório ao Segundo Departamento de Indústria Leve, dizendo que, embora eu fosse uma boa operária, eles achavam que deviam sacrificar seus interesses por uma causa maior: nossa pátria se beneficiaria do meu inglês.

Depois que essa carta floreada foi enviada, minha mãe me mandou procurar o principal administrador do departamento, um certo sr. Hui. Ele fora colega dela, e gostava muito de mim quando eu era bebê. Minha mãe sabia que ele ainda tinha um fraco por mim. No dia seguinte à minha visita a ele, convocou-se uma reunião do conselho de seu departamento para discutir meu caso. O conselho consistia de uns vinte diretores, todos os quais tinham de reunir-se para tomar qualquer decisão, por mais trivial que fosse. O sr. Hui conseguiu convencê-los de que deviam me dar uma oportunidade de usar meu inglês, e eles escreveram uma carta formal à minha universidade.

Embora meu departamento me houvesse criado dificuldades, eles precisavam de novos professores, e em janeiro de 1977 eu me tornei professora-assistente de inglês na Universidade de Sichuan. Eu tinha sentimentos contraditórios por trabalhar lá, pois teria de morar no campus, sob os olhos de supervisores políticos e colegas ambiciosos e ciumentos. Pior ainda, logo soube que não ia ter nada a ver com minha profissão durante um ano. Uma semana após minha nomeação, mandaram-me para o campo, nos arredores de Chengdu, como parte de meu programa de "reeducação".

Mourejei nos campos e fiquei sentada durante intermináveis assembléias chatas. Tédio, insatisfação e a pressão que sofria por não ter noivo na avançada idade de vinte e cinco anos ajudaram a me empurrar a paixonites por dois homens. Um deles eu nunca vira, mas me escrevia belas cartas. Perdi o amor assim que pus os olhos em cima dele. O outro, Hou, tinha na verdade sido um líder rebelde. Era uma espécie de produto da época: brilhante e inescrupuloso. Fiquei deslumbrada com o seu encanto.

Hou foi detido no verão de 1977, quando começou uma campanha para prender os "seguidores do Bando dos Quatro". Eram definidos como "os chefes dos rebeldes" e qualquer um que houvesse praticado violência criminal, o que era vagamente descrito como incluindo tortura, assassinato e destruição ou saque de propriedade do Estado. A campanha minguou em poucos meses. O principal motivo era que não se repudiava Mao, nem a Revolução Cultural como tal. Qualquer um que tivesse feito mal podia alegar simplesmente que tinha agido por lealdade a Mao. Tampouco havia critérios claros para julgar a criminalidade, a não ser nos casos de assassinos e torturadores mais gritantes. Muita gente se envolvera nas invasões de casas, destruição de sítios históricos, antigüidades e livros, e nas lutas de facções. O maior horror da Revolução Cultural — a esmagadora repressão que levara centenas de milhares de pessoas ao colapso mental, ao suicídio e à morte — foi executado coletivamente pela população. Quase todo mundo, inclusive crianças pequenas, participara de brutais assembléias de denúncias. Muitos haviam ajudado a espancar as vítimas. E o mais importante: as vítimas muitas vezes tinham virado vitimizadoras, e vice-versa.

Também não havia sistema legal independente para investigar e julgar. As autoridades do Partido decidiam quem devia ser punido e quem não. Muitas vezes o fator decisivo eram sentimentos pessoais. Alguns rebeldes foram justamente punidos. Outros sofreram grossa injustiça. Outros se safaram com punições leves. Dos principais perseguidores de meu pai, nada aconteceu a Zuo, e a sra. Shau foi simplesmente transferida para um cargo ligeiramente menos desejável.

Os Ting estavam detidos desde 1970, mas não foram levados à justiça — porque o Partido não baixara critérios pelos quais pudessem ser julgados. A única coisa que lhes aconteceu foi ter de ficar sentados durante assembléias não violentas em que as vítimas podiam "desabafar" contra eles. Minha mãe falou numa dessas assembléias sobre como o casal havia perseguido meu pai. Os Ting permaneceram detidos sem julgamento até o fim de 1982, quando o sr. Ting pegou vinte anos de prisão e a sra. Ting dezessete.

Hou, por cuja detenção eu perdera muito sono, logo foi libertado. Mas as iradas emoções redespertadas naqueles breves dias de acerto de contas mataram qualquer sentimento que eu tivesse por ele. Embora eu jamais fosse saber sua exata responsabilidade, estava claro que como líder de massa da Guarda Vermelha nos anos mais bárbaros não poderia estar isento de culpa. Eu ainda não podia me obrigar a odiá-lo pessoalmente, mas não mais tinha pena dele. Esperava que lhe fizessem justiça, e a todos que a merecessem.

Quando viria esse dia? Podia a justiça ser feita um dia? E podia isso realizar-se sem causar mais rancor e animosidade, uma vez que já havia tanta pressão? Em toda a minha volta, facções que haviam travado guerras sangrentas umas contra as outras agora coabitavam sob o mesmo teto. Sequazes do capitalismo eram obrigados a trabalhar lado a lado com ex-rebeldes que os tinham denunciado e atormentado. O país ainda se achava em estado de extrema tensão. Quando nos iríamos livrar, se iríamos, do pesadelo lançado por Mao?

Em julho de 1977, Deng Xiaoping foi reabilitado e feito vice de Hua Guofeng. Cada discurso de Deng era uma aragem de ar fresco. As campanhas políticas iam acabar. Os "estudos" políticos eram "impostos e taxas exorbitantes", e deviam ser paralisados. As políticas do Partido deviam basear-se na realidade, e não no dogma. E o mais importante, era errado tomar cada palavra de Mao ao pé da letra. Deng mudava o curso da China. Então passei a sofrer de ansiedade. Temia muito que esse novo futuro jamais chegasse.

Dentro do novo espírito de Deng, o fim de minha sentença na comuna veio em dezembro de 1977, um mês antes do programa anterior de um ano. Essa diferença de um simples mês me emocionou desproporcionalmente. Quando voltei a Chengdu, a universidade ia realizar atrasados exames de admissão para 1977, os primeiros exames corretos desde 1966. Deng declarara que a entrada na universidade devia dar-se por meio de exames acadêmicos, e não pela porta dos fundos. O curso de outono teve de ser adiado, pela necessidade de preparar a população para a mudança em relação às políticas de Mao.

Fui enviada às montanhas do norte de Sichuan, a fim de entrevistar candidatos para meu departamento. Fui de boa vontade. Foi nessa viagem, indo de município em município pelas sinuosas estradas empoeiradas, completamente só, que me ocorreu pela primeira vez uma idéia: como seria maravilhoso ir estudar no Ocidente!

Poucos anos antes, um amigo meu me contara uma história. Ele tinha vindo originalmente para a "pátria", de Hong Kong, em 1964, mas só pudera sair de novo em 1973, quando, na abertura que se seguiu à visita de Nixon, lhe deram permissão de ir visitar a família. Em sua primeira noite em Hong Kong, ouviu a sobrinha telefonando para Tóquio, acertando um fim de semana lá. Sua história aparentemente inconseqüente tornara-se um motivo permanente de perturbação para mim. Essa liberdade de ver o mundo, uma liberdade com a qual eu não podia nem sonhar, me atormentava. Como era impossível, meu desejo de ir ao exterior sempre permanecera firmemente aprisionado no subconsciente. Houvera bolsas de estudo para o Ocidente em algumas universidades antes, mas, claro, os candidatos eram todos escolhidos pelas autoridades, e ser membro do Partido era um pré-requisito. Eu não tinha chance, pois não era nem membro do Partido nem gozava da confiança de meu departamento, mesmo que uma bolsa caísse do céu para minha universidade. Mas agora começava a despontar em algum ponto de minha mente a idéia de que, como haviam voltado os exames, e a China estava deixando suas camisas-de-força maoístas, talvez eu tivesse uma chance. Mal começara a sonhar com isso, obriguei-me a matar a idéia, tal o medo que tinha da inevitável decepção.

Quando voltei de minha viagem, soube que meu departamento ganhara uma bolsa de estudo para um professor jovem ou de meia-idade ir para o Ocidente. E haviam escolhido outra pessoa.

Foi a professora Lo quem deu a notícia devastadora. Essa professora tinha setenta e poucos anos e caminhava insegura com uma bengala, mas apesar disso era empertigada e quase impetuosamente rápida sob todos os outros aspectos. Falava inglês rápido, como se estivesse impaciente por soltar tudo que sabia. Vivera nos Estados Unidos por cerca de trinta anos. Seu pai fora um juiz da suprema corte do Kuomintang, e quisera dar-lhe uma educação ocidental. Nos Estados Unidos, ela adotara o nome de Lucy, e apaixonara-se por um estudante americano chamado Luke. Os dois planejavam casar-se, mas quando falaram à mãe de Luke, ela dissera: "Lucy, eu gosto muito de você. Mas que aparência teriam seus filhos? Seria muito difícil...".

Lucy rompeu com Luke porque era orgulhosa demais para ser aceita com relutância naquela família. No início da década de 1950, depois que os comunistas tomaram o poder, ela voltara para a China, pensando que finalmente a dignidade dos chineses seria restaurada. Jamais esqueceu Luke, e entrou num casamento bastante tardio com um professor chinês de inglês, a quem não amava, e os dois brigavam sem parar. Tinham sido expulsos de seu departamento durante a Revolução Cultural e moravam num minúsculo quarto, de uns três metros por dois e meio, amontoados com papéis velhos desbotados e livros empoeirados. Cortava o coração ver aquele frágil casal de cabelos brancos, incapazes de suportar um ao outro, um sentado na beira da cama de casal, o outro na única cadeira que se pudera espremer no quarto.

A professora Lo passara a gostar muito de mim. Dizia ver em mim sua juventude desaparecida de cinqüenta anos antes, quando também era agitada, querendo extrair felicidade da vida. Não a encontrara, disse-me, mas queria que eu conseguisse. Quando ouviu falar da bolsa para ir ao exterior, provavelmente para os Estados Unidos, ficara muitíssimo excitada, mas também ansiosa, porque eu estava fora e não podia apresentar meu pedido. A bolsa foi para uma certa srta. Yee, que estivera um ano à minha frente e era agora uma autoridade do Partido. Ela e os outros jovens professores em meu departamento que se haviam formado desde a Revolução Cultural tinham sido postos num programa de treinamento para melhorar seu inglês, enquanto eu estava no campo. A professora Lo era um de seus orientadores; ensinava em parte usando artigos de publicações em língua inglesa que conseguira com amigos em cidades mais abertas como Pequim e Xangai (Sichuan ainda era completamente fechada a estrangeiros). Sempre que eu voltava do campo, freqüentava as classes dela.

Um dia, o texto era sobre o uso da energia atômica nas indústrias americanas. Depois que a professora Lo explicara o significado do artigo, a srta. Yee erguera o olhar, empertigara as costas e dissera com grande indignação: "Esse artigo precisa ser lido criticamente! Como pode um imperialista usar pacificamente a energia atômica?". Senti minha irritação chamejar contra o papagueamento da linha de propaganda pela srta. Yee. Impulsivamente, respondi: "Mas como sabe você que eles não podem?". A srta. Yee e a maioria da classe me olharam incrédulos. Para eles, uma pergunta como a minha ainda era inconcebível, até mesmo blasfema. Então vi a centelha nos olhos da professora Lo, o sorriso de apreciação que só eu pude detectar. Senti-me compreendida e fortalecida.

Além da professora Lo, alguns outros professores e assistentes queriam que eu, e não a srta. Yee, fosse para o Ocidente. Mas embora houvessem começado a ser respeitados no novo clima, nenhum deles tinha qualquer voz. Se alguém podia ajudar, tinha de ser minha mãe. Seguindo o conselho dela, fui procurar os antigos colegas de meu pai, agora encarregados da universidade, e disse-lhes que tinha uma queixa: como o camarada Deng Xiaoping dissera que a entrada na universidade tinha de basear-se no mérito, certamente era errado não seguir esse procedimento para o estudo no estrangeiro. Pedi que me permitissem uma competição justa, o que significava um exame.

Enquanto minha mãe e eu fazíamos pressão, veio de repente uma ordem de Pequim: pela primeira vez desde 1949, as bolsas para estudo no exterior tinham de ser concedidas com base num exame acadêmico nacional, que iria realizar-se logo, simultaneamente, em Pequim, Xangai e Xi'an, a antiga capital onde anos depois foi desenterrado o exército de cerâmica.

Meu departamento teve de mandar três candidatos a Xi'an. Retirou a bolsa da srta. Yee e escolheu dois candidatos, ambos excelentes professores, com idades em torno dos quarenta, que ensinavam desde antes da Revolução Cultural. Em parte por causa da ordem de Pequim para basear a escolha na capacidade profissional, e em parte por causa da pressão da campanha de minha mãe, o departamento decidiu que o terceiro candidato, um jovem, devia ser escolhido entre as duas dúzias de pessoas que se haviam formado durante a Revolução Cultural, através de um exame oral e escrito, a 18 de março.

Eu tirei as notas mais altas nos dois, embora vencesse o teste oral de maneira meio irregular. Tínhamos de entrar um de cada vez numa sala onde se sentavam dois examinadores, a professora Lo e outro velho professor. Numa mesa diante deles havia algumas bolinhas de papel: tínhamos de escolher uma e responder à pergunta nela contida em inglês. A minha dizia: "Quais são os principais pontos do comunicado da recente Segunda Sessão Plenária do Décimo Primeiro Congresso do Partido Comunista da China?". Claro que eu não tinha a menor idéia, e fiquei ali parada, estupefata. A professora Lo olhou o meu rosto e estendeu a mão para receber a tira de papel. Deu-lhe uma olhada e mostrou-a ao outro professor. Em silêncio, guardou-a no bolso e fez sinal com os olhos para que eu pegasse outra. Dessa vez a pergunta era: "Fale alguma coisa sobre a gloriosa situação de nossa pátria socialista".

Anos de exaltação compulsória da gloriosa situação de minha pátria socialista me haviam matado de tédio, mas dessa vez eu tinha bastante a dizer. Na verdade, acabara de escrever um arrebatado poema sobre a primavera de 1978. O braço direito de Deng Xiaoping, Hu Yaobang, tornara-se diretor do Departamento de Organização do Partido, e iniciara o processo de libertação em massa de todos os "inimigos de classe". O país livrava-se palpavelmente do maoísmo. A indústria funcionava a todo vapor, e havia muito mais produtos nas lojas. Escolas, hospitais e outros serviços públicos funcionavam direito. Publicavam-se livros havia muito proibidos, e as pessoas às vezes esperavam dois dias diante das lojas para obtê-los. Havia risos, nas ruas e nas casas das pessoas.

Comecei a me preparar freneticamente para os exames em Xi'an, a menos de três semanas. Vários professores ofereceram sua ajuda. A professora Lo me deu uma lista de leitura e uma dúzia de livros em inglês, mas depois concluiu que eu não teria tempo de lê-los todos. Assim, abriu rapidamente um espaço em sua amontoada mesa para a máquina de escrever portátil e passou as duas semanas seguintes batendo resumos deles em inglês. Fora assim, me disse com uma piscadela marota, que Luke a ajudara em seus exames cinqüenta anos antes, pois ela preferia danças e festas.

Os dois assistentes e eu, acompanhados de um subsecretário do Partido, tomamos o trem para Xi'an, a um dia e uma noite de viagem. Durante a maior parte da viagem eu fiquei deitada de bruços em meu "leito duro", atarefada copiando o monte de anotações da professora Lo. Ninguém sabia o número exato de bolsas nem os países para os quais os vencedores se destinavam, pois a maioria das informações na China era segredo de Estado. Mas quando chegamos a Xi'an, soubemos que vinte pessoas faziam exames ali, em sua maioria professores-assistentes de quatro províncias no oeste da China. O papel do exame, lacrado, fora trazido de avião de Pequim no dia anterior. O exame escrito constaria de três partes, que tomaram a manhã; uma era um longo trecho de *Raízes*, que tínhamos de traduzir para o chinês. Do lado de fora das janelas da sala de exames, brancos chuveiros de flores de salgueiro varriam a cidade de abril, como numa magnífica dança rapsódica. No fim da manhã, nossas provas foram recolhidas, lacradas e mandadas direto para Pequim, para receberem notas junto com as feitas lá e em Xangai. À tarde houve o exame oral.

No fim de maio, informaram-me não oficialmente que eu passara nos dois exames com distinção. Assim que soube da notícia, minha mãe acelerou a campanha para limpar o nome de meu pai. Embora ele estivesse morto, sua pasta continuava decidindo o futuro dos filhos. Continha o rascunho de veredicto dizendo que ele cometera "sérios erros políticos". Minha mãe sabia que, mesmo a China começando a tornar-se mais liberal, isso ainda me desqualificaria para ir ao exterior.

Ela pressionou os antigos colegas de meu pai, agora de volta ao poder no governo provincial, apoiando sua defesa com a nota de Chu En-lai que dizia que meu pai tinha o direito de fazer uma petição a Mao. Essa nota fora escondida com grande engenhosidade por minha avó, costurada na parte de cima, de algodão, de um de seus sapatos. Agora, onze anos depois de Chu ter lhe dado, minha mãe decidiu entregá-la às autoridades provinciais, chefiadas por Zhao Ziyang.

Era um momento propício — o sortilégio de Mao começava a perder seu poder paralisante, com uma considerável ajuda de Hu Yaobang, encarregado das reabilitações. A 12 de junho, uma alta autoridade apareceu na rua do Meteorito trazendo o veredicto sobre meu pai. Entregou à minha mãe um fino pedaço de papel no qual estava escrito que meu pai fora "um bom funcionário e um bom membro do Partido". Isso assinalava sua reabilitação oficial. Só depois disso minha bolsa foi finalmente endossada pelo Ministério da Educação em Pequim.

A notícia de que eu devia ir para a Grã-Bretanha me alcançou por intermédio de amigos emocionados no departamento, antes que as autoridades me comunicassem. Pessoas que mal me conheciam se sentiam imensamente satisfeitas por mim, e recebi muitas cartas e telegramas de parabéns. Deram-se festas de comemoração, e derramaram-se muitas lágrimas de alegria. Era uma coisa gigantesca ir para o Ocidente. A China estivera fechada havia décadas, e todos se sentiam sufocados pela falta de ar. Eu era a primeira pessoa de minha universidade e, até onde sei, de toda Sichuan (que tinha então uma população de cerca de 90 milhões) a obter permissão para estudar no Ocidente desde 1949. E conquistara isso com o mérito profissional — não era nem membro do Partido. Era outro sinal das sensacionais mudanças que varriam o país. As pessoas viam as esperanças e oportunidades abrindo-se.

Mas não fiquei inteiramente esmagada pela emoção. Tinha conseguido alguma coisa tão desejável e tão inatingível para todos os demais à minha volta que me sentia culpada em relação aos amigos. Mostrar exultação pareceria embaraçoso ou até mesmo cruel para com eles, mas ocultá-la teria sido desonesto. Assim, subconscientemente, optei por um estado de espírito contido. Também me sentia triste quando pensava em como a China era estreita e monolítica — tanta gente tivera oportunidades negadas e seus talentos não haviam encontrado válvula de escape. Eu sabia que tinha sorte em vir de uma família privilegiada, por mais que ela tivesse sofrido. Agora que uma China mais aberta e justa estava a caminho, eu me impacientava para que a mudança viesse mais rápido e transformasse toda a sociedade.

Envolta em meus pensamentos, passei pelo inescapável labirinto relacionado à saída da China naquele tempo. Primeiro tive de ir a Pequim, para um curso de treinamento especial destinado a pessoas que iam para o exterior. Tivemos um mês de sessões de doutrinação, seguido por outro viajando pela China. O objetivo era impressionar-nos com toda a beleza da pátria, para que não pensássemos em fugir. Todos os preparativos para a ida ao exterior foram feitos para nós, e recebemos uma verba para roupas. Tínhamos de parecer elegantes aos estrangeiros.

O rio da Seda serpeava pelo campus, e eu muitas vezes vagava por suas margens em minhas últimas noites. A superfície do rio reluzia ao luar e na leve neblina da noite de verão. Eu pensava em meus vinte e seis anos. Tinha experimentado o privilégio e a denúncia, a coragem e o medo, vira bondade e lealdade, e as profundezas da feiúra humana. Em meio ao sofrimento, ruína e morte, tinha acima de tudo conhecido amor e a indestrutível capacidade humana para sobreviver e buscar a felicidade.

Todos os tipos de emoção me tomavam, sobretudo quando me lembrava de meu pai, e também de minha avó e tia Jun-ying.

Até então eu tentara suprimir as lembranças deles, pois suas mortes tinham continuado a ser o ponto mais dolorido de meu coração. Agora imaginava como teriam ficado felizes e orgulhosos por mim.

Voei para Pequim, e ia viajar com outros treze professores universitários, um dos quais era o supervisor político. Nosso avião devia partir às oito da manhã de 12 de setembro de 1978, e eu quase o perdi, porque alguns amigos tinham vindo se despedir no aeroporto de Pequim e eu achava que não devia ficar olhando o relógio. Quando finalmente desabei em minha poltrona, compreendi que mal dera em minha mãe um abraço de verdade. Ela viera se despedir de mim no aeroporto de Chengdu, quase casualmente, sem vestígio de lágrimas, como se o fato de eu ir para a outra metade do globo fosse apenas mais um episódio em nossas vidas movimentadas.

Enquanto deixava a China cada vez mais para trás, eu olhava pela janela e via um grande universo além da asa prateada do avião. Dei mais uma olhada em minha vida passada, e me voltei para o futuro. Estava ávida por abraçar o mundo.

EPÍLOGO

Fiz de Londres o meu lar. Durante dez anos, evitei pensar na China que deixara para trás. Aí, em 1988, minha mãe veio à Inglaterra me visitar. Pela primeira vez, me contou a história de sua vida e da de minha avó. Quando ela voltou para Chengdu, eu me sentei e deixei minha própria memória aflorar, e as lágrimas não derramadas me inundaram a mente. Decidi escrever *Cisnes selvagens*. O passado deixara de ser doloroso demais para lembrar, porque eu encontrara amor e realização, e portanto tranqüilidade.

A China tornou-se um lugar completamente diferente desde que parti. No fim de 1978, o Partido Comunista abandonou a "luta de classes" de Mao. Os párias sociais, incluindo os "inimigos de classe" em meu livro, foram reabilitados; entre eles estavam os amigos de minha mãe na Manchúria, que haviam sido rotulados de "contra-revolucionários" em 1955. A discriminação oficial contra eles e suas famílias acabou. Puderam deixar seu trabalho forçado e obtiveram empregos muito melhores. Muitos foram convidados para o Partido Comunista e transformados em autoridades. Yu-lin, meu tio-avô, e sua esposa e filhos puderam voltar do campo para Jinzhou em 1980. Ele se tornou o principal contador de uma empresa de medicamentos, e ela diretora de um jardim-de-infância.

Veredictos inocentando as vítimas foram dados e postos em suas pastas. Os velhos registros incriminatórios foram tirados e queimados. Em toda organização, por toda a China, acenderam-se fogueiras para consumir esses finos pedaços de papel que haviam arruinado incontáveis vidas.

A pasta de minha mãe estourava de suspeitas de suas ligações na adolescência com o Kuomintang. Agora todos os registros prejudiciais subiam nas chamas. No lugar deles, havia um veredicto de duas páginas datado de 20 de dezembro de 1978, dizendo em termos bem claros que as acusações contra ela eram falsas. Como bônus, redefinia suas origens familiares: em vez do indesejável "caudilho", havia agora o mais inócuo "médico".

Em 1982, quando decidi ficar na Grã-Bretanha, isso ainda era uma opção bastante incomum. Achando que poderia causar dilemas em seu emprego, minha mãe pediu uma aposentadoria antecipada, que lhe foi concedida, em 1983. Mas uma filha vivendo no Ocidente não lhe trouxe problemas, como certamente aconteceria sob Mao.

A porta da China tem se aberto cada vez mais. Meus três irmãos estão todos no Ocidente agora. Jin-ming, cientista internacionalmente reconhecido no ramo da física de estado sólido, faz pesquisas na Universidade de Southampton, na Inglaterra. Xiao-hei, que se tornou jornalista depois de deixar a força aérea, trabalha em Londres. Os dois estão casados, com um filho cada. Xiao-fang obteve um mestrado em comércio internacional na Universidade de Estrasburgo, na França, e é agora executivo de uma empresa francesa.

Minha irmã, Xiao-hong, é a única de nós ainda na China. Trabalha na administração da Faculdade de Medicina Chinesa de Chengdu. Quando se permitiu a existência de um setor privado na década de 1980, ela tirou uma licença de dois anos para ajudar a criar uma empresa de desenho de moda, uma coisa pela qual se decidira. Quando a licença acabou, teve de escolher entre a emoção e o risco da empresa privada e a rotina e segurança de seu emprego no Estado. Escolheu o último. Seu marido, Luneta, é executivo num banco local.

A comunicação com o mundo externo tornou-se parte da vida diária. Uma carta chega de Chengdu a Londres em uma semana. Minha mãe pode mandar faxes de uma agência dos correios no centro da cidade. Telefono para ela em casa, discagem direta, de onde esteja no mundo. Notícias do estrangeiro saem na televisão todo dia, lado a lado com a propaganda oficial. Os grandes acontecimentos do mundo, incluindo as revoluções e levantes na Europa Oriental e na União Soviética, são comunicados.

Entre 1983 e 1989, voltei para visitar minha mãe todo ano, e de cada vez me sentia embasbacada pela sensacional diminuição da única coisa que mais caracterizava a vida sob Mao: o medo.

Na primavera de 1989, viajei pela China fazendo pesquisa para este livro. Vi o crescendo de manifestações de Chengdu até a praça Tiananmen. Pareceu-me que o medo fora esquecido de tal modo, que poucos dos milhares de manifestantes perceberam o perigo. A maioria pareceu surpresa quando o exército abriu fogo. De volta a Londres, mal pude acreditar em meus olhos quando vi a matança na televisão. Aquilo fora realmente ordenado pelo homem que tinha sido para mim e para muitos outros um libertador?

O medo fez um retorno hesitante, mas sem a força invasiva e arrasadora dos dias maoístas. Nos comícios políticos hoje, as pessoas criticam abertamente os líderes do Partido pelos nomes. O curso da liberalização é irreversível. Contudo, o rosto de Mao ainda fita a praça Tiananmen lá embaixo.

As reformas econômicas da década de 1980 trouxeram uma ascensão sem precedentes no padrão de vida, em parte graças ao comércio e ao investimento externos. Em toda parte na China autoridades e cidadãos acolhem homens de negócios do exterior com transbordante avidez. Em 1988, numa viagem a Jinzhou, minha mãe estava no pequeno, escuro e primitivo apartamento de Yu-lin, que ficava perto de um depósito de lixo. Do outro lado da rua fica o melhor hotel de Jinzhou, onde se dão pródigos banquetes todo dia para investidores potenciais do estrangeiro. Um dia, minha mãe avistou um desses visitantes saindo de um banquete, cercado por uma lisonjeira multidão a quem ele exibia fotos de sua casa e carros luxuosos em Taiwan. Era Yao-han, o supervisor político do Kuomintang em sua escola, que, quarenta anos antes, fora responsável pela prisão dela.

Maio de 1991

ÁRVORE GENEALÓGICA

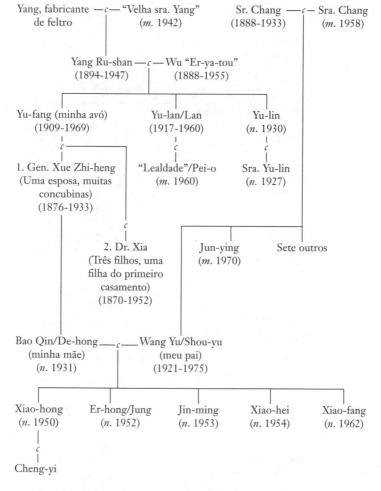

CRONOLOGIA

ANO	FAMÍLIA/AUTOR	GERAL
1870	Nasce o dr. Xia.	Império Manchu (1644-1911).
1876	Nasce Xue Zhi-heng (avô).	
1909	Nasce minha avó.	
1911		Derrubada do Império; República; caudilhos.
1921	Nasce meu pai.	
1922-24	General Xue chefe de polícia no governo de caudilhos, Pequim.	
1924	Minha avó torna-se concubina do general Xue. General Xue perde o poder.	
1927		O Kuomintang, sob Chang Kai-chek, unifica a maior parte da China.
1931	Nasce minha mãe.	O Japão invade a Manchúria.
1932		Os japoneses ocupam Yixian, Jinzhou. "Manchukuo" estabelecida sob Pu Yi.
	Minha avó e minha mãe vão para Lulong.	
1933	Morre o general Xue.	
1934-35		A Longa Marcha: comunistas para Yan'an.
1935	Minha avó se casa com o dr. Xia.	
1936	Dr. Xia, vovó e mamãe mudam-se para Jinzhou.	
1937		O Japão avança sobre a China. Aliança Kuomintang-Comunistas.
1938	Meu pai ingressa no Partido Comunista.	

1940	Meu pai vai a pé para Yan'an.	
1945		O Japão se rende. Jinzhou ocupada pelos russos, comunistas chineses e o Kuomintang.
	Meu pai vai para Chaoyang.	
1946-48	Meu pai na guerrilha unida perto de Chaoyang. Minha mãe se torna líder estudantil, une-se à clandestinidade comunista.	Guerra Civil Comunistas-Kuomintang (até 1949-50).
1948	Minha mãe é presa. Papai e mamãe se conhecem.	Cerco de Jinzhou.
1949	Meus pais se casam, deixam Jinzhou e marcham para Nanjing. Minha mãe aborta. Meu pai chega a Yibin.	 Proclamação da República Popular. Os comunistas tomam Sichuan. Chang Kai-chek vai para Taiwan.
1950	Minha mãe chega a Yibin; coleta de comida, guerra de bandidos. Nasce Xiao-hong.	 Reforma agrária. A China entra na Guerra da Coréia (até julho de 1953).
1951	 Minha mãe chefe da Liga Jovem de Yibin, sob a sra. Ting; membro pleno do Partido. Minha avó e o dr. Xia vão para Yibin.	Campanha para "suprimir contra-revolucionários" (Hui-ge executado). Campanha dos Três Anti.
1952	Meu nascimento Morre o dr. Xia. Meu pai governador de Yibin.	Campanha dos Cinco Anti.

1953	Nasce Jin-ming. A família se muda para Chengdu. Minha mãe chefe do Departamento de Assuntos Públicos do Distrito Leste.	
1954	Meu pai subchefe de Assuntos Públicos do Departamento de Sichuan. Nasce Xiao-hei.	
1955	Minha mãe é detida.	Campanha para "denunciar contra-revolucionários" escondidos (amigos de Jinzhou rotulados). Nacionalização.
1956	Minha mãe é solta.	Cem Flores.
1957		Campanha Antidireitista.
1958		Grande Salto para a Frente: altos-fornos de quintal e comunas.
	Entro na escola.	
1959		Fome (até 1961). Peng Dehuai desafia Mao, condenado. Campanha para pegar "oportunistas de direita".
1962	Nasce Xiao-fang.	
1963		"Campanha de Lei Feng"; escalada do culto a Mao.
1966		Começa a Revolução Cultural.
	Meu pai bode expiatório e detido. Minha mãe vai a Pequim para apelar. Meu pai solto. Entro na Guarda Vermelha; peregrinação a Pequim. Deixo a Guarda Vermelha.	
1967	Meus pais atormentados.	
		Marechais não conseguem deter a Revolução Cultural. Os Ting no poder em Sichuan.

	Meu pai escreve a Mao; preso; colapso mental. Minha mãe vai a Pequim e vê Chu En-lai. Meus pais entram e saem da detenção em Chengdu (até 1969).	
1968		Formado o Comitê Revolucionário de Sichuan.
	Família retirada do conjunto.	
1969	Meu pai vai para o campo em Miyi. Sou exilada para Ningnan.	
		O IX Congresso formaliza a Revolução Cultural.
	Morre minha avó. Trabalho como camponesa em Deyang. Minha mãe vai para o campo de Xichang.	
1970	Morre tia Jun-ying. Torno-me "médica descalça".	
		Os Ting são demitidos.
1971	Minha mãe muito doente; vai para o hospital em Chengdu.	
		Morre Lin Piao.
	Minha mãe se restabelece. Volto para Chengdu, torno-me operária siderúrgica e elétrica.	
1972		Visita de Nixon.
	Meu pai é solto.	
1973		Deng Xiaoping reaparece.
	Ingresso na Universidade de Sichuan.	
1975	Morre meu pai. Conheço meus primeiros estrangeiros.	
1976		Morre Chu En-lai; Deng demitido. Manifestações na praça Tiananmen.

643

1976		Morre Mao; preso o Bando dos Quatro.
1977	Torno-me professora; sou mandada para a aldeia.	
		Deng de volta ao poder.
1978	Ganho bolsa para estudar na Grã-Bretanha.	

AGRADECIMENTOS

Jon Halliday me ajudou a criar *Cisnes selvagens*. De suas muitas contribuições, o polimento de meu inglês foi apenas a mais óbvia. Em nossas discussões diárias, ele me forçou a esclarecer melhor minhas histórias e minhas idéias, e a pesquisar a língua inglesa em busca de expressões exatas. Senti-me mais segura sob seu escrutínio informado e meticuloso de historiador, e confiei em seu abalizado julgamento.

Toby Eddy é o melhor agente que um autor poderia ter. Foi ele o primeiro a me estimular, delicadamente, a escrever este livro.

Sinto-me privilegiada por estar ligada a profissionais tão competentes como Alice Mayhew, Charles Hayward, Jack McKeown e Victoria Meyer, da Simon & Schuster em Nova York, e Simon King, Carol O'Brien e Helen Ellis, na HarperCollins em Londres. A Alice Mayhew, minha editora na Simon & Schuster, devo especial gratidão por seus atinados comentários e inestimável dinamismo. Robert Lacey, na HarperCollins, fez um trabalho estupendo editando o manuscrito, pelo que me sinto profundamente endividada. A eficiência e simpatia de Ari Hoogenboom em telefonemas transatlânticos me deram energia. Também sou grata a todos os outros que trabalharam neste livro.

O entusiástico interesse de meus amigos foi uma perene fonte de estímulo. A todos eles, sou muito grata. Recebi particular ajuda de Peter Whitaker, I Fu En, Emma Tennant, Gavan McCormack, Herbert Bix, R. G. Tiedemann, Hugh Baker, Yan Jiaqi, Su Li-qun, Y. H. Zhao, Michael Fu, John Chow, Clare Peploe, André Deutsch, Peter Simpkin, Ron Sarkar e Vanessa Green. Desde o início, Clive Lindley desempenhou um papel especial com seus valiosos conselhos.

Meus irmãos e minha irmã, e meus parentes e amigos na China, permitiram-me generosamente contar suas histórias, sem as quais *Cisnes selvagens* não existiria. Jamais poderei agradecer-lhes o suficiente.

Grande parte do livro é a história de minha mãe. Espero ter-lhe feito justiça.

Jung Chang
Londres
Maio de 1991

JUNG CHANG nasceu em Yibin, província de Sichuan, na China, em 1952. Aos catorze anos, por um período breve, fez parte da Guarda Vermelha, e depois trabalhou como camponesa, "médica de pés descalços", metalúrgica e eletricista, antes de tornar-se estudante de inglês e, mais tarde, professora-assistente da Universidade de Sichuan. Em 1978 foi viver na Inglaterra, e obteve uma bolsa de estudos na Universidade de York, que em 1982 lhe concedeu o PhD em lingüística — primeiro título de doutor obtido por um cidadão chinês em uma universidade britânica. Jung Chang vive em Londres e também é autora de *Mao: A história desconhecida* (2006) e *A imperatriz de ferro* (2014).

1ª edição Companhia das Letras [1994] 12 reimpressões
2ª edição Companhia das Letras [2003] 2 reimpressões
1ª edição Companhia de Bolso [2006] 8 reimpressões

Esta obra foi composta pela Verba Editorial em Janson Text e impressa pela Gráfica Bartira em ofsete sobre papel Pólen da Suzano S.A. para a Editora Schwarcz em maio de 2024

A marca FSC® é a garantia de que a madeira utilizada na fabricação do papel deste livro provém de florestas que foram gerenciadas de maneira ambientalmente correta, socialmente justa e economicamente viável, além de outras fontes de origem controlada.